木質構造接合部設計マニュアル

Design Manual for Engineered Timber Joints

2025

日本建築学会

本書のご利用にあたって

　本書は，作成時点での最新の学術的知見をもとに，技術者の判断に資する技術の考え方や可能性を示したものであり，法令等の補完や根拠を示すものではありません．また，本書の数値は推奨値であり，それを満足しないことが直ちに建築物の安全性を脅かすものでもありません．ご利用に際しては，本書が最新版であることをご確認ください．本会は，本書に起因する損害に対して一切の責任を有しません．

ご案内

　本書の著作権・出版権は(一社)日本建築学会にあります．本書より著書・論文等への引用・転載にあたっては必ず本会の許諾を得てください．
Ⓡ〈学術著作権協会委託出版物〉
　本書の無断複写は，著作権法上での例外を除き禁じられています．本書を複写される場合は，学術著作権協会（03-3475-5618）の許諾を受けてください．

一般社団法人　日本建築学会

改訂の序 （2025 年版）

　木質構造建築物の構造に関する規準として，1944 年に「木造建築物の強度計算（案）」が作成され，その後幾度かの改定を経て，2006 年 12 月に「木質構造設計規準・同解説−許容応力度・許容耐力設計法−」が刊行された．この 2006 年の木質構造設計規準には含まれず，既往の研究成果を実務に即して取りまとめた実用書として，2009 年 11 月に「木質構造接合部設計マニュアル」が刊行された．その後も 2010 年 12 月に「木質構造基礎理論」，2011 年 8 月に「木質系耐力壁型式構造に関する Q&A」，2012 年 10 月に「木質構造接合部設計事例集」，2018 年 2 月に「木質構造部材・接合部の変形と破壊」，2022 年 3 月に「木造建築物の振動障害に関する設計資料」が刊行され，集積された知見をまとめて書籍化されてきた．木質構造の接合部設計に関する知見も 2009 年の刊行以降蓄積しており，今回「木質構造接合部設計マニュアル」を大幅に改訂することとした．

　今回の改訂部分とその内容は以下のとおりである．

(1)　目次構成を改訂した．2009 年版の「3.1 住宅用補強金物」と「3.2 住宅用接合金物」は，本書では「3.1 接合金物」に統合した．「3. 各種接合部の設計」では，曲げ降伏型接合具を用いた 2 面せん断接合，鋼板 2 枚挿入ドリフトピン接合，引きボルト接合を追加した．「4. 接合を利用した部材の設計」では，充腹梁を追加した．

(2)　「2. 木質系接合の基本」や「3.1 接合金物」では，木質材料に関する JAS の制定や改正，現在使われている接合材料の状況などを反映して，最新の情報に更新した．

(3)　各接合の設計情報はこれまでの研究成果に応じて改訂した．「3. 各種接合部の設計」では主に単位接合や部分的な接合の設計情報を示し，その設計情報を受けて「4. 接合を利用した部材の設計」でモーメント抵抗接合などの設計情報を示した．

(4)　2009 年版の「5.2 モーメント抵抗接合を用いた門型ラーメンの解法」では，門型ラーメンに生じる応力や層間変位の一般解の誘導が示されているが，現在は解析ソフトに必要な設計情報や物性情報を入力して計算することが多い．そこで，「5.2 木造ラーメンの解法の考え方」として，内容を大きく改訂した．一般解の誘導については本書では扱っていないため，2009 年版をご参考頂きたい．

2025 年 3 月

日本建築学会

序

　本会は，木質構造建築物の構造に関する規準として「木造建築物の強度計算（案）」を 1944 年に作成した．それ以後，幾度かの改定を経て，2006 年 12 月に現行の「木質構造設計規準・同解説－許容応力度・許容耐力設計法－」に至っている．

　このうち，1995 年 1 月の「木質構造設計規準・同解説」改定時には，製材だけではなく多種多様な木質材料が普及してきたことと，他構造材料との複合など構造形式が多様化してきたことなどを受けて，それまでの「木構造」を「木質構造」と改めている．

　「木質構造」を冠した書籍としては，同年 1 月に「木質構造設計ノート」を刊行している．材料物性の統計的扱いや荷重継続時間，複合的な組立部材，新構法と云った，木質構造の新しい考え方や中身を教えるものであったが，刊行から 10 年余を経て絶版となっている．

　今回，関係委員のご尽力により，「木質構造接合部設計マニュアル」を刊行することとなった．本書では，木質構造建築物の性能を決定するとも言える接合部に関して，木質材料とともに，最新の知見が紹介されている．地球環境の保全が声高に叫ばれる現在，本書が，日本の木質構造の発展に繋がることを期待している．

2009 年 11 月

日本建築学会

本書作成関係委員 (2025 年 3 月)
— (五十音順・敬称略) —

構造委員会

委員長　五十田　　博

幹　事　楠　浩　一　永　野　正　行　山　田　　哲

委　員　（省略）

木質構造運営委員会

主　査　腰　原　幹　雄

幹　事　槌　本　敬　大　森　　拓　郎

委　員　青　木　謙　治　　朝　川　　剛　　荒　木　康　弘　　石　山　央　樹　　五　十　田　　博
　　　　板　垣　直　行　　河　合　直　人　　小　林　研　治　　杉　本　健　一　　田　中　　圭
　　　　中　尾　方　人　　中　島　史　郎　　松　田　和　浩　　若　島　嘉　朗

木質構造接合設計法検討小委員会

主　査　小　林　研　治

幹　事　小　川　敬　多　神　戸　　渡

委　員　板　垣　直　行　　小　野　　泰　　北　守　顕　久　　澤　田　　圭　　鈴　木　　圭
　　　　田　中　　圭　　中　谷　　誠　　野　田　康　信　　福　山　　弘

木質接合資料整備 WG

主　査　小　林　研　治

幹　事　小　川　敬　多

委　員　秋　山　信　彦　　稲　山　正　弘　　井　上　正　文　　岡　本　滋　史　　蒲　池　　健
　　　　河　原　　大　　神　戸　　渡　　貞　広　　修　　槌　本　敬　大　　照　井　清　貴

執筆担当委員

1. はじめに
   　　　澤　田　　　圭

2. 木質系接合の基本
   　　　青　木　謙　治　　板　垣　直　行　　小　野　　　泰　　宮　武　　　敦　　野　田　康　信

3. 各種接合部の設計
   　　　岡　本　滋　史　　蒲　池　　　健　　河　原　　　大　　小　林　研　治　　澤　田　　　圭
   　　　鈴　木　　　圭　　田　中　　　圭　　中　谷　　　誠　　野　田　康　信　　福　山　　　弘

4. 接合を利用した部材の設計
   　　　秋　山　信　彦　　岡　本　滋　史　　蒲　池　　　健　　澤　田　　　圭　　中　谷　　　誠
   　　　野　田　康　信　　福　山　　　弘

5. 資　　料
   　　　青　木　謙　治　　神　戸　　　渡　　槌　本　敬　大

木質構造接合部設計マニュアル

目　　次

1. はじめに

1.1 目　　的

　本会は，1944 年に「木造建築物の強度計算（案）」と題する建築物の構造設計方法を示した．その後，この流れを受け継ぎ，幾度かの改定を経て 2006 年には「木質構造設計規準・同解説―許容応力度・許容耐力設計法―」を刊行するに至っている．

　接合部設計において，1944 年の「木造建築物の強度計算（案）」では，釘接合，ジベル接合，ボルト接合，接着接合の 4 つの接合を提示し，釘接合では釘径と板厚に応じて許容せん断耐力が与えられ，ボルト接合ではボルト径と材厚から許容せん断耐力を求める式が示された．その後，1947 年の「木構造計算規準」では接合の種類や，釘接合およびボルト接合の許容せん断耐力の求め方に変化はないが，1949 年の「木構造計算規準」の解説部分に釘引抜耐力の実験式と，木ねじ接合のせん断耐力および引抜耐力の実験式が示された．1961 年の「木構造設計規準」では釘接合の許容引抜耐力と，ボルト接合の許容引張耐力を数値で示し，羽子板ボルトや短尺金物等の金物接合が更に加わった．

　それまでの釘接合の許容せん断耐力は実験に基づいた式から数値を表にしたものであったが，1988 年の「木構造計算規準」で釘接合の許容せん断耐力および許容引抜耐力の式が提示された．1988 年の「木構造計算規準」の内容はそれまでと大きく変わり，木ねじ接合の許容せん断耐力式および許容引抜耐力式が提示され，ボルト接合の許容せん断耐力の算定にはヨーロッパ型降伏理論が導入された．接合の種類も増え，ラグスクリュー接合，ドリフトピン接合，メタルプレートコネクター接合，グルーラムリベット接合が加わった．ラグスクリュー接合およびドリフトピン接合の許容せん断耐力は実験に基づき，木材の気乾比重，接合具径，打込み長さまたは主材厚から求めている．

　1995 年の「木質構造設計規準」では，ドリフトピン接合の許容せん断耐力の算定にはヨーロッパ型降伏理論が適用され，胴付きならびに突付け接合が加わった．またボルト接合の解説部分に弾性床上の梁の曲げ理論に基づくすべり剛性の理論式が示された．

　2002 年の「木質構造設計規準」は SI 単位の導入などが行われたが，各種接合の算定方法に変化はない．2006 年の「木質構造設計規準」で，それまでボルト接合とドリフトピン接合に適用されていたヨーロッパ型降伏理論が，釘接合，木ねじ接合，ラグスクリュー接合にも適用されるようになった．部材が割裂またはせん断により破壊する場合の終局耐力の算定式も提示している．

　このように「木質構造設計規準」は，接合部設計だけみてもその内容がその都度見直されてきたが，具体的な設計方法や設計手法などはそこには含まれておらず，一定の信頼性を有する設計方法の提示が木造建築市場から待望されていた．そこで，木材・木質材料を使った構造方法の多様性を背景に，新しい木質材料や多様な接合方法が次々と登場してきたことを受けて，1995 年に構造設計の実務に即した「木質構造設計ノート」を刊行した．当時最新の研究成果を実際の構造設計に活かそうとした試みは，ごく限られた内容であったとは言え，新しい構造方法を欲する木造建築市場から歓迎され，これを基に設計された建築物は枚挙に暇がない．

　そして 2009 年に理論的展開を最小限に留めて，接合部に特化した設計者の実務用ハンドブック「木質構造接合部設計マニュアル」を刊行した．「木質構造接合部設計マニュアル」は，全ての接合形式を網羅するものではなく，唯一無二の設計方法を示したものでもない．研究途上のものや実績が不足しているものもあり，それぞれの接合法の提示において注意点が挙げられている．しかしながら記述された内容は，執筆担当委員の提案を基に，委員会審議を経てまとめられており，接合法を一定の信頼性を持って設計する術が提示されている．

　「木質構造接合部設計マニュアル」の刊行から 10 年以上が経過し，この間もそれぞれの接合法に対して研究が進められてきた．接合部の設計手法についての知見が蓄積してきたことに加え，近年では中大規模木造建築物が増加してきたことから，接合部設計の重要性がますます高まっている．そこで，今回内容を大幅に見直し，改訂することとした．内容の変更に伴い，目次構成にも見直しを加えた．接合法に対する研究は今後も発展していくものと期待でき，本書は現段階までの研究成果に基づいた改訂版である．本書の内容は委員会審議を経てまとめられ，一定の信頼性を持って設計

する術を提示したことは前書と変わりない．

　本書が木質構造の設計に携わる者にとっての実用書となり，設計の助けとなることを期待している．

1.2 適用範囲と留意点

　本書では，木質構造設計規準に含まれる接合部の具体的な設計例に加え，その規準には含まれていない接合部も取り上げており，これらを理論的に一般化して解説したものである．ただし，企業によって開発された接合部に対しては，特許などの知的財産権に配慮する必要があるので，各開発メーカーの詳細な紹介や，各社カタログ掲載内容の引用など，特定企業の商品喧伝に係る情報は避け，学会発表など公知された事実を引用することとした．

　本書は，多くは木質構造設計規準で言及されていない接合法について，散在している設計情報を集めて紹介しているものであり，設計に必要とされる主要な内容は掲載しているが，より詳しい内容については参考文献を明示しているので適宜参照されたい．また，ボルト接合や釘接合のように古くから使われている接合法については，その基本的な剛性および耐力誘導法を5.1節にまとめるに留めた．使用する機会が増えている木ねじ接合については3.2節に，曲げ降伏型接合具を用いた接合に関する近年の発展成果については3.3節で紹介している．3章および4章は表 1.2-1 のように分類して目次を構成した．

　本書で示している実験例は，含水率 10～15%の製材および木質材料を用いたものである．製材および木質材料の強度特性は含水率によって大きく変化する．含水率が高い製材および木質材料を用いると，本書で例示したようには壊れずに剛性および耐力も異なる値を示すことがあるので，製材および木質材料の含水率には十分留意する必要がある．

　接合具にかかる複合応力は，研究実績がほとんど無いので，もっとも安全側と考えられる一次の破壊条件式を適用している．一つの接合部に軸力とせん断力など，異なる力を伝達する複数の接合法を集約させる場合には，一部を除いて，それぞれが独立に機能するとして整理しているので，縁端距離など，実際の接合部詳細寸法を決定する際には注意が必要である．また，一つの接合部に作用する力を複数の接合法に分配させ，強度性能を足し合わせることは安易にすべきでない．さらに，多数本の接合具を集中して接合部に配置すると，1本あたりの性能が落ちてくることは良く知られている事実であるが，本書で紹介している接合法の実験的蓄積は少なく，実験条件に近い施工条件と本数で確認されているに過ぎない．この他，荷重継続期間，疲労等の荷重繰返し特性，荷重履歴，木材の吸放湿，経年変化など，更に検討を要する点が存在しているが，本書ではこれらについて言及していないため，設計者が適切に判断する必要がある．

表 1.2-1 3章と4章の目次構成

3. 各種接合部の設計		
	3.1	接 合 金 物
せん断抵抗型接合	3.2	構造用ビス接合
	3.3	曲げ降伏型接合具を用いた2面せん断接合
	3.4	せん断抵抗型木ダボ接合
	3.5	鋼板2枚挿入ドリフトピン接合
軸力抵抗型接合	3.6	グルード・イン・ロッド
	3.7	ラグスクリューボルト
	3.8	引きボルト接合
	3.9	軸力抵抗型木ダボ接合
	3.10	ラージ・フィンガー・ジョイント
	3.11	嵌合系継手・仕口
4. 接合を利用した部材の設計		
組立部材	4.1	せん断接合具を利用した組立梁
	4.2	構造用面材を用いる充腹梁
せん断抵抗型接合	4.3	鋼板挿入ドリフトピン式モーメント抵抗接合
	4.4	ボルトを利用した合わせ梁型モーメント抵抗接合
軸力抵抗型接合	4.5	引きボルト型モーメント抵抗接合
	4.6	ラグスクリューボルト型モーメント抵抗接合
	4.7	締付けフランジ引きボルト型モーメント抵抗接合
	4.8	嵌合を利用した通し貫と掘立柱のモーメント抵抗接合

1.3　各種接合の概説

　木質構造は接合の種類が多く，接合の設計に際しては，要求される接合性能や作業・費用コストから，目的にかなう接合を選択する．本書で扱う接合について，詳細な説明や長所・短所は2章以降に示している．本節では，各種接合を比較したときの接合性能と施工工程の特徴を概説する．せん断抵抗型接合の特徴を表1.3-1，例図を図1.3-1に示す．軸力抵抗型接合，ラージフィンガージョイント，嵌合系継手・仕口の特徴を表1.3-2，例図を図1.3-2に示す．なお，初期剛性や耐力の大小について述べているが，これは相対的な比較であり，接合部の構造性能は接合具の寸法や本数によって向上させることができる．

表1.3-1　せん断抵抗型接合の特徴

接合の種類	初期剛性	耐力・靭性	施工工程
構造用ビス接合	ビスは他の接合具と比べて直径が小さいため，初期変形時の耐力は大きくなく，高い初期剛性は期待できない．メーカーによりビスを大型化する工夫もとられている．	高い耐力は期待できないが，寸法の大きな構造用ビスを用いると耐力は大きくなる傾向を示す．繰り返し加力を受ける場合は，靭性は低くなる傾向を示す．	先孔加工しないで，部材どうしをビスで接合できる．寸法の大きな構造用ビスを用いる場合は，下穴を設けることもある．
ボルト接合	部材にボルト径よりも若干大きい先孔を設け，クリアランスが生じるため，高い初期剛性は期待できない．	主材厚を一定とした場合，ボルト径が大きいと高耐力，低靭性の傾向を示し，ボルト径が小さいと低耐力，高靭性の傾向を示す．	部材へ先孔加工をして，部材どうしをボルトで接合する．
鋼板挿入ドリフトピン接合	鋼板挿入接合では，鋼板に若干大きい先孔を設け，クリアランスが生じるため，高い初期剛性は期待できない．	主材厚を一定とした場合，ドリフトピン径が大きいと高耐力，低靭性の傾向を示し，ドリフトピン径が小さいと低耐力，高靭性の傾向を示す．	部材へ先孔加工をして，部材どうしをドリフトピンで接合する．
木ダボ接合（せん断抵抗型）	部材に木ダボ径よりも若干小さい先孔を設ける場合，クリアランスはほぼ生じないが，横圧縮応力を受ける木ダボの横圧縮強度は低いため，高い初期剛性は期待できない．	寸法の大きな木ダボを用いると耐力は大きくなる傾向を示す．	部材へ先孔加工をして，部材どうしを木ダボで接合する．

表 1.3-2　軸力抵抗型接合，ラージフィンガージョイント，嵌合系継手・仕口の特徴

接合の種類	初期剛性	耐力・靱性	施工工程
グルード・イン・ロッド	接合具と母材を接着接合するため，高い初期剛性が期待できる．	高い耐力も期待できるが，靱性は低くなる傾向を示す．メーカーにより高靱性化を目指した工夫もとられている．	接合具挿入用の母材への先孔加工，接合具の挿入，接合具と母材間の空隙に接着剤を注入する工程を経て接合部は構成される．現場での製作を伴う場合は接着剤の温度管理や硬化時間の確保など，細かい配慮が必要である．
ラグスクリューボルト接合	接合具を母材の先孔にクリアランスが生じないようにねじ込むため，高い初期剛性が期待できる．	接合具径が小さいと低耐力，接合具径が大きいと高耐力を示す．靱性は低くなる傾向を示す．	接合具挿入用の母材への先孔加工と，接合具のねじ込み工程を経てBOX金物と緊結されることで接合部は構成される．
木ダボ接合（軸力抵抗型）	木ダボと母材を接着接合するため，高い初期剛性が期待できる．	高い耐力も期待できるが，靱性は低くなる傾向を示す．	木ダボ挿入用の母材への先孔加工，先孔部への接着剤の注入，木ダボの挿入，母材どうしの引き寄せ工程を経て接合部は構成される．現場での製作を伴う場合は接着剤の温度管理や硬化時間の確保など，細かい配慮が必要である．
引きボルト接合	載荷初期は座金による支圧や梁木口による柱への支圧の影響が大きいため，高い初期剛性は期待できない．	梁木口から座掘り位置までの距離が大きいと高い耐力が期待でき，高靱性の傾向を示す．座掘り寸法を大きくしすぎると，本書3.8節や4.5節で想定していない破壊を引き起こす可能性があり，注意が必要である．	ボルト挿入用の部材への先孔加工と座掘り加工をして，部材どうしをボルトで接合する．
ラージフィンガージョイント	部材どうしを接着接合するため，高い初期剛性が期待できる．	高い耐力も期待できるが，靱性は低くなる傾向がある．	部材のラージフィンガー加工，フィンガー部への接着剤の塗布，部材どうしの引き寄せ，圧縮行程を経て接合部は構成される．
嵌合系継手・仕口	嵌合部分での繊維平行方向や繊維直交方向への支圧によって抵抗するため，高い初期剛性は期待できない．	部材どうしの支圧によって抵抗するため，高い耐力は期待できないが，割裂破壊を引き起こさなければ，高い靱性が期待できる．	部材に継手・仕口加工をして，接合部は構成される．

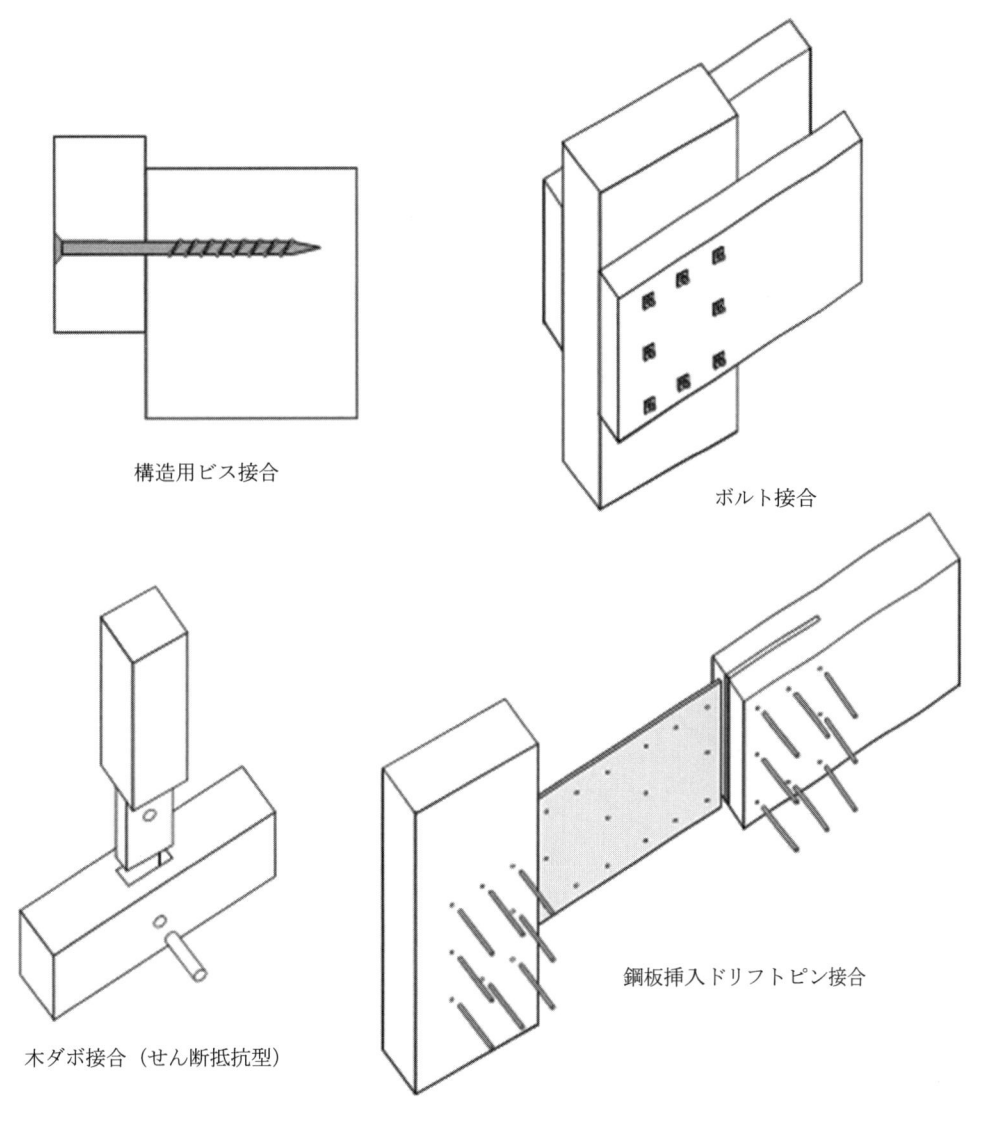

構造用ビス接合

ボルト接合

木ダボ接合（せん断抵抗型）

鋼板挿入ドリフトピン接合

図 1.3-1　せん断抵抗型接合の例

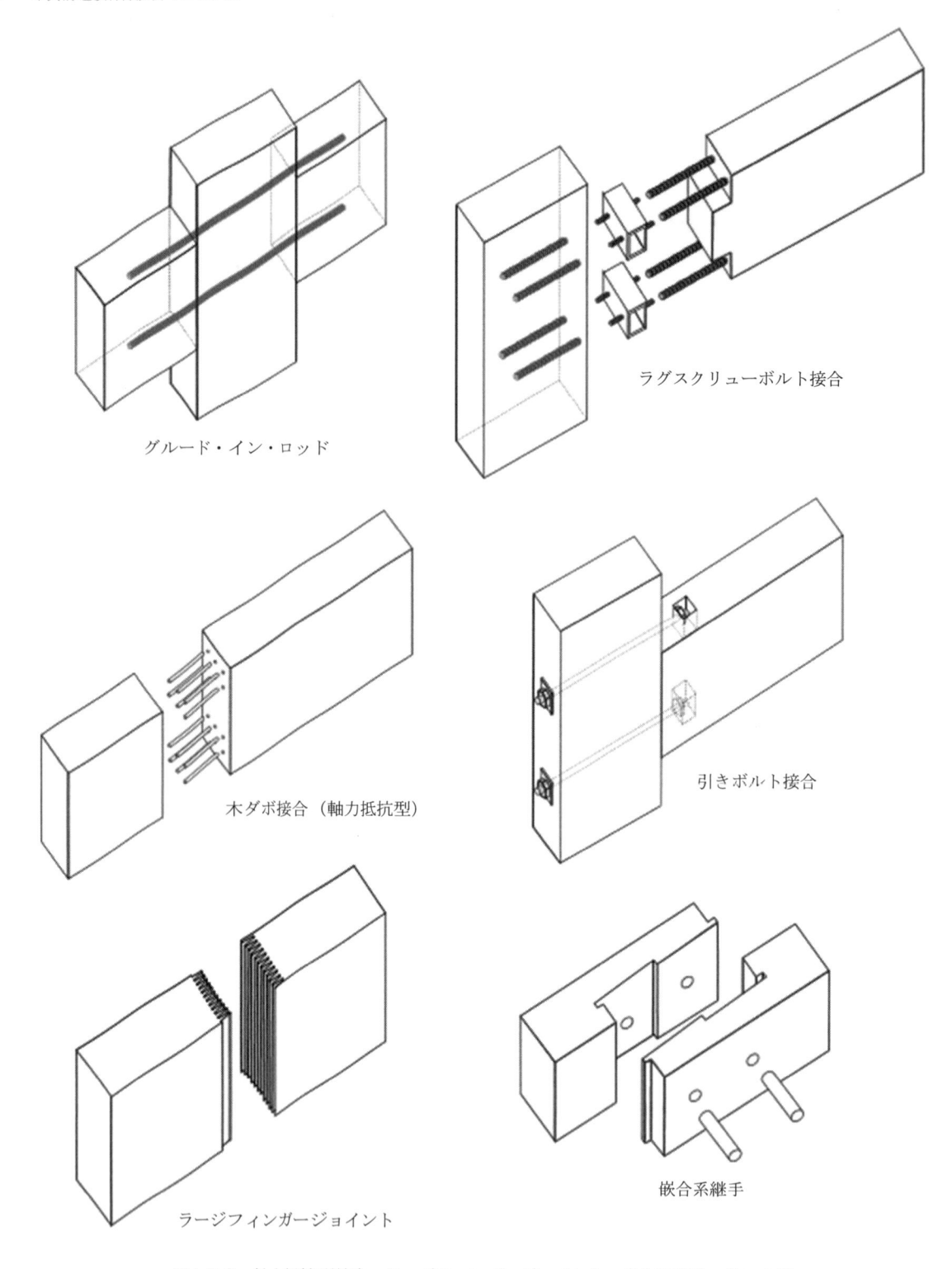

グルード・イン・ロッド

ラグスクリューボルト接合

木ダボ接合（軸力抵抗型)

引きボルト接合

ラージフィンガージョイント

嵌合系継手

図 1.3-2　軸力抵抗型接合，ラージフィンガージョイント，嵌合系継手・仕口の例

2. 木質系接合の基本

2.1 材料の種類と特性

2.1.1 木質材料
2.1.1.1 はじめに

　木質構造設計規準・同解説（以下木規準と略す）[1]の「6.接合部の設計」の「601.1 適用範囲」では，この規準による木質材料の接合部設計にあたっての適用範囲について，「木質材料の強度特性と接合メカニズムとを勘案して合理的にその強度特性を類推することが可能であること」としている．また，「601.2 許容耐力・終局耐力・使用限界変形」では，木材の接合部の設計を行うにあたって考慮すべき項目として，密度（樹種），荷重角度（強度の異方性），含水率を挙げている．しかしながら，木規準では木材・木質材料についてこれらの情報が網羅されているわけではない．そこで本節では，接合部設計に必要となる木材および木質材料の特性について，製品の規格，製造面の特徴，強度特性および耐久性等について概説する．

2.1.1.2 木質材料の種類と特徴

　ここでは，木質構造の柱・梁などの構造用軸材料として，(1) 製材，(2) 集成材，(3) 単板積層材，(4) PSL 等その他の軸材料を，また，耐力壁や床を構成する構造用面材料として (5) 構造用合板，(6) OSB，(7) パーティクルボード，(8) ファイバーボード，(9) 直交集成板を取り上げる．それぞれの製造工程を図 2.1-1 に示す．なお，接合部に使用される木ダボの品質は接合部の性能を決定する重要な因子であるが，品質を規定する適当な規格等がないことからここで取り上げず，3 章以降の関連節で具体的なデータ等に基づいて言及するので参照されたい．

　木質材料を建築基準法施行令第 114 号の 3 で定める建築物の基礎，主要構造部その他安全上，防火上または衛生上重要な部分に使用しようとする場合，ここで取り上げる材料のうち (3) 単板積層材，(4) PSL 等その他の軸材料および (9) 直交集成板は指定建築材料なので，建築基準法第 37 条第 1 号の規定に基づいて大臣が指定した JAS に適合するか，同条第 2 号の規定に基づいて品質に関する技術的基準（平成 12 年建設省告示 1446 号[3]）に適合することを確認し，国土交通大臣の認定を受ける必要がある．(1) 製材，(2) 集成材，(5) 構造用合板，(6) OSB，(7) パーティクルボード，(8) ファイバーボードは指定建築材料に位置づけられていないので法第 37 条による規制の対象外であるが，JIS や JAS への規格適合が構造方法の技術基準や構造計算の要件となっている場合がある．

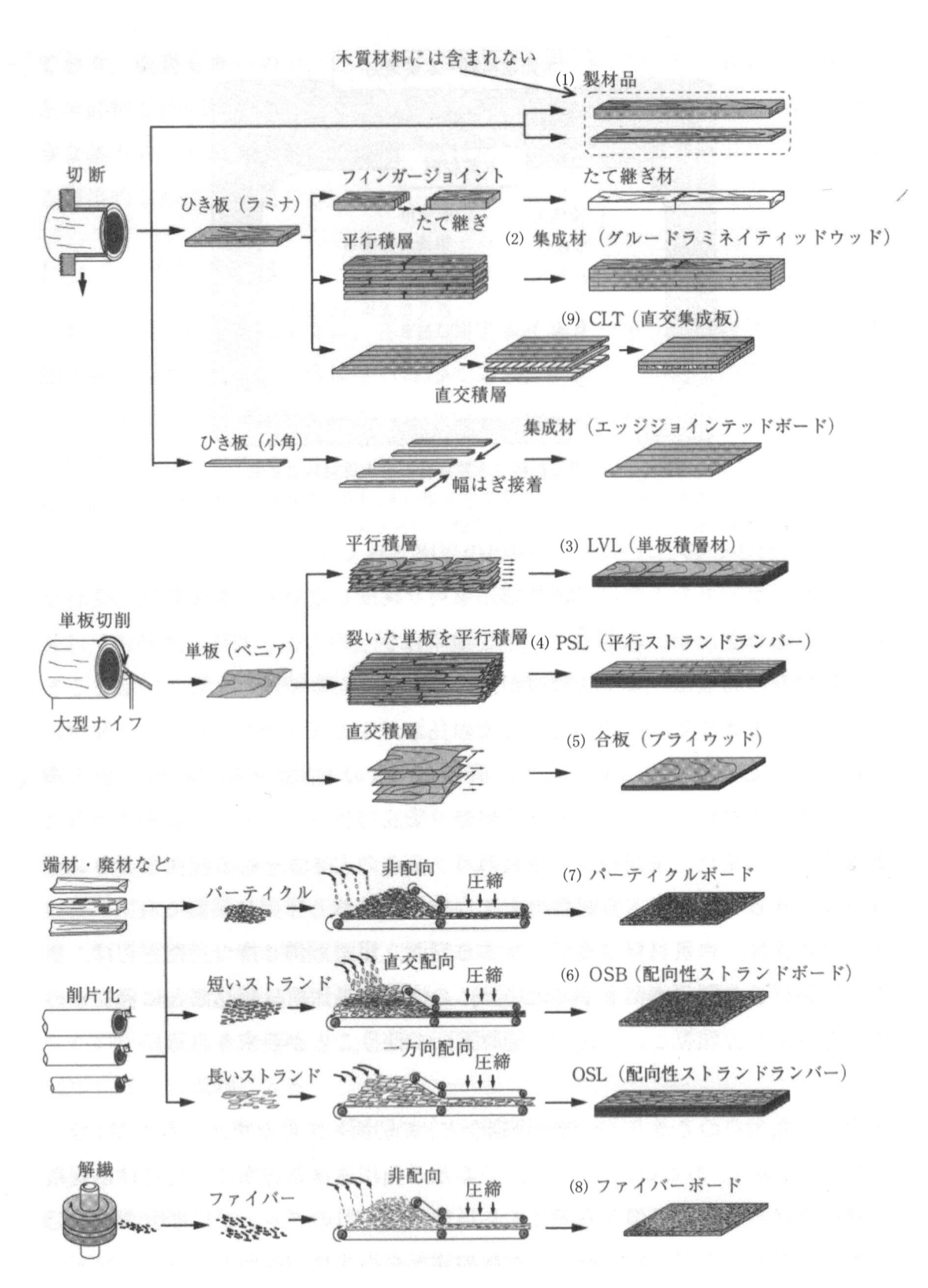

図 2.1-1　各種木質材料とその製造工程 [2]

(1) 製 材

(a) 規 格

製材品の規格には，製材の日本農林規格（以下製材 JAS という）：JAS 1083（最終改正：令和元年）[4]および「枠組壁工法構造用製材及び枠組壁工法構造用たて継ぎ材の日本農林規格（以下枠組壁工法用製材 JAS という）：JAS 0600（最終改正：令和 2 年）[5]がある．ここでは，製材 JAS を中心に概説する．

製材 JAS が対象とする製品には，造作用製材・構造用製材（目視等級区分構造用製材および機械等級区分構造用製材）・下地用製材・広葉樹製材があるが，ここでは，構造耐力上主要な部分に使用することを主な目的としている構造用製材について述べる．JAS 認定された製品には一例として図 2.1-2 に示すようなラベルが貼付され，樹種・構造材の種類・等級・寸法・乾燥処理・保存処理などが表示される．

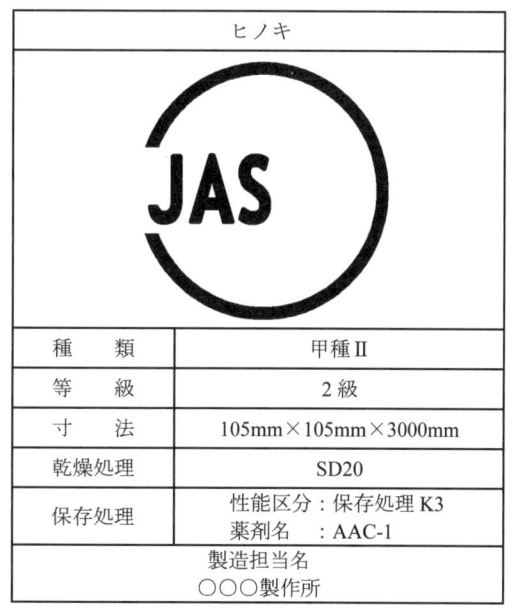

図 2.1-2　製材 JAS の表示例

＜樹種＞

一般的な樹種名を記載する．

＜構造材の種類＞

構造用製材には，節や丸身等材の欠点を目視により測定して区分する「目視等級区分構造用製材」と人工乾燥した材のヤング係数を機械により測定して区分する「機械等級区分構造用製材」がある．目視等級区分構造用製材には，主として高い曲げ性能を必要とする部分に使用される「甲種構造材」と主として圧縮性能を必要とする部分に使用される「乙種構造材」とがある．「甲種構造材」は断面寸法により「甲種 I」と「甲種 II」に区分される．

＜等級＞

目視等級区分構造用製材には，材面の品質により等級区分された「1 級：記号★★★」・「2 級：記号★★」・「3 級：記号★」がある．機械等級区分構造用製材には曲げヤング係数により等級区分された E50・E70・E90・E110・E130・E150 を表示する．英字 "E" と等級の平均曲げヤング係数を表す数値（表示上の単位：tonf/cm^2）とを組み合せたものである．複数の等級をまとめた荷口については，最下位の等級を記載した後に "（以上）" と続けて記載する．例えば E50 と E70 が混在する荷口の場合，"E50（以上）" と表示する．なお，たいこ材の場合は，等級の後にその旨記載する．

＜寸法＞

木口の短辺・木口の長辺・材長の順に単位とともに記載する．

＜乾燥処理＞

含水率試験で得られた一荷口の平均含水率を用いて製品ごとに規定された基準値により区分する．仕上げ材については "SD"，未仕上げ材については "D" の後に基準値（表記の単位は%）を続けて記載する．天然乾燥処理をしたものについては "乾燥処理（天然）" と記載する．

＜保存処理＞

　該当する性能区分 K1・K2・K3・K4・K5 と用いた薬剤名を記号で記載する.

＜その他＞

　構造用製材にあっても，造作用製材の材面の品質基準に則って区分された材面の美観，例えば"四方無節"，"三方上小節"などを記載することができる.

(b)　製　　　造

　構造用製材の製造工程は，製材，乾燥，強度等級区分などからなる.　製材工程の鋸断には帯鋸や丸鋸が使用される.原木丸太の心出しをし，その中心軸に対して平行に製材するのが一般的である.　生材状態の製材は必要に応じて乾燥される.　大きくは天然乾燥と人工乾燥に分けられるが，乾燥装置を利用して温度・湿度をコントロールする人工乾燥が生産効率や品質管理の面から選択される場合が多い.　機械等級区分構造用製材の区分に用いる機械等級区分装置はしかるべき機関の認証が必要である.　ヤング係数の測定方法には，負荷した曲げ荷重とそれにより生じたたわみから算出するもの，打撃等により与えた振動の固有振動数や材料内を伝わる音速から算出するものとがある.

(c)　強 度 性 能

　製材品の強度性能は，原料丸太の樹種や材質，あるいは丸太内の採材部位や局所的な欠点の影響を受ける.　材質を数値的に表わすものとしてはヤング係数や密度があり，局所的な欠点を数値化するものに節径比，繊維傾斜などがある.製材のヤング係数は曲げ強度の間に相関関係があることを利用して，製品のヤング係数を機械で測定しその数値に基づいて区分するのが機械等級区分である.　目視等級区分製材では，節径比，繊維傾斜，貫通割れなどを目視で測定することになっている.　それら測定項目と基準値について表 2.1-1 に示す.　なお，機械等級区分製材であっても目視区分上の制限が設けられているのであわせて示す.

　接合部の設計において木材のめり込み等の挙動を推定するにあっては，密度は重要な因子であるが，規格等で表示されない.　ヤング係数や年輪幅が密度と相関関係を示すこともあるが，必ずそうなるものでもないことから，直接測定するか，樹種で区分される木規準を参照することになる.

　これらの規格の等級に格付けされた製品に対して，建築基準法施行令 89 条第 1 項に規定する許容応力度計算時に利用できる「木材の基準強度」は，圧縮，引張り，曲げ，せん断については平成 12 年建設省告示 1452 号[6]に，また，めり込みについては平成 12 年建設省告示 1024 号[7]に与えられている.　圧縮，引張り，曲げの基準強度は格付けされた等級に応じて，また，めり込みおよびせん断については樹種に応じて与えられる.

　なお，国土交通省大臣の認定を受けた製材品については大臣が指定する数値を使用することができる.　また，「無等級材（規格によって等級区分されていない構造用製材）」に対する基準強度（平成 12 年建設省告示 1452 号[6]）を適用するためには，構造用製材の甲種構造材 2 級以上の品質であることを確認することが望ましい.

　平成 12 年建設省告示 1452 号で規定する枠組壁工法構造用製材 JAS の製品の曲げ・縦圧縮・縦引張りの基準強度については，長辺 89 mm を標準寸法として，それより大きな長辺を持つ製材の強度について，式 2.1-1 により算出された寸法調整係数（K_s）を乗じることと規定している.

$$K_s = \left(\frac{89}{h}\right)^{\alpha} \qquad\qquad\qquad 式 2.1-1$$

記号　　h　：長辺 [mm]

　　　　α　：曲げ・縦引張り強度は 0.4，縦圧縮強度は 0.1

　製材の基準強度については製品断面寸法が強度に与える影響は考慮されていないが，大きな断面の製材の曲げ強度については，標準寸法を 150 mm として寸法調整係数を算出し，許容応力度を低減することが提案されている[8].

表 2.1-1　構造用製材 JAS の品質基準 [4]

区分		等級	節径比			集中節比			繊維傾斜	年輪幅	貫通割れ		丸身
			狭い面	広い面		狭い面	広い面				木口	材長	
				材縁	中央		材縁	中央					
目視区分	甲種 I	1 級	20%以下			30%以下			1/12 以下	6 mm 以下	材幅以下	ないこと	10% 以下
		2 級	40%以下			60%以下			1/8 以下	8 mm 以下	材幅の 1.5 倍以下	材長の 1/6 以下	20% 以下
		3 級	60%以下			90%以下			1/6 以下	10 mm 以下	材幅の 2 倍以下	材長の 1/3 以下	30% 以下
	甲種 II	1 級	20% 以下	15% 以下	30% 以下	30% 以下	20% 以下	45% 以下	1/12 以下	6 mm 以下	材幅以下	ないこと	10% 以下
		2 級	40% 以下	25% 以下	40% 以下	60% 以下	40% 以下	60% 以下	1/8 以下	8 mm 以下	材幅の 1.5 倍以下	材長の 1/6 以下	20% 以下
		3 級	60% 以下	35% 以下	70% 以下	90% 以下	50% 以下	90% 以下	1/6 以下	10 mm 以下	材幅の 2 倍以下	材長の 1/3 以下	30% 以下
	乙種	1 級	30%以下			45%以下			1/12 以下	6 mm 以下	材幅以下	ないこと	10% 以下
		2 級	40%以下			60%以下			1/8 以下	8 mm 以下	材幅の 1.5 倍以下	材長の 1/6 以下	20% 以下
		3 級	70%以下			90%以下			1/6 以下	10 mm 以下	材幅の 2 倍以下	材長の 1/3 以下	30% 以下
機械区分		E50	70%以下			90%以下			－	－	材幅の 2 倍以下	材長の 1/3 以下	30% 以下
		E70											
		E90											
		E110											
		E130											
		E150											

(d)　含　水　率

製材品の含水率の区分について製材 JAS では，仕上げ材（人工乾燥処理後に修正挽きや材面調整を行って寸法仕上げをしたもの）にあっては SD20，SD15，未仕上げ材（人工乾燥処理後に寸法仕上げをしないもの）にあっては D25，D20，D15 の区分がある．それぞれに区分された製品は，採取した試験片の含水率の平均値が規定の数値以下である必要がある．建築基準法施行令第 46 条第 2 項第一号イの規定に基づくならば，含水率 15%以下のものを使用することになる．ただし径 24 mm の込み栓を用いた接合またはこれと同等以上に乾燥割れにより耐力が低下するおそれの少ない構造の接合にあっては 30%以下，これら以外で乾燥割れにより耐力が低下するおそれの少ない構造の接合にあっては 20%以下のものを使用してもよい（昭和 62 年建設省告示第 1898 号 [9]，平成 12 年建設省告示第 1452 号第六号 [6]）．なお，枠組壁工法製材 JAS では，19%を超えるものを未乾燥材（表示：G），含水率 19%以下のものを乾燥材（表示：D）としそのうち 15%以下のものについては "D15" と表示してもよいことになっている．

乾燥材の生産効率を向上させるには乾燥処理中の製品内の水分移動の速度を上げる必要があるが，一方，製品としては乾燥に伴う割れが少ないことや製品間や材内の含水率の変動が極力小さいことを求められる．これらは二律背反の関係にあり，製品の断面寸法が大きくなるほどその最適解を見出すのは難しくなる．

(e)　保　存　処　理

製材 JAS および枠組壁工法用製材 JAS では，表 2.1-2 に示すように保存処理材の樹種や主要成分の吸収量と浸潤度の程度により，性能の低い K1 から性能の高い K5 の 5 つの区分を設けている．保存処理材の防腐・防蟻性能を判断するために保存薬剤が浸透していない部分の耐朽性を樹種ごとに区分したものを表 2.1-3 に示す．また，保存処理材の性能区分をどの様な条件下で使用するのが妥当かの判断は，基本的には設計側に委ねられるものであるが，一応の目安を表 2.1-4 に示す [11]．保存薬剤の吸収量を向上させるためにインサイジング処理が併用される場合がある．製材 JAS ではインサイジングによる強度低下を，曲げヤング係数，曲げ強さともに 10%以内にするよう求めている．

優良木質建材等認証制度（以下 AQ という）では保存処理材の性能区分を，1 種，2 種，3 種と表示し，それぞれ製材

JAS に規定する保存処理の性能区分でいう K4，K3，K2 相当としている.

表 2.1-2　製材 JAS に規定される保存薬剤の種類，記号，有効成分と性能区分別吸収量の基準値

種類※	記号	有効成分	性能区分別吸収量 [kg/m³]				
			K1	K2	K3	K4	K5
ホウ素化合物系	B	ホウ素	1.2	-	-	-	-
第 4 級アンモニウム化合物系	AAC-1	DDAC	-	2.3	4.5	9.0	
銅・第 4 級アンモニウム化合物系	ACQ-1	BKC	-	1.3	2.6	5.2	10.5
	ACQ-2	酸化銅・DDAC	-	1.3	2.6	5.2	10.5
銅・アゾール化合物系	CUAZ	酸化銅・シプロコナゾール	-	0.5	1.0	2.0	-
ホウ素・第 4 級アンモニウム化合物系	BAAC	ホウ素・DDAC	-	1.6	3.2	6.4	-
第 4 級アンモニウム・非エステルピレスロイド化合物系	SAAC	DMPAP	-	1.3	2.5	5.0	-
アゾール・第 4 級アンモニウム・ネオニコチノイド化合物系	AZNA	DDAC・テブコナゾール・イミダクロプリド	-	1.2	2.4	4.8	-
脂肪酸金属塩系	NCU-E	銅	-	0.5	1.0	1.5	2.3
	NZN-E	亜鉛	-	1.0	2.0	4.0	
	VZN-E	亜鉛・ベルメトリン	-	1.3	2.5	5.0	-
ナフテン酸金属塩系	NCU-O	銅	-	0.4	0.8	1.2	1.8
	NZN-O	亜鉛	-	0.8	1.6	3.2	
アゾール・ネオニコチノイド系	AZN	シプロコナゾール・イミドクロプリド	-	0.08	0.15	0.30	-
クレオソート油	A	クレオソート油	-	-	-	80	170

※：JIS K 1570[10] に適合するものであること

表 2.1-3　製材 JAS および枠組壁工法用製材 JAS に規定される心材の耐久性区分 [3,4]

心材の耐久性区分	樹種名
D₁	ヒノキ [a,c]，ヒバ [a,c]，スギ [a,c]，カラマツ [a,c]，ベイヒ [a,c]，ベイスギ [a]，ベイヒバ [a]，ベイマツ [a]，ダフリカカラマツ [a,c]，サイプレスパイン [a,c] ケヤキ [b]，クリ [b]，クヌギ [b]，ミズナラ [b]，カプール [b]，セランガンバツ [b]，アピトン [b]，ケンパス [b] ウェスタンラーチ [c]，ダグラスファー [c]，タイワンヒノキ [c]，タマラック [c] パシフィックコーストイエローシーダー [c]，ウェスタンレッドシーダー [c]
D₂ [c]	アカマツ，クロマツ，イースタンヘムロック，アマビリスファー，グランドファー，ツガ，パシフィックコーストヘムロック，アルパインファー，エンゲルマンスプルース，オウシュウアカマツ，コーストシトカスプルース，ジャックパイン，バルサムファー，ブラックスプルース，ホワイトスプルース，ポンデローサパイン，メルクシマツ，モミ，ラジアタパイン，レッドスプルース，ロッジポールパイン，アガチス，ウェスタンホワイトパイン，ベニマツ，レッドパイン，ショートリーフパイン，スラッシュパイン，ロブロリーパイン，ロングリーフパイン，エゾマツ，トドマツ

a：造作用製材，目視等級区分構造用製材，機械等級区分構造用製材，下地用製材
b：広葉樹製材
c：枠組壁工法構造用製材および枠組壁工法構造用たて継ぎ材

表 2.1-4　製材 JAS の保存処理材の性能区分と想定される使用環境 [11]

区分	腐朽蟻害が生じるおそれの程度	屋内の乾燥した環境	非接地			接地	AQ
		ない*	たまに*	しばしば*	常時*	常時*	
K1	ない	防虫性能のみ保証	防虫性能，耐腐朽蟻害性能の保証はない				-
K2	寒冷地で少ない	20 年		10 年		10 年未満	3 種
K3	ある	20 年		10 年		10 年未満	2 種
K4	はげしい（イエシロアリの分布地域など）	30 年			20 年	10 年	1 種
K5	極度に大きい	半永久					-

＊：外気または湿潤状態に曝される頻度

(2)　集　成　材

(a)　規　格

　集成材について，集成材の日本農林規格（以下集成材 JAS という）：JAS 1152（最終改正：令和 5 年）[12]では「ひき板，小角材等をその繊維方向を互いにほぼ平行にして，厚さ，幅および長さの方向に集成接着した木材」としている．その中で建築物の構造部材に使用される製品として，構造用集成材と化粧ばり構造用集成柱が規定されている．JAS 認定された製品には JAS マークと品名・強度等級・接着性能・樹種名・寸法等が記載される（図 2.1-3）．

	構造用集成材 JAS
品名	異等級構成構造用集成材（対称構成）「中断面」　（梁）
強度等級	E 120 － F 330
材面の品質	2 種
接着性能	使用環境 C
樹種名	ベイマツ
寸法	（短辺）　（長辺）　（材長） 105　×　210　×　4,600　mm
ホルムアルデヒド放散量	F ☆☆☆☆
製造者	○○株式会社

検 査 機 関：○○○○○

図 2.1-3　構造用集成材 JAS の表示例

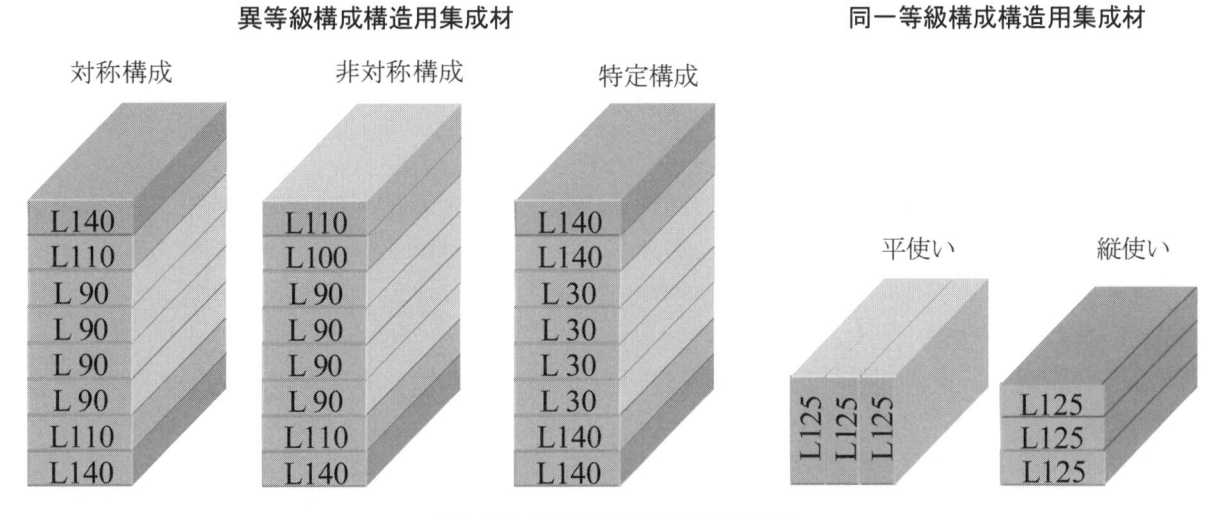

図 2.1-4　構造用集成材ラミナ構成の例

＜品名＞

　「異等級構成集成材（対称構成）」・「異等級構成集成材（非対称構成）」・「異等級構成集成材（特定対称構成）」・「同一等級構成構造用集成材」がある〔図 2.1-4 参照〕．また，断面寸法の区分に応じた「大断面」・「中断面」・「小断面」や用いられる構造物の部分が特定されている場合にそれを示す "小屋組"・"梁"・"柱" などを記載できる．

＜強度等級＞

　曲げヤング係数を示す "E"（表示の単位：tonf/cm²）と曲げ強度を示す "F"（表示の単位：kgf/cm²）の組合せで記載される．

＜材面の品質＞

製品材面の節・やにつぼ・割れ・きずなど，変色・汚染，削り残し・丸身などで区分され，区分に応じて「1種」・「2種」又は「3種」と記載される．

＜接着性能＞

「使用環境 A」・「使用環境 B」・「使用環境 C」の区分がある．それぞれの定義と使用できる接着剤を表 2.1-5 に示す．

表 2.1-5　集成材 JAS の接着に関する使用環境の定義と使用可能な接着剤

使用環境	使用環境 A	使用環境 B	使用環境 C
定義	構造用集成材の含水率が長期間継続的に19%を超える環境，直接外気にさらされる環境，太陽熱等により長期間高温になる環境，構造物の火災時でも高度の接着性能を要求される環境その他の構造物の耐力部材として，接着剤の耐水性，耐候性又は耐熱性について高度な性能が要求される使用環境をいう．	構造用集成材の含水率が時々19%を超える環境，太陽熱等により時々高温になる環境，構造物の火災時でも高度の接着性能を要求される環境その他の構造物の耐力部材として，接着剤の耐水性又は耐熱性について通常の性能が要求される使用環境をいう．	構造用集成材の含水率が時々19%を超える環境，太陽熱等により時々高温になる環境その他の構造物の耐力部材として，接着剤の耐水性又は耐熱性について通常の性能が要求される使用環境をいう．
積層	レゾルシノール（RF） レゾルシノール・フェノール（RPF）	レゾルシノール（RF） レゾルシノール・フェノール（RPF）	レゾルシノール（RF） レゾルシノール・フェノール（RPF） 水性高分子イソシアネート（API）
たて継	レゾルシノール（RF） レゾルシノール・フェノール（RPF） メラミン（MF）	レゾルシノール レゾルシノール・フェノール（RPF） メラミン（MF）	レゾルシノール（RF） レゾルシノール・フェノール（RPF） メラミン（MF） 水性高分子イソシアネート（API） メラミンユリア（MUF）

＜樹種名＞

樹種を複合して用いる場合は使用量の多いものから記載される．

＜寸法＞

短辺，長辺，材長を単位とともに記載する．

＜使用方向＞

異等級構成集成材（非対称構成）は，梁部材での使用において主たる荷重の向きをあらかじめ想定し，その引張り側には圧縮側より性能の高いラミナを配置している．製造時に想定した荷重の向きを建築現場で特定する必要があるため，圧縮側（床荷重を受ける面）となる上面にその旨表示する．

＜幅はぎ未評価ラミナ使用＞

大断面集成材に限って，その中間層，内層に幅はぎ未評価ラミナを使用することができることから，該当する場合はその表示を行う．

＜実大曲げ試験または実証試験を伴うシミュレーション計算による強度確認＞

集成材 JAS に例示されていないラミナ構成で製造する場合，厚さが 5 cm を超えて 6 cm 以下のラミナを使用する場合，厚さが異なるラミナを使用する場合には，実大曲げ試験または実証試験を伴うシミュレーション計算による強度確認を実施するとともに，その旨を記載する必要がある．

＜プルーフローダによる強度の確認＞

ラミナのたて継部の強度についてあらかじめプルーフローダによる保証荷重試験をした場合は，積層方向に隣接するラミナのたて継部の長さ方向の間隔の制限を受けないことから，プルーフローダによる強度確認を行った旨を表示する．

＜その他＞

必要に応じてホルムアルデヒド放散量，保存処理などの記載ができる．

(b) 製　　造

　製材ひき板を乾燥した後，幅はぎやたて継により寸法を調整しラミナとする．ラミナは強度等級区分しこれらを例示されたラミナ構成にしたがって配置する．これに接着剤を塗布し積層・圧縮して接着剤の硬化・成型を行う．集成材を構成するラミナの積層数は異等級構成集成材では4枚以上，同一等級構成集成材では2枚以上である．また，化粧ばり構造用集成柱では5枚以上である．

(c) 強 度 性 能

　構造用集成材では，ひき板もしくはラミナを強度等級区分・品質管理した後，これらを定められたラミナ構成とすることで集成材の強度性能も保証する．ラミナの強度等級区分には，機械等級区分と目視等級区分がある．機械区分では，測定された曲げヤング係数によりラミナは L200 から L30 までの 14 等級に区分される．目視区分では，節の大きさ，繊維走行の傾斜，腐れ等の有無，年輪幅あるいは髄からの距離などの各項目の基準に応じて 1 等〜4 等に区分される．ラミナは強度等級に応じてその配置が定められており，異等級構成にあってはその断面内の区分（最外層，外層，中間層，内層）に応じて，同一等級構成および化粧ばり構造用柱にあっては断面内同一ラミナ等級で構成される．

　JAS に適合した製品に対しては，平成 12 年建設省告示第 1024 号[7]により圧縮・引張り・曲げ（積層方向，幅方向）・せん断・めり込みの基準強度が定められている．また，設計に必要になる弾性係数については，木規準[1]に示されている．圧縮，引張り，曲げに関わるこれらの数値は，JAS に定めるラミナの品質とラミナ構成に基づいて，実験および計算により求められたものである．なお，曲げの基準強度は，異等級構成集成材については梁せい 300 mm，同一等級構成集成材については梁せい 100 mm を標準梁せいとした数値で，それ以外の梁せいの場合の基準強度は JAS に定める寸法調整係数を乗じて求める．

　せん断およびめり込みについては，樹種に応じてその値が定められている．また，集成材の内層に主たる接合具が配置される接合部の設計をする場合，極端に材質の異なる複数の樹種を積層することが可能な異等級構成集成材（特定対称構成）の場合は，内層に使用されている樹種を確認する必要がある．幅はぎ未評価の表示がある集成材において，未評価の幅はぎ面にせん断力が生じる場合〔図 2.1-5 参照〕は，そのせん断の基準強度は該当の数値に 0.6 を乗じる．

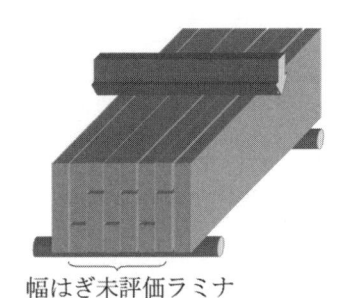

幅はぎ未評価ラミナ

図 2.1-5　集成材の幅はぎ未評価面にせん断力が生じる場合の例

(d) 含 水 率

　集成材 JAS では製品の含水率が 15%以下になるよう定められている．通常ラミナの乾燥においては，仕上がり含水率のバラツキなどを考慮して目標含水率が 10〜12%に設定されている．

(e) 保 存 処 理

　集成材 JAS では，構造用集成材のうち中断面・小断面に対する保存処理の規定がある．認定品には，性能区分・保存剤の種類・処理方法が表示される．性能区分は K3〔表 2.1-4 参照〕に限定されている．使用できる保存剤は，AAC-1，AZN の 2 種類で，有効成分の吸収量の測定方法と基準値〔表 2.1-2 参照〕，その浸潤度の測定方法と基準値が規定されている．薬剤の性能はいずれも JIS K1570 (2013) の規定に合致するものである．処理方法としては，製品へ保存剤（AZNのみ）を加圧注入する方法（表示：製品処理）と保存処理したラミナを積層接着する方法（表示：ラミナ処理）が認められている．

　AQ 認証制度には，保存処理したラミナを積層接着した防腐・防蟻処理構造用集成材，油溶性保存薬剤を集成材に加圧注入した防腐・防蟻処理構造用集成材-2，水溶性保存薬剤を集成材に加圧注入したのち乾燥処理した防腐・防蟻処理構造用集成材-3，加圧注入以外の方法により所定の薬剤量を注入した防腐・防蟻処理構造用集成材-4，加工を施した中断面集成材に保存薬剤を加圧注入した防腐・防蟻処理構造用集成材-5 がある．保存処理材の性能区分は，薬剤の注入量と浸潤度により 2 種（K3 相当），3 種（K2 相当）が規定されている．

(3)　単板積層材

(a)　規　　格

　単板積層材（Laminated Veneer Lumber : LVL）のうち構造材として用いるものは指定建築材料であり，平成 12 年建設省告示第 1446 号 [3)] に示す木質接着成形軸材料の品質に関する技術的基準か単板積層材の日本農林規格（以下単板積層材 JAS という）：JAS 0701（最終改正：令和 5 年）[13)] に適合する必要がある．

　単板積層材 JAS では，その対象とする製品を「ロータリーレース，スライサーその他の切削機械により切削した単板をその繊維方向をほぼ平行にして積層接着した木材，もしくは繊維方向が直交する単板を用いた場合にあっては，直交する単板の合計厚さが製品の厚さの 30%以下であり，かつ，当該単板の枚数の構成比が 30%以下である木材」とし，そのうち「主として構造物の耐力部材として用いられるもの」を構造用単板積層材と定義している．JAS 格付けされた製品には図 2.1-6 に示すような項目を表示する必要がある．

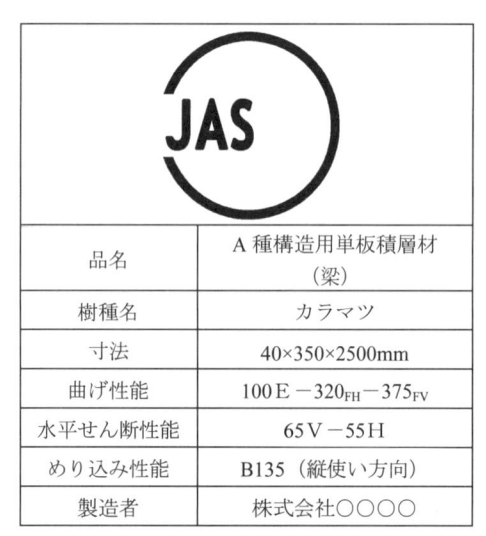

品名	A 種構造用単板積層材 （梁）
樹種名	カラマツ
寸法	40×350×2500mm
曲げ性能	$100\,E-320_{FH}-375_{FV}$
水平せん断性能	$65\,V-55\,H$
めり込み性能	B135（縦使い方向）
製造者	株式会社○○○○

図 2.1-6　構造用単板積層材 JAS の表示例

＜品名＞

　「A 種構造用単板積層材」（主繊維方向に直交する単板を入れないものまたは主繊維方向に直交する単板を入れる場合，その使用を両最外層から 2 枚目のみに配置したもの）と「B 種構造用単板積層材」（JAS が規定する直交単板の配置，平行単板の連続枚数，単板の構成に従って直交単板を入れたもの）がある．また，用いられる構造物の部分が特定されている場合にそれを示す "梁"・"まぐさ" などが記載される．

＜接着性能＞

　集成材と同様に「使用環境 A」・「使用環境 B」・「使用環境 C」で記載される〔表 2.1-5 参照〕．構造用単板積層材の製造には，通常加熱硬化型のフェノール樹脂（PF）が用いられる．断面の大きな製品を製造するため単板積層材をさらに積層接着する場合，いわゆる二次接着においては，使用環境 A および使用環境 B ではレゾルシノール樹脂（RF），レゾルシノール・フェノール樹脂（RPF）が，使用環境 C ではこれに加えて水性高分子－イソシアネート系樹脂（API）が使用できる．接着の程度については，冷水浸せき剥離試験と煮沸剥離試験または減圧加圧剥離試験における剥離率と水平せん断試験で確認する．また，二次接着の確認にあたっては，これらの促進処理による剥離試験に加えて二次接着層を対象とした水平せん断試験またはブロックせん断試験を行う．

＜樹種名＞

一般的な樹種名で表示される．樹種を複合して使用したものは使用量の多いものから順に記載する．

＜寸法＞

厚さ，幅，長さを単位とともに記載する．なお，構造用単板積層材の製品厚さは 21 mm 以上と規定される．

＜曲げ性能＞

ヤング係数を示す"E"（表示の単位：tonf/cm²）と製造上の規制に基づく等級（特級・1級・2級）もしくは曲げ強さを示す"F"（表示の単位：kgf/cm²）の組合せで表示される．曲げ強さは平使い方向と縦使い方向〔図2.1-7 参照〕とで異なることがある．A種構造用単板積層材については，平使い方向は"F_H"，縦使い方向では"F_V"，両者が同じ場合は"F_{HV}"の記号で示される．例えば，曲げヤング係数の平均が 10.0×10^3 N/mm² 以上で平使いの曲げ強度が 32.0 N/mm² 以上かつ縦使い曲げ強度が 37.5 N/mm² 以上の場合，表示は"100E-320F_H-375F_V"もしくは"100E-320F_{HV}"となる．

＜水平せん断性能＞

JAS では接着の程度を示すものとして水平せん断性能の試験方法と基準値を規定している．表示は，縦使い方向の値を示す"V"と平使い方向の値を示す"H"を用いる．例えば，縦使い方向の水平せん断強さが 6.5 N/mm² 以上かつ平使い方向の水平せん断強さが 5.5N/mm² 以上の場合，表示は"65V-55H"と表示される．

＜その他＞

めり込み性能，ホルムアルデヒド放散量，保存処理，実証試験を伴うシミュレーション計算の実施等について必要に応じて記載する．

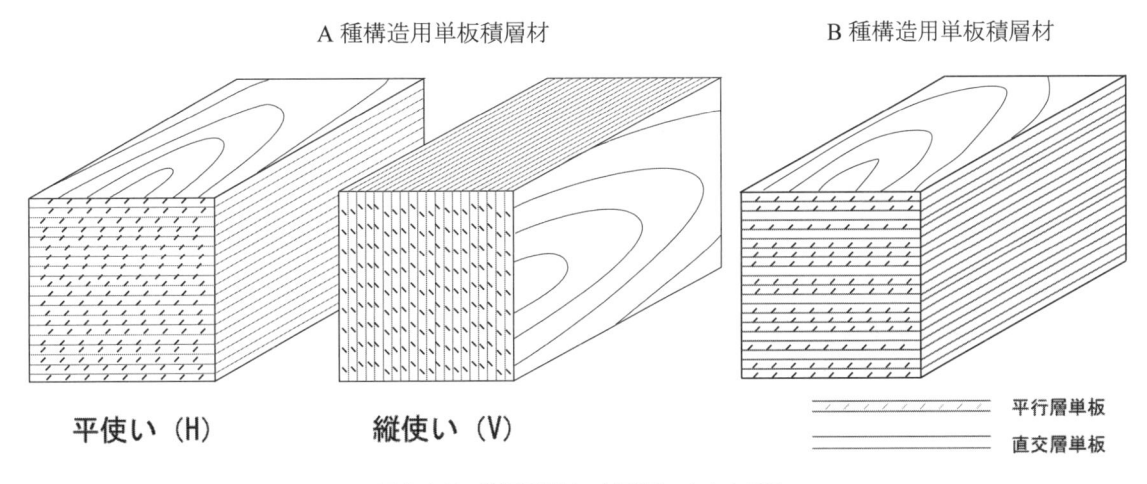

図 2.1-7　単板積層材の接着層の向きと呼称

（b）　製　　造

単板積層材の製造工程は原木の玉切り，単板切削，裁断，乾燥，単板選別，調板，積層・接着，切断・仕上げからなる．単板切削にはロータリーレース，単板乾燥にはベニアドライヤーなど合板の製造と同じ装置が利用できる．単板選別には超音波伝播速度等による単板等級区分機が用いられる．単板の積層数や隣接する単板の長さ方向の接着部（単板のつぎ目）の間隔が強度性能に影響するので，LVL 専用プラントでは連続レイアップシステムによる接合部配置の自動化が行われている．積層接着工程のプレスには，熱盤あるいは高周波加熱によるバッチ式のものと連続式のものがある．

（c）　強 度 性 能

JAS では強度等級は規定の曲げ試験を行って得た曲げヤング係数と曲げ強度の両方を満足するように決定する．平使い方向において引張り側に単板の継目があると支配的な強度上の欠点となるため平使い方向の方が曲げ強さは低くなる傾向があり，A種構造用単板積層材では平使い方向と縦使い方向でそれぞれの性能に応じた表記が可能である．

水平せん断強度は，縦使いおよび平使い方向それぞれの方向で行った試験結果に基づいて決定され，荷重方向別に定められた基準値を同時に満足する等級に格付けされる．一般に水平せん断強度は平使いより縦使いの方が高い．

告示で定める圧縮，引張り，曲げおよびせん断強さの基準強度[7]は JAS の曲げ性能および水平せん断性能に応じて与えられる．めり込みの基準強度は基本的に JAS で記載される樹種別に与えられるが，JAS でめり込み性能に対する格付けを行ってその等級を表示してあるもの（A 種構造用単板積層材に限る）にはそれに応じた基準強度が与えられる．めり込み性能にはめり込み試験により得られた部分圧縮比例限度応力による 180B・160B・135B・90B の区分があり，試験時の荷重の方向（"縦使い方向"・"平使い方向"・"両方向"）とともに記載されている．

接合部の設計や施工においては，製品内部に潜在している単板の切削時に生じる裏割れへの配慮が必要になる場合がある[14]．

(d) 含 水 率

JAS では製品の含水率は 14%以下であることと規定されている．製品の積層接着工程において熱圧締されることから，製造直後の製品の含水率は実使用環境下の平衡含水率に対してやや過乾燥の傾向にある．

(e) 保 存 処 理

JAS では，使用環境 A の構造用単板積層材への保存処理に関する規定がある．認定品には，性能区分・保存剤の種類・処理方法が表示される．性能区分は K3〔表 2.1-4 参照〕に限定されている．使用できる保存剤は，BAAC，AZN の 2 種類で，有効成分の吸収量の測定方法と基準値〔表 2.1-2 参照〕，その浸潤度の測定方法と基準値が規定されている．処理方法としては，製品へ AZN を加圧注入する方法（表示：製品処理）と BAAC で保存処理した単板を積層接着する方法（表示：単板処理）が認められている．

AQ では，防腐・防蟻処理合板等の製品に対して，接着剤混入型，製品への加圧注入型および単板処理型が規定されている．保存処理材の性能区分は，薬剤の注入量と浸潤度により 2 種（K3 相当），3 種（K2 相当）となっている．

(4) PSL などその他の軸材料製材

1970 年以降に集成材や単板積層材（LVL）に続く木質軸材料として開発・実用化された PSL, OSL, LSL を紹介する．PSL は Parallel Strand Lumber, OSL は Oriented Strand Lumber, LSL は Laminated Strand Lumber の略称で，いずれも民間企業により開発された．

PSL は，単板を幅方向に裁断して製造したストランド（最小厚さが 6.4 mm 以下，かつ平均長は最小厚さの 300 倍以上）を，繊維方向を揃えて積層接着した材料をいう．用途としては，大断面大スパンの梁や桁から柱，まぐさ，枠組み材などがある．また，防腐などの薬剤注入が容易であることを利用した製品もある．

OSL, LSL は，ウェファー状の削片を裁断して製造したストランドを配向して積層接着した材料である．ASTM（American Society for Testing and Materials）では，最小厚さが 2.54 mm 以下でかつ平均長が最小厚さの 150 倍以上のストランドを用いたものを LSL，最小厚さが 2.54 mm 以下でかつ平均長が最小厚さの 75 倍以上のストランドを用いたものを OSL と定義している．用途としては，建築材料として床根太，柱材，床下地材のほか，家具や建具の枠材などがある．

これらの材料は，ストランドの製造工程で節などの欠点が除去されること，フォーミング時にストランド端部が分散され目切れ（木材繊維が連続せず途切れていること）も少なくなること，接着剤の硬化過程で圧密されることなどから強度性能が高くかつばらつきが少ないなどの長所がある．一方，エレメント間の隙間や接着の機構の面から，含水率変化による寸法変化，耐水性，耐久性への配慮が必要である．

指定建築材料であり，木質接着成形軸材料の品質に関する技術的基準[3]に適合する必要がある．接合性能についてはストランドの積層方向と荷重の方向の関係に配慮する必要がある．PSL, OSL の鋼板挿入型ドリフトピン接合による接合強度試験結果では，積層面に垂直にドリフトピンを打ち込む方が積層面に平行に打ち込む場合より靭性が高いことが示された[15]．

(5) 構造用合板
(a) 規 格

合板について，合板の日本農林規格（以下合板 JAS という）（最終改正：令和元年）[16]では，「ロータリーレース又は

スライサーにより切削した単板（心板にあっては小角材を含む.）3 枚以上を主として繊維方向を互いにほぼ直角にして接着したもの」とし，さらに構造用合板については合板のうち「建築物の構造耐力上主要な部分に使用するもの」と定義している．JAS 格付けされた構造用合板は図 2.1-8 に示すような項目を表示する．

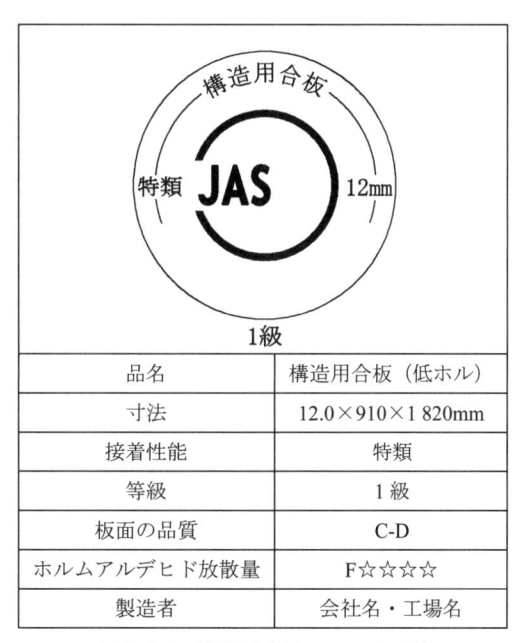

図 2.1-8　構造用合板 JAS の表示例

品名	構造用合板（低ホル）
寸法	12.0×910×1 820mm
接着性能	特類
等級	1 級
板面の品質	C-D
ホルムアルデヒド放散量	F☆☆☆☆
製造者	会社名・工場名

＜寸法＞

厚さ，幅，長さについて標準寸法が規定されている．厚さは 5〜35 mm の 13 種類，幅 900〜1 220 mm の 5 種類と長さの組合せによる 11 種類がある．検査統計（令和元年）[17]によると，9 mm 以上 12 mm 未満が 11%，12 mm 以上 15 mm 未満が 45%，15 mm 以上が 44%であった．

＜接着の程度＞

「特類」・「1 類」・「2 類」の区分があるが，構造用合板は特類または 1 類である必要がある．特類とは屋外または常時湿潤状態となる環境において使用することを主な目的とした接着の程度の要件を満たす合板，また，1 類とは断続的に湿潤状態となる環境において使用することを主な目的とした合板の類別をいう．合板 JAS では，連続煮沸，スチーミング繰返し，減圧加圧，煮沸繰返し，スチーミング処理などの処理をした合板の接着強度を測定する試験方法とその基準値が，接着の程度に応じて規定されている．検査統計（令和元年）[17]によると 99%が特類であった．

＜等級＞

強度による等級のことで，ラワン等南洋材で製造されることが多い「1 級」と主として針葉樹で製造される「2 級」がある．1 級は構造計算が必要な建築物に使用できるが，2 級は仕様に基づく壁等の材料として使用されることが前提となっている．検査統計（令和元年）[17]によると 98%が 2 級である．

＜板面の品質＞

合板の表面と裏面の板面の品質を組合せで示す．単板の品質は節の径比や割れの程度により A〜D の 4 つに区分され，例えば，表面に C，裏面に D を組み合せたものは"C‐D"と表示される．

＜曲げ性能＞

1 級の曲げ性能は，曲げヤング係数を表す"E"と曲げ強度を表す"F"の組合せ（7 種類）で示すことができる．また，曲げ性能の表示がないものにあっても，板面の品質の組合せと製品厚さから，あるいは製品の厚さから曲げ性能を知ることができる．2 級の曲げ性能は直接表示されないが，製品厚さから曲げヤング係数を知ることができる．

＜有効断面係数比＞

2 級の場合，曲げ強度を推定できるように単板構成に関する断面性能として，表板の主繊維方向と平行（0°方向）と表板の主繊維方向と直角（90°方向）の有効断面係数比を表示することができる．合板 JAS には 5 層の合板を例に

計算式が示されているが，この原則に則って5層以外についても計算し表示することができる．

＜その他＞

　ホルムアルデヒド放散量の程度，防虫処理（使用した防虫剤の種類），保存処理（性能区分，薬剤の種類，処理方法），単板の樹種名などが必要に応じて表示されている場合がある．

(b) 製　　造

　合板の一般的な製造工程は，原木の玉切り，単板切削，裁断，乾燥，調板・単板品質区分，積層・接着，切断・仕上げからなる．単板切削にはロータリーレース，単板乾燥にはベニアドライヤーが用いられる．単板の品質区分には画像処理装置による板面の欠点計測や超音波伝播速度測定による等級区分機が用いられている．構造用合板の製造に用いる接着剤には，フェノール樹脂接着剤が一般的に使用される．積層接着工程のプレスには，熱盤加熱式の多段プレスが用いられる．処理方法には，製品へ薬剤を加圧注入する方法，保存処理した単板を積層接着する方法，保存薬剤を混入した接着剤を用いて積層接着する方法がある．

(c) 強 度 性 能

　構造用合板1級の製品に対しては，曲げヤング係数，曲げ強さ，面内せん断強さの強度試験方法と基準値が規定されている．曲げ性能については，表板の繊維方向に平行方向と直交方向の数値を求める必要がある．構造用合板2級の主要な用途は，在来軸組構法や枠組壁工法の壁・床・屋根の下地である．これらに対する許容応力度は，木規準[1]で示されている．その中で曲げの基準許容応力度は，JAS の強度試験の適合基準に対して 1/4，圧縮で 1/3.5 の値となっている．

(d) 含 水 率

　JAS に定める手順でサンプリングされた試験片の含水率の平均値が 14%以下であることと定められている．単板の乾燥工程や接着剤の硬化工程で受ける高温の影響で，平衡含水率は通常の木材より低いと言われている．

(e) 保 存 処 理

　JAS では構造用合板へ保存処理を施した製品に対する規定があり，性能区分・保存剤の種類・処理方法が表示される．性能区分は K3〔表 2.1-4 参照〕に限定されている．使用できる保存剤は，BAAC，ACQ-1，CUAZ，AZN の4種類で，有効成分の吸収量の測定方法と基準値〔表 2.1-2 参照〕，その浸潤度の測定方法と基準値が規定されている．処理方法としては，製品へ BAAC，CUAZ，AZN を加圧注入する方法（表示：製品処理）と ACQ-1 で保存処理した単板を積層接着する方法（表示：単板処理）が認められている．

　AQ では，防腐・防蟻処理合板等の製品に対して，接着剤混入型，製品への加圧注入型および単板処理型が規定されている．保存処理材の性能区分は，薬剤の注入量と浸潤度により 2種（K3 相当），3種（K2 相当）となっている．処理に用いる薬剤は公益社団法人日本木材保存協会の認定薬剤等で，接着剤混入型用に6種類，加圧注入・単板処理型用に17種類が認められている．

(6) OSB (Oriented strand board)

(a) 規　　格

　OSB の性能を規定する規格には，構造用パネルの日本農林規格（以下構造用パネル JAS という）：JAS 0360（最終改正　令和元年）[18]とパーティクルボードの日本産業規格（以下パーティクルボード JIS という）：JIS A 5908:2022[19]がある．

　構造用パネル JAS では，対象とする製品を「パネルのうち，主として構造物の耐力部材として用いられるもの」と定義している．ここでパネルには，「木材の小片を接着し板状に成型した木材」，「これにロータリーレース，スライサー等により切削した単板を積層接着した木材」，「これらにその表面若しくは裏面を被覆する材料を貼付した木材」が含まれる．したがって，パーティクルボードの表裏面に単板を配置した材料やウェファーボードなども対象製品に含まれるが，これまでに JAS 格付けの実績があるのは OSB のみである．寸法とホルムアルデヒド放散量の区分に関する規定と

表示方法・接着の程度・含水率・曲げ性能・吸水性・釘耐力性能試験に関する試験方法と基準値の規定がある．また，格付けされた製品に表示すべき項目が規定されている．

＜寸法＞

厚さ，幅，長さを単位とともに記載する．

＜その他＞

品名，ホルムアルデヒド放散量，強軸方向の製品表面への表示，強度等級が表示される．なお，パーティクルボードJIS では，その対象製品について「木材などの小片を主な原料として接着剤を用いて成形熱圧した板」と定義し，原料の小片にはチップ，フレーク，ウェファー，ストランドが使用できることになっているのでストランドを用いる OSBはその適用範囲に含まれる．しかし，これまでに JIS で認定された OSB の実績はない．

(b) 製 造

アスペンなどの小径の原木をリングフレーカーやディスクフレーカーを用いて木材の繊維方向に長いストランドに切削する．その寸法は，木材繊維に平行方向の長さが 70〜130 mm，厚さが 0.6〜0.7 mm，幅が 13〜19 mm ほどである．生材状態のストランドを乾燥した後，回転ドラム内で接着剤を塗布する．接着剤には粉末フェノール接着剤，液体フェノール接着剤，イソシアネート系接着剤などが使用される．接着剤を塗布されたストランドは，一般的に製品の厚さ方向の外層の表裏 2 層および内層の 3 層構造としてマット状にフォーミングされる．外層は製品の長手方向とストランドの長手方向が平行になるように，また，内層のストランドは外層と直交するように配向する．内層をランダム配向とするものや，内層が 3 層に分かれるものなどもある．フォーミングされたマットは熱盤プレスに搬送され，熱圧成形される．プレス後，所定寸法に裁断し表面をサンダー等で仕上げ，裁断面からの水分吸収を防ぐための処理を行って出荷される．

(c) 強 度 性 能

OSB はその表層 2 面を繊維方向に長いエレメントを配向させることで木質ボードの中では高い曲げ性能を持つが，主応力の向きが表層のストランドの配向方向に平行方向か直角方向かにより強度性能に差がある異方性を示す．構造用パネル JAS では，強度性能に関連して常態曲げ試験，釘接合せん断試験および釘引抜き試験の方法とその基準値が規定されているが，異方性に配慮した試験体の採取方法となっている．

曲げ性能は 1 級から 4 級の 4 つに区分されている．格付け検査には常態曲げ試験と湿潤曲げ試験が課せられており，試験により測定される強軸方向および弱軸方向の曲げヤング係数と曲げ強度に対する基準値が定められている．ただし，これらは一定の物性値ではなくパネル厚さの関数として表されている．これは，床下地や屋根下地に用いた際の許容スパンを想定していることによる．なお，強軸方向とは，ストランドを一定方向に配列し成形されたパネルにおける表層 2 面のストランドの繊維方向，弱軸方向はそれと直交する方向をいう．

構造用パネルの基準強度や弾性係数（面内せん断弾性係数を含む）は，「2018 年枠組壁工法建築物構造計算指針 [20]」に提案されている．

(d) 含 水 率

製品の含水率は，パネル 1 枚から規定されたサンプリングを行って測定された含水率の平均が 13%以下であることと規定されている．

(e) 保 存 処 理

JAS には保存処理に関する規定はない．AQ 認証制度に「防腐・防蟻処理構造用パネル」があるが，現在認定製品はない．

(7) パーティクルボード

(a) 規 格

ここでとりあげるパーティクルボードは，パーティクルボード JIS [19] が対象製品とする「木材などの小片を主な原料

として，接着剤を用いて成形熱圧した板」のうち，「木材の小片としてチップを用いて成形熱圧して製造された木質面材料」とする．用途の中心は長らく造作・家具であったが，近年になって木造建築物の耐力壁や床構面の下地材としての利用が増加している．2015 年の改定時に，従来の製品種類である「素地パーティクルボード」，「単板張りパーティクルボード」，「化粧パーティクルボード」に，主として構造物の耐力部材として用いられる「構造用パーティクルボード」が加わった．「構造用パーティクルボード」には，表裏面の状態・曲げ強さ・耐水性・ホルムアルデヒド放散量による区分がある他，寸法・密度・含水率・吸水厚さ膨張率・剥離強さ，てい（釘）頭貫通力・くぎ側面抵抗に関する試験方法と基準値が定められている．なお，製品厚さは住宅用耐力壁の部材を想定して 9 mm のみとなっている．

＜表裏面の状態＞
素地パーティクルボードと構造用パーティクルボードについては"研磨の有無"による区分がある．

＜曲げ強さ＞
素地パーティクルボードには「18 タイプ」・「13 タイプ」・「8 タイプ」の 3 つの区分があるが，構造用パーティクルボードは 18 タイプである必要がある．

＜耐水性＞
素地パーティクルボードには「耐水 2（記号：MR2, 従来の P タイプ）」・「耐水 1（記号：MR1, 従来の M タイプ）」・「普通（記号：REG, 従来の U タイプ）」の 3 区分がある．構造用パーティクルボードは耐水 2 もしくは耐水 1 である必要がある．耐水 2 は 2 時間煮沸+常温水中 1 時間浸せき後，耐水 1 は 70℃温水 2 時間浸せき+常温水中 1 時間浸せき後の湿潤状態の曲げ強度（曲げ強度区分の基準値に対する残存率：50%）によって性能を担保する．

(b)　製　　造
パーティクルボードの原料には主として工場残廃材や型枠用合板，住宅解体材などの木質系廃棄物が利用される．これらをハンマークラッシャー，スクリュー式破砕機，ハンマーミル等で破砕して原料チップを得る．異物除去，チップの寸法・形状の分類，乾燥を行った後，接着剤を塗布する．構造用に用いられるものの接着剤としては，ユリア・メラミン樹脂，フェノール樹脂，イソシアネート系樹脂が使用される．接着剤が塗布されたチップはフォーミングされた後，加熱圧縮により成形される．加熱圧縮には，平板式の多段式プレスや連続式のカレンダーロールプレスなどが用いられる．製品の曲げ強さや曲げヤング係数を製品密度の割に高くすることを目的に，熱圧時に表層の圧密化を促進して密度を上げる製造技術が使われることもある．成形された板は養生された後，必要に応じてサンダーで表面仕上げされ，所定寸法に裁断される．

(c)　強 度 性 能
パーティクルボードの強度性能は密度との関係が強いこともあり，パーティクルボード JIS では製品密度の範囲を 0.4 g/cm^3 以上 0.9 g/cm^3 以下としているが，構造用パーティクルボードは 0.71 g/cm^3 以上 0.81 g/cm^3 以下とさらに狭い範囲に限定している．製品の強度異方性は小さいが，曲げ試験では製品の縦方向と横方向からそれぞれ試験体を採取して実施することになっている．

強度性能の区分の数値は，単位 N/mm^2 で示される曲げ強さの基準値である．構造用パーティクルボードは曲げ強さの区分が 18 タイプであることの他に，密度，耐水性の区分に応じて規定されている湿潤時曲げ強さ，剥離強さ，てい（釘）頭貫通力，くぎ側面抵抗の基準値を満足する必要がある．

(d)　含 水 率
JIS では製品含水率を 5〜13% であることと規定している．

(e)　保 存 処 理
JIS と AQ 認証制度には該当する規定はない．

(8) ファイバーボード（繊維板）

(a) 規　　格

　繊維板の日本産業規格（以下繊維板 JIS という）：JIS A 5905:2022[21)]では「主に木材などの植物繊維を成形した繊維板」を対象製品として，その密度と製法によって，「インシュレーションボード」・「ハードボード」・「MDF（Medium Density Fiberboard)」に分類している．インシュレーションボードは密度 0.27 g/cm³ 未満の畳床用，密度 0.35 g/cm³ 未満の内装下地・断熱用，密度 0.40 g/cm³ 未満の外壁下地用の 3 つの製品区分がある．ハードボードは密度 0.80 g/cm³ 以上で，耐水性向上のために油・樹脂などによる特殊処理を施したテンパードボードと施さないスタンダードボードがある．MDF は密度 0.35 g/cm³ 以上の「普通 MDF」と密度 0.7 g/cm³ 以上 0.85 g/cm³ 未満の「構造用 MDF」があり，製法はドライプロセス（接着剤を用いて製造する方式）によるものと規定されている．MDF の用途の中心は長らく造作・家具であったが，木造建築物の耐力壁や床構面の下地材としての利用が増加してきたことから，2014 年の改定時に主として構造物の耐力部材として用いられる構造用 MDF が新設された．表裏面の状態・曲げ強さ・接着剤・ホルムアルデヒド放散量・難燃性による区分がある．製品厚さは，住宅用耐力壁の部材としての利用を想定して 9 mm のみとなっている．

＜表裏面の状態＞

　構造用 MDF には"研磨の有無"による区分がある．

＜曲げ強さ＞

　普通 MDF には「30 タイプ」・「25 タイプ」・「15 タイプ」・「5 タイプ」の 4 つの区分があるが，構造用 MDF は 30 タイプもしくは 25 タイプである必要がある．

＜接着剤＞

　MDF には「P タイプ」・「M タイプ」・「U タイプ」の 3 つの区分がある．「構造用 MDF」は P タイプもしくは M タイプである必要がある．P タイプは 2 時間煮沸+常温水中 1 時間浸せき後，M タイプは 70℃温水 2 時間浸せき+常温水中 1 時間浸せき後の湿潤状態の曲げ強度（曲げ強度区分の基準値に対する残存率：50%）によって性能を担保する．

(b) 製　　造

　ボード原料には木材を解繊して得たファイバーを用いる．解繊は飽和水蒸気によるチップの前処理とディスクリファイナーを用いた解繊処理により行われるのが一般的である．MDF は乾式法で製造される．乾燥前あるいは乾燥後の解繊ファイバーに接着剤を添加し，フォーミング，プリプレスの後，連続式プレスにより加熱圧締して製造される．インシュレーションボードとハードボードの製造法には，ウェットプロセス（湿式法）とドライプロセス（乾式法）があるが，主として湿式法で製造される．ハードボードは，ファイバーマットを熱圧締して成形する．接着剤には，ユリア・メラミン樹脂，フェノール樹脂，イソシアネート樹脂が使用される．

(c) 強 度 性 能

　製品の強度異方性は小さいが，曲げ試験では製品の縦方向と横方向からそれぞれ試験体を採取して実施することになっている．

　普通 MDF の曲げ強さの区分は「30 タイプ」・「25 タイプ」・「15 タイプ」・「5 タイプ」の 4 種類で，数値は曲げ強さの基準値（単位 N/mm²）である．構造用 MDF は曲げ強さの区分が 30 タイプまたは 25 タイプであることの他，密度，耐水性の区分と曲げ強さの区分に応じて規定されている湿潤時曲げ強さ，剥離強さ，てい（釘）頭貫通力，くぎ側面抵抗の基準値を満足する必要がある．なお，参考値として曲げヤング係数の基準値も示されている．

(d) 含 水 率

　JIS では，製品含水率は 5〜13% であることと規定している．

(e) 保 存 処 理

　JIS と AQ 認証制度には該当する規定はない．

(9) 直交集成板（Cross-laminated timber）

(a) 規 格

直交集成板（Cross-laminated timber：CLT）は指定建築材料であり，平成 12 年建設省告示第 1446 号 [3]に示す直交集成板の品質に関する技術的基準か直交集成板の日本農林規格（以下直交集成板 JAS という）：JAS 3079（最終改正：令和元年）[22]に適合する必要がある.

直交集成板 JAS では，その対象とする製品を「ひき板又は小角材（これらをその繊維方向を互いにほぼ平行にして長さ方向に接合接着して調整したものを含む.）をその繊維方向を互いにほぼ平行にして幅方向に並べ又は接着したものを，主としてその繊維方向を互いにほぼ直角にして積層接着し 3 層以上の構造を持たせた木材」としている. JAS 格付けされた製品には図 2.1-9 に示すような項目を表示する必要がある.

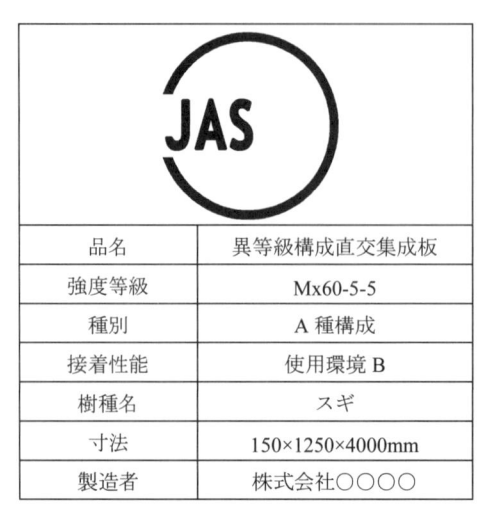

品名	異等級構成直交集成板
強度等級	Mx60-5-5
種別	A 種構成
接着性能	使用環境 B
樹種名	スギ
寸法	150×1250×4000mm
製造者	株式会社〇〇〇〇

図 2.1-9 直交集成板 JAS の表示例

＜品名＞

構成する層のラミナの品質が異なる「異等級構成直交集成板」と構成する層のラミナの品質が同一である「同一等級構成直交集成板」がある.

＜強度等級＞

異等級構成直交集成板を表す "Mx" または同一等級構成直交集成板を表す "S" に続けて，外層に用いたラミナの曲げヤング係数を表す数値（120・90・60・30：表示の単位は tonf/cm^2），層構成を表す「3 層 3 プライ（3-3）」・「3 層 4 プライ（3-4）」・「5 層 5 プライ（5-5）」・「5 層 7 プライ（5-7）」・「7 層 7 プライ（7-7）」・「9 層 9 プライ（9-9）」を組み合せた記号で記載する.

＜種別＞

等級区分機によって測定されたラミナの曲げヤング係数に上限値を定めないラミナまたは目視によって区分されたラミナを使用したものを「A 種構成」，曲げヤング係数に上限値を定めたうえで貫通割れや丸身がないことを確認したラミナを使用したものを「B 種構成」として記載する.

＜接着性能＞

「使用環境 A」，「使用環境 B」，「使用環境 C」〔定義については表 2.1-4 参照〕の区分がある. 使用環境 A および使用環境 B ではレゾルシノール樹脂（RF），レゾルシノール・フェノール樹脂（RPF）が，使用環境 C ではこれらに加えて水性高分子－イソシアネート系樹脂（API）が使用できる. 接着の程度については，浸せき剥離試験と煮沸剥離試験または減圧加圧剥離試験における剥離率とブロックせん断試験の結果で判定する.

＜樹種名＞

用いたラミナの樹種名を一般名で記載する. 複数の樹種を用いた場合は樹種名と使用箇所（外層・強軸内層・弱軸内層）の組合せで記載する.

＜寸法＞

厚さ（積層方向の辺長），幅（外層ラミナの繊維に直角方向の辺長），長さ（外層ラミナの繊維に平行方向の辺長）を単位とともに記載する．

＜その他＞

厚さの異なるラミナを用いて製造する場合や例示されている構成の種類と異なる構成で製造する場合は実証試験を伴うシミュレーション計算による強度確認を行う必要があり，その旨を記載する．幅はぎ評価プライを用いて製造した場合，それを使用していることとその層を記載する．また，ホルムアルデヒド放散量を記載することができる．

(b) 　製　　　造

製材されたひき板あるいは小角材を人工乾燥した後，強度等級区分する．CLT パネル（マザーボード）の寸法に合わせて同じ等級のひき板をたて継ぎや幅はぎして寸法調整しラミナとする．ラミナの厚さは 12〜50 mm，幅は 300 mm 以下とし，平行層用ラミナにあってはその幅は厚さの 1.75 倍以上，直交層用ラミナにあっては厚さの 3.5 倍以上とする．これらのラミナを幅方向に並べて一つのプライを構成するが，ラミナの幅方向を幅はぎ接着により一体化させる場合と一体化させない場合がある．なお，幅はぎ評価プライを用いた旨表示するには所定の試験を行って基準を満足する必要がある．これらのプライまたはラミナに接着剤を塗布し，直交集成板 JAS に例示されたラミナ等級の構成にしたがって配置し所定の時間積層方向に圧縮する．プライを一体化しない場合は同時に側圧等をかけるなどしてラミナ間に生じる隙間を 6 mm 以内にする必要がある．養生した後，所定の製品寸法に裁断し，必要に応じて表面仕上げ，接合部等の加工，保護塗料塗布などを行って出荷する．

(c) 　強　度　性　能

直交集成板 JAS では，強度等級区分やたて継ぎ部の品質管理を行ったラミナを定められたラミナ構成で積層接着することで製品の強度性能を保証する．ラミナの強度等級区分には，機械等級区分と目視等級区分がある．機械等級区分では，測定された曲げヤング係数によりラミナは M120, M90, M60, M30 の 4 等級に区分される．目視等級区分では，節の大きさ，繊維走行の傾斜，腐れ等の有無，年輪幅あるいは髄からの距離などの各項目の基準に応じて 1 等と 2 等に区分される．ラミナは強度等級に応じてその配置が定められており，異等級構成にあっては外層と内層の組合せが規定されている．

直交集成板の基準強度は平成 12 年建設省告示第 1024 号[7]に与えられている．圧縮・引張り・曲げ（積層方向，幅方向）・せん断（積層方向，幅方向）の基準強度は，品質や樹種に基づくラミナの強度性能値を与えられた計算式に代入して算出する．また，めり込みについては，外層ラミナの樹種に応じてその値が定められている．これら以外で設計に必要になる基準弾性係数等については，「CLT を用いた建築物の設計施工マニュアル増補版」[23),24)]に示されている．なお，CLT パネル工法に用いることができるものは，使用されているラミナ厚さが 24 mm 以上 36 mm 以下の製品に限る．また，長期許容応力度は木材と同じ係数を用いて算出できるが，2023 年 8 月時点では 9 層 9 プライ強軸はその対象から除外されている．

(d) 　含　水　率

直交集成板 JAS では，製品含水率は 15%以下であることと規定している．

(e) 　保　存　処　理

直交集成板 JAS には該当する規定はない．AQ 認証制度には防腐・防蟻処理直交集成板の品目があり，防腐防蟻処理試験・接着性能試験・含水率試験・曲げ試験の方法と基準，使用できる薬剤が規定されている．性能区分は 2 種（K3 相当）である．

参 考 文 献

1) 日本建築学会：木質構造設計規準・同解説—許容応力度・許容耐力設計法—，2006 年
2) 高田克彦・林　知行：フォレストプロダクツ，2020 年
3) 平成 12 年建設省告示 1446 号，2000 年
4) 農林水産省：JAS 1083-2019 製材の日本農林規格（最終改正：令和元年），2019 年
5) 農林水産省：JAS 0600-2020 枠組壁工法構造用製材及び枠組壁工法構造用たて継ぎ材の日本農林規格（最終改正：令和 2 年），2020 年
6) 平成 12 年建設省告示 1452 号，2000 年
7) 平成 12 年建設省告示 1024 号，2000 年
8) 井道裕史・加藤英雄・長尾博文：製材品の曲げ強度における寸法効果パラメータの検討，森林総合研究所研究報告，Vol.19，No.1（No.453）pp.79-87，2020 年
9) 昭和 62 年建設省告示 1898 号，1987 年
10) 日本規格協会：JIS K 1570-2010　木材保存剤の日本産業規格，2010 年
11) 鈴木憲太郎：製材 JAS 規格の改正について，木材保存，21 巻，3 号，pp.134-140，1995 年
12) 農林水産省：JAS 1152-2023 集成材の日本農林規格（最終改正：令和 5 年），2023 年
13) 農林水産省：JAS 0701-2023 単板積層材の日本農林規格（最終改正：令和 5 年），2023 年
14) 日本住宅・木材技術センター：構造用 LVL の接合部構造耐力試験報告書，1994 年
15) 黄　権煥・小松幸平：SCL を鋼板挿入ドリフトピンで接合した接合部のせん断性能，木材学会誌，49 巻，4 号，pp.275-286，2003 年
16) 農林水産省：合板の日本農林規格（最終改正：令和元年），2019 年
17) 日本合板検査会：検査統計，2019 年
18) 農林水産省：JAS 0360-2019 構造用パネルの日本農林規格（最終改正：令和元年），2019 年
19) 日本規格協会：JIS A 5908-2022 パーティクルボードの日本産業規格，2022 年
20) 枠組壁工法建築物設計の手引・構造計算指針編集委員会：2018 年枠組壁工法建築物構造計算指針，(社)日本ツーバイフォー建築協会，2018 年
21) 日本規格協会：JIS A 5905-2022 繊維板の日本産業規格，2022 年
22) 農林水産省：JAS 3079-2019 直交集成板の日本農林規格（最終改正：令和元年），2019 年
23) CLT 設計施工マニュアル編集委員会：2016 年版 CLT を用いた建築物の設計施工マニュアル増補版，日本住宅・木材技術センター，2016 年
24) 日本住宅・木材技術センターHP　https://www.howtec.or.jp/publics/index/281/

2.1.2 　金属材料および表面処理

2.1.2.1 　金 属 材 料

金属材料は，柔らかくて展延性に富む，電気伝導度・熱伝導が大きい，金属光沢を持つ，合金により純金属にはない性質を与えることができるなどの性質を持ち，大きく鉄鋼材料と非鉄金属材料に区分できる．鉄鋼材料は，炭素含有量の比率により，工業用純鉄（約 0.02%以下），鋼材（約 0.02〜2%以下），鋳鉄（約 2%以上）に分類され，非鉄金属材料は，銅合金，アルミニウム合金，マグネシウム合金などに分類される．さらに鋼材は，合金元素による分類では，炭素鋼または合金鋼，製鋼炉による分類では，転炉鋼（80%），電炉鋼（18%）または平炉鋼（1%以下），製造方法による分類では，圧延鋼材（熱間・冷間），鍛鋼品または鋳鋼品（鋳物）と分けることができる[1,2]．表 2.1-6 に，木質構造建築物に使用されている金物の材料規格を示す．

金属材料の品質（種類，化学成分）は，鉄鋼メーカーが発行する品質証明書（ミルシート）で確認することができる．ミルシートは，鋼材の組織成分の分析結果を示したもので，日本産業規格（JIS）に適合した鋼材であるという証明書である．鉄鋼メーカーオリジナル規格の鋼材についても，そこが発行するミルシートで，JIS 鋼材との同等性が把握できる．ミルシートは，鉄鋼メーカーのみならず金物メーカーにとっても，自社製品の品質管理上，必ず保管している重要書類である．

これらの金属材料について，建築基準法上での木造建築用金物と関わりを見ると，例えば，木造の継手仕口の構造方法を規定している平成 12 年建設省告示第 1460 号では，釘は JIS A 5508（くぎ），ボルトは JIS B 1180（六角ボルト）を規定しているが，鉄筋および鋼板に関する金属材料の規格はない．また，柱と基礎の構造方法等を定めている平成 28 年国土交通省告示第 690 号では，直径 11 mm の鋼製だぼの原材料は JIS G 3101 に規定する SS400 に定められ，建築材料の品質を規定している平成 12 年建設省告示第 1446 号では，ボルト，鉄筋，ターンバックル，タッピンねじの規格はあるが，木造建築用金物の材料規格はない．ゆえに，本項で紹介する金属材料には，建築基準法上の規程が及ばないものも含まれている．しかし，「木質構造設計規準・同解説／日本建築学会発行」や「木造軸組工法住宅の許容応力度設計（2017 年版）／（公財）日本住宅・木材技術センター発行」に基づいて接合部を設計するには，金物の材料規格が明確でなければならない．材料規格が異なれば材料強度も異なるため，同じ寸法形状の金物で接合部を構成しても接合耐力に差が生じることとなる．

(1) 　ボルト，ドリフトピン等

六角ボルト（JIS B 1180）および六角ナット（JIS B 1181）には引張強さの強度区分の規定があり，六角ボルトでは 4.6 または 4.8，六角ナットでは 4T で，それぞれの引張強さ 400 N/mm² を満足する材料として，一般に JIS G 3101（一般構造用圧延鋼材）の SS400（SS 材）が使われている．SS400 は強度を基準とした炭素鋼で，記号に付随する数値は引張強さ（N/mm²）を示す．SS400 の他に，JIS G 3112（鉄筋コンクリート用棒鋼）の SR235，SD235A，JIS G 4303（ステンレス鋼棒）の SUS304 がある．

また，JIS G 4051（機械構造用炭素鋼鋼材）の S45C（S-C 材）は，成分を基準とした炭素鋼である．数値は炭素含有量（例えば 45→0.45%）を示し，数値が大きくなるほど炭素が増え，熱処理（焼き入れ）をしたときの硬度が増す．S45C（S-C 材）を原材料とした六角ボルトやドリフトピンなどの接合具は，高い曲げ耐力を有する．

CLT パネル工法の技術基準を規定している平成 28 年国交省告示第 611 号第十（構造計算ルート 1）では，最下階の壁パネルと基礎，上下階の壁パネル相互，壁パネルと床版・小屋組・屋根版を緊結する引張接合部に用いるボルト，アンカーボルトおよびナット等は，降伏後の伸び性能が期待される JIS B 1220（構造用転造両ねじアンカーボルトセット）の ABR490 が用いられる．この他，ラーメン工法の柱と基礎，柱と梁接合部にも使用される．

表 2.1-6　金物等の主な金属材料 [3), 6)]

金属材料の規格	記号	引張強さ（N/mm²）	備考	用途
JIS G 3101 （一般構造用圧延鋼材）	SS400	400～510		ボルト ナット ドリフトピン等
JIS G 4051 （機械構造用炭素鋼鋼材）	S45C （S-C材）	－	炭素含有量 0.42～0.48	
JIS G 3112 （鉄筋コンクリート用棒鋼）	SR235	380～520		
JIS G 4303 （ステンレス鋼棒）	SUS304	520以上		
JIS G 3138 （建築構造用圧延棒鋼）	SNR490B	490～610		構造用両ねじアン カーボルトセット
JIS G 3131 （熱間圧延軟鋼板及び鋼帯）	SPHC	270以上		座金 羽子板ボルト板部 引き寄せ金物 かど金物 梁受け金物等
JIS G 3141 （冷間圧延鋼板及び鋼帯）	SPCC	270以上		
JIS G 3302 （溶融亜鉛めっき鋼板及び鋼帯）	SGHC SGCC	（270）	めっきの付着量[※1] Z27（275 g/m²）	
	SGH400 SGC400	400以上		火打金物（HB）
JIS G 3317 （溶融亜鉛－5％アルミニウム合金めっき 鋼板及び鋼帯）	SZAHC SZACC	－	めっきの付着量[※1] Y27（275 g/m²）	座金 羽子板ボルト板部 引き寄せ金物 かど金物 梁受け金物等
	SZAH400 SZAC400	400以上		
JIS G 3323 （溶融亜鉛－アルミニウム－マグネシウム 合金めっき鋼板及び鋼帯）	SGMHC SGMCC	－	めっきの付着量[※1] K27（275 g/m²）	
	SGMH400 SGMC400	400以上		
JIS G 4304 （熱間圧延ステンレス鋼板及び鋼帯）	SUS304	520以上		
JIS G 4305 （冷間圧延ステンレス鋼板及び鋼帯）				
JIS G 4313 （ばね用ステンレス鋼帯）	SUS304-CSP	470～1 130		
JIS G 3532（鉄線）	SWM-N	490～1 270		くぎ ビス タッピンねじ スプリング等
JIS G 3505（軟鋼線材）	SWRM	－		
JIS G 3506（硬鋼線材）	SWRH	－		
JIS G 3507-2 （冷間圧造用炭素鋼－第2部：線）	SWCH	－		
JIS H 3260（銅及び銅合金線）	C2701W-N	275～785		
JIS G 4309（ステンレス鋼線）	C2702W-N	520～1 420		
JIS G 4315 （冷間圧造用ステンレス鋼線）	C2703W-N	540～740		
JIS G 5705（可鍛鋳鉄品）	C2704W-N	310～480		ジベル スプリットリング等
JIS H 5202（アルミニウム合金鋳物）	C2705W-N	150～330		

※1：両面付着量

(2)　角座金，羽子板ボルト，筋かいプレート，火打金物，座金用スプリング等

　板物類は，板厚や製造工程の違いにより材料が異なっている．一般に，板厚が厚い角座金，製造過程で溶接工程や表面処理工程がある羽子板ボルトや引き寄せ金物に使用される材料は，JIS G 3101（一般構造用圧延鋼材）の SS400，JIS G 3131（熱間圧延軟鋼板及び鋼帯）の SPHC，JIS G 3141（冷間圧延鋼板及び鋼帯）の SPCC である．

　板厚が薄く，溶接工程を伴わないプレス機のみで生産されるかど金物や筋かいプレートなどの材料は，原板に溶融亜鉛めっき処理が施されている JIS G 3302（溶融亜鉛めっき鋼板及び鋼帯）の SGHC，SGCC が一般的である．ただし，火打金物は，建築基準法施行令第 1 条第 3 項「構造耐力上主要な部分」に規定されている斜材（筋かい，方づえ，火打材その他これらに類するもの）に該当するため，構造用 SGH400 または SGC400 を原材料とし，金物の強度・品質を担保している．その他，JIS G 4304（熱間圧延ステンレス鋼板及び鋼帯），JIS G 4305（冷間圧延ステンレス鋼板及び鋼帯），JIS G 4313（ばね用ステンレス鋼帯）の SUS304 などがある．座金用スプリングの線材は，JIS G 3506（硬鋼線材）に規定する SWRH が用いられている．

　また，1990 年に制定された JIS G 3317（溶融亜鉛−5%アルミニウム合金めっき鋼板及び鋼帯）や 2012 年に制定された JIS G 3323（溶融亜鉛−アルミニウム−マグネシウム合金めっき鋼板及び鋼帯）は，溶融亜鉛めっき鋼板より高い防せい防食性能を有する材料であり，鉄鋼メーカーオリジナル規格の高耐食めっき鋼板を使った金物も多い．

(3)　くぎ，木ねじ，タッピンねじ

　JIS A 5508（くぎ）の材料は，JIS G 3532（鉄線），JIS G 4309（ステンレス鋼線）SUS304 またはこれらと同等以上の品質をもつ線材である．鉄線の引張強さは幅が広く，これは，鉄線の材料である JIS G 3505（軟鋼線材）の化学成分の違いに起因しており，主に炭素（C）含有量が多くなるほど硬くなり，引張強さが高くなる．

　JIS B 1112（十字穴付き木ねじ），JIS B 1135（すりわり付き木ねじ）の材料には，JIS G 3505（軟鋼線材），JIS G 4315（冷間圧造用ステンレス鋼線），JIS H 3260（銅及び銅合金線）が挙げられる．また，JIS B 1125（ドリリングタッピンねじ）は，規定の機械的性質（ビッカース硬さ，ロックウェル硬さ）を満足する線材や JIS G 4315（冷間圧造用ステンレス鋼線）の SUS410 など，四角穴付きタッピンねじは，JIS G 3507-2（冷間圧造用炭素鋼−第 2 部：線）に適合する線材が使われている．

(4)　そ　の　他

　梁受け金物，ジベルやスプリットリングに使用されている特殊な材料として，JIS G 5705（可鍛鋳鉄品）の FCMW（白心可鍛鋳鉄品）や FCMB（黒心可鍛鋳鉄品）がある．白鋳鉄鋳物を 900℃〜950℃で焼きなまして，セメンタイトを塊状の黒鉛に分離させたものが黒心可鍛鋳鉄であり，900℃〜1000℃に加熱して脱炭させ柔軟な材質に変えたものが FCMW（白心可鍛鋳鉄）である．鋳鉄鋳物の伸び（5〜10%）は，SS 材の伸び（20〜30%）に比べて少ないことから金属材料に起因する破壊は脆性的となる．

　また，JIS H 5202（アルミニウム合金鋳物）は，ダイカスト用アルミニウム合金である．アルミニウム，ケイ素，マグネシウム，銅などの含有率による系列に分かれる．最も多く使用されているのは，Al-Cu-Si 系であり，鍛造性，耐食性，機械的性質がよい．

2.1.2.2　表 面 処 理

　金属材料の代表的な表面処理はめっきである．めっきは，紀元前 1500 年メソポタミア北部アッシリア地方で「すずめっき」が考案され，日本への導入は 1400 年前に中国から仏教と共に伝来したものである．東大寺大仏に施された金めっきは，金を水銀に溶かして塗布し，加熱して水銀を蒸気にして飛ばした方法が取られている．めっきの種類は，従来からの電気めっき（銅，ニッケル，クロム，亜鉛，すず，はんだ，金，銀，合金），化学めっき，溶融めっき，溶射めっき，蒸着めっき，気相めっきなどがある．また，電気亜鉛めっきは，1836 年頃，島津藩 島津斉彬による西欧科学の一つとして導入された [4),5)]．その他，新しい表面処理として，ダクロダイズド処理，ラスパート処理，黒色ストロンジンク処理，ストロンジンク J コート処理，エコート WH 処理，ジオメット処理，レジラス，プロイズ，デュラルコート，エコガル，Acexma Eco，KOBEMAG など，多種におよぶ．

　現在，建築市場で流通している木造住宅用金物のボルト，釘などの接合具および接合金物は，電気亜鉛めっき，溶融

亜鉛めっきまたは前出の新しい表面処理が施されている．これら金物の表面処理は，軸組工法用接合金物規格 [6]〔Zマーク表示金物；3.1.3 参照〕に準じている．Zマーク表示金物が規格化される以前にも表面処理を施した金物は出回っていたが，めっきの種類，めっき厚さ，めっき量は製品により異なり，信頼度が低かった．また，JIS の木構造用金物，くぎおよびボルト・ナット類についても表面処理に関する規定項目はなかった．そこで，軸組工法用接合金物規格では，JIS に適合した表面処理を規定し，金物の防せい防食効果を一律な性能に位置付けた．また，表面処理を施した金物を取り扱う上では，下記の 2 点に留意することが必要である．

・異種金属接触腐食

部分的に亜鉛めっきされた鉄釘が雨水にさらされるなど，イオン化傾向の異なる金属どうしが接触した状態で電解質溶液中にあると，二つの金属間には電流が流れ，イオン化傾向の大きい金属が電解質溶液中に金属イオンとなって溶けだす．この電気化学反応は，腐食電池あるいは局部電池とも呼ばれる．異種金属接触腐食はガルバニック腐食とも呼ばれ，金属表面が均一に損耗する均一腐食とは違って，ほとんどの表面が健全であるにもかかわらず，局部的に，かつ金属内部の奥深くまで腐食する不均一腐食である．腐食速度も，金属と溶液との接触面積などで変化する．均一腐食であれば，耐用年数に応じた腐食代を見込むことで，使用期間中安全な板厚を決定することが出来るが，不均一腐食は様々な原因をもとに局部的に発生するため，その対処は難しく，原因を取り除いて行くしかない．

金属の不均一腐食にはこのほか，金属 - 金属間あるいは金属 - 非金属間のわずかなすき間内部だけが腐食するすき間腐食，小さな針で刺したような小さな開口で深い穴が出来る孔食，金属組織の違いで結晶粒界近傍だけが腐食する粒界腐食，合金の一成分だけが腐食する選択腐食，物体や流体の衝突による消耗のエロージョン・コロージョン，金属に付加されている応力と腐食によって割れる応力腐食割れがある．

金属から溶液に向けて電流が流れる電極（アノード）は，電池では負極（マイナス）になるが，金属腐食が含まれる電気分解反応では正極（プラス）となる．金属原子がイオン化して溶けだす金属の腐食は，金属から電子が奪われる酸化反応（アノード反応）である．これに対して溶液から金属へ電流が流れる電極（カソード）では，溶媒中の物質が金属から電子を貰う還元反応（カソード反応）がおこり，別の物質に変化する．イオン化列（序列尺度）に具体的な数値を熱力学的に対応させた標準電極電位列（比例尺度）は，この反応のしやすさの目安であり，電極電位の値が大きな金属を貴な金属，値の小さな金属を卑な金属と呼ぶ．貴な金属は金属として安定し，卑な金属は金属イオンの方が安定するので，卑な金属は腐食しやすい金属といえる．この異種金属接触腐食を積極的に利用したのが金属メッキによる耐食性向上技術であり，基材に対してより卑な金属をメッキすることで，メッキ層の腐食を先行させ，基材の腐食を遅延させる．このような防食技術を，犠牲防食という [7]．

・保存処理木材に接する金物表面処理の腐食

これについては，JIS K 1571（木材保存剤の性能試験方法及び性能基準）が 1998 年に規定されている．試験方法は，保存処理木材と無処理木材に釘を打ち込んだ試験体を，$40 \pm 2℃$，相対湿度 97% に調整したデシケータ内で 10 日間放置し，試験前後の釘の質量を計測して，鉄腐食比を求めるものである．また，めっき鋼板の保存処理木材に対する耐久性試験では，溶融亜鉛めっき鋼板（Z27）の場合，銅を含む ACQ-1，CUAZ-1，NCU-0 の保存処理剤で赤さびの発生が確認されたことから，銅を含む保存処理木材については，金物の保存処理木材への直接接触を避ける措置を要求している [8),9)]．

(1)　接合金物の使用環境

（公財）日本住宅・木材技術センターでは，表 2.1-7 に示すように，接合金物の使用環境に応じた防せい防食処理の性能を定めている．

使用環境 1 は，室内など乾燥した環境で，JIS H 8610（電気亜鉛めっき）5 μm の有色クロメート処理または同等以上の防せい防食処理が求められる．

使用環境 2 は，直接雨に暴露されない屋外環境または多湿な室内環境とし，住木センター規格金物の防せい防食処理は，ここに適合する．この使用環境では，金物の用途別・種類別に，表面処理方法が細かく規定されている．例えば，電気亜鉛めっきは，Zマーク表示金物の多くは 8 μm だが，高耐力の引張金物，高耐力ホールダウン金物や CLT パネル工法用金物（χマーク表示金物；3.1.3 参照）用タッピンねじは 20 μm であり，長期に安定した構造性能を維持するための表面処理である．

使用環境3は，直接雨に曝される屋外環境での使用を目的としていることから，電気亜鉛めっきは25μm，溶融亜鉛めっき鋼板ではZ35など，使用環境2を大きく超える性能が要求されている．

表2.1-7 接合金物に対する使用環境と防せい防食処理 [3),6)]

金物の種類 \ 使用環境の区分		使用環境1	使用環境2 (住木センター規格金物適用)	使用環境3
		室内のような 乾燥した環境での使用	直接雨に暴露されない屋外環境 または多湿な屋内環境での使用	直接雨に曝される 屋外環境での使用
接合金物	・引張金物 ・ホールダウン金物	・JIS H 8610 (電気亜鉛めっき) Ep-Fe/Zn5/CM2 ・その他、同等以上の処理	・JIS H 8610(電気亜鉛めっき) Ep-Fe/Zn20/CM1 ・その他、同等以上の処理	・JIS H 8641(溶融亜鉛めっき) HDZT 49 ・JIS G 3302 (溶融亜鉛めっき鋼板及び鋼帯) Z35 NC ・その他、同等以上の処理
	・引き寄せ金物 ・羽子板ボルト		・JIS H 8641(溶融亜鉛めっき) HDZT 35 ・JIS H 8610(電気亜鉛めっき) Ep-Fe/Zn8/CM2 ・その他、同等以上の処理	
	・その他の 溶融亜鉛めっき鋼板		・JIS G 3302 (溶融亜鉛めっき鋼板及び鋼帯) Z27 NC ・その他、同等以上の処理	
接合具	・タッピンねじ類 ・めり込み防止座金 ・偏心丸座金		・JIS H 8610(電気亜鉛めっき) Ep-Fe/Zn20/CM1 ・その他、同等以上の処理	・JIS H 8610(電気亜鉛めっき) Ep-Fe/Zn25/CM2 ・その他、同等以上の処理
	・くぎ類		・JIS H 8641(溶融亜鉛めっき) HDZT 35 ・その他、同等以上の処理	
	・ボルト類 ・その他の座金 ドリフトピン等		・JIS H 8610(電気亜鉛めっき) Ep-Fe/Zn8/CM2 ・その他、同等以上の処理	

(2) 亜鉛系めっきの耐用年数の算定方法

電気亜鉛めっきや亜鉛めっき鋼板などの耐用年数を推定することは，長期優良住宅や住宅性能表示制度の「劣化の軽減」に規定される等級2（50年〜60年），等級3（75年〜90年）を検討する上で参考となる．

腐食防食協会による亜鉛系めっきの耐用年数（Y）の推定式は以下のとおりである [8)]．

$$Y = Y_{0Z} \cdot BX \qquad\qquad 式\ 2.1\text{-}2$$

$$Y_{0Z} = \frac{0.9Z}{N \cdot \alpha_Z} \qquad\qquad 式\ 2.1\text{-}3$$

記号　Y　：耐用年数 [年]

　　　Y_{0Z}　：標準耐用年数，ただし有色クロメート処理を施したものは2年増し [年]

　　　BX　：露出度係数（屋外露出 1.0，屋内一般部 7.0）

　　　0.9　：耐用年数寄与分

　　　Z　：片面の亜鉛めっき付着量 [g/m^2]

　　　N　：定数=1

　　　α_Z　：定数=11，標準地域野外における亜鉛めっきの年間腐食速度 [g/m^2/年]

(3) JIS H 8610 （電気亜鉛めっき）

Zマーク表示金物の座金，ボルト・ナット類やかすがいなどの小物，また，羽子板ボルトや座金付ボルトなどのねじ加工を有する金物は，当該JISに基づく，めっき厚8μm（2種2級）の電気亜鉛めっきが施されている．電気亜鉛めっきには，JIS H 8625（電気亜鉛めっき及び電気カドミウムめっき上のクロメート皮膜）に基づく防食皮膜が生成されている．このクロメート皮膜が破壊され，電気亜鉛めっきが腐食環境に曝されると，白色腐食生成物が生じる．これは，塩基性炭素亜鉛の白色化合物である．Zマーク表示金物では，最低72時間の白色生成物の発生を防ぐ当該規格CM2C

に適合するクロメート皮膜（黄色）を施している.

　めっき厚さ 8 μm（亜鉛付着量 57.0 g/m², $Y_{0Z} = 4.66$ 年）とクロメート被膜（2 年）を加味した標準耐用年数は 6.66 年であり，これに露出度係数（$BX = 7.0$）を乗じると 46.6 年となる. また，めっき厚さ 20 μm（亜鉛付着量 142.6 g/m², $Y_{0Z} = 11.6$ 年）に，クロメート被膜（2 年）を加味すると標準耐用年数は 13.6 年となり，露出度係数（$BX = 7.0$）を乗じると 95.2 年となる.

(4)　JIS H 8641（溶融亜鉛めっき）

　Z マーク表示金物の太めくぎ，引き寄せ金物は，当該 JIS に基づく HDZT35 の溶融亜鉛めっきが施されている. 特に，太めくぎは金物を留める重要な接合具であるため，耐用年数の長い溶融亜鉛めっきを施している.

　また，JIS G 3302（溶融亜鉛めっき鋼板及び鋼帯）を原材料とする金物の鋼板両面には，Z27（275 g/m²）の溶融亜鉛メッキが施されている. この 2 つの規格に基づく溶融亜鉛めっきの耐用年数は，以下の通りである.

(a)　HDZT35 の場合

　この規格には，亜鉛の最小付着量は規定されてはおらず，膜厚 35 μm 以上と規定されている. 亜鉛の付着量は亜鉛の比重 7.14 であることから，$35 \times 7.14 = 249$ g/m² となる. これより，めっきの耐用年数は，（249 g/m², $Y_{0Z} = 20.3$ 年）に露出度係数（$BX = 7.0$）を乗じると，142.1 年となる.

(b)　Z27（275 g/m²）の場合

　鋼板両面には，Z27（275 g/m²）の溶融亜鉛メッキが施されている. 耐用年数は，Z27（両面：275 g/m², $Y_{0Z} = 11.2$ 年）に，露出度係数（$BX = 7.0$）を乗じると 78.4 年となる.

(5)　ダクロタイズド処理

　ダクロタイズド処理は，アメリカで開発され世界各国で特許を得ている防せい防食処理である.

　処理法としては，金属亜鉛を 3 価クロムで結合し，高い耐食性を有する銀白色の皮膜を形成するもので，その優れた特徴に加え，処理工程では公害の心配がない.

　特徴としては，「耐塩水噴霧性およびサイクルテスト性に優れている」，「耐熱耐食性が優れている」，「アルミとの電食に防止効果がある」，「水素脆性のおそれが皆無」，「つき廻り性に優れている」，「処理された上での塗装も可能」，「各種金属に処理が可能」，「公害のおそれがない」等々である [10].

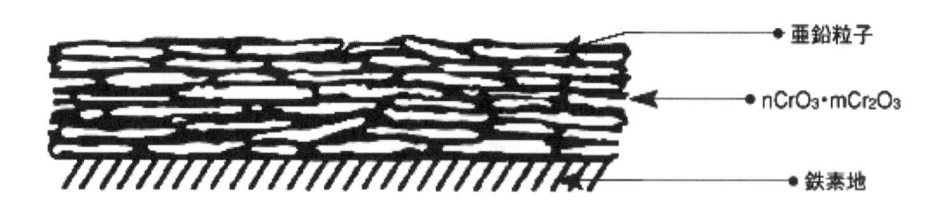

図 2.1-10　ダクロタイズド処理の被膜構造 [10]

(6)　ジオメット処理

　近年，環境問題より，防せい防食処理の有効な材料として使用されてきた六価クロム化合物は，欧米を中心とした環境規制により使用が制限・削減されていく方向にある. ジオメット処理は，ダクロタイズドの技術を基に研究開発されたクロムフリーの防せい防食処理である. ジオメット処理皮膜はシルバーメタリックの外観で，その構造は金属フレークが層状に重なり，特殊無機バインダーにより結合された形となっている. 膜厚 8 μm 程度なので，ボルトとナットとの嵌合も良好である [10].

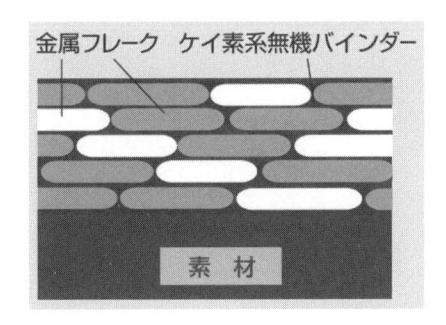

図 2.1-11　ジオメット処理の被膜構造 [10]

(7)　ストロンジンク処理

　JIS D 0201（自動車部品-電気めっき通則）に適合する亜鉛-鉄合金めっきである．めっきの最小厚さは 5 μm（Ep-Fe/Zn-Fe5）であり，表面処理には有色クロメートまたは黒色クロメートがある．ストロンジンクの使用環境は，過酷な使用環境にさらされる車外（等級 4）に適合するため，溶融亜鉛めっきより高耐食性を有している．めっき厚さ 5 μm の場合，有色クロメート（192／480）では，塩水噴霧試験で白さび 192 時間，赤さび 480 時間以内，黒色クロメート（216／504）では，白さび 216 時間，赤さび 504 時間以内の発生は認められない．塩水噴霧試験 2000 時間赤さび発生なしの実績がある [11]．

(8)　スーパーダイマ（高耐食性めっき鋼板）

　めっき成分は，溶融亜鉛（Zn）に，アルミニウム（Al）11%，マグネシウム（Mg）3%，ケイ素（Si）0.2%を加えた合金めっき処理鋼材である．塩水噴霧試験におけるめっき層の減少速度からみた耐食性は，JIS 溶融亜鉛めっき鋼板の約 30 倍，溶融亜鉛-5%アルミニウム合金めっき鋼板の約 5 倍である．

　「建築基準法第 37 条第二号」および「住宅の品質確保の促進等に関する法律第 52 条第 1 項」に基づく国土交通大臣の認定を取得している [12]．

(9)　ZAM（高耐食性めっき鋼板）

　めっき成分は溶融亜鉛（Zn）6%，アルミニウム（Al）3%，マグネシウム（Mg）の合金めっき処理鋼板である．標準的な年間腐食量は，3.0 g/m²/年で，これは JIS 溶融亜鉛めっき鋼板の 11 g/m²/年の 1/3.7 である．耐用年数に換算すると，溶融亜鉛めっき鋼板 Z27（両面：275 g/m²）と同等の付着量の場合，当該鋼板は 294 年となる．

　「建築基準法第 37 条第二号」および「住宅の品質確保の促進等に関する法律第 52 条第 1 項」に基づく国土交通大臣の認定を取得している [12]．

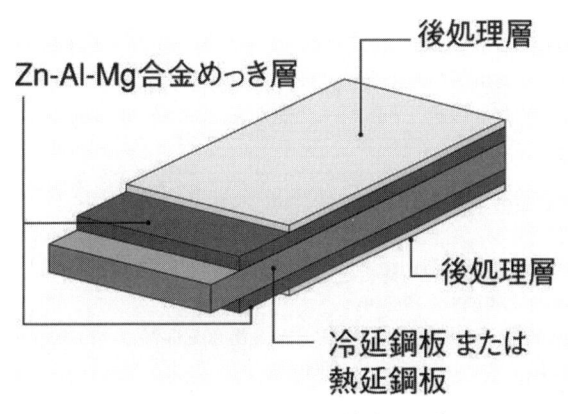

図 2.1-12　ＺＡＭの被膜構造 [12]

参 考 文 献

1) 大和久重雄：JIS 鉄鋼材入門，大河出版，1978 年
2) 日本熱処理技術協会：入門金属材料と組織，1977 年
3) 日本規格協会：日本産業規格（JIS）

A 5508-2009	くぎ	G 4051-2018	機械構造用炭素鋼鋼材
B 1112-1995	十字穴付き木ねじ	G 4303-2021	ステンレス鋼
B 1125-2015	ドリリングタッピンねじ	G 4304-2021	熱間圧延ステンレス鋼板及び鋼帯
B 1135-1995	すりわり付き木ねじ	G 4305-2021	冷間圧延ステンレス鋼板及び鋼帯
B 1180-2014	六角ボルト	G 4309-2013	ステンレス鋼線
B 1181-2014	六角ナット	G 4313-2011	ばね用ステンレス鋼帯
B 1220-2023	構造用両ねじアンカーボルトセット	G 4315-2013	冷間圧造用ステンレス鋼線
D 0201-1995	自動車部品－電気めっき通則	G 5705-2018	可鍛鋳鉄品
G 3101-2022	一般構造用圧延鋼材	H 0401-2021	溶融亜鉛めっき試験方法
G 3112-2020	鉄筋コンクリート用棒鋼	H 3260-2018	銅及び銅合金の線
G 3131-2018	熱間圧延軟鋼板及び鋼	H 5202-2010	アルミニウム合金鋳物
G 3141-2021	冷間圧延鋼板及び鋼帯	H 8610-1999	電気亜鉛めっき
G 3138-2021	建築構造用圧延鋼棒	H 8625-1993	電気亜鉛めっき及び電気カドミウムめっき
G 3302-2022	溶融亜鉛めっき鋼板及び鋼帯		上のクロメート皮膜
G 3317-2022	溶融亜鉛－5%アルミニウム合金めっき鋼板及び鋼帯	H 8641-2021	溶融亜鉛めっき
G 3323-2022	溶融亜鉛－アルミニウム－マグネシウム合金めっき鋼板及び鋼帯	K 1571-2010	木材保存剤の性能試験方法及び性能基準
G 3505-2017	軟鋼線材		
G 3506-2017	硬鋼線材		
G 3507_2-2005	冷間圧造用炭素鋼－第 2 部：線		
G 3532-2011	鉄線		

4) 丸山　清：初級めっき，日刊工業新聞社，1995 年
5) 神奈川県メッキ工業組合：めっき基礎読本，1983 年
6) 日本住宅・木材技術センター：軸組工法用接合金物規格 HW-金物 002(1)-2022，2022 年
7) 世利修美，金属材料の腐食と防食の基礎，成山堂書店，2006 年
8) 腐食防食協会：住宅の腐食・防食 Q&A，丸善，2004 年
9) 野村広正ほか 4 名：建築構造用表面処理軽量形鋼と防腐防蟻処理木材との接触腐食試験，スチールハウスの諸性能に関する研究 その 13，日本建築学会大会学術講演梗概集，C-1，p.1003，1998 年
10) NOF メタルコーティングス：製品ポートフォリオ，https://www.nofmetalcoatings.com/ja/
11) 日本表面化学：製品，http://www.jasco-kk.co.jp/
12) 日本製鐵：製品情報 薄板，https://www-zam.nipponsteel.com/

2.1.3 その他の材料の種類と特性

　ここでは，接合用途に供する木質・金属材料以外の材料の種類と特性を述べる.

2.1.3.1 炭素繊維

　炭素繊維[1]（図 2.1-13, 図 2.1-14）は，ほぼ炭素のみ，すなわちほぼ元素 C のみで構成されている. 衣料の原料など
に使用されているアクリル樹脂や石油, 石炭からとれるピッチ等の有機物を繊維化して, その後, 特殊な熱処理工程を
経て作られる「微細な黒鉛結晶構造をもつ繊維状の炭素物質」である.

　現在工業生産されている炭素繊維には, 原料別の分類として PAN 系, ピッチ系およびレーヨン系がある. 生産量お
よび使用量が最も多いのは PAN 系炭素繊維である. 日本の炭素繊維商業生産は 1970 年代初期から PAN 系とピッチ系
（等方性）で本格的にスタートし, 1980 年代後期から異方性ピッチ系炭素繊維が加わった. 国内メーカーが技術改良・
事業拡大を図ってきた結果, 現在では日本の炭素繊維生産は品質, 生産量ともに世界一の実績を誇るに至っている.

　炭素繊維は単独で使用されることはまれで, 通常は樹脂・セラミックス・金属などを母材とする複合材料の強化およ
び機能性付与材料として利用される. その優れた機械的性能（高比強度, 高比弾性率）と, 炭素質であることから得ら
れる特徴（低密度, 低熱膨張率, 耐熱性, 化学的安定性, 自己潤滑性など）を併せ持つため, 色々な用途に幅広く使わ
れている.

　炭素繊維自体は, 可燃性物質であり耐火性能には優れていない. しかし, 通常は繊維を単独で使用することはほとん
ど無く, 木質構造接合部用としては樹脂によって繊維をシート状に複合して使用する場合が多い. このため, シートを
構成する樹脂の耐火性能により, 炭素繊維シートの耐火性能, 耐熱性能は決まる.

　炭素繊維は導電性の高い材料であり, 電流が流れることにより, または帯電することにより, 電蝕（電気化学的金属
腐食）が起こることがある. このため設備機器等と絶縁するなどの対策が必要である.

図 2.1-13　炭 素 繊 維[1]

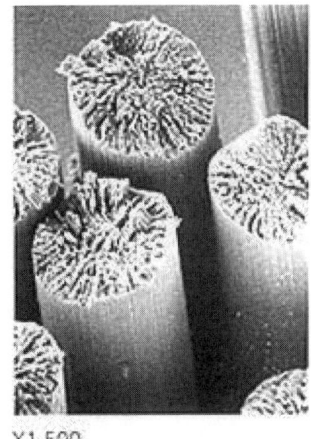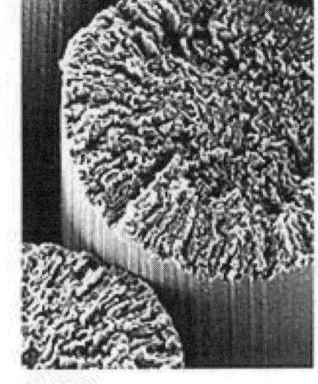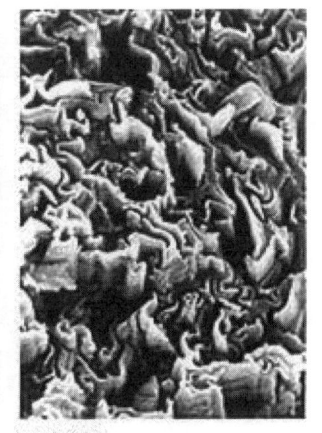

| X 1,500 | X 3,000 | X 20,000 |

図 2.1-14　炭素繊維断面写真（SEM×1,500〜20,000）の一例[1]

2.1.3.2　アラミド繊維

アラミド繊維[2]は工業用高機能素材として開発された全芳香族ポリアミド繊維で，高強度，耐衝撃性，耐蝕性に優れ，軽量かつ柔軟な非導電性有機繊維である．アラミド繊維シート（図 2.1-15）は，アラミド繊維を一方向あるいは二方向に配列してシート状にした材料である．

アラミド繊維は，エポキシ樹脂で含浸させながらコンクリート構造物に貼付して，繊維強化プラスチックス（FRP）として補強する場合などに用いられることが多い．

アラミド繊維の特性値は表 2.1-8 のとおりである．

1974 年に従来の脂肪族ポリアミド繊維（ナイロン）と区別して，『アラミド』(aramid) という一般名が与えられた[3]．その後，国際標準化機構（ISO）も，1977 年に人造繊維の分類名称とした．アラミド繊維は，従来の脂肪族ポリアミド繊維（ナイロン）とは，性質，用途が大幅に異なり，その分子骨格が全体に直線状のパラ型タイプと，ジグザグ状のメタ型タイプに大別される[3]．

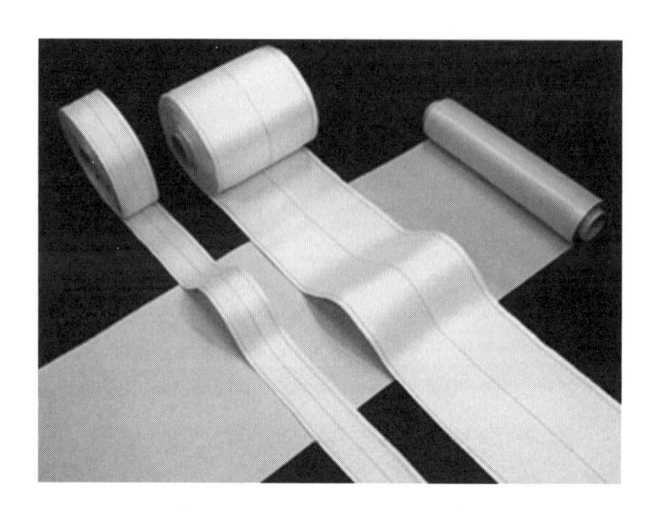

図 2.1-15　アラミド繊維シート[2]

表 2.1-8　アラミド繊維シートの特性値[2]

項目	品番 / 単位	アラミド 1				アラミド 2			
		AK-40 / AW-40	AK-60 / AW-60	AK-90 / AW-90	AK-120 / AW-120	AT-40	AT-60	AT-90	AT-120
公称耐力	kN/m	392	588	882	1,176	392	588	882	1,176
目付量	g/m²	280	415	623	830	235	350	525	700
設計厚さ	mm	0.193	0.286	0.43	0.572	0.169	0.252	0.378	0.504
公称強度	N/mm²	2,060				2,350			
公称ヤング係数	N/mm²	118,000				79,000			
破断伸度	%	1.8				3.0			

（注）AK:ケブラー*，AW:トワロン**，AT:テクノーラ***
　　*ケブラー：米国デュポン社の登録商標
　　**トワロン：帝人株式会社の登録商標
　　***テクノーラ：帝人株式会社の登録商標

（1）　ケブラー®

ケブラー®[4]ポリマーを原料とするが，加工状態が表 2.1-9，図 2.1-16 のように異なる製品がある．このうち，ケブラー®フィラメントの代表的な物性値を表 2.1-10 に示す．

表 2.1-9　ケブラー®の製品群 [4]

	タイプ	特長	主な品種
フィラメント	29	標準	220～3 300 dtex (220, 440, 800, 1 110, 1 670, 3 300, etc.)
	49	高弾性率	215～8 000 dtex (215, 420, 1 270, 1 580, 3 160, etc.)
	119	高伸度	440～2 500 dtex (1 110, 2 500, etc.)
	129	高強度	1 670～3 300 dtex (1 670, etc.)
カット・ファイバー	—	—	3 mm, 6 mm, etc.
パルプ	DRY	—	0.8 mm, 2 mm, 3 mm
	WET	—	0.8 mm, 2 mm
ステープル	—	—	38 mm, 51 mm
Engineered Elastomer	—	—	NR, NBR, SBR, CR に対応する各品種
紡績糸	—	—	20/1(295 dtex), 20/2(295 dtex×2), 30/1(197 dtex), etc.

（注）KEVLAR®：米国デュポン社登録商標

dtex：10,000 m の繊維の質量をグラム単位で表す単位 tex の 10 倍

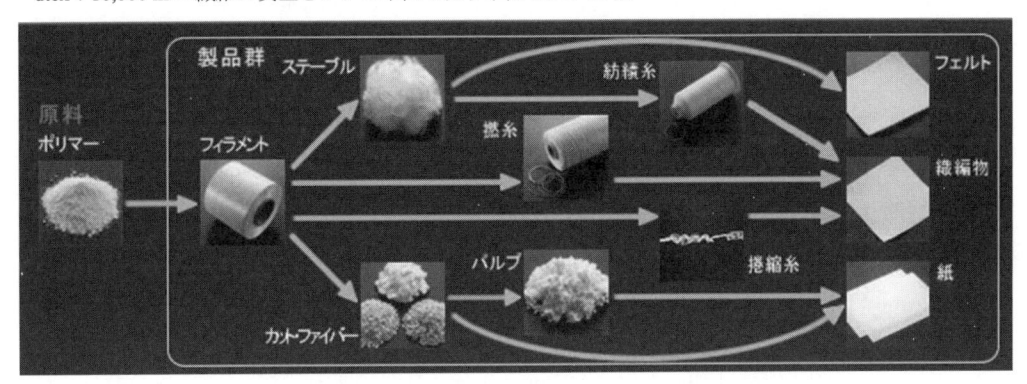

図 2.1-16　ケブラー®の製品群の相互関係 [4]

表 2.1-10　ケブラー®の代表的な物性値 [4]

フィラメントタイプ		KEVLAR® 29	KEVLAR® 49	KEVLAR® 119	KEVLAR® 129
特長		標準	高弾性率	高伸度	高強度
密度	g/cm³	1.44	1.45	1.44	1.44
水分率	%	7	3.5	7	7
引張強度	cN/dtex	20.3	20.8	21.2	23.4
	(g/d)	(23)	(23.6)	(24)	(26.5)
	MPa	2 920	3 000	3 100	3,400
破断時伸度	%	3.6	2.4	4.4	3.3
引張弾性率	cN/dtex	490	780	380	670
	(g/d)	(555)	(885)	(430)	(760)
	MPa	70 500	112 400	54 700	96,600
限界酸素指数（LOI）		29			
融点		なし			
分解温度		約 500℃			
比誘電率（不織布）		2.47 *測定条件： 23℃, 65%RH, 4GHz			

（注）cN/dtex, g/d：繊維の強度の単位. 1 GPa＝10 dtex /ρ （ρ：繊維の密度(単位：g/cm²)), g:重量, d=0.9 dtex

(2) トワロン®

トワロン®[3]はポリパラフェニレンテレフタラミド（PPTA）で，パラ型アラミド繊維の一種である.

(3) テクノーラ®

テクノーラ®[3]は，コポリパラフェニレン・3,4'-オキシジフェニレン・テレフタラミドで，1987 年に商業生産を開始したパラ型アラミド繊維で，高強力・高弾性率を有し，更に耐熱性・耐薬品性にも優れた合成繊維である.

テクノーラ®は，共重合タイプのポリマーよりなる繊維で，PPTA（ポリパラフェニレンテレフタラミド）繊維とは異なったプロセスにより製造される．テクノーラ®は前述のとおり，高強力・高弾性率・耐薬品性・耐摩耗性および耐屈曲疲労性にも優れていることから，現在ゴム補強材を始め，産業資材用途を中心に幅広く使用されている．

(4)　コーネックス®

コーネックス®[3]は，メタ型タイプの全芳香族ポリアミド系耐熱性繊維である．主原料は，メタフェニレンジアミンとイソフタル酸クロライドで，ポリメタフェニレンイソフタルアミドを成分とする有機合成繊維である．

コーネックス®は，ポリエステル並みの繊維性能（強伸度，弾性率，比重，風合い，色など）をもち，加えて，空気中で溶融することなく，400℃ではじめて分解，炭化を開始する耐熱性と限界酸素指数（LOI 値）29 以上という防炎性・難燃性をあわせもつ，衣料から産業資材分野まで広範囲に活用される白色の高機能繊維である．

2.1.3.3　ガラス繊維

ガラス繊維[5]には，大きく分けて「短繊維」と「長繊維」の 2 種類がある．短繊維はグラスウールと呼ばれ，住宅用断熱材をはじめ保温，保冷，吸音材に用いられ，省エネ素材として大きく貢献している．長繊維は複合基材・工業材料として幅広い分野で活用され，新分野に可能性を拓く素材として期待されている．それぞれの特長と代表的な製品，用途を表 2.1-11 に示す．

2.1.3.4　合成樹脂（接着剤）

接着剤の種類は多く，通常は主成分となるポリマーの種類（例えば，エポキシ系，クロロプレン系，フェノール系接着剤など）により分類される．また，これらの接着剤は，いくつかの観点からグループ分けが可能であり，それぞれ共通の性質を有している．

エマルション系接着剤は合成樹脂を水中に乳化（0.01 μm〜1 μm のオーダーの微粒子として分散）したものである．水性であるため，毒性や引火性が低く，工具を水洗できるなどの長所を有する．また，作業性も良好である．エマルションは分散媒である水が，脱却することにより，エマルション粒子が凝集，融着して連続皮膜を形成する．皮膜化するためには，ある一定以上の温度が必要であり，それ以下では微粒子同士が融着せず強度は発現しない．この温度は最低造膜温度（MFT）と呼ばれ，エマルションポリマーのガラス転移温度 Tg に支配される．建築工事では，5℃以下での使用を避けることが目安とされている．また，エマルション系接着剤は固化したあとも，皮膜中に乳化剤（エマルション粒子を安定して分散させるために使用した界面活性剤など）が残存するため，溶剤型接着剤より耐水性が劣ることが多い．

溶剤型接着剤は，有機溶剤（ケトン，エステルなど）に有機ポリマーを溶解したものであり，溶剤が脱却することにより固化する．溶剤型ではオープンタイム（接着剤を塗布してから貼り合わせるまでの時間）の確保は大切であり，あまり早期に貼り付けると残存溶剤による膨れの危険性がある．

表 2.1-11　ガラス繊維の繊維長の特徴・用途等

	特　徴	製　品	用　途	
短繊維	1. 断熱性にすぐれ熱損失を少なくする. 2. 広い周波数帯域にわたってすぐれた吸音性を持つ. 3. 無機質のガラスで不燃材料として使用される. 4. 腐食や食害に強い. 5. 軽くて施工がきわめて容易.	住宅用断熱材 保温板 吸音材	断熱, 保温, 保冷, 吸音	住宅, ビル, 工場, 冷凍倉庫, 冷蔵庫, ショーケース, アイスボックス, 自動車, 車両, 船舶, 工業機器, 防音壁, スピーカボックスなど
		保温筒	保温, 保冷	蒸気配管, 給湯管, 冷温水管などのパイプ
		ダクト	保温, 保冷, 吸音	暖冷房用送気ダクト
長繊維	1. 引張強さがきわめて高く, 特殊鋼に匹敵する. しかも糸の太さが細いほど強くなる. 2. 伸び縮みがほとんどなく, 寸法安定性がよい. 3. 電気絶縁性がきわめてよい. 4. 耐熱性が高く, 不燃繊維である. 5. 繊維としての吸水性がない. 6. しなやかで, 複雑な型になじみやすい. 7. 耐薬品性にとんでいる.	チョップド ストランド マット ロービング ロービング クロス チョップド ストランド ガラス パウダー	FRP・ FRTPなど, 複合材料 の補強材	浴槽, 浄化槽, 波板, 椅子, 漁船, ボート, ヨット, 鉄道車両, 自動車の部品, 水タンク, ダクト, 耐蝕性タンク, パイプ, カメラのボディ, 家庭電気製品の部品
		ガラス クロス ガラス テープ ガラス スリーブ ガラス コード	電 気 絶 縁材など	コンピューターの配線基板や, 家庭電気製品の部品, モーターや発電機の絶縁材料
		ガラス クロス	FRP など の補強材	釣竿, プール, 砥石
			不燃 繊維布	ガラスカーテン, 防虫網, 大型集塵装置のバッグフィルタ, 防水工事の基布
		ガラス ヤーン		ガラス クロス・テープ・スリーブの原素や電線被覆材

　また, エポキシ系接着剤などは揮発成分がほとんど含まれていないため, 無溶剤型接着剤と呼ばれる. エポキシ基を有する主剤とそれと反応する硬化剤の2成分からなり, それらの化学反応により硬化するため, 反応硬化型接着剤とも呼ばれている. これに対して, エマルション系接着剤と溶剤型接着剤は乾燥固化する接着剤である.

　反応硬化型接着剤は, 温度により硬化時間が影響を受けることに注意する必要がある. 低温時は可使時間（硬化開始するまでの作業可能な時間）に余裕があるが, このことは硬化時間が長くなることを意味している. したがって, 養生時間を充分に取る必要がある. 建築工事では5℃以下での使用を避けることが目安とされている. また, 逆に, 高温時は可使時間が短いために一度に練り混ぜる量が多くならないよう注意が必要である. このような事情から, 建築工事用エポキシ系接着剤は冬, 夏, 春・秋用の区分がしてあるケースが多い.

　次に, 熱硬化性樹脂接着剤と熱可塑性樹脂接着剤という分類がある. 前者の例はフェノール樹脂, ユリア（尿素）樹脂, メラミン・ユリア共縮合樹脂接着剤などである. これらの接着剤は加熱硬化する特性があり, 合板やパーティクルボードなどの木質系材料製造時の工場用接着剤として多用されている. 熱可塑性接着剤は加熱により軟化する接着剤であり, エマルション系接着剤と溶剤型接着剤の多くはこれに該当する. 熱可塑性接着剤の使用に際しては, 接着後の環境温度が接着剤の軟化点より低いことを確認する必要がある. もし, 環境温度が軟化点より高い場合は, 接着剤の軟化により接着層の耐クリープ性が著しく低下する. また, 熱可塑性を利用した接着剤のひとつにホットメルト型接着剤と呼ばれるものがある. この接着剤は常温では固体であり, 加熱により溶融し被着体を濡らす. 加熱後は再び固体となり接着力を発現するため, 作業効率の高い工場ラインにおける接着などに利用されている.

　以上に述べた分類の他にも, 例えば, 天然高分子系接着剤と合成樹脂系接着剤, 構造用接着剤, 非構造用接着剤など, 種々の観点からの分類がなされている.

2.1.3.5　プラスチック

　プラスチックは, 高分子量（通常分子量 10^4 以上）の物質で, 構成単位の分子である単量体（モノマー）が重合反応や縮合反応によって高分子化合物（ポリマー）となったものである. 熱を加えた時の特性から, 大きく二つのタイプ,

つまり熱可塑性樹脂と熱硬化性樹脂に分けられる.

・熱可塑性樹脂

　熱を加えると溶けてやわらかくなり，冷やすと固まる性質をもち，一度硬くなっても熱を加えると再びやわらかくなる性質があるものをいう．バケツ，コップ，密封容器などの家庭用品は，熱可塑性のスチロール樹脂・ポリエチレン・ポリプロピレン・メタクリル樹脂等が使われている.

・熱硬化性樹脂

　熱を加えると固くなり，一度固まると後で熱を加えても再びやわらかくならない性質があるものをいう．電気器具，テーブル，ボタンなど比較的耐熱性を要求される箇所に使用されている.

　一般的にプラスチック材料には次のような長所と短所がある.

＜長所＞

・性質や特性の多様性

　プラスチックの持つ最も大きな特徴と言える．軟らかい性質のものから，機械部品のような硬い性質のものまで，硬軟に幅広い性質の製品を作れる.

・軽量強力

　プラスチックは金属材料などの他の材料と比較して比重が小さく，機械的性質が強いものがある．さらにガラス繊維などを加えて強度を増すことが可能である．同形状同重量の製品の強さでは，他の材料よりも強力なプラスチック製品を作ることができる.

・電気絶縁性

　プラスチックは一般に絶縁性を有する．また，逆に金属粉，炭素粉を混合することにより，電気伝導性のよい製品を作ることができる.

・耐薬品性

　プラスチックには，いろいろな耐薬品性のものがある．耐薬品性が極めて強いものもあり，一般用樹脂の中にも耐薬品性が強いものが多い．一方で，薬品に溶解しやすい（弱い）ものもあり，常温で水に溶けてしまうものもある.

・外観が良く，着色も自由に出来る

　メタクリル樹脂（アクリル）樹脂のように無色透明で美しい樹脂も多く，また原料に染料や顔料を混ぜることにより美しく自由に着色できる.

・成形容易性

　プラスチック材料の大きな特徴として，成形性が極めて良い事が挙げられる．大量生産に向いており，低コスト・短時間での生産が可能である.

・耐摩擦性・耐摩耗性

　ポリアミド・ポリアセタールなどは無給油でも摩擦に強く磨耗にも強いため，工業機械の歯車や駆動部分に使用されている.

＜短所＞

・耐熱性，熱伝導性が低い

　プラスチックは金属材料，磁器材料に比べて耐熱性が低い．一般的な材料で最も軟化温度が高いものでも 260～270℃であり，低いものでは 40～50℃で溶ける.

　また熱伝導度も金属材料よりはるかに低く，熱が分散されず，局部的に過熱されやすいことを示している.

・表面硬さが低い

　プラスチック製品の欠点のひとつに表面がやわらかいことで，表面が傷つきやすいことがあげられる.

・帯電しやすい

　プラスチックは一般的に電気絶縁性が良いので帯電しやすい．このため，ほこりなどがつきやすく汚れやすくなる．また放電も起こしやすいので注意を必要とする.

　プラスチックを分類すると表 2.1-12 のとおりとなる.

表 2.1-12　プラスチックの種類と分類

熱可塑性樹脂			熱硬化性樹脂
汎用プラスチック（一般的）	エンジニアリングプラスチック（高性能）		
	汎用エンプラ	スーパーエンプラ（超高性能）	
ポリエチレン（PE） ポリプロピレン（PP） ポリスチレン（PS） AS 樹脂（AS） ABS 樹脂（ABS） メタクリル樹脂（PMMA）＝アクリル ポリ塩化ビニル（PVC）＝塩ビ	ポリアセタール（POM） ポリアミド（PA）＝ナイロン ポリカーボネート（PC） 変性ポリフェニレンエーテル（PPE） ポリブチレンテレフタレート（PBT） ポリエチレンテレフタレート（PET）	ポリサルホン（PSF） ポリエーテルサルフォン（PES） ポリフェニレンサルファイド（PPS） ポリアミドイミド（PEI） ポリメチルペンテン（TPX） 液晶ポリマー（LCP）	フェノール樹脂（PF） ユリア樹脂（UF） メラミン樹脂（MF） エポキシ樹脂（EP） ジアリルフタレート樹脂（PDAP） 不飽和ポリエステル樹脂（UP） ポリイミド（PI） ポリウレタン（PUR）

2.1.3.6　モルタル

セメント，砂，水を混ぜたもので，一般的にはセメントモルタルのことをいう．その他に石灰モルタルやプラスターモルタルなどがある．通常，仕上げ塗材として用いられるが，組積造等の結合材として使われることも多い．

モルタルには大きく分けて，水和反応によって硬化する水硬性モルタル，熱が加わって初めて硬化する熱硬性モルタル，常温〜100℃程度で空気に触れて硬化する気硬性モルタルに分かれる．使用区分としては，高熱がかかる部分への使用は基本的には熱硬性のモルタルが適しており，そうでない温度域の使用には水硬性，気硬性のモルタルを使用するのが一般的である．水硬性モルタルは，セメントが水と反応してケイ酸カルシウム水和物，水酸化カルシウム，アルミン酸カルシウム水和物，カルシウムサルホアルミネート水和物を生成し，さらにエトリンガイト（3CaO・Al$_2$O$_3$・3CaSO$_4$・32H$_2$O）を生成することによって硬化する．その強度は，砂が密実で高強な場合には基本的に水セメント比によって決まる．

熱硬化性モルタル（ヒートセットモルタル）は，耐火粉末と熱により軟化して耐火粉末をつなげる役割を担う成分で構成されている．弱点としてある程度の温度（クレーボンドが焼結する温度）までは接着強度が低いことなどが挙げられる．

気硬性モルタル（エアーセットモルタル）とは耐火粉末にアルミナセメント，リン酸アルミ溶液，水硝子等の無機系バインダーを添加して常温でも接着強度が発現するように調整されたものである．低温域では添加バインダーの強度を使い，高温域ではクレーボンドの強度を使用することが多い．バインダーとしては主に水硝子が使われることが多く，高温用ではリン酸アルミ，耐水用ではアルミナセメントと複合したものなどが多い．

2.1.3.7　　竹

我が国に生息する竹の種類と特長は表 2.1-13[6]に示すとおりである．竹の材質[7]は，その軸方向に平行に維管束が並んでいることから，繊維方向の強度が高く，寸法変化しにくい特性を持っている．維管束は表皮に近い方に多く存在し，表皮に近い部分の方が強度，剛性が高い．表皮は硬くて緻密であるため，表面からは水分が蒸散しにくく，乾燥性が低い特徴がある．また，糖分，デンプンを多く含むため，高含水率状態で維持するとカビの発生や虫害を引き起こしやすい．

竹の力学的特性[8]を，国内の代表的な針葉樹（スギ，ヒノキ）と広葉樹（ケヤキ，シラカシ）と比較して表2.1-14に示す．竹は代表的な広葉樹に近い曲げ弾性係数と，広葉樹を超える圧縮，引張り，曲げ強度を示す．せん断強度は，代表的な広葉樹と同程度である．

表 2.1-13　竹の種類と特長 [6]

材種	稈色および稈形	形状および性質	用途	主産地
マダケ	皮色深緑，内部白色，節高い，節間は中位	高さ 18〜25 m 直径 8〜10 cm 繊維通直，強靭，細割に適す，肉は比較的薄い	用途は広く，下見押縁・木舞竹・竹屋根・竹釘・籠・たが・簾・竹垣	大分・山口・茨城・京都・熊本
ハチク	皮色緑または浅緑，稈に薄い白色の蝋粉をふく，まだけより節やや低く，節間やや短し	高さ 18〜20 m 直径 8〜10 cm 強靭，質は緻密，肉薄	化粧垂木・下見押縁・竹釘・簾・籠・ちょうちん骨	神奈川・東京・名古屋・石川
モウソウチク	皮色緑，肉部淡黄白色，節やや高く，節間短し	高さ 20〜25 m 直径 18〜24 cm 質ややもろく弾力性に劣る，細割に不適，肉厚	竹製家屋・竹ベニヤ・床柱・竹屋根・花筒・庭園植込み	鹿児島・熊本・福岡・山口・徳島
メダケ	皮色帯黄緑色，節低く，節間の長いものは 50cm に達す	高さ 3〜4 m 直径 2〜3 cm 強靭，肉厚	化粧垂木・木舞竹・押縁・ささ子・竹垣	静岡・神奈川・千葉・その他全国に野生
シホウチク	皮色濁緑色，稈は外形鈍四角形，節はやや高い	高さ 5〜7 m 直径 3〜4 cm 質やや弱いが弾力性あり，肉薄	床柱・机の脚	関東

表 2.1-14　竹の力学特性値（国産針葉樹，広葉樹との比較）[8]

樹種	密度 $[g/cm^3]$	曲げ弾性係数 $[\times10^3\ N/mm^2]$	強度 $[N/mm^2]$				平均収縮率 [%]	
			圧縮	引張り	曲げ	せん断	T 方向	R 方向
モウソウチク	0.76	12.5	75	170	140	16.5	0.27	0.25
マダケ	0.80	15.0	75	245	185	16.5	0.27	0.25
スギ	0.38	7.5	35	90	65	6.0	0.25	0.10
ヒノキ	0.44	9.0	40	120	75	7.5	0.23	0.12
ケヤキ	0.69	12.0	50	125	100	12.5	0.28	0.16
シラカシ	0.83	13.5	60	195	120	17.5	0.38	0.23

注：表中の数値はいずれも平均値

付　　録

炭素繊維，アラミド繊維については，H13 国交告 1024 号において許容応力度（同告示第一）・材料強度（同第二）を国土交通大臣が指定することとしている．しかし，既存の鉄筋コンクリート造等の柱，梁等補強するために用いるものに限定しているため，木質構造接合部に使用する場合は，同告示は適用されないので必ずしもこれによる必要はないが，これに準じた方が望ましい．

平成 13 年国土交通省告示第 1024 号　特殊な許容応力度及び特殊な材料強度を定める件

建築基準法施行令（昭和 25 年政令第 338 号）第 94 条の規定に基づき，＜略＞令第 68 条第 3 項の国土交通大臣の認定を受けた高力ボルト接合の材料強度，あと施工アンカーの接合部の引張り及びせん断の材料強度，丸鋼とコンクリートの付着の材料強度，炭素繊維，アラミド繊維その他これらに類する材料の引張りの材料強度，＜略＞（以下「特殊な材料強度」という．）をそれぞれ次のように定める．

特殊な許容応力度
＜略＞
16　既存の鉄筋コンクリート造等の柱，はり等を補強するために用いる炭素繊維，アラミド繊維その他これらに類する材料の引張りの許容応力度は，その品質に応じてそれぞれ国土交通大臣が指定した数値とする．
　＜略＞

特殊な材料強度
＜略＞
15　既存の鉄筋コンクリート造等の柱，はり等を補強するために用いる炭素繊維，アラミド繊維その他これらに類する材料の引張りの材料強度は，その品質に応じてそれぞれ国土交通大臣が指定した数値とする．
　＜略＞

炭素繊維，アラミド繊維については，平成 18 年 4 月 10 日付け国住指第 79 号（平成 18 年 7 月 7 日付け国住指第 1015 号にて一部訂正）において「あと施工アンカー・連続繊維補強設計・施工指針」（技術的助言）として定めている．以下に抜粋する．

１．４　連続繊維等の適用範囲
１．４．１　材料の種類及び規格
1）本指針を適用する連続繊維は，平成 13 年国土交通省告示第 1024 号に基づき国土交通大臣が許容応力度及び材料強度を指定したもののうち，次のいずれかに該当するものとする．
　　　(1) 炭素繊維
　　　(2) アラミド繊維

2）連続繊維によって構成されるシート（連続繊維シート）は表 1.3 に示す規格を満足するものを用いる．

表 1.3　連続繊維シートの規格

規定項目	炭素繊維		アラミド繊維	
	3 400 N/mm² 級	2 900 N/mm² 級	アラミド 1	アラミド 2
繊維の種類	PAN 系高強度品		単重合系	共重合系
シートの形状	一方向強化タイプ		一方向強化タイプ	
目付量	300 g/m² 以下		623 g/m² 以下	525 g/m² 以下

3）連続繊維シートは，表 1.4 に規定する数値を満足するよう，指定書に示されたエポキシ樹脂系の含浸接着樹脂と組み合わせて用いる．また，施工に当たっては下記のプライマー等を用いる．
　　　・エポキシ樹脂系のプライマー
　　　・エポキシ樹脂系及びセメント系の下地調整材
　　　・エポキシ樹脂系及びセメント系の断面修復材

表 1.4　連続繊維シートに含浸接着樹脂を含浸させて硬化した状態
（連続繊維補強材）における規格

規定項目	炭素繊維		アラミド繊維	
	3 400 N/mm² 級	2 900 N/mm² 級	アラミド 1	アラミド 2
規格引張強度	3 400 N/mm²	2 900 N/mm²	2 060 N/mm²	2 350 N/mm²
規格ヤング係数	230 kN/mm²		1 18 kN/mm²	78 kN/mm²

1．4．2　連続繊維シート等の品質

　連続繊維その他の材料は，指定書に定める条件の他連続繊維指針に基づき，適切に施工され所要の安定した性能が発揮されるものとする．

　【解説】本指針では品質基準について，特に指定書に記載のない場合は連続繊維指針を参照することとした．解表 1.5 及び解表 1.6 に，連続繊維指針から本指針の対象となる連続繊維シートと含浸接着樹脂の品質基準を抜粋して示す．

表 1.5　連続繊維シートの品質基準

分類	炭素繊維		アラミド繊維	
	3 400 N/mm² 級	2 900 N/mm² 級	アラミド 1	アラミド 2
繊維の種類	PAN 系高強度品		単独重合系	共重合系
引張強度　N/mm²	3 400 以上	2 900 以上	2 060 以上	2 350 以上
ヤング係数 kN/mm²	230－15 又は＋45		118±20	78±15
目付量 g/m²	表示値以上			
繊維の密度 g/cm³	1.80±0.05		1.45±0.05	1.39±0.05

表 1.6　エポキシ樹脂系含浸接着樹脂の品質基準

試験項目		単位	試験条件	規格値		試験方法
				一般用	冬用	
外観				異常がないこと		JIS K6833
硬化物比重			23℃ 7 日	表示項目		JIS K7112
可使時間		分	5 又は 23℃	表示項目		温度上昇法
粘度		Pa·s	5 又は 23℃	表示項目		JIS K7117
初期硬化性		N/mm²	5 又は 23℃	表示項目		JIS A6024
引張強さ		N/mm²	23℃ 7 日	30 以上		JIS K7113
曲げ強さ		N/mm²	23℃ 7 日	40 以上		JIS K7202*
圧縮強さ		N/mm²	23℃ 7 日	70 以上		JIS K7208*
圧縮ヤング係数		N/mm²	23℃ 7 日	1500 以上		JIS K7208*
引張せん断強さ		N/mm²	23℃ 7 日	10 以上		JIS K6850
低温時の曲げ接着強さ		N/mm²	5℃ 14 日		3 以上	JIS A6024
加熱変化	質量	%		5 以下		JIS A6024
	体積	%		5 以下		JIS A6024

　＊…JIS K7202 及び K7208 については，それぞれ JIS K7171 及び K7181 として改正されているが，実績が少なく，表中では旧規格による数値を示した．なお，実際の連続繊維製品については，製品ごとに品質基準等として示される規格によるので，必要に応じ指定書の記載を確認する．

参 考 文 献

1)　炭素繊維協会：http://www.carbonfiber.gr.jp/
2)　アラミド補強研究会：http://www.aramid-ken.jp/
3)　帝人アラミド B.V.：https://www.teijinaramid.com/
4)　東レ・デュポン：http://www.td-net.co.jp/kevlar/index.html
5)　ガラス繊維協会：http://www.glass-fiber.net/
6)　日本建築学会：建築材料用教材，丸善，p.51，2006 年
7)　渋沢龍也：竹による新建材の種類と利用，pp.126-127，竹の魅力と活用，創森社，2004 年
8)　森林総合研究所：改訂 4 版木材工業ハンドブック，丸善，pp.186-189，2004 年
9)　岸谷孝一編：建築材料ハンドブック，技報堂出版，pp.516-517，1987 年
10)　岸谷孝一編：建築材料ハンドブック，技報堂出版，pp.331-333，1987 年
11)　岸谷孝一編：建築材料ハンドブック，技報堂出版，pp.364-365，1987 年

2.2 接合の種類と特性

2.2.1 接合部の構成

　木質構造の接合部は，力が加わると必ず変形を生じ，接合部近辺の木材中には複雑な応力が発生して様々な破壊形態を示す．また，その接合強度や変形は，加工および施工の技術・精度によって左右されることが多い．木質構造物に外力が加わった際に，部材と接合部とどちらが先に破壊に至るかを検討すると，使用材料や設計・施工方法によって異なるものの，一般的には接合部の耐力が部材の耐力よりも低く，接合部から破壊に至る場合が多い．「木質構造の設計は接合部で決まる」と言われる所以である．よって，設計者は接合部に要求される性能に応じて，接合具や接合形式を慎重に選択する必要がある．なお，木質構造においては，部材どうしの材軸方向の接合を継手，材軸に直交もしくは斜め方向の接合を仕口という．

　接合部は，母材（木材，木質材料），接合媒体（各種金物類），接合具（釘，ボルト，木ダボ，接着剤等）によって構成される．例えば，図 2.2-1 に示す梁受け金物の場合，柱・梁が母材，梁受け金物が接合媒体，それを留め付けるボルトやドリフトピンが接合具に相当する．

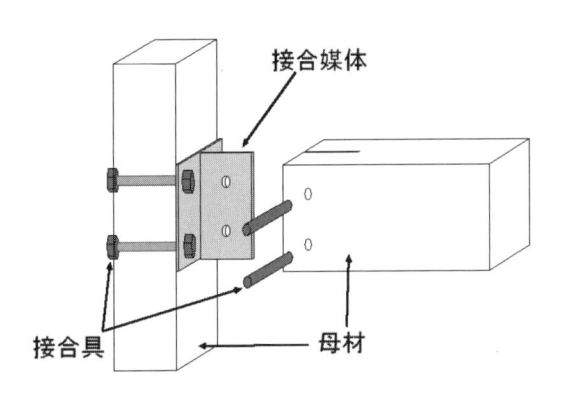

図 2.2-1　接合部構成例

2.2.2 接合法の種類

　木質構造の接合法には様々な種類があるが，大きく分けて（1）接合具を使った接合，（2）接着接合，（3）胴付き・嵌合接合の 3 つに分類することができる．なお，各接合法については本書 1.3 において例図とともに概説している．

2.2.2.1 接合具を使った接合

　接合具を使った接合は，釘・ボルト等の接合具により木材と木材あるいは木材と鋼板等を緊結し，接合部に作用する力を，主に接合具に生じるせん断力または引張力によって伝達する接合法である．

　本接合法は，施工条件や施工技術による耐力変動が比較的少なく，接合具 1 本あたりの許容耐力から構造計算が可能なため，現在の木質構造の主要な接合法となっている．代表的な接合具には釘，木ねじ（構造用ビス），ボルト，ドリフトピン，ラグスクリュー，メタルプレートコネクターなどがある．これらは単独で用いられる他，各種の接合金物（接合媒体）と組み合わせても使用される．

　接合部の設計にあたっては，接合部を構成する個々の単位接合部（接合具 1 本あたりの接合部）に作用する応力が，接合具の許容耐力を超えないようにする．また，一つの接合部に複数の接合具を使用する場合，接合部に作用する力の方向によっては，接合具周辺の木材のせん断破壊・引張破壊などによって接合部全体が脆性的に破壊する危険性があるため，注意を要する．さらに，使用する接合具が同じでも設計技術によって耐力が大きく異なってくるため，接合部に生じる応力の種類と，それに対応した接合法を慎重に選択する必要がある．

2.2.2.2　接着接合

　接着接合は，接着層を介した応力伝達による接合であり，接着剤のみを用いる方法と他の接合具を併用して接合する方法とがある．また，接合形態で分類すると，鋼製ロッドやプレート等を挿入する形式に代表される隙間充填型と，フィンガージョイント等の木材どうしの接合部やボックスビーム等の複合部材を構成する部材どうしの接合に代表される面接着型がある．

　木質構造で使用される接着剤にはフェノール樹脂，レゾルシノール樹脂，エポキシ樹脂，メラミン・ユリア共縮合樹脂等の熱硬化性樹脂を始め，水性高分子－イソシアネート系木材接着剤やポリウレタン樹脂接着剤などがある．これらは，それぞれ耐久性等が異なるため，接着剤を使用する部位の使用環境等を考慮して適切な接着剤を選択しなければならない．例えば，集成材を屋外で使用する場合は，使用環境 A に相当するため，接着剤としてはレゾルシノール樹脂接着剤，もしくはレゾルシノール・フェノール共縮合樹脂接着剤を用いた製品を使用する必要がある〔表 2.1-5 参照〕．

　接着接合部は，接着面に沿う方向のせん断応力に対して抵抗するように設計するものとし，許容せん断耐力は実験に基づいて算定することが基本となっている．接着作業は，木材含水率，温度，接着剤塗布量，圧縮圧，圧縮時間，養生時間などの管理が重要なため工場接着が原則となっており，現場接着のみによる接合は一般的には認められていない．

2.2.2.3　胴付き・嵌合接合

　胴付き・嵌合接合は，部材を胴付き・突付け・嵌合させて構成する接合で，接合部に作用する力に対して木材に生じる圧縮・引張・せん断・めり込みの各種応力を利用して抵抗する接合法である．

　胴付き・嵌合接合に用いる木材は，接合部に作用する力を確実に伝達するためにも，十分に乾燥され寸法安定性が高いものを用い，加工精度が担保され，必要とされる強度および剛性を有するものとしなければならない．

　胴付き・嵌合接合の応力伝達機構は，めり込み・せん断等の複数の応力伝達が複合された場合が多い．そのため，接合部の設計にあたっては，接合部に発生する応力を適切に評価し，その応力が材料の許容耐力を超えないようにすることが重要である．

2.2.2.4　その他の接合

　接合具を使った接合に含まれるものではあるが，本書で解説しないものについて，簡単に紹介する．

(1)　大径ボルト接合

　ボルトを木材中に挿入し，大径ボルト端部に切った雌ネジに緊結金物をねじ留めして他部材等と接合する方法である．大径ボルト接合は，木材側にもあらかじめ雌ネジを彫り込み加工する点が特徴で，大径ボルトの挿入は手作業で実施できるほど抵抗が少ない．一部には，直交する方向からドリフトピンを打ち込むといったパイプ接合と類似する複合型の方法もある．高精度のプレカット技術を必要とする一方で，初期あそびや接合に伴うめり込みが少ないため，モーメント抵抗性能は高い．

(2)　パイプ接合（軸方向挿入）

　戸建て住宅の柱脚接合部や大断面集成材建築物の仕口部分に用いられる接合方法で，木材中に複数の穴の空いた鋼管パイプを挿入し，それに直交する方向からあらかじめ開けられた穴にドリフトピンを打ち込むことによって接合部を形成する．戸建て住宅の柱脚接合部用のものには，ドリフトピンを 2 方向から挿入するタイプもある．部材の軸方向応力に対しドリフトピンのせん断抵抗によって耐力を発揮するが，施工に必要なクリアランスが初期あそびや嵌合不良となり易く，精度良く施工できない場合には剛性が低下する可能性がある．また，木材の中心に木口からパイプが 1本挿入されているタイプの場合は，軸方向応力に対してのみ抵抗性能を示し，モーメント抵抗性能はほとんど期待できない．特にパイプが長い場合に曲げモーメントを大きく受けると，木材が割れるなど，大きな耐力低下のおそれがあるので注意が必要である．

(3)　BVD ハンガー接合

　ヨーロッパで開発された接合方法で，パイプ接合と似ているが，直交する 2 方向に一対の両側切欠きが付いた鋼棒

を，あらかじめ部材木口から軸方向に開けられた穴に挿入し，鋼棒の切欠きに合わせてドリフトピンを打ち込んで引っかけ，最後に切欠きとドリフトピンの隙間，挿入穴と鋼棒の隙間など，部材内に残る空隙部分をモルタル充填することによって初期あそびや嵌合不良を無くす点が異なる．鋼棒の端部にはラグスクリューボルトと同様に雌ネジが切ってあり，接合金物等とボルトによって緊結することができる．

2.2.3　接合部の種類とかかる力

　木質構造の接合部はその接合形式によって伝達する応力は異なるため，接合部位に働く応力に対し適切な接合形式を選択する必要がある．表 2.2-1 には接合部の力伝達メカニズムと対応する接合形式の代表例を示した．

表 2.2-1　接合部の力伝達メカニズムと接合形式

力伝達メカニズム	対応する接合形式
せん断抵抗型	釘接合，ボルト接合，ラグスクリュー接合，ドリフトピン接合，構造用ビス接合，ジベル接合，木ダボ接合（せん断抵抗型），グルード・イン・ロッド接合，胴付き・嵌合接合，接着接合
引抜き抵抗型	釘接合，引きボルト接合，ラグスクリュー接合，構造用ビス接合，ラグスクリューボルト接合，グルード・イン・ロッド接合，BVD ハンガー接合，木ダボ接合（引抜き抵抗型），大径ボルト接合，パイプ接合（軸方向挿入）
支圧抵抗型	胴付き・嵌合接合，箱形金物
摩擦型	胴付き・嵌合接合，高力ボルト接合
接着型	接着接合，ラージ・フィンガー・ジョイント，木ダボ接合（引抜き抵抗型），グルード・イン・ロッド接合，

　また，一般的な木造建築物における接合部は，その部位や特徴などによって以下のように分類することができる．接合部位ごとに，特徴・注意点および本書もしくは本会「木質構造設計規準・同解説（以下，木規準）」[2]における関連事項を紹介する．

2.2.3.1　アンカーボルト接合部

　アンカーボルト接合部は，土台を含む上屋部分と鉄筋コンクリート等の基礎部分を緊結する重要な接合部位であり，土台等の横架材に生じる各種応力を基礎に適切に伝達する役割を持つ．アンカーボルトに生じる応力には，アンカーボルトの軸方向応力，土台の繊維方向に平行もしくは直交するせん断応力等が存在する．この中で重要なのは，アンカーボルトの軸方向応力（特に引張力）と土台の繊維平行方向のせん断応力である．この両者は同時に作用し得る応力であるが，戸建て住宅の構造計算などの場合には引張力は柱脚の引き寄せ金物等で負担することが多いため，個別に計算することでよいものとしている場合が多い．具体的には，壁線に期待する水平せん断耐力をアンカーボルト本数で割った値がアンカーボルトの許容せん断耐力を上回ることを確認する方法がある．土台に継手がある場合には，その継手部分で確実に応力が伝達できるか否かによって計算の条件を変える必要がある．

　アンカーボルトの配置に関しては，柱・間柱・継手位置の直上にはアンカーボルトを配置しないこととし，土台の痩せによるナットのゆるみに対して締直しをするなど，維持管理にも注意を払わねばならない．

　　＊関連事項：　木規準 602 ・・・曲げ降伏型接合（602.2 ボルト接合）

　　　　　　　　本書 5.1 　・・・接合部設計の基礎

2.2.3.2　柱頭・柱脚接合部

　柱頭・柱脚接合部は，柱と梁・桁・土台等の横架材を緊結する重要な接合部であり，柱頭・柱脚に生じる各種応力を横架材もしくは上下階の柱や基礎等に確実に伝達する必要がある．柱頭・柱脚接合部には，在来構法仕口に接合金物を取り付けた形式のものから，特殊な金物を用いたものまで多岐に渡り，様々な接合方法が存在する．特に木質系ラーメン構造などでは，掘立柱接合や引きボルト接合など構造計算が可能な接合方法が選択される場合が多い．

　接合部の設計にあたっては，接合具のせん断抵抗に依存する接合方法を採用する場合，木質材料の割裂破壊・せん断

破壊が先行して起こらないよう縁端距離や材厚の確保などに注意しなければならない．引抜き抵抗に依存する接合方法を採用する場合も，所定の耐力を期待するためには接合具の埋込み長さや縁端距離などを十分考慮して部材断面を決定する必要がある．

* 関連事項： 木規準 602 …曲げ降伏型接合（602.2 ボルト接合，602.3 ドリフトピン接合，
602.4 ラグスクリュー接合，602.5 釘接合，602.6 木ねじ接合）

木規準 604 …胴付き・かん合接合

木規準 605 …接着接合

本書 3.1 …接合金物

本書 3.2 …構造用ビス接合

本書 3.4 …木ダボ接合（せん断抵抗型）

本書 3.6 …グルード・イン・ロッド

本書 3.7 …ラグスクリューボルト

本書 3.9 …木ダボ接合（軸力抵抗型）

本書 3.11 …嵌合型継手・仕口

本書 4.7 …締め付けフランジ引きボルト型モーメント抵抗接合

本書 4.8 …嵌合を利用した通し貫と掘立柱のモーメント抵抗接合

本書 5.1 …接合部設計の基礎

2.2.3.3 柱－梁接合部

(1) モーメント抵抗を期待しない梁受け金物

梁受け金物による柱－梁接合部は，金物と各種接合具によって柱と梁等の横架材を緊結し，接合部に作用する応力を金物と接合具によって伝達するのが特徴である．金物が主体的に応力伝達を行っているため，金物無しでは接合部が成り立たない場合が多い．一般的には，接合部に作用するせん断力に対して抵抗するための金物であり，モーメントに対しては抵抗しないと考えるのが安全である．

梁受け金物の基本的形状は，柱－金物間がボルト接合，梁－金物間が鋼板挿入ドリフトピン接合であるが，折曲げ式2枚プレート，梁受けプレート付，引掛け引寄せ式，せん断受け突起付等，様々な形状がある．力の伝達は，柱－金物間ではボルトおよびせん断受け突起のせん断抵抗に，梁－金物間ではドリフトピンのせん断抵抗または梁受けプレートの支圧抵抗に依存するものが主流である．

使用する木材は，金物の形状に合わせて適切に切り欠く必要があるが，加工精度を確保するために近年では機械プレカットによる加工が一般的となっている．

* 関連事項： 木規準 602 …曲げ降伏型接合（602.2 ボルト接合，602.3 ドリフトピン接合）

本書 3.1 …接合金物

本書 5.1 …接合部設計の基礎

(2) モーメント抵抗接合（せん断抵抗型）

鋼板挿入式ドリフトピン接合に代表されるように，モーメントが最大となる柱－梁接合部を可能な限り剛に接合する方法であり，モーメント，せん断力，軸力等の応力を伝達する．鋼板挿入式以外にも，フランジ接合型，合わせ梁型等があり，ボルトやドリフトピン等金属接合具の代わりに木ダボを使用する例も見られる．

モーメント抵抗接合の場合，加工精度を高めてガタを極力減らすようにすることが初期剛性確保のためには重要であるが，多数本の接合具を用いる場合が多いため，現場での施工は困難を伴う．鋼板挿入式では，工場で各部材ごとに鋼板を挿入してドリフトピン等で接合するところまで施工し，現場では鋼板どうしをボルトで緊結するといった改良型の接合も開発されている．

また，フィンガー長が 50 mm 近くある大型のフィンガージョイントを接着接合したラージ・フィンガー・ジョイントもモーメント抵抗型柱梁接合部に用いられる．ラージ・フィンガー・ジョイントは接着抵抗により各種応力を伝達するが，力の向きによって破壊性状等に違いがあるので，設計・施工には細心の注意を要する．また，接着剤を用いた接

合方法であるため，養生期間や温度等の管理を適切に行うとともに，経験豊富な現場監督は必須である．

　　　＊関連事項：　木規準 602　…曲げ降伏型接合（602.2 ボルト接合，602.3 ドリフトピン接合）

　　　　　　　　　木規準 604　…胴付き・かん合接合

　　　　　　　　　木規準 605　…接着接合

　　　　　　　　　本書 3.4　　…木ダボ接合（せん断抵抗型）

　　　　　　　　　本書 3.10　…ラージ・フィンガー・ジョイント

　　　　　　　　　本書 4.3　　…鋼板挿入ドリフトピン式モーメント抵抗接合

　　　　　　　　　本書 4.4　　…ボルトを利用した合わせ梁型モーメント抵抗接合

　　　　　　　　　本書 5.1　　…接合部設計の基礎

　　　　　　　　　本書 5.2　　…木造ラーメンの解法の考え方

(3)　モーメント抵抗接合（引張抵抗型）

　引きボルト接合，ラグスクリューボルト接合，大径ボルト接合，グルード・イン・ロッド接合，木ダボ接合など各種接合方法があり，少量の接合具で高いモーメント抵抗性能を発揮するタイプが多い．しかし，これら引張抵抗型の接合具にせん断力の伝達を期待するのは危険であり，在来構法仕口を使って梁を柱に傾ぎ大入れ等するか，せん断力の伝達を目的としたせん断ブロック，せん断ボルト等を併用することが望ましい．

　梁の木口面からラグスクリューやボルトを挿入する場合は，所定の耐力を期待するために接合具の埋込み長さや縁端距離などを十分考慮して部材断面を決定する必要がある．グルード・イン・ロッド接合のような接着剤併用による接合方法では，養生期間や温度等の管理を適切に行わなければ所定の耐力は得られないので注意が必要である．また，部材に繊維方向の乾燥割れなどがあると耐力が発揮されないタイプの接合方法が多いので，含水率 15%以下程度の十分乾燥された材を用いると共に，施工後の保守管理も重要となる．

　　　＊関連事項：　木規準 602　…曲げ降伏型接合（602.2 ボルト接合）

　　　　　　　　　木規準 605　…接着接合

　　　　　　　　　本書 3.6　　…グルード・イン・ロッド

　　　　　　　　　本書 3.7　　…ラグスクリューボルト

　　　　　　　　　本書 3.9　　…木ダボ接合（軸力抵抗型）

　　　　　　　　　本書 4.5　　…引きボルト型モーメント抵抗接合

　　　　　　　　　本書 4.7　　…締付けフランジ引きボルト型モーメント抵抗接合

　　　　　　　　　本書 5.1　　…接合部設計の基礎

　　　　　　　　　本書 5.2　　…木造ラーメンの解法の考え方

2.2.3.4　継手接合部

(1)　柱　継　手

　近年は特に大規模木質構造などでグルード・イン・ロッド接合や木ダボ接着接合，ラージ・フィンガー・ジョイント等の新しい接合法が採用されている．いずれの接合方法においても，曲げモーメントが加わるような部分には継手を設けないことが鉄則であり，止むを得ずそのような箇所に継手を設ける場合には加わるモーメントに対し十分抵抗可能な補強方法を講じなければならない．これらはいずれも接着剤を併用する接合方法であるため，養生期間や温度管理等を適切に行う必要がある．また，木ダボには広葉樹を用いることが多いが，節の有無や繊維の目切れなど，ダボの品質にも十分注意を払うことが重要である．

　2 階建て以下の戸建て住宅では柱継手が存在しないのが一般的であるが，補修・増改築等の場合には，主に在来構法継手を用いて柱を縦継ぎする場合が見受けられる．補修部位にもよるが，在来構法継手に加えて帯金物等の補強金物を併用する例もある．

　　　＊関連事項：　木規準 604　…胴付き・かん合接合

　　　　　　　　　木規準 605　…接着接合

　　　　　　　　　本書 3.6　　…グルード・イン・ロッド

(2)　梁　継　手

　柱継手と同様であるが，曲げモーメントの大きな箇所には極力継手を設けないようにすることが望ましい．止むを得ずそのような箇所に継手を設ける場合には加わるモーメントに対し十分抵抗可能な補強方法を講じなければならない．

　引きボルトを利用する場合は，経年によりナットのゆるみが生じないような処置を講じる必要がある．接着剤を併用する接合方法の場合には，養生期間や温度等の管理を適切に行う必要がある．

2.2.3.5　そ　の　他

(1)　筋かい接合部

　筋かいの留付け方法には，釘打ちのみによるものからBP，BP-2，箱形金物に代表される筋かい金物を用いる方法まで様々な留付け方法がある．筋かいが圧縮に働く場合は部材端接触による応力伝達により，引張に働く場合は接合金物と部材を留め付ける釘，ビス，ボルト等のせん断抵抗による場合が多い．

　主に筋かいに引張力が働いた場合は接合部で破壊することが多いので，接合金物は定められた接合具で適切に留め付けなければならない．また，横架材に多数の釘や木ねじを打つ金物の場合は横架材の割裂も起こりやすくなるので注意が必要である．

(2)　貫　接　合　部

　土塗り壁を有する比較的古い在来軸組構法住宅によく見られる接合方法であり，柱と貫および楔との接触部分のめり込み抵抗によって耐力を発揮する接合部である．近年では，大変形時の耐力低下が少ないことなどから本接合法を再評価する動きも見られる．

　部材の乾燥収縮により楔の嵌合度が低下すると初期スリップを生じやすくなり，剛性が低下するおそれがある．よって，用いる部材は含水率15%以下程度の十分乾燥されたものを用いることが望ましく，楔の樹種や密度，節の有無，楔の形状などにも注意を払うことが重要である．

(3)　斜め方向仕口接合部（火打ち，方杖など）

　水平構面の火打ち部分や鉛直構面の方杖部分の材端接合部に見られる接合部である．一般的には，柱や横架材の断面の一部を切り欠き，そこに斜め部材を嵌め込んでボルト等の接合具で緊結する形式が取られる．仕口部分で柱や横架材に曲げモーメントが加わるため，過度な断面欠損は控えた方がよい．特に方杖構造の場合には大変形時に柱の折損が起こる可能性があり，構造躯体の崩壊を招く危険性があるため，接合部には十分な補強を施す必要がある．

＊関連事項： 木規準 602 ···曲げ降伏型接合（602.2 ボルト接合，602.4 ラグスクリュー接合）

　　　　　　木規準 604 ···胴付き・かん合接合

　　　　　　本書 3.11 　···嵌合型継手・仕口

参 考 文 献

1) 日本建築学会：木質構造設計規準・同解説 －許容応力度・許容耐力設計法－, 2006 年

2) Borg Madsen：Behavior of Timber Connections, Timber Engineering Ltd., pp.323-366, 2000 年

3. 各種接合部の設計

3.1 接 合 金 物

3.1.1 接合金物の定義

　住宅用の接合金物は，旧来，嵌合系継手または仕口の補強や外れ止め等として用いてきたが，基準法令の改正等，時代の流れによる要求性能の変化で，現在では補強等の役割に留まらず，金物による接合性能が主体的な役割を担うようになった.

　また，現在では部材相互の嵌合系継手・仕口を必要とせず，金物のみで部材相互の力を伝達する金物工法 [1] による接合金物も増えている. これらは金物の形状に合わせた加工をプレカット工場等で行う必要があり，部材と金物が一体となって現場に供給されることが多い.

　本書の 2009 年版では，継手または仕口の補強や外れ止め等の役割を持った金物を「住宅用補強金物」，金物のみで部材相互の力を伝達する金物工法等による金物を「住宅用接合金物」としてきたが，これからの非住宅分野へ用途が拡大し，金物の強度性能を活かした構造設計が期待されることから，本書では単にこれらを「接合金物」と呼称する.

　なお，3.1.4 項では，これらの違いを部材木材の嵌合系継手・仕口のあるなしで分類している.

3.1.2 接合金物の変遷

　古来から建てられてきた木造建築物は，接合具をほとんど使用せずに部材相互を木材の嵌合系継手・仕口で接合する構法であった. 1950 年に建築基準法が制定され，木造住宅においては壁量という概念が導入されることによって現在の在来工法と呼ばれる軸組構法住宅が建てられるようになった.

　接合金物については明治時代からくぎやボルト，かすがいなどが用いられるようになった. 1965 年に学校建築物等の大規模木造建築物を対象とした日本工業規格（以下 JIS）の JIS A 5531（木構造用金物）-1965 が規定された. 金物の種類には現在でも使われているアンカーボルト，羽子板ボルト，短ざく金物，箱金物，かすがい等がある. 1978 年に (公財)日本住宅・木材技術センター(以下，「住木センター」)が制定した Z マーク表示金物 [2] は，木造軸組構法住宅の構造耐力上主要な部分である継手または仕口を補強し，その部分の存在応力を伝えるように緊結するための住宅用接合金物である.

　Z マーク表示金物は，制定当時より木造住宅工事共通仕様書 [3] に掲載されたことから，住宅金融公庫融資を受ける木造住宅を中心に普及した. 当時，実験等で強度性能が確認され，認証制度によって品質が保証された規格金物が他になかったことから，住宅の耐震安全性や製造工場の技術力・品質管理能力の向上に大きく寄与した.

　1981 年までの木造住宅工事共通仕様書 [4] では「諸金物は，なるべく木造住宅用優良接合金物推進協議会の定める規格により金物に Z マーク表示のあるもの，またはこれらと同等のものとする.」という記載であったが，1982 年発行の仕様書から「なるべく」という言葉が外され，「接合金物は，(財)日本住宅・木材技術センターの定める規格による Z マーク表示品又はこれと同等以上のものとする.」に改定されたことから，Z マーク表示金物以外の金物について「同等以上」であることを判断する必要が生じることとなった. このため住木センターは同年より同等認定制度を制定し，金物製造者等が独自に開発した金物についても Z マーク表示金物と同等以上の性能を有するものとして公庫融資住宅にも使用することが可能となった.

　1987 年に法第 62 条改正により，準防火地域での木造 3 階建て建築物が建築可能になったことから，「3 階建て木造住宅の構造設計と防火設計の手引き」 [5] が住木センターから発行されたが，これにより引き寄せ金物 (ホールダウン金物) は，3 階建て木造住宅用の接合金物として開発された.

　1995 年 1 月 17 日に発生した兵庫県南部地震による木造住宅の地震被害調査において，適切に金物を使用した建物は小被害であったこと [6] や，同年 12 月に実施された木造住宅実大振動実験 [7] により，金物の効果が確認されたこと等から，耐震における金物の重要性が再認識された.

　建築基準法は 1950 年の制定時から災害による建築物の倒壊被害の発生などを契機として，適宜見直しをしているが，2000 年 6 月に施行された平成 12 年建設省告示第 1460 号（以下，「告 1460 号」という）は，構造耐力上主要な部分である継手または仕口の構造方法について規定したものであり，耐力壁のせん断抵抗力を有効に発揮させるため，接合部の先行破壊を確実に阻止することを目的としている．告 1460 号において，継手または仕口の標準的な構造方法は金物で緊結するように記述されているが，そこに用いられる金物は安定した品質で流通量の多い Z マーク表示金物をイメージさせるような内容となっている [8]．

　告 1460 号に対応した Z マーク表示金物の形状および接合具は，接合部の納まりによる外形的な制限，および施工手順等を考えて決定されている．したがって，接合具の配置は，「木質構造設計規準・同解説」[9]（以下，「木規準」とする）に記載されている接合具間隔，縁端距離が満足されていない場合が多いが，限られた金物形状の中で接合具の配置を工夫し，接合部としてできるだけ高い性能を発揮できるものとなっている．

　また，告 1460 号施行以前の住宅用接合金物の特徴は，（1）十分な強度，（2）簡便な取付け，（3）他工事への干渉がない，（4）安価などであったが，告 1460 号施行以降では，これらの特徴に加え，告 1460 号の要求性能に対する許容耐力等の評価を得ている金物が多くなっており，現在では補強という概念は薄れつつある．

　同年 4 月には住宅の品質確保の促進等に関する法律（品確法）が施行され，住宅性能表示制度の耐積雪等級のみ 2 とする場合と全ての等級を 1 とする場合を除き，梁相互の引張接合部の基準が必要となった．

　住木センターでは性能規定化に合わせ，2001 年より補強金物の強度性能と品質を認定する性能認定制度(S マーク表示金物)を制定した [2]．これによって，後述の木材の嵌合系継手・仕口を要しない接合金物についても一般に流通するようになった．

　木材の嵌合系継手・仕口を要しない金物工法用の接合金物は，1974 年に開発されたものが発祥とされているが，プレカットの普及とともに 1980 年代中頃から広く使われるようになった．嵌合系継手・仕口が前提であった Z マーク表示金物等とは違い，金物を介して部材相互が接合されるため，金物が無ければ接合部として成り立たないものである．

　2001 年に住木センターから木造軸組工法住宅の許容応力度設計 [10]が発行され，住宅用補強金物の接合部試験方法や認定方法が公開された．これを機に各試験機関でも告 1460 号に対応した試験によって強度性能を確認されたものが一般に流通するようになった．

　2010 年の公共建築物等における木材の利用の促進に関する法律の施行を皮切りに，2015 年の JIS A 3301 木造校舎の構造設計標準の改正 [14]，2016 年の CLT 関連告示の制定，2019 年の防耐火告示の改正等，近年では非住宅分野の木造化を活性化させる動きが高まっており，これらの中大規模木造に向けた接合金物も開発されている．

3.1.3　接合金物の規格と性能評価方法

3.1.3.1　規格化された金物の種類

　接合金物の規格には，日本産業規格（JIS）の他，(公財)日本住宅・木材技術センターが定める Z マーク表示金物規格等がある．

(1)　軸組構法用金物（Z マーク表示金物）

　軸組構法用金物（Z マーク表示金物）[2]は，1978 年，（財）日本住宅・木材技術センター（以下，「住木センター」）が，製造者団体である木造住宅接合金物協会（旧称：木造住宅用優良接合金物推進協議会）および学識経験者の協力を得て規格化したものである．Z マーク表示金物は一定の品質を有し，実験により接合部の強度が確認されている．

　Z マーク表示金物には，2025 年現在 60 種類の金物と 46 種類の接合具がある．施工現場での接合具の選択ミスを防ぐために，金物と接合具をセットで販売している．

　Z マーク表示金物の製造・販売を行おうとする申請者は，製造工程や品質管理体制，苦情処理体制等について，住木センター内に設置された金物審査委員会により，書面および実地に工場審査が実施されており，申請した工場ごとに住木センターから Z マーク表示の承認を得ている．承認の有効期間は 3 年であり，申請者の申出により更新される．厳格な品質管理体制と，苦情処理体制を承認の要件としているので，製品または包装容器に付される承認番号により追跡性を確保できる仕組みが構築されている．

　Z マーク表示金物の許容耐力はホームページ上で公表しており [2]，記載の耐力値は，旧木規準 [11]（1988 年版）第 3 章

接合部の設計における釘接合，ボルト接合，ラグスクリュー接合の許容せん断耐力の計算式により求めた値である．なお，Z マーク表示金物は，接合部構造試験により強度性能を確認しており，その試験結果の荷重－変位曲線グラフは，「木造住宅用接合金物の使い方」[12)]に掲載されている．

また，Z マーク表示金物は強度性能だけでなく，防せい処理等の耐久性能についても保証されている．国土交通省大臣官房官庁営繕部監修「公共建築木造工事標準仕様書（平成 31 年版）」[13)]では，軸組構法，枠組壁工法（後述の(2)），丸太組構法及び CLT パネル工法（後述の(3)）の木造建築に使用する接合金物は，住木センターの上記規格金物に適合するもので，防せい処理等の耐久性能について使用環境 2 に区分するものとしている．使用環境 2 の区分は，直接雨に暴露されない屋外環境又は多湿な屋内環境での使用である．

図 3.1-1　Z マークおよび承認番号の例

(2)　枠組壁工法用金物（C マーク表示金物）

枠組壁工法用金物（C マーク表示金物）[2)]は，住木センターの前身である社団法人日本木質構造材料協会が 1977 年に制定した枠組壁工法用の規格金物であり，住木センターに規格が移管後，当時の住宅金融公庫の仕様書（枠組壁工法住宅工事共通仕様書）等に掲載され，現在に至っている．金物の詳細については住木センターのホームページの他，一般社団法人日本ツーバイフォー協会発行「枠組壁工法用建築物構造計算指針」等に掲載されている．Z マーク表示金物と同様，一定の品質を有し，実験により接合部の強度が確認されており，許容耐力はホームページ上で公表されている [2)]．C マーク表示金物には，現在 61 種類の金物と 33 種類の接合具がある．

承認の仕組みや承認に必要な要件等は Z マーク表示金物と同一なので省略する．

図 3.1-2　C マークおよび承認番号の例

(3)　丸太組工法用金物（M マーク表示金物）

丸太組工法用金物（M マーク表示金物）[2)]は，住木センターが 1988 年に制定した丸太組工法（ログハウス）用の規格金物であり，当時の住宅金融公庫の仕様書（丸太組構法住宅工事共通仕様書）に掲載された，当該仕様書については，2011 年からは住宅金融支援機構の監修を受けて（一社）日本ログハウス協会が発行している．

M マーク表示金物には，現在 26 種類の金物と 32 種類の接合具があり，許容耐力はホームページ上で公表されている [2)]．

図 3.1-3　M マークおよび承認番号の例

(4) CLTパネル工法用金物（χ マーク表示金物）

CLTパネル工法用金物（χ マーク表示金物）[2]は，2016年，住木センターが，一般社団法人日本CLT協会，木構造振興株式会社，製造者団体である木造住宅接合金物協会および学識経験者の協力を得て規格化したCLTパネル工法用の金物である．規格化当初は平成28年国土交通省告示第611号第十の基準（構造計算ルート1）に適合した接合金物のみであったが，2021年4月より同告示第611号第八の基準（構造計算ルート3）に適合する金物も追加された．強度性能については，ホームページ上で公表されており[2]，ルート1用の金物については，住木センター発行「CLTを用いた建築物の設計施工マニュアル」に許容耐力だけでなくその変形性能も記載されていることからルート2，3に用いることも可能である．

χマーク表示金物には，2025年現在25種類の金物と13種類の接合具がある．

図3.1-4 χマークおよび承認番号の例

(5) 木構造用金物（JIS A 5531）

JIS A 5531は，1965年に制定された規格金物である．当該金物は当時の学校建築物等の大規模木造建築物を対象としたものであり，住宅用としては不向きであった．

(6) 木造校舎の構造設計標準（JIS A 3301）に規定された金物

JIS A 3301[14]は，1956年に制定され，2010年に全面改正を行った．

改正後の接合部の仕様は，付属書F「軸組接合詳細図」等に示されているが，製造物に対する品質性能の規定ではなく，構造設計標準であるため，当該図と異なる嵌合+補強金物による接合方法や，金物工法プレカットによる梁受け金物を用いた接合方法等とすることができるとしている．また，ビスについては具体的な材質・形状は示されていない．したがって規格金物には位置付けられていない．

(7) その他，接合具

JISには接合具として，JIS A 5508（くぎ）に規定する溶融亜鉛めっき太め鉄丸くぎ，JIS B 1180（六角ボルト），主にラーメン工法やCLTパネル工法に使われるJIS B 1220（構造用両ねじアンカーボルトセット）としてJIS製品となっているものもある．なお，溶融亜鉛めっき太め鉄丸くぎは，金物用としてJISに加わったが，用途については限定されていない．

3.1.3.2 規格金物以外の金物

規格化された金物以外の金物は，住木センター等の認定制度を利用する他，各試験機関での試験結果による設計者判断によって使用することも可能である．

(1) 同等認定金物（Dマーク表示金物）

同等認定金物[2]は，金物製造者が独自に開発した金物について，Zマーク表示金物と同等以上の性能を有するものとして住木センターが認定したものである．認定する性能は，接合部の強度，金物の施工性，耐久性および品質管理体制等Zマーク金物規格に規定する全ての項目が対象となる．

認定された金物には，下記に示すDマークが表示されている．また，Dマーク表示金物は接合具に特色を持っているものが多く，必ず梱包されている接合具を使用しなければならない．

図 3.1-5　Dマークおよび認定番号の例

(2)　性能認定金物（Sマーク表示金物）

　性能認定金物は，金物製造者が独自に開発した金物について，住木センターが接合金物試験法規格に基づいて，具体的に許容耐力を[2]認定した金物である．したがって，認定した金物ごとに下記のSマークと許容耐力値が示されている．その他の施工性，耐久性および品質管理体制等については，Zマーク表示金物等と同等以上の性能を有している．

図 3.1-6　Sマークおよび認定番号の例

(3)　各試験機関による試験結果

　各試験機関での試験結果による場合で，基準耐力で評価されているものについては，設計者等の判断で耐久性・施工性による影響や工学的判断等を勘案して低減係数を設定する必要がある．また防せい処理等についても問題無いことを確認する必要がある．

(4)　木規準や本書を用いた算定結果

　木規準や本書を用いた算定方法によって評価を行うことも可能である．接合金物の荷重伝達システムおよび計算の指針等を次項に示す．

3.1.4　接合金物の荷重伝達システムおよび計算の指針等

　本節では，3.1.4.1〜3.1.4.2に分類された金物の構成と荷重伝達システムを解説し，本書や「木質構造設計規準・同解説」[9]などに従いその許容耐力等を計算するための方針を示す．破壊モードや終局耐力については，金物の詳細な仕組や使用材料の性能により大きく異なるため，ここでは言及していないが，各許容値を理論式で誘導する場合は，終局状態の安全性を確認するためにも，必ず実験により検証することが必要である．二次応力の検定は，「木質構造接合部設計事例集」を参照されたい．また，使用上の留意点についても金物仕様によって様々に異なるため，市販のものは製造メーカーによる使用方法を厳守するとともに，安全性について様々な状況を想定して検討しておくことが重要である．

3.1.4.1　嵌合を併用する接合金物

　Zマーク表示金物のように部材端部に継手または仕口加工を施し，木材相互を接合した上に金物接合を行った接合方法は，金物を取り外しても接合部として機能するものである．

　従来は補強や外れ止めとしての役割が強かったが，平成12年度以降は告1460号において耐力壁の種類に応じた具体的な筋かいや柱頭柱脚接合仕様が定められたことや告1460号第二但し書き（N値計算）等によって一般の住宅建築においても存在応力等に応じた仕様や許容耐力が求められるようになり，金物自体にも構造的な役割を担うようになった．

　Z マーク表示金物以外の一般流通品には様々なものが存在するのでこの限りではないが，例として Z マーク表示金物における補強金物を接合形式別に分類すると，概ね以下のとおりとなる．なお．金物を介して一方の部材側と他方の部材側で接合方式が異なるものは，ハイフンで表現した．

・鋼板添え板（ビス，くぎ，ボルト等）接合とその他の接合形式との組合せによるもの

　(1) 鋼板添え板（ビス，くぎ，ボルト等）−鋼板添え板（ビス，くぎ，ボルト等）

　(2) 鋼板添え板（ビス，くぎ，ボルト等）−接合具（ビス，ボルト等）引抜き

　(3) 鋼板添え板（ビス，くぎ，ボルト等）−基礎アンカーボルト

　(4) 鋼板添え板（ビス，くぎ等）−鋼板めり込み

・接合具単体接合

　(5) かすがい

　(6) くぎ，ビス単体接合

(1)　鋼板添え板（ビス，くぎ，ボルト等）−鋼板添え板（ビス，くぎ，ボルト等）

(a)　金物の構成要素

　金物を構成する要素は次のように区分される．〔図 3.1-7 参照〕

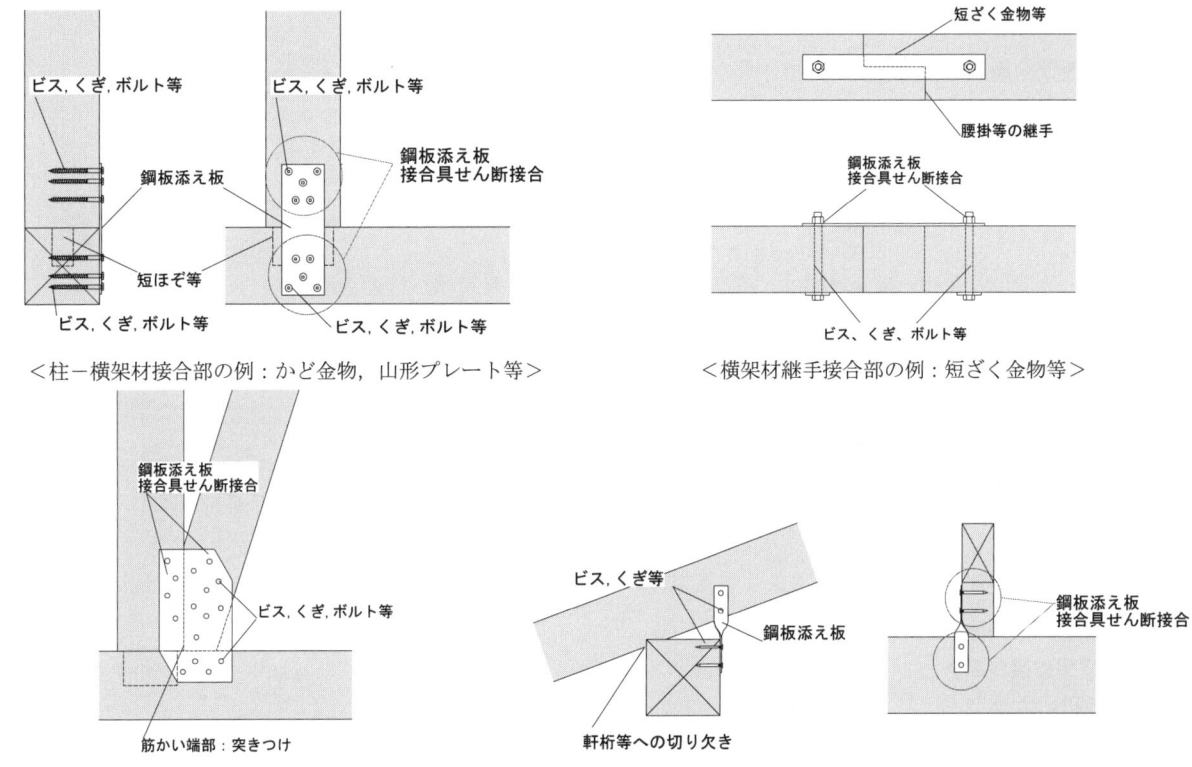

<柱−横架材接合部の例：かど金物，山形プレート等>　　　　　<横架材継手接合部の例：短ざく金物等>

<筋かい−柱および横架材接合部の例：筋かい金物>　　　　　<垂木−横架材接合部の例：ひねり金物等>

図 3.1-7　接合金物の構成要素（鋼板添え板（ビス，くぎ，ボルト等）−鋼板添え板（ビス，くぎ，ボルト等））

<柱−横架材接合部>

・接合具：　　　　　　　鋼板を添え板とし，金物と部材を結合する役割を果たす．ビス，くぎ，ボルト等の曲げ降伏型接合具が用いられる．

・木材仕口：　　　　　　短ほぞ接合とすることが多い．横架材にほぞ穴加工を施し，ほぞを差し込む．

・添え板鋼板：　　　　　接合具により柱と横架材を接合する．仮止め用の突起が設けられる場合がある．

<横架材相互接合部>

・接合具：　　　　　　　鋼板を添え板とし，金物と部材を結合する役割を果たす．ビス，ボルト等の曲げ降伏型接合具が用いられる．

・木材継手：　　　　　　腰掛鎌継ぎ等を用いる．

・添え板鋼板：　　　　　接合具により横架材相互を接合する．仮止め用の突起が設けられる場合がある．

＜筋かい－柱および横架材接合部の例：筋かい金物＞

・接合具：　　　　　　　鋼板を添え板とし，金物と部材を結合する役割を果たす．ビス，くぎ等の曲げ降伏型接合具が
　　　　　　　　　　　　用いられる．

・木材仕口：　　　　　　筋かい端部は柱と横架材に面タッチするように加工する．

・添え板鋼板：　　　　　接合具により筋かい端部と柱および横架材を接合する．

＜垂木－横架材接合部＞

・接合具：　　　　　　　鋼板を添え板とし，金物と部材を結合する役割を果たす．ビス，くぎ等の曲げ降伏型接合具が
　　　　　　　　　　　　用いられる．

・木材仕口：　　　　　　垂木を据えるために軒桁や母屋に溝を設ける場合がある．

・添え板鋼板：　　　　　接合具により垂木と軒桁または母屋を接合する．垂木と横架材が直交するため，鋼板は曲げ加
　　　　　　　　　　　　工される場合が多い．

(b)　接合部の荷重伝達システム

＜柱－横架材接合部＞

・引抜き力

　　柱－金物間，金物－横架材間は，接合具のせん断抵抗により荷重が伝達される．

・せん断力

　　金物を介さず，柱のほぞのせん断面でのせん断抵抗により荷重が伝達される．

＜横架材相互接合部＞

・引抜き力

　　横架材－金物間，金物－横架材間は，接合具のせん断抵抗により荷重が伝達される．

・せん断力

　　金物を介さず，継手のせん断面でのせん断抵抗により荷重が伝達される．

＜筋かい－柱および横架材接合部＞

・引張筋かい

　　筋かい－金物間，金物－柱および横架材間は，接合具のせん断抵抗により荷重が伝達される．

・圧縮筋かい

　　金物を介さず，筋かい端部による柱および横架材のめり込み抵抗により荷重が伝達される．金物は筋かいが面外に
　踏み外すのを抑制する役割を果たしている．

＜垂木－横架材接合部＞

・引抜き力

　　垂木－金物間，金物－横架材間は，接合具のせん断抵抗により荷重が伝達される．

(c)　接合部の設計方針

＜柱－横架材接合部＞

・引抜き力

　　柱－金物間，金物－横架材間の接合具のせん断耐力について，木規準「602 曲げ降伏型接合具を用いた接合」また
　は本書 3.2～3.5 に示される各接合具の設計方法に従いそれぞれ許容せん断耐力を算出し，低い方の値を接合部全体
　の許容耐力とする．ただし，鋼板の引張の許容耐力が前述の許容耐力を下回る場合は，これを接合部全体の許容耐力
　とする．

・せん断力

　　大入れ，あるいはほぞによる梁と柱の接触面について，木規準「503.4 材の接触面に対する検定」に従い部分圧縮
　（めり込み）の許容耐力を算出する．

＜横架材相互接合部＞

・引抜き力

　　横架材－金物間，金物－横架材間の接合具のせん断耐力について，木規準「602 曲げ降伏型接合具を用いた接合」または本書 3.2～3.5 に示される各接合具の設計方法に従いそれぞれ許容せん断耐力を算出し，低い方の値を接合部全体の許容耐力とする．ただし，鋼板の引張の許容耐力が前述の許容耐力を下回る場合は，これを接合部全体の許容耐力とする．

・せん断力

　　木規準「504.3 単一曲げ材」に規定する有効断面積からせん断耐力を算出する．

＜筋かい－柱および横架材接合部＞

・引張筋かい

　　筋かい－金物間，金物－柱および横架材間の接合具のせん断耐力について，木規準「602 曲げ降伏型接合具を用いた接合」または本書 3.2～3.5 に示される各接合具の設計方法に従いそれぞれ許容せん断耐力を算出し，低い方の値を接合部全体の許容耐力とする．ただし，鋼板の引張の許容耐力が前述の許容耐力を下回る場合は，これを接合部全体の許容耐力とする．

・圧縮筋かい

　　木規準「604 胴付き・かん合接合」に規定する等変位めり込みの算定式より，筋かい端部の柱および横架材へのめり込み耐力を算出する．

＜垂木－横架材接合部＞

・引抜き力

　　垂木－金物間，金物－横架材間の接合具のせん断耐力について，木規準「602 曲げ降伏型接合具を用いた接合」または本書 3.2～3.5 に示される各接合具の設計方法に従いそれぞれ許容せん断耐力を算出し，低い方の値を接合部全体の許容耐力とする．ただし，鋼板の引張の許容耐力が前述の許容耐力を下回る場合は，これを接合部全体の許容耐力とする．

(2)　鋼板添え板（ビス，くぎ，ボルト等）－接合具（ビス，ボルト等）引抜き

(a)　金物の構成要素

　　金物を構成する要素は次のように区分される．〔図 3.1-8 参照〕

＜柱－横架材接合部＞

・柱－金物接合具：　　　鋼板を添え板とし，金物と柱を結合する役割を果たす．ビス，くぎ，ボルト等の曲げ降伏型接合具が用いられる．

・木材仕口：　　　　　　短ほぞ接合とすることが多い．横架材にほぞ穴加工を施し，ほぞを差し込む．

・添え板鋼板：　　　　　接合具により柱と横架材を接合する．鋼板の折り曲げ部はリブを設けるなどして極力変形を抑えることが望ましい．

・横架材－金物接合具：鋼板を添え板とし，金物と横架材を結合する役割を果たす．

＜通し柱－横架材接合部＞

・添え板鋼板＋ボルト：添え板鋼板とボルトが溶接されたものが多い．添え板鋼板と鋼板を筒状に加工したものを溶接し，ボルトを別部品とするものもある．ボルト部分は金物と柱を結合する役割を果たす．

・木材仕口：　　　　　　傾ぎ大入れや大入れほぞ差し等がある．

・横架材－金物接合具：鋼板を添え板とし，金物と横架材を結合する役割を果たす．ボルトが用いられることが多い．

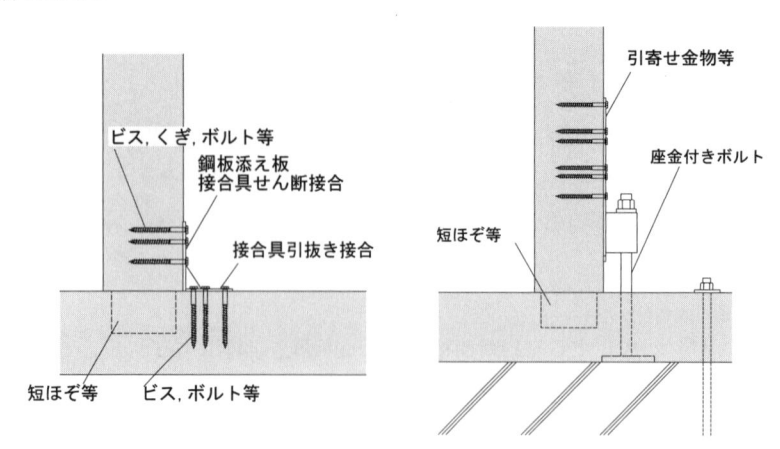

<柱－横架材接合部の例：コーナー金物，座金ボルト付きのホールダウン金物等>

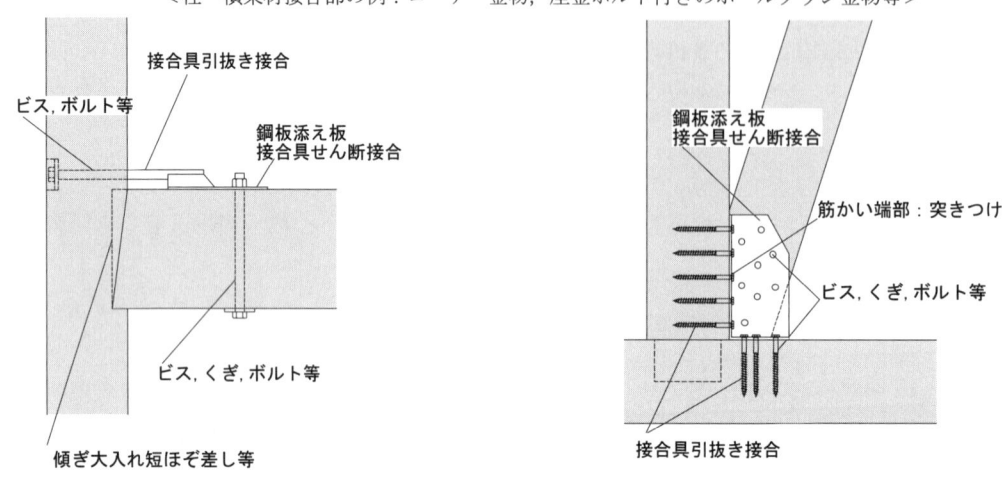

<通し柱－横架材接合部の例：羽子板ボルト等>　　　<筋かい－柱および横架材接合部の例：ボックス型の筋かい金物>

図3.1-8　接合金物の構成要素（鋼板添え板(ビス，くぎ，ボルト等)－接合具(ビス，ボルト等)引抜き）

<筋かい－柱および横架材接合部の例：筋かい金物>

・接合具：　　　　　　　　鋼板を添え板とし，金物と部材を結合する役割を果たす．ビス，くぎ等の接合具が用いられる．

・木材仕口：　　　　　　　筋かい端部は柱と横架材に面タッチするように加工する．

・添え板鋼板：　　　　　　接合具により筋かい端部と柱および横架材を接合する．鋼板は折曲げ加工された箱型形状のものが多い．鋼板の折曲げ部はリブを設けるなどして極力変形を抑えることが望ましい．

(b)　接合部の荷重伝達システム

<柱－横架材接合部>

・引抜き力

　　柱－金物間は接合具のせん断抵抗，金物－横架材間は接合具の引抜き抵抗により荷重が伝達される．

・せん断力

　　金物を介さず，柱のほぞのせん断面でのせん断抵抗により荷重が伝達される．

<通し柱－横架材接合部>

・引抜き力

　　横架材－金物間は接合具のせん断抵抗，金物－柱間は接合具の引抜き抵抗により荷重が伝達される．

・せん断力

　　金物を介さず，梁仕口のせん断面でのせん断抵抗により荷重が伝達される．

<筋かい－柱および横架材接合部>

・引張筋かい

　　筋かい－金物間は接合具のせん断抵抗，金物－柱および横架材間は接合具の引抜き抵抗により荷重が伝達される．

・圧縮筋かい

　　金物を介さず，筋かい端部による柱および横架材のめり込み抵抗により荷重が伝達される．金物は筋かいが面外に踏み外すのを抑制する役割を果たしている．

(c)　接合部の設計方針

＜柱−横架材接合部＞

・引抜き力

　　柱−金物間の接合具のせん断耐力および金物−横架材間の接合具の引抜き耐力について，木規準「602 曲げ降伏型接合具を用いた接合」または本書 3.2〜3.5 に示される各接合具の設計方法に従い許容せん断耐力および許容引抜耐力を算出し，低い方の値を接合部全体の許容耐力とする．ただし，鋼板の引張の許容耐力が前述の許容耐力を下回る場合は，これを接合部全体の許容耐力とする．鋼板の折曲げ部の変形が進むと応力状態が変化し，接合具の許容耐力にも影響を与えるおそれがあるので留意する．

・せん断力

　　柱のほぞのせん断に有効な断面積からせん断耐力を算出する．

＜通し柱−横架材接合部＞

・引抜き力

　　横架材−金物間の接合具のせん断耐力および金物−通し柱間の接合具の引抜き耐力について，木規準「602 曲げ降伏型接合具を用いた接合」または本書 3.2〜3.5 に示される各接合具の設計方法に従い許容せん断耐力および許容引抜耐力を算出し，低い方の値を接合部全体の許容耐力とする．ただし，鋼板やボルトの引張の許容耐力，溶接部のせん断耐力が前述の許容耐力を下回る場合は，これを接合部全体の許容耐力とする．

・せん断力

　　木規準「504.3 単一曲げ材」に規定する有効断面積からせん断耐力を算出する．

＜筋かい−柱および横架材接合部＞

・引張筋かい

　　筋かい−金物間の接合具のせん断耐力ならびに金物−柱および横架材間の接合具の引抜き耐力について，木規準「602 曲げ降伏型接合具を用いた接合」または本書 3.2〜3.5 に示される各接合具の設計方法に従い許容せん断耐力および許容引抜耐力を算出し，低い方の値を接合部全体の許容耐力とする．ただし，鋼板の引張の許容耐力が前述の許容耐力を下回る場合は，これを接合部全体の許容耐力とする．鋼板の折曲げ部の変形が進むと応力状態が変化し，接合具の許容耐力にも影響を与えるおそれがあるので留意する．

・圧縮筋かい

　　木規準「604 胴付き・かん合接合」に規定する等変位めり込みの算定式より，筋かい端部の柱および横架材へのめり込み耐力を算出する．

(3)　鋼板添え板（ビス，くぎ等）−鋼板めり込み

(a)　金物の構成要素

　　金物を構成する要素は次のように区分される．〔図 3.1-9 参照〕

＜垂木−横架材接合部＞

・接合具：　　　　　　　鋼板を添え板とし，金物と横架材を結合する役割を果たす．ビス，くぎ等の曲げ降伏型接合具が用いられる．

・木材仕口：　　　　　　垂木を据えるために軒桁や母屋に溝を設ける場合がある．

・添え板鋼板：　　　　　コの字型に折り曲げられた部分を垂木に引っ掛け，軒桁または母屋との接合は接合具を用いる．

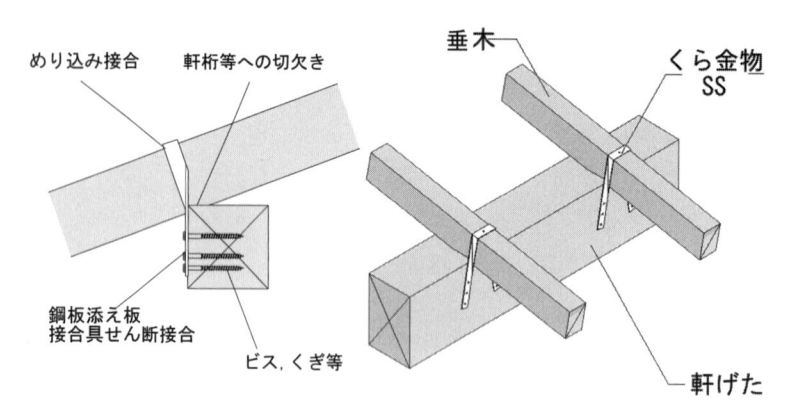

<垂木−横架材接合部の例：くら金物等＞

図 3.1-9　接合金物の構成要素（鋼板添え板（ビス，くぎ等）−鋼板めり込み）

(b)　接合部の荷重伝達システム
＜垂木−横架材接合部＞
・引抜き力

　垂木−金物間は垂木上面の鋼板によるめり込み抵抗，金物−横架材間は接合具のせん断抵抗により荷重が伝達される．

(c)　接合部の設計方針
＜垂木−横架材接合部＞
・引抜き力

　垂木−金物間は鋼板による垂木上面のめり込み耐力については木規準「604 胴付き・かん合接合」に，金物−横架材間の接合具のせん断耐力については木規準「602 曲げ降伏型接合具を用いた接合」または本書 3.2〜3.5 に示される各接合具の設計方法に従いそれぞれ許容耐力を算出し，低い方の値を接合部全体の許容耐力とする．ただし，鋼板の引張の許容耐力が前述の許容耐力を下回る場合は，これを接合部全体の許容耐力とする．

(4)　鋼板添え板（ビス，くぎ，ボルト等）−基礎アンカーボルト
(a)　金物の構成要素

　金物を構成する要素は次のように区分される．〔図 3.1-10 参照〕

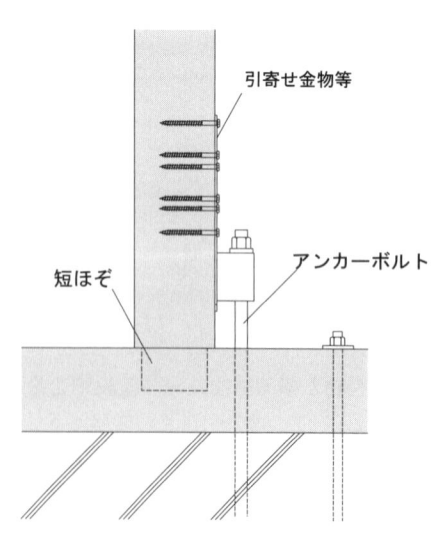

<柱−基礎接合部の例：引寄せ金物等＞

図 3.1-10　接合金物の構成要素（鋼板添え板（ビス，くぎ，ボルト等）−基礎アンカーボルト）

＜柱−土台−基礎接合部＞

- 柱−金物接合具： 鋼板を添え板とし，金物と柱を結合する役割を果たす．ビス，くぎ，ボルト等の曲げ降伏型接合具が用いられる．
- 木材仕口： 短ほぞ接合とすることが多い．横架材にほぞ穴加工を施し，ほぞを差し込む．
- 添え板鋼板： 接合具により柱と横架材を接合する．アンカーボルトとの接続のため，受板や鋼板を筒状に加工したものが溶接されている．
- アンカーボルト： 六角ナットおよび座金によって添え板鋼板に溶接された受け材のボルト穴，もしくは鋼板を筒状に加工したものと接続する．ボルトの先端部分は基礎へ埋め込む．

(b) 接合部の荷重伝達システム

＜柱−土台−基礎接合部＞

- 引抜き力

  柱−金物間は接合具のせん断抵抗，金物−基礎間は土台を経由せずアンカーボルトの引抜き抵抗により荷重が伝達される．

- せん断力

  柱−土台間は金物を介さず，柱のほぞのせん断面でのせん断抵抗により荷重が伝達される．土台−基礎間は別途せん断抵抗用アンカーボルトを土台−基礎間に設置し，ボルトのせん断抵抗により荷重を伝達させる．

(c) 接合部の設計方針

＜柱−土台−基礎接合部＞

- 引抜き力

  柱−金物間の接合具のせん断耐力について，木規準「602 曲げ降伏型接合具を用いた接合」または本書 3.2〜3.5 に示される各接合具の設計方法に従い算定した許容せん断耐力とアンカーボルト−基礎接合部の引抜き耐力を比較し，低い方の値を接合部全体の許容耐力とする．アンカーボルト−基礎接合部の引抜き耐力は，コンクリートとの付着耐力，ボルトの引張耐力，基礎のコーン破壊耐力の最小値とする．ただし，先端に有効なフックや定着板が設けられている場合は付着耐力の検討は不要となる．

- せん断力

  柱−土台間は柱のほぞのせん断に有効な断面積からせん断耐力を算出する．

  土台−基礎間は別途設けたせん断用アンカーボルトのせん断耐力を算出する．

(5) か す が い

(a) 金物の構成要素

金物を構成する要素は次のように区分される．〔図 3.1-11 参照〕

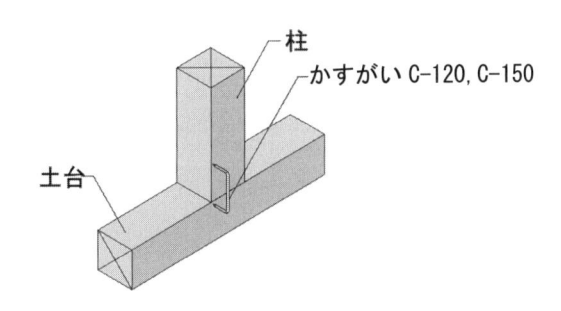

図 3.1-11　接合金物の構成要素（かすがい）

＜柱−横架材接合部＞

- かすがい： 部材相互を結合する役割を果たす．

・木材仕口： 短ほぞ接合とすることが多い．横架材にほぞ穴加工を施し，ほぞを差し込む．

(b) 接合部の荷重伝達システム

＜柱－横架材接合部＞

・引抜き力

柱－金物間，金物－横架材間は，接合具のせん断抵抗により荷重が伝達される．

・せん断力

金物を介さず，柱のほぞのせん断面でのせん断抵抗により荷重が伝達される．

(c) 接合部の設計方針

＜柱－横架材接合部＞

・引抜き力

柱－かすがい間，かすがい－横架材間の接合具のせん断耐力について，木規準「602 曲げ降伏型接合具を用いた接合」の設計方法に従いそれぞれ許容せん断耐力を算出し，低い方の値を接合部全体の許容耐力とする．

・せん断力

柱のほぞのせん断に有効な断面積からせん断耐力を算出する．

(6) くぎ，ビス単体接合

(a) 金物の構成要素

金物を構成する要素は次のように区分される．〔図 3.1-12 参照〕

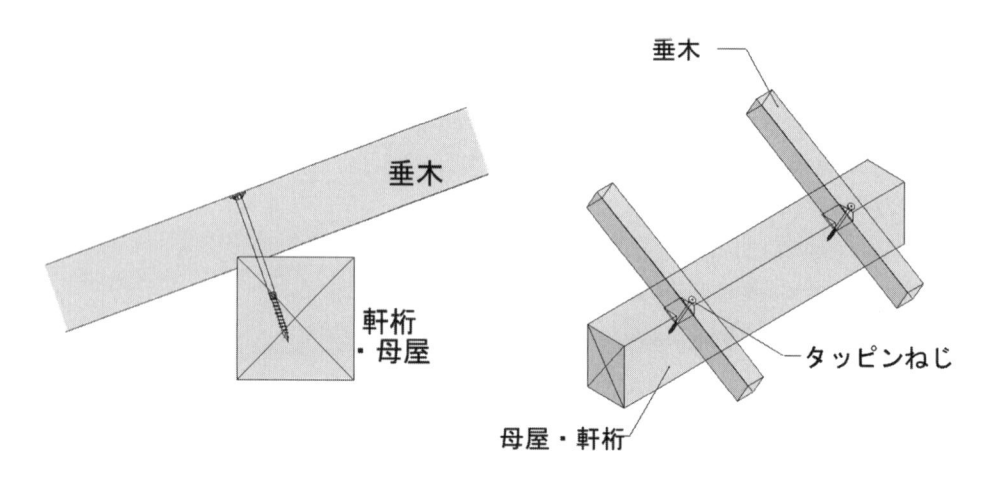

図 3.1-12 接合金物の構成要素（ビス，くぎ）

＜垂木－横架材接合部＞

・接合具： ビス，くぎ等を垂木上面から軒桁や母屋に向けて打ち込む．
・木材仕口： 垂木を据えるために軒桁や母屋に溝を設ける場合がある．

(b) 接合部の荷重伝達システム

＜垂木－横架材接合部＞

・引抜き力

垂木－接合具間は垂木上面のビス頭によるめり込み抵抗，接合具－横架材間は接合具の引抜き抵抗により荷重が伝達される．

(c) 接合部の設計方針

＜垂木−横架材接合部＞

・引抜き力

　垂木−金物間は鋼板による垂木上面のめり込み耐力については木規準「604 胴付き・かん合接合」に，金物−横架材間の接合具の引抜き耐力については木規準[1]「602 曲げ降伏型接合具を用いた接合」または本書 3.2〜3.5 に示される各接合具の設計方法に従いそれぞれ許容耐力を算出し，低い方の値を接合部全体の許容耐力とする．

3.1.4.2　木材の嵌合系継手・仕口を用いない接合金物

　金物工法等に用いられる接合金物は，前節で解説した木材の嵌合系継手・仕口付き接合金物と異なり，金物が主体的に接合部の力の伝達を行っており，金物なしでは接合部が成り立たないような接合金物を指している．

　これらの金物は，施工の合理化と相まって，近年金物構法として広く普及している．金物には各メーカーで独自の工夫が施され，様々なタイプのものが提案されているが，本節では金物の仕組みを一般化して整理し，次のように分類した．

(1)　鋼板挿入型

(2)　パイプ挿入型

(3)　ボックス型

(4)　引きボルト型

　住宅に用いられる中小断面の部材の場合，大断面材のように接合具を多数貫入することが難しく，接合具に応力が集中しやすいため，接合部には基本的に高い剛性は期待できない．市販の接合金物の中には，従来の仕口接合部に比べ"高い剛性，耐力"が得られるとし，"剛接合"などと謳っているものもあるが，本当の意味での剛接合は木質構造においては，ほとんど不可能である．一般的な梁受け金物等はせん断力に対する許容耐力が認定されているのみであり，モーメントに対する耐力を保障するものでは無いので，くれぐれも注意されたい．

　近年，木質ラーメン構造を意図した接合金物もいくつか提案されていることを踏まえ，本節ではモーメント抵抗性能についても言及しているが，モーメント抵抗性能を期待するにあたっては前述のとおり注意が必要である．特にせん断力，引抜き力等とモーメントにより複合応力が生じる場合，その応力の配分などに慎重な検討が必要である．

(1)　鋼板挿入型金物

(a)　金物の構成要素

　金物を構成する要素は次のように区分される．〔図 3.1-13，図 3.1-14 参照〕

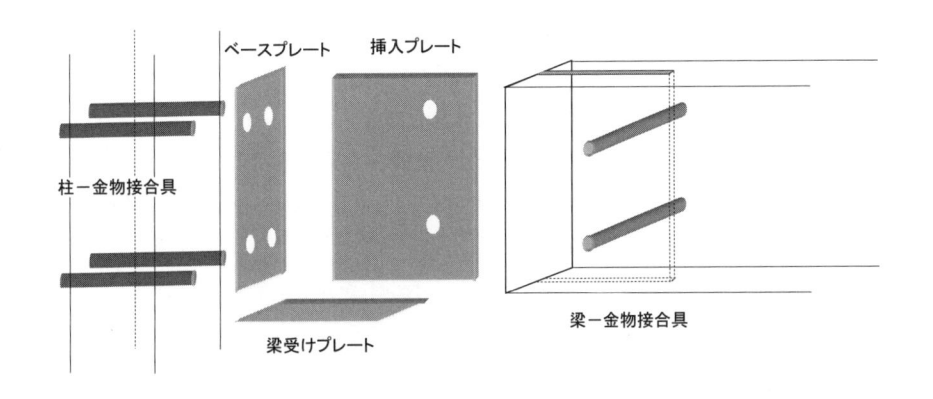

図 3.1-13　接合金物の構成要素（柱−梁接合部）

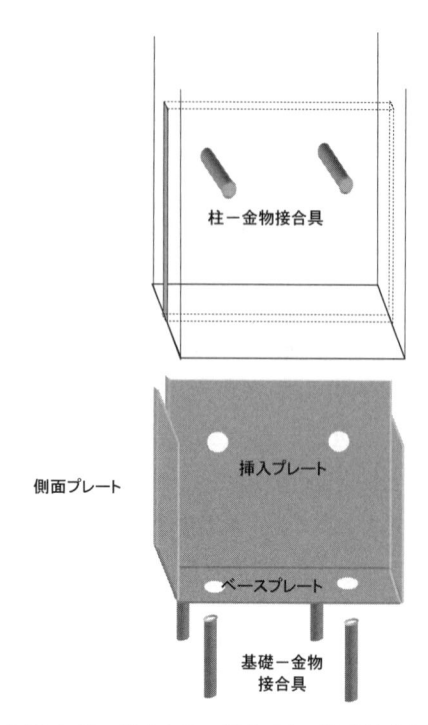

図 3.1-14 接合金物の構成要素（柱脚接合部）

＜柱−梁接合部＞

- ・梁−金物接合具： 梁に貫入され，金物と梁を結合する役割を果たす．ボルトまたはドリフトピンが用いられることが多い．

- ・挿入プレート： 梁に挿入され梁−金物接合具により梁と結合される．梁を落とし込む際に，あらかじめ梁に仕込んだドリフトピン等を引掛けるように溝が切り込んである場合がある．さらに溝を斜めに切り込み，梁と柱を引き寄せる仕組みを施したものもある．

- ・ベースプレート： 挿入プレートを受けるベースとなり，柱−金物接合具により柱と結合される．柱とのせん断効果を高めるための突起などが付けられる場合がある．

- ・柱−金物接合具： 柱に貫入され，金物と梁を結合する役割を果たす．ボルトが用いられることが多い．

- ・梁受けプレート： 梁の鉛直荷重を受け，ベースプレートおよび挿入プレートに伝達する．付けられていないものもある．

＜柱脚接合部＞

- ・柱−金物接合具： 柱に貫入され，金物と柱を結合する役割を果たす．ボルトまたはドリフトピンが用いられることが多い．

- ・挿入プレート： 柱に挿入され柱−金物接合具により柱と結合される．

- ・ベースプレート： 挿入プレートを受けるベースとなり，基礎−金物接合具により基礎と結合される．プレートでなく，ボックス型で，金物を柱に取り付けた後に基礎−金物接合具を締め付けることができるようにしてあるものも多い．

- ・基礎−金物接合具： 金物と基礎を結合する役割を果たす．ボルトが用いられることが多い．

- ・側面プレート： 付けられていないものも多い．柱脚部に生じる水平力を受ける．これにより柱−金物接合具に生じる力を軸力のみと考えることができる．また，回転モーメントを受ける際に，側面プレートからの柱側面への圧縮，さらにはめり込みにより，回転剛性，耐力を高めることが可能である．

(b) 金物の例

市販の鋼板挿入金物の例を図 3.1-15，図 3.1-16 に示す．また柱−梁接合金物について構成要素にしたがって整理した例を，表 3.1-1 に一覧する．

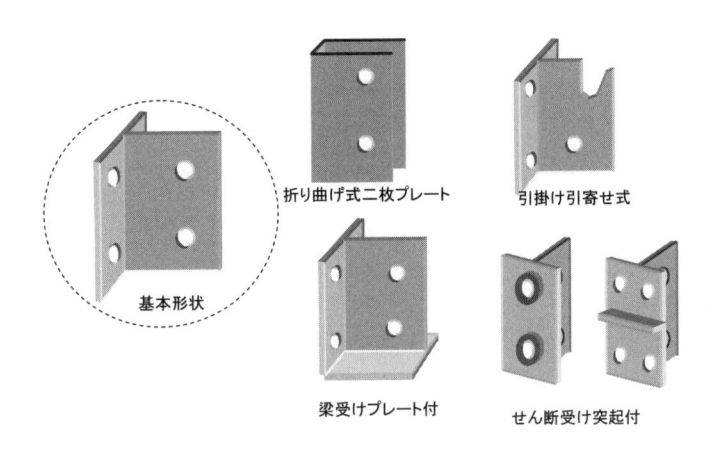

折り曲げ式二枚プレート　　引掛け引寄せ式

基本形状

梁受けプレート付　　せん断受け突起付

図 3.1-15　鋼板挿入型柱−梁接合金物の例

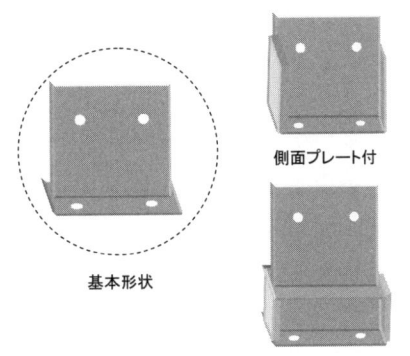

側面プレート付

基本形状

ボックス型ベースプレート

図 3.1-16　鋼板挿入型柱脚金物の例

表 3.1-1　柱−梁接合部の構成要素の例

	梁側接合具	挿入プレート 枚数	挿入プレート 引掛け[1]	ベースプレート	柱側接合具	梁受けプレート	備考
1	ドリフトピン	1	有	せん断受け突起付[2]	ボルト	なし	
2		2	有	挿入プレートと一体折曲げ[3]		なし	
3			有	-		なし	
4				-		有[4]	
5		1	無	-		有[4]	
6			有	-		有[4]	ベースプレートを大入れ
7			有	せん断受け突起付[2]		有[4]	挿入プレートに引き寄せピン付き

※1：図 3.1-15 の引掛け引き寄せ式
※2：図 3.1-15 のせん断受け突起付
※3：図 3.1-15 の折曲げ式二枚プレート
※4：図 3.1-15 の梁受けプレート付

(c)　接合部の荷重伝達システム

＜柱−梁接合部＞

・鉛直荷重（せん断力）

　　梁−金物間は，梁−金物接合具のせん断抵抗および梁受けプレートが付いているものは梁下面と梁受けプレートの接触による支圧抵抗により荷重が伝達される．金物−柱間は柱−金物接合具のせん断抵抗として柱に伝達される．十分なせん断耐力を得るには，梁受けプレートを設けると共にベースプレートを大入れしたり，ベースプレートと柱の接触面に突起を設けるなどのせん断受けを設ける方法が効率的である．

・モーメント

　　梁−金物接合具のせん断抵抗，梁木口とベースプレートとの接触面の圧縮抵抗により金物にモーメントが伝達さ

れ，ボルトの引張力，ベースプレートの柱側面への圧縮力により，柱にモーメントが伝達される.

＜柱脚接合部＞

・鉛直荷重

　　柱木口面とベースプレートとの接触面の支圧抵抗として伝達される.

・引抜き力

　　柱－金物接合具のせん断抵抗により伝達される.

・水平力

　　柱－金物接合具のせん断抵抗により伝達される. 側面プレートが付いているものは，柱側面とプレートとの接触面における圧縮抵抗により伝達される.

・モーメント

　　柱－金物接合具のせん断抵抗，柱木口面とベースプレートとの接触面の圧縮抵抗により伝達される.

(d)　接合部の設計方針

＜柱－梁接合部＞

・せん断耐力

　　梁－金物接合具のせん断耐力について，木規準「6. 接合部の設計」に示される各接合具の設計方法に従い許容せん断耐力を算出する. 梁受けプレートが付いているものは，梁受けプレートと梁下面の接触面について木規準「503.4 材の接触面に対する検定」に従い部分圧縮（めり込み）の検定を行い，接合具の許容せん断耐力よりも高い耐力が得られれば，その値を許容耐力とする.

　　同様に金物－柱間についても，柱－金物接合具について木規準に基づき許容せん断耐力を算定する. せん断受けを設けてあるものについては，せん断力を受ける部分について繊維方向の圧縮許容耐力を求め，接合具の許容せん断耐力よりも高い耐力が得られれば，その値を許容耐力とすることができる.

　　接合部全体の許容耐力は梁－金物間の許容耐力と金物－柱間の許容耐力を比較し，低い値とする.

　　ただし，初期ガタ等により，梁受けプレートおよびせん断受け突起部分が許容めり込み耐力に達する以前に，接合具の破壊が先行する場合は，接合具の許容せん断耐力で決まるので，施工精度などに注意が必要である.

・モーメント

　　梁の回転に対し，引張力と圧縮力の釣合い関係を求め，その際の中立軸に対する各力のモーメントの総和により接合部としてのモーメントを算出する. 梁受けプレートがある場合は，プレートと梁の接触部分における圧縮力が加わるが，その釣り合い関係は複雑であり，また回転方向により異なるため注意が必要である.

　　引張力については梁－金物接合具の許容せん断耐力および柱－金物接合具の許容引張耐力を木規準「6. 接合部の設計」に示される各接合具の設計方法に従い算出し，低い方の許容値を用いる. 圧縮側については，ベースプレートの柱側面への部分圧縮（三角形めり込み）と梁－金物接合具のせん断抵抗について，その荷重－変形挙動に基づき圧縮力を分配して合算し，許容値を求める. 柱側面の部分圧縮については木規準「604 胴付き・かん合接合」あるいは本書 5.1.4.7 に従い算出し，接合具の許容せん断耐力については木規準「6. 接合部の設計」に示される各接合具の設計方法に従い算出する.

＜柱脚接合部＞

・引抜き力

　　柱－金物接合具について，木規準「6. 接合部の設計」に示される各接合具の設計方法に従い許容せん断耐力を算出する.

・水平力

　　柱－金物接合具について，木規準「6. 接合部の設計」に示される各接合具の設計方法に従い許容せん断耐力を算出する. 側面プレートが付いているものは，側面プレートと柱側面の接触面について木規準「503.4 材の接触面に対する検定」に従い部分圧縮（めり込み）の検定を行い，接合具の許容せん断耐力よりも高い耐力が得られれば，その値を許容耐力とする. ただし，初期ガタ等により，側面プレート部分が許容めり込み耐力に達する以前に，接合具の破壊が先行する場合は，この限りでない.

・モーメント

　柱の回転に対し，引張力と圧縮力の釣合い関係を求め，その際の中立軸に対する各力のモーメントの総和により接合部としてのモーメントを算出する．側面プレートがある場合は，プレートと柱の接触部分における圧縮力が加わるが，その釣合い関係は複雑であり注意が必要である．

　引張力については柱−金物接合具の許容せん断耐力を木規準「6. 接合部の設計」に示される各接合具の設計方法に従い算出し，圧縮力については柱底面の圧縮側接触面の応力を積分して耐力を算出する．

(2)　パイプ挿入型金物

(a)　金物の構成要素

金物を構成する要素は次の様に区分される．〔図 3.1-17，図 3.1-18 参照〕

＜柱−梁接合部＞

・梁−金物接合具：　　梁に貫入され，挿入されたパイプ（鋼管や鋼板を筒状に加工したもの）と梁を結合する役割を果たす．ドリフトピンが用いられることが多い．梁の側面からのみでなく，上下から打ち込むタイプも見られる．

・挿入パイプ：　　　　梁，柱に挿入され，梁−金物接合具，柱−金物接合具により梁と柱間の力を伝達する．

・柱−金物接合具：　　柱に貫入され，挿入されたパイプと柱を結合する役割を果たす．ドリフトピンが用いられることが多い．

＜柱脚接合部＞

・柱−金物接合具：　　柱に貫入され，挿入されたパイプと柱を結合する役割を果たす．ドリフトピンが用いられることが多い．

・挿入パイプ：　　　　土台，柱に挿入され，柱−金物接合具，土台−金物接合具により柱と土台間の力を伝達する．

・土台−金物接合具：　土台に貫入され，挿入されたパイプと土台を結合する役割を果たす．ドリフトピンが用いられることが多い．

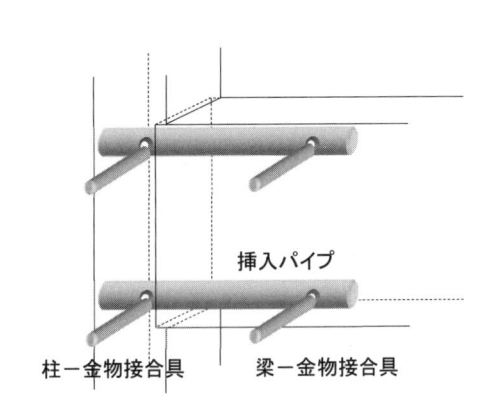

図 3.1-17　接合金物の構成要素（柱−梁接合部）

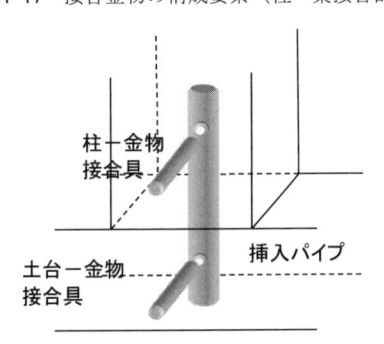

図 3.1-18　接合金物の構成要素（柱−土台接合部）

(b) 金物の例

市販のパイプ挿入金物の例を図3.1-19，図3.1-20に示す．

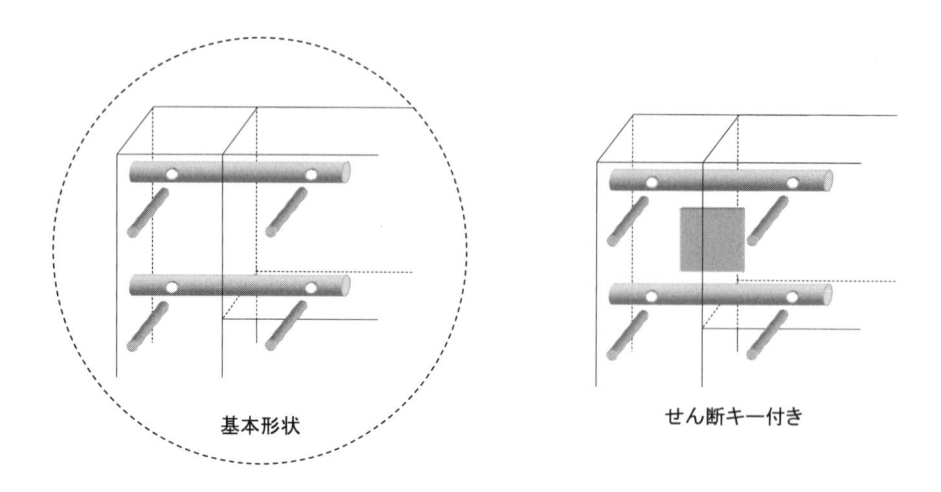

図3.1-19 パイプ挿入型柱−梁接合金物の例

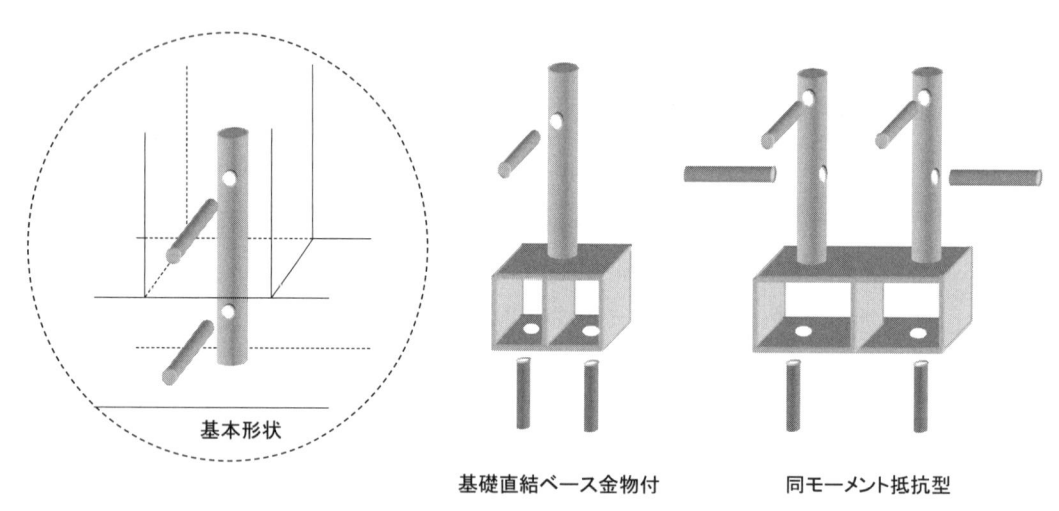

図3.1-20 パイプ挿入型柱脚金物の例

(c) 接合部の荷重伝達システム

＜柱−梁接合部＞

・鉛直荷重（せん断力）

接合具および挿入パイプのせん断抵抗により梁にかかる荷重が柱に伝達される．十分なせん断耐力を得るには，多数の接合具および挿入パイプの長さが必要になるため，梁を大入れにしたり，せん断キーなどによるせん断受けを設けて負担させる方法が効率的である．特にモーメントに対する挿入パイプの引抜き抵抗を期待する際には，挿入パイプ，接合具にせん断力を負担させないことが望ましい．

・モーメント

接合具のせん断抵抗がパイプを介して引張力あるいは圧縮力として伝達される．また梁木口面と柱側面との接触面の圧縮抵抗により伝達される．

＜柱脚接合部＞

・鉛直荷重

柱木口面と土台との接触面の支圧抵抗として伝達される他，柱−金物接合具が受けるせん断力がパイプを介して土台−金物接合具により伝達される．ベース金物を用いる場合は，ほとんど柱木口面の支圧抵抗により伝達される．

・引抜き力

接合具のせん断抵抗がパイプを介して伝達される．

・水平力

　挿入パイプのせん断抵抗の他，方向によって接合具のせん断抵抗により伝達される．

・モーメント

　接合具のせん断抵抗がパイプを介して引張力あるいは圧縮力として伝達される．また柱木口面と土台との接触面の圧縮抵抗により伝達される．

(d)　接合部の設計方針

＜柱－梁接合部＞

・せん断耐力

　梁－金物接合具のせん断耐力について，木規準「6. 接合部の設計」に示される各接合具の設計方法に従い許容せん断耐力を算出する．同様に金物－柱間についても，柱－金物接合具について木規準に基づき許容せん断耐力を算出し，両者の低い方を許容耐力とする．ただし，挿入パイプ自体のせん断耐力や曲げ耐力が十分高いものを用いる必要がある．また挿入パイプが梁上面に近いと，梁の割裂が生じる場合があるため，パイプ挿入位置に注意が必要である．また挿入パイプのせん断抵抗を加算して考える場合は，梁－金物接合具との耐力分担を，それぞれのめり込み変形を考慮して考える必要がある．

　せん断受けを設けているものは，梁下面の接触面について木規準「503.4 材の接触面に対する検定」に従い部分圧縮（めり込み）の検定を行い，接合具の許容せん断耐力よりも高い耐力が得られれば，その値を許容耐力とする．

・モーメント

　梁の回転に対し，引張力と圧縮力の釣合い関係を求め，その際の中立軸に対する各力のモーメントの総和により接合部としてのモーメントを算出する．

　引張力については梁－金物接合具および柱－金物接合具の許容せん断耐力を木規準「6. 接合部の設計」に示される各接合具の設計方法に従い算出し，低い方の許容値を用いる．圧縮側については，梁木口の柱側面への部分圧縮（三角形めり込み）と梁－金物接合具および柱－金物接合具のせん断抵抗について，その荷重－変形挙動に基づき圧縮力を分配して合算し，許容値を求める．柱側面の部分圧縮については木規準「604 胴付き・かん合接合」あるいは本書 5.1.4.7 に従い算出し，接合具の許容せん断耐力については木規準「6. 接合部の設計」に示される各接合具の設計方法に従い算出する．

＜柱脚接合部＞

・引抜き力

　柱－金物接合具について，木規準「6. 接合部の設計」に示される各接合具の設計方法に従い許容せん断耐力を算出する．

・水平力

　挿入パイプと接触する面について材料の許容せん断耐力を算出し，力の方向に応じて，柱－金物接合具の許容せん断耐力を，木規準「6. 接合部の設計」に示される各接合具の設計方法に従い算出し，加算する．ただし，挿入パイプの位置，柱の有効断面によっては，柱の割先が生じる場合があるため，注意が必要である．

・モーメント

　柱の回転に対し，引張力と圧縮力の釣合い関係を求め，その際の中立軸に対する各力のモーメントの総和により接合部としてのモーメントを算出する．

　引張力側については柱－金物接合具および土台－金物接合具の許容せん断耐力を木規準「6. 接合部の設計」に示される各接合具の設計方法に従い算出し，低い方の許容値を用いる．圧縮側については，柱木口の土台への部分圧縮（三角形めり込み）と柱－金物接合具および土台－金物接合具のせん断抵抗について，その荷重－変形挙動に基づき圧縮力を分配して合算し，許容値を求める．土台への部分圧縮については木規準「604 胴付き・かん合接合」あるいは本書 5.1.4.7 に従い算出し，接合具の許容せん断耐力については木規準「6. 接合部の設計」に示される各接合具の設計方法に従い算出する．

(3) ボックス型金物

(a) 金物の構成要素

金物を構成する要素は次のように区分される．〔図 3.1-21, 図 3.1-22 参照〕

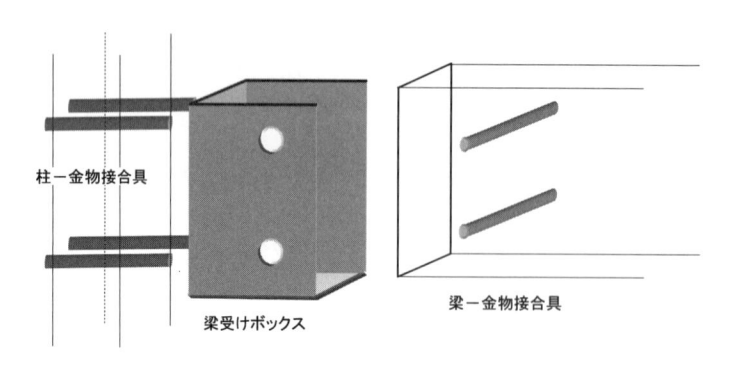

図 3.1-21 接合金物の構成要素（柱−梁接合部）

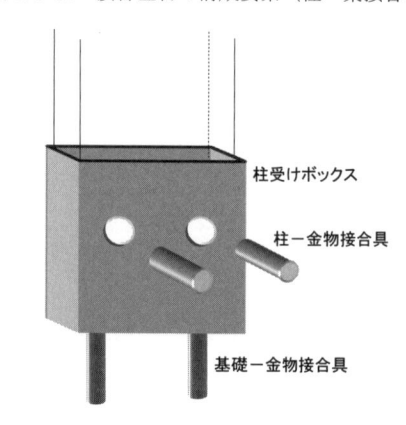

図 3.1-22 接合金物の構成要素（柱脚接合部）

＜柱−梁接合部＞

- ・梁−金物接合具： 梁に貫入され，金物と梁を結合する役割を果たす．ボルトまたはラグスクリュー，釘が用いられることが多い．
- ・梁受けボックス： ボックス型をして梁を受ける金物．梁の下面，側面を覆うようにプレートが露出する．側面のプレートから打ち込まれた梁−金物接合具により梁と結合される．また，梁受けボックスの背面から接合具で柱に固定する場合と梁受けボックスの側面プレートを柱側まで伸ばして接合具で柱に固定する場合がある．柱とのせん断効果を高めるための突起などが付けられる場合がある．
- ・柱−金物接合具： 柱に貫入され，金物と梁を結合する役割を果たす．ボルトが用いられることが多い．梁受けボックスの背面から柱に固定される場合は，ボルトの軸方向に引張力を受けるため，座金を大きくする必要がある．

＜柱脚接合部＞

- ・柱−金物接合具： 柱に貫入され，金物と柱を結合する役割を果たす．ボルトまたはラグスクリュー，釘が用いられることが多い．
- ・柱受けボックス： ボックス型をして柱を受ける金物．柱の下面，側面を覆うようにプレートが露出する．側面のプレートから打ち込まれた柱−金物接合具により柱と結合される．また，柱受けボックスの底面となるプレートから接合具によって基礎や土台に固定される．
- ・基礎−金物接合具： 金物と基礎または土台を結合する役割を果たす．ボルトが用いられることが多い．

(b) 金物の例

市販のボックス型金物の例を図3.1-23, 図3.1-24に示す.

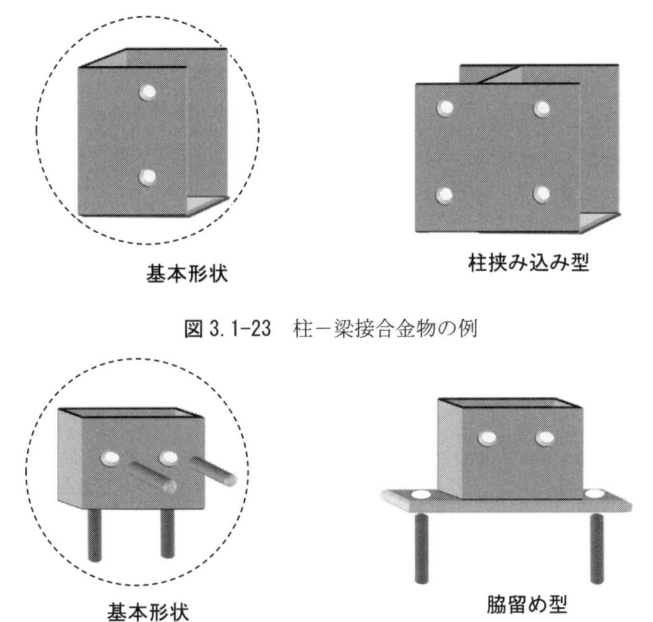

基本形状　　　　　　　　　　柱挟み込み型

図3.1-23　柱−梁接合金物の例

基本形状　　　　　　　　　　脇留め型

図3.1-24　柱脚接合金物の例

(c) 接合部の荷重伝達システム

＜柱−梁接合部＞

・鉛直荷重（せん断力）

　梁−金物間は, 梁下面と梁受けボックス接触面の支圧抵抗により荷重が伝達される. 金物−柱間は柱−金物接合具のせん断力として柱に伝達される. 十分なせん断耐力を得るには, 梁受けボックスを柱に大入れしたり, 柱との接触面に突起を設けるなどのせん断受けを設ける方法が効率的である.

・モーメント

　梁−金物接合具のせん断抵抗, 梁木口と梁受けボックスとの接触面の圧縮抵抗により金物にモーメントが伝達され, 柱−金物接合具, 梁受けボックスの柱側面への圧縮力により, 柱にモーメントが伝達される. 梁が回転する際に, 梁の下面が梁受けボックスと接触し, モーメントに対する抵抗が付加される.

＜柱脚接合部＞

・鉛直荷重

　柱木口面と金物底面との接触面の支圧抵抗として伝達される.

・引抜き力

　柱−金物接合具のせん断抵抗により柱受けボックスに伝達される. 柱受けボックスと柱との隙間が僅かな場合は, 柱に割裂が生じた場合でも柱が開くことができず, 柱側面と柱受けボックスとの摩擦（めりこみ）によりねばり強く引き抜ける挙動を示す場合がある.

・水平力

　柱側面と柱受けボックスとの接触面の圧縮抵抗により伝達される.

・モーメント

　柱−金物接合具のせん断抵抗, 柱木口面と金物底面との接触面の圧縮抵抗, さらには金物側面との接触によるめり込み抵抗により伝達される.

(d) 接合部の設計方針

＜柱−梁接合部＞

・せん断耐力

梁受けボックスと梁下面の接触面について木規準「503.4 材の接触面に対する検定」に従い部分圧縮（めり込み）の許容耐力を算出する.

金物−柱間については，柱−金物接合具について木規準「6. 接合部の設計」に示される各接合具の設計方法に従い許容せん断耐力を算出する. せん断受けを設けてあるものについては，柱軸方向の接触面について繊維方向の圧縮許容耐力を求め，接合具の許容せん断耐力よりも高い耐力が得られれば，その値を許容耐力とする.

接合部全体の許容耐力は梁受けボックスと梁下面の接触面での部分圧縮の許容耐力と金物−柱間の許容耐力を比較し，低い値とする.

・モーメント

梁の回転に対し，引張力と圧縮力の釣合い関係を求め，その際の中立軸に対する各力のモーメントの総和により接合部としてのモーメントを算出する. 梁受けボックスと梁下面の接触部分における圧縮力は，回転方向により異なるため注意が必要である.

引張力については梁−金物接合具の許容せん断耐力，柱−金物接合具の許容引張耐力を木規準「6. 接合部の設計」に示される各接合具の設計方法に従い算出し，圧縮力については柱側面へのボックス金物背面の部分圧縮（三角形めり込み）について，木規準「604 胴付き・かん合接合」あるいは本書 5.1.4.7 に従い算出する.

＜柱脚接合部＞

・引抜き力

柱−金物接合具について，木規準「6. 接合部の設計」に示される各接合具の設計方法に従い許容せん断耐力を算出する.

・水平力

ボックス金物と柱側面の接触面について木規準「503.4 材の接触面に対する検定」に従い部分圧縮（めり込み）の許容耐力を算出する.

・モーメント

柱の回転に対し，柱−金物接合具による引張力と柱木口面と金物接触面との圧縮力，さらにはボックス金物側面と柱側面の接触面の圧縮力について力の釣合い関係を求め，その際の中立軸に対する各力のモーメントの総和により接合部としてのモーメントを算出する.

引張力については柱−金物接合具のせん断耐力，剛性係数を木規準「6. 接合部の設計」に示される各接合具の設計方法に従い算出し，圧縮力については柱底面圧縮側接触面の応力を積分して算出する. ボックス金物側面と柱側面との接触面の部分圧縮については木規準「604 胴付き・かん合接合」あるいは本書 5.1.4.7 に従い算出する.

(4) 引きボルト型金物

(a) 金物の構成要素

金物を構成する要素は次のように区分される.〔図 3.1-25, 図 3.1-26 参照〕

厳密にいうと図 3.1-25 の接合方法は嵌合系継手仕口金物に分類されるが，本節でまとめて解説することとする.

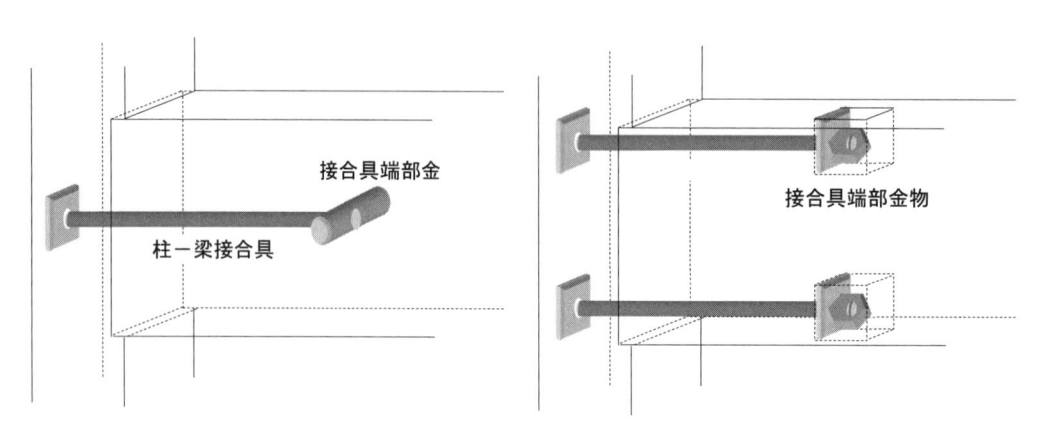

図 3.1-25 引きボルト型接合金物の構成要素（柱−梁接合部）

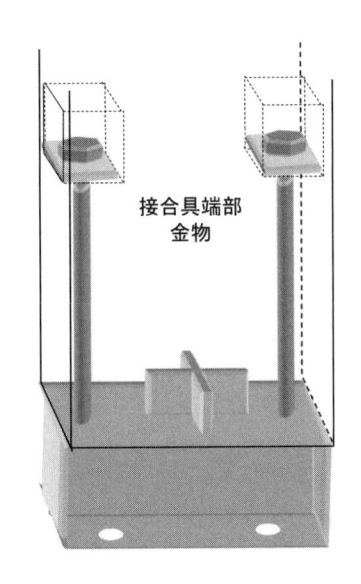

図 3.1-26 引きボルト型接合金物の構成要素（柱脚接合部）

＜柱−梁接合部＞

・柱−梁接合具： 柱−梁に貫入され，両者を結合する役割を果たす．ボルトまたは鋼棒が用いられる．

・接合具端部金物： 柱−梁接合具の端部に装着され，接合具の引張力を柱または梁に伝える．最も単純なものとしては，座金とナットが用いられるが，それらを一体化した金物も開発されている．また，羽子板ボルト，ホールダウン金物を用いる方法もあるが，その場合，これらを留め付けるラグスクリューなどの接合具が必要となる．ナットを締め付けることにより，梁と柱を引き寄せ，初期あそび（力が出ない変形）を無くす．

・木材仕口： 傾ぎ大入れや大入れほぞ差し等がある．

＜柱脚接合部＞

・柱−金物接合具： 柱に貫入され，柱とベース金物を結合する役割を果たす．ボルトまたは鋼棒が用いられる．

・接合具端部金物： 柱−金物接合具の端部に装着され，接合具の引張力を柱ベース金物に伝える．最も単純なものとしては，座金とナットが用いられるが，それらを一体化した金物も開発されている．また，羽子板ボルト，ホールダウン金物を用いる方法もあるが，その場合，これらを留め付けるラグスクリューなどの接合具が必要となる．ナットを締め付けることにより，柱を金物に引き寄せ，初期あそびを無くす．

(b) 金 物 の 例

　市販の引きボルト型金物の例を図 3.1-27 に示す．

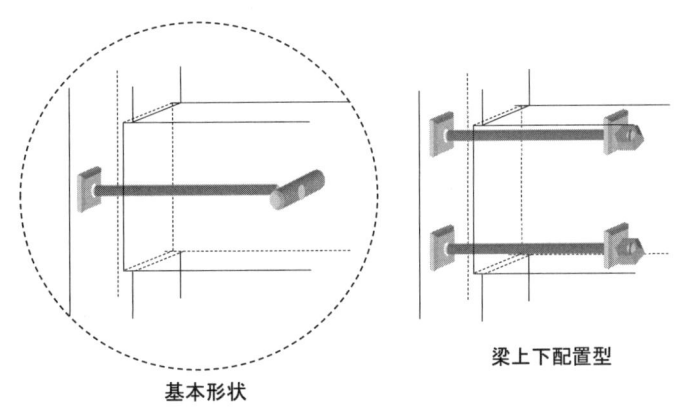

基本形状　　　　　　　　　　　梁上下配置型

図 3.1-27 柱−梁接合金物の例

(c)　接合の荷重伝達システム

＜柱－梁接合部＞

・鉛直荷重（せん断力）

　　金物（柱－梁接合具）自体でせん断力を受けた場合，ズレが生じやすく，精度が期待できないため，通常，梁を柱に大入れにするか，ホゾ差しにして梁と柱の接触面でせん断力を伝達する．

・モーメント

　　柱－梁接合具の引張力に対する接合具端部金物の圧縮抵抗あるいはせん断抵抗，梁木口と柱側面との接触面の圧縮抵抗によりモーメントが伝達される．

＜柱脚接合部＞

・鉛直荷重

　　柱木口面とベース金物底面との接触面の支圧抵抗として伝達される．

・引抜き力

　　柱－金物接合具の引張力に対する接合具端部金物の圧縮抵抗あるいはせん断抵抗により伝達される．

・水平力

　　柱－金物接合具でせん断力を受けることはあまり期待できないため，通常，ベース金物にせん断受けを設けて伝達する．

・モーメント

　　柱－金物接合具の引張力に対する接合具端部金物の圧縮抵抗あるいはせん断抵抗，柱木口とベース金物との接触面の圧縮抵抗によりモーメントが伝達される．

(d)　接合部の設計方針

＜柱－梁接合部＞

・せん断耐力

　　大入れ，あるいはほぞによる梁と柱の接触面について，木規準「503.4 材の接触面に対する検定」に従い部分圧縮（めり込み）の許容耐力を算出する．なお，めり込みによる変形が許容できる場合には，木規準「504.3 単一曲げ材」に従い梁側のほぞ等の有効断面積よりせん断の許容耐力としてもよい．

・モーメント

　　梁の中央に柱－梁接合具を一つだけ配する場合は，モーメントはほとんど期待できない．梁の上下に柱－梁接合具を配する場合は，梁の回転に対し，引張力と圧縮力の釣合い関係を求め，その際の中立軸に対する各力のモーメントの総和により接合部としてのモーメントを算出する．ただし，接合具端部金物の位置が梁端部に近いと接合具端部金物を受ける梁端部分が繊維に沿ったせん断破壊をするおそれがあるため，引張力に対して十分なせん断耐力が得られる端距離を取ること．

　　引張力については端部金物の部分圧縮（めり込み）を木規準「503.4 材の接触面に対する検定」により算出し，端部金物の留付けに接合具を用いている場合は，木規準「6. 接合部の設計」に示される各接合具の設計方法に従い算出する．圧縮側については柱側面への部分圧縮（三角形めり込み）について，木規準「604 胴付き・かん合接合」あるいは本書 5.1.4.7 に従い算出する．

　　具体的な引きボルト型接合のモーメントに対する剛性・耐力の算出方法は住木センター「木造ラーメンの評価方法・構造設計の手引き」[15]に記載されているので，参照されたい．また，本書 4.5 において設計例を示している．

＜柱脚接合部＞

・せん断耐力

　　ベース金物のせん断受けと柱の接触面について，木規準「503.4 材の接触面に対する検定」に従い部分圧縮（めり込み）の許容耐力を算出する．

・モーメント

　　柱の中央に柱－金物接合具を一つだけ配する場合は，モーメントはほとんど期待できない．柱の両側に柱－金物接合具を配する場合は，梁の回転に対し，引張力と圧縮力の釣合い関係を求め，その際の中立軸に対する各力のモーメ

ントの総和により接合部としてのモーメントを算出する．ただし，接合具端部金物の位置が柱下端に近いと接合具端部金物を受ける柱下端部分が繊維に沿ったせん断破壊をするおそれがあるため，引張力に対して十分なせん断耐力が得られる端距離を取ること．

　引張力については端部金物の部分圧縮（めり込み）を木規準「503.4 材の接触面に対する検定」により算出し，端部金物の留め付けに接合具を用いている場合は，木規準「6. 接合部の設計」に示される各接合具の設計方法に従い算出する．圧縮側については柱側面への部分圧縮（三角形めり込み）について，木規準「604 胴付き・かん合接合」あるいは本書 5.1.4.7 に従い算出する．

参 考 文 献

1) 　林　　知行・板垣直行:金物工法とその接合部，木材工業,55(3)，pp.103-108，2000-03-01
2) 　日本住宅・木材技術センター：木造建築物用接合金物承認・認定制度，http://www.howtec.or.jp/
3) 　住宅金融普及協会：住宅金融公庫融資住宅　木造住宅工事共通仕様書（昭和 54 年〜昭和 56 年）
4) 　住宅金融普及協会：住宅金融公庫融資住宅　木造住宅工事共通仕様書（昭和 57 年〜平成 7 年）
5) 　日本住宅・木材技術センター：3 階建て木造住宅の構造設計と防火設計の手引き，1988 年
6) 　日本住宅・木材技術センター：平成 7 年阪神・淡路大震災木造住宅等震災調査報告書，1995 年
7) 　日本住宅・木材技術センター：木造住宅実大振動実験報告書（要約版），1996 年
8) 　日本住宅・木材技術センター：平成 12 年建設省告示第 1460 号に対応した木造住宅用接合金物の使い方，2005 年
9) 　日本建築学会：木質構造設計基準・同解説 　−許容応力度・許容耐力設計法−，2006 年
10) 　日本住宅・木材技術センター：木造軸組工法住宅の許容応力度設計，2001 年
11) 　日本建築学会：木質構造設計基準・同解説 　−許容応力度・許容耐力設計法−，1988 年
12) 　日本住宅・木材技術センター：Z マーク表示金物−住宅用接合金物の使い方，1995 年
13) 　国土交通省大臣官房官庁営繕部監修：公共建築木造工事標準仕様書（平成 31 年版）
14) 　文部科学省：JIS A 3301 を用いた木造校舎に関する技術資料平成 27 年 3 月,https://www.nier.go.jp/shisetsu/html/sankou.html
15) 　日本住宅・木材技術センター：木造ラーメンの評価方法・構造設計の手引き,pp.参考 1-1〜1-10，2016 年

3.2　構造用ビス接合

3.2.1　基本情報

3.2.1.1　接合部名称

ビス接合：Screw joint

3.2.1.2　接合部概要

本接合部は「木質構造設計規準・同解説（木規準）」における「曲げ降伏型接合」に該当する．接合形式は「木-木1面せん断」「木-木2面せん断」「鋼板添え板1面せん断」が一般的である．

JIS に定められているビスとしては，十字穴付き木ねじ（JIS B 1112），すりわり付き木ねじ（JIS B 1135），十字穴付きタッピンねじ（JIS B 1122），すりわり付きタッピンねじ（JIS B 1115）などが挙げられる[り]．このうち，木規準に記載されているものは木ねじ2種のみである．しかし，構造用のビスとして，JIS の木ねじはほとんど用いられていないのが現状である．

一般的に，ねじ接合はおねじおよびめねじから形成される．ボルト・ナットの場合，おねじとめねじはともに部品として作られるため，あらかじめ形状を一致させる必要がある．そのため JIS に準じた製品がほとんどとなる．しかし，木材用のビスの場合，めねじはビスの打込み時に形成されるため，おねじの形状は比較的自由となる．そのため，さまざまな用途に応じたビスがメーカーごとに開発されている．

ビスの形状を表す寸法の呼び方にはさまざまなものがあるが，本稿では図 3.2-1 のように呼ぶこととした．また，これらの形状因子だけでなく，線材の材質，熱処理，表面処理についてもさまざまな種類がある．これらに加え，メーカー独自の形状を用いて機能を付加するケースも見られる．

線材としては，軟鋼線材（JIS G 3505），冷間圧造用炭素鋼線材（JIS G 3507: SWRCH18A など）が主に用いられている．ビスの成型は圧造および転造により行われ，この過程でビス表面は硬さを増す（加工硬化）．また現在流通しているビスの多くは，浸炭熱処理（焼入れ，焼き戻し等）を施している．これは施工時のビット穴の破損，胴部のねじり破断を防いだり，ビスの降伏強度を向上させたりするために行うものであるが，靱性が低下する．

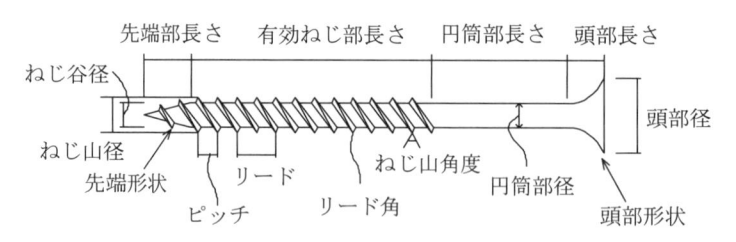

図 3.2-1　ビス各部の名称

ビスの種類としては，JIS に定められているビス（木ねじ，タッピンねじ），内装・下地用のビスとして広く市販されているビス（コーススレッドなど），各種構造用途に特化したビス（面材張り耐力壁用ビス，接合金物用ビスなど）が挙げられる．ビス接合部の強度性能はビスの形状や材質に大きく影響されるが，造作用として市販されているビスの多くは，接合性能の確保を目的とした形状・材質とはなっていない．したがって，実験による強度確認がない限り造作用ビスを構造用途に用いてはならない．一方，構造用として市販されているビスは一般に実験等により強度性能の確保が図られており，製品によっては大臣認定を取得しているものもある．金物とビスの組合せ，あるいは面材とビスを特定の仕様で留め付けた場合など，特定の仕様について試験を行い，接合耐力や壁倍率が決定されている．実験的検討がなされているため，各仕様における接合性能を意識した形状・材質となっている．

構造用に用いるビスを選定する際には，ねじ山径と長さだけでなく，さまざまな因子を総合的に判断することが重要である．特に，ねじ部の谷径，線材の材質，熱処理の条件によっては，ビスの靱性が低下し，ねじ部の破断を生じる危険性がある．ビスの靱性については引張試験や曲げ試験によって把握できる．靱性のあるビスほど，破断するまでの変

形角が大きい．90°近く曲げても折れないような，靱性の高い線材を用いたビスも開発されている（図3.2-2）．2022年3月に制定されたJIS A 1503「木質構造用ねじの試験方法」では，木質構造用ねじの単調曲げ試験，繰返し曲げ試験，引張り試験ならびにねじり試験について規定されており，同試験法に準じて試験を行うことにより，接合部設計に必要な材料特性を得ることができる．なお，JIS A 5559「木質構造用ねじ」では接合具の繰返し曲げ特性を要求性能の一つとしており，塑性変形振幅が7°となる変形角で7回以上の繰返し曲げに耐えることを求めている．本節で扱う仕様の範囲もこれに準じて定めている．

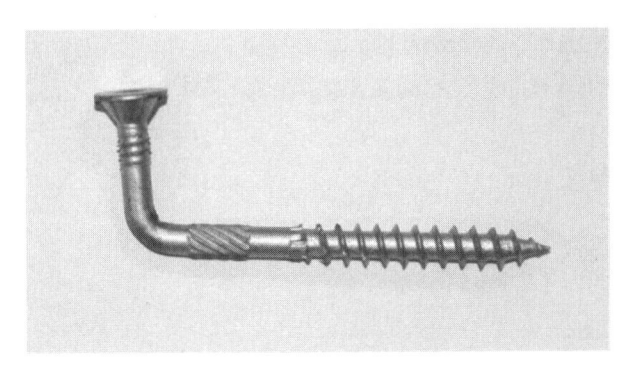

図3.2-2　ビス折曲げの例

3.2.1.3　対象構造・使用部位

　一般的な木造住宅から大規模木造建築まで，さまざまな構造において用いられている．使用部位としては，下地材，根太・垂木，床板，認定を受けたビスによるせっこうボード耐力壁，接合金物など多岐にわたる．木材どうしを接合するために長尺の木質構造用ねじを用いる例も見られる．さまざまなビスの例を図3.2-3に示す．

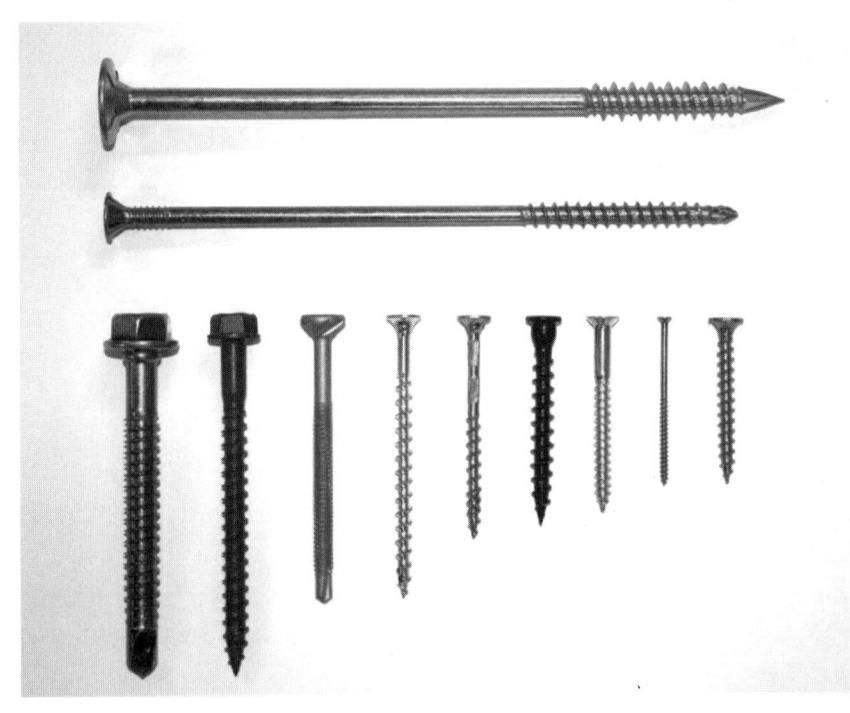

図3.2-3　さまざまなビス

3.2.1.4　留　意　点
(1)　設　　　計

　接合部の靱性を必要とする部分に用いる際は，ビスの破断が生じないように留意する．

(2)　品質管理

　造作用や構造用など，市販されているビスには種類が多いが，安定した強度を持つ接合部にふさわしいものであるか，留意する．造作用ビスは実験による強度確認がない限り用いてはならない．

(3)　施　　　工

　硬い主材に打ち込む場合や径の大きいビスを打ち込む場合は，施工時の割れを防ぐために先穴を設けるか，切り刃先のついたビスを用いることが望ましい．

　硬い側材を留め付ける場合は，頭部のねじ切れやビスの空転を生じる可能性がある．そのため，径の大きいビスを用いたり，座堀り機能をもたせたビスを用いたりすることが望ましい．

3.2.1.5　構造用ビス接合部の特徴

〈長所〉

- ・乾湿繰返し時における抜出しがない．
- ・初期剛性が高い．
- ・施工性に優れる製品も存在する．
- ・引抜き抵抗が期待できる．
- ・打込み深さの調節が容易である．

〈短所〉

- ・破断による脆性的な破壊を生じる場合がある．
- ・変形が生じたり，さびたりすると解体が困難になる．
- ・木材の種類によっては，施工時にねじ部のねじり破断が生じる．

3.2.1.6　本節で扱う仕様の範囲

- ・呼び径d（ねじ山径）3 mm 以上 12 mm 以下
- ・呼び長さ 30 mm 以上 300 mm 以下
- ・材料厚さ：製材・集成材など…3d以上，合板など…2d以上，鋼板…0.5d以上
- ・主材は木材または木質材料とし，側材は鋼板も可とする．
- ・接合具が脆性的に破壊しないもの（JIS A 1503 に基づく繰返し曲げ試験において，塑性変形振幅 7°で 7 回以上の繰返し曲げに耐えるもの）

3.2.2　設計情報

3.2.2.1　1面せん断剛性・耐力推定式

(1)　有　効　径

　ビスはねじ部の凹凸などが存在するため，位置によって径が異なっている．しかしここでは理論を簡易化するため，釘やボルトと同様に円筒形接合具と見なすことが出来るものと仮定する．このとき，有効径d_{ef}は Eurocode 5 の定義にしたがって，円筒部径（円筒部）もしくは谷径の 1.1 倍（ねじ部）とし，図 3.2-4 のように境界からの距離がねじ山径の 4 倍以内の部分においてねじ部と円筒部が混在する場合，いずれかの最小値とする（式 3.2-1）．木ねじのように円筒部径がねじ山径に等しい形状のものでは主材，側材における有効径は必ずしも等しくならない場合があるが，木材同士を接合する構造用ビスの多くは円筒部径が谷径より若干大きいものが一般的である．文献 2)および本書第 1 版では有効径比ϕを定義していたが，ここでは主材と側材における有効径を比較して小さい方を採用することとする．

$$d_{ef} = \min\{d_1, d_2\} \qquad\qquad 式\ 3.2\text{-}1$$

記号　　d_{ef}　　：有効径 [mm]

　　　　d_1, d_2　：材料 1（主材）および材料 2（側材）における有効径 [mm]

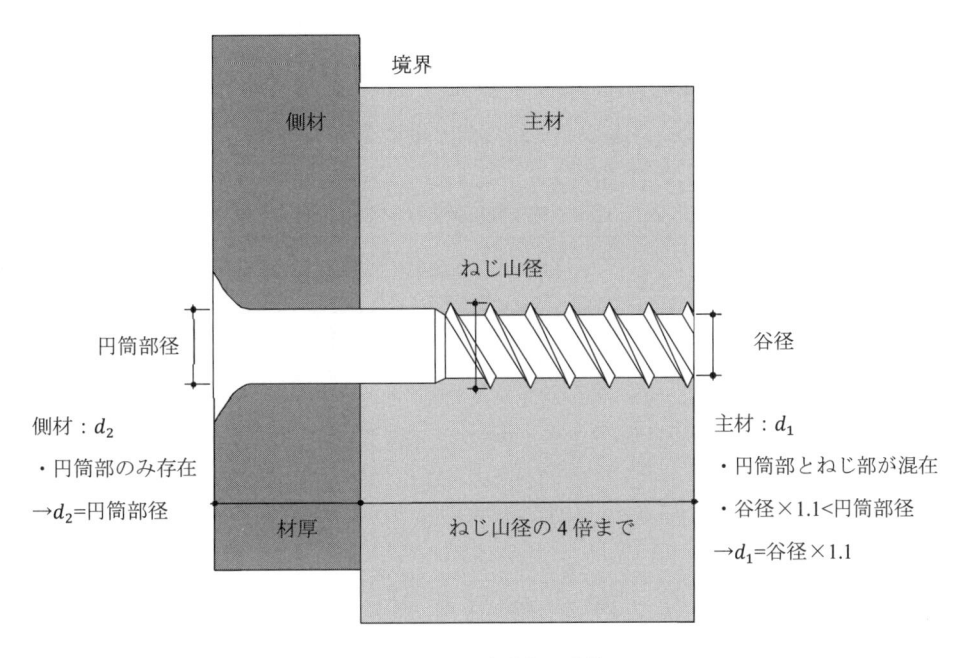

境界

側材　　　　　主材

ねじ山径

円筒部径　　　　　　　　　　　　　　　　　　谷径

側材：d_2

・円筒部のみ存在

→d_2=円筒部径

材厚　　　　ねじ山径の4倍まで

主材：d_1

・円筒部とねじ部が混在

・谷径×1.1<円筒部径

→d_1=谷径×1.1

図 3.2-4　有効径の定義

(2) 材料間の摩擦

摩擦力P_Fは，材料間の静止摩擦係数μと接合具の軸力P_{ax}を用いて式 3.2-2 から求められる.

$$P_F = \mu P_{ax}$$ 式 3.2-2

記号　　P_F　　　：摩擦力 [N]

　　　　μ　　　：材料間の静止摩擦係数

　　　　P_{ax}　　：接合具の軸力 [N]

ビス打込み時には締付け力による初期軸力が生じるため，ビスを打ち込んだ直後の接合部では初期摩擦が見られる.
しかし実際の建築物においては応力緩和によって初期の締付け力が失われるため，設計上は初期摩擦を期待しない. 一
方，接合部のせん断変形が進行するとともにロープ効果による軸力増加が生じ，これにより生じる摩擦力は接合部耐力
の増加に寄与する. 軸力の最大値は，ねじ部の引抜き耐力P_w，頭部の側材貫通抵抗P_{head}のうち小さい方として与えら
れる.

側材部分にねじ部が残る場合は，材料の引寄せ効果が生じないこともある.

静止摩擦係数の値は材料の組合せによって変化するが，構造用面材と木材を組み合わせた場合，0.2〜0.4 程度の値と
なる[3].

(3) 初 期 剛 性

接合部の初期剛性については弾性床上の梁理論により求めることができるが，ここでは文献 4)による近似解のうち
1 面せん断接合形式のものを適用することとした.

まず主材・側材について，式 3.2-3 から下限厚さt_λおよび下限厚さの比ωを求める（鋼板添え板形式の場合は主材の
みでよい）.

$$t_{\lambda 1} = \left(\frac{4EI}{K_{E1}d_{ef}}\right)^{\frac{1}{4}}, t_{\lambda 2} = \left(\frac{4EI}{K_{E2}d_{ef}}\right)^{\frac{1}{4}}, \omega = \frac{t_{\lambda 2}}{t_{\lambda 1}}$$ 式 3.2-3

記号　　$t_{\lambda 1}$, $t_{\lambda 2}$　：材料の下限厚さ [mm]

　　　　K_{E1}, K_{E2}　：材料の支圧剛性 [N/mm³]

　　　　E　　　：接合具のヤング係数 [N/mm²]

　　　　I　　　：接合具の断面二次モーメント [mm⁴]. 有効径d_{ef}を用いる.

　　　　ω　　　：下限厚さの比

鋼板添え板 1 面せん断形式における初期剛性K_sは式 3.2-4 による.

$$K_s = \frac{1}{2} \cdot C_k \cdot K_{E1} \cdot d_{ef} \cdot t_{\lambda 1}$$ 式 3.2-4

記号　　C_k　　　　：材料 1（主材）の厚さt_1に応じて表 3.2-1 より定める

表 3.2-1　C_kの一覧（鋼板添え板 1 面せん断）

	$t_1/t_{\lambda 1}$		
	0	1	2〜
C_k	0	0.2	0.4

木-木 1 面せん断形式における初期剛性K_sは式 3.2-5, 3.2-6 による.

$$K_s = (C_{k1} + C_{k2}) \cdot C_\omega \cdot K_{E1} \cdot d_{ef} \cdot t_{\lambda 1}$$ 式 3.2-5

$$C_\omega = \frac{1}{(1+\omega^2)(1+\omega)}$$ 式 3.2-6

記号　　C_{k1}, C_{k2}　　：材料 1（主材）の厚さt_1，材料 2（側材）の厚さt_2に応じて表 3.2-2 より定める

表 3.2-2　C_{k1}, C_{k2}の一覧（木-木 1 面せん断）

	$t_1/t_{\lambda 1}$		$t_2/t_{\lambda 2}$	
	1	2〜	1	2〜
C_{k1}, C_{k2}	0.25	0.5	0.25	0.5

(4)　降伏耐力

降伏耐力P_yは，ヨーロッパ型降伏理論により求める．各降伏モードを図 3.2-5 に示す．モード II〜IV においては，主材・側材の回転中心間距離L_nを用いて表している．各降伏モードに応じたL_nおよびP_yを式 3.2-7〜式 3.2-10 より求め，P_yの最小値を接合部の降伏耐力とする.

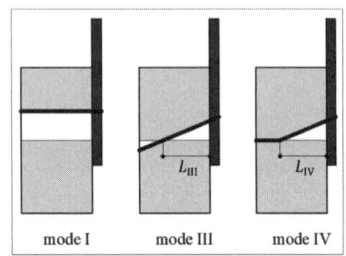
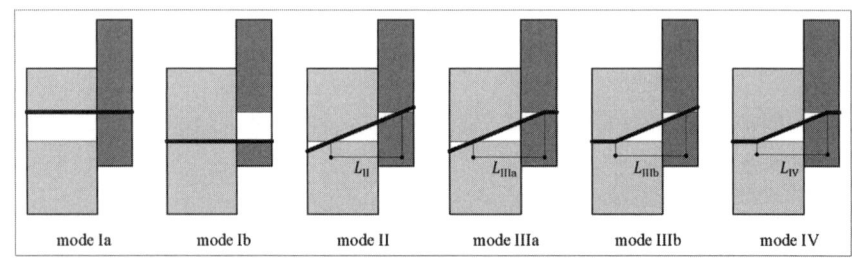

鋼板添え板一面せん断　　　　　　　　　　　木-木一面せん断

図 3.2-5　降伏モード

・鋼板添え板 1 面せん断形式

$$L_n = \begin{cases} L_{III} = \sqrt{\dfrac{t_1^2}{2} + \dfrac{M_{p-side}}{F_{E1} d_{ef}}} & \cdots mode\ III \\[3mm] L_{IV} = \sqrt{\dfrac{2(M_p + M_{p-side})}{F_{E1} d_{ef}}} & \cdots mode\ IV \end{cases}$$ 式 3.2-7

$$P_y = \begin{cases} F_{E1} d_{ef} \times t_1 & \cdots mode\ I \\ F_{E1} d_{ef} \times (2L_{III} - t_1) & \cdots mode\ III \\ F_{E1} d_{ef} \times L_{IV} & \cdots mode\ IV \end{cases}$$ 式 3.2-8

・木-木1面せん断形式

$$L_n = \begin{cases} L_{\text{II}} = \dfrac{t_1}{2\beta}\sqrt{\alpha^2\beta^3 + 2\beta^2(\alpha^2+\alpha+1)+\beta} & \cdots\text{mode II} \\[3mm] L_{\text{IIIa}} = \dfrac{t_1}{2\beta}\sqrt{\dfrac{4M_p\beta(\beta+2)}{F_{E1}d_{\text{ef}}t_1{}^2} + 2\beta(\beta+1)} & \cdots\text{mode IIIa} \\[3mm] L_{\text{IIIb}} = \dfrac{t_1}{2\beta}\sqrt{\dfrac{4M_p\beta(2\beta+1)}{F_{E1}d_{\text{ef}}t_1{}^2} + 2\alpha^2\beta^2(\beta+1)} & \cdots\text{mode IIIb} \\[3mm] L_{\text{IV}} = \dfrac{1}{\beta}\sqrt{\dfrac{4M_p\beta(\beta+1)}{F_{E1}d_{\text{ef}}}} & \cdots\text{mode IV} \end{cases} \qquad \text{式 3.2-9}$$

$$P_y = \begin{cases} F_{E1}d_{\text{ef}} \times t_1 & \cdots\text{mode Ia} \\ F_{E1}d_{\text{ef}} \times t_1\alpha\beta & \cdots\text{mode Ib} \\ F_{E1}d_{\text{ef}} \times \dfrac{\beta}{\beta+1}(2L_{\text{II}} - (\alpha+1)t_1) & \cdots\text{mode II} \\ F_{E1}d_{\text{ef}} \times \dfrac{\beta}{\beta+2}(2L_{\text{IIIa}} - t_1) & \cdots\text{mode IIIa} \\ F_{E1}d_{\text{ef}} \times \dfrac{\beta}{2\beta+1}(2L_{\text{IIIb}} - \alpha t_1) & \cdots\text{mode IIIb} \\ F_{E1}d_{\text{ef}} \times \dfrac{\beta}{\beta+1}L_{\text{IV}} & \cdots\text{mode IV} \end{cases} \qquad \text{式 3.2-10}$$

$$\alpha = \frac{t_2}{t_1}, \ \ \beta = \frac{F_{E2}}{F_{E1}}$$

記号　　L_n　　：接合具の回転中心距離 or 塑性ヒンジ距離 [mm] ※n: II, III, IIIa, IIIb, IV

　　　　d_{ef}　　：有効径 [mm]〔式 3.2-1 参照〕

　　　　F_{E1}, F_{E2}　：材料の支圧強度 [N/mm²]

　　　　M_p　　：接合具の全塑性モーメント [N·mm]

　　　　$M_{\text{p-side}}$　：側材側の全塑性モーメント [N·mm]（薄鋼板：$M_{\text{p-side}} = 0$, 厚鋼板：$M_{\text{p-side}} = M_p$）

　　　　α　　　：材料厚さの比

　　　　β　　　：支圧強度の比

　鋼板添え板形式において，初期剛性の範囲では鋼板部分を自由端と仮定したが，降伏時では鋼板あるいはビスの曲げ降伏が生じるため，自由端とみなすと過小評価となるものと考えられる．境界部分のモーメントは，鋼板および接合具の全塑性モーメントのうち小さい方として式 3.2-11 で与えられる．

$$M_{\text{p-side}} = \min\{M_p, M_{ps}\}, \qquad M_{ps} = \frac{F_{ts}(b_s - d_s)t_s{}^2}{4} \qquad \text{式 3.2-11}$$

記号　　M_{ps}　　：鋼板部分の全塑性モーメント [N·mm]

　　　　F_{ts}　　：鋼板の材料強度 [N/mm²]

　　　　b_s　　　：鋼板の有効幅 [mm]

　　　　d_s　　　：鋼板の先孔径 [mm]

　　　　t_s　　　：鋼板厚 [mm]

降伏変位δ_yは式 3.2-12 より求める．

$$\delta_y = \frac{P_y}{K_s} \qquad \text{式 3.2-12}$$

(5)　二次剛性および最大耐力

　mode I（Ia および Ib）を除く降伏モードではロープ効果による荷重増加が生じることから，これを考慮して二次剛性及び最大耐力を求める．詳細は文献 2), 5)を参照のこと．

　P_{ax}は式 3.2-13 より求める．

$$P_{\mathrm{ax}} = \min\{0.75 \times P_{\mathrm{w}}, P_{\mathrm{head}}\} \qquad\qquad 式\ 3.2\text{-}13$$

記号　　　P_{head}　　：側材における頭部貫通抵抗 [N]

接合部の変形が進行すると，ねじ部の引っかかりが急速に減少するものと考えられる．そこで，低減率としてP_{w}に 0.75 を乗じている．

二次剛性$K_{\mathrm{s}}{}'$は式 3.2-14 より求める．

$$K_{\mathrm{s}}{}' = \frac{P_{\mathrm{ax}}}{L_{\mathrm{n}}} \qquad\qquad 式\ 3.2\text{-}14$$

（L_{n}は式 3.2-8，式 3.2-10 で選択した降伏モードに応じて式 3.2-7，式 3.2-9 より求める）

接合部が引抜けまたはパンチングアウトにより破壊する場合の最大荷重P_{max}は式 3.2-15 より求める．

$$P_{\mathrm{max}} = \sqrt{P_{\mathrm{y}}{}^2 + P_{\mathrm{ax}}{}^2} \qquad\qquad 式\ 3.2\text{-}15$$

初期摩擦が生じていない場合でも，降伏後に変位が進行すると軸力増加による急激な荷重増加が生じる．この場合の荷重増加は直線的ではなく，軸力の変化に応じて非線形の挙動を示すと考えられる．しかし，軸力増加がいつ生じるかは材料間のギャップなどに依存するが，ギャップを制御することは不可能である．したがって，非線形の挙動を忠実に計算したところで，式が煩雑になるばかりで精度の向上は見込めない．そこで，ここではその過程を無視し，軸力が十分に効く状態になる点(図 3.2-6 における点 b'')を求め，直線補完することとした．なお，軸力が十分に効く状態とは，軸方向の変位が降伏変位に達した状態と定義した．

点 b''の状態における接合具の変形の様子は図 3.2-6 のようになる．接合具の曲げあるいは回転によって接合具の伸びが降伏変位$\delta_{\mathrm{y-ax}}$に達したとき，接合部の変位がδ_{fr}となることから，式 3.2-16 を得る．

$$L_{\mathrm{n}}{}^2 + \delta_{\mathrm{fr}}{}^2 = \left(L_{\mathrm{n}} + \delta_{\mathrm{y-ax}}\right)^2 \qquad\qquad 式\ 3.2\text{-}16$$

これをδ_{fr}について整理すると，式 3.2-17 となる．

$$\delta_{\mathrm{fr}} = \sqrt{2L_{\mathrm{n}}\delta_{\mathrm{y-ax}} + \delta_{\mathrm{y-ax}}{}^2} \qquad\qquad 式\ 3.2\text{-}17$$

点 b-b''間の傾きを軸力増加剛性$K_{\mathrm{fr}}{}'$，点 b''における荷重を軸力降伏時荷重P_{fr}と定義する．図 3.2-6 の各座標から，P_{fr}は式 3.2-18 のようになる．

$$P_{\mathrm{fr}} = \min\{P_{\mathrm{max}}, P_{\mathrm{y}} + P_{\mathrm{F}} + K_{\mathrm{s}}{}'(\delta_{\mathrm{fr}} - \delta_{\mathrm{y}})\} \qquad\qquad 式\ 3.2\text{-}18$$

なお，$\delta_{\mathrm{fr}} > \delta_{\mathrm{max}}$となった場合，図 3.2-6 における到達点はc'となる(図 3.2-6 一点鎖線)ため，上式ではP_{fr}の上限値をP_{max}としている．$K_{\mathrm{fr}}{}'$は式 3.2-19 より求める．

$$K_{\mathrm{fr}}{}' = \frac{P_{\mathrm{f}} - P_{\mathrm{y}}}{\delta_{\mathrm{f}} - \delta_{\mathrm{y}}} \qquad\qquad 式\ 3.2\text{-}19$$

すべてのモードにおける最大荷重P_{max}および最大荷重時の変位δ_{max}は，式 3.2-20，式 3.2-21 より求める．

$$P_{\mathrm{max}} = \begin{cases} P_{\mathrm{y}} & \cdots\text{mode I} \\ \sqrt{P_{\mathrm{y}}{}^2 + P_{\mathrm{ax}}{}^2} & \cdots\text{mode I 以外} \end{cases} \qquad\qquad 式\ 3.2\text{-}20$$

$$\delta_{\mathrm{max}} = \begin{cases} \delta_{\mathrm{y}} & \cdots\text{mode I} \\ \max\left\{\delta_{\mathrm{y}} + \dfrac{P_{\mathrm{max}} - P_{\mathrm{y}} - P_{\mathrm{F}}}{K_{\mathrm{s}}{}'}, \delta_{\mathrm{fr}}\right\} & \cdots\text{mode I 以外} \end{cases} \qquad\qquad 式\ 3.2\text{-}21$$

終局変位は摩擦力がゼロになる d 点の変位として式 3.2-22 より求める．

$$\delta_{\mathrm{u}} = \begin{cases} \delta_{\mathrm{y}} & \cdots\text{mode I} \\ \delta_{\mathrm{y}} + \dfrac{P_{\mathrm{max}} - P_{\mathrm{y}}}{K_{\mathrm{s}}{}'} & \cdots\text{mode I 以外} \end{cases} \qquad\qquad 式\ 3.2\text{-}22$$

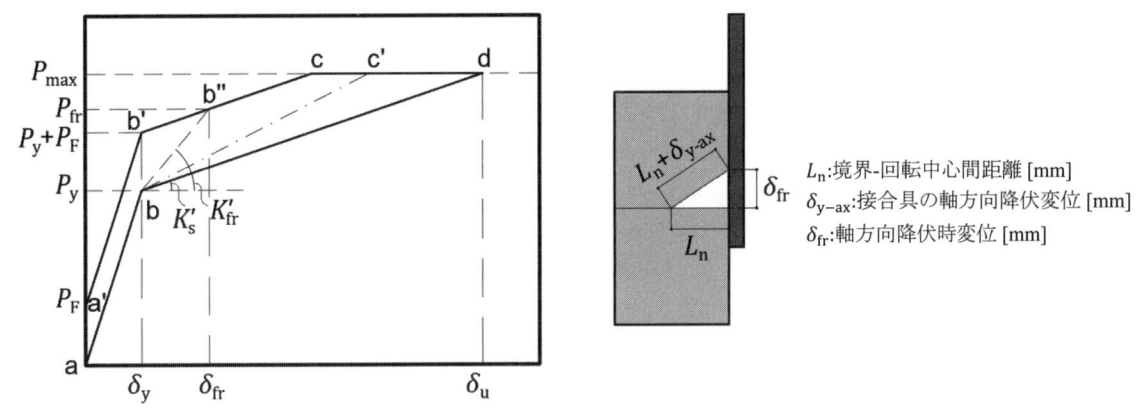

図3.2-6　点 b"における各部寸法とモデル曲線

(6)　一列の本数による低減

　呼び径 6.5mm のビスを接合具間隔8dで打ち込んだ鋼板添板1面せん断接合部における，一列の本数と1本あたりの最大耐力の関係[6]を図3.2-7に示す．集成材の場合は割裂破壊が生じるために1本あたりの耐力の本数倍よりも低い耐力を示すので，低減係数を定める必要がある．木質構造設計規準では，くぎや木ねじにおける接合具間隔を12dとしているので，この場合の低減率は下図より小さくなる可能性がある．

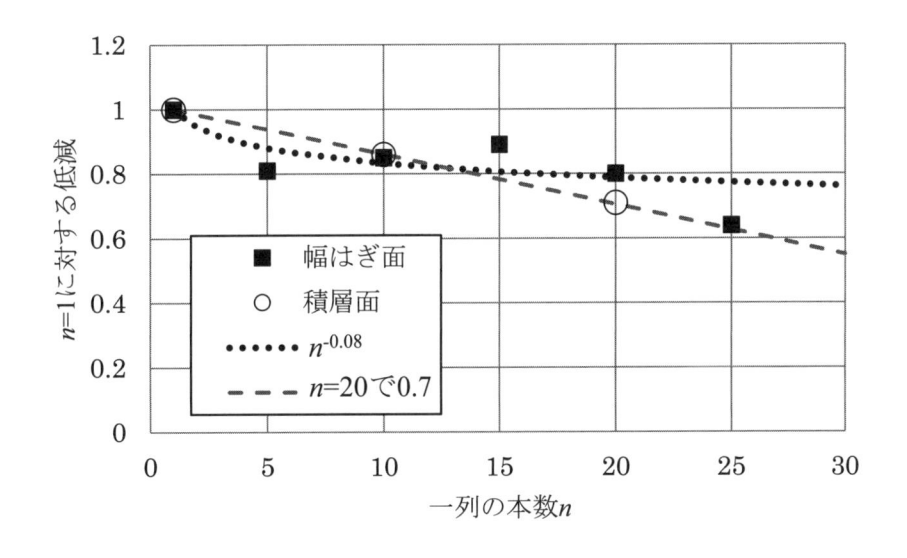

図3.2-7　一列の本数による耐力の低減（文献6)より作成）

(7)　接合具軸力の算出

　P_w, P_{head}を求めるために，図3.2-8に示す引抜き試験および側材貫通試験を行う．

　引抜き試験は，主材にビスを打ち込み，頭部を治具に引っかけて引き抜くことにより加力する．試験結果における最大荷重をP_wとする．

　釘頭貫通試験は，側材にビスを打ち込み，押抜きまたは引抜きにより加力する．試験結果における最大荷重をP_{head}とする．

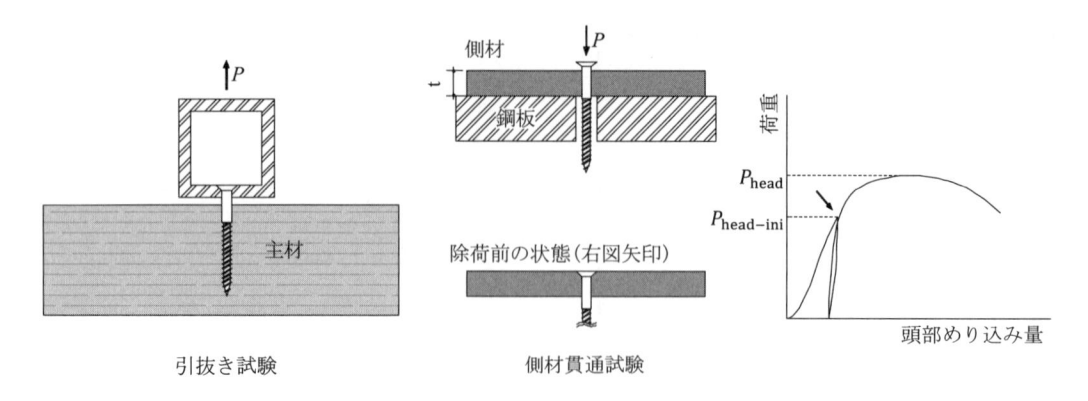

図 3.2-8　引抜き試験と釘頭貫通試験

(8)　ビスの破断変位

ビスに塑性ヒンジが生じる降伏モードにおいて，ビスの変形角θと接合部変位δとの関係は式 3.2-23 のように表せる.

$$\theta = \tan^{-1}\left(\frac{\delta}{L_n}\right)$$

式 3.2-23

ビスの単調曲げ試験により終局変形角が得られている場合は，単調加力を受けるビス接合部の破断変位を上式より求めることができる．また，ビスの繰返し曲げ特性（低サイクル曲げ破壊特性）が明らかな場合は，繰返し加力を受けるビス接合部の破断変位を推定することができる（詳細は文献 5)を参照）．本節では 3.2.1 (7) に記載したとおり，JIS A 1503 に基づく繰返し曲げ試験において，塑性変形振幅 7°で 7 回以上の繰返し曲げに耐えることと規定している.

3.2.2.2　計　算　例

図 3.2-9 に示す木ねじ接合部の 1 面せん断性能を計算により求める.

・寸法および物性値

・寸法値（実測値）

$t_1 = 21.7$ [mm], $t_2 = 11.8$ [mm], $d_1 = 2.85 \times 1.1 = 3.14$ [mm],

$d_2 = 4.00$ [mm], $d_{ef} = 3.14$ [mm]

・鋼材の物性値（曲げ試験より）

$E = 2.05 \times 10^5$ [N/mm²]（文献値[7]），$I = \pi \times d_{ef}^4 / 64 = 4.77$ [mm⁴]，

$M_p = 6.62 \times 10^3$ [N·mm]

・主材・側材の物性値（面圧試験より）

$K_{E1} = 1.03 \times 10^2$ [N/mm³], $K_{E2} = 1.86 \times 10^2$ [N/mm³],

$F_{E1} = 38$ [N/mm²], $F_{E2} = 41$ [N/mm²]

・接合具軸力（引抜き試験，釘頭貫通試験より）

$P_{ax-ini} = 1.67$ [kN], $P_w = 2.49$ [kN], $P_{head} = 2.05$ [kN]

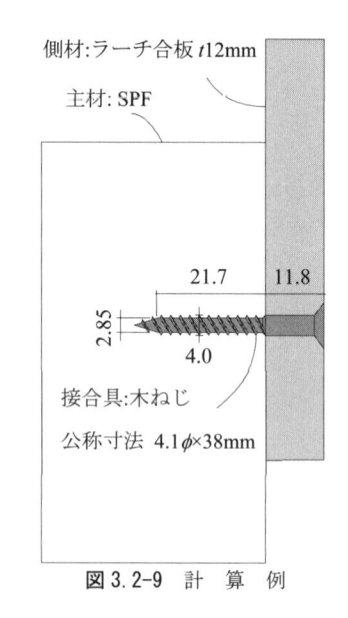

図 3.2-9　計　算　例

※P_{ax-ini}は打込み時に生じる軸力を示す．検証実験との比較のために用いているが，通常の設計では考慮しない.

・初 期 摩 擦

検証実験では初期摩擦が含まれているため，P_Fを求める．主材と合板の摩擦係数[3]を 0.3 とすれば，式 3.2-2 のP_{ax}にP_{ax-ini}を代入して，

$$P_F = 0.3 \times 1.67 = 0.50 \text{ [kN]}$$

・初 期 剛 性

まず有効剛体長さを求める．式 3.2-3 を用いて，

$$\left(\frac{4EI}{K_{E1}d_{ef}}\right)^{\frac{1}{4}} = \left(\frac{4 \times 2.05 \times 10^5 \times 4.77}{1.03 \times 10^2 \times 3.14}\right)^{\frac{1}{4}} = 10.5 \text{ [mm]より，} t_{\lambda 1} = 10.5 \text{ [mm]}$$

$$\left(\frac{4EI}{K_{E2}d_{ef}}\right)^{\frac{1}{4}} = \left(\frac{4 \times 2.05 \times 10^5 \times 4.77}{1.86 \times 10^2 \times 3.14}\right)^{\frac{1}{4}} = 9.0 \,[\text{mm}] \text{より, } t_{\lambda 2} = 9.0 \,[\text{mm}]$$

$$\omega = \frac{t_{\lambda 2}}{t_{\lambda 1}} = \frac{9.0}{10.5} = \text{より, } \omega = 0.863$$

次に表 3.2-2 より C_{k1}, C_{k2}を求める.

$$\frac{t_1}{t_{\lambda 1}} = \frac{21.7}{10.5} = 2.07 \text{ より, } C_{k1} = 0.5$$

$$\frac{t_2}{t_{\lambda 2}} = \frac{11.8}{9.0} = 1.31 \text{ より, 直線補間して} C_{k2} = 0.326$$

式 3.2-6 より,

$$C_{\omega} = \frac{1}{(1+\omega^2)(1+\omega)} = \frac{1}{(1+0.863^2)(1+0.863)} = 0.308$$

であるから, 式 3.2-5 を計算すると,

$$K_s = (0.5 + 0.326) \cdot 0.308 \cdot 0.103 \cdot 3.14 \cdot 10.5 = 8.6 \times 10^2 \,[\text{N/mm}]$$

・降伏耐力と降伏変位

式 3.2-7〜式 3.2-10 から,

$$\alpha = \frac{11.8}{21.7} = 0.544, \beta = \frac{0.041}{0.038} = 1.08$$

$$L_{\text{II}} = \frac{t_1}{2\beta}\sqrt{\alpha^2\beta^3 + 2\beta^2(\alpha^2 + \alpha + 1) + \beta} = 24.1 \,[\text{mm}]$$

$$L_{\text{IIIa}} = \frac{t_1}{2\beta}\sqrt{\frac{4M_p\beta(\beta + 2)}{F_{E1}d_{ef}t_1^2} + 2\beta(\beta + 1)} = 24.8 \,[\text{mm}]$$

$$L_{\text{IIIb}} = \frac{t_1}{2\beta}\sqrt{\frac{4M_p\beta(2\beta + 1)}{F_{E1}d_{ef}t_1^2} + 2\alpha^2\beta^2(\beta + 1)} = 17.5 \,[\text{mm}]$$

$$L_{\text{IV}} = \frac{1}{\beta}\sqrt{\frac{4M_p\beta(\beta + 1)}{F_{E1}d_{ef}}} = 20.6 \,[\text{mm}]$$

$$P_{y\text{Ia}} = F_{E1}d_{ef} \times t_1 = 2.60 \,[\text{kN}]$$
$$P_{y\text{Ib}} = F_{E1}d_{ef} \times t_1\alpha\beta = 1.52 \,[\text{kN}]$$
$$P_{y\text{II}} = F_{E1}d_{ef} \times \frac{\beta}{\beta + 1}(2L_{\text{II}} - (\alpha + 1)t_1) = 0.91 \,[\text{kN}]$$
$$P_{y\text{IIIa}} = F_{E1}d_{ef} \times \frac{\beta}{\beta + 2}(2L_{\text{IIIa}} - t_1) = 1.17 \,[\text{kN}]$$
$$P_{y\text{IIIb}} = F_{E1}d_{ef} \times \frac{\beta}{2\beta + 1}(2L_{\text{IIIb}} - \alpha t_1) = 0.95 \,[\text{kN}]$$
$$P_{y\text{IV}} = F_{E1}d_{ef} \times \frac{\beta}{\beta + 1}L_{\text{IV}} = 1.28 \,[\text{kN}]$$

したがって, $P_y = 0.95$ [kN], $P_y + P_F = 1.41$ [kN] （降伏モード : mode II）

降伏変位は式 3.2-12 より,

$$\delta_y = 1.1 \,[\text{mm}]$$

・二 次 剛 性

P_{ax}は式 3.2-13 より,

$$P_{ax} = \min\{0.75 \times P_w, P_{\text{head}}\} = \min\{0.75 \times 2.49, 2.05\} = 1.87 \,[\text{kN}]$$

降伏モードは mode II であるから, L_{II}を用いる. 二次剛性は式 3.2-14 より,

$$K_s' = \frac{P_{ax}}{L_{\text{II}}} = 78 \,[\text{N/mm}]$$

・**最大荷重，最大荷重時変位，終局変位**

式 3.2-20，式 3.2-21，式 3.2-22 より，

$$P_{\max} = \sqrt{P_y{}^2 + P_{ax}{}^2} = 2.08 \,[\text{kN}]$$

$$\delta_{\max} = \delta_y + \frac{P_{\max} - P_y - P_F}{K_s{}'} = 9.7 \,[\text{mm}]$$

$$\delta_u = \delta_y + \frac{P_{\max} - P_y}{K_s{}'} = 16.1 \,[\text{mm}]$$

3.2.2.3　実験結果との比較

木ねじ接合部の 1 面せん断試験結果 [2),5)] との比較を行った．

計算結果と実験による荷重−変位曲線との比較を図 3.2-10 に示す．左上のグラフが 3.2.2.2 の計算例と同様の条件となっている．どのシリーズでもほぼ良好な一致が見られた．

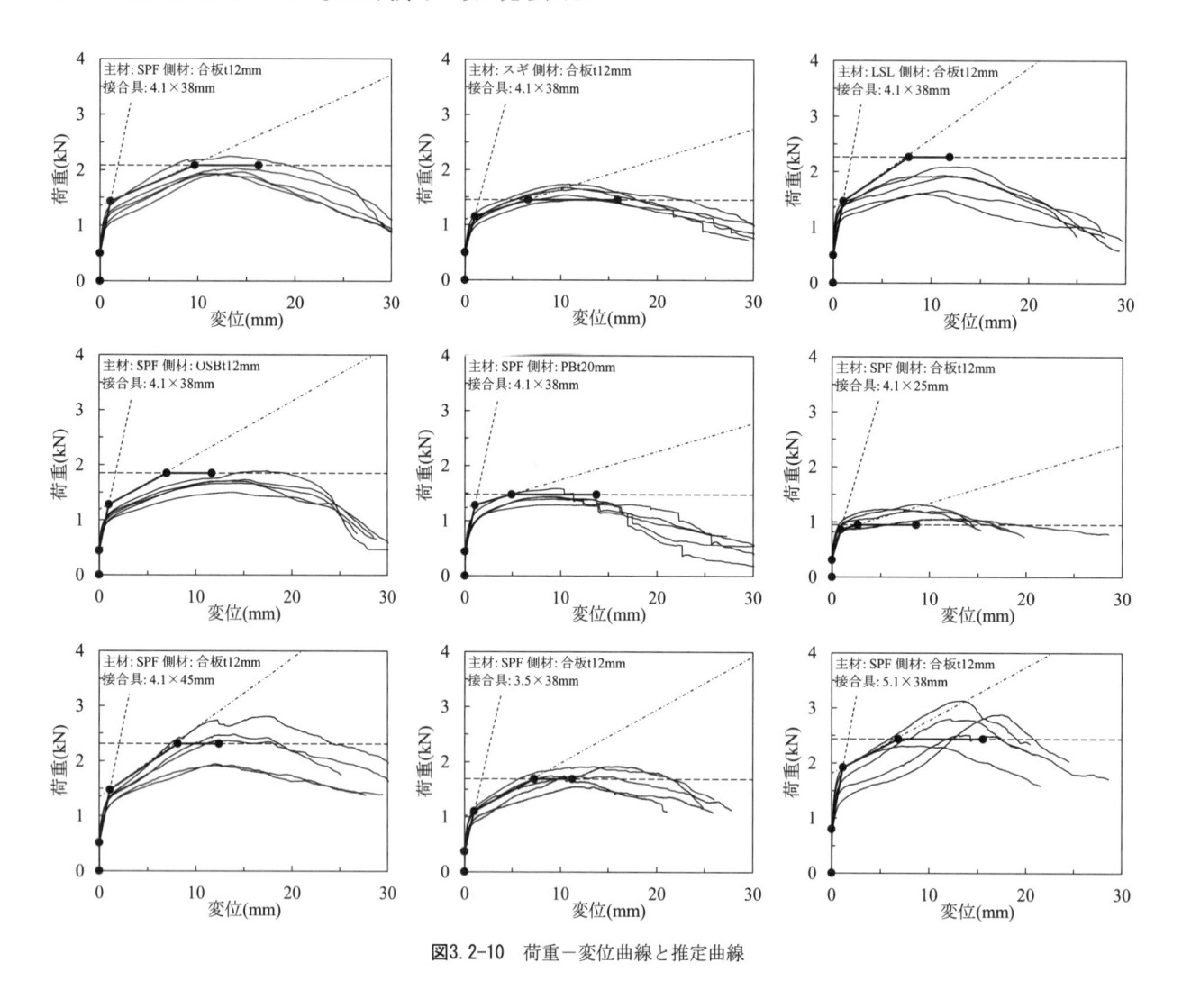

図3.2-10　荷重−変位曲線と推定曲線

試験後の破壊性状を図 3.2-11 に示す．多くの試験シリーズでは木ねじの曲げ降伏は生じず，主として引抜けにより破壊に至った．密度の高い主材を用いたシリーズでは主としてパンチングアウトによる破壊を生じ，厚い側材を用いたシリーズ，細長比の大きいビスを用いたシリーズではビスの曲げ変形や破断が見られた．

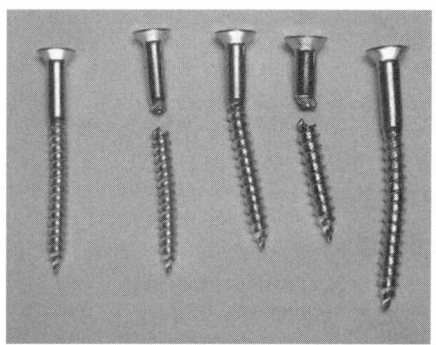

主材へのめり込み	パンチングアウト	木ねじの曲げと破断
(SPF，試験後の断面)	(OSB9.5mm，試験後の断面)	

図3.2-11　破壊性状写真

参 考 文 献

1) 日本規格協会：日本産業規格(JIS)
 A 1503-2022 木質構造用ねじの試験方法
 A 5559-2023 木質構造用ねじ
 B 1112-1995 十字穴付き木ねじ
 B 1135-1995 すりわり付き木ねじ
 B 1122-2006 十字穴付きタッピンねじ
 B 1125-2006 すりわり付きタッピンねじ
 G 3505-2004 軟鋼線材
 G 3507-2005 冷間圧造用炭素鋼線材

2) 小林研治ほか2名：構造用面材を側材に用いたビス接合部における一面せん断剛性・耐力推定式の提案，日本建築学会構造系論文集，622号，pp.121-128，2007年

3) 孟　慶軍ほか2名: 木材と各種構造用面材との摩擦係数，木材学会誌，54巻，5号，pp.281-288，2008年

4) 小林研治・小川敬多：鋼板の支圧剛性を考慮した曲げ降伏型接合部の剛性算定式，日本建築学会大会学術講演梗概集，構造III，pp.127-128，2023年

5) Ko Nagase et al.: Estimation of failure lifetime in plywood-to-timber joints with nails and screws under cyclic loading, Journal of Wood Science, Vol. 64, No. 5, pp.612-624, 2018年

6) Phommasak SOUTSADAほか4名:鋼板を添え板に用いたビス多数本打ちCLT接合部の一面せん断性能　その1　1列あたりの接合具本数の影響，2016年度日本建築学会大会学術講演梗概集，構造III，pp.13-14, 2016年

7) 日本建築学会：鋼構造許容応力度設計規準，第1版，丸善，2009年

8) 小林研治・安藤直人：構造用面材を側材に用いた木ねじ接合部の一面せん断性能, Journal of Timber Engineering，20巻，6号，pp.157-167，2007年

9) 金谷紀行：各種接合金物を用いた木質構造接合部の耐力と変形性状に関する研究，東京大学博士論文，1986年

10) 赤松　明：木製家具におけるねじ接合部の強度性能に関する研究，東京大学博士論文，1992年

11) Blass, H. J. and Bejtka, I.：Joints with inclined screws，Proceedings of CIB-W18 Timber Structures，Meeting 35，Paper 35-7-5, Kyoto, Japan，2002年

12) Blass, H. J.：Joints with Dowel-type Fasteners，Timber Engineering，Ed. S. Thelandersson and H. J. Larsen, John Wiley & Sons，pp.315-331，2003年

13) 名波直道ほか2名：木質構造における木ねじ接合部の一面せん断耐力，日本建築学会東海支部研究報告集，44号，pp.301-304，2006年

14) 河嵜みきほか2名：木ねじ接合部における一面せん断耐力の降伏理論による推定，日本建築学会構造系論文集, 632号, pp.1797-1804，2008年

3.3 曲げ降伏型接合具を用いた2面せん断接合

3.3.1 基本情報
3.3.1.1 接合部名称
2面せん断接合部：Double shear joint

3.3.1.2 システム模式図
　ボルトやドリフトピン等の鋼製接合具により中央の主材とその両側の 2 枚の側材を留めつける接合方法である．中央の主材を鋼材とした場合を鋼板挿入式接合，側材を鋼材とした場合を鋼板添え板式接合と呼ぶ（図 3.3-1）．

　現在のところ2面せん断接合の剛性と耐力の計算は，弾性床上の梁理論（弾性床理論）に基づく理論解で弾性剛性を算定し，ヨーロッパ型降状理論（EYT）式によって降伏耐力を求める方法が知られている．ここで示す計算方法は，弾性床理論に基づく近似解を用いて計算を簡略化すると共にこれによって得られる接合具の応力状態を用いて降伏耐力も算定するものである．弾性剛性は弾性床理論とほぼ同程度の値を算定し，降伏耐力も EYT 式と同じ降伏モードを仮定することから，おおよそ同程度の耐力値を推定するものである．

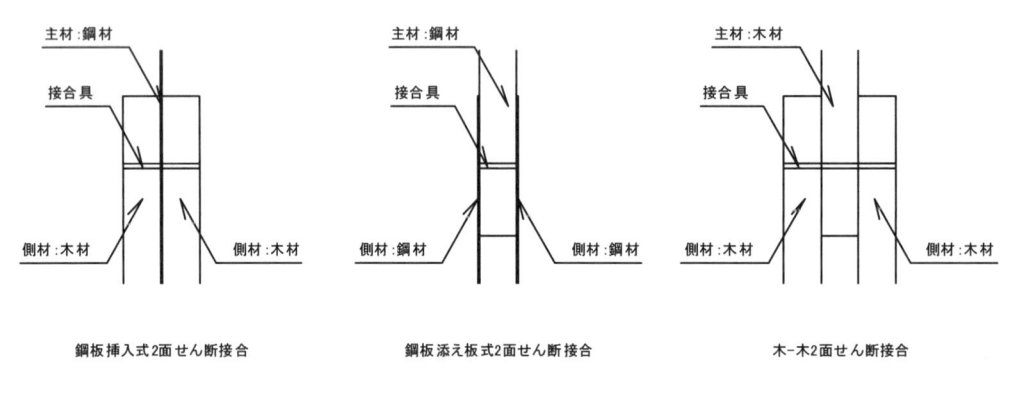

鋼板挿入式2面せん断接合　　　鋼板添え板式2面せん断接合　　　木-木2面せん断接合

図 3.3-1　接合部の模式図

3.3.1.3 力の伝達形式
　主材-側材間の荷重を接合具のせん断を介して伝達する．このとき材厚分荷重が偏心することにより接合具にはせん断に加えて曲げモーメントが生じる．この結果接合具は曲げ変形が生じ，同時に木材に対してめり込みを生じる．主材や側材に鋼材を用いた場合は通常鋼材のめり込みは無視することができる．

3.3.1.4 対象構造
　集成材，製材をはじめ各種木質材料に用いることができるが，計算によって接合部の剛性や耐力を求める場合は支圧剛性と支圧強度が既知となっていることが必要である．

3.3.2 設計情報
3.3.2.1 伝達力の種類とその範囲
　部材の軸方向力やせん断力の他，モーメントを伝達するような接合にも用いることが可能である．

3.3.2.2 設計の概略
（1）鋼板挿入式2面せん断接合
（a）初期剛性の評価方法
　鋼板挿入式2面せん断接合における初期剛性K_{si}は式 3.3-1 より求める．

$$K_{si} = \frac{181\alpha - 390}{128\alpha^2 - 107\alpha - 390} kdt_e \qquad \text{式 3.3-1}$$

$$\alpha = \frac{1}{0.46 + \dfrac{236EI}{kdt_e{}^4}} \qquad \text{式 3.3-2}$$

$$t_e = \min\{t, 15d\} \qquad \text{式 3.3-3}$$

記号　　K_{si}　　　　：接合部の初期すべり係数 [N/mm]

　　　　E　　　　：接合具のヤング係数 [N/mm²]

　　　　I　　　　：接合具の断面二次モーメント [mm⁴]

　　　　k　　　　：木材の支圧剛性 [N/mm³]

　　　　d　　　　：接合具直径 [mm]

　　　　t　　　　：木材の材厚 [mm]

(b)　降伏耐力の評価方法

　接合部の降伏モードを図 3.3-2 に示す．鋼板挿入式 2 面せん断接合における降伏耐力P_yは式 3.3-4 より求めた各降伏モードにおける値の最小値とする．

$$P_y = \begin{cases} F_e dt & \cdots \text{mode I} \\ \left(4\sqrt{\dfrac{1}{8} + \dfrac{M_y}{F_e dt^2}} - 1\right) F_e dt_e & \cdots \text{mode III} \\ \left(\dfrac{8\alpha M_y}{3F_e t_e{}^2} + \dfrac{1}{2\alpha}\right) F_e dt_e & \cdots \text{mode IV} \end{cases} \qquad \text{式 3.3-4}$$

$$M_y = \frac{d^3}{6} F \qquad \text{式 3.3-5}$$

記号　　P_y　　　　：接合部の降伏耐力 [N]

　　　　F_e　　　　：木材の支圧強度 [N/mm²]

　　　　M_y　　　　：接合具の降伏モーメント [N·mm]

　　　　F　　　　：接合具の基準強度 [N/mm²]

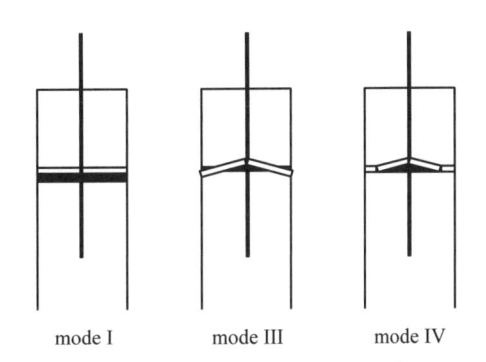

mode I　　　　　mode III　　　　　mode IV

図 3.3-2　鋼板挿入式 2 面せん断接合部の降伏モード

(2)　鋼板添え板式 2 面せん断接合

(a)　初期剛性の評価方法

　鋼板添え板式 2 面せん断接合における初期剛性K_{si}は式 3.3-6 より求める．

$$K_{si} = \frac{630 - 181\alpha}{-208\alpha^2 + 587\alpha + 630} kdt_e \qquad \text{式 3.3-6}$$

$$\alpha = \frac{1}{0.29 + \dfrac{146EI}{kdt_e{}^4}} \qquad \text{式 3.3-7}$$

$$t_e = \min\{t, 15d\} \qquad \text{式 3.3-8}$$

　記号　K_{si}　　　　：接合部の初期すべり係数 [N/mm]

E　　　　　：接合具のヤング係数 [N/mm^2]

I　　　　　：接合具の断面二次モーメント [mm^4]

k　　　　　：木材の支圧剛性 [N/mm^3]

d　　　　　：接合具直径 [mm]

t　　　　　：木材の材厚 [mm]

(b)　降伏耐力の評価方法

図 3.3-2 に接合部の降伏モードを示す．鋼板添え板式 2 面せん断接合における降伏耐力P_yは式 3.3-9 より求めた各降伏モードにおける値の最小値とする．

$$P_\mathrm{y} = \begin{cases} F_\mathrm{e}dt & \cdots\text{mode III} \\ \left(0.09\alpha_\mathrm{const.}F + \dfrac{7.5F_\mathrm{e}}{\alpha_\mathrm{const.}}\right)d^2 & \cdots\text{mode IV} \end{cases} \qquad\qquad \text{式 3.3-9}$$

$$\alpha_\mathrm{const.} = \frac{1}{0.29 + \dfrac{0.0029EI}{kd^5}} \qquad\qquad \text{式 3.3-10}$$

記号　P_y　　　：接合部の降伏耐力 [N]

　　　F_e　　　：木材の支圧強度 [N/mm^2]

　　　F　　　：接合具の基準強度 [N/mm^2]

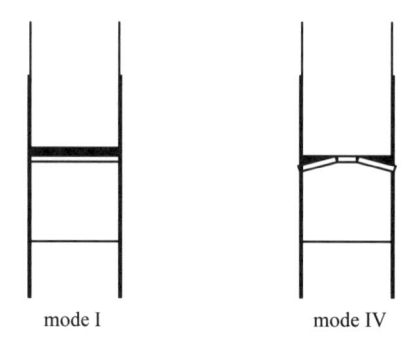

mode I　　　　　　　　　mode IV

図 3.3-3　鋼板添え板 2 面せん断接合部の降伏モード

(3)　主材，側材がともに木材からなる 2 面せん断接合の評価方法

(a)　初期剛性の評価方法

主材，側材がともに木材からなる 2 面せん断接合における初期剛性K_siは式 3.3-11 より求める．

$$K_\mathrm{si} = \frac{\dfrac{k_2t_2}{k_1t_1}D_1 + D_2}{1 + \dfrac{k_2t_2}{k_1t_1}} \qquad\qquad \text{式 3.3-11}$$

$$D_1 = \frac{k_1dt_\mathrm{e1}}{\dfrac{3}{2} + \dfrac{1}{\lambda_1}(0.114 - 0.0048\alpha_1 - 0.034\alpha_1{}')} \qquad\qquad \text{式 3.3-12}$$

$$D_2 = \frac{k_2dt_\mathrm{e2}}{\dfrac{3}{2} + \dfrac{1}{5\,760\lambda_2}(0.114 - 0.0048\alpha_2 - 0.034\alpha_2{}')} \qquad\qquad \text{式 3.3-13}$$

$$\alpha_1 = \frac{4.71 + 252\lambda_1}{1 + 841\lambda_1 + 12\,000\lambda_1{}^2} \qquad\qquad \text{式 3.3-14}$$

$$\alpha_2 = \frac{2.53 + 2\,625\lambda_2}{1 + 841\lambda_2 + 12\,000\lambda_2{}^2} \qquad\qquad \text{式 3.3-15}$$

$$\alpha_1{}' = \frac{2.5 + 2\,624\lambda_1}{1 + 840\lambda_1 + 12\,000\lambda_1{}^2} \qquad\qquad \text{式 3.3-16}$$

$$\alpha_2{}' = \frac{4.7 + 251\lambda_2}{1 + 840\lambda_2 + 12\,000\lambda_2{}^2} \qquad\qquad \text{式 3.3-17}$$

$$\lambda_1 = \frac{EI}{k_1dt_\mathrm{e1}{}^4}, \lambda_2 = \frac{EI}{k_2dt_\mathrm{e2}{}^4} \qquad\qquad \text{式 3.3-18}$$

$$t_{e1} = \min\{t_1, 8d\}, t_{e2} = \min\{t_2, 4d\} \qquad\qquad \text{式 3.3-19}$$

記号　K_{si}　　　：接合部の初期すべり係数 [N/mm]

$\quad\quad\quad E$　　　　：接合具のヤング係数 [N/mm²]

$\quad\quad\quad I$　　　　：接合具の断面二次モーメント [mm⁴]

$\quad\quad\quad k_1,\ k_2$　：主材，側材の支圧剛性 [N/mm³]

$\quad\quad\quad t_1,\ t_2$　：主材，側材の材厚 [mm]

(b)　降伏耐力の評価方法

接合部の降伏モードを図 3.3-4 に示す．主材，側材がともに木材からなる 2 面せん断接合における降伏耐力P_yは式 3.3-20 の各降伏モードにおける値の最小値とする．

$$P_y = \begin{cases} 2F_{e2}dt_2 & \cdots\text{mode Ia} \\ F_{e1}dt_1 & \cdots\text{mode Ib} \\ \dfrac{\dfrac{2F}{3}\left(\dfrac{d}{t_{e1}}\right)^2 + \dfrac{F_{e1}}{2\alpha_1{}^2} + F_{e2}\dfrac{\alpha_2{}^2+1}{\alpha_2{}^2}\left(\dfrac{t_{e2}}{t_{e1}}\right)^2}{\dfrac{1}{\alpha_1} + \dfrac{\alpha_2+1}{\alpha_2}\dfrac{t_{e2}}{t_{e1}}}dt_{e1} & \cdots\text{mode III} \\ \dfrac{\dfrac{2F}{3}\left(\dfrac{d}{t_{e1}}\right)^2 + \dfrac{F_{e1}}{4\alpha_1{}^2} + \dfrac{F_{e2}}{\alpha_2{}^2}\left(\dfrac{t_{e2}}{t_{e1}}\right)^2}{\dfrac{1}{2\alpha_1} + \dfrac{1}{\alpha_2}\dfrac{t_{e2}}{t_{e1}}}dt_{e1} & \cdots\text{mode IV} \end{cases} \qquad \text{式 3.3-20}$$

記号　P_y　　　：接合部の降伏耐力 [N]

$\quad\quad\quad F_{e1}$　　：主材の支圧強度 [N/mm²]

$\quad\quad\quad F_{e2}$　　：側材の支圧強度 [N/mm²]

$\quad\quad\quad F$　　　：接合具の基準強度 [N/mm²]

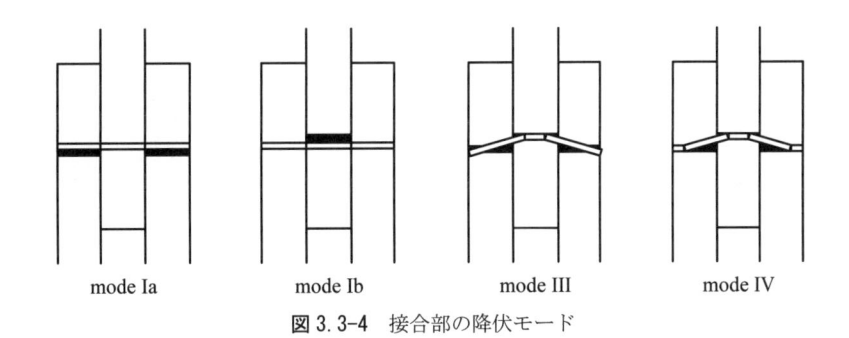

mode Ia　　　　mode Ib　　　　mode III　　　　mode IV

図 3.3-4　接合部の降伏モード

参 考 文 献

1) 蒲池　健ほか 3 名：2 面せん断木-木ボルト接合部における荷重-すべり特性の新評価法　日本建築学会構造系論文集　No.619, pp.119-126, 2007 年

2) 蒲池　健ほか 2 名：鋼板挿入式ボルト・ドリフトピン接合部における荷重-すべり特性の評価法　日本建築学会構造系論文集　No.627, pp.795-802, 2008 年

3) 蒲池　健ほか 3 名：鋼板添え板式ボルト接合部における荷重-すべり特性の評価法　日本建築学会構造系論文集　No.631, pp.1599-1606, 2008 年

4) Noguchi M., Komatsu K.: "A New Method for Estimating Stiffness and Strength in Bolted Timber-to-Timber Joints and Its Verification by Experiments (II)" Journal of Wood Science, Vol. 50, No.5, pp.391-399, 2004

（付録）木-木 2 面せん断ボルト接合部の荷重変位関係

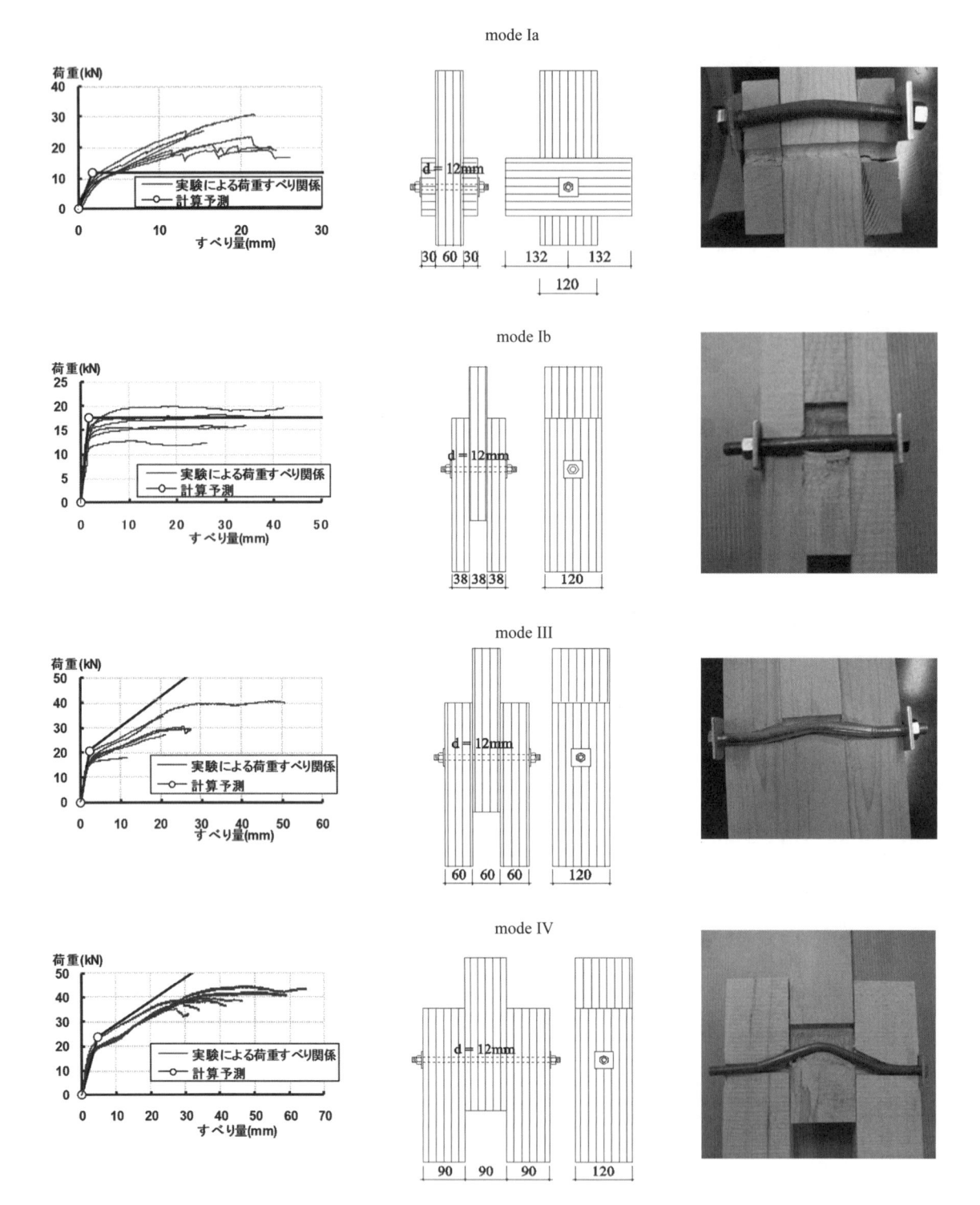

3.4 せん断抵抗型木ダボ接合

3.4.1 基 本 情 報

3.4.1.1 接合部名称
せん断抵抗型木ダボ接合：Wooden dowel shear joint, Single/double shear joint with wood dowel

3.4.1.2 接合部概要
せん断接合具として木材もしくは木質材料を用いる木材 - 木材のせん断接合である．一般に雇ダボと呼ばれるものや，込栓あるいは木栓と呼ばれるものの基本的なせん断性能も本節の内容に含まれる．

3.4.1.3 力の伝達形式
接合する部材の双方に接合具を挿入するための先孔を設け，双方の部材に嵌合する接合具のせん断抵抗によって力を伝達する．基本的に単独ではせん断面の乖離を防止するメカニズムがないため，部材間の引寄せをシステムとして持っておく必要がある．例えば組積造ではクリアランスを設けた通しボルトなどが併用され，桁-小屋梁間接合への雇いダボの場合には，ビスによる引寄せなどが併用される．

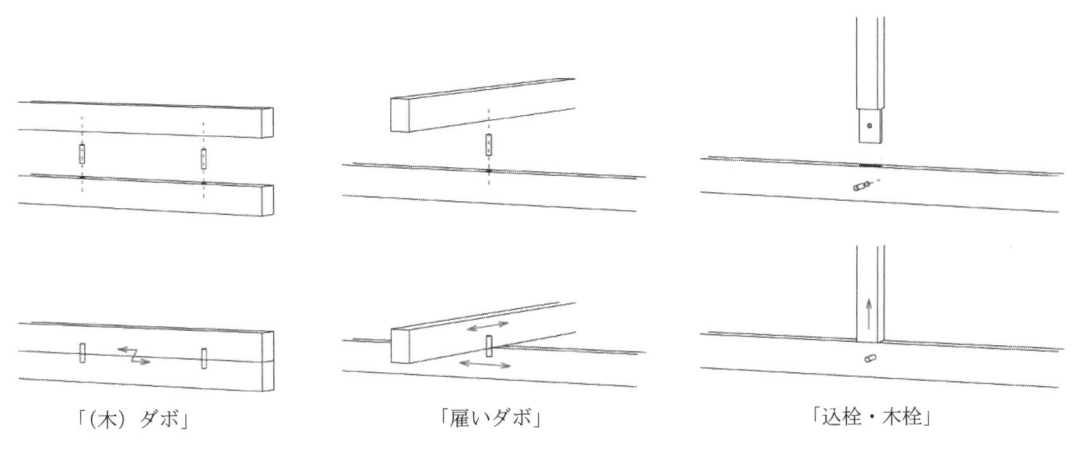

「(木) ダボ」 「雇いダボ」 「込栓・木栓」

図 3.4-1 木ダボせん断接合の力の伝達と一般的な呼称パターン

本節で扱う接合については，一般的に様々な呼称がある．左の平行する 2 部材の材軸同一方向の力に抵抗する場合（板壁，床板，組積造，重ね梁など）では一般に「木ダボ」または単に「ダボ」と呼ばれる場合が多く，中央の直交する 2 部材の様々な方向のせん断に抵抗する場合（梁 - 梁間の接合など）では「雇いダボ」または単に「雇い」などと称される．右のように直交する 2 部材の嵌合と併用して 2 面せん断で使用される場合には，「込栓」「木栓」と称されるのが一般的である．（図 3.4-1）

3.4.1.4 留 意 点
・一般的な金属を接合具に用いる接合と異なり，接合具自体にエネルギー吸収する能力は期待できない．したがって 2 面ではなく 1 面せん断とし，金属接合とは逆に細長比を小さくして接合具の曲げ折損が起こらず母材の面圧降伏が終局となるような設計が最も望ましい．母材と接合具の樹種にもよるが，基本的に 1 面せん断で片側あたりダボ径の 2.5 倍以下の細長比とするようなパターンがこの条件に合致する．
・接合部の靭性に関する低減係数については，接合種別を JB もしくは JC として扱うべきである．十分短い 1 面せん断接合で，密度の大きい（0.85 g/cm³ 以上）木ダボを用い，破断しないことが確実な場合は，JA として扱ってもよい．
・接合部の性能は木ダボ材の横圧縮特性，せん断特性などに依存するので，木ダボ材の物性値が一定の範囲に収まる

ように，一定以上の密度の木ダボ材のみ用いるなどの監理が必要である．

・木ダボ材の材質として，目視によって目切れ，節等の欠点のないものを選ぶ．

・母材にあける先穴と接合具の径の嵌合度の影響が金属接合より大きい．このため木ダボ材の含水率および加工精度の監理，先穴の施工監理について，金属接合より注意が必要である．母材にあける先穴と接合具の径については同径とすることを基本とする．ノギスなどを用いて監理することが必要である．クリアランスがある場合は剛性，耐力とも低下する．ハンマーで軽く打つ程度の抵抗があるべきである（母材間の穴のずれなどの要因でなく）．

・木ダボ自体が蟻害・虫害などによって劣化する可能性がある．使用する部位によっては樹種に留意するか，防蟻・防虫処理などを施す必要がある．特にヒラタキクイムシはナラの辺材部に付きやすく，カシも被害を受ける．

・乾燥による痩せなどに配慮する必要があり，含水率 15%以下に十分に乾燥したものを用いなくてはならない．乾燥前に加工すると，痩せにより径が小さくなるので，乾燥後に加工もしくは再調整するべきである．

・常時荷重が作用していると木ダボ自体もせん断・曲げクリープ変形を起こすため，注意が必要である．常時荷重が作用するような設計の場合，十分な余裕度を確保できるように設計するべきである．

・圧縮木材はせん断抵抗用の木ダボとして，より効果的であると思われる [2), 8), 14)]．ただし施工例などはまだ少ない．

3.4.1.5 長所・短所

・解体廃棄等の際に分別の必要がなく，製作にかかるエネルギーも含めて環境コストが小さい．

・金属接合のように接合部の結露による劣化などのおそれが少ない．

・金属接合よりもばらつきが大きくなりやすい．

・金属接合よりも縁端距離・接合具間距離を小さく出来る [15)]．ただし，数値的な指標はデータが少ないのでボルト等に対して定められる必要縁端距離より小さくするには実験が必要である．

3.4.1.6 本節で扱う仕様の範囲

・本節では，先穴断面と木ダボ断面が同一形状であり，ほぼクリアランス無く（断面の平均ダボ径／先穴径：97%以上）で納まっており，接着剤を用いない場合について扱っている．また，想定している直径は実験で解析式の適用性が確認された 12~45 mm 程度までで，接合具に節・目切れを含まないことを前提している．

・基本的に円形断面を中心とした扱いとした．これは円形断面の方が，穴の角での応力集中がなく母材を割裂させにくいこと，穴の施工誤差が出にくいこと，など利点が多いことを考慮したものである．ただし極端に扁平な場合を除いて角栓について適用可能である．

3.4.1.7 施 工 例

図 3.4-2 左は，林業機械化センター寄宿舎棟のラーメン接合部で，木ダボは主として回転剛性を確保するために用いている．上部の大きい穴は柱材を合わせるためのボルトの座掘である．図 3.4-2 右は，柱脚部の長ほぞ込栓接合で，木ダボ（込栓）のせん断抵抗接合部を介して引張力を伝えるものである．

図 3.4-2　接合部の例

（左：合わせ柱・貫梁ラーメン接合部, 右：長ほぞ込栓接合部）

3.4.2　設計情報
3.4.2.1　破壊性状

　木ダボをせん断接合具として用いる場合, 形状の同一な鋼製のドリフトピンと異なって起こる主要な現象として, 以下のことが挙げられる.

- ・木ダボのめり込み
- ・木ダボの繊維方向せん断クラック
- ・木ダボの繊維のせん断破断
- ・木ダボの曲げ破断（降伏でない）

　図 3.4-3, 図 3.4-4 の全ての場合で, 木ダボの繊維方向せん断クラックが生じている. 母材に対する, 木ダボの埋込み細長比がある程度大きい場合, この現象により剛性が低下するが即座に木ダボの破壊には至らず, せん断面近傍の母材が面圧降伏するまで荷重は漸増する. 木ダボの繊維方向せん断クラックが生じる時点を木ダボせん断接合部における「せん断降伏」とする.

　木ダボのめり込みと繊維のせん断破断は, 不可分の関係で起こる. 例えば, 図 3.4-3, 図 3.4-4 左の場合, ダボの横圧縮剛性が高くめり込みにくいので, めり込み降伏に特徴的な加力部外縁（この場合, せん断面）近傍の表面での繊維の破断は起きていない. 逆に, 図 3.4-4 右や図 3.4-5 のように木ダボ材料がめり込みに弱く, 繊維が切れやすい樹種の場合は, せん断面のダボ表面で繊維の切断が起きている.

　めり込みに伴う繊維のせん断が起きても, 終局的に図 3.4-6 左のように, せん断面で破断面が形成されることはほとんどない. このような破壊は, 母材に対して不適切に弱いダボ材を用いた場合にのみ発生している. この場合, 変形能も小さく脆性的であり, 望ましい破壊ではない. 既往研究 [1]～[3],[7],[8] から, 基本的に 45φ 以下・円形断面のダボで, 母材と同一以上の比重の材を用いれば, このようなせん断破断は起きないと考えられる. 本来は繊維方向のすべりに伴うせん断強さのほかに, 樹種ごとの基本的な物性として繊維を切断しながらせん断する場合の物性値が定義されていれば, より定量的に取り扱うことが可能であるが, 現状このような物性値の定義には至っていない.

図 3.4-3　破断直前に除荷した試験体の切断面

（左：カシ 24φ ＋スギ，右：圧縮タケ 18φ ＋ベイマツ）

破壊モード：　5-shear → 4　〔図 3.4-13 参照〕

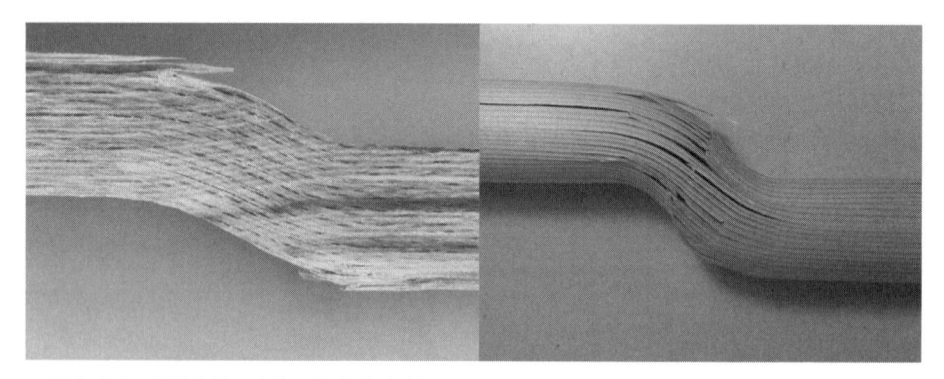

図 3.4-4　破断直前に除荷した木ダボ（左：カシ 18φ 断面，右：オウシュウカラマツ 28φ）

破壊モード：(左)5-shear → 4, (右)5-shear → $4_{1,2}$　〔図 3.4-13 参照〕

図 3.4-5　加力実験中破断直前の木ダボ（フィンランドバーチ 45φ）

※木ダボの変形状況が見えるように，試験体を切り欠いたもの

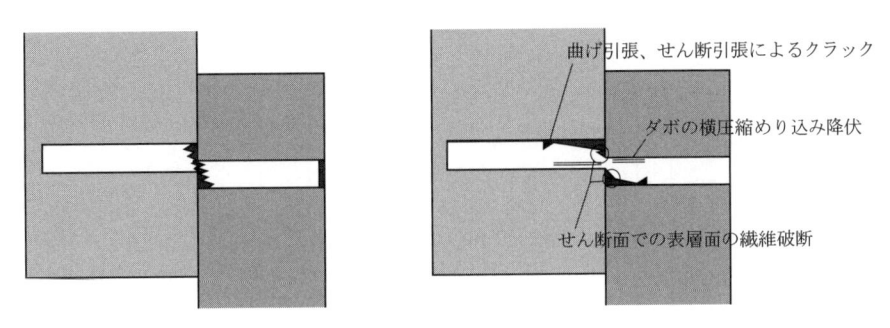

図 3.4-6 せん断面でのせん断破断（左）と表層繊維破断を伴う曲げ・せん断引張クラック破壊（$b_{1,2}$ 型破壊）（右）

3.4.2.2 荷重−変形特性

　細長比，せん断面乖離の有無によって，荷重−変形特性が著しく異なる．下に母材繊維方向荷重の 1 面せん断の場合，同一母材・木ダボ樹種および径で，細長比によって現れるパターンを図 3.4-7 に示しておく．図中の各モードに対応する細長比は，実験を参考に E80 程度の母材と密度 0.8 g/cm^3 程度の木ダボの関係を想定した値で，樹種の組合せなどにより異なる参考値である．

　図 3.4-8 のように木ダボせん断抵抗接合の場合，せん断面のギャップに対して，金属接合具より接合部の剛性・耐力の低下が著しい．せん断面が乖離するとは，図 3.4-9 のように接合部に生じるモーメントから主材・側材界面が離れるということである．

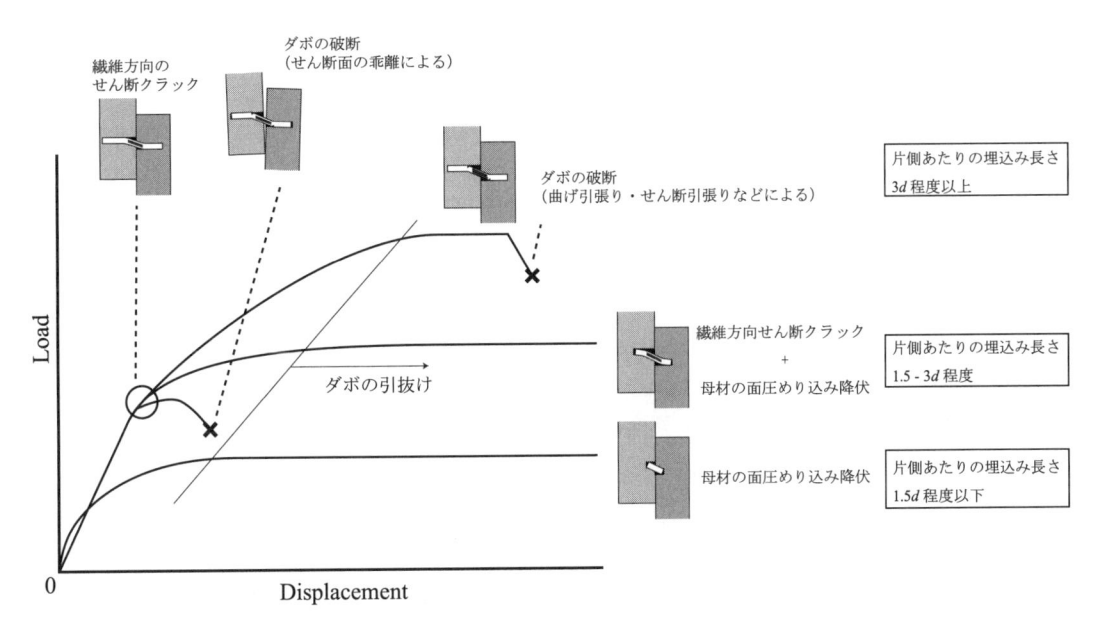

図 3.4-7 細長比の異なる木ダボでの荷重−変形パターン（1 面せん断の場合）

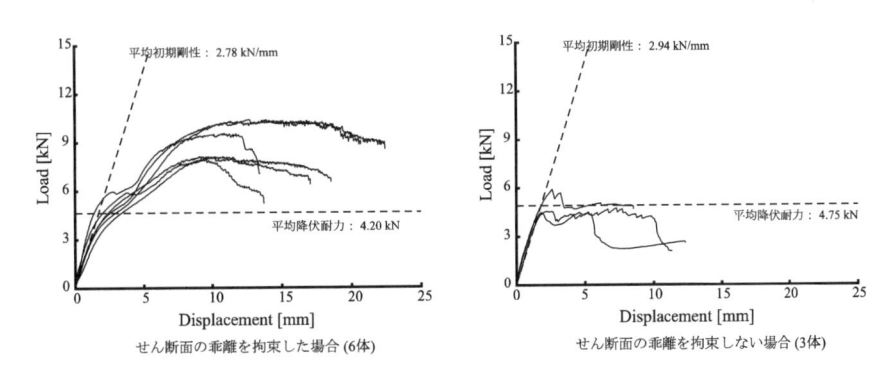

図 3.4-8 せん断面乖離の有無による荷重−変形関係の違い

（1 面せん断，母材：スギ，ダボ：カシ ϕ 18 mm，主材側材とも繊維方向加力，90 mm ずつ埋込み）

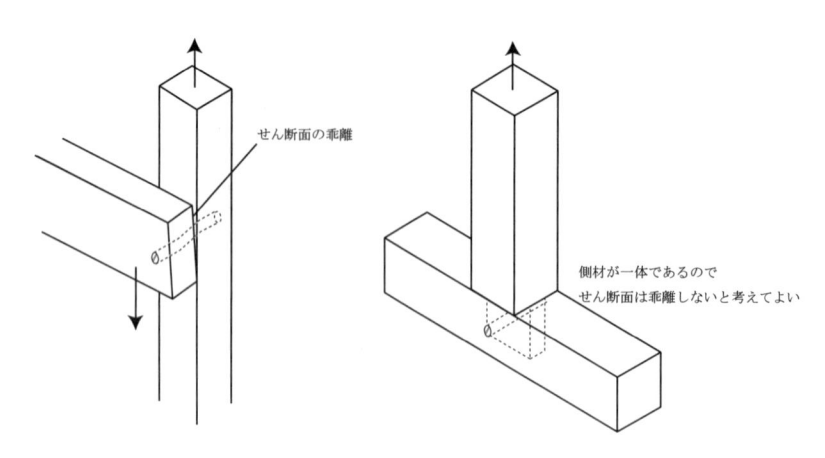

図 3.4-9　荷重によるせん断面の乖離と設計例でのせん断面の乖離の有無の判断

3.4.2.3　せん断降伏と曲げ等による降伏

　一般の構造材ではせん断クラックが生じ始める時点で急激な荷重低下に至ることが想定されるため，その時点で構造システムとしては脆性的な終局状態とみなされる．しかしながら木ダボ接合のような接合具としての利用で，せん断面の乖離が制約されていれば，せん断面近傍に接合具のせん断破壊域（以下，クラックゾーン）が残るため，結果的に接合部全体としてはせん断破壊域の（主として母材側の）面圧降伏が終わるまで荷重が上昇する．このため接合具としてはせん断破壊が生じていても接合部という系としては「降伏」であるとして定義している．

　せん断降伏よりも他の降伏モードが先行する場合は，せん断降伏は起きない．逆にせん断降伏後も基本的に荷重上昇を生じるため，せん断降伏後に曲げ等による降伏に至るという現象がみられる．せん断面近傍の面圧降伏域が最終的にどの程度の長さになるのかということが，結果として接合部の耐力を左右することは一般的な終局状態に基づくヨーロッパ型降伏理論（EYT）が示すとおりであるが，せん断クラック破壊後の場合でもこの理論を援用する形で終局時の部材内面圧降伏長さを推定可能である．基本的にクラックゾーン長さの範囲内の部材が面圧降伏状態になった時点で最大荷重に至っているのだが，このクラックゾーン長さは，接合具のモーメントピーク区間の距離である．（図 3.4-10）各母材内で弾性曲げ破壊に至る位置は，結局のところ，その区間内でのせん断クラックによって見かけの曲げ剛性等が如何に低下していようとも，曲げ破壊モーメントと面圧応力の釣合いの位置でしかない．このためクラックの長さは終局的にこの釣合いの位置に収束していき，弾性断面係数を使った終局に対する降伏理論に一致する．

　曲げ破壊についてもせん断同様にその破壊した部材が接合界面に残り続ける（接合部の乖離が起きないことが保たれている）ことで当該破壊が生じた後でも，すぐに極端な荷重低下は起きず，面圧降伏に伴う荷重の降伏棚が得られるだけである．このため接合部として系としては曲げ破壊ではなく，「曲げによる降伏」であるとしている．

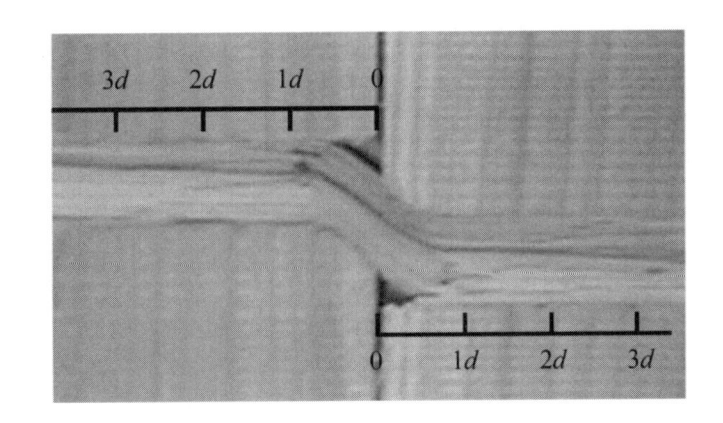

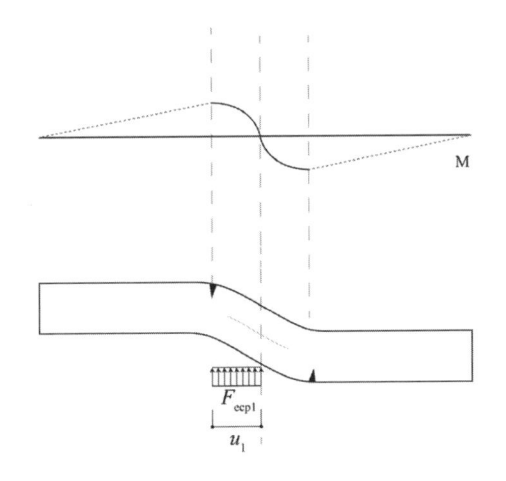

せん断破壊を起こす区間長さ
＝ モーメントのピーク区間長さ

図 3.4-10　せん断破壊時の折損区間長さ

3.4.3　実験値との比較

3.4.3.1　耐力計算

　基本的に降伏理論〔本書 5.1.4.3 および 5.1.4.4 参照〕の考え方に従うが，3.4.2.1 で挙げたように，木ダボの特性に起因した現象が起きるので，それに基づく降伏モードを考慮に入れる必要がある．

(1)　繊維方向のクラックによるせん断降伏

　せん断降伏は，式 3.4-1 式で表される．せん断補正係数を考慮せずに，$P_y = A \cdot F_s$ によって計算している報告例などもあるが，考慮したほうが妥当である．せん断補正係数 κ については，矩形断面で 3/2，円形断面で 4/3 として実用上差し支えない．

$$P_{Qy} = \frac{A \times F_s}{\kappa}$$
式 3.4-1

記号　　P_{Qy}　　　：せん断降伏せん断力 [N]

　　　　F_s　　　　：木ダボのせん断強さ [N/mm²]

　　　　A　　　　：木ダボの断面積 [mm²]

　　　　κ　　　　：せん断補正係数（中立軸でのせん断応力／せん断応力の断面平均値）

(2)　接合具の曲げ降伏についての断面係数

　木ダボの曲げ降伏については鋼材のように全塑性モーメントを仮定できないので，弾性断面係数による曲げ強度で計算する．

$$M_p = Z \times F_b$$
式 3.4-2

記号　　M_p　　　：曲げ破壊モーメント [N·mm]

　　　　Z　　　　：弾性断面係数 [mm³]（円形断面のとき $\pi d^3/32$，矩形断面のとき $bh^2/6$）

d　　　　：直径 [mm]

b　　　　：幅 [mm]

h　　　　：せい [mm]

F_b　　　：木ダボの曲げ強さ [N/mm²]

(3)　支圧降伏条件

　木ダボによる接合での支圧降伏については，基本的に母材の支圧めり込み降伏応力と，接合具の横圧縮めり込み降伏応力の最小値で支圧降伏応力を与えれば良い．

　しかし母材の中にクリアランスなく挿入されている木ダボは，図 3.4-11 右のように支圧応力を受けたときの加力直交方向への変形を拘束されている．このため，一般的な横圧縮めり込み降伏応力より大きい応力でないと木ダボの降伏が起こらない．このめり込み降伏応力増大係数をα_Fとして，式 3.4-3 のように表す．既往研究[リ]から，$\alpha_F = 1.5$として安全側で計算されるので，ここでは，一律に$\alpha_F = 1.5$であるとする．

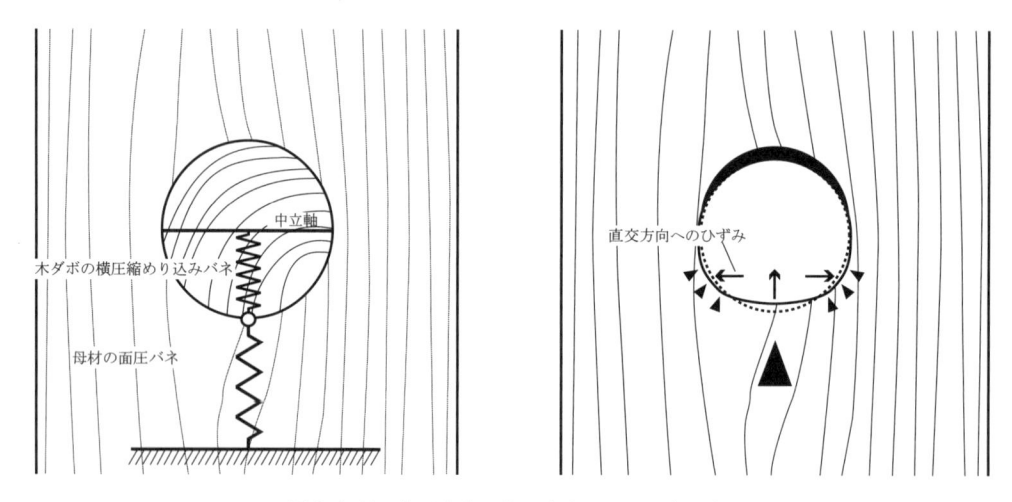

図 3.4-11　支圧応力，支圧降伏に関する考え方

$$F_{Ecp} = \min\{F_E, \alpha_F F_{cvf}\}$$

式 3.4-3

記号　　F_{Ecp}　：複合支圧降伏応力 [N/mm²]

　　　　F_E　　：母材の支圧降伏応力 [N/mm²]

　　　　F_{cvf}　：木ダボのめり込み降伏応力 [N/mm²]

　　　　α_F　　：めり込み降伏応力増大係数

(4)　耐力計算式

　2 面せん断および 1 面せん断それぞれのモードの模式図を図 3.4-12 および図 3.4-13 に，耐力計算式を式 3.4-4 から式 3.4-15 に示す．式 3.4-4 および式 3.4-10 については，各降伏モードに応じた値の最小値をとる．

・対称な２面せん断の耐力計算

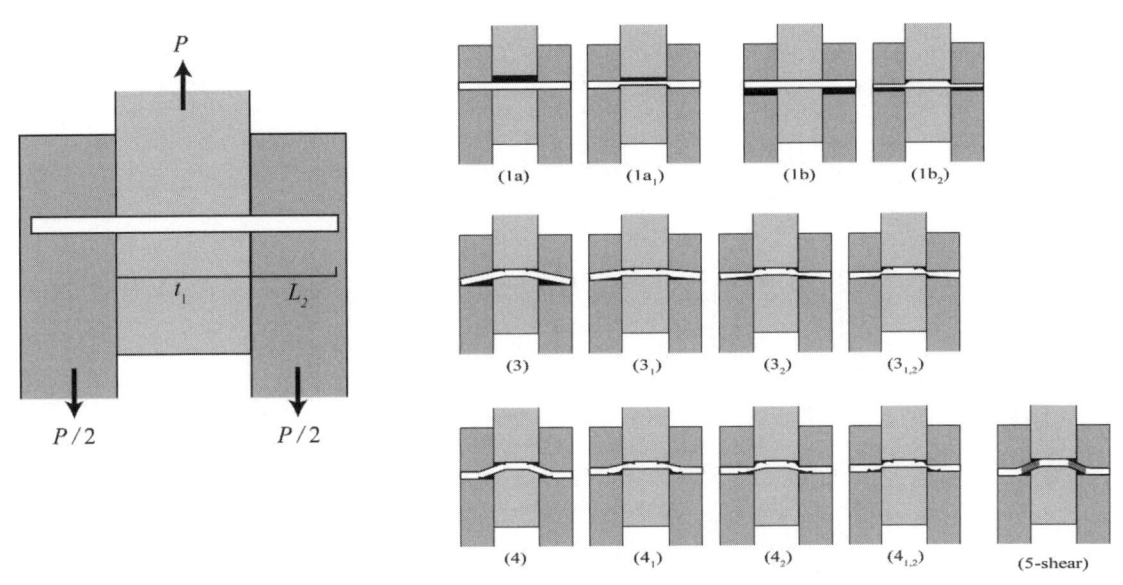

図 3.4-12　２面せん断接合の図および各降伏モード

$$
P_{\text{y\_EYT}} = \begin{cases}
dt_1 F_{\text{Ecp1}} & \text{(1a)} \\
dt_1 F_{\text{Ecp1}} \times 2\alpha\beta & \text{(1b)} \\
dt_1 F_{\text{Ecp1}} \times \left[\sqrt{\dfrac{16\beta M_{\text{p}}}{dt_1{}^2 F_{\text{Ecp1}}(2\beta+1)} + \dfrac{8\alpha^2\beta^2(\beta+1)}{(2\beta+1)^2}} - \dfrac{2\alpha\beta}{2\beta+1} \right] & \text{(3)} \\[2mm]
\sqrt{\dfrac{16 d F_{\text{Ecp1}} M_{\text{p}}\beta}{1+\beta}} & \text{(4)}
\end{cases}
$$

式 3.4-4

$$
F_{\text{Ecp1}} = \min\{F_{\text{E1}}, \alpha_{\text{F}} F_{\text{cvf}}\}, \quad F_{\text{Ecp2}} = \min\{F_{\text{E2}}, \alpha_{\text{F}} F_{\text{cvf}}\}
$$

式 3.4-5

$$
\alpha = \frac{L_2}{t_1}, \quad \beta = \frac{F_{\text{Ecp2}}}{F_{\text{Ecp1}}}
$$

式 3.4-6

$$
P_{\text{y\_shear}} = 2 \cdot \frac{A \times F_{\text{s}}}{\kappa}
$$

式 3.4-7

$$
P_{\text{y1}} = \min\{P_{\text{y\_EYT}}, P_{\text{y\_shear}}\}
$$

式 3.4-8

$$
P_{\text{y2}} = P_{\text{y\_EYT}}
$$

式 3.4-9

記号　t_1　　　：母材１の厚さ [mm]

　　　L_2　　　：母材２内での木ダボの埋込み長さ [mm]

　　　F_{E1}, F_{E2} ：母材 1,2 の支圧降伏応力 [N/mm²]

　上式が示すとおり，せん断クラックよりも母材側の支圧降伏が先行する場合は

$$
P_{\text{y1}} = P_{\text{y2}} = P_{\text{y\_EYT}}
$$

・1面せん断の耐力計算

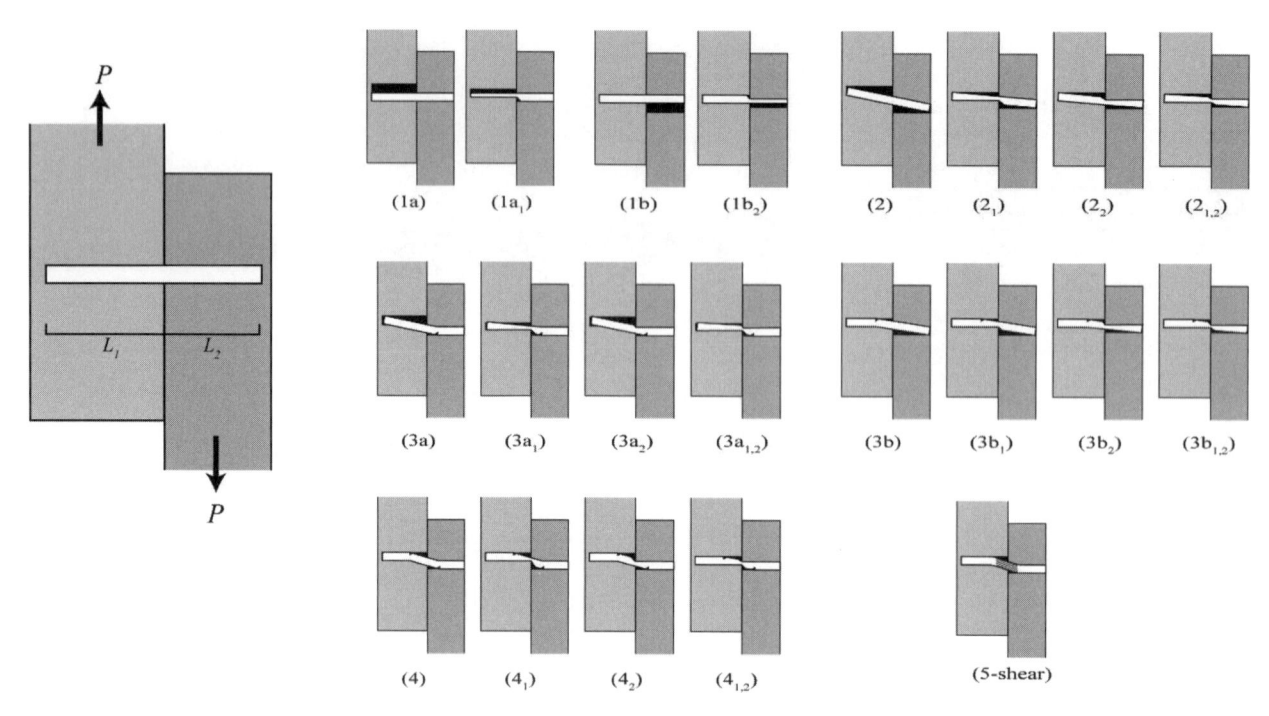

図 3.4-13 1面せん断接合の概念図および各降伏モード

$$
P_{y\_EYT} = \begin{cases}
dL_1F_{Ecp1} & \text{(1a)} \\[4pt]
dL_1F_{Ecp1} \times \alpha\beta & \text{(1b)} \\[4pt]
dL_1F_{Ecp1} \times \dfrac{\sqrt{\alpha^2\beta^3 + (2\alpha^2 + 2\alpha + 2)\beta^2 + \beta} - \beta(\alpha + 1)}{1 + \beta} & \text{(2)} \\[8pt]
dL_1F_{Ecp1} \times \left[\sqrt{\dfrac{4\beta M_p}{dL_1{}^2F_{Ecp1}(\beta + 2)} + \dfrac{2\beta(\beta + 1)}{(\beta + 2)^2}} - \dfrac{\beta}{\beta + 2}\right] & \text{(3a)} \\[8pt]
dt_1F_{Ecp1} \times \left[\sqrt{\dfrac{4\beta M_p}{dL_1{}^2F_{Ecp1}(2\beta + 1)} + \dfrac{2\alpha^2\beta^2(\beta + 1)}{(2\beta + 1)^2}} - \dfrac{\alpha\beta}{2\beta + 1}\right] & \text{(3b)} \\[8pt]
\sqrt{\dfrac{4dF_{Ecp1}M_p\beta}{1 + \beta}} & \text{(4)}
\end{cases}
$$

式 3.4-10

$$F_{Ecp1} = \min\{F_{E1}, \alpha_F F_{cvf}\}, \quad F_{Ecp2} = \min\{F_{E2}, \alpha_F F_{cvf}\} \qquad \text{式 3.4-11}$$

$$\alpha = \frac{L_2}{L_1}, \quad \beta = \frac{F_{Ecp2}}{F_{Ecp1}} \qquad \text{式 3.4-12}$$

$$P_{y\_shear} = \frac{A \times F_s}{\kappa} \qquad \text{式 3.4-13}$$

$$P_{y1} = \min\{P_{y\_EYT}, P_{y\_shear}\} \qquad \text{式 3.4-14}$$

$$P_{y2} = P_{y\_EYT} \qquad \text{式 3.4-15}$$

記号　L_1, L_2　：母材 1,2 内での木ダボの埋込み長さ [mm]

　上式が示すとおり，せん断クラックよりも母材側の支圧降伏が先行する場合は

$$P_{y1} = P_{y2} = P_{y\_EYT}$$

(5) 二次剛性，終局変位

せん断による一次降伏後に荷重上昇し，曲げ等による降伏に至る場合の二次勾配については樹種等の条件によって必ずしも安定していないものの，終局耐力を発現時変位とダボ直径の相関は比較的高い．逆に一次剛性との相関はあまり高くない．

ここでは設計上の便宜も考慮して，せん断降伏を経て2次的に曲げ等による降伏（＝終局耐力）に至る時点の変位を50%下限値としての取扱いとして$0.35d$，終局変位を$0.8d$で定める．せん断面クラックを生じる一次的な破壊を経たものがせん断面近傍に残り，その範囲で母材を支圧降伏させるまで荷重が上昇するという現象からいうと直径のみに紐づける程度とするのは妥当だろう．

なお5%下限値的取扱いとするべき箇所で，特に実験等に拠らない場合は，これら二次剛性での荷重上昇等考慮せずに$P_y = P_u$，終局変位$0.4d$程度で取り扱うのが妥当だろう．

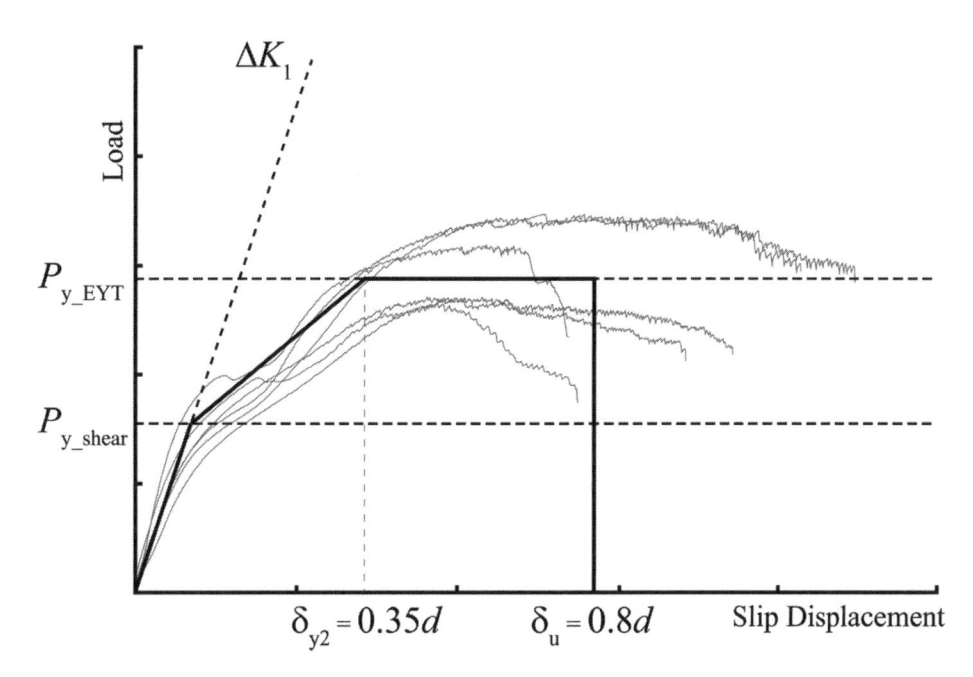

図 3.4-14 せん断降伏が先行する場合の荷重ステップ

$$\delta_{y2} = 0.35d \qquad\qquad\qquad\qquad 式\ 3.4\text{-}16$$

$$\delta_u = 0.8d \qquad\qquad\qquad\qquad 式\ 3.4\text{-}17$$

3.4.3.2 剛性計算

基本的に弾性床上梁理論に従って剛性計算を行うが，木ダボせん断接合では木ダボ自体のせん断変形と横圧縮変形を考慮しなくてはならない．せん断変形を考慮した場合，弾性床上梁理論に基づく一般式は式3.4-18となる．また，細長比の小さい1面せん断接合では，母材穴と木ダボ表面の摩擦を考慮すべきである．

$$\frac{d^4y}{dx^4} - \frac{\kappa k_{cp} b}{GA}\frac{d^2y}{dx^2} + \frac{k_{cp} b}{EI}y = 0 \qquad\qquad 式\ 3.4\text{-}18$$

記号　κ　　　：せん断補正係数（中立軸でのせん断応力／せん断応力の断面平均値）

$\quad\quad k_{cp}$　　：母材と木ダボによる複合支圧定数 [N/mm³]

$\quad\quad E$　　　：木ダボの曲げヤング率 [N/mm²]

$\quad\quad G$　　　：木ダボのせん断弾性率 [N/mm²]

$\quad\quad b$　　　：木ダボの幅もしくは直径 [mm]

(1) 複合支圧定数 k_{cp}

剛性計算の場合にも，耐力計算と同様に，木ダボのめり込みバネの補剛効果がある．これを考慮して，母材と木ダボの複合支圧定数は式 3.4-19 によって求める．18ϕ のヒノキの場合には α_k =2.4，18ϕ のカシでは α_k =1.6，24ϕ のカシでは α_k =1.5であると報告[1),3)]されている．特に実験などによらない場合，一律に α_k =1.5として計算すればよい．

$$k_{cp} = \frac{k_E \times \alpha_k k_{cvf}}{k_E + \alpha_k k_{cvf}}$$
式 3.4-19

記号　k_E　　　　：母材の支圧定数 [N/mm³]

　　　　k_{cvf}　　　：木ダボのめり込み剛性 [N/mm²]

　　　　α_k　　　　：めり込み補剛効果係数

母材の支圧定数については，一般の鋼材接合具に関する式 3.4-20 より求める．

$$k_E = \begin{cases} k_{E0} = \dfrac{E_{timber}}{31.6 + 10.9d} & \text{(繊維方向)} \\ k_{E90} = \dfrac{k_{E0}}{3.4} & \text{(繊維直交方向)} \end{cases}$$
式 3.4-20

記号　E_{timber}　　：母材の繊維方向ヤング率 [N/mm²]

(2) 剛性計算式

式 3.4-18 を直接解くのは，非常に煩雑であるので，ここでは主材と側材それぞれについて片側剛性を求めて直列バネで結び，1せん断面あたりの剛性を与える式 3.4-21 で示されるモデル計算を示す．ただし，完全に独立なバネではなく，モーメント伝達による影響を考慮した計算法となっている．定数のいくつかは数値計算の便を考慮して簡略化したものを採用している．式展開およびモデルの詳細については，参考文献 1), 3) による．

この方法による場合，通常の木質材料の物性を想定した範囲で式 3.4-18 の厳密解に対して最大±20%の誤差を含む．特に母材間での埋込み長さが大きく異なり，一方で十分長く，一方で曲げせん断変形をほとんど起こさないほど短い場合に，誤差が大きくなる．

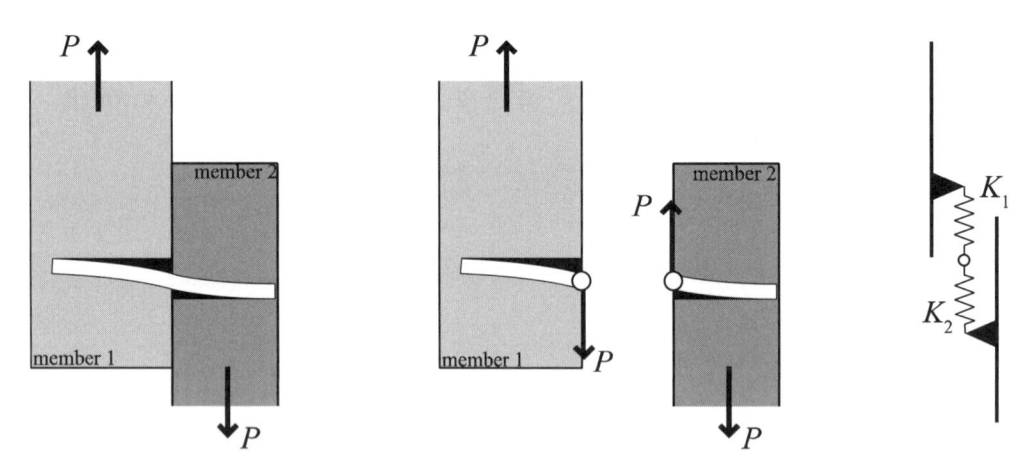

図 3.4-15　剛性計算のモデル

$$K = \frac{K_1 K_2}{K_1 + K_2}$$
式 3.4-21

記号　K　　　：せん断剛性 [N/mm]（1せん断面，ダボ1本あたり）

　　　　K_1　　　：主材での片側剛性 [N/mm]

　　　　K_2　　　：側材での片側剛性 [N/mm]

・対称な2面せん断の剛性計算

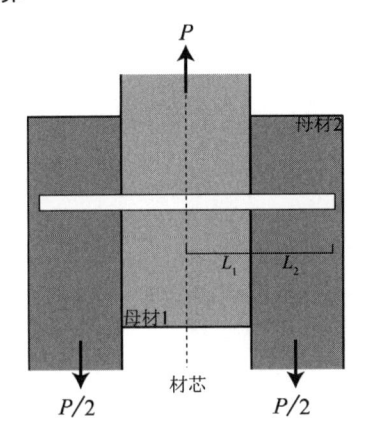

$L_1 = t_1/2$

t_1：材料1の厚さ

図 3.4-16　2面せん断接合

　式3.4-22，式3.4-23 中の K_1，K_2 それぞれについて，第1項は木ダボの曲げ・せん断変形が小さく母材のめり込みが卓越する状態，第2項は木ダボの曲げ・せん断変形が起き，母材内で曲げヒンジを形成する状態を表している．ちなみに第2項の式は，無限長の木ダボとした条件から得られる．

$$K_1 = \min\left\{ dk_{\mathrm{cp}1}L_1, \frac{1}{3}\left(Ed^7 k_{\mathrm{cp}1}{}^3\right)^{\frac{1}{4}} \times \left(1 + 0.188 \times \eta \sqrt{\frac{k_{\mathrm{cp}1}d}{E}}\right)^{-\frac{1}{2}} \right\} \qquad 式\ 3.4\text{-}22$$

$$K_2 = \min\left\{ dk_{\mathrm{cp}2}L_2, \frac{1}{3}\left(Ed^7 k_{\mathrm{cp}2}{}^3\right)^{\frac{1}{4}} \times \left(1 + 0.188 \times \eta \sqrt{\frac{k_{\mathrm{cp}2}d}{E}}\right)^{-\frac{1}{2}} \right\} \qquad 式\ 3.4\text{-}23$$

$$\eta = \frac{E}{G} \qquad\qquad 式\ 3.4\text{-}24$$

記号　　$k_{\mathrm{cp}1}$　　：母材1と木ダボの複合支圧定数 [N/mm³]

　　　　$k_{\mathrm{cp}2}$　　：母材2と木ダボの複合支圧定数 [N/mm³]

　なお，$L_1 \geqq 1.5d$ かつ $L_2 \geqq 3d$ の場合は，K_1，K_2 それぞれについて $dk_{\mathrm{cp}1}L_1$，$dk_{\mathrm{cp}2}L_2$ を計算せず，第2項のみの計算としてよい．また，木ダボのせん断変形による低減率については，安全側の変形計算を行う場合などには計算を省略して

$$\left(1 + 0.188 \times \eta \sqrt{\frac{k_{cp}d}{E}}\right)^{-\frac{1}{2}} = 0.65$$

としてよい．

・1面せん断の剛性計算

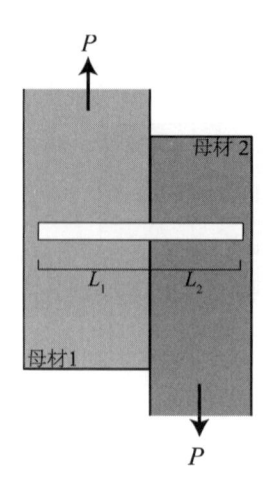

図3.4-17 1面せん断接合

　1面せん断では，ダボの埋込み長さが短い場合，ダボの曲げ・せん断変形が小さくなり，回転を主とした変形が起きるため，ダボの表面と母材穴面の摩擦が剛性に与える影響が無視できない.

　式3.4-25の第2，3項は摩擦を考慮した力の釣合いから求めたものである．なお，式3.4-25において，第1項のK_1，K_2は式3.4-22，式3.4-23と同じである.

$$K = \min\left\{ \begin{array}{l} \dfrac{K_1 K_2}{K_1 + K_2}, \\[2mm] d\left[\dfrac{1}{k_{cp1}L_1} + \dfrac{1}{k_{cp2}L_2} + \dfrac{3(L_1+L_2)(L_1+L_2-1.6\mu d)}{k_{cp1}L_1{}^3 + k_{cp2}L_2{}^3}\right]^{-1}, \\[2mm] d\left(\dfrac{1}{k_{cp1}L_1} + \dfrac{1}{k_{cp2}L_2}\right)^{-1} \end{array} \right\} \qquad 式\ 3.4\text{-}25$$

記号　　μ　　　　：摩擦係数

　ただし，$L_1 \geqq 3d$かつ$L_2 \geqq 3d$の場合は，第1項のみの計算でよく，2面せん断の場合と同様にK_1，K_2それぞれについて式3.4-22，式3.4-23の第2項のみの計算としてよい．木ダボのせん断変形による低減係数の扱いについても式3.4-22，式3.4-23の場合と同様である．また，$L_1 + L_2 \leqq 0.8d$の場合は第3項のみの計算でよい.

　μについては，木ダボのめり込みを伴いながら摩擦移動することから0.35～0.6程度の比較的高い値であると考えられる[16]．後述の3.4.3.4で示す実験との比較においては0.5として計算しており，当該計算においてはμ=0.5として差し支えない.

3.4.3.3　材料諸物性の計算

　木ダボの物性値については，無欠点小試験体に関するJIS形式の試験についての既往報告[11]の比重による回帰式を用いる．あくまでも無欠点小試験体に関するデータをもとに求めるので，直径45ϕ程度までが以下の計算で求めてよい限界であり，節や目切れなどの欠点がないことが前提となる.

　以下に平均値と下限値の計算を示す．金属接合具の場合と同様に，図3.4-2〔左〕の木ダボラーメンように多数の接合具が並列的に抵抗する場合は平均値，図3.4-2〔右〕の長ほぞ込栓（木ダボ）のように接合具単体で抵抗する場合は下限値を用いることを基本とする.

(1)　密度による物性値の回帰計算

　式3.4-26，式3.4-27の係数は，既往報告[11]の数値をSI単位系に直し，適宜丸めたものである．ここでは，報告における比重の値を，密度と同値であるとして数値変換している．下限値については，報告の変動係数および試験体数から3/4程で妥当であるため，単純に平均値に3/4を乗じている.

（平均値）
$$F_\text{b} = 8.1 + 136\rho$$
$$F_\text{s,nom} = -1.9 + 24.7\rho$$　　　　式 3.4-26
$$F_\text{cvf} = -8.2 + 35.4\rho$$
$$E = 2100 + 13700\rho$$
（5%下限値）
$$F_\text{b} = 6.1 + 102\rho$$
$$F_\text{s,nom} = -1.4 + 18.6\rho$$　　　　式 3.4-27
$$F_\text{cvf} = -6.2 + 26.6\rho$$

記号　　ρ　　　　　：密度 [g/cm^3]

　　　　$F_\text{s,nom}$　　：JIS 形式試験による見かけのせん断強さ [N/mm^2]

(2)　木ダボのせん断強さ

　せん断強さについては，JIS に指定されるイス型せん断試験値では，切欠き部の応力集中の影響とせん断強さの強いクラック面積依存性（寸法効果）があるため，様々な断面の木ダボのせん断物性値としてそのまま使うべきではない．ここでは既往研究[10,12]から切欠き部の応力集中による係数を 1.2 とし，欠点のワイブル分布仮定に基づく寸法効果係数を$\alpha = 0.2$とした．

　せん断強さはクラックを生じるせん断面積A_crackに依存する．既往の試験結果からA_crackを一律に図 3.4-18 のように$2d^2$であるとした．A_crackは，せん断強さを与えるためのものであり，必ずこの長さでクラックを生じるということではない．これらの仮定に従えば，式 3.4-26，式 3.4-27 とあわせて，式 3.4-28，式 3.4-29 を得る．

$$F_\text{s} = \left(\frac{A_0}{A_\text{crack}}\right)^{0.2} 1.2F_\text{s,nom} = (-7.7 + 100\rho)d^{-0.4} \quad \text{（平均値）}$$　　　　式 3.4-28

$$F_\text{s} = \left(\frac{A_0}{A_\text{crack}}\right)^{0.2} 1.2F_\text{s,nom} = (-5.8 + 75\rho)d^{-0.4} \quad \text{（5%下限値）}$$　　　　式 3.4-29

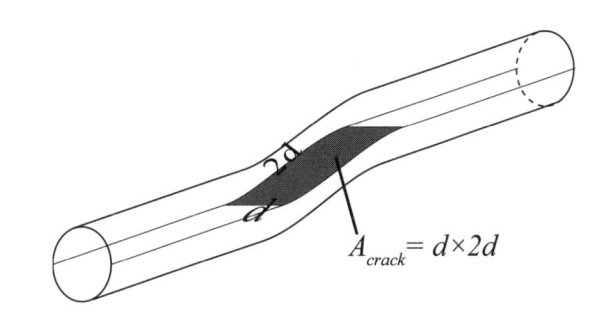

$$A_{crack} = d \times 2d$$

図 3.4-18　せん断強さを与えるための想定せん断クラック面積

(3)　木ダボのめり込み剛性

　接合具のめり込み剛性k_cvfは，既往研究[9]の式 3.4-30 から式 3.4-32 となる．矩形断面のせいZ_0と同じ直径dの円形断面は等価なめり込み剛性を持つと仮定した計算を行う．繊維方向のめり込み面からの余長x_1, x_2はそれぞれ無限大，繊維直交方向のめり込み面からの余長y_1, y_2は 0 とした．

　また，既往研究[9]では，$50E_\text{c90} = E_0$とされているが，これは針葉樹の軸組材を主としたものであり，年輪傾斜角の影響を考慮した低めの値である．広葉樹の円形断面を主とした欠点の無い小材を想定した場合には不適当であると考え，ここでは$25E_\text{c90} = E_0$とし，式 3.4-32 で計算することとした．

　木ダボのめり込み加圧面にかかる力Pにより生じる変位をδとすると，

$$P = \frac{x_\text{p}y_\text{p}C_xC_yE_\text{c90}}{Z_0}\delta$$　　　　式 3.4-30

記号　　x_p, y_p　　：めり込み加圧面の幅 [mm]〔本書 5.1.4.7 参照〕

　　　　C_x, C_y　　：縁端距離効果係数〔本書 5.1.4.7 参照〕

　力Pを変位δで除し，さらに加圧面積$x_\text{p}y_\text{p}$で除したものがk_cvfとなることから，

$$k_\text{cvf} = \frac{C_xC_yE_\text{c90}}{Z_0}$$　　　　式 3.4-31

ここで，$C_x = 1 + \frac{2}{3} \cdot 2, C_y = 1, E_0 = 25E_{c90}$ として式 3.4-32 を得る．

$$k_{cvf} = \frac{E_0}{11d}$$ 式 3.4-32

3.4.3.4 試験値と計算値の比較，および計算例

(1) 1面せん断・繊維方向荷重の場合

せん断面に対称な 1 面せん断について耐力・剛性の計算値と実験値を比較する．実験データの出典は参考文献 1)-3) による．ただしここでは，木ダボの材料物性値について測定された平均密度から式 3.4-14，式 3.4-16 で与えており，参考文献 1)-3)中の値と異なる．

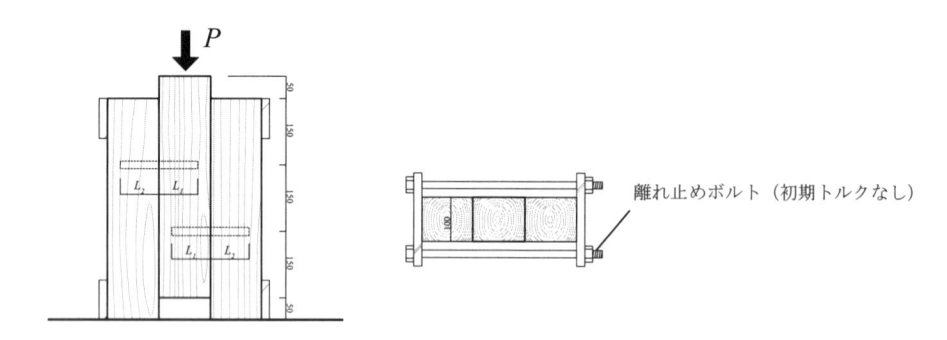

図 3.4-19　1 面せん断試験の仕様

表 3.4-1　計算に用いる材料物性値（母材）　測定値・実験値[1]による

	スギ	ベイマツ
E_{timber}：繊維方向ヤング率 [N/mm²]	6 730	12 640
F_E：面圧降伏応力 [N/mm²]	21.5	33.1

表 3.4-2　計算に用いる材料物性値（木ダボ）　測定値・実験値[1]による

	カシ	ヒノキ	圧縮タケ
ρ：密度 [g/cm³]	0.95	0.49	1.09
E：繊維方向ヤング率 [N/mm²]	-	-	23 940
G：せん断弾性係数 [N/mm²]	-	-	750
F_b：曲げ強さ [N/mm²]	-	-	211
F_s：せん断強さ [N/mm²]	-	-	13.2

※圧縮タケ以外の木ダボの物性値は，密度からの回帰計算を用いている．

・「カシ ϕ18mm，母材スギ，$L_1 = L_2 = 90$ [mm]」での計算例

・ダボの物性値の回帰計算
　ダボの密度
　　$\rho = 0.95$ [g/cm³]
　諸物性値
　　$F_b = 8.1 + 136 \times 0.95 = 137.6$ [N/mm²]
　　$E = 2\,100 + 13\,700 \times 0.95 = 15\,130$ [N/mm²]
　　$F_{cvf} = -8.2 + 35.4 \times 0.95 = 25.4$ [N/mm²]
　　$F_s = (-7.7 + 100 \times 0.95) \cdot 18^{-0.4} = 27.5$ [N/mm²]

・耐力計算

　埋込み長さ

$$L_1 = L_2 = 90 \text{ [mm]}, \alpha = 1$$

　複合支圧降伏

$$F_{\text{Ecp1}} = \min\{F_{\text{E1}}, \alpha_\text{F} F_{\text{cvf}}\} = \min\{21.5, 1.5 \times 25.4\} = 21.5 \text{ [mm]}$$

$$F_{\text{Ecp2}} = F_{\text{Ecp1}}$$

　曲げ降伏モーメント

$$M_\text{p} = Z \times F_\text{b} = \frac{\pi \times 18^3}{32} \times 137.6 = 7.876 \times 10^4 \text{ [N·mm]}$$

$$P_{\text{y\_EYT}} = \begin{cases} 18 \times 90 \times 21.5/10^3 = 34.8 & \text{(1a)} \\[2mm] 18 \times 90 \times 21.5 \times 1 \times 1/10^3 = 34.8 & \text{(1b)} \\[2mm] 18 \times 90 \times 21.5 \times \dfrac{\sqrt{1^2 \times 1^3 + (2 \times 1^2 + 2 \times 1 + 2)1^2 + 1} - 1 \times (1+1)}{1+1}/10^3 = 14.4 & \text{(2)} \\[4mm] 18 \times 90 \times 21.5 \times \left[\sqrt{\dfrac{4 \times 1 \times 7.876 \times 10^4}{18 \times 90^2 \times 21.5(1+2)} + \dfrac{2 \times 1(1+1)}{(1+2)^2}} - \dfrac{1}{1+2}\right]/10^3 = 12.5 & \text{(3a)} \\[4mm] 18 \times 90 \times 21.5 \times \left[\sqrt{\dfrac{4 \times 1 \times 7.876 \times 10^4}{18 \times 90^2 \times 21.5(2 \times 1 + 1)} + \dfrac{2 \times 1^2 \times 1^2(1+1)}{(2 \times 1 + 1)^2}} - \dfrac{1 \times 1}{2 \times 1 + 1}\right]/10^3 = 12.5 & \text{(3b)} \\[4mm] \sqrt{\dfrac{4 \times 18 \times 21.5 \times 7.876 \times 10^4 \times 1}{1+1}}/10^3 = 7.8 & \text{(4)} \end{cases}$$

　より，モード(4)で最小値をとるので，

$$P_{\text{y\_EYT}} = 7.8 \text{ [kN]}$$

$$P_{\text{y\_shear}} = \frac{A \times F_\text{s}}{\kappa \times 10^3} = \frac{(\pi \times 18^2/4) \times 27.5}{(4/3) \times 10^3} = 5.2 \text{ [kN]}$$

$$P_{\text{y1}} = \min\{P_{\text{y\_EYT}}, P_{\text{y\_shear}}\} = \min\{7.8, 5.2\} = 5.2 \text{ [kN]}$$

・剛性計算

　スギの支圧定数

$$k_{\text{E1}} = k_{\text{E2}} = \frac{E_{\text{timber}}}{31.6 + 10.9d} = \frac{6\,730}{31.6 + 10.9 \times 18} = 29.5 \text{ [N/mm}^3\text{]}$$

　木ダボ(カシ)：$d = 18\phi$ の補剛めり込み剛性

$$\alpha_\text{k} k_{\text{cvf}} = 1.5 \times \frac{15\,130}{11 \times 18} = 114.6 \text{ [N/mm}^3\text{]}$$

　木ダボと母材の複合支圧定数

$$k_{\text{cp1}} = k_{\text{cp2}} = \frac{k_{\text{E1}} \times \alpha_\text{k} k_{\text{cvf}}}{k_{\text{E1}} + \alpha_\text{k} k_{\text{cvf}}} = \frac{29.5 \times 114.6}{29.5 + 114.6} = 23.5 \text{ [N/mm}^3\text{]}$$

　せん断弾性係数と曲げヤング係数の比を $\eta = 15$ とする．

　埋込み長さ

$$L_1 = L_2 = 90 \text{ [mm]} \geqq 54 \text{ [mm]} = 3d$$

であるから，式 3.4-25 の第 1 項により，式 3.4-22，式 3.4-23 の K_1，K_2 の第 2 項の十分な埋込み長さの場合についてのみ計算すればよい．

$$K_1 = \frac{1}{3}\left(Ed^7 k_{\text{cp1}}{}^3\right)^{\frac{1}{4}} \times \left(1 + 0.188 \times \eta \sqrt{\frac{k_{\text{cp1}}d}{E}}\right)^{-\frac{1}{2}}$$

$$= \frac{1}{3}(15\,130 \times 18^7 \times 23.5^3)^{\frac{1}{4}} \times \left(1 + 0.188 \times 15 \sqrt{\frac{23.5 \times 18}{15\,130}}\right)^{-\frac{1}{2}} = 7.53 \times 10^3 \text{ [N/mm]}$$

せん断面に対称な1面せん断接合であるから，$K_1 = K_2$ となり，接合部全体の剛性は

$$K = \frac{K_1^2}{K_1 + K_1} = \frac{K_1}{2} = 2.54 \times 10^3 \text{ [N/mm]}$$

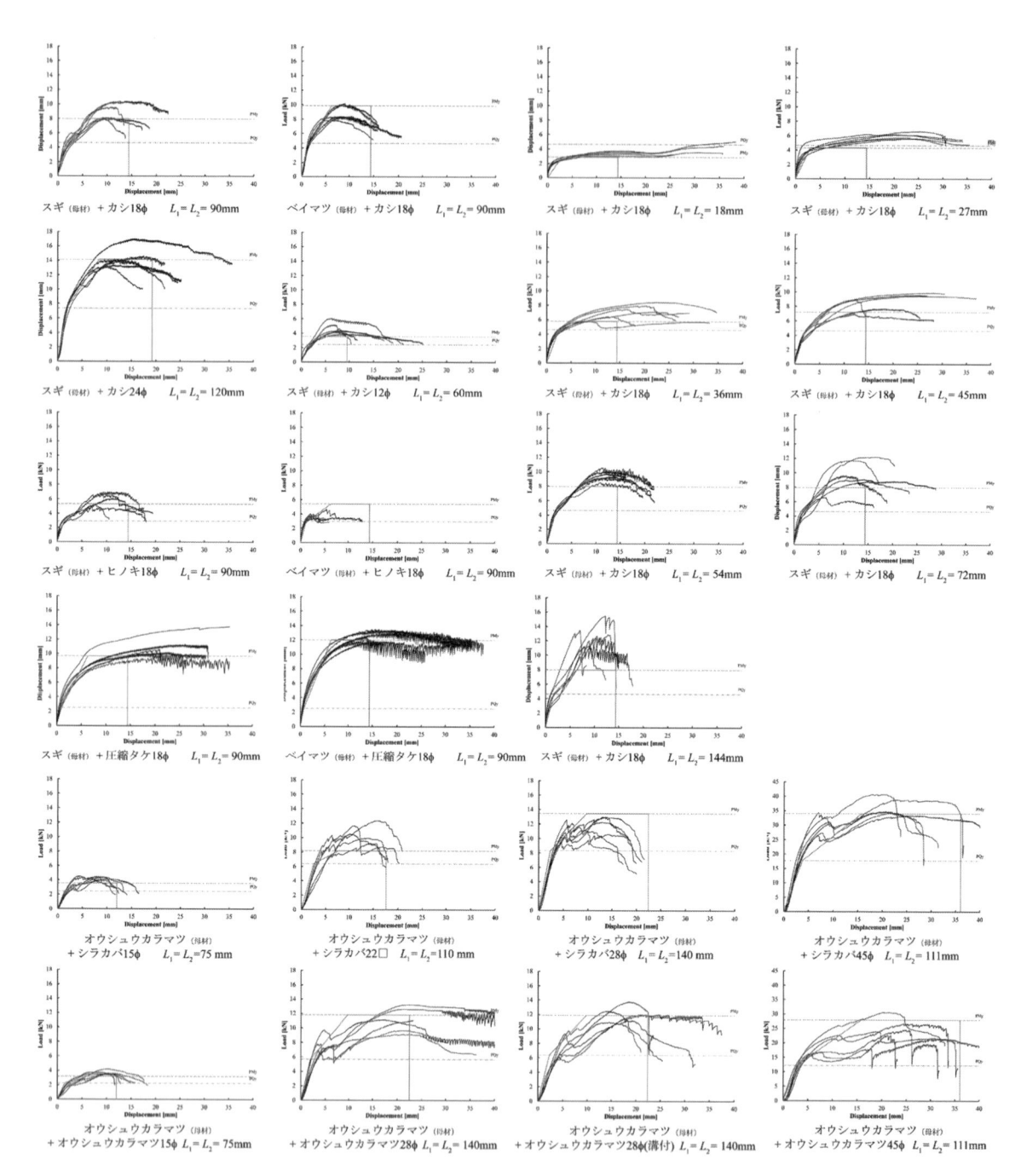

図 3.4-20　試験結果の荷重 - 変位曲線と計算値　(対称な1面せん断)

(2) 2面せん断の場合

せん断面に対称な2面せん断について耐力・剛性の計算値と実験値を比較する．その他の結果および計算値との比較については参考文献 1), 7)を参照されたい．剛性・耐力とも，概ね計算値は実験をよく予測できている．

なお試験においては最大変位18mm程度で荷重低下が無くとも除荷しているため，24ϕの試験体等では見かけ上予測計算値より早い荷重低下がみられるようになっていることに注意されたい．

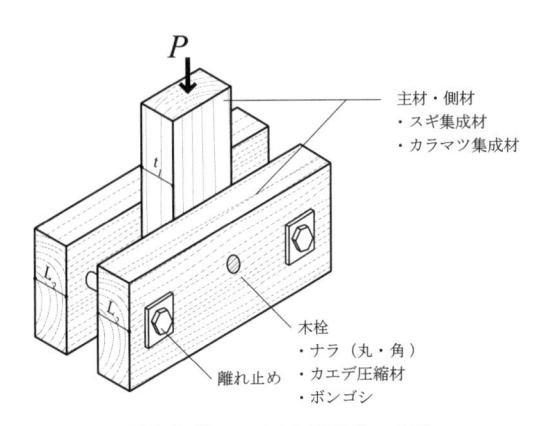

図 3.4-21　2面せん断試験の仕様

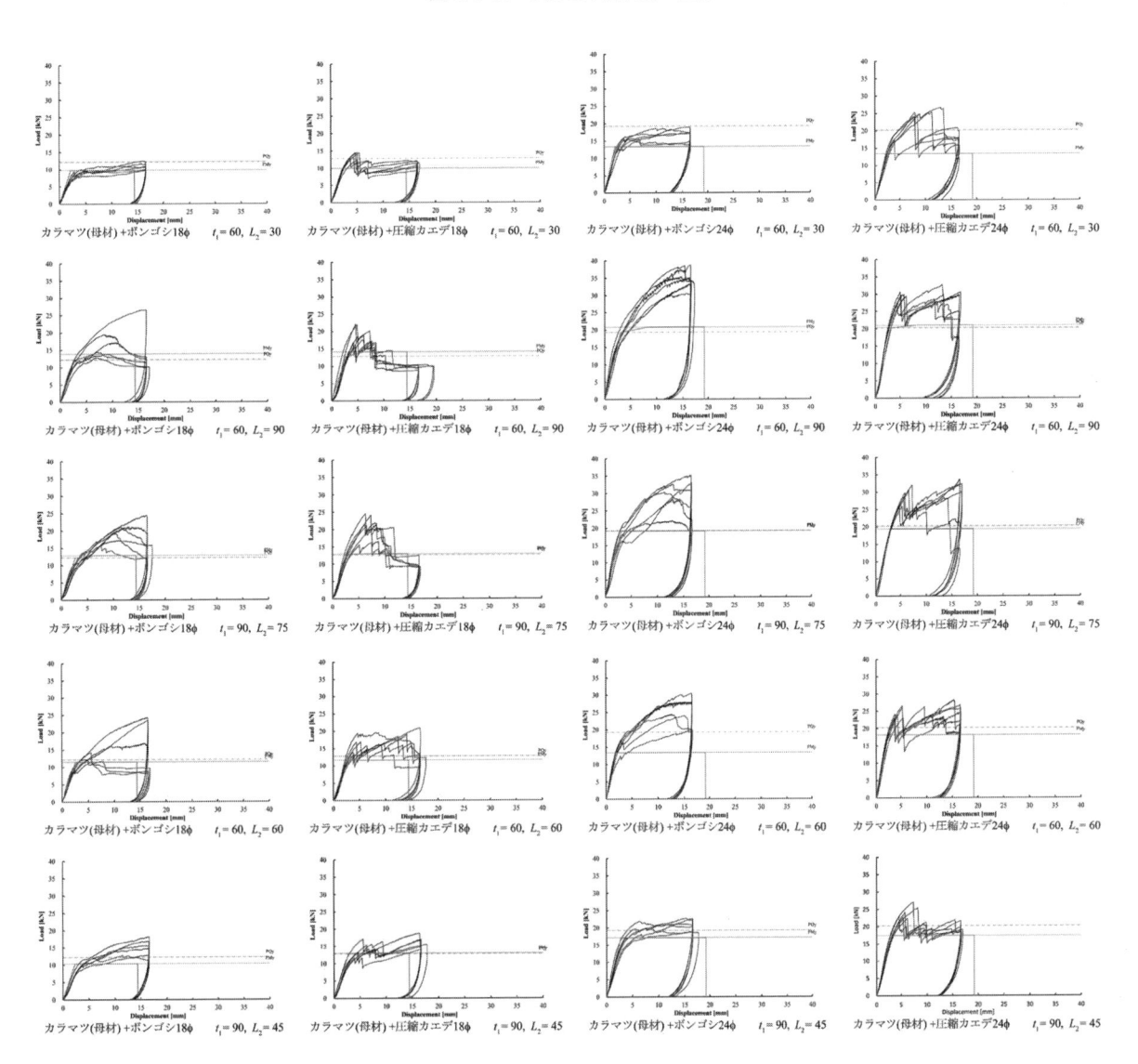

図 3.4-22　試験結果の荷重 - 変位曲線と計算値（1）　（対称な2面せん断）

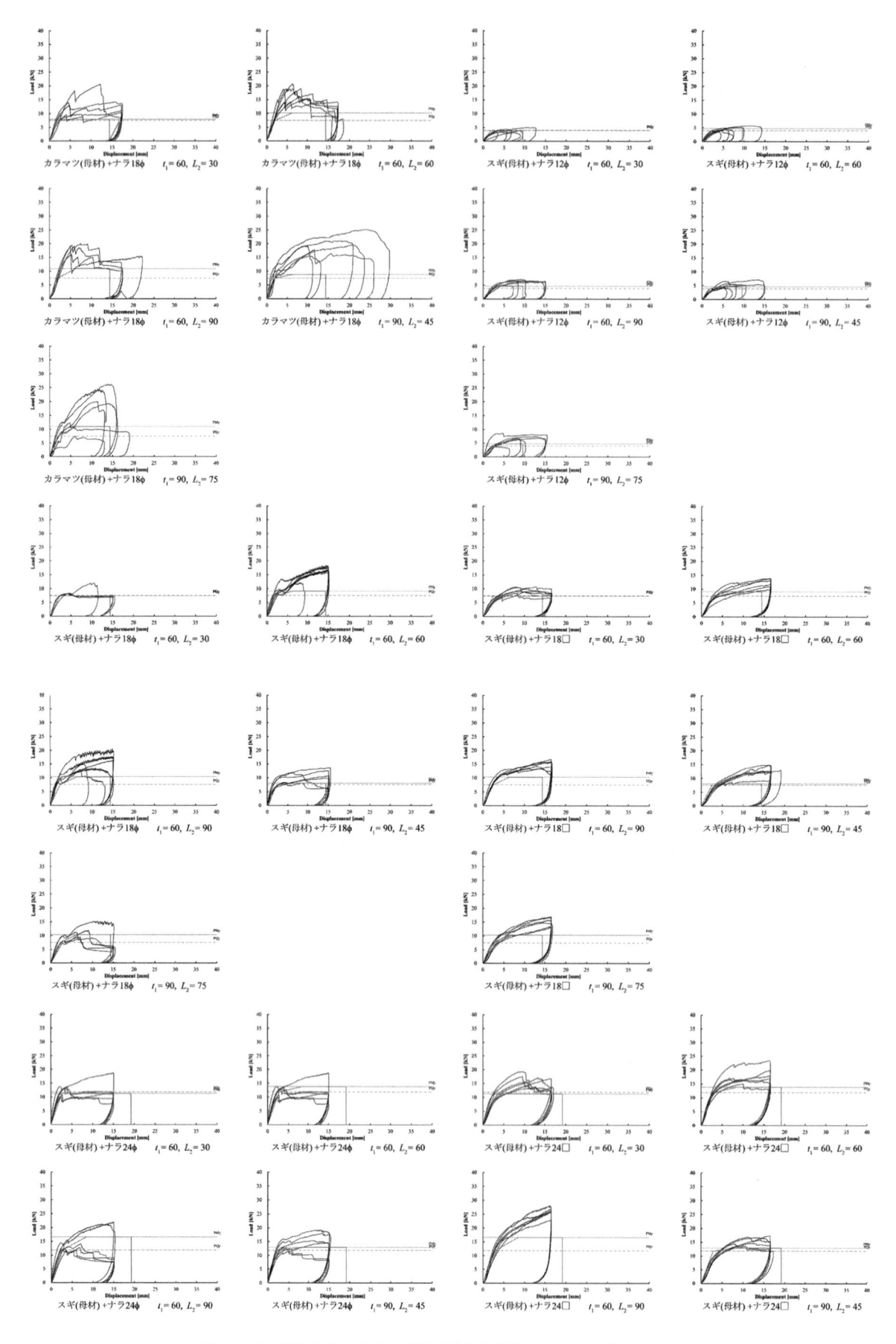

図 3.4-23　試験結果の荷重 - 変位曲線と計算値（2）　　(対称な 2 面せん断)

参 考 文 献

1) 福山　弘：木質接合具によるせん断接合の設計式とその応用，東京大学博士論文，2008 年
2) 福山　弘ほか 4 名：木栓せん断接合の解析式の提案 -細長比の大きな 1 面せん断接合-，日本建築学会構造系論文集，No.622，pp.129-136，2007 年
3) 福山　弘ほか 3 名：様々な細長比の木栓による 1 面せん断接合の計算モデルと降伏プロセス -木栓によるせん断接合の解析式の提案(第 2 報)-，日本建築学会構造系論文集，No.627，pp.803-810，2008 年
4) 福山　弘ほか 4 名：木栓 2 面せん断接合に関する設計手法の提案，日本建築学会大会学術講演梗概集 C-1，pp.319-320，2008 年
5) 鴛海四郎ほか 2 名：だぼ接合部のせん断耐力試験(その 1)，日本建築学会大会学術講演梗概集 C-1，pp. 379-380，2004 年
6) 飯塚五郎蔵：住宅デザインと木構造，丸善，1982 年
7) 日本住宅・木材技術センター：住宅部材安全性能向上事業報告書(集成材の接合強度評価)，1997-2000 年
8) 鄭　基浩ほか 2 名：温湿度による含水率変化が伝統的ホゾ-込み栓の接触応力度に及ぼす影響(第 3 報)／木材学会誌，52(6)，pp.358-367，2006 年
9) 稲山正弘：木材のめり込み理論とその応用，東京大学博士論文，1991 年
10) 鈴木直之：木材強度の寸法効果，木材工業，52(6)，pp. 278-282，1977 年
11) 中井　孝・山井良三郎：日本産主要 35 樹種の強度的性質，林業試験場報告，No.319，pp.13.2.36，1982 年
12) Soltis, L.A., Rammer, D.R. : Shear strength of unchecked glued-laminated beams, Forest Product Journal, 44(1), pp.51-57, 1994 年
13) Sandberg, L.B. et al. : Strength and Stiffness of oak pegs in traditional timber-frame joints, Journal of Structural Engineering, pp. 717-723, 2000 年
14) Jung, K. et al. : Evaluation on Structural performance of compressed wood as shear dowel, Holzforschung, Vol.62, pp. 461-467, 2008 年
15) Schmidt, R.J. : Timber Pegs – Considerations for Mortise and Tenon Joint Design-, Structure magazine, Mar, pp.44-46, 2006 年
16) Peter J. Blau : The significance and use of the friction coefficient, Tribology International vol.3.2.3, pp. 585–591, 2001 年

3.5　鋼板 2 枚挿入ドリフトピン接合

3.5.1　基 本 情 報

3.5.1.1　接合部名称

鋼板 2 枚挿入ドリフトピン接合：Drift-pinned joint with two slotted-in steel plates

3.5.1.2　接合部概要と本節で扱う仕様の範囲

　木材および木質材料に鋼板を 2 枚挿入した曲げ降伏型の接合を指す．本項では，図 3.5-1 に示すような主材厚の面に対して鋼板を左右対称に配置した場合を扱っている．

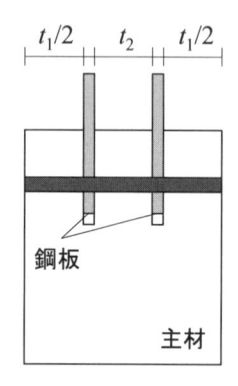

図 3.5-1　鋼板 2 枚挿入接合部の模式図

3.5.1.3　施 工 例

　図 3.5-2 に鋼板 2 枚挿入ドリフトピン接合が橋桁に用いられている例を示す．

図 3.5-2　橋桁での施工例

3.5.2　設 計 情 報

3.5.2.1　降伏モード

　鋼板を左右対称に配置した場合，鋼板 2 枚挿入ドリフトピン接合は図 3.5-3 に示す 6 つの降伏モードを持つ．降伏モード I はドリフトピンが曲げ降伏を生じず，木材がめり込み降伏するモードである．降伏モード II は鋼板挿入位置でドリフトピンに曲げ降伏が生じるモードである．降伏モード III は鋼板挿入位置と鋼板－材縁間でドリフトピンに曲げ降伏が生じるモードである．降伏モード IV は鋼板挿入位置と鋼板間でドリフトピンに曲げ降伏が生じ，鋼板－材縁間で木材がめり込み降伏するモードである．降伏モード V は鋼板挿入位置と鋼板間でドリフトピンに曲げ降伏が生じ，鋼板－

材縁間で木材が回転めり込み降伏するモードである．降伏モードⅥは鋼板挿入位置，鋼板－材縁間，鋼板間でドリフトピンに曲げ降伏が生じるモードである．

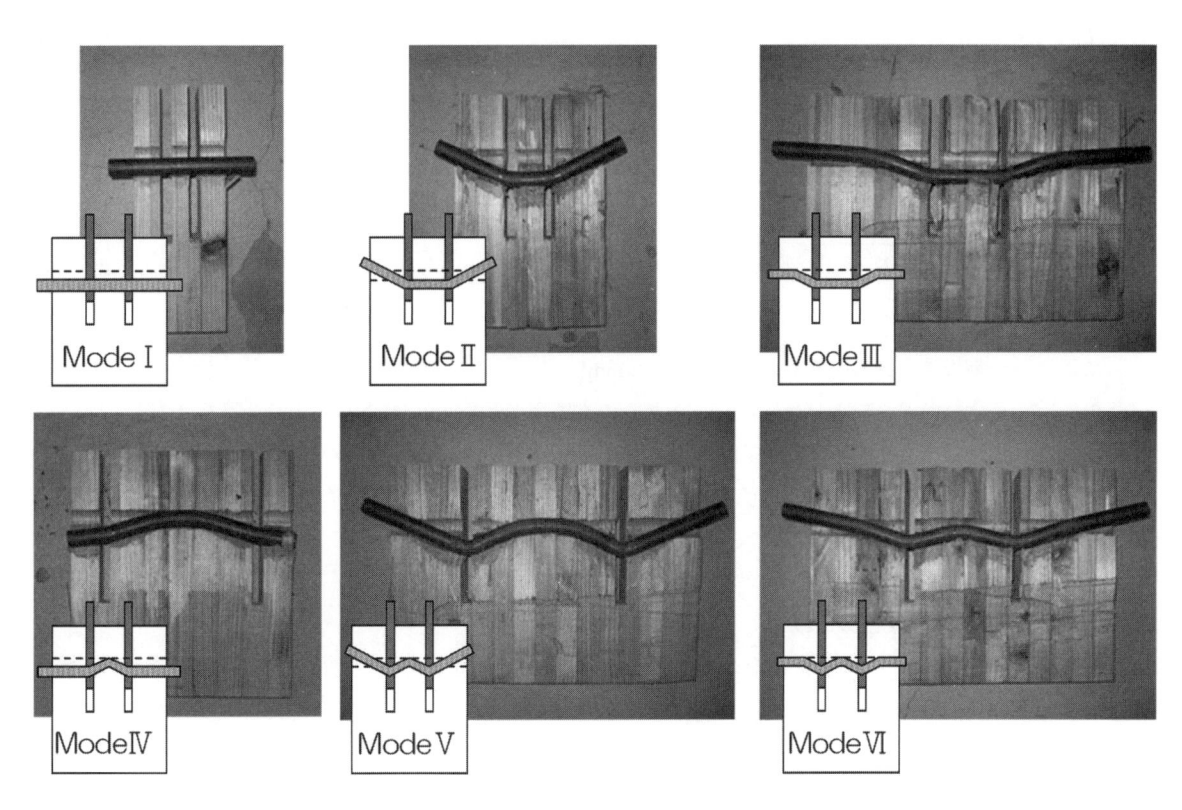

図 3.5-3　降伏モード

3.5.2.2　降伏耐力

EYT 式に基づいた，鋼板 2 枚挿入ドリフトピン接合の降伏耐力の計算式 [り] は以下となる．式 3.5-2 の値は，各降伏モードの値の最小値をとる．

$$P_\mathrm{y} = C \cdot F_\mathrm{e} \cdot d \qquad\qquad 式\ 3.5\text{-}1$$

$$C = \begin{cases} t_1 + t_2 & (\text{Mode I}) \\[2mm] t_1\left\{\sqrt{2 + \dfrac{8F}{3F_\mathrm{E}} \cdot \left(\dfrac{d}{t_1}\right)^2} - 1\right\} + t_2 & (\text{Mode II}) \\[4mm] d\sqrt{\dfrac{8F}{3F_\mathrm{E}}} + t_2 & (\text{Mode III}) \\[4mm] t_1 + d\sqrt{\dfrac{8F}{3F_\mathrm{E}}} & (\text{Mode IV}) \\[4mm] t_1\left\{\sqrt{2 + \dfrac{8F}{3F_\mathrm{E}} \cdot \left(\dfrac{d}{t_1}\right)^2} - 1\right\} + d\sqrt{\dfrac{8F}{3F_\mathrm{E}}} & (\text{Mode V}) \\[4mm] 2d\sqrt{\dfrac{8F}{3F_\mathrm{E}}} & (\text{Mode VI}) \end{cases} \qquad\qquad 式\ 3.5\text{-}2$$

記号　　P_y　　：鋼板 2 枚挿入接合部の降伏耐力 [N]

　　　　F_E　　：主材の支圧強度 [N/mm^2]

　　　　F　　：ドリフトピンの降伏強度 [N/mm^2]

　　　　d　　：ドリフトピン径 [mm]

　　　　t_1　　：材縁から鋼板までの距離の和 [mm]

　　　　t_2　　：鋼板間距離 [mm]

3.5.2.3 初 期 剛 性

弾性床上の梁理論に基づいた，鋼板2枚挿入ドリフトピン接合の初期剛性の計算式[2]は以下となる．

$$K_s = \cfrac{1}{\cfrac{L_1}{2} + H} + \cfrac{1}{\cfrac{L_3}{2}}$$ 式 3.5-3

$$L_1 = \frac{\lambda_1}{S_1} \cdot \frac{\cosh(\lambda_1 \cdot t_1) + \cos(\lambda_1 \cdot t_1)}{\sinh(\lambda_1 \cdot t_1) + \sin(\lambda_1 \cdot t_1)}$$ 式 3.5-4

$$H = \frac{\lambda_1}{S_1} \cdot \frac{1}{\sinh(\lambda_1 \cdot t_1) + \sin(\lambda_1 \cdot t_1)}$$ 式 3.5-5

$$L_3 = \frac{\lambda_1}{S_1} \cdot \frac{\sinh(\lambda_1 \cdot t_2) + \sin(\lambda_1 \cdot t_2)}{\cosh(\lambda_1 \cdot t_2) - \cos(\lambda_1 \cdot t_2)}$$ 式 3.5-6

$$\lambda_1 = \left(\frac{S_1}{4EI}\right)^{1/4}$$ 式 3.5-7

記号　　K_s　　：鋼板2枚挿入接合部の初期剛性 [N/mm]

　　　　S_1　　：主材のドリフトピン単位長さあたりの支圧剛性 $(S_1 = k \cdot d)$ [N/mm^2]

　　　　k　　：木材の支圧剛性 [N/mm^3]

　　　　E　　：ドリフトピンのヤング係数 [N/mm^2]

　　　　I　　：ドリフトピンの断面二次モーメント $(I = \pi d^4/64)$ [mm^4]

3.5.2.4 計算および実験結果との比較

　図 3.5-4 に示す鋼板挿入ドリフトピン接合のせん断性能を計算により求める．主材は E105-F300 カラマツ集成材とした．集成材に 10 mm 幅のスリットを設けて 9 mm 厚鋼板を挿入し，集成材と鋼板は，径 12 mm，鋼種 SS400 のドリフトピンを用いて接合した．主材厚は 130 mm で，鋼板2枚挿入接合の場合，材縁間の距離の和と鋼板間の距離は$(t_1, t_2) = (100, 30), (60, 70), (30, 100)$ [mm] である．

　降伏耐力P_yの計算において，支圧強度F_Eはカラマツの基準比重(0.42)とドリフトピン径から Eurocode5[3]の式を採用して求めた．

$$F_E = 82(1 - 0.01d)r_0 = 82 \times (1 - 0.01 \times 12) \times 0.42 = 30.3 \,[\text{N/mm}^2]$$

ドリフトピンの降伏強度は一般構造用鋼材の基準値(F)[4]とした．

$$F = 235 \,[\text{N/mm}^2]$$

$$P_y = \begin{cases} 30.3 \times 12 \times (t_1 + t_2) & \text{(Mode I)} \\[2mm] 30.3 \times 12 \times \left[t_1 \left\{ \sqrt{2 + \frac{8 \times 235}{3 \times 30.3} \cdot \left(\frac{12}{t_1}\right)^2} - 1 \right\} + t_2 \right] & \text{(Mode II)} \\[2mm] 30.3 \times 12 \times \left(12 \sqrt{\frac{8 \times 235}{3 \times 30.3}} + t_2 \right) & \text{(Mode III)} \\[2mm] 30.3 \times 12 \times \left(t_1 + 12 \sqrt{\frac{8 \times 235}{3 \times 30.3}} \right) & \text{(Mode IV)} \\[2mm] 30.3 \times 12 \times \left[t_1 \left\{ \sqrt{2 + \frac{8 \times 235}{3 \times 30.3} \cdot \left(\frac{12}{t_1}\right)^2} - 1 \right\} + 12 \sqrt{\frac{8 \times 235}{3 \times 30.3}} \right] & \text{(Mode V)} \\[2mm] 30.3 \times 12 \times \left(2 \times 12 \sqrt{\frac{8 \times 235}{3 \times 30.3}} \right) & \text{(Mode VI)} \end{cases}$$

　$(t_1, t_2) = (100, 30)$ [mm] のとき$P_y = 29.7$ [kN]，$(t_1, t_2) = (60, 70)$ [mm] のとき$P_y = 34.7$ [kN]，$(t_1, t_2) = (30, 100)$ [mm] のとき$P_y = 30.8$ [kN]．鋼板1枚挿入の場合は木規準[5]の降伏せん断耐力の式に従い$P_y = 19.8$ [kN]．

　初期剛性K_sの計算において，木材の支圧剛性kはカラマツのヤング係数$(E = 10\,500$ [N/mm^2])とドリフトピン径から次式で求めた．

$$k = \frac{E_0}{31.6 + 10.9d} = \frac{10\,500}{31.6 + 10.9 \times 12} = 64.7 \,[\text{N/mm}^3]$$

$$S_1 = kd = 64.7 \times 12 = 776 \,[\text{N/mm}^2]$$

ドリフトピンのヤング係数は 205 000 N/mm² とした.

$$\lambda_1 = \left(\frac{S_1}{4EI}\right)^{1/4} = \left(\frac{776}{4 \times 205\,000 \times (\pi \times 12^4/64)}\right)^{1/4} = 0.0311 \,[\text{mm}^{-1}]$$

$$L_1 = \frac{0.0311}{776} \cdot \frac{\cosh(0.0311 \times t_1) + \cos(0.0311 \times t_1)}{\sinh(0.0311 \times t_1) + \sin(0.0311 \times t_1)}$$

$$H = \frac{0.0311}{776} \cdot \frac{1}{\sinh(0.0311 \times t_1) + \sin(0.0311 \times t_1)}$$

$$L_3 = \frac{0.0311}{776} \cdot \frac{\sinh(0.0311 \times t_2) + \sin(0.0311 \times t_2)}{\cosh(0.0311 \times t_2) - \cos(0.0311 \times t_2)}$$

$(t_1, t_2) = (100, 30)\,[\text{mm}]$ の と き $K_s = 5.94 \times 10^4\,[\text{N/mm}]$, $(t_1, t_2) = (60,70)\,[\text{mm}]$ の と き $K_s = 7.16 \times 10^4\,[\text{N/mm}]$, $(t_1, t_2) = (30, 100)\,[\text{mm}]$のとき$K_s = 6.61 \times 10^4\,[\text{N/mm}]$. 鋼板 1 枚挿入の場合は木規準 [5]の剛性係数の式に従い$K_s = 4.68 \times 10^4\,[\text{N/mm}]$.

鋼板 1 枚および 2 枚挿入ドリフトピン接合の引張型せん断試験の結果と, 初期剛性および降伏耐力の計算結果を図 3.5-5 に示す. 鋼板 1 枚挿入ドリフトピン接合と, $(t_1, t_2) = (100, 30)\,[\text{mm}]$および$(t_1, t_2) = (30, 100)\,[\text{mm}]$の鋼板 2 枚挿入ドリフトピン接合の計算値は実験値を概ね予測できている. $(t_1, t_2) = (60,70)\,[\text{mm}]$の鋼板 2 枚挿入ドリフトピン接合は, ドリフトピンに Mode II の曲げ降伏が生じたものの, その変形量は小さく, 終局時には Mode I のようにドリフトピン全体が集成材にめりこんだため, 実験は計算値よりも大きくなった.

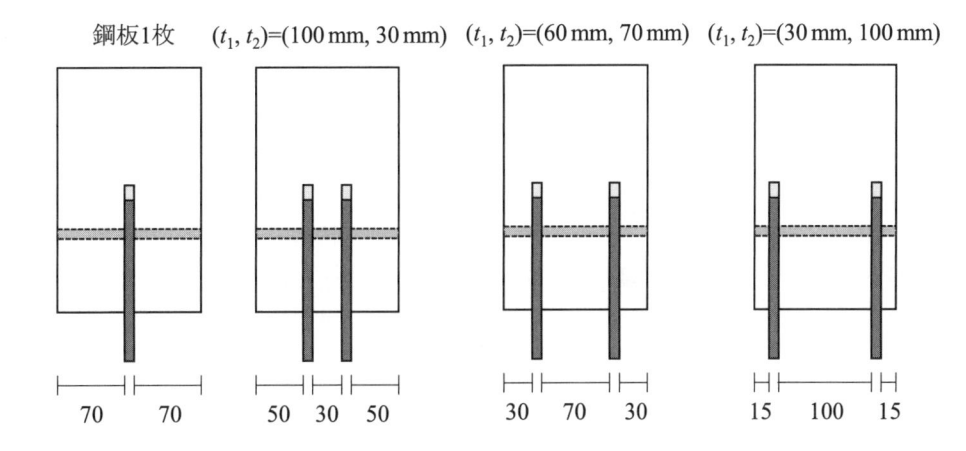

図 3.5-4　鋼板挿入ドリフトピン接合の試験体

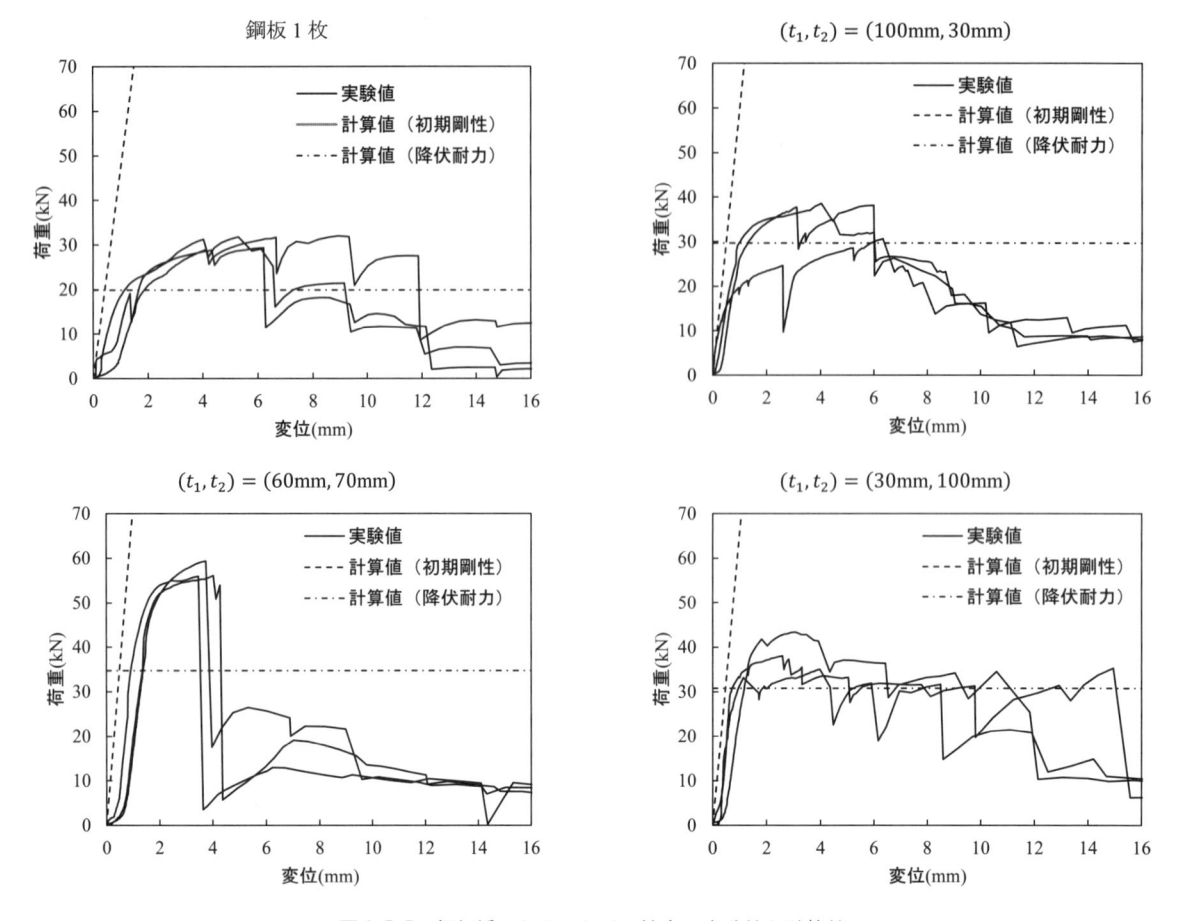

図 3.5-5　鋼板挿入ドリフトピン接合の実験値と計算値

3.5.2.5　計　算　例

図 3.5-6 に鋼板間距離(t_2)を変化させた鋼板 2 枚挿入ドリフトピン接合の降伏耐力および初期剛性の計算例を示す．接合仕様は，鋼板の挿入位置以外「3.5.2.4　計算例および実験結果との比較」と同様とし，主材はカラマツ，主材厚は 130 mm，鋼板挿入用スリットは幅 10 mm とし，ドリフトピンは直径 12 mm，鋼種は SS400 とした．主材厚は同じでも，鋼板を挿入する位置によって，降伏耐力と初期剛性は変化する．

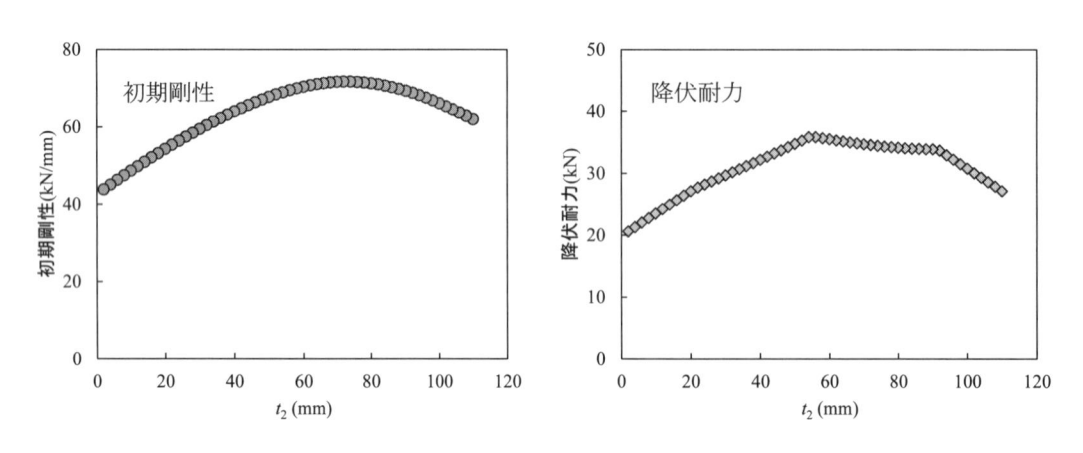

図 3.5-6　鋼板 2 枚挿入ドリフトピン接合の計算例

3.5.2.6 そ の 他

　主材に挿入する鋼板の枚数を 1 枚から 2 枚に増やすことで，降伏耐力および初期剛性の向上を図ることができる．しかし，鋼板を挿入するスリットを増やすことは主材断面を欠損することになる．鋼板 2 枚挿入ドリフトピン接合が Mode Ⅰで降伏する場合，脆性的な破壊を示すこともあるため，設計する際は，ドリフトピン径・主材厚比に留意する必要がある．

参 考 文 献

1) Sawata K., et al. ： Estimation of shear strength of dowel-type timber connections with multiple slotted-in steel plates by European yield theory, Journal of Wood Science, 52 巻, 6 号, pp. 496-502, 2006 年

2) 冨髙亮介・澤田　圭：鋼板 2 枚挿入ドリフトピン接合からなる柱脚接合部の構造性能，日本建築学会大会学術講演梗概集，構造Ⅲ, pp. 325-326, 2022 年

3) Eurocode 5：Design of timber structures -Part 1-1: General Common rules and rules for buildings, 2004 年

4) 日本建築学会：鋼構造許容応力度設計規準, 2019 年

5) 日本建築学会：木質構造設計規準・同解説　－許容応力度・許容耐力設計法－, 2006 年

3.6　グルード・イン・ロッド

3.6.1　基本情報

3.6.1.1　接合部名称

鋼棒挿入接着接合：Glued-in rod（以下 GIR とする）

3.6.1.2　接合部単体模式図

　木質軸組部材の木口に先孔を開け，鋼棒を挿入しそれを樹脂接着剤で包埋し鋼棒の引抜き抵抗に依存して力を伝達することを意図した接合具で，異形鉄筋 [1]-[3]（図 3.6-1，図 3.6-2）や独自に開発された中空ボルト [4],[5]（図 3.6-3，図 3.6-4）が使用されている．

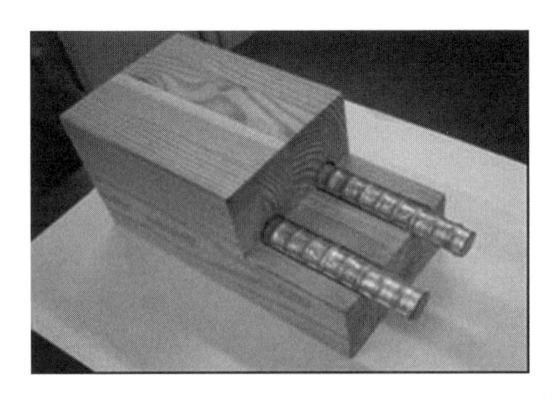

図 3.6-1　異形鉄筋写真

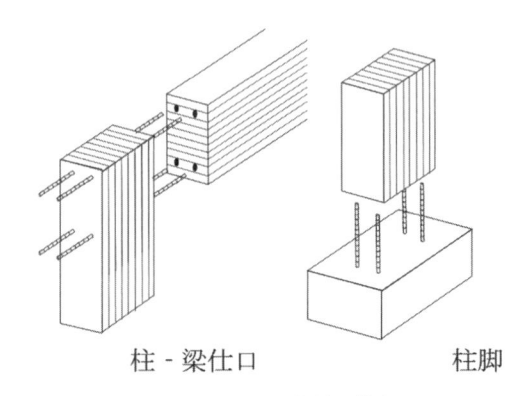

柱 - 梁仕口　　　　　　柱脚

図 3.6-2　異形鉄筋挿入模式図

図 3.6-3　中空ボルト（T 型）

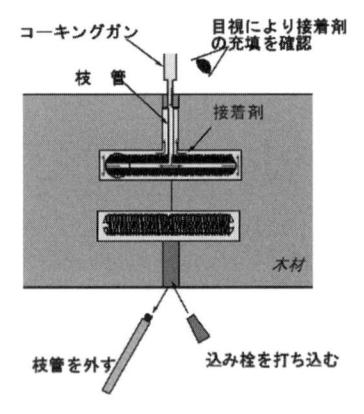

図 3.6-4　中空ボルトの施工例

3.6.1.3　力の伝達形式

　図 3.6-5 にグルード・イン・ロッド接合部の曲げモーメントの伝達形式を模式図で示す．引張力に関しては接合具の軸線方向に木材―接着剤―接合具の順に伝達される．圧縮力は木材材面同士の面接触と接合具軸方向の押抜き力を加算するものとする．せん断力は別のせん断抵抗具（ダボ，シアプレートの類）で伝達することを原則とする．接合具をせん断力の伝達手段として使用する場合は，設計条件を想定したモデルで実験を行い，その安全性を確認する．

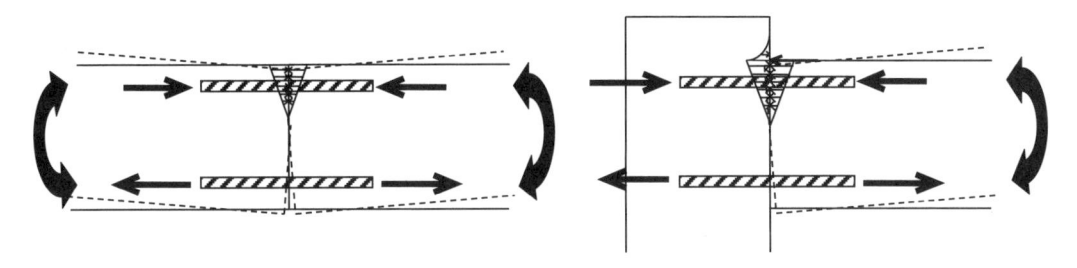

図 3.6-5　曲げモーメントの伝達形式

3.6.1.4　対象構造・使用部位

　・木質系建築物の柱脚，柱―梁，梁―梁　等

3.6.1.5　施　工　例

　鋼棒挿入用の孔は，複数の深い孔を正確に加工する必要があることから，専用工具または最近では大型の自動加工機などを用いて行う（図 3.6-6）．また，中空ボルトを用いる場合は，注入管設置用の溝も併せて加工することになる（図 3.6-7）．

　図 3.6-8 に鉄筋挿入工法の施工事例（2方向ラーメン構造の事務所ビル），図 3.6-9 に中空ボルト挿入工法の施工事例（樹状トラスの学生食堂）を示す．いずれの建物も接合部に金物類がまったく露出しないのが特徴的である．

図 3.6-6　異形鉄筋挿入用孔加工

図 3.6-7　中空ボルト挿入孔

図 3.6-8　鉄筋挿入工法による2方向ラーメン事務所ビル

図 3.6-9　中空ボルト工法を使った樹状トラスの学生食堂

3.6.2　設　計　情　報
3.6.2.1　設計の概略
(1)　接合具の強度と剛性

　設計に必要となる接合具の強度および剛性は，設計条件に合わせて，図 3.6-10 に示すような試験体を用いて接合具の基礎的な引抜き試験を実施することで導く．図 3.6-11 は基礎試験から得られる代表的な荷重―引抜け量曲線の例である．試験に際しては以下の条件に考慮する必要がある．

(a)　接合具設定条件

　鋼材規格，形状，径，挿入長さ，防せい処理の仕様（防せい処理のある場合）

(b)　木質材料設定条件

　繊維方向，樹種，強度等級，含水率の上限

(c)　接着剤設定条件

　接着剤の種類

(d)　部 材 断 面

　木質材料で破壊，または著しい変形を生じない大きさとする．

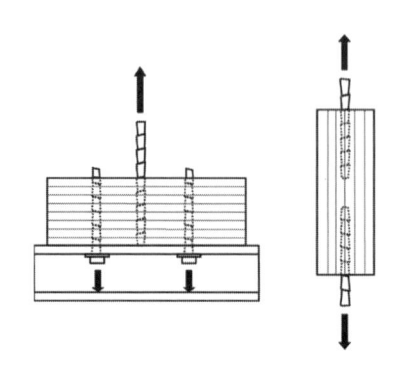

図 3.6-10　接合具の基礎引抜き試験の例

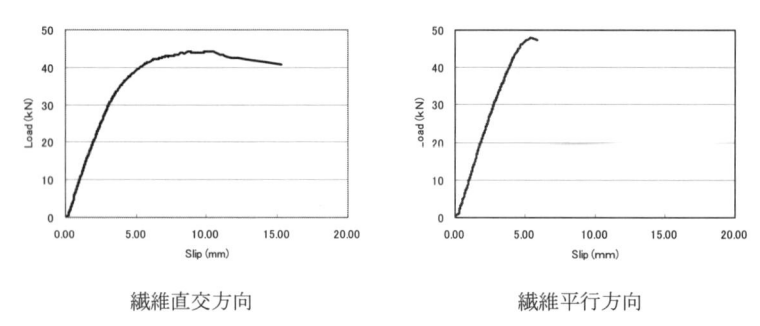

繊維直交方向　　　　　　　　　　繊維平行方向

図 3.6-11　接合金具基礎引抜き試験の荷重―引抜け量曲線の事例

(2)　設計の方法

　部材に生じる引張力の伝達については，前項の実験結果を使用して設計することができる．ただし，引張力の大きい部位や多数本配置の場合には，実験により強度性能および剛性を確認しておくことが望まれる．

　また曲げ抵抗接合の設計については，3.7「ラグスクリューボルト」，3.9「木ダボ接合（軸力抵抗型）」と同様の手法で設計することも考えられるが，脆性的な破壊の可能性が否定できないことや，複合応力の検討手法，あるいは施工管理項目等に開発企業独自のノウハウが求められることから，現在のところ性能評価機関の審査を受けて，建物の安全性を確認する方法が一般的になっている．

(3)　接着剤の種類

　現在のところエポキシ樹脂系接着剤とポリウレタン樹脂接着剤が使用されている[7]．

　エポキシ系樹脂接着剤は，価格は高いが接着強さが高く，硬化時の体積収縮が少なく，また異種材料の接着に適する．この接着剤は主剤に硬化剤を混ぜることで常温の状況で架橋反応をおこさせ硬化させることができる．硬化剤の種類は多種にわたり硬化時間や樹脂の性質を左右することから，使用する接着剤の製品性質を十分把握して利用する必要がある．

　またポリウレタン樹脂接着剤は施工性がよく，配合の必要がない一液型接着剤が使用されている．水との反応で炭酸ガスを放出するため，湿気の量，含有水分の相違などにより特性が異なってくるため，的確な施工計画を立てることが望まれる．金属との接着は良好である．

3.6.2.2　過去の試験データ

　グルード・イン・ロッドに関する過去に実施された実験例[1-3]を紹介する．なお，本資料は文献をそのまま引用していることから，使用している単位は t，m で表示している．

(1)　異形鉄筋を用いた継手

　図 3.6-12 に試験[1]に用いた継手のディテール，表 3.6-1 に試験体の仕様，図 3.6-13 に試験方法の概要を示す．試験から得られた荷重と接合部の回転角曲線を図 3.6-14 に，接合部の回転剛性を表 3.6-2 に示す．

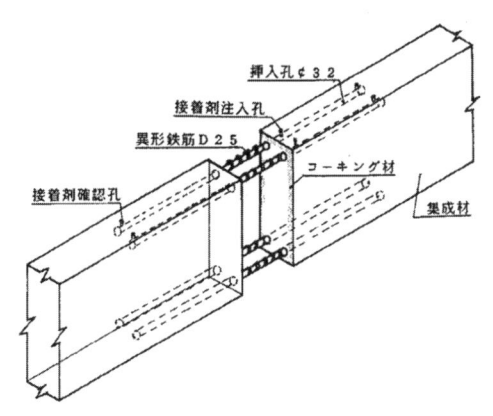

図 3.6-12　梁継手のディテール

表 3.6-1　試験体仕様（単位：mm）

名称	寸法	仕様
梁	160×500	構造用集成材ベイマツ（旧 JAS 1 級）
接合具	径 25（穴径 32）	SD-35　埋込み長さ　500
接着剤		エポキシ系接着剤（TE-134）

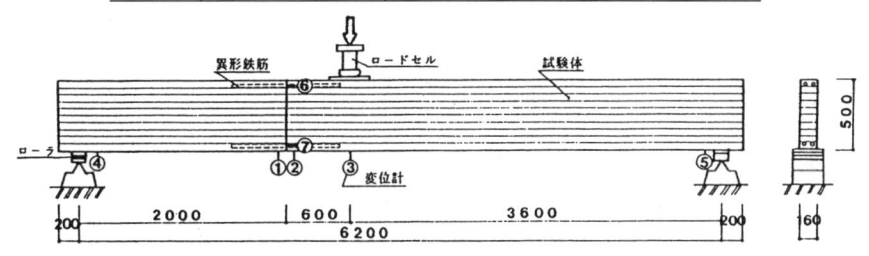

図 3.6-13　試　験　方　法

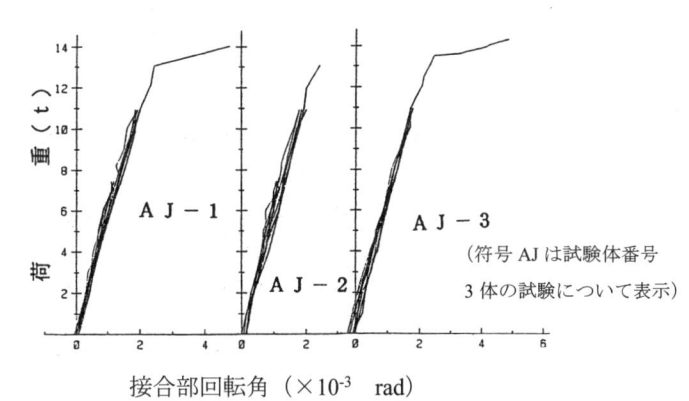

接合部回転角（×10⁻³　rad）

図 3.6-14　荷重−接合部回転角曲線

表 3.6-2　回　転　剛　性

供試体番号	回転剛性 [t・m/rad]
AJ-1	6 260
AJ-2	6 260
AJ-3	7 227

（2）異形鉄筋を使用した柱－梁接合

　図 3.6-15 に試験 [2),3)] に用いた柱－梁接合部のモデル，表 3.6-3 に試験体の仕様，図 3.6-16 に試験方法の概要を示す．試験から得られた荷重と接合部の回転角曲線を図 3.6-17 に，接合部の回転剛性を表 3.6-4 に示す．

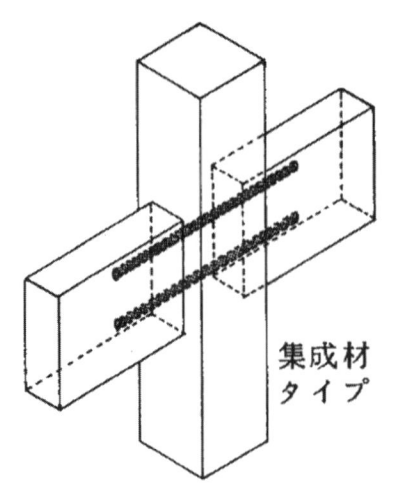

図 3.6-15　柱－梁モデル

表 3.6-3　試験体仕様（単位：mm）

名称	寸法	仕様
柱	300×300	構造用集成材ベイマツ（旧 JAS 1 級）
梁	150×450	構造用集成材ベイマツ（旧 JAS 1 級）
接合具	径 29（穴径 37）	SD-35　埋込み長さ　580
接着剤		エポキシ系接着剤（TE-134）

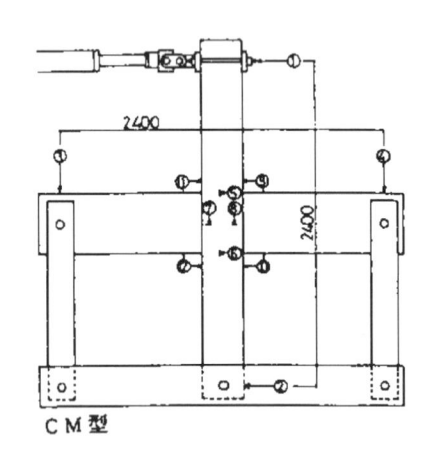

図 3.6-16　試　験　方　法

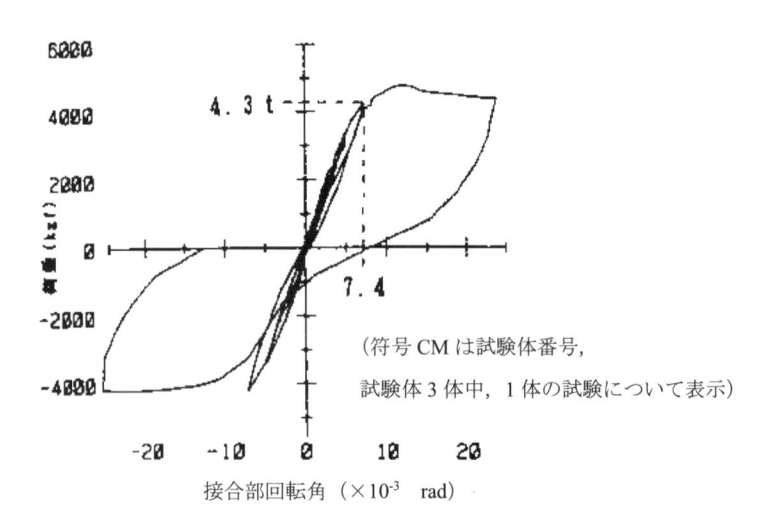

（符号 CM は試験体番号，

試験体 3 体中，1 体の試験について表示）

接合部回転角（×10⁻³　rad）

図 3.6-17　荷重－接合部回転角曲線

表 3.6-4　回　転　剛　性

供試体番号	回転剛性 [t・m/rad]
CM-4	600
CM-5	616
CM-6	697

3.6.3 そ の 他

3.6.3.1 歴　　史

　鉄筋を木材の内部に挿入し，それを接着剤で固めて継手を構成する技術は，デンマークでは古くから使われた技術であると言われている．このグルード・イン・ロッドの研究を最初に手がけたのはデンマーク工科大学の Riberholt 氏で，エポキシ系接着剤を用いた場合の強度推定式が提案されている．Riberholt 氏の基礎的な研究の成果は，デンマーク国内では集成材ラーメン架構の接合や，風力発電用木製プロペラと回転シャフト間の接合などの分野で実用化されている．

　その後，Riberholt 氏の試みは，旧ソ連，ニュージーランドにも伝わり新しい接合として注目された．ニュージーランドのカンタベリー大学土木工学科の Buchanan 氏，Moss 氏らのグループはエポキシ接着ボルトを用いた柱—梁接合法を開発し実用化を進めた[8]．

　我が国では，1989 年頃から実験報告が見られるようになり，小野，鴛海らは異形鉄筋を構造用集成材および LVL 製の部材に挿入し実大試験を実施した[9]．現在では3階建て共同住宅や学校施設など多くの木造建築に利用されている．

　中空ボルトによる接合法の開発は井上，田中らにより進められ既に多くの実績を残している．近年では鋼材の代わりに竹を利用した研究[10] も進められ，環境問題を背景としたエコ商品として注目を集めている．

3.6.3.2 材料・材質

　接合具は異形鉄筋や中空ボルト（外周は全ねじ加工）が使用され，後者の中空部は接着剤の導入孔となっている（図 3.6-18）接着剤はエポキシ系接着剤またはウレタン系接着剤が使用され，木質材料としては構造用集成材，構造用単板積層材（LVL）が主に利用されているが，含水率管理が難しく，割れの影響が大きい構造用製材の事例はまだ少ない．

図 3.6-18　中空ボルト

3.6.3.3 設計上のポイント

　引張力の負担が可能なためトラス部材の接合や回転剛性が求められる柱脚や柱—梁の接合部に使用され，2方向ラーメンの事例も多く見られる．金物が現しとならないため意匠的に好まれるとともに，耐火性能も期待できる．加工および建て方はせん断系接合法による金物工法と比較して容易で，軸組のひずみ調整も可能である．

　しかし，接着剤を使用する湿式工法であるため，接着剤が硬化するまでの養生期間が必要となる．また現場での作業が多くなりがちで天候に左右されやすい面もあり，施工前および施工中の雨掛かりには注意を要する．

　接合効率（母材に対する接合耐力比）は高く，接合具のあそびはない．また，柱—梁接合部に回転剛性を持たせる場合，接合具せん断型接合部と比較すると，柱側（または梁側）の接合部を小さくできる．ただし，パネルゾーン（柱と梁それぞれの断面投影が重なる部分）に生じるせん断応力度の検討[2), 3)]や，接合具が木材繊維直交方向に挿入される場合に横引張で破壊しないことなどを確認する必要がある．

3.6.3.4 留　意　点

　原則として開発企業の設計・施工・品質管理等のノウハウを必要とする接合方法である．カタログや技術資料で一部公開となっている設計データもあるが，接合具の引き抜き強度やすべり剛性は埋込み長さが長くなると比例関係が成り立たなくなる．また，せん断力の伝達に利用する場合も，単純に挿入接合具の長さや径に比例しないことに注意が必要である．

　また，接合具の径を太くすると，接着面積を確保できることから，接合強度およびすべり剛性とも増加させることが可能となるが，接合具の径が太くなると木材の変形に接合具が追随できないため，木材の割裂〔図 3.6-19 参照〕が小さな応力状態においても発生する．よって接合具の径は木材の強度性能とのバランスを配慮して決めることが望まれる．

　今後の検討課題としては長期に対し利用する場合の耐力調整係数のデータ収集，接着剤の利用による VOC に対する懸念の払拭，靭性に対する配慮や基本データを基にした一般式の整理が挙げられる．

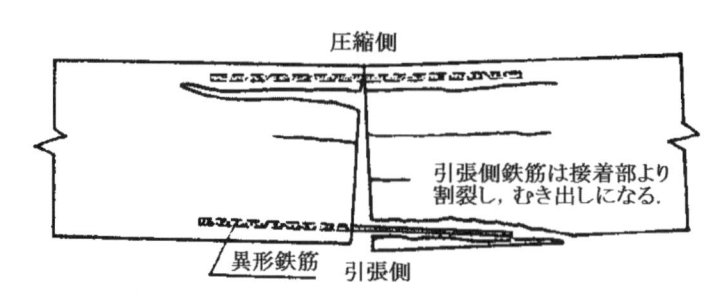

図 3.6-19　木質建材の割裂破壊

参 考 文 献

1)　鴛海四郎ほか3名：集成材梁継手の曲げせん断試験，日本建築学会大会学術講演梗概集，構造II，pp. 129-130，1990 年

2)　小野　泰ほか3名：木質ラーメン構造の接合部に関する構造耐力実験（その4）鉄筋接着接合による柱—梁接合部，日本建築学会大会学術講演梗概集，構造II，pp.79-80，1992 年

3)　鴛海四郎ほか3名：木質ラーメン構造の接合部に関する構造耐力実験（その5）鉄筋接着接合による柱—梁接合部，日本建築学会大会学術講演梗概集，構造II，pp.81-82，1992 年

4)　井上正文ほか3名：接着剤と接合金物を併用した木質構造継手接合部に関する実験研究，日本建築学会構造系論文集，489 号，pp.59-66，1996 年

5)　井上正文ほか3名：接着剤と接合金物を併用した木質構造仕口接合部に関する実験研究，日本建築学会構造系論文集，498 号，pp.105-111，1997 年

6)　石谷　淳ほか4名：接合金物と接着剤を併用した木材接合法の強度発現機構に関する研究（その1）引抜試験の概要及び実験結果，日本建築学会九州支部研究報告集，pp.253-256，2005 年

7)　小野擴邦：木材接着に使用される主な接着剤の性質，林業技術ハンドブック，pp.1541-1549，全国林業改良普及協会，1998 年

8)　小松幸平：木質構造における接合技術，HEAVY TIMBER，28 号，pp.26-27，龍源社，1996 年

9)　小松幸平：鉄筋挿入接着接合，木質構造研究の現状と今後の課題 Part-II，pp.63-65，日本木材学会 木材強度・木質構造研究会，1994 年

10)　田中　圭・井上正文：木質構造用竹製接合具を用いた接合具の強度性能，日本建築学会構造系論文集，624 号，pp.299-306，2008 年

3.7　ラグスクリューボルト

3.7.1　基 本 情 報

3.7.1.1　接合具名称

ラグスクリューボルト：Lag-screw bolt（以下 LSB とする）

3.7.1.2　接合具概要

　LSB とは，図 3.7-1 および図 3.7-2 に示すように，胴部のほぼ全長に渡ってラグスクリューに類似した雄ねじを加工し，端部にナットと同じ雌ねじを内部に加工したもの，もしくはボルトと同じ雄ねじを外部に加工した複合型接合具である．基本的に，先穴を加工した木質材料にこの接合具をねじ込み，端部の雌ねじもしくは雄ねじにより他の接合具，連結金物に連結することを意図した接合具である．LSB の形状には統一した規格はなく，ねじ山径，ねじピッチやねじ山形状などの仕様はメーカーにより異なる[1]~[3]．

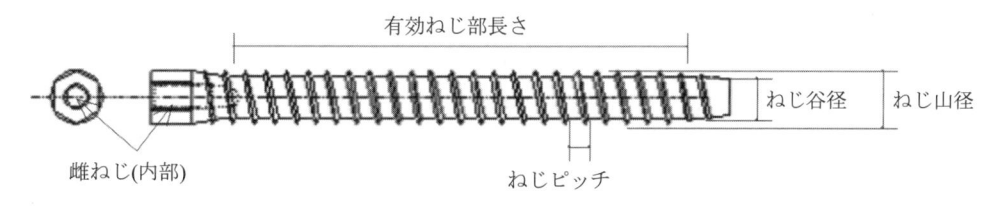

図 3.7-1　接合具の概要図（端部に雌ネジが加工された LSB）

図 3.7-2　端部に雌ねじまたは雄ねじが加工された LSB

3.7.1.3　力の伝達形式

- ・引張力に関しては，LSB 端部の雌ねじに留め付ける連結用ボルトもしくは LSB 端部の雄ねじを通じて LSB の長軸方向に伝達され，さらに木質材料に伝達される．
- ・圧縮力に関しては，同一条件における引張力と同性能である．LSB と埋め込まれた木質材料が同時に圧縮力を受ける場合，力の分担は LSB による圧縮と木質材料の面圧を並列バネと仮定して決定する．
- ・せん断力に関しては，LSB とは別のせん断抵抗具で伝達することを原則とする．
- ・連結用ボルトもしくは LSB 端部の雄ねじを介して，LSB の端部に直接曲げモーメントが作用するような設計，施工は行ってはならない．

3.7.1.4　本節で扱う仕様の範囲

使用材料　　　　　　　：構造用集成材（ただし，近年 CLT を対象材料とした研究が進められている．）

ラグスクリューボルト　：ねじ山径 18 mm 以上 36 mm 以下

ねじの有効長さ 525 mm まで

S45C 鋼材他

ただし，実験により強度性能が確認された場合についてはこの限りではない.

連結用接合具　　　　　：六角ボルト（強度区分 10.9）他

先孔径の最適値d_e　　：$d_e = 0.4(R - d) + d$　　　　（d：ねじ谷径，R：ねじ山径）[4]

ただし，LSB の仕様によっては最適径が異なるため，事前に確認が必要である.

3.7.1.5　長所・短所

(1)　長　　　所

(a)　設　　　計

LSB には引張力のみを負担させるため，力の流れが明快である.

(b)　施　　　工

LSB および連結金物は集成材工場にて取り付けて出荷されるため，現場では連結金物をボルトもしくはナットにより緊結するだけであり施工が容易である.

(c)　そ　の　他

①ボルトもしくはナットのみで接合されるため，解体が可能で，また，リユースも可能である.

②LSB は部材内部に埋め込まれるために LSB が外部に露出せず，またボルトもしくはナットを締め付けて接合することで部材どうしを引き寄せるため，納まりが綺麗である.

(2)　短　　　所

①先孔加工の精度が，引張性能および施工性に大きく影響する.

②引張抵抗に伴う木質部材の割裂破壊の機構が現状では明確ではない.

3.7.1.6　対象構造・使用部位

集成材構造建築物における，柱梁および柱脚等の接合部に使用する.

3.7.1.7　留　意　点

・LSB の形状には統一した規格がないため，設計する LSB については事前に仕様を確認する必要がある.

・LSB の埋込み位置から部材縁端部までの距離が適切に確保出来ていない場合，また LSB を埋め込む位置に部材の割れがあると十分な引張耐力を発揮する前に部材の割裂破壊を引き起こす可能性がある[5].

・LSB を埋め込む先穴の精度について，LSB の引抜き性能や打込みの作業性に影響するため，十分な精度を有する機械および道具を用いて加工する必要がある.

・LSB の埋込み方法について，埋込み時の損傷を防ぐため，低速でトルクを加える電動レンチなどを用いることが望ましい.

・LSB の引抜き挙動は変形性能に乏しいため，靭性のある接合部とするためには，連結金物などを先行して降伏させる必要がある.

3.7.2　設　計　情　報

3.7.2.1　LSB の引張性能

LSB の引張耐力は以下の 3 つの要因により決定する.

・木質材料からの LSB の引抜き耐力

・LSB 自体もしくは連結用ボルトの引張破断耐力

・木質材料の割裂破壊耐力

3.7.2.2　単位接合具の引抜き耐力の評価

LSB 単体の引抜き性能は，実験もしくは後述する算定式により評価する.

　実験による評価では，実大寸法の試験体を作製して引抜き実験を行い，得られた荷重と引抜き量のデータから耐力を定める．しかし，この方法で許容耐力を定めるためには，パラメータ（樹種，直径，埋込み深さ，加力方向等）の組合せに応じて，何種類もの許容耐力が別途定義されるので，多数の組合せに対して総計で膨大な数の実験を行わなければならず，非常に不経済となる．そこで，実験により適用が確認されている LSB および使用条件においては，算定式により引抜き耐力とすべり係数を推定することができる [6),7)]．

3.7.2.3　LSB の引抜き耐力とすべり係数の計算による推定

(1)　最大荷重の推定

$$P_{\max} = \begin{cases} \dfrac{f_{\mathrm{v}}\pi R(E_{\mathrm{w}}A_{\mathrm{w}} + E_{\mathrm{s}}A_{\mathrm{s}})\sinh kl}{k(E_{\mathrm{s}}A_{\mathrm{s}}\cosh kl + E_{\mathrm{w}}A_{\mathrm{w}})} & (E_{\mathrm{w}}A_{\mathrm{w}} \leqq E_{\mathrm{s}}A_{\mathrm{s}}) \\[3mm] \dfrac{f_{\mathrm{v}}\pi R(E_{\mathrm{w}}A_{\mathrm{w}} + E_{\mathrm{s}}A_{\mathrm{s}})\sinh kl}{k(E_{\mathrm{w}}A_{\mathrm{w}}\cosh kl + E_{\mathrm{s}}A_{\mathrm{s}})} & (E_{\mathrm{s}}A_{\mathrm{s}} \leqq E_{\mathrm{w}}A_{\mathrm{w}}) \end{cases} \qquad \text{式 3.7-1}$$

(2)　すべり係数の推定

$$K_{\mathrm{s}} = \begin{cases} \dfrac{\Gamma\pi R(E_{\mathrm{w}}A_{\mathrm{w}} + E_{\mathrm{s}}A_{\mathrm{s}})\sinh kl}{k(E_{\mathrm{s}}A_{\mathrm{s}}\cosh kl + E_{\mathrm{w}}A_{\mathrm{w}})} & (E_{\mathrm{w}}A_{\mathrm{w}} \leqq E_{\mathrm{s}}A_{\mathrm{s}}) \\[3mm] \dfrac{\Gamma\pi R(E_{\mathrm{w}}A_{\mathrm{w}} + E_{\mathrm{s}}A_{\mathrm{s}})\sinh kl}{k(E_{\mathrm{w}}A_{\mathrm{w}}\cosh kl + E_{\mathrm{s}}A_{\mathrm{s}})} & (E_{\mathrm{s}}A_{\mathrm{s}} \leqq E_{\mathrm{w}}A_{\mathrm{w}}) \end{cases} \qquad \text{式 3.7-2}$$

$$k = \sqrt{\Gamma\pi R\left(\dfrac{1}{E_{\mathrm{w}}A_{\mathrm{w}}} + \dfrac{1}{E_{\mathrm{s}}A_{\mathrm{s}}}\right)} \qquad \text{式 3.7-3}$$

記号　　$P_{\max}$　　：最大荷重 [N]

　　　　K_{s}　　：すべり係数 [N/mm]

　　　　f_{v}　　：LSB のねじと木材間のせん断強さ [N/mm²]

　　　　Γ　　：せん断剛性係数 [N/mm³]

　　　　R　　：ねじ山径 [mm]

　　　　l　　：有効埋込み深さ（木部に埋め込まれた有効ねじ部長さ）[mm]

　　　　E_{s}　　：LSB のヤング係数 [N/mm²]

　　　　E_{w}　　：木質部材のヤング係数 [N/mm²]

　　　　　　　　木質部材の繊維直交方向ヤング係数は繊維平行方向ヤング係数の 1/25

　　　　A_{s}　　：LSB のねじ谷径を直径とした断面積 [mm²]

　　　　A_{w}　　：木部有効断面積 [mm²]

LSB の引抜き抵抗に関与する木質材料の有効断面積は以下の式による．

・繊維平行方向の場合：

$$A_{\mathrm{w}} = \pi(cR)^2 - \pi(0.5R)^2 \qquad \text{式 3.7-4}$$

　　　$c = 1.5 \sim 3.0$

　c の値は樹種，LSB のねじ山の仕様の組合せに依る．既往の研究において，LSB がねじ山径 25 mm から 35 mm，ねじ谷径がねじ山径のマイナス 5 mm，ねじピッチ 10 mm，ねじ山の角度 60 度，集成材の樹種がカラマツ，オウシュウアカマツ，スギの場合は $c = 1.5$ により実験値を推定できることが示されている．

・繊維直交方向の場合：

$$A_{\mathrm{w}} = 4\lambda^3 \cdot \tanh\lambda l_{\mathrm{a}} \cdot \Phi \cdot H \qquad \text{式 3.7-5}$$

$$\lambda = \left(\dfrac{k_a \cdot B}{4 \cdot E_{\mathrm{w}90} \cdot I}\right)^{\frac{1}{4}}, k_a = \dfrac{E_{\mathrm{w}90}}{H - L_{\mathrm{a}}}, I = \dfrac{B \cdot L_{\mathrm{a}}{}^3}{12}, \Phi = \dfrac{1 + r \cdot q}{1 + r^2}, r = \dfrac{\cos\lambda l_{\mathrm{a}}}{\cosh\lambda l_{\mathrm{a}}}, q = \dfrac{\sin\lambda l_{\mathrm{a}}}{\sinh\lambda l_{\mathrm{a}}}$$

記号　　$E_{\mathrm{w}90}$　　：繊維直交方向ヤング係数 [N/mm²]

　　　　H　　：材せい [mm]　〔図 3.7-3 参照〕

　　　　B　　：材幅 [mm]

L_a　　　　：LSB の有効埋込み深さ [mm]

l_a　　　　：LSB の中心から材端までの距離，ただし材中央部の場合は，$l_a = L_a$ [mm]

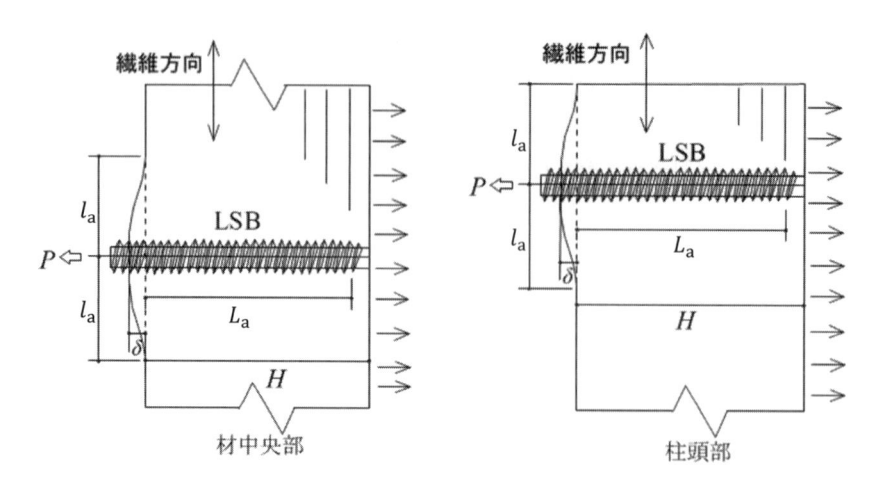

図 3. 7-3　繊維直交方向に埋め込まれた LSB の材端までの距離l_a

（3）　設計用許容引抜き耐力

　LSB の荷重と変形量の関係は弾性挙動を示し，最大荷重間際まで降伏を示さないことが多いことから，最大荷重の下限値（信頼水準 75%の 95%下側許容限界値）を用いて式 3.7-6 より設計用許容引抜き耐力を算出する．ただし，LSB の仕様および使用する木質材料によっては降伏を示すことがある．降伏を生じる場合には，評価機関が定める方法に準拠して，ばらつき係数を乗じた降伏耐力もしくは最大荷重の 2/3 のうち小さい値に基準化係数 1/2，荷重継続期間影響係数および含水率影響係数を乗じて設計用許容引抜き耐力とする．

$$P_a = \frac{1}{3} P_{max0.05} \cdot {}_j K_d \cdot {}_j K_m$$　　　　　　　　　　式 3.7-6

記号　　P_a　　　　：設計用許容引抜き耐力 [N]

　　　　$P_{max0.05}$　：P_{max} の下限値（信頼水準 75%の 95%下側許容限界値）[N]

　　　　　　　　　　式 3.7-1 にせん断強さの下限値（$f_{v0.05}$）を用いる．

　　　　${}_j K_d$　　　：荷重継続期間影響係数

　　　　${}_j K_m$　　　：含水率影響係数

（4）せん断強さf_vとせん断剛性係数Γの算出法

　せん断強さf_vとせん断剛性係数Γ は，図 3.7-4 に示す薄板を用いた引抜き実験によって算出する．試験体となる薄板には LSB のねじ山 1.5 から 3 ピッチ分が含まれるようにする．この実験により図 3.7-5 に示すような荷重P－引抜け量eの関係が得られるので，荷重を図 3.7-6 で定義する「LSB のねじ山頂部と集成材の界面でせん断破壊を起こすと考えられる面積A_e」で除し，せん断応力τと引抜け量eの関係とする．せん断強さf_vは式 3.7-7 により算出する．せん断剛性係数Γは，せん断応力$\tau - e$ 関係が線形と見なせる範囲からその傾きとして算出する．

$$f_v = \frac{P_{max}}{A_e}$$　　　　　　　　　　式 3.7-7

$$A_e = \pi R \left(t - \frac{P_L}{2} \right)$$　　　　　　　　　　式 3.7-8

記号　　P_{max}　　：薄板試験の最大引抜き耐力 [N]

　　　　R　　　　：LSB のねじ山径 [mm]

　　　　t　　　　：薄板の厚さ [mm]

　　　　P_L　　　：LSB のねじピッチ [mm]

　引抜き下限値の算出について，せん断強さの下限値（$f_{v0.05}$）は信頼水準 75%の 95%下側許容限界値，せん断剛性係数の下限値（$\Gamma_{0.5}$）は信頼水準 75%の 50%下側許容限界値として次式から求める．

$$TL = \bar{x} - K \cdot S$$

式 3.7-9

記号　TL　　　：下限値

　　　$\bar{x}$　　　：平均値

　　　K　　　：5%下限値もしくは 50%下限値を求めるための係数

　　　S　　　：標準偏差

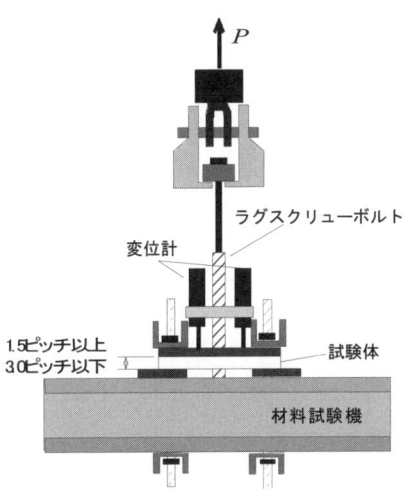

図 3.7-4　LSB の基本物性を決定するための薄板を用いた引抜き実験の概要（押込みでも可能）

注）薄板試験体を押さえ込む鋼板の穴径は LSB の山側直径＋5 mm

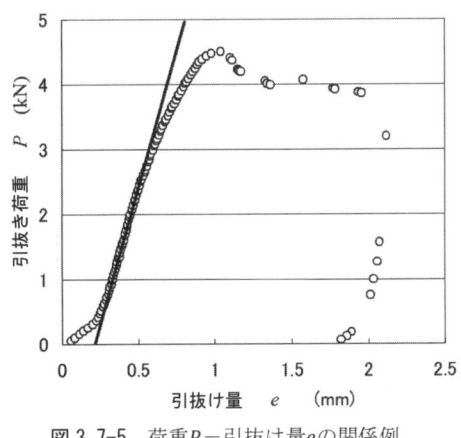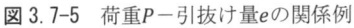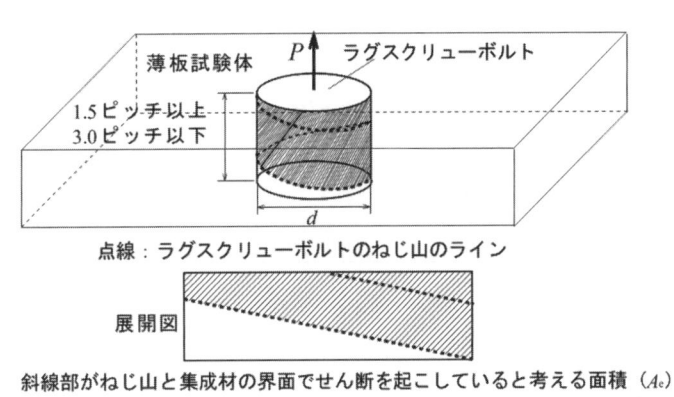

図 3.7-5　荷重 P － 引抜け量 e の関係例　　　　　図 3.7-6　薄板のせん断面積 A_e の定義

(5) 本数，配置，間隔による低減

　接合部に複数の LSB を使用する場合には，その使用条件により LSB1 本あたりの引抜き耐力およびすべり係数は低下することが知られており [8]，適切に低減する必要がある．既往の実験における複数本配置による LSB1 本からの低減率を表 3.7-1 および表 3.7-2 に示す．これらの値は，ねじ山径 25 mm，ねじ谷径 20 mm の LSB を埋込み深さ 200 mm でオウシュウアカマツ集成材に用いた試験体の引張試験結果から導かれた値であり，LSB の形状，埋込み深さ，樹種などの影響を受けると考えられることから，使用する LSB に関する情報を事前に確認し，適切な低減率を乗じることが必要となる．

表 3.7-1　複数本配置による LSB1 本からの低減率の例（繊維平行方向）

間隔e	50 mm (2R)		100 mm (4R)	
配置	耐力	すべり係数	耐力	すべり係数
	0.7	0.9	1.0	1.0
	0.8	0.9	1.0	1.0
	0.8	0.9	1.0	1.0

表 3.7-2　複数本配置による LSB1 本からの低減率の例（繊維直交方向）

間隔e	50 mm (2R)		100 mm (4R)	
配置	耐力	すべり係数	耐力	すべり係数
	0.9	1.0	0.9	1.0
	0.8	1.0	0.9	1.0
	0.8	1.0	0.9	1.0

3.7.3　引張試験結果

　引張試験で得られた荷重と引抜け量の関係を，LSB の埋め込まれる木質材料の繊維方向ごとに図 3.7-7 と図 3.7-8 に示す．実験に使用した LSB はねじ山径が 36 mm，30 mm，25 mm の 3 種類，ねじピッチが 10 mm，木質材料は構造用集成材で樹種がカラマツ，オウシュウアカマツ，スギの 3 種類であった．

3.7.3.1　繊維平行方向加力の場合

　繊維平行方向引抜き試験における荷重と引抜き量の関係を図 3.7-7 に示す．

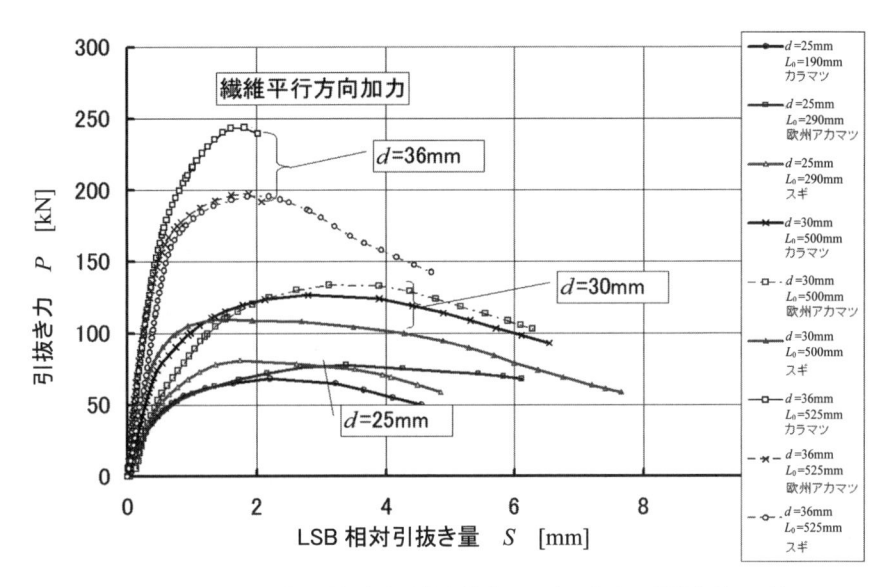

図 3.7-7　LSB の繊維平行方向引抜き試験における荷重P−引抜き量Sの例

備考：d =ねじ山径[mm]，L_0 =埋込み深さ[mm]

3.7.3.2　繊維直交方向加力の場合

繊維直交方向引抜き試験における荷重と引抜き量の関係を図 3.7-8 に示す．

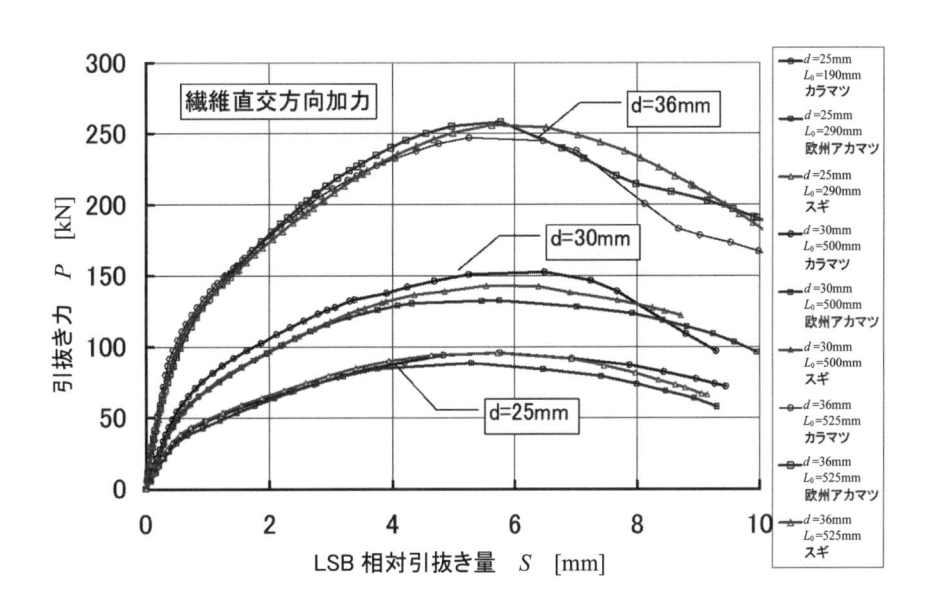

図 3.7-8　LSB の繊維直交方向引抜き試験における荷重P−引抜き量Sの例

備考：d =ねじ山径[mm]，L_0 =埋込み深さ[mm]

3.7.3.3　耐力発現の特性

繊維平行方向加力の場合，直径が大きくなるにつれて初期剛性，最大荷重とも増大するが，最大荷重に達したと同時に耐力が低下して靭性の乏しい性状を示す．完全弾塑性近似で定義された最大荷重P_yと終局耐力P_uの比はおよそ 0.66，降伏耐力P_yと最大耐力P_{max}の比は 0.60，終局耐力P_uと最大耐力P_{max}の比は 0.91 である．

繊維直交方向加力の場合，初期剛性は繊維平行方向加力の場合より低下する．ただし，最大耐力の値はむしろ繊維平行方向の場合よりも繊維直交方向の方が大きい．完全弾塑性近似で定義された降伏耐力P_yと終局耐力P_uの比はおよそ 0.61，降伏耐力P_yと最大耐力P_{max}の比は 0.55，終局耐力P_uと最大耐力P_{max}の比は 0.90 である．

また，LSB の引抜きに関する研究 [9-11]として，引抜きに伴う木質部材内部の応力分布を実験および有限要素解析により詳細に検討されており，LSB が深く埋め込まれると引抜けによる応力の影響範囲が大きくなることなどが明らかに

されている.

3.7.4　引張実験結果と計算値の比較

　LSB の引張試験の結果と式 3.7-1 および式 3.7-2 により得られた計算値の比較を以下に示す．実験に用いた LSB は 3 種類（ねじ山径が 35 mm でねじ谷径 30 mm，ねじ山直径 30 mm でねじ谷径 25 mm，ねじ山直径 25 mm でねじ谷径 20 mm），木質材料はベイマツ集成材であった．図 3.7-9 に最大荷重およびすべり係数について，計算値と実験値の比較を示す．破壊性状は全て LSB の引抜け破壊であった．

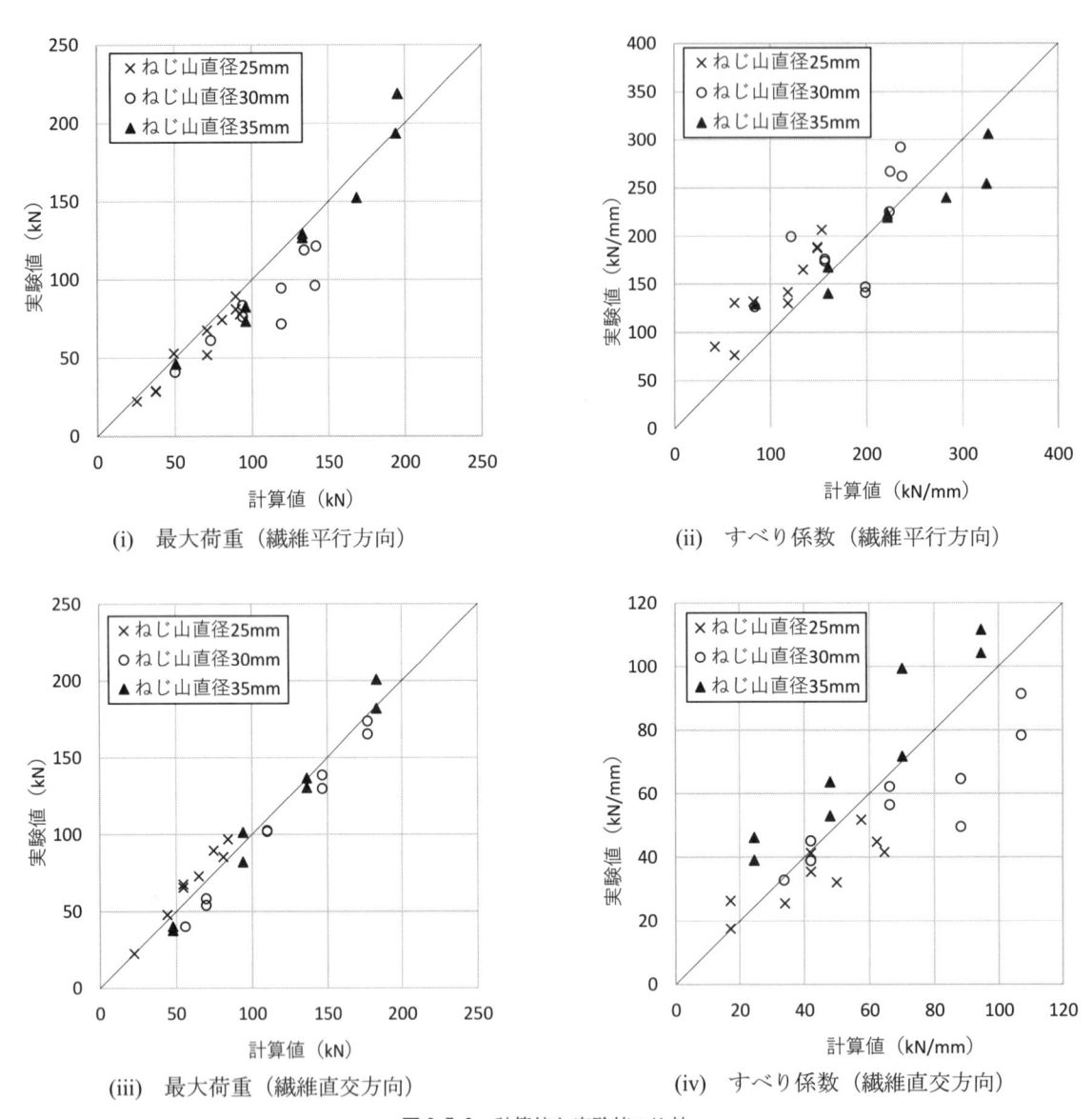

図 3.7-9　計算値と実験値の比較

3.7.5　破壊形式

　木質材料の繊維方向に対する LSB の使用方向ごとに主な破壊性状を以下に示す[5].

3.7.5.1　繊維平行方向加力

　①LSB の木質材料からの引抜け〔図 3.7-10 参照〕

　②連結用ボルトの破断，LSB 端部の雄ねじ部もしくは LSB の破断

　③木質材料の割裂破壊および引張破壊〔図 3.7-11 参照〕

3.7.5.2　繊維直交方向加力

①木質材料の盛り上がりを伴う LSB の引抜け〔図 3.7-12 参照〕

②連結用ボルトの破断，LSB 端部の雄ねじ部もしくは LSB の破断

③LSB 底部における木質材料の引張破壊（全断面に渡り LSB が埋め込まれない場合，埋め込まれた LSB の端部において木質材料が横引張破壊を生じる可能性がある）

図 3.7-10　繊維平行方向加力を受けた LSB の木部からの引抜け破壊

図 3.7-11　繊維平行方向加力を受けた集成材の割裂破壊

図 3.7-12　繊維直交方向加力を受けた集成材の盛り上がり破壊

参 考 文 献

1) 小松幸平ほか 3 名：小型ラグスクリューボルトを用いた木造筋違構造の水平せん断性能，木材研究・資料，38 巻，pp.218-238，2002 年

2) 小松幸平ほか 3 名：ラグスクリューボルト(LSB)を用いた集成材ラーメン架構の開発(その 1)LSB とは何か．LSB 接合部のモデル化と事例研究，第 10 回木質構造研究会技術発表会技術報告集，pp.22-25，2006 年

3) 中谷　誠・小松幸平：集成材接合部用ラグスクリューボルトの引抜き耐力，日本建築学会大会学術講演梗概集，構造III，pp.35-36，2002 年

4) 中谷　誠・小松幸平：ラグスクリューボルトの引抜き性能発現機構(第 1 報)先孔直径，埋込み深さ，埋込み方向，縁距離が引抜き性能に与える影響，木材学会誌，51 巻，2 号，pp.125-130，2005 年

5) 日本建築学会：木質構造部材・接合部の変形と破壊，pp.100-102，2018 年

6) 中谷　誠・小松幸平：ラグスクリューボルトの引抜き性能発現機構(第 2 報)繊維平行方向引抜き理論の構築，木材学会誌，51 巻，5 号，pp.311-317，2005 年

7) 中谷　誠・小松幸平：ラグスクリューボルトの引抜き性能発現機構(第 3 報)繊維直交方向引抜き理論の構築，木材学会誌，52 巻，3 号，pp.160-167，2006 年

8) Takuro Mori et al.: "Influence of the Number of Fastener on Tensile Strength of Lagscrewbolted Glulam Joint", Proceedings of the World Conference on Timber Engineering 2008, paper.197 (CD-ROM), Miyazaki, June 2-5, 2008 年

9) 小谷竜城ほか 4 名：集成材の繊維平行方向に埋め込まれたラグスクリューボルト接合部の引抜抵抗メカニズムに関する研究，日本建築学会構造系論文集，第 83 巻，第 744 号，pp.285-295，2018 年

10) 大坪祐介ほか 3 名："ラグスクリューボルト接合部における応力伝達機構の実験的検討"，2020 年度日本建築学会大会 (関東)，CDROM，千葉，2020 年

11) 瀧野敦夫ほか 6 名：ラグスクリューボルト接合部の引抜き時における応力伝達機構の解明，日本建築学会構造系論文集，第 86 巻，第 779 号，pp.97-106，2021 年

3.8 引きボルト接合

3.8.1 基本情報

3.8.1.1 接合部名称

引きボルト接合 : Tensile bolt joint

3.8.1.2 接合部概要と本節で扱う仕様の範囲

木材および集成材にボルトを挿入して定着金物（座金）で固定した接合部である．本節では，図 3.8-1 のようにボルトを 1 本配置した場合を扱っている．

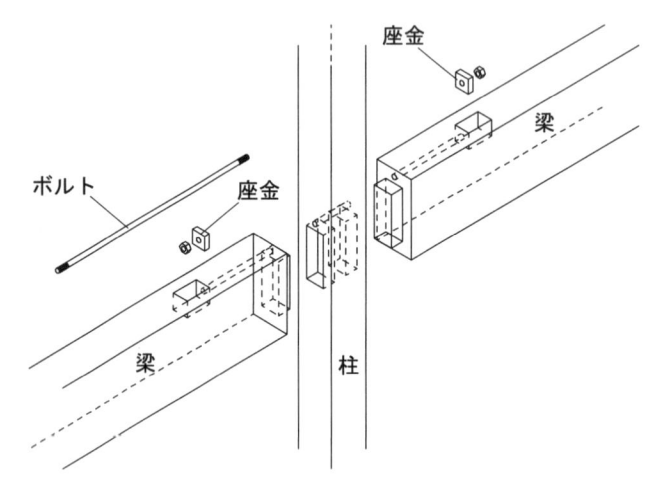

図 3.8-1　接合部の模式図

3.8.1.3 使用部位

使 用 部 位 : 引張抵抗させる柱端接合部，および梁端接合部

3.8.1.4 留意点

定着金物（座金）から木口のせん断面に乾燥割れが生じると耐力に影響するため，最大耐力算定式の前提条件が成立しない．そのため，材料は構造用集成材等の乾燥割れが生じにくい材料を原則とする．座堀による材料の欠損が大きくなると引張・圧縮・曲げ破壊等が先行する可能性があるため，材料の破壊が先行しない程度に材縁の残りの断面を確保しなければいけない．定着金物（座金）は最大耐力時に曲げ降伏しない厚みの角座金を用いる必要がある．

3.8.2 設計情報

3.8.2.1 最大耐力の計算式

接合部は①定着金物の面圧による圧縮破壊，②定着金物から木口へのせん断破壊，③引きボルトの引張破壊のいずれかで破壊するため，①〜③の最大耐力の最小値として，以下で接合部の終局耐力T_uを計算することができる．

$$T_u = \min\{N_{uk}, N_{us}, T_{pb}\} \qquad\qquad 式\ 3.8\text{-}1$$

記号　　T_u　　　　:接合部の終局耐力 [N]

N_{uk}　　　:定着金物の面圧による圧縮耐力 [N]

N_{us}　　　:定着金物から梁木口へのせん断耐力 [N]

T_{pb}　　　:ボルトの全塑性引張耐力 [N]

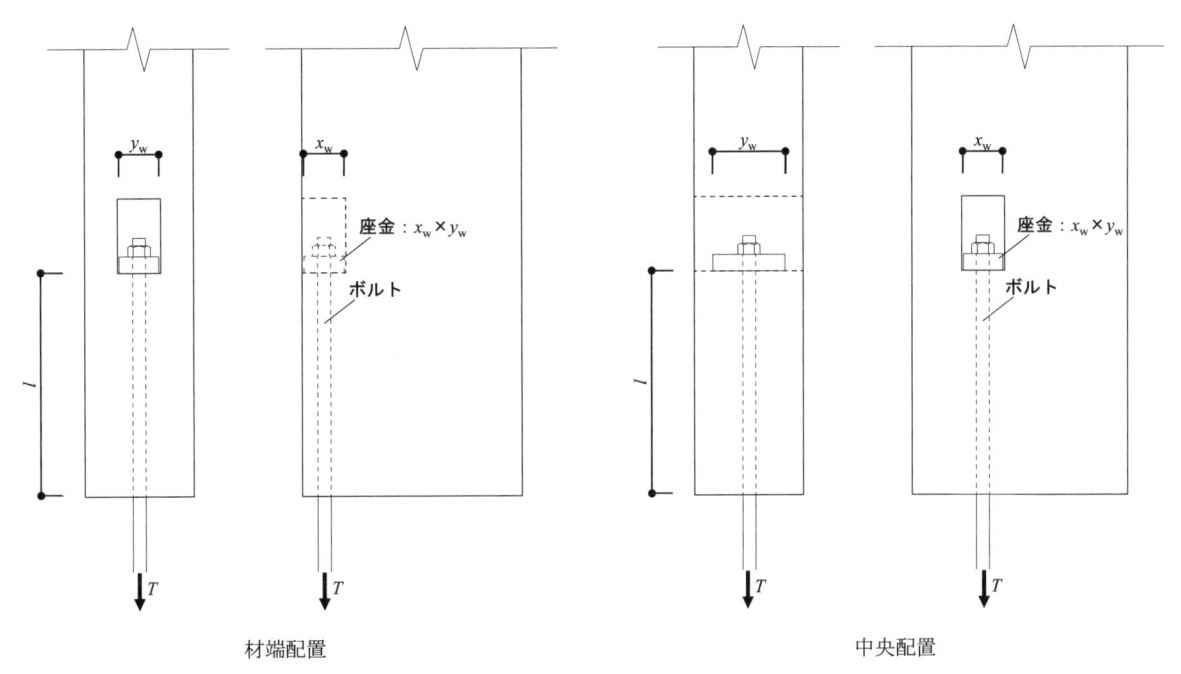

材端配置 　　　　　　　　　　　　　中央配置

図 3.8-2　接合部形状と記号の定義

①定着金物の面圧による圧縮耐力N_{uk}：

$$N_{uk} = x_w \cdot y_w \cdot F_e \qquad\qquad\text{式 3.8-2}$$

記号　　F_e　　　　：木材の支圧強度 [N/mm²]

　　　　x_w, y_w　　：定着金物（座金）の辺の長さ〔図 3.8-2 を参照〕[mm]

②定着金物から木口へのせん断耐力N_{us}：

$$N_{us} = A_s \cdot F_s \qquad\qquad\text{式 3.8-3}$$

$$A_s = \begin{cases} (2 \cdot x_w + y_w) \cdot l_s / 1.5 & \text{材端配置（せん断面が 3 面）} \\ 2 \cdot y_w \cdot l_s / 1.5 & \text{中央配置（せん断面が 2 面）} \end{cases} \qquad\text{式 3.8-4}$$

$$l_s = \begin{cases} l & l \leqq 200 \text{ mm のとき} \\ 200 + 0.5 \cdot (l - 200) & 200 \text{ mm} < l \leqq 400 \text{ mm のとき} \\ 300 & 400 \text{ mm} < l \text{ のとき} \end{cases} \qquad\text{式 3.8-5}$$

記号　　F_s　　　　：木材のせん断強度 [N/mm²]

　　　　A_s　　　　：せん断面積 [mm²]

　　　　l_s　　　　：有効せん断長さ [mm]

　　　　l　　　　 ：定着金物から木口までの長さ〔図 3.8-2 を参照〕[mm]

③ボルトの全塑性引張耐力T_{pb}：

$$T_{pb} = F \cdot A_b \qquad\qquad\text{式 3.8-6}$$

記号　　F　　　　 ：ボルト鋼材の基準強度（降伏応力度）[N/mm²]

　　　　A_b　　　　：ボルトの軸部断面積 [mm²]．伸び能力の無いボルトの場合はねじ部の有効断面積とする．

3.8.3　実験値との比較

3.8.3.1　試　験　体

　引きボルト接合部の引張試験体を図 3.8-3 に示す．使用材料は，ベイマツ集成材（E120-F375），カラマツ集成材（E105-F345, E120-F375, E95-F270），スギ集成材（E75-F270），オウシュウアカマツ集成材（E95-F315, E105-F345, E105-F300）で，集成材の断面は，B が 105 mm〜240 mm，D が 120 mm〜420 mm，座金の寸法は，x_w および y_w が 55 mm〜125 mm，座堀寸法は，$x_w + 5$ [mm]，$y_w + 5$ [mm]．座金厚さが 20 mm である．

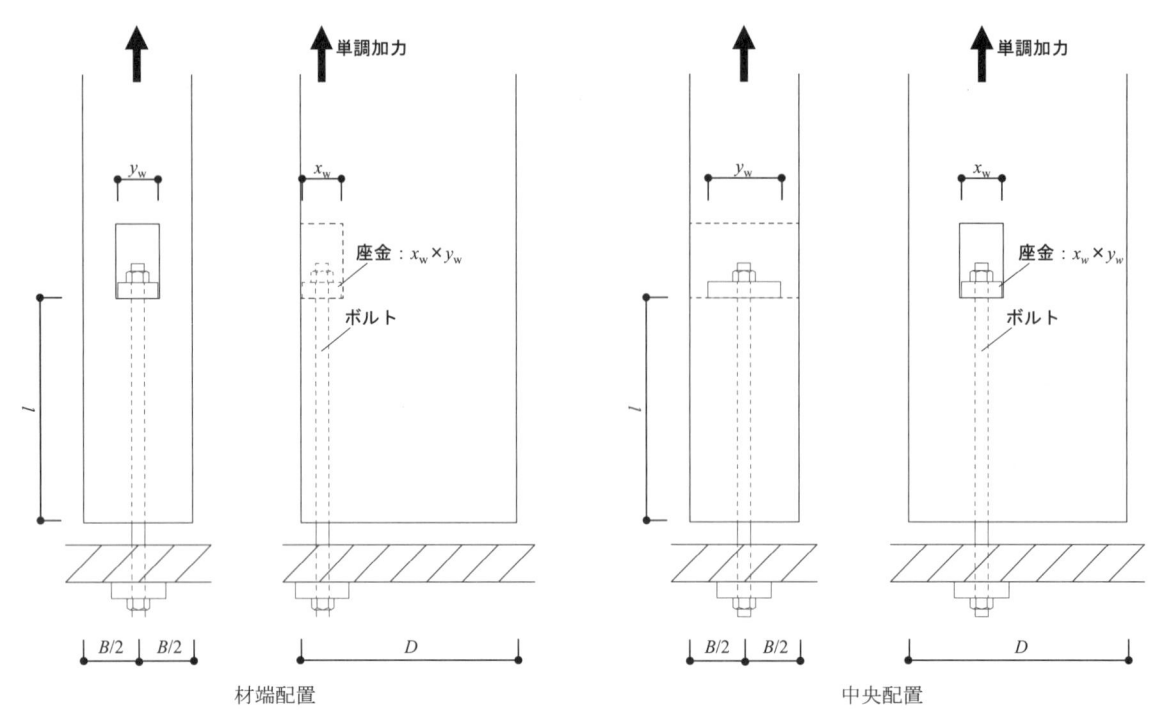

材端配置　　　　　　　　　　　　　　中央配置

図 3.8-3　試 験 体 図

3.8.3.2　破 壊 性 状

　各試験体の破壊性状を図 3.8-4 に示す．定着金物から木口までの長さが短いとすべての試験体がせん断破壊し，長くなると圧縮破壊の割合が増えることが確認された．また，材端配置の試験体では，全面が圧縮破壊するものや材端が傾いて圧縮破壊するものも見られた．

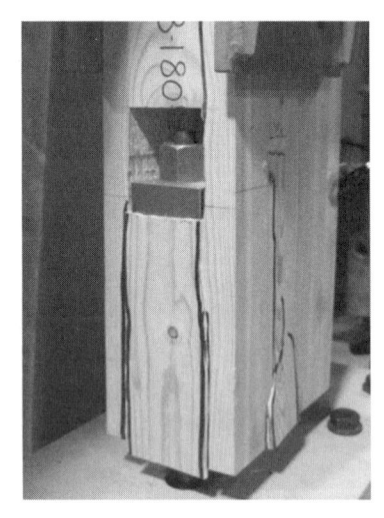 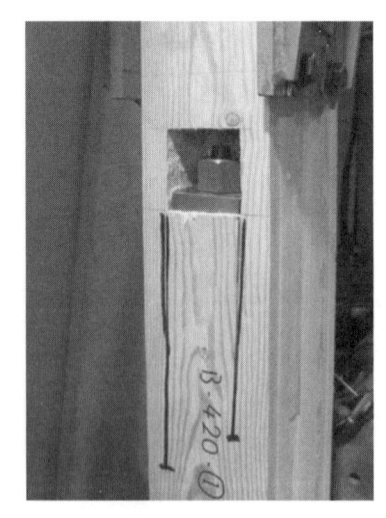 

せん断破壊　　　　　　　　　　圧縮破壊（全面）　　　　　　　圧縮破壊（材端への傾き）

図 3.8-4　接合部実験の破壊

3.8.3.3　実験値と計算値の比較

　接合部実験 [1]-[3] より得られた最大耐力と計算値の終局耐力の比較を図 3.8-5 に示す．実験では圧縮またはせん断で破壊しており．計算値は概ね安全側に推定できている．

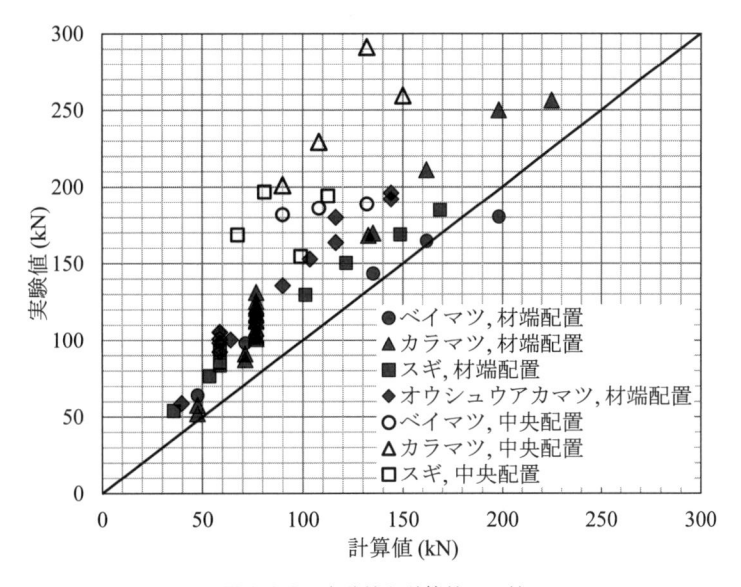

図3.8-5 実験値と計算値の比較

参 考 文 献

1) 早崎洋一ほか 4 名：引きボルト式集成材フレーム接合部の強度性能に関する研究，日本建築学会大会学術講演梗概集，構造III，pp.447-448，2014年

2) 早崎洋一ほか 4 名：引きボルト式集成材フレーム接合部のせん断長さと破壊特性に関する実験的考察，日本建築学会構造系論文集，82巻，737号，pp.1055-1062，2017年

3) 荒木康弘ほか 4 名：引きボルト式集成材フレーム接合部の定着金物面積と破壊特性に関する実験的研究，日本建築学会大会学術講演梗概集，構造III，pp.57-58，2017年

3.9　軸力抵抗型木ダボ接合

3.9.1　基 本 情 報

3.9.1.1　接合部名称

木ダボ接合（引抜き抵抗型）：Glued-in hardwood dowels

※木ダボ接合も Glued-in rod 接合〔本書 3.6 節参照〕の一種であるが，接着剤および接着層の働きが一般的な Glued-in rod 接合と異なるため，区別して紹介する．

3.9.1.2　システム模式図

接合具として堅木の丸棒を用い，それらを多数本接合材どうしに挿入し(図 3.9-1)，接着剤により接合材と一体化させ，主に木ダボの引抜き抵抗により力を伝達することを意図した接合方法である(図 3.9-2, 3.9-3)．

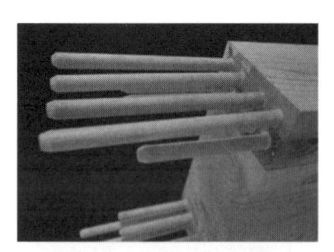

図 3.9-1　挿入された木ダボ

図 3.9-2　木ダボによる仕口接合部

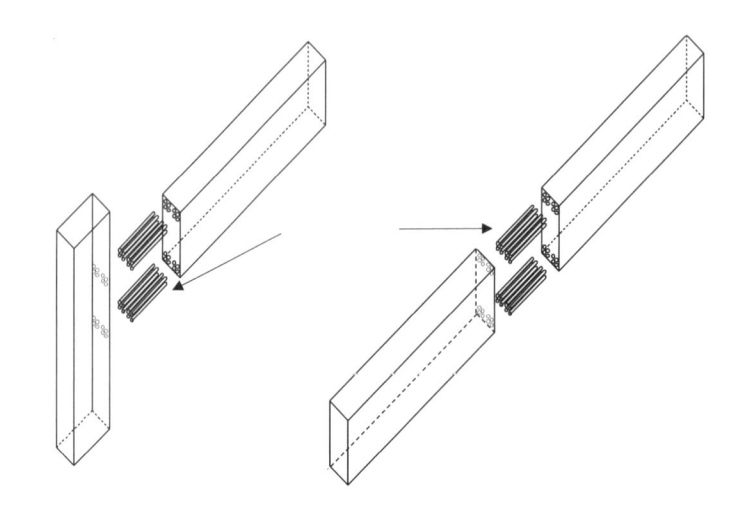

図 3.9-3　接合部の模式図

3.9.1.3　力の伝達形式

力の伝達形式を図 3.9-4 に示す．各部の力は以下のように伝達される．

・引張力は，木ダボの引抜き抵抗により，木ダボの軸線方向に接合材－接着剤－木ダボ－接着剤－接合材の順で伝達される．

・圧縮力は，接合材どうしの面接触および木ダボにより伝達される．

・モーメントは，木ダボの引抜き抵抗および木ダボと被接合材の圧縮抵抗により伝達される．

・木ダボの軸線方向と直交するせん断力は，木ダボによっても伝達されるが，木ダボの引抜き抵抗を主に意図する場合は，他のせん断伝達機構（梁の大入れ，ホゾ差し，せん断キーなど）を設けたり，せん断力伝達を主とするダボを設置することが望ましい(図 3.9-5)．

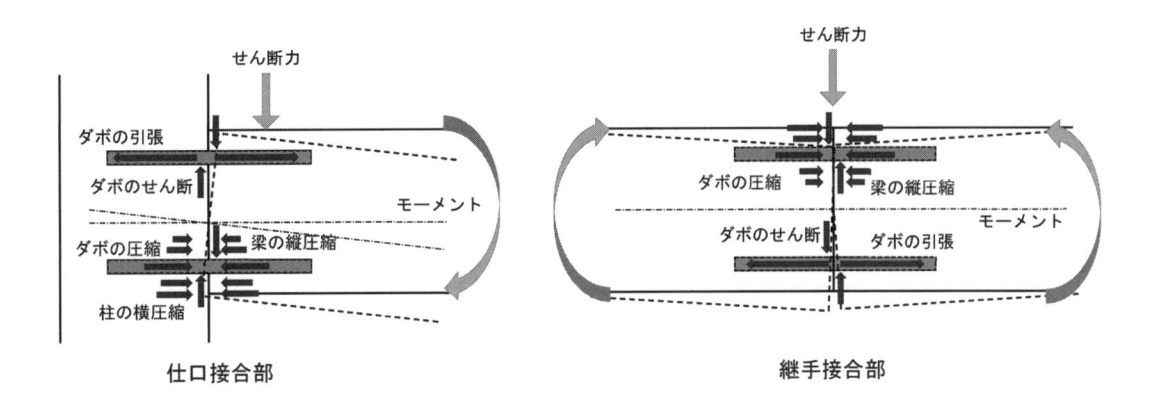

仕口接合部　　　　　　　　　　　　　継手接合部

図 3.9-4　力の伝達形式

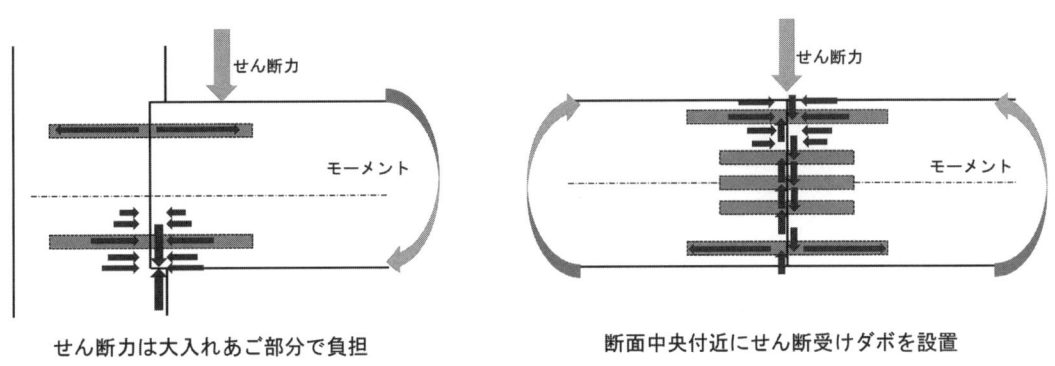

せん断力は大入れあご部分で負担　　　　断面中央付近にせん断受けダボを設置

図 3.9-5　せん断力を受ける工夫

3.9.1.4　対象構造・使用部位

・ダボの径および本数の選択により住宅から大規模建築まで使用可能である.

・木質構造建築物の, 柱脚−土台, 柱−梁, 大梁−小梁などの仕口, および柱継手, 梁継手などに使用される.

3.9.2　設 計 情 報

3.9.2.1　仕口のモーメント抵抗性能

例として, 図 3.9-6 のような柱−梁接合部の実験データを示す.

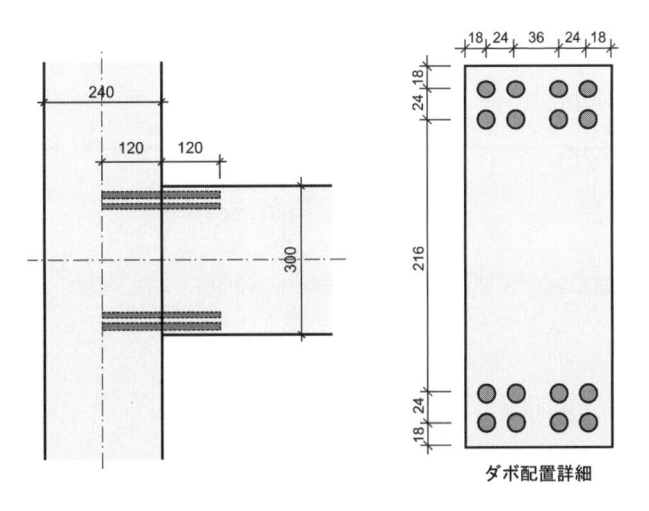

ダボ配置詳細

図 3.9-6　木ダボによる仕口例（単位 : mm）

仕様：

部材　　柱：120×240 mm，梁：120×300 mm

スギ集成材（JAS 異等級対称構成 E75-F240）

木ダボ　ダボ径 12 mm（先穴径 14 mm）

埋込み長さ 120 mm

樹種：ハードメープル

接着剤　ポリウレタン樹脂

(1)　耐力・剛性

最大モーメント：22.1 kN・m

初期剛性：$3.0×10^3$ kN・m/rad

(2)　靱　　　性

靱性はほとんど無く破壊に移行する．木ダボが順次破断する場合は段階的に耐力が低下するが母材の破壊が先行する場合は弾性域から脆性的に破壊するおそれがある．

(3)　$M-\theta$ 曲線

$M-\theta$ 曲線を図 3.9-7 に示す．

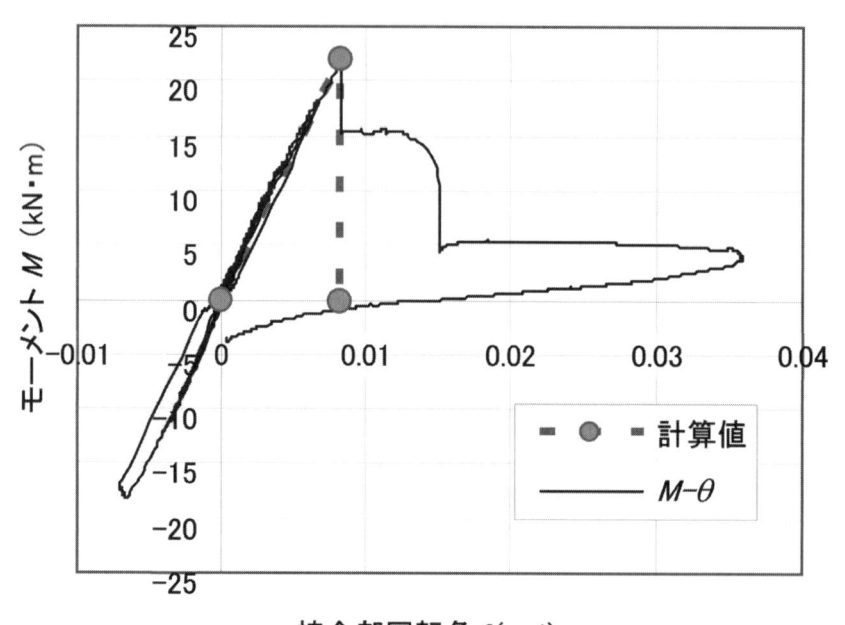

図 3.9-7　木ダボによる仕口接合のモーメント－回転角関係

(4)　主な破壊形式

・接着層のせん断破壊（ダボの引抜け）

・ダボ材の引張破壊（ダボ材の破断）

・ダボ挿入部の破壊（被接合材のダボ挿入部分の破壊：図 3.9-8a)）

・このような破壊が生じる場合，非常に低い耐力で脆性的に破壊する可能性があるため，ダボを柱の全断面に渡って挿入するなど，割裂防止の処置を施す必要がある．

・部材の破壊（部材の曲げまたはせん断破壊：図 3.9-8b)）

図 3.9-8a)　柱のダボ挿入部の破壊

図 3.9-8b)　曲げモーメントによる柱のせん断破壊

3.9.2.2　設計の概略

(1)　木ダボの引抜き強度と剛性

ダボに対する母材の剛性比を無限大として仮定すると，ダボ 1 本あたりの最大引抜き力Q_{max}と剛性を表すすべり係数K_sは，以下の式から推定できる．

$$Q_{max} = \frac{\tanh \omega}{\omega} \pi d l f_v \qquad \text{式 3.9-1}$$

$$K_s = \frac{\tanh \omega}{\omega} \pi d l \Gamma \qquad \text{式 3.9-2}$$

$$\omega = 2l \sqrt{\frac{\Gamma}{dE_d}} \qquad \text{式 3.9-3}$$

記号　　d　　　：ダボ径 [mm]

l　　　：ダボの埋込み長さ [mm]

f_v　　　：ダボ接着層のせん断強度 [N/mm²]（試験による[3])）

Γ　　　：ダボ接着層のせん断剛性 [N/mm³]（試験による[3])）

E_d　　　：ダボのヤング係数 [N/mm²]

※ダボの引抜き強度は，ダボに対する母材の剛性比$\alpha = (E_w A_w)/(E_d A_d)$（$E_w$：母材のヤング係数，$A_w$：母材の断面積，$A_d$：ダボの断面積）が 0 から 1 に近づくにつれて急激に増加し，$\alpha = 1$で最大値をとった後，α が無限大に至るまで斬減して一定値（最大値の90%程度）に収束する．このため理論上は母材とダボの断面積とヤング係数の関係が$\alpha \geqq 1$の関係を満たせば上記計算式の適用が可能であるが，被着材と接着層の力学的挙動を実験により確認する必要がある．

(2)　接着剤のせん断剛性の影響

ダボの埋込み長さを長くする場合，接着層の剛性は小さい方が良い．接着強度が被着材のせん断強度を超えると木破率（接着層の破壊面のうち，木材の破壊が占める割合）が 100%となってそれ以上の引抜き強度の増加は見込めなくなるため，接着強度を被着材のせん断強度と同じ程度に抑えて，剛性の小さな接着剤を選択することが望ましい．

接着剤のせん断剛性を下げるには，空隙充填性のある接着剤を使用し，接着層を厚くしても良い．ただしエポキシ樹脂などせん断剛性が大きい樹脂では，せん断層が木部との界面近傍の狭い範囲に限定されるため接着層の厚さは引抜き強度に影響しない．

(3)　ダボの埋込み長さと直径

接着効率は埋込み長さが長くなるほど，また径が太いほど，減少する．引抜き強度を増加させるには，埋込み長さを長くして接着面積を確保することが不可欠であるが，あまり長くしても接着効率が低下することや木ダボの引張強度を超えてしまうことがあり，ウレタン樹脂接着剤を用いた場合 10 倍程度の径長比が適当である．

接着効率の観点からは，小径のダボを多数配置する方が引き抜き強度が増加する理屈だが，ダボ径を小さくするとダボの引張強度が不足して，ダボの引張破壊で引抜き強度が決定する．ウレタン樹脂接着剤を用いダボの埋込み長さを

$10d$ とした場合，直径 8 mm 以下では引張応力が 200 N/mm² を超えるため，ハードメープルのダボでは直径 12 mm 程度が適当である．

(4) 先穴径とダボ径との差

既往の実験の結果 [1),3)]，発泡性ポリウレタン樹脂接着剤においては，Γ は接着層の厚さに反比例する傾向があり，せん断層が接着層にほぼ一致していると考えられる．一方，f_v は接着層の増大に伴って減少する傾向が見られており，この理由は硬化に伴って生じる気泡が大きくなる結果，接着剤層のせん断強度が低下するためと考えられる．また，接着層が厚くなると接着剤への水分供給が不足して硬化が遅れることもあり，引張強度や施工性を勘案して，先穴径とダボ径の差は 1〜2 mm が適当である．

エポキシ樹脂のようにせん断剛性が大きいものでは，せん断層が接着層と木部との界面近傍の狭い範囲に限定され，先穴径とダボ径の差による接着性能の変動は小さい傾向がみられている．

(5) ダ ボ 間 隔

母材の約 2 倍のヤング係数のダボを用いた場合，$\alpha = 1$ となるダボ間隔は理論上ではダボ径の約 1.5 倍となる．しかし，ダボ間隔を過度に小さくすると母材の破断が懸念されるため，ダボ径の 2 倍程度の間隔が必要と考えられる．また，ダボ相互の間隔をダボ径の 2 倍以上としても，ダボ 1 本あたりの強度の減少は認められなかったことが実験より確認されている．ただし，個々のダボの引抜き強度と剛性が比例しない場合，耐力が減少することも考えられる．また，縁距離はダボ径の 1.5 倍以上取る必要があると考えられる．

(6) 設 計 例

図 3.9-9 のような柱−梁仕口接合部の最大モーメントおよび回転剛性を推定する．

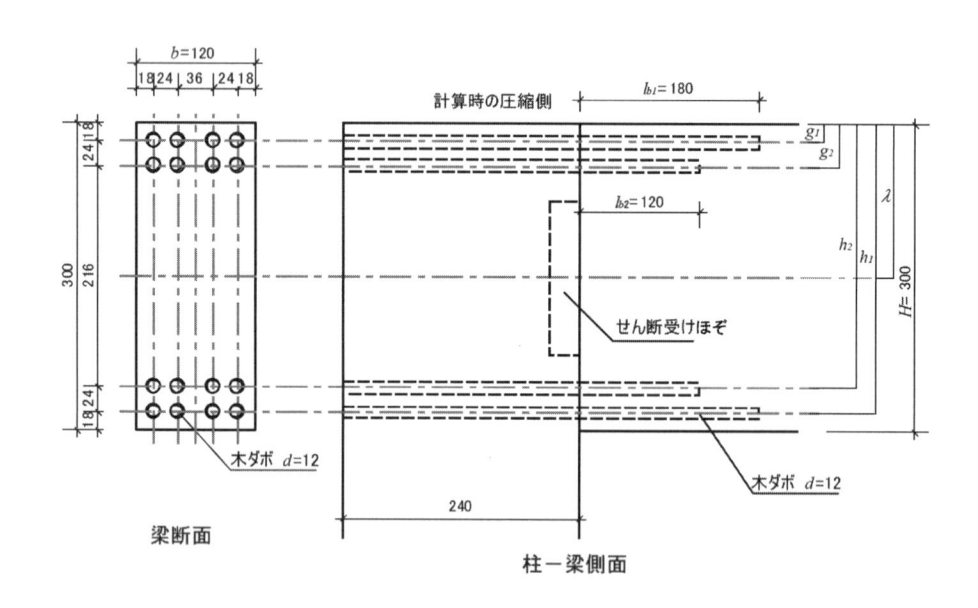

図 3.9-9 柱−梁仕口接合部設計例（単位：mm）

d：木ダボ直径	n_j：木ダボ本数（j 列目 1 列あたり）
p：木ダボ列数（片側）	l_{cj}：木ダボの柱への埋め込み長さ
l_{bj}：木ダボの梁への埋め込み長さ	E_c：柱の横圧縮ヤング係数
E_d：木ダボの縦圧縮ヤング係数	H：梁せい
b：梁幅	g_i：材縁から圧縮側ダボ i 列目までの距離
h_i：材縁から引張側ダボ列までの距離	f_v：ダボ接着層のせん断強度
Γ：ダボ接着層のせん断剛性	

(a)　ダボ1本あたりの最大引抜き力（$Q_{\max}$）と剛性を表すすべり係数（K_s）を求める.

　　柱へ埋め込まれたダボ　最大引抜き力：$Q_{\max-c}$　　すべり係数：K_{sc}

　　梁へ埋め込まれたダボ　最大引抜き力：$Q_{\max-b}$　　すべり係数：K_{sb}

(b)　力の釣合い条件より，中立軸の位置を求める.

　　圧縮力Cは，木ダボの圧縮と梁木口面の柱への圧縮の和により表される.

　　圧縮側材縁から中立軸位置までの距離をλとすると，圧縮力は式3.9-4で示される.

$$C = \sum_{j=1}^{p}\left(\sigma_{dcj}A_{dj}\right) + \left\{\frac{b\lambda}{2}\sigma_c - \sum_{j=1}^{p}\left(\frac{\lambda - g_j}{\lambda}\sigma_c A_{dj}\right)\right\} \qquad \text{式 3.9-4}$$

記号　　σ_{dcj}　　　：圧縮側j列目の木ダボが受ける圧縮応力 [N/mm^2]

　　　　σ_c　　　：柱の圧縮側材縁が受ける圧縮応力 [N/mm^2]

　　　　A_{dj}　　　：j列目のダボの断面積合計（$= n_j\pi d^2/4$）[mm^2]

　　平面保持を仮定し，ひずみの関係からσ_{dcj}をσ_cで表すと，式3.9-5のとおりとなる.

$$\sigma_{dcj} = \frac{\lambda - g_j}{\lambda}\cdot\frac{E_d}{E_c}\sigma_c \qquad \text{式 3.9-5}$$

　　式3.9-5を式3.9-4に代入し整理すると，圧縮力Cは次のように表される.

$$C = \frac{\sigma_c}{4\lambda E_c}\left\{2b\lambda^2 E_c + \pi d^2(E_d - E_c)\sum_{j=1}^{p}n_j(\lambda - g_j)\right\} \qquad \text{式 3.9-6}$$

　　引張力Tは，木ダボの引抜き力により，次式で表される.

$$T = \sum_{i=1}^{m}n_i Q_i = \sum_{i=1}^{m}n_i K_{si}\,\delta_i \qquad \text{式 3.9-7}$$

記号　　Q_i　　　：i番目の木ダボ1本あたりの引抜き力 [N]

　　　　δ_i　　　：接着層のせん断すべり [mm]

　　ダボのひずみ度をε_{dti}とすると，$\delta_i = \varepsilon_{dti}l_i$と表され，平面保持を仮定すると，式3.9-7は次のように表される.

$$T = \frac{\sigma_c}{\lambda E_c}\sum_{i=1}^{m}l_i n_i K_{si}(h_i - \lambda) \qquad \text{式 3.9-8}$$

　　力の釣合い条件より，$T = C$として式3.9-6，式3.9-8を代入し，中立軸λについて整理すると，次式のように表される.

$$\lambda = \frac{1}{4bE_c}\left[-\pi d^2(E_d - E_c)\sum_{j=1}^{p}n_j - 4\sum_{i=1}^{m}l_i n_i K_{si}\right.$$
$$\left. + \sqrt{\left\{4\sum_{i=1}^{m}l_i n_i K_{si} + \pi d^2(E_d - E_c)\sum_{j=1}^{p}n_j\right\}^2 + 8bE_c\left\{\pi d^2(E_d - E_c)\sum_{j=1}^{p}n_j g_j + 4\sum_{i=1}^{m}l_i n_i K_{si}h_i\right\}}\right] \qquad \text{式 3.9-9}$$

(c)　最大モーメントの算定

　　接合面の中立軸に関するモーメントは，式3.9-4，式3.9-6，式3.9-7，式3.9-8，式3.9-9より，次式で表される.

$$M = \sum_{j=1}^{p}\{\sigma_{dci}A_d\cdot(\lambda - g_i)\} + \frac{b\lambda}{2}\sigma_c\cdot\frac{2}{3}\lambda - \sum_{j=1}^{p}\left\{\sigma_c A_d\frac{\lambda - g_j}{\lambda}\cdot(\lambda - g_j)\right\} + \sum_{i=1}^{m}\{n_i Q_i\cdot(h_i - \lambda)\}$$
$$= \sum_{i=1}^{m}n_i Q_i(h_i - \lambda) + \frac{b\lambda^2\sigma_c}{3} + \frac{\pi d^2(E_d - E_c)\sigma_c}{4E_c\lambda}\sum_{j=1}^{p}n_j(\lambda - g_j)^2 \qquad \text{式 3.9-10}$$

(d)　回転剛性の算定

　　ダボの引抜けによる梁の変形角θは，中立軸から引張側のダボ列までの距離に対するダボの引抜き変位の比と考え，

θが小さい範囲では，次式で示される．

$$\theta = \frac{\delta_{ci} + \delta_{bi}}{h_i - \lambda} = \frac{Q_i(K_{sci} + K_{sbi})}{K_{sci}K_{sbi}(h_i - \lambda)} \qquad \text{式 3.9-11}$$

記号　　δ_c　　：ダボの柱からの引抜き変位 [mm]

　　　　δ_b　　：ダボの梁からの引抜き変位 [mm]

式 3.9-10，式 3.9-11 より，回転剛性M/θを求めると，次式のように表される．

$$\frac{M}{\theta} = \sum_{i=1}^{m} n_i \frac{K_{sci}K_{sbi}(h_i - \lambda)^2}{(K_{sci} + K_{sbi})} + \frac{b\lambda^3 E_c}{3} + \frac{\pi d^2(E_d - E_c)}{4} \sum_{j=1}^{p} n_j(\lambda - g_j)^2 \qquad \text{式 3.9-12}$$

以下の条件の時，最大モーメント：30.3kN・m，回転剛性：2.12×10³ kN・m/rad となる．

d : 12 mm	n : 4 本		
l_{c1} : 240 mm	l_{c2} : 240 mm	l_{b1} : 180 mm	l_{b2} : 120 mm
E_c : 680 N/mm²	E_d : 15 000 N/mm²	H : 300 mm	b : 120 mm
g_1 : 18 mm	g_2 : 42 mm	h_1 : 282 mm	h_2 : 258 mm
f_v : 7.7 N/mm²	Γ : 9.9 N/mm³		

3.9.3　その他の留意点

・母材の破壊が先行する場合は脆性的に破壊するため，木ダボの挿入長さや配置によって，木ダボの接着層のせん断破壊が先行するように設計する．

・現場での接着を行う場合，硬化するまでに十分な養生期間をとる．

・接着接合であるため，現場での施工の場合，圧締，仮止めなどの工夫が必要である．

3.9.3.1　品質管理

(1)　木 ダ ボ

樹種：　ヤング係数が高い（15 000 N/mm² 前後）広葉樹などを用いると良い．

品質：　以下に定めるような品質基準を設定し，基準を満たす材を用いるようにすること．

・原板状態でヤング係数を測定し，設計と対応したヤング係数の材を用いる．

・ダボへの加工時の含水率は 15％以下とし，加工後も高湿状態，温度変化を避ける．広葉樹は針葉樹に比べ湿度変化による膨潤収縮が大きい．

・目視によって節，目切れ，割れなどの欠点が無いことを確認する．

・直径の誤差が＋1.0，−0.0 mm の範囲内のものとする．

・ダボの端部は半径 3 mm 程度の面取りを施す．

(2)　接 着 剤

種類：　ポリウレタン樹脂接着剤（ウレタン以外の種類も利用可能であると考えられるが，エポキシなど硬化した際のヤング係数が高いものは，剛性は向上するものの引抜き強度が低下するため，ウレタンなどのヤング係数が低いものの方が高い強度が得られる．）

品質：　メーカーの定める使用規定に従うとともに，以下に定めるような品質・施工管理を行う．

・事前にせん断試験により接着せん断耐力を確認する．

・H12 建設省告示第 1446 号に掲げる建築材料の測定方法，検査方法等を参考に接着性およびその耐久性について検討する．

・作業・養生環境が接着剤の使用条件，養生条件に適合することを確認する．（接着剤は耐久性について明らかでない部分が多いため厳守すること）接合部接着時に接着耐力確認検査用試験体を作成し，部材と同様の環境で養生した後，所定のせん断耐力が得られるか確認する．

参 考 文 献

1) 小泉章夫：木ダボを接合具に用いた柱−土台仕口の開発，平成 11-12 年度文部省科学研究費補助金（基盤研究(C)(2)）研究成果報告書，2001 年

2) Komatsu, K. et al.：Flexural behavior of GLT beams end-jointed by glued-in hardwood dowels，Proc. CIB-W18 30th Meeting，pp.1-8，1997 年

3) 小泉章夫ほか 4 名：縦継ぎ接合具としての木ダボの引抜性能(1) 接着剤のせん断性能の評価，木材学会誌，44 巻，1 号，pp.41-48，1998 年

4) 小泉章夫ほか 4 名：縦継ぎ接合具としての木ダボの引抜性能(2)ダボ径，被着材のヤング率，ダボ間隔およびダボ数の影響，木材学会誌，44 巻，2 号，pp.109-115，1998 年

5) 佐々木貴信ほか 5 名：木ダボによる構造材の縦継ぎ(1)ダボ列 1 層のときの曲げ性能，木材学会誌，45 巻，1 号，pp.17-24，1999 年

6) Jensen, J. L. et al.：Timber joints with glued-in hardwood dowels，Proc. Pacific Timber Engineering Conference，pp.100-107，1999 年

7) 小泉章夫ほか 5 名：母材の繊維と直交方向に挿入接着した木ダボの引抜性能，木材学会誌，45 巻，3 号，pp.230-236，1999 年

8) 小泉章夫：構造用の木ダボ接合，木材工業，55 巻，5 号，pp.196-200，2000 年

9) 小泉章夫ほか 4 名：木ダボを接合具に用いた柱脚柱頭接合部（仕口）のモーメント抵抗性能，木材学会誌，47 巻，1 号，pp.14-21，2001 年

10) Jensen, J.L. et al.：Axially loaded glued-in hardwood dowels，Wood science and Technology 35(1/2)，pp.73-83，2001 年

3.10　ラージ・フィンガー・ジョイント

3.10.1　基 本 情 報

3.10.1.1　接合部名称

Large finger joints：ラージ・フィンガー・ジョイント（以下 LFJ とする）

かつては，Big finger joint（BFJ）と呼ばれていた．

3.10.1.2　接合部概要

　LFJ とは，フィンガーの長さが 45 mm 以上 [1]の大型のフィンガージョイントの総称である．代表的な仕様を図 3.10-1 に示す．スカーフ傾斜角 θ はドイツ規格 DIN68140[2]によって 7.1° 以下とされている．LFJ 構法とは，この大型のフィンガージョイントで木口面を切削加工した大断面集成材の柱・梁部材を接着することで，単位骨組みや大スパン架構を架設していく構法を指す．建設現場での接着を想定した構法であるが，小規模であれば工場で接着してフレームにした後に建設現場に搬入することもある．

　LFJ を用いた接合形式としては，図 3.10-2(a)の直接接合型と図 3.8-2(b)の繋ぎ材挿入型の 2 種類がある．CLT の縦継ぎや幅はぎに用いることも検討されている [3]が，本節では，集成材フレーム構造を対象として解説する．

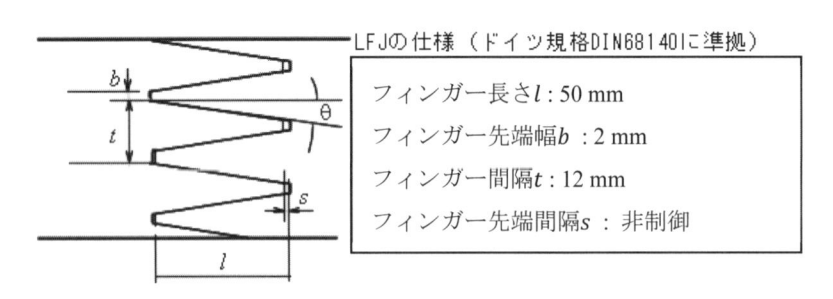

図 3.10-1　LFJ の仕様

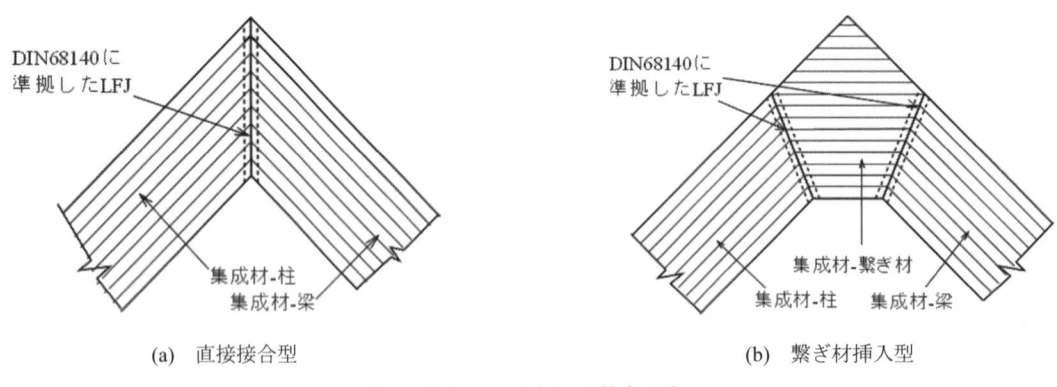

(a)　直接接合型　　　　　　　　　　　　　(b)　繋ぎ材挿入型

図 3.10-2　LFJ を用いた接合形式

3.10.1.3　力の伝達形式

・基本的には，LFJ のスカーフ接着面を通じてせん断応力が伝達される．

・部材に作用する力としては，引張力，圧縮力，せん断力，曲げモーメント，ねじりモーメント等の全ての力を伝達し得るが，力の種類によって荷重伝達能力，破壊性状に大きな違いがあるので，設計には細心の注意が要求される．

・特に，開くモーメントを受ける場合の荷重伝達能力は，閉じるモーメントを受ける場合の 1/2 以下であり，破壊性状も極めて脆性的であるので，開くモーメントに対しては何らかの補強が必要である．

3.10.1.4 対称構造・使用部位

・集成材構造建築物の柱-大梁接合部に使用する.

・集成材構造建築物の大梁-大梁接合部に使用する.

・集成材構造建築物の登り梁-柱接合部に使用する.

＜施工例＞

図3.10-3a)からd)に我が国で実際の建物にLFJ構法が適用された状況を示す.

ただし，図3.10-3a)からd)の写真は，同一物件の一連の工程を示したものではなく，各工程の状況を説明するために別々の物件の施工状況を並べて示したものである.

図3.10-3a)　フィンガーへの接着剤塗布

図3.10-3b)　簡易圧締治具を使った現場接着

図3.10-3c) 単位骨組みの建上げ

図3.10-3d)　現場接着LFJによる骨組み構造

3.10.2　設 計 情 報

3.10.2.1　LFJ の強度特性

(1)　モーメントの作用方向と破壊に関与する応力成分の分布

LFJを閉じる方向にモーメントMが作用する場合には，LFJ接合部に沿って，通常の曲げ応力と同じ応力分布の曲げ応力σ_xが発生する.

一方，LFJを開く方向にモーメントMが作用する場合は，LFJ接合部に集成材の繊維直交方向の応力，すなわち，割裂応力σ_yが発生し，非常に脆性的な先行破壊をもたらすことがあるので注意が必要である.

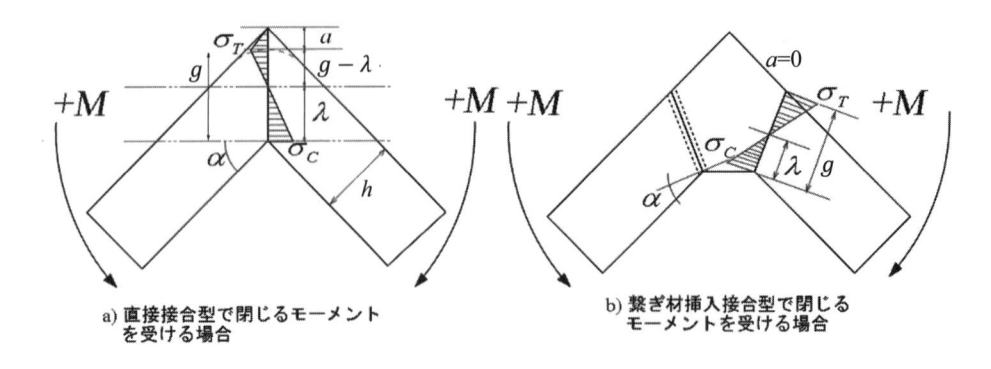

図3.10-4　閉じるモーメントが作用する場合：集成材の繊維平行方向応力（曲げ）

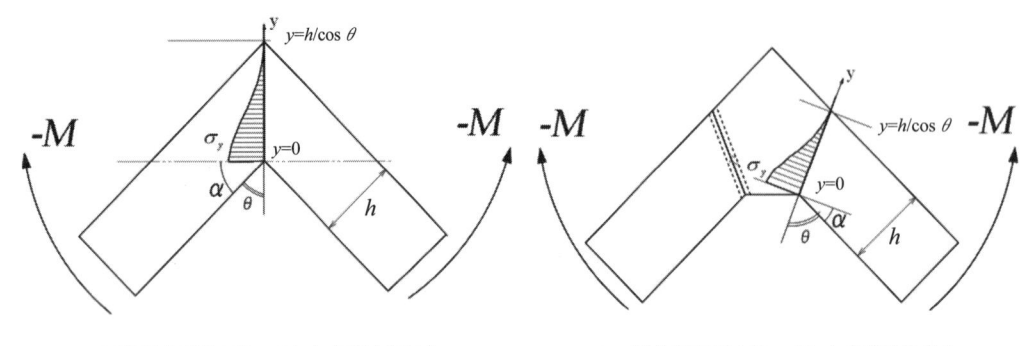

図3.10-5　開くモーメントが作用する場合の割裂応力の分布（式3.10-5参照）

(2)　モーメントを受けるLFJの強度特性

(a)　閉じるモーメントを受ける場合

1)　直接接合型

　閉じるモーメントを受ける場合，接着接合としては例外的に若干の塑性域を有する安定した挙動を示す．最初に，図3.10-4a)に示す圧縮応力によって，フィンガー接合部が圧縮降伏を起こしモーメント（M）–回転角（θ）関係に非線形挙動が現れる．最終的には，引張り側応力がある限界値に達して破壊に至る．この場合の破壊は，フィンガースカーフ面のねじりを伴うせん断破壊（ローリングシア）であると考えられるが，実務設計としては，ある角度を持って接合されたフィンガーの底部における断面欠損によって軸材が引張り破壊するものとして算定できる．

　屋根荷重と積雪荷重等の鉛直荷重を主たる設計荷重とするヨーロッパでは，LFJの設計式はこの閉じる方向における破壊形態を想定したものしか存在しない．図3.10-6に2部材の軸心の交点座標における存在モーメントをLFJ全体のモーメント（M）として，その座標を回転中心とした2部材の相対変形角（LFJ接合部回転角＋部材たわみ角）との関係の一例を示す．

　図中に横棒で示すM_{cal}の値は，後述する式3.10-1による推定モーメントである．図3.10-7に，この試験体が終局状態を迎えた時点において観察された典型的な破壊形態の写真を示す．最初，圧縮側のフィンガー交差部が過度の圧縮応力を受けて塑性変形を起こす．終局的には引張り側のフィンガー根元の破断が生じるが，このときスカーフ面のせん断破壊（ローリングシア）をともなって，LFJ全体が終局状態を迎える．破壊形態から見れば，降伏耐力は，圧縮側フィンガー部の圧縮耐力で推定され，最大耐力は引張側フィンガー根元の断面欠損を考慮した母材の引張耐力で推定可能と考えられるが，引張側の応力分布が圧縮側の降伏変形に伴って変化するため，軸材の曲げ強度相当のモーメントがえられる．

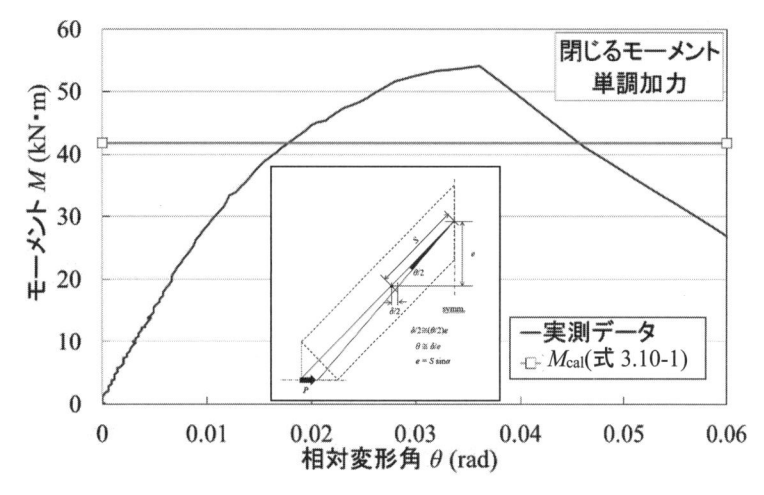

図 3.10-6 　閉じるモーメント（単調増加型加力）を受ける直接接合型の挙動

図 3.10-7 　閉じるモーメントを受ける直接接合型 LFJ の破壊形態の例

2）繋ぎ材挿入型

　繋ぎ材を挿入した場合も，基本的には直接接合型と同様の非線形挙動を伴う比較的安定した挙動を示す．図 3.10-8 にこのような状況を想定して実験した際に得られたモーメント（M）－相対変形角（θ）の関係の一例を示す．図中に横棒で示すM_{cal}の値は，後述する式 3.10-1 による推定モーメントであり，破壊点（フィンガージョイント位置）の存在モーメントである．

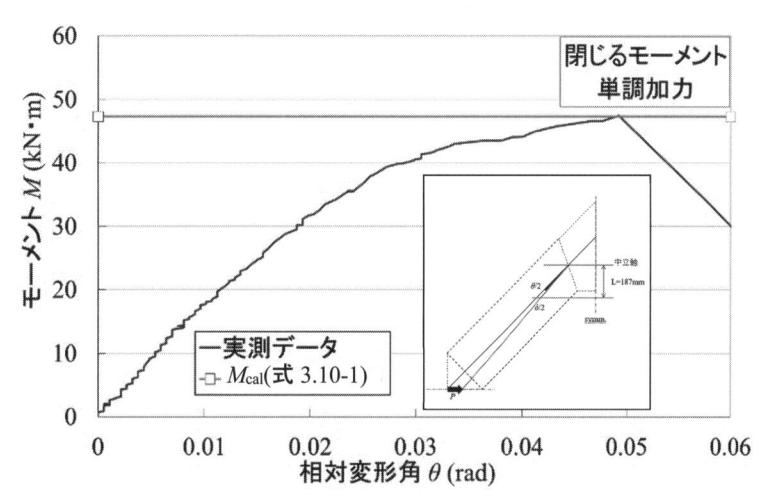

図 3.10-8 　閉じるモーメント（単調増加型加力）を受ける繋ぎ材挿入型の挙動

　破壊の起点となる応力状態は，図 3.10-9 に示すように，接合面に作用する引張応力σ_{Jt}の sin 成分が繋ぎ材の繊維直交方向の割裂を誘引し，図 3.10-10 のように繋ぎ材側のフィンガー底部から初期破壊が発生し，大きな荷重低下を招く．継ぎ材頂部の引張応力は 0 であることから，軸材の木口角度αを小さくして継手位置を頂部側に近づけることで，繋ぎ材の横引張破壊に対して有利になる．

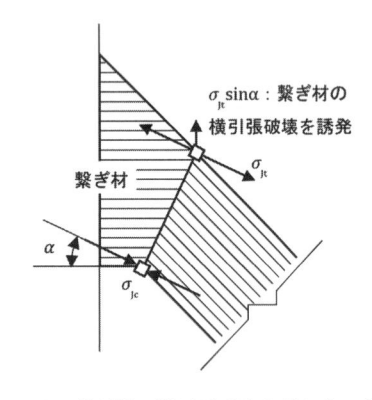

図 3.10-9　繋ぎ材の横引張破壊を誘発する曲げ応力

図 3.10-10　繋ぎ材接合部からの初期横引張破壊
（直角に繋いだ場合の顕著な例）

(b)　開くモーメントを受ける場合

1）直接接合型

　この場合は，図 3.10-5a)に示すように LFJ 接合面に沿ってy方向に分布し，$y = 0$で最大値を取る集成材の繊維直交方向に働く横引張応力σ_yによる割裂破壊が支配的となる．破壊荷重は閉じるモーメントが作用する場合の 1/2 と小さく，破壊性状は非常に脆性的で危険である．このような場合のモーメント（M）－回転角（θ）関係の実験例を，図 3.10-11 に示す．また，図 3.10-12 に典型的な破壊形態の写真を示す．写真でもわかるように，最初の割裂破壊の発生位置は判断し難い．図 3.10-5a)に示す近似理論に基づく応力分布によれば，最も下の交差部から割裂が発生することになるが，実際は材中央付近から割裂が発生することが多いようである．

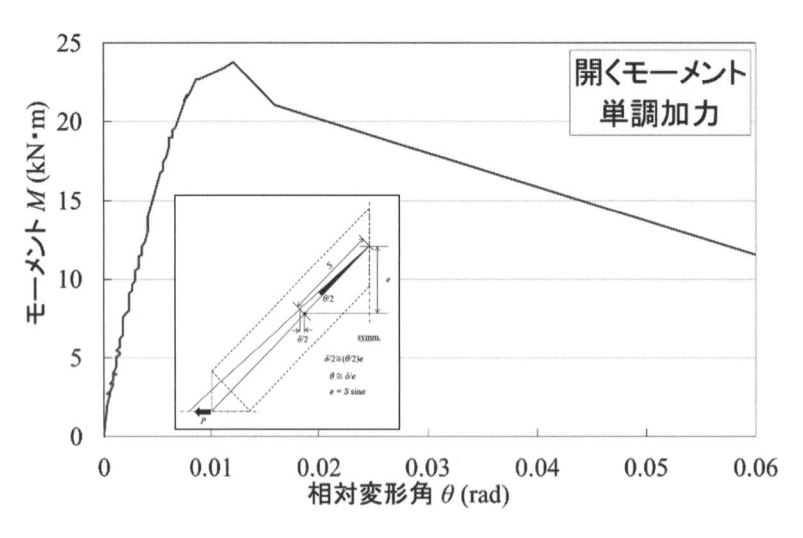

図 3.10-11　開くモーメント（単調増加型加力）を受ける直接接合型の挙動

図 3. 10-12　開くモーメントを受け，LFJ 接合面で繊維直交方向割裂破壊した例

2）繋ぎ材挿入型

　この場合も，図 3.10-5b)に示すように，LFJ の接合面に沿ってy方向に分布し，$y=0$で最大値を取る横引張応力σ_yによる割裂破壊が支配的である．破壊荷重は閉じるモーメントが作用する場合の 1/2 以下と小さく，破壊性状は非常に脆性的で危険である．図 3.10-13 にこのような状況を想定して実験した際に得られたモーメント（M）−回転角（θ）の関係の一例を示す．

　図 3.10-14 にはこのような状況において観察された典型的な破壊形態の写真を示す．近似理論に基づく応力分布によれば，最も下のフィンガー接合部辺りから割裂が発生することになるが，実際には写真中に①と書かれた位置から最初の割裂クラックが発生した．やはり繋ぎ材の中央部分辺りから割裂が発生するようである．

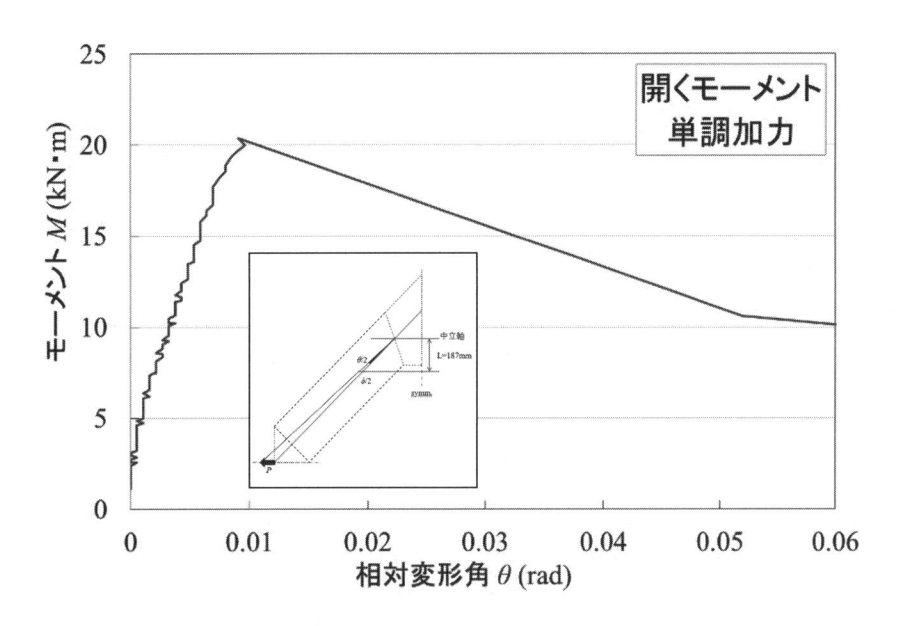

図 3. 10-13　開くモーメント（単調増加型加力）を受ける繋ぎ材挿入型の挙動

図3.10-14　開くモーメントを受ける繋ぎ材のLFJ接合面での繊維直交方向割裂破壊

3.10.2.2　LFJの最大モーメントの計算による推定

(1)　閉じるモーメントを受け，圧縮側で降伏が発生する場合

圧縮側で降伏が発生する場合の最大モーメントM_{c-1}は次式により求める[4]．

$$M_{c-1} = \frac{bF_{c-effect}g(g+a)}{6} \qquad\qquad 式\ 3.10\text{-}1$$

$$F_{c-effect} = F_{c0}\left\{1 + \left[\frac{F_{c90}}{F_{c0}} - 1\right]\sin\alpha\right\} \qquad\qquad 式\ 3.10\text{-}2$$

記号　g　　　　：FJ断面において曲げ応力が圧縮側から引張側にむかって直線で表すことができる領域の長さ

　　　　　　　　　〔図3.10-4参照〕[mm]．直接接合型では梁せいhに等しいものとする．

　　　a　　　　：頂部に向って引張応力がゼロに向かう領域の長さ〔図3.10-4参照〕[mm]

　　　b　　　　：材幅 [mm]

　　　F_{c0}　　　：集成材の繊維方向の圧縮強度 [N/mm²]

　　　F_{c90}　　：集成材の横圧縮強度 [N/mm²]

上式は材幅をbとして，中立軸の位置λが次の式3.10-3で求められることによって誘導されたものである．

$$\lambda = \frac{g^2 + ga}{2g + a} \qquad\qquad 式\ 3.10\text{-}3$$

また，式3.10-2に示すLFJの見かけの圧縮強度$F_{c-effect}$に関しては，文献5)から引用した．

(2)　閉じるモーメントを受け，引張側でLFJが引張破壊する場合

引張側でLFJが引張破壊する場合の最大モーメントM_{t-1}は次式により求める[4]．

$$M_{t-1} = \frac{bF_{gt}g(g+a)}{6} \qquad\qquad 式\ 3.10\text{-}4$$

$$F_{gt} = 1.5f_{LFJ}$$

記号　F_{gt}　　　：LFJの引張基準強度[7] [N/mm²]

　　　1.5　　　：短期許容応力度と基準強度との比[7]

　　　f_{LFJ}　　：LFJの短期引張許容応力度で，かつて日本住宅・木材技術センターのBFJ委員会[7]が定めたフィン

　　　　　　　　　ガースカーフ面積に対してベイマツの50 kgf/cm²という値（4.905 N/mm²）をここでも充当する

(3)　開くモーメントを受け，引張側でLFJが引張破壊する場合

(2)と同じと考えて，式3.10-4を適用する．

(4)　開くモーメントを受け，集成材が横引張応力で割裂破壊する場合

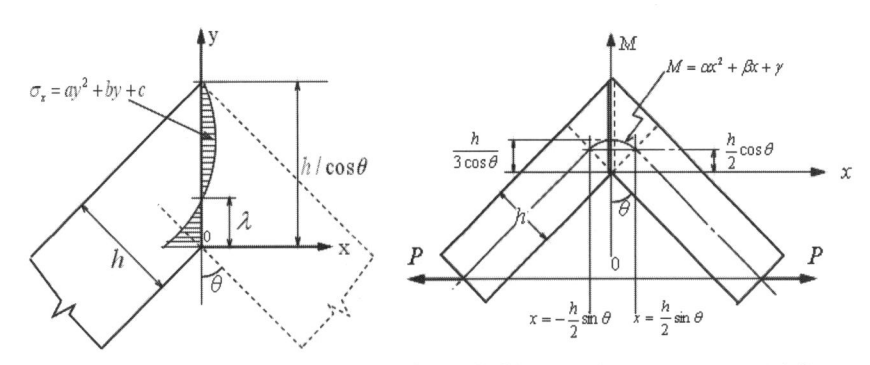

図 3.10-15　LFJ 試験体において仮定した曲げ応力の分布とモーメントの分布 [8]

　LFJ 内での曲げ応力の分布を図 3.10-15 のように二次式で仮定し，LFJ 接合面のy方向に沿って応力の釣合い式を解くことによって，式 3.10-5 に示す近似的な横引張応力の分布式を得た [8].

$$\sigma_y = \left\{\frac{48P(2 - 3\cos^2\theta)\cos^3\theta}{bh^5\sin^2\theta}\right\} \times \left\{\frac{y^4}{12} - \frac{2h}{9\cos\theta}y^3 + \frac{h^2}{6\cos^2\theta}y^2 - \frac{h^4}{36\cos^4\theta}\right\}$$　　　　式 3.10-5

　式 3.10-5 は$y = 0$で最大値をとるから，LFJ 接合部が集成材の横引張破壊によって脆性破壊を生じる時の臨界荷重は式 3.10-6 によって推定できる [8].

$$P = -\frac{3bh\sin^2\theta}{4(2 - 3\cos^2\theta)}F_{t90}$$　　　　式 3.10-6

記号　　F_{t90}　　：集成材の横引張強度 [N/mm²]. ISO 規格（EN1193）に準じて決定する.

　　　　b　　　：集成材の幅 [mm]

　　　　h　　　：集成材の材せい [mm]

　図 3.10-16 に示す実験に対する式 3.10-6 による検証結果を以下に示す.

　実測されたカラマツ集成材（E105-F300）の横引張強度試験の状況 [9]と結果を図 3.10-17 および表 3.10-1 に示す. 表 3.10-1 の平均値をF_{t90}とみなして，式 3.10-6 に代入して破壊強度を予測した結果と，実験結果の比較を図 3.10-18 に示す [8]. 両者は比較的よく一致している.

図 3.10-16　検証実験の様子（左：新田 [10]による実験，右：野田 [9]による実験）

図 3. 10-17　集成材の横引張強度実験状況 [9]

表 3. 10-1　集成材の横引張強度の実測値 [8]

	σ_{t90} [N/mm²]	密度 [kg/m³]
平均値	0.843	544
標準偏差	0.125	38
CV(%)	14.9	7.0
試験体数 n	14	11

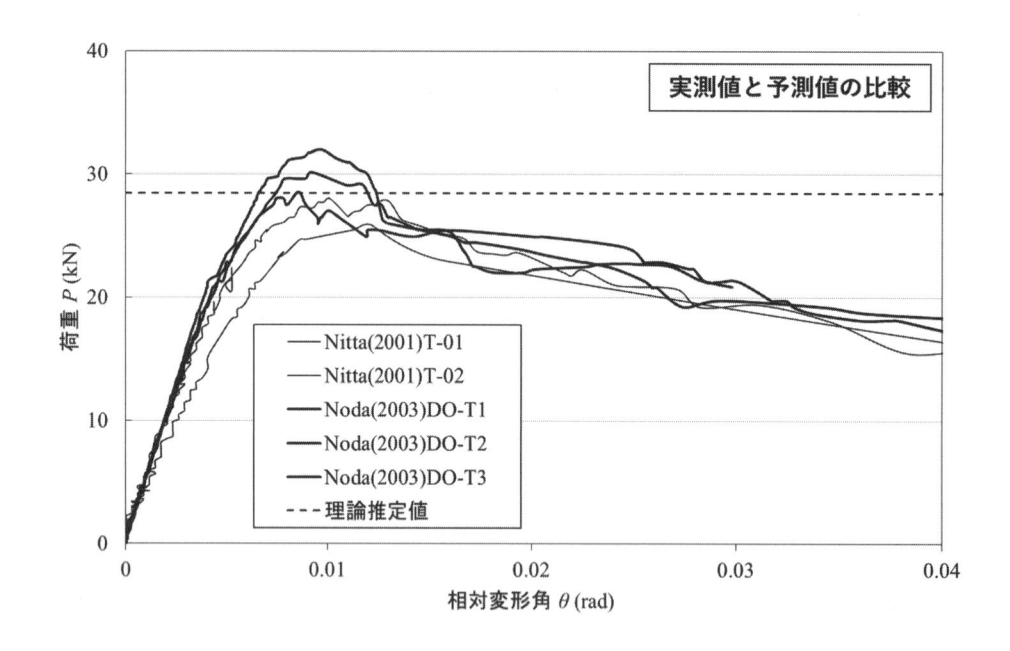

図 3. 10-18　実験結果と計算予測の比較 [8]

(5)　T 形，十字形への拡張

　多層構造を想定した場合には繋ぎ材挿入型の応用となるが，ここで T 形，十字形とする場合 [11] に注意すべきは，鋼構造の接合部パネルは非常に大きい塑性変形能力を有していることを前提とできることに対して，木質材料のせん断変形性能は靭性は期待できない点である．繋ぎ材が脆性破壊すると柱の支持力を失うことにつながるため，先行破壊となる設計は避けるべきである．L 形試験結果が示すように開閉モーメントに差があることから，繋ぎ材に異方性があるとフィンガージョイント側を先行破壊させることは難しい．したがって，本事例では，繋ぎ材に合板を二次接着して厚物にしたものを繋ぎ材に適用した上で，鋼構造の柱梁接合部の設計 [12] で採用されている柱と梁で囲まれる部分（接合部パネル）を柱梁部材と独立して設計する方法を準用する．接合部パネルに作用するモーメント $_pM$ は，次式で表すことができる．

$$_pM = {}_bM_R + {}_bM_L \qquad\qquad 式\ 3.10\text{-}7$$

記号　　${}_bM_R,\ {}_bM_L$　：接合部パネルの右および左の梁端部に作用するモーメント [N・mm]

　一方，接合部パネルのせん断変形をモーメントとして表現した降伏モーメント$_pM_y$は次式を用いて算定される．

$$_pM_y = \frac{V_e}{\kappa}\sqrt{1-n^2} \times \tau \qquad\qquad 式\ 3.10\text{-}8$$

記号　　V_e　　　　　　：接合部パネルの有効体積 [mm³]

　　　　κ　　　　　　：せん断に関する形状係数

　　　　n　　　　　　：接合部パネルの軸力比

　　　　τ　　　　　　：降伏せん断強さ（鋼材における$F_y/\sqrt{3}$に対応する値）[N/mm²]

　軸力比を考慮せず，形状係数は矩形に対して 1.5 を採用すると，式 3.10-8 は次式となる．

$$_pM_y = \frac{2bh_bh_c}{3}\tau \qquad\qquad 式\ 3.10\text{-}9$$

記号　　h_b　　　　　　：接合部パネルの有効幅（梁側）[mm]

　　　　h_c　　　　　　：接合部パネルの有効幅（柱側）[mm]

　式 3.10-6 と式 3.10-9 を用いて，$_pM$と$_pM_y$の大小を比較することで，LFJ 部の曲げ降伏が先行するか，繋ぎ材のせん断降伏が先行するかについて検討する．

　合板積層部材を繋ぎ材とした場合の設計モデルを図 3.10-19 に示す．ここでは，柱と梁の部材断面が同じとし，十字形では$h_b = h_c = 1.5h$，T 字形では$h_b = 1.5h$，$h_c = 1.25h$とする．

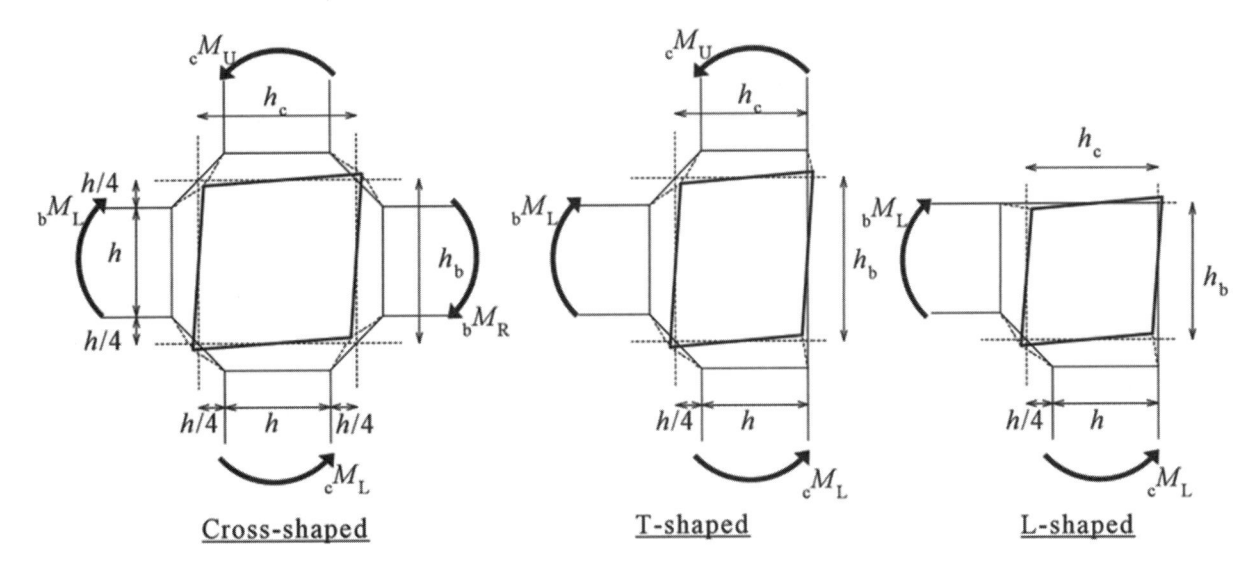

Cross-shaped　　　　**T-shaped**　　　　**L-shaped**

図 3.10-19　柱および梁からモーメントを受ける場合のつなぎ材のせん断変形モデルとその有効断面 ($h_b \times h_c$)

　図 3.10-20 に T 形試験における実験値と推定値の比較を示す．この T 形の実験では，合板積層部材の表板繊維方向を柱軸方向に一致させて実施したものである．結果，$_pM_y$の推定値がM_{max}を上回っていたが，合板の曲げ強度は，0 度方向と 90 度方向では同等であるのに対して，45 度方向の曲げ強度は 0 度方向 90 度方向にくらべて小さい．破壊性状からも 45 度方向の強度で曲げ破壊モーメントを推定しているが，$_pM_y$は下限値であることから，材料強度のばらつきによって大小関係が逆転し，終局破壊性状が接合部パネルで起こる可能性を残す．実務設計では中間部材に梁受け金物などを取り付ける加工が施されることなどによる耐力低下が考えられることからも，許容応力度設計の範囲であっても，合板積層部材は柱軸方向に対して45°傾けて確実に曲げ破壊が先行する条件としておいた方が信頼性の高い設計となるものと考える．

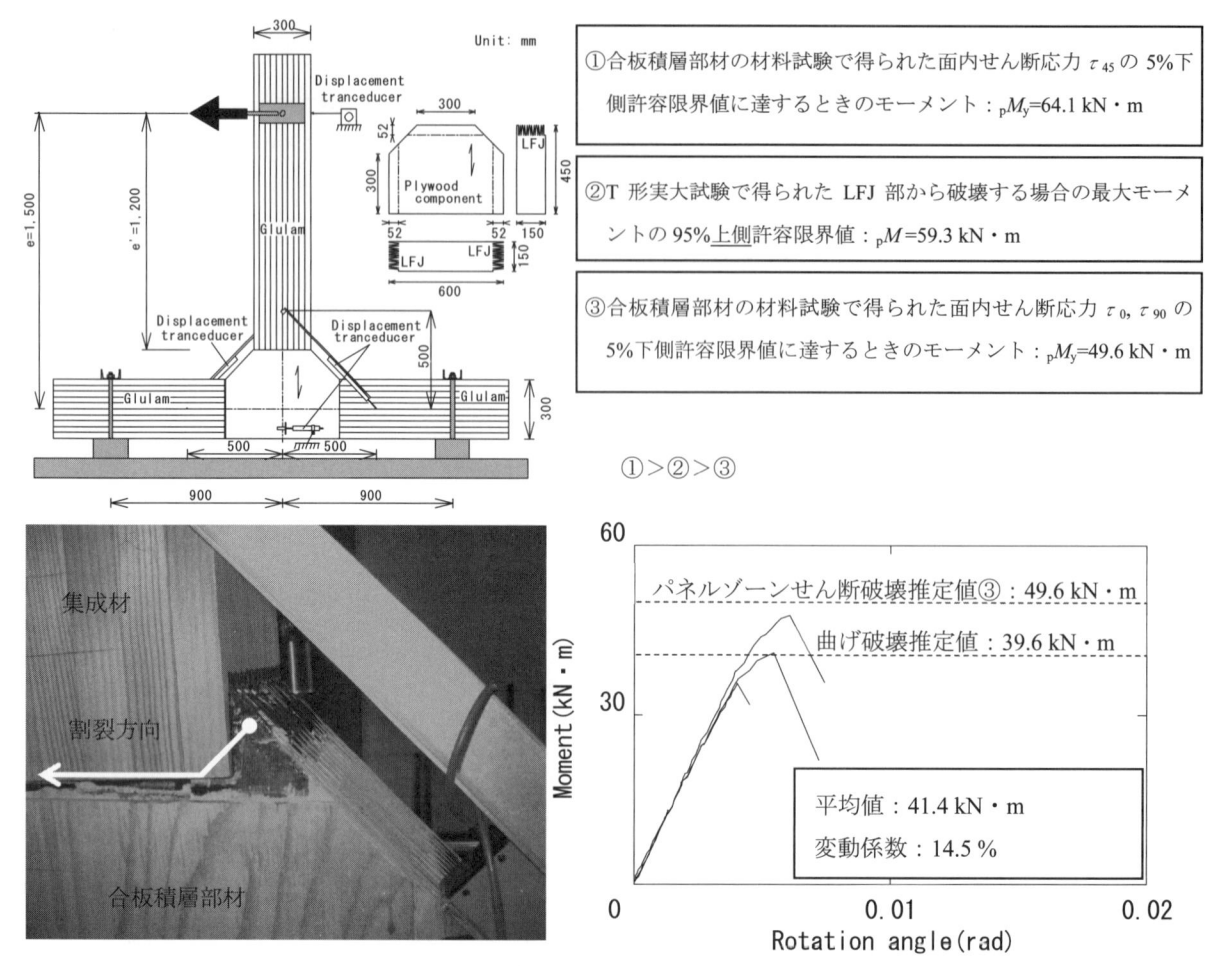

①合板積層部材の材料試験で得られた面内せん断応力 τ_{45} の 5%下側許容限界値に達するときのモーメント：$_pM_y$=64.1 kN・m

②T 形実大試験で得られた LFJ 部から破壊する場合の最大モーメントの95%上側許容限界値：$_pM$=59.3 kN・m

③合板積層部材の材料試験で得られた面内せん断応力 τ_0, τ_{90} の5%下側許容限界値に達するときのモーメント：$_pM_y$=49.6 kN・m

①>②>③

図 3.10-20　T 形試験における実験値と推定値の比較

3.10.3　そ の 他

3.10.3.1　材料・材質

使 用 材 料：JAS 構造用集成材

金　　　物：必要に応じて使用する．例えば，図 3.10-3d に示す LFJ 接合部の場合，開くモーメントが作用した時に脆性破壊が発生することを阻止するために，鉄筋のブレースが追加されているのが分かる．嵌合治具を兼ねることも有効である[13].

3.10.3.2　長所・短所

(1)　長　　　所

・金物をほとんど使わないので，鋼板挿入ドリフトピン接合法などに比べて鋼板のコスト等の面で経済的である．ただし，現場接合用治具の製作に若干の初期コストが掛かる．

・審美性に優れている．

(2)　短　　　所

・開くモーメントを受ける場合，破壊性状が脆性的で現状では鉄筋ブレースの追加などの何らかの補強が必要である．

・現場施工には，温度管理をはじめとする細心の注意が必要で，経験豊かな現場管理者が必要である．

(3)　留　意　点

・施工現場では現場で使用した接着剤を用いて接着強度試験体を作製し，強度試験を行って接着接合の品質を確認する等の検査が望ましい．

・接着接合に関する仕様規定は基本的に参考文献 7)に従うものとする.

・フィンガー形状については，さらに高い接合効率が得られる形状も理論上は考えられるが，加工安定性，現場におけるハンドリング，さらには加工時点と嵌合現場の平衡含水率の違いによるフィンガー形状の変化などへの配慮が必要である．適正な圧締圧についても嵌合試験 14)などを経て十分な検証をされたい.

参 考 文 献

1) EN14080:2013, "Timber structures - Glued laminated timber and glued solid timber – Requirements"
2) DIN68140, "Finger joint in wood", (1971), Deutsches Institut für Normung.
3) Kohei Komatsu et al. : Mechanical performances of finger jointed cross laminated timber (CLT), European Journal of Wood and Wood Products, https://doi.org/10.1007/s00107-020-01645-3, 2021 年
4) Kohei Komatsu et al. : Moment-Resisting Performance of Glulam Beam-to-Column Joints Composed of Various Types of Large Finger Joints, Proceedings of the Symposium on Joints in Timber Structures, 55th Rilem Annual Week, Stuttgart, Germany, 2001 年
5) Aicher, S. et al. : Numerical and full scale experimental investigations on glulam frame corners with large finger joints, International Conference of IUFRO S5.02 Timber Engineering, Copenhagen, pp.239-258, 1997 年
6) 新田亜希ほか 2 名 : Large Finger Joint を用いた集成材骨組み構造の変形と耐力に関する研究，第 50 回日本木材学会大会研究発表要旨集，p.244，2000 年
7) 現場接着接合研究開発委員会 : 現場接着による集成材梁継手の開発報告書，日本住宅木材技術センター，木造化推進標準設計施工マニュアル作成等事業報告書，1992 年
8) Kohei Komatsu et al. : Radial Stress in Glulam Frame Corner with Large Finger Joint (LFJ), Proceedings of 6th International Wood Science Symposium (IWSS), Bali, 2005 年
9) Yasunobu Noda et al. : Reinforcement of Large Finger Joint for Progressing Mechanical Properties of Glued Laminated Timber Corner Joints, Wood Research, 90, pp.25-26, 2003 年
10) Aki Nitta and Kohei Komatsu : Moment-Resisting Performance of Glulam Beam-to-Column Joints Composed of Various Types of Large Finger Joints, Wood Research, 88, pp.56-57, 2001 年
11) 野田康信ほか 3 名 : 中間部材に合板を用いたラージフィンガージョイント接合部の性能，木材学会誌 59(1), pp.34-44, 2013 年
12) 日本建築学会 : 鋼構造接合部設計指針 第 2 版，pp. 206-214, 2006 年
13) 新田亜希ほか 3 名 : Large Finger Joint を用いた集成材骨組み構造の変形と耐力に関する研究 その 2-ボルト挿入による耐力・変形能力向上の試み，第 51 回日本木材学会大会研究発表要旨集，p.181, 2001 年
14) 野田康信ほか 2 名 : ラージフィンガージョイントで縦継ぎしたカラマツ集成材の接合強度の推定，材料 62(4), pp.274-279, 2013 年

3.11 嵌合系継手・仕口

3.11.1 長ほぞ込栓仕口
3.11.1.1 基本情報
(1) 接合部名称

長ほぞ込栓：Mortise and tenon joint with wood peg（fasteners）

(2) システム模式図

長ほぞ込栓仕口接合部の概要を図 3.11-1 に示す.

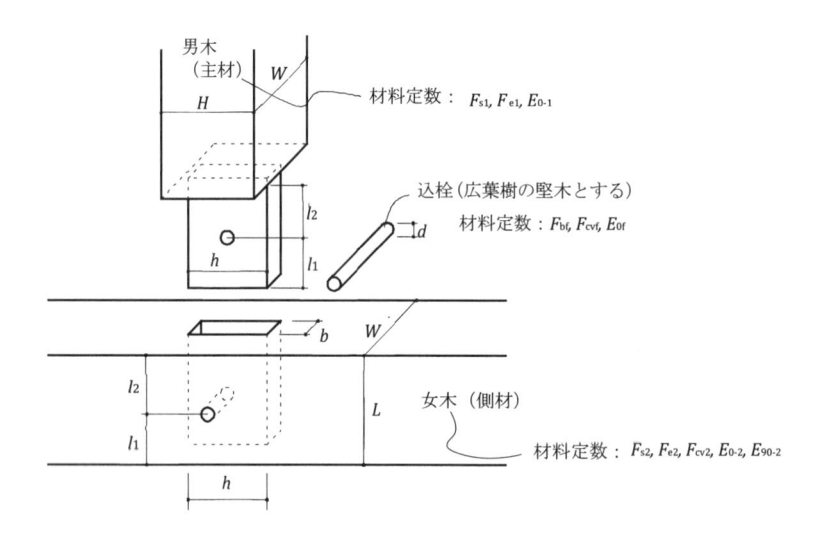

図 3.11-1 接合部の模式図

(3) 力の伝達形式

接合部が引張力を受ける際に，力が伝達される部分を図 3.11-2 に示す.

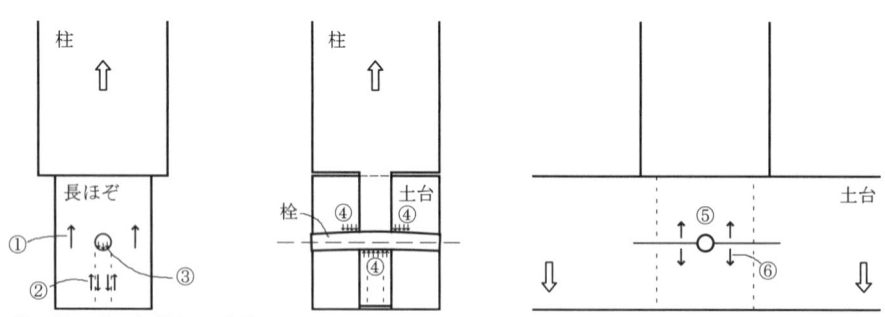

① 長ほぞの欠損部の引張
② 長ほぞ先端部のせん断
③ 長ほぞの込栓穴下側の支圧
④ 2 面せん断を受ける込栓のせん断・曲げ
⑤ 女木の込栓穴上側の支圧
⑥ 女木の繊維直交方向引張による割り裂き

図 3.11-2 力の伝達形式

(4) 対象構造・使用部位

在来軸組工法の柱と横架材の接合部，特に，柱脚と土台の接合部に用いられる. 常時は柱の木口面で圧縮力を伝達し

て，短期にのみ引張力が作用する．

3.11.1.2　設 計 情 報

(1)　長ほぞ込栓仕口の圧縮と引張に対する剛性と降伏耐力・最大耐力の計算式

以下では，図 3.11-1 中の記号を用いて計算式を示す．

(a)　圧縮剛性K_{cv}

等変位めり込み式〔本書 5.1.4.7 参照〕を用いる．$x_p = H$，$y_p = W$，$C_y = 1.0$，$Z_0 = L$より，女木の左右の余長をx_1，x_2とすると，

$$C_x = 1 + \frac{2L}{3H}\left(2 - e^{-\frac{3x_1}{2L}} - e^{-\frac{3x_2}{2L}}\right)$$

左右の余長が$1.5L$以上あるときは，余長による効果の変化が小さくなることから$C_x = C_{xm} = 1 + 4L/3H$としてよい．

$$K_{cv} = \frac{H \cdot W \cdot C_x \cdot E_{90-2}}{L} - \frac{h \cdot b \cdot E_{90-2}}{L} = \frac{(H \cdot W \cdot C_x - h \cdot b) \cdot E_{0-2}}{50 \cdot L} \qquad \text{式 3.11-1}$$

（※長ほぞの木口が基礎などから反力を受ける場合は，圧縮側ピンとしてよい）

(b)　圧縮降伏耐力P_{ycv}

降伏変位δ_yは次式のとおり．

$$\delta_y = \frac{L \cdot F_{e2}}{E_{90-2}\sqrt{C_x \cdot C_y \cdot C_{xm} \cdot C_{ym}}} = \frac{50 \cdot L \cdot \frac{2.4}{3}F_{cv2}}{E_{0-2}\sqrt{C_x \cdot C_{xm} \cdot C_{ym}}} \qquad \text{式 3.11-2}$$

$$C_{xm} = 1 + \frac{4L}{3H}, \qquad C_{ym} = 1 + \frac{4L}{3nW}$$

女木のめり込み圧縮による降伏耐力P_{ycv}は次式のとおり．

$$P_{ycv} = K_{cv}\delta_y \qquad \text{式 3.11-3}$$

(c)　引張剛性K_t

3.4 節のせん断抵抗型木ダボ接合の式 3.4-22，23 による．

(d)　引張耐力P_t

破壊もしくは降伏として，①込栓 2 面せん断接合部の降伏，②長ほぞ先端のせん断破壊，③女木を込栓が割り裂くことによる割裂破壊，の 3 通りが想定される．

①　込栓 2 面せん断接合部の降伏P_{yj}

3.4 節の木ダボ接合（せん断抵抗型）の式 3.4-8 による．

②　長ほぞ先端のせん断破壊P_{us}

P_{us}は次式により求める．

$$P_{us} = F_{s1} \cdot \left(l_1 - \frac{d}{2}\right) \cdot b \cdot 2 \qquad \text{式 3.11-4}$$

③　女木の込栓部分からの割裂破壊P_{uk}

Van der Put らによる割裂破壊理論式 [1] にもとづき次式により求める．

$$P_{uk} = \frac{2(W - b) \cdot C_r}{\sqrt{\dfrac{1}{l_2} - \dfrac{1}{L}}} \qquad \text{式 3.11-5}$$

C_r [N/mm$^{1.5}$]の値は，木規準と同様，J1：12.0，J2：10.0 ，J3：8.0 とする．

引張耐力P_tはこれらの最小値として次式により求める．

$$P_t = \min\{P_{yj}, P_{us}, P_{uk}\} \qquad \text{式 3.11-6}$$

(2) 長ほぞ込栓仕口の圧縮と引張に対する剛性と耐力の計算例

既往の実験結果 [2] との比較・検討を行う．I3-4 を計算例とし，その他の寸法については各計算値を表 3.11-1 に示す．

(a) 各部寸法と材料定数

比較・検討を行う試験体の各部寸法を図 3.11-3 に示す．

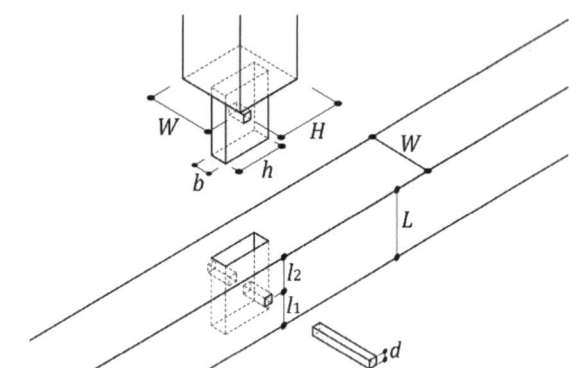

No.	各部寸法[mm]						
	W	L	b	h	H	l_1, l_2	d
I3-1		120					15×15
I3-2		150					
I3-3			30				18×18
I3-4	120			90	120	$L/2$	$\varphi 15$
I3-5		120					$\varphi 18$
I3-6			36				15×15
I3-7			24				

図 3.11-3 各部寸法

主材および側材：スギ

接合具（込栓）の面圧めり込みについては，基準支圧強度を使う．

$E_0 = 7000$ [N/mm²]，$F_s = 1.8$ [N/mm²]，$F_{cv} = 6.0$ [N/mm²]，$F_{e1} = 19.4$ [N/mm²]，$F_{e2} = 9.7$ [N/mm²]，$n = 5$（J3）

込栓：シラカシ

ここでは実験値との比較のため，式 3.4-26，式 3.4-28 から得られる平均物性値を使う．

実験時の実測平均密度 [2] $\rho = 0.76 \times 10^3$ [kg/m³]として

$E_{0f} = 2\,100 + 13\,700\rho = 2.1 + 13.7 \times 0.76 = 12\,512$ [N/mm²]

$F_{bf} = 8.1 + 136\rho = 8.1 + 136 \times 0.76 = 111.5$ [N/mm²]

$F_{cvf} = -8.2 + 35.4\rho = -8.2 + 35.4 \times 0.76 = 18.7$ [N/mm²]

$F_{sf} = (-7.7 + 100\rho)d^{-0.4} = (-7.7 + 100 \times 0.76) \times 15^{-0.4} = 23.1$ [N/mm²]

(b) 圧縮剛性とめりこみ降伏耐力

側材は両側の余長（主材の面から）が1.5L以上あるので，

$$C_x = C_{xm} = 1 + \frac{4L}{3H} = 1 + \frac{4 \times 120}{3 \times 120} = 2.33$$

$$C_{ym} = 1 + \frac{4L}{3nW} = 1 + \frac{4 \times 120}{3 \times 5 \times 120} = 1.27$$

圧縮剛性

$$K_{cv} = \frac{(H \cdot W \cdot C_x - h \cdot b)E_0}{50 \cdot L} = \frac{(120 \times 120 \times 2.33 - 90 \times 40) \times 7\,000}{50 \times 120} = 34.9 \times 10^3 \text{ [N/mm]}$$

$$\delta_y = \frac{50 \cdot L \cdot \frac{2.4}{3} F_{cv}}{E_0\sqrt{C_x \cdot C_{xm} \cdot C_{ym}}} = \frac{50 \times 120 \times \frac{2.4}{3} \times 6.0}{7\,000\sqrt{2.33^2 \times 1.27}} = 1.57 \text{ [mm]}$$

めり込み降伏耐力

$$P_{ycv} = K_{cv} \cdot \delta_y = 34.9 \times 1.57 = 54.8 \text{ [kN]}$$

(c)　引張剛性と引張耐力

木ダボ（込栓）せん断接合の剛性

スギ：

$$k_{E0} = \frac{7\,000}{31.6 + 10.9 \times 15} = 35.88 \text{ [N/mm}^3\text{]}, \quad k_{E90} = \frac{k_{E0}}{3.4} = \frac{35.88}{3.4} = 10.55 \text{ [N/mm}^3\text{]}$$

シラカシ：

$$\alpha_k k_{cvf} = 1.5 \times \frac{12\,512}{11 \times 15} = 1.5 \times 75.83 = 113.75 \text{ [N/mm}^3\text{]}$$

主材側：

$$k_{cp1} = \frac{k_{E0} \cdot \alpha_k k_{cvf}}{k_{E0} + \alpha_k k_{cvf}} = \frac{35.88 \times 113.75}{35.88 + 113.75} = 27.28 \text{ [N/mm}^3\text{]}$$

$$k_{cp2} = \frac{k_{E90} \cdot \alpha_k k_{cvf}}{k_{E90} + \alpha_k k_{cvf}} = \frac{10.55 \times 113.75}{10.55 + 113.75} = 9.66 \text{ [N/mm}^3\text{]}$$

$$K_1 = \min \left\{ \begin{array}{l} 15 \times 27.28 \times 15 = 6\,137, \\ 0.333(12\,512 \times 15^7 \times 27.28^3)^{\frac{1}{4}} \times \left(1 + 0.188 \times 15 \sqrt{\dfrac{27.28 \times 15}{12\,512}}\right)^{-\frac{1}{2}} = \underline{3\,915} \end{array} \right\} = 3\,915 \text{ [N/mm]}$$

$$K_2 = \min \left\{ \begin{array}{l} 15 \times 9.66 \times 45 = 6\,518, \\ 0.333(12\,512 \times 15^7 \times 9.66^3)^{\frac{1}{4}} \times \left(1 + 0.188 \times 15 \sqrt{\dfrac{9.66 \times 15}{12\,512}}\right)^{-\frac{1}{2}} = \underline{1\,934} \end{array} \right\} = 1\,934 \text{ [N/mm]}$$

$$K_t = 2\frac{K_1 \cdot K_2}{K_1 + K_2} = 2 \times \frac{3\,915 \times 1\,934}{3\,915 + 1\,934} = 2.59 \times 10^3 \text{ [N/mm]}$$

木ダボ（込栓）せん断接合の降伏耐力

主材側：

$$F_{Ecp1} = \min\{F_{e0}, \alpha_F F_{cvf}\} = \min\{19.4, 1.5 \times 14.8\} = 19.4 \text{ [N/mm}^2\text{]}$$

側材側：

$$F_{Ecp2} = \min\{F_{e90}, \alpha_F F_{cvf}\} = \min\{9.7, 1.5 \times 14.8\} = 9.7 \text{ [N/mm}^2\text{]}$$

$$\alpha = \frac{L_2}{t_1} = \frac{45}{30} = 1.5, \quad \beta = \frac{F_{Ecp2}}{F_{Ecp1}} = \frac{9.7}{19.4} = 0.5, \quad M_y = ZF_{bf} = \frac{\pi \times 15^3}{32} \times 111.5 = 62.69 \times 10^3 \text{ [N·mm]}$$

$$P_{y\_EYT} = \left\{ \begin{array}{ll} 15 \times 30 \times 19.4 = 8\,730 & \text{(1a)} \\ 8\,730 \times 2 \times 1.5 \times 0.5 = 13\,095 & \text{(1b)} \\ 8\,730 \times \left[\sqrt{\dfrac{16 \times 0.5 \times 62.69 \times 10^3}{8\,730 \times 30(2 \times 0.5 + 1)} + \dfrac{8 \times 1.5^2 0.5^2(0.5+1)}{(2 \times 0.5 + 1)^2}} - \dfrac{2 \times 1.5 \times 0.5}{2 \times 0.5 + 1}\right] = \underline{7\,651} & \text{(3)} \\ \sqrt{\dfrac{16 \times 15 \times 19.4 \times 62.69 \times 10^3 \times 0.5}{1 + 0.5}} = 9\,864 & \text{(4)} \end{array} \right.$$

より，モード(3)で最小値をとるので，

$$P_{y\_EYT} = 7\,651 \text{ [N]}$$

$$P_{y\_shear} = 2 \times \frac{\pi \times 15^2}{4} \times 23.1 \times \frac{3}{4} = 7\,803 \text{ [N]}$$

$$P_{yj} = \min\{P_{y\_EYT}, P_{y\_shear}\} = \min\{7\,651, 7\,803\} = 7\,651 \text{ [N]} = 7.65 \text{ [kN]}$$

長ほぞせん断

$$P_{us} = F_s \cdot \left(l_1 - \frac{d}{2}\right) \cdot D \cdot 2 = 1.8 \times 60 \times 30 \times 2 = 6\,480\,[\text{N}] = 6.48\,[\text{kN}]$$

側材割裂

$$P_{uk} = \frac{2(W-b) \cdot C_r}{\sqrt{\dfrac{1}{l_2} - \dfrac{1}{L}}} = \frac{2 \times 90 \times 8.0}{\sqrt{\dfrac{1}{60} - \dfrac{1}{120}}} = 15\,774\,[\text{N}] = 15.77\,[\text{kN}]$$

以上から，$\min\{P_{yj}, P_{us}, P_{uk}\} = P_{us}$ より，ほぞの栓穴から先のせん断破壊で決まる.

　$K_t = 2.59 \times 10^3\,[\text{N/mm}^3]$, $P_t = 6.48\,[\text{kN}]$

表 3.11-1　各パラメータの計算例

			I3-1	I3-2	I3-3	I3-4	I3-5	I3-6	I3-7
母材			スギE70	スギE70	スギE70	スギE70	スギE70	スギE70	スギE70
E_0		[N/mm²]	7 000	7 000	7 000	7 000	7 000	7 000	7 000
F_s		[N/mm²]	1.8	1.8	1.8	1.8	1.8	1.8	1.8
W		[mm]	120	120	120	120	120	120	120
L		[mm]	120	150	120	120	120	120	120
b		[mm]	30	30	30	30	30	36	24
h		[mm]	90	90	90	90	90	90	90
d		[mm]	15	15	18	15	18	15	15
$K = \dfrac{K_1 K_2}{K_1 + K_2}$		[kN/mm]	2.48	2.48	3.02	2.59	3.16	2.48	2.59
$K_1 = \min\left\{\begin{array}{l} dk_{cp1}L_1 \\ \frac{1}{3}\left(E_{0f}\,d^7 k_{cp1}{}^3\right)^{\frac{1}{4}} \times \left(1+0.188 \times \eta\sqrt{\frac{k_{cp1}d}{E_{0f}}}\right)^{-\frac{1}{2}} \end{array}\right\}$		[N/mm]	5 480 / 3 630	5 480 / 3 630	5 582 / 4 410	6 137 / 3 915	6 266 / 4 764	6 576 / 3 630	4 384 / 3 630
$K_2 = \min\left\{\begin{array}{l} dk_{cp2}L_2 \\ \frac{1}{3}\left(E_{0f}\,d^7 k_{cp2}{}^3\right)^{\frac{1}{4}} \times \left(1+0.188 \times \eta\sqrt{\frac{k_{cp2}d}{E_{0f}}}\right)^{-\frac{1}{2}} \end{array}\right\}$		[N/mm]	6 253 / 1 879	8 337 / 1 879	6 405 / 2 293	6 518 / 1 934	6 683 / 2 361	5 836 / 1 879	6 670 / 1 879
破壊モード			P_{us}	P_{y_shear}	P_{us}	P_{us}	P_{us}	P_{us}	P_{us}
$P_{y\_EYT} = \min\{(1),(2),(3),(4)\}$		[kN]	7.61	7.61	10.10	7.65	10.48	7.61	6.73
$(1)\,db F_{Ecp1}$		[kN]	8.42	8.42	10.10	8.73	10.48	10.10	6.73
$(2)\,db F_{Ecp1} \times 2\alpha\beta$		[kN]	13.10	13.10	15.71	13.10	15.71	13.10	13.10
$(3)\,db F_{Ecp1} \times \left[\sqrt{\dfrac{16\beta M_y}{db^2 F_{Ecp1}(2\beta+1)} + \dfrac{8\alpha^2\beta^2(\beta+1)}{(2\beta+1)^2}} - \dfrac{2\alpha\beta}{2\beta+1}\right]$		[kN]	7.61	7.61	10.43	7.65	10.49	7.61	7.61
$(4)\,\sqrt{\dfrac{16 d F_{Ecp1} M_y \beta}{1+\beta}}$		[kN]	9.80	9.80	14.12	9.86	14.20	9.80	9.80
$P_{y\_shear} = \dfrac{2 \times A \times F_s}{\kappa}$		[kN]	6.94	**6.94**	9.29	7.80	10.45	6.94	6.94
$P_{us} = F_{s1} \times \left(l_1 - \dfrac{d}{2}\right) \times b \times 2$		[kN]	**5.67**	7.29	**5.51**	**6.48**	**6.48**	**6.80**	**4.54**
$P_{uk} = \dfrac{2(W-b) \cdot C_r}{\sqrt{\dfrac{1}{l_2} - \dfrac{1}{L}}}$		[kN]	15.77	17.64	15.77	15.77	15.77	14.72	16.83

　引張実験結果に，計算結果の剛性と耐力（最小値）の破線を重ね合わせたものを図3.11-4に示す．耐力はいずれのパラメータにおいても安全側に評価出来ているが，剛性は過小評価気味である．特に角栓のタイプで乖離が大きいが，設計式で直交方向の変形拘束を考慮していること以上に，栓のタイプによる嵌合度の影響が大きいと思われる．また，ほぞと土台の嵌合での初期摩擦抵抗による影響も大きく，実験では変形初期の剛性が著しく高く，静摩擦による影響と推察される挙動がある．なお，やせの影響があるので，基本的に設計にはほぞの嵌合摩擦による剛性の増分を考慮すべきでない．

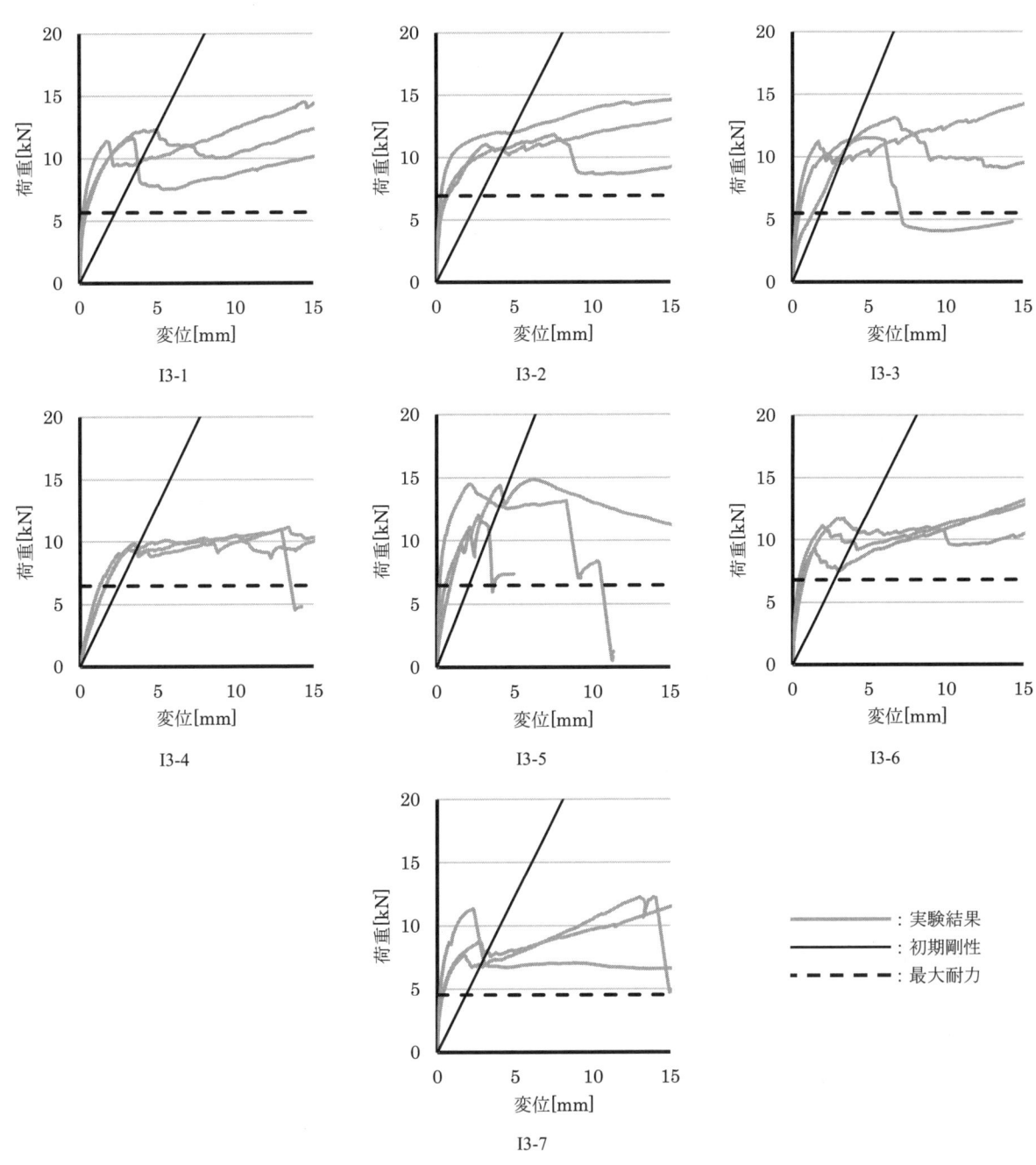

図3.11-4　長ほぞ込み栓（引張）実験と計算の比較

3.11.2　腰掛け鎌継ぎ

3.11.2.1　基本情報

(1)　接合部名称

腰掛け鎌継ぎ：Gooseneck joint

(2)　システム模式図

腰掛け鎌継ぎ接合部の概要を図 3.11-5 に示す．

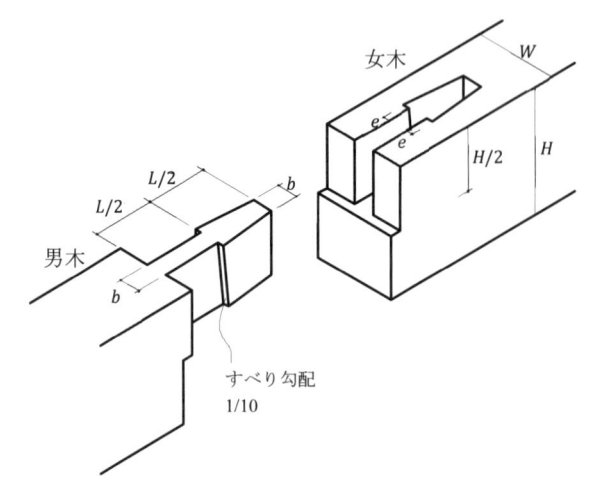

図 3.11-5　接合部の模式図

(3)　力の伝達形式

接合部が引張力を受ける際に，力が伝達される部分を図 3.11-6 に示す．

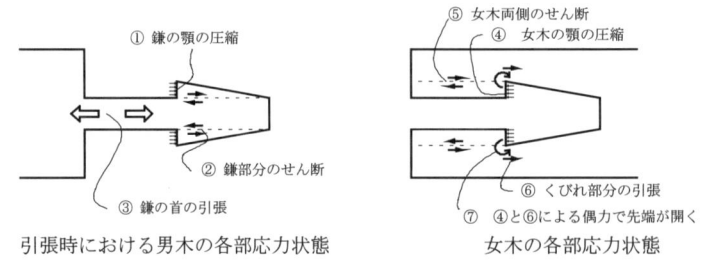

引張時における男木の各部応力状態　　　　女木の各部応力状態

図 3.11-6　力の伝達形式

(4)　対象構造・使用部位

在来軸組工法の横架材どうしの接合部で，曲げがかからない箇所で主としてせん断力（女木に男木が載る方向）を伝達する．引張力は短期水平力時にのみ作用することがある．

3.11.1.2　設計情報

(1)　鎌継ぎの引張に対する最大耐力の計算式

各変数の寸法は任意だが，せいが極端に高いものは避け，継手の長さ L と鎌の引っかかりの幅 e のバランスに留意する．各部の寸法については図 3.11-5 の寸法記号を用いている．

引張に対する破壊モードは，①鎌の首の付根の圧壊，②男木の鎌部分のせん断破壊の 2 つが想定されるため，小さい方として最大耐力を計算する．

なお，剛性については，早晩材の噛み合わせが影響し，男木・女木の接触部の支圧剛性から計算する値より小さくなる場合がある．

最大耐力P_u

① 鎌の首の付け根の圧縮破壊P_{uc}

P_{uc}は次式により求める.

$$P_{uc} = F_c \cdot 2e \cdot \frac{H}{2} = F_c \cdot e \cdot H \qquad\qquad 式\ 3.11\text{-}7$$

記号　　F_c　　　　　：材の繊維方向圧縮強度　[N/mm^2]

② 男木の鎌部分のせん断破壊P_{us}

P_{us}は次式により求める.

$$P_{us} = F_s \cdot \frac{L}{2} \cdot \frac{H}{2} \cdot 2 = \frac{1}{2}F_s \cdot L \cdot H \qquad\qquad 式\ 3.11\text{-}8$$

記号　　F_s　　　　　：材のせん断強度　[N/mm^2]

$$P_u = \min\{P_{uc}, P_{us}\} \qquad\qquad 式\ 3.11\text{-}9$$

(2) 腰掛け鎌継ぎの引張耐力の計算例と実験値の比較

既往の実験結果[2)]との比較・検討を行う. B2-1 を計算例とし，その他の寸法については各計算値を表 3.11-2 に示す.

(a) 各部寸法と材料定数

比較・検討を行う試験体の各部寸法を図 3.11-7 に示す.

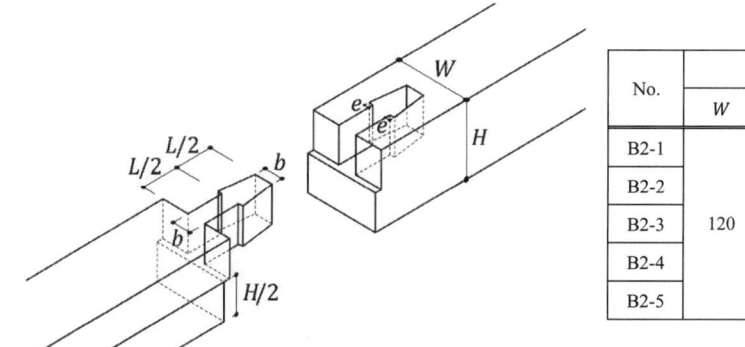

No.	各部寸法[mm]				
	W	H	L	e	b
B2-1			120	7.5	
B2-2			150	15	
B2-3	120	120	150		30
B2-4			180	7.5	
B2-5		180	150		

図 3.11-7　各部寸法

材料：スギ

　　$E_0 = 7\,000$ [N/mm^2]，無等級材として$F_c = 17.7$ [N/mm^2]，$F_s = 1.8$ [N/mm^2]

(b) 最大耐力

① 首の付根の圧縮

$$P_{uc} = F_c \cdot e \cdot H = 17.7 \times 7.5 \times 120 = 15\,930\ [\text{N}] = 15.9\ [\text{kN}]$$

② 男木の鎌せん断

$$P_{us} = \frac{1}{2}F_s \cdot L \cdot H = \frac{1}{2} \times 1.8 \times 120 \times 120 = 12\,960\ [\text{N}] = 13.0\ [\text{kN}]$$

以上より，②男木の鎌せん断で決まる.

表 3. 11-2　各パラメータの計算例

		B2-1	B2-2	B2-3	B2-4	B2-5
母材		スギE70	スギE70	スギE70	スギE70	スギE70
E_0	[N/mm²]	7 000	7 000	7 000	7 000	7 000
F_c	[N/mm²]	17.7	17.7	17.7	17.7	17.7
F_s	[N/mm²]	1.8	1.8	1.8	1.8	1.8
W	[mm]	120	120	120	120	120
H	[mm]	120	120	120	120	180
e	[mm]	7.5	15	7.5	7.5	7.5
b	[mm]	30	30	30	30	30
L	[mm]	120	150	150	180	150
$P_u = \min\{P_{uc}, P_{us}\}$	[kN]	12.96	16.20	15.93	15.93	23.90
破壊モード		P_{us}	P_{us}	P_{uc}	P_{uc}	P_{uc}
$P_{uc} = F_c \cdot e \cdot h$	[kN]	15.93	31.86	**15.93**	**15.93**	**23.90**
$P_{us} = \dfrac{1}{2} \cdot F_s \cdot L \cdot H$	[kN]	**12.96**	**16.20**	16.20	19.44	24.30

　実験結果に計算結果の最大耐力の破線を重ね合わせたものを図 3.11-8 に示す．計算による破壊モードと実験結果の曲線形状は完全に一致していないが，継手が長く男木の鎌せん断面積が大きくなる靭性タイプ，首の付根の圧縮面積が大きくなる脆性タイプのそれぞれで，各算出値のバランスの傾向は一致している．なお，せいが極端に高いタイプについては，女木の開きによって割裂が誘発され，過大評価する可能性がある．

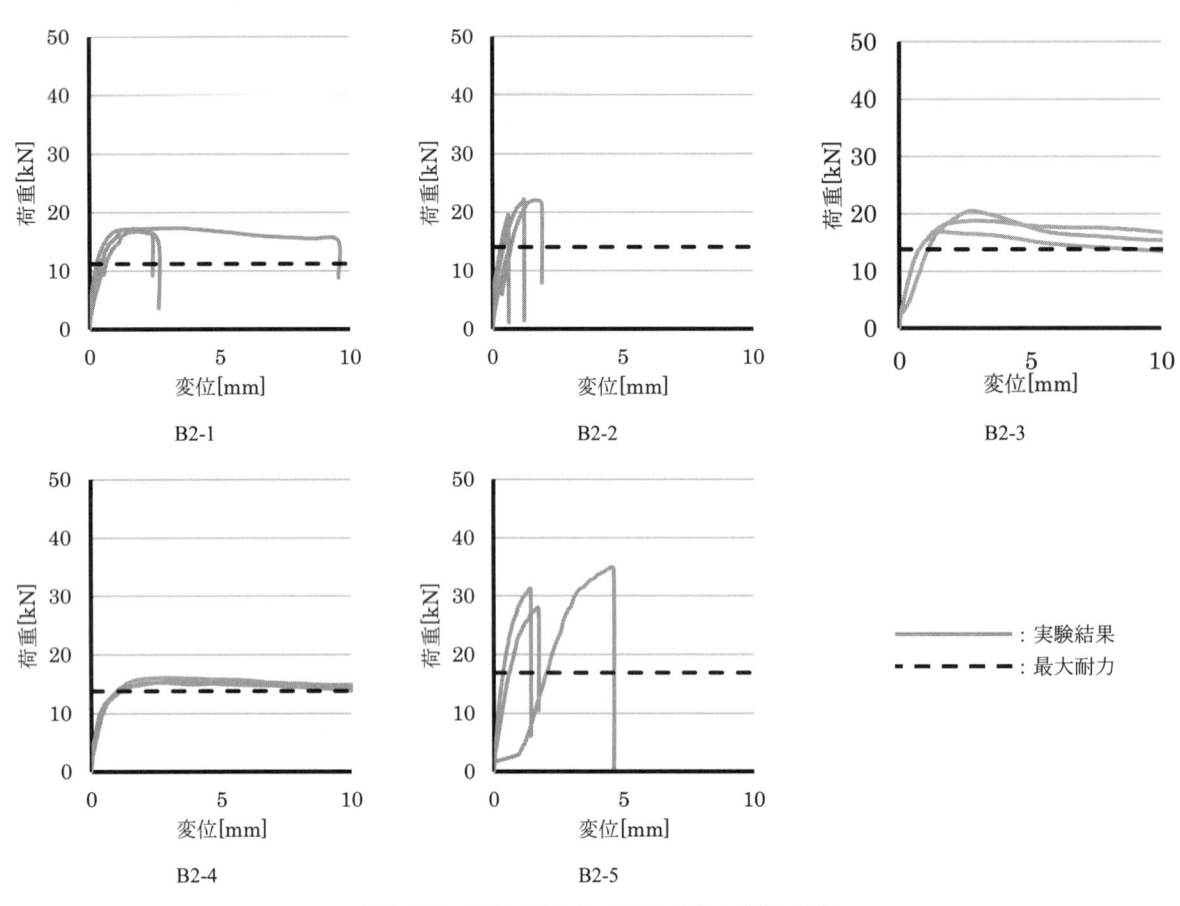

図 3. 11-8　腰掛け鎌継ぎ（引張）実験と計算の比較

3.11.3 蟻 掛 け

3.11.3.1 基 本 情 報

(1) 接合部名称

腰掛け蟻 : Dovetail joint

(2) システム模式図

蟻掛け接合部の概要を図 3.11-9 に示す.

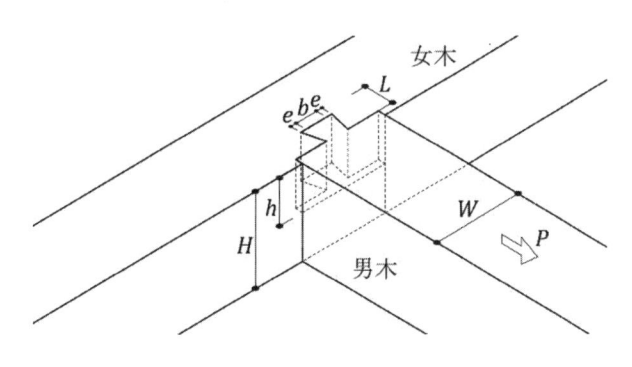

図 3.11-9 接合部の模式図

(3) 力の伝達形式

接合部が引張力を受ける際に, 力が伝達される部分を図 3.11-10 に示す.

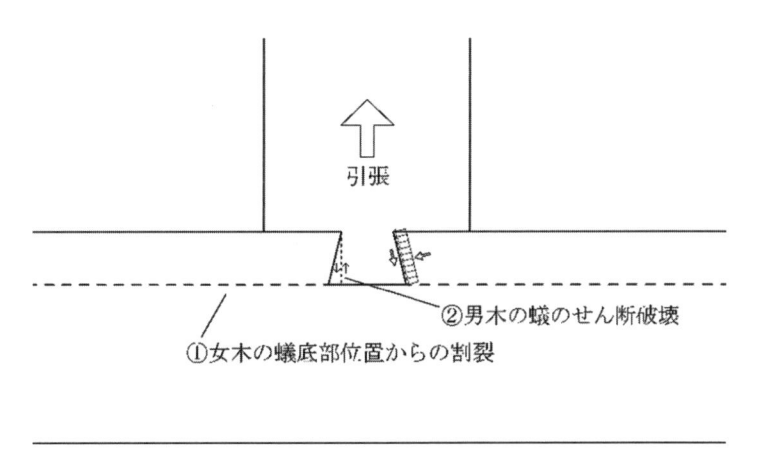

図 3.11-10 力の伝達形式

(4) 対象構造・使用部位

在来軸組工法の接合部で, 直交する横架材同士の接合部に用いられる. 鎌継ぎと同様に, 腰掛け部でせん断力を伝達する. 短期にのみ引張力が作用することがある.

3.11.3.2 設 計 情 報

(1) 蟻掛け仕口の引張に対する最大耐力の計算式

各部の寸法については図 3.11-9 の寸法記号を用いている.

通常の寸法範囲内では破壊に先行してめり込み降伏は生じないと考えられる. したがって破壊モードとしては, ①女木の割裂破壊, ②男木ほぞ蟻部のせん断破壊が想定される.

最大耐力P_u

①女木の割裂破壊P_f

割裂耐力 [2]（割裂の生じる引張荷重）P_fは次式により求める.

$$P_f = 2\beta\sqrt{\frac{G_f GL}{1.2}}$$
　　　　式 3.11-10

記号　　G_f　　　：破壊エネルギー [N·m/m²]

　　　　β　　　：割裂幅（$h/1.5 \sim h$とする）[mm]

　　　　G　　　：せん断弾性係数 [N/mm²]. $E_0/15$とする.

②男木ほぞのせん断破壊P_{us}

P_{us}は次式により求める.

$$P_{us} = 2LhF_s$$
　　　　式 3.11-11

記号　　F_s　　　：男木材のせん断基準強度 [N/mm²]

$$P_u = \min\{P_f, P_{us}\}$$
　　　　式 3.11-12

(2)　蟻掛け仕口の引張耐力の計算例と実験値の比較

既往の実験結果 [2]との比較・検討を行う. A2-1 を計算例とし, その他の寸法については各計算値を表 3.11-3 に示す.

(a)　各部寸法と材料定数

比較・検討を行う試験体の各部寸法を図 3.11-11 に示す.

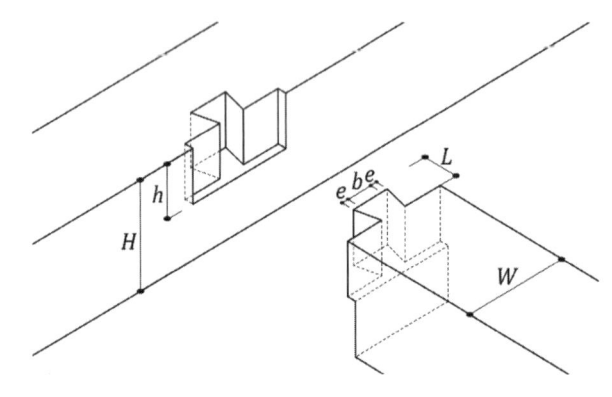

No.	各部寸法[mm]					
	W	H	L	e	h	b
A2-1	120	120	30	7.5	60	30
A2-2			24			90
A2-3				9		
A2-4				15		
A2-5		180	30		90	30
A2-6		240		7.5	120	
A2-7		300			150	

図 3.11-11　各 部 寸 法

材料：スギ

$E_0 = 7\,000$ [N/mm²], 無等級材として$F_s = 1.8$ [N/mm²], $G = 7000/15 = 466.7$ [N/mm²], $G_f = 212.5$ [N·m/m²]
（※G_fは文献 2）によっており, 基準強度ではない.）

(b)　引 張 耐 力

①女木の割裂破壊

$$P_f = 2\beta\sqrt{\frac{G_f GL}{1.2}} = 2 \times 40 \times \sqrt{\frac{0.21 \times 466.67 \times 30}{1.2}} = 3.96 \times 10^3 \text{ [N]} = 3.96 \text{ [kN]}$$

②男木ほぞのせん断破壊

$$P_{us} = 2LhF_s = 2 \times 30 \times 60 \times 1.8 = 6.48 \times 10^3 \text{ [N]} = 6.48 \text{ [kN]}$$

以上より, ①女木の割裂破壊で決まる.

表 3.11-3　各パラメータの計算例

	A1-1	A1-2	A1-3	A1-4	A1-5	A1-6	A1-7
母材	スギE70	スギE70	スギE70	スギE70	スギE70	スギE70	スギE70
E_0　[N/mm^2]	7 000	7 000	7 000	7 000	7 000	7 000	7 000
F_s　[N/mm^2]	1.8	1.8	1.8	1.8	1.8	1.8	1.8
G　[N/mm^2]	466.7	466.7	466.7	466.7	466.7	466.7	466.7
W　[mm]	120	120	120	120	120	120	120
H　[mm]	120	120	120	120	180	240	300
L　[mm]	30	24	30	30	30	30	30
e　[mm]	7.5	7.5	9	15	7.5	7.5	7.5
h　[mm]	60	60	60	60	90	120	150
b　[mm]	30	90	30	30	30	30	30
$P_u = \min\{P_f, P_{us}\}$ [kN]	3.98	3.56	3.98	3.98	5.97	5.97	5.97
破壊モード	P_f	P_f	P_f	P_f	P_f	P_f	P_f
β	40	40	40	40	60	80	100
$P_f = 2\beta\sqrt{\dfrac{G_f G L}{1.2}}$　[kN]	**3.98**	**3.56**	**3.98**	**3.98**	**5.97**	**7.97**	**9.96**
$P_{us} = 2LhF_s$　[kN]	6.48	5.18	6.48	6.48	9.72	12.96	16.20

　実験結果に計算結果の最大耐力の破線を重ね合わせたものを図 3.11-12 に示す. このタイプの接合部の荷重-変形関係には割裂破壊による影響が大きく，計算値でも割裂が先行しており，比較的精度よく一致している. 計算例では割裂幅を$h/1.5$としているが，蟻の形状が同一で蟻せいが大きくなるにつれて，腰掛け鎌継ぎと同様な現象が生じ，割裂耐力を過小評価する傾向が予想される.

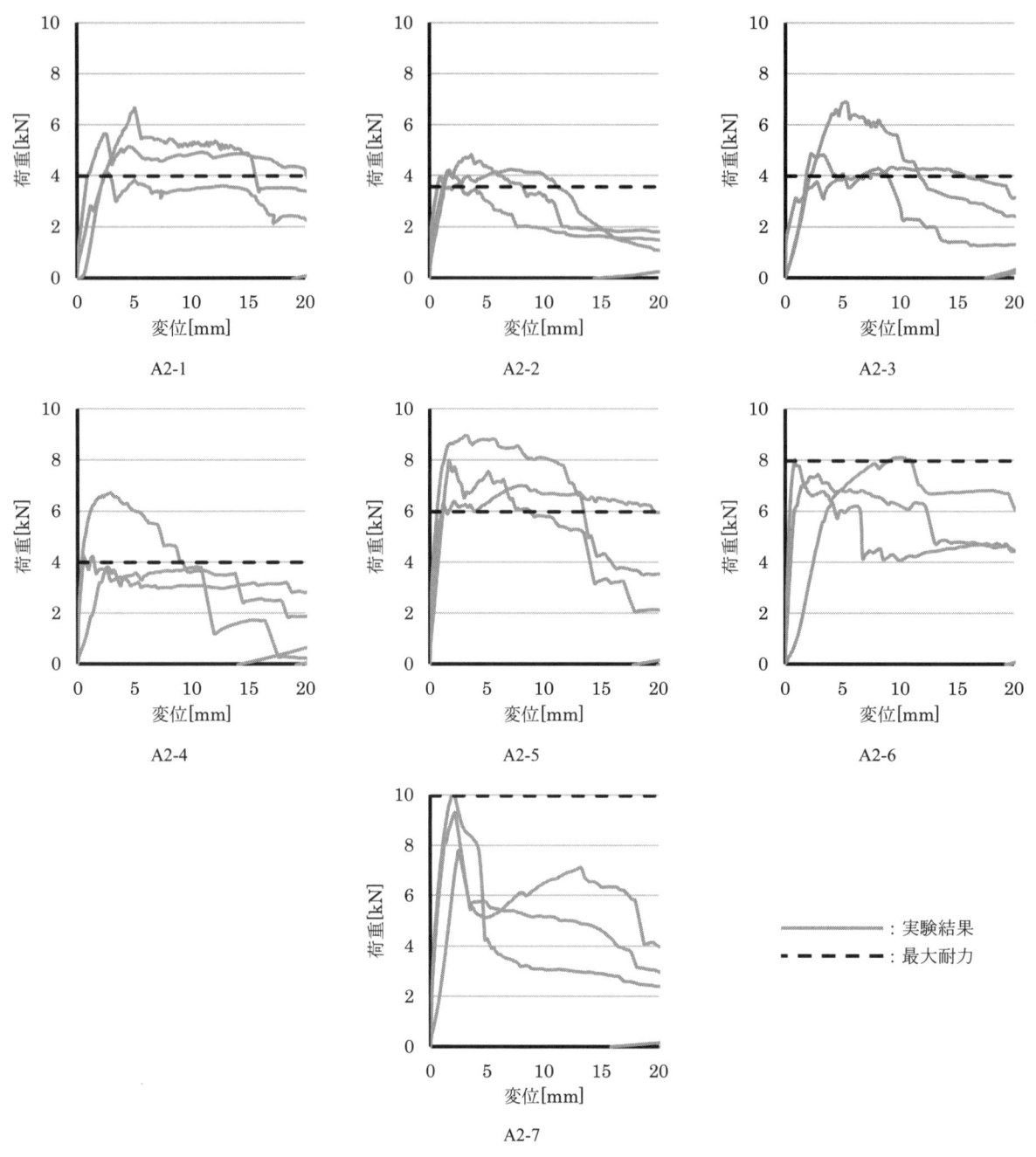

図 3.11-12　腰掛け蟻（引張）実験と計算の比較

3. 11. 4　追掛け大栓継ぎ

3. 11. 4. 1　基　本　情　報

(1)　接合部名称

追掛け大栓継ぎ：Wedged and halved scarfed joint, Okkake-daisen-tsugi

(2)　システム模式図

追掛け大栓継ぎ接合部の概要を図 3.11-13 に示す.

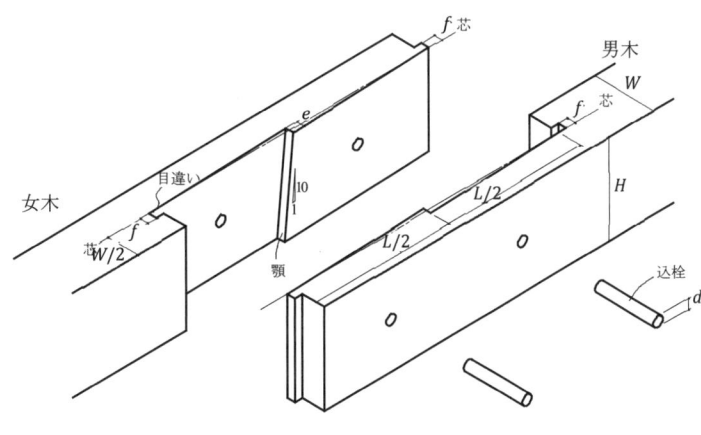

図 3. 11-13　接合部の模式図

(3)　力の伝達形式

接合部が引張力を受ける際に，力が伝達される部分を図 3.11-14 に示す.

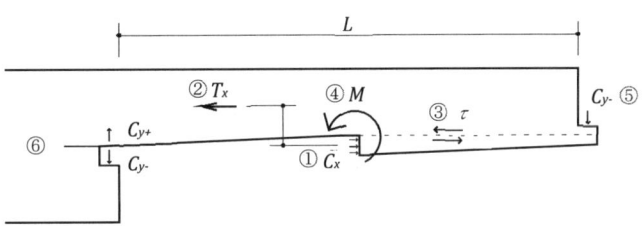

①　C_x：顎部分の圧縮
②　$T_x(=C_x)$：鎌部分の引張
③　τ：顎から先の鎌部分のせん断
④　M：C_xとT_xの偏心により生じる偶力
⑤　C_{y-}：Mによる開きを押さえる目違いの内側に働く直交力
　　（$C_{y-} = C_{y+} = M/L$）
⑥　C_{y+}とC_{y-}による割裂き

図 3. 11-14　力の伝達形式

(4)　対象構造・使用部位

在来軸組工法の横架材どうしの接合部で，主としてせん断力と小さい曲げモーメントを伝達する. 補修時の柱の根継ぎにも用いられる. 引張力は短期水平力時にのみ作用することがある.

3.11.4.2　設　計　情　報

(1)　追掛け大栓継ぎの引張に対する剛性と最大耐力の計算式

各寸法変数は任意だが，後述するような理由から，次の寸法範囲で設計する．以下では，図 3.11-13 中の記号を用いて計算式を示す．

$$2W \geq H \geq W, \quad L \geq 3W, \quad e = 15[\text{mm}] \text{ ないし } W/6 \text{ 以下}, \quad f = 15[\text{mm}] \text{ 程度}$$

(a)　初期剛性K

男木と女木の顎部分の繊維方向圧縮による．込栓はこれに比べると一桁剛性が小さいため，剛性計算には加算してもほとんど変わらないため無視する．

$$K = \frac{1}{2}{}_E k_0 \cdot e \cdot H \qquad\qquad 式\ 3.11\text{-}13$$

$$_E k_0 = n E_0 \frac{\left(0.02 + \dfrac{1}{e}\right)}{140 - 0.6e} \qquad\qquad 式\ 3.11\text{-}14$$

(b)　最大耐力P_u

破壊現象は，①顎から先の鎌部分のせん断破壊と，②目違いの開きによる割裂破壊，③鎌の込栓部からのせん断破壊，の 3 つが想定されるが，②③は全体性能に対して脆性的な現象ではないため，基本的には①を最大耐力として設計する．ただし，継手の長さが長いとモーメントの影響による目違いの内側に働く横引張力の影響が大きくなり，結果的に図 3.11-14 における③と⑤の複合応力によって，危険側に評価する可能性がある．なお，以下には②割裂破壊を，本会の「木質構造設計規準」等に記載される梁端部のせん断破壊の検討にならう形で簡易的に評価する設計式を記載する．

①　顎から先のせん断破壊P_{us}

P_{us}は次式により求める（$P_u = P_{us}$）．

$$P_{us} = F_s \times \frac{L}{2} \times H = \frac{1}{2} F_s \cdot L \cdot H \qquad\qquad 式\ 3.11\text{-}14$$

②　目違いの開きによる割裂破壊P_{uk}

目違いを横に割り裂く力

$$Q_k = \frac{P_{uk} \times \left(\dfrac{e}{2} + \dfrac{W}{4}\right)}{L} \qquad\qquad 式\ 3.11\text{-}15$$

有効断面積

$$A_e = \frac{\left(\dfrac{W}{2} - f\right)^2}{W} \cdot H \qquad\qquad 式\ 3.11\text{-}16$$

$$\frac{1.5 Q_k}{A_e} \leq F_s \quad より, \quad \frac{3 P_{uk} \cdot \left(\dfrac{e}{2} + \dfrac{W}{4}\right)}{2 \cdot L \cdot A_e} \leq F_s$$

$$P_{uk} = \frac{2 \cdot F_s \cdot L \cdot A_e}{3 \left(\dfrac{e}{2} + \dfrac{W}{4}\right)} \qquad\qquad 式\ 3.11\text{-}17$$

(2)　追掛け大栓継ぎの引張剛性と最大耐力の計算例と実験値の比較

既往の実験結果[2]との比較・検討を行う．C1-1 を計算例とし，その他の寸法については各計算値を表 3.11-4 に示す．

(a)　各部寸法と材料定数

比較・検討を行う試験体の各部寸法を図 3.11-15 に示す．

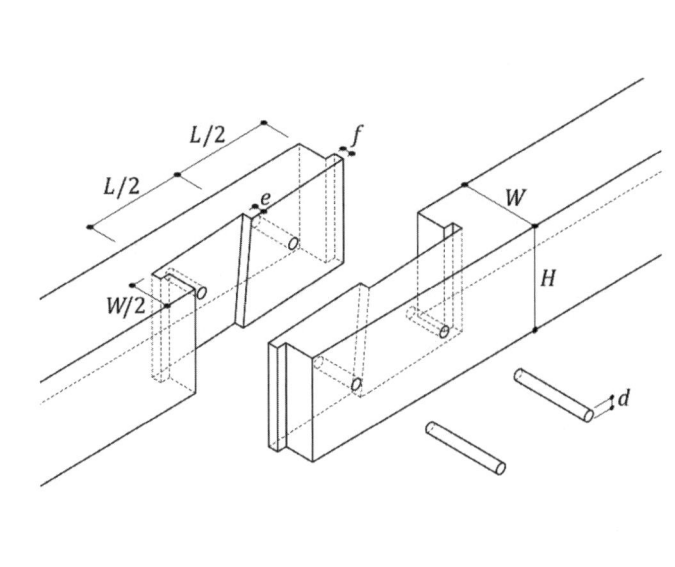

No.	各部寸法[mm]					
	W	H	L	e	f	d
C1-1	120	180	300	15	15	
C1-2				30		
C1-3				45		
C1-4		120		15		
C1-5		240				
C1-6		300				
C1-7		180	180			
C1-8			450			
C1-9	150	300	300	30		
C1-10			600			
C1-11	120	180	300	15		15×15
C1-12						24×24
C1-13						φ15
C1-14						φ24

図 3.11-15　各部寸法

材料：母材（スギ）

　$E_0 = 7\,000$ [N/mm^2], 無等級材として $F_s = 1.8$ [N/mm^2]

　栓（シラカシ）

(b)　**初 期 剛 性**

$$_E k_0 = nE_0 \frac{\left(0.02 + \dfrac{1}{e}\right)}{140 - 0.6e} = 5 \times 7\,000 \times \frac{\left(0.02 + \dfrac{1}{15}\right)}{140 - 0.6 \times 15} = 23.2 \text{ [N/mm}^2]$$

$$K = \frac{1}{2}\,_E k_0 \cdot e \cdot H = \frac{1}{2} \times 23.2 \times 15 \times 180 = 31.3 \times 10^3 \text{ [N/mm]}$$

(c)　**最 大 耐 力**

①　顎から先のせん断破壊

$$P_{us} = \frac{1}{2} F_s \cdot L \cdot H = \frac{1}{2} \times 1.8 \times 300 \times 180 = 48.6 \times 10^3 \text{ [N]}$$

②　目違いの開きによる割裂破壊

$$A_e = \frac{\left(\dfrac{W}{2} - f\right)^2}{W} \cdot H = \frac{45^2}{120} \times 180 = 3\,037.5 \text{ [mm}^2]$$

$$P_{uk} = \frac{2 \cdot F_s \cdot L \cdot A_e}{3\left(\dfrac{e}{2} + \dfrac{W}{4}\right)} = \frac{2 \times 1.8 \times 300 \times 3\,037.5}{3(7.5 + 30)} = 29.2 \times 10^3 \text{ [N]}$$

表 3.11-4 各パラメータの計算結果と実験値

		C1-1	C1-2	C1-3	C1-4	C1-5	C1-6	C1-7
母材		スギE70	スギE70	スギE70	スギE70	スギE70	スギE70	スギE70
E_0	[N/mm^2]	7 000	7 000	7 000	7 000	7 000	7 000	7 000
F_s	[N/mm^2]	1.8	1.8	1.8	1.8	1.8	1.8	1.8
W	[mm]	120	120	120	120	120	120	120
H	[mm]	180	180	180	120	240	300	180
L	[mm]	300	300	300	300	300	300	180
e	[mm]	15	30	45	15	15	15	15
f	[mm]	15	15	15	15	15	15	15
n		5	5	5	5	5	5	5
$_Ek_0 = nE_0\dfrac{\left(0.02 + \frac{1}{e}\right)}{140 - 0.6e}$	[N/mm^3]	23.2	15.3	13.1	23.2	23.2	23.2	23.2
$K = \dfrac{1}{2} \cdot {_Ek_0} \cdot e \cdot H$	[kN/mm]	31.3	41.3	53.0	20.8	41.7	52.1	31.3
$P_u = P_{us}$	[kN]	48.6	48.6	48.6	32.4	64.8	81.0	29.2
破壊モード		P_{us}	P_{us}	P_{us}	P_{us}	P_{us}	P_{us}	P_{us}
$P_{us} = \dfrac{1}{2} \cdot F_s \cdot L \cdot H$	[kN]	48.6	48.6	48.6	32.4	64.8	81.0	29.2
$P_{uk} = \dfrac{2 \cdot F_s \cdot L \cdot A_e}{3\left(\frac{e}{2} + \frac{W}{4}\right)}$	[kN]	51.8	43.2	37.0	34.6	69.1	86.4	31.1
$A_e = \dfrac{\left(\frac{W}{2}\right)^2}{W} \cdot H$	[mm^2]	5 400	5 400	5 400	3 600	7 200	9 000	5 400

		C1-8	C1-9	C1-10	C1-11	C1-12	C1-13	C1-14
母材		スギE70	スギE70	スギE70	スギE70	スギE70	スギE70	スギE70
E_0	[N/mm^2]	7 000	7 000	7 000	7 000	7 000	7 000	7 000
F_s	[N/mm^2]	1.8	1.8	1.8	1.8	1.8	1.8	1.8
W	[mm]	120	150	150	120	120	120	120
H	[mm]	180	300	300	180	180	180	180
L	[mm]	450	300	600	300	300	300	300
e	[mm]	15	30	30	15	15	15	15
f	[mm]	15	15	15	15	15	15	15
n		5	5	5	5	5	5	5
$_Ek_0 = nE_0\dfrac{\left(0.02 + \frac{1}{e}\right)}{140 - 0.6e}$	[N/mm^3]	23.2	15.3	15.3	23.2	23.2	23.2	23.2
$K = \dfrac{1}{2} \cdot {_Ek_0} \cdot e \cdot H$	[kN/mm]	31.3	68.9	68.9	31.3	31.3	31.3	31.3
$P_u = P_{us}$	[kN]	72.9	81.0	162.0	48.6	48.6	48.6	48.6
破壊モード		P_{us}	P_{us}	P_{us}	P_{us}	P_{us}	P_{us}	P_{us}
$P_{us} = \dfrac{1}{2} \cdot F_s \cdot L \cdot H$	[kN]	72.9	81.0	162.0	48.6	48.6	48.6	48.6
$P_{uk} = \dfrac{2 \cdot F_s \cdot L \cdot A_e}{3\left(\frac{e}{2} + \frac{W}{4}\right)}$	[kN]	77.8	77.1	154.3	51.8	51.8	51.8	51.8
$A_e = \dfrac{\left(\frac{W}{2}\right)^2}{W} \cdot H$	[mm^2]	5 400	11 250	11 250	5 400	5 400	5 400	5 400

　実験結果に計算結果の初期剛性と最大耐力の破線を重ね合わせたものを図 3.11-16 に示す．比較には，寸法の適用範囲外のものも含んでいる．剛性は顎部分の繊維方向圧縮に依存しているが，顎幅の大きさによって同部分の角度が定まっていること，鎌内部でのモーメントの釣合いから一様に圧縮応力が分布していないこと，また継手の長さが長くなると継手内の曲げ変形によって剛性が低下すること，などから適用範囲を超えているものは，剛性を過大評価している．また，顎部のせい方向のテーパーの角度によってはせい方向の圧縮応力分布も影響することが考えられ，過大評価の一因となる．

　耐力については，特に継手の長さが影響し，顎から先の鎌部分のせん断面に，目違いの内側に働く横引張力が複合的に加わることになり，極端に過大評価することになる．顎幅，顎せいについても，剛性と同様に過大評価の一因となる．なお，鎌の込栓部からのせん断破壊は，込栓を有したいずれの試験体にも見られているが，脆性的な性能を示す要因ではない．

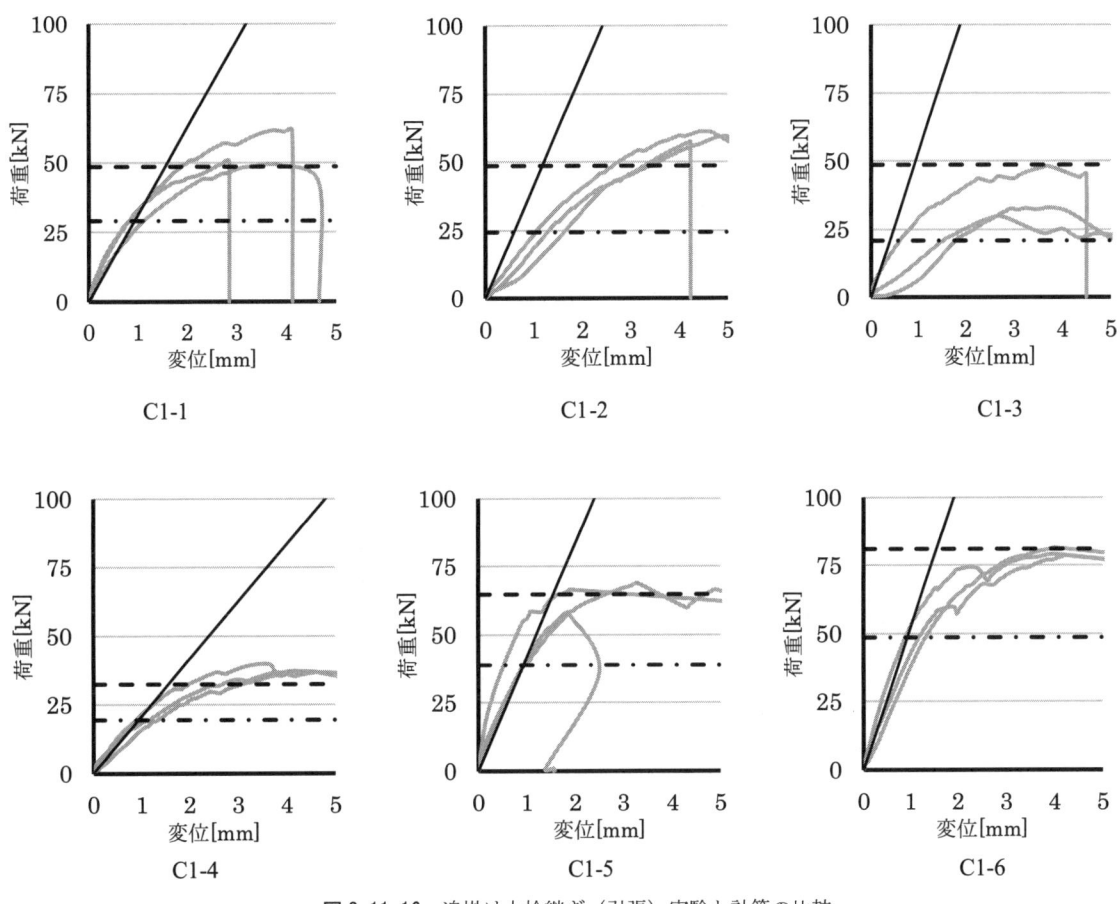

図 3.11-16　追掛け大栓継ぎ（引張）実験と計算の比較

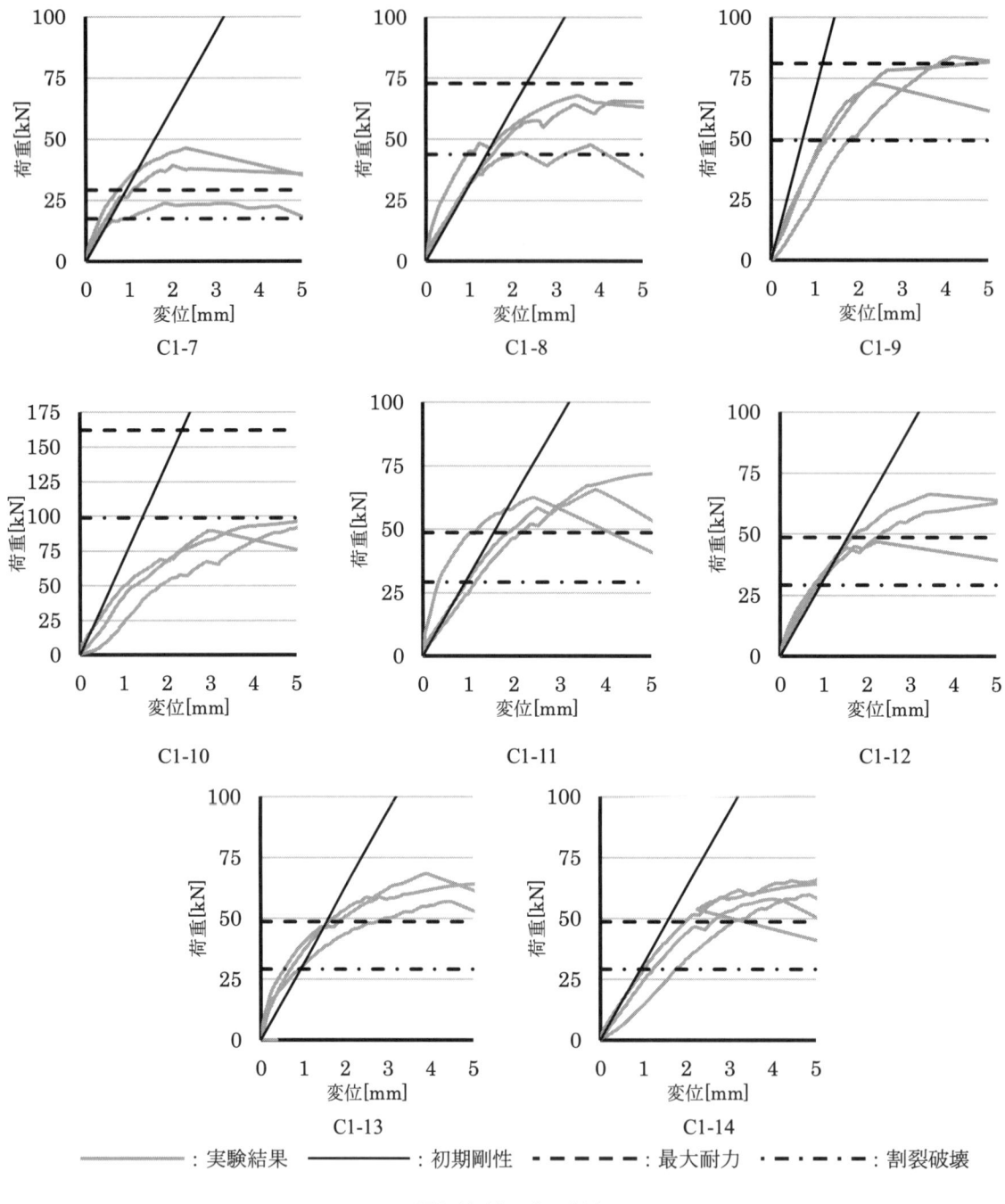

図 3.11-16 （つづき）

3.11.5 金 輪 継 ぎ

3.11.5.1 基 本 情 報

(1) 接合部名称

金輪継ぎ：Wedge and halved scarfed joint, Kanawa-tsugi

(2) システム模式図

金輪継ぎ接合部の概要を図 3.11-17 に示す.

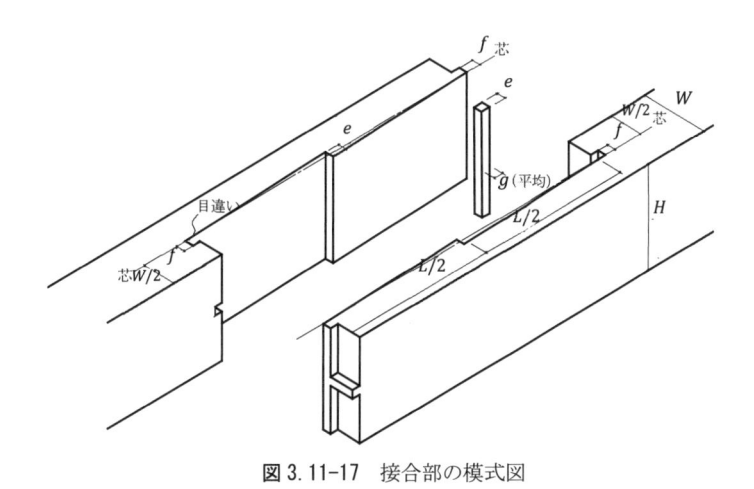

図 3. 11-17 接合部の模式図

(3) 力の伝達形式

接合部が引張力を受ける際に，力が伝達される部分を図 3.11-18 に示す.

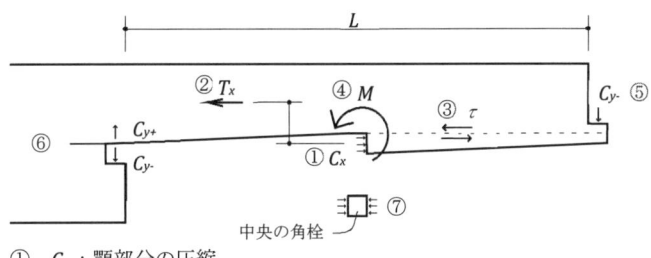

① C_x：顎部分の圧縮
② $T_x(=C_x)$：鎌部分の引張
③ τ：顎から先の鎌部分のせん断
④ M：C_x と T_x の偏心により生じる偶力
⑤ C_{y-}：M による開きを押さえる目違いの内側に働く直交力
$\quad (C_{y-}=C_{y+}=M/L)$
⑥ C_{y+} と C_{y-} による割裂き
⑦ 中央の角栓の全面横圧縮

図 3. 11-18 力の伝達形式

(4) 対象構造・使用部位

在来軸組工法の横架材どうしの接合部で，主としてせん断力と小さい曲げモーメントを伝達する. 補修時の柱の根継ぎにも用いられる. 引張力は短期水平力時にのみ作用することがある.

3.11.5.2 設 計 情 報

(1) 金輪継ぎの引張に対する剛性と最大耐力の計算式

追掛け大栓の中央に，幅方向 e×軸方向 g の角栓が入っており，目違いが縦にもずれないよう T 型のへそが設けられている. 以下の各部の寸法については，図 3.11-17 の寸法記号を用いている. また，想定している寸法範囲は 3.11.4.2

(1) と同様だが，顎部のテーパーを設けないことから，材せいの上限はない．栓は広葉樹の堅木とする．

(a) 初期剛性K

顎の部分のめり込み剛性K_1は，追掛け大栓の式3.11-13と同様である．中央の角栓が全面横圧縮を受けてつぶれるため，その分だけ追掛け大栓より剛性が落ちる．

$$K_1 = \frac{1}{2}\,{}_E k_0 \cdot e \cdot H \qquad\qquad 式\ 3.11\text{-}18$$

$$K_2 = \frac{E_{90f} \cdot e \cdot H}{g} \qquad\qquad 式\ 3.11\text{-}19$$

記号　　　E_{90f}　　　：角栓の繊維直交方向ヤング率（広葉樹小材なので，$E_{90f} = 1/25E_{0f}$とする.）[N/mm^2]

$$K = \frac{1}{\left(\dfrac{1}{K_1} + \dfrac{1}{K_2}\right)} \qquad\qquad 式\ 3.11\text{-}20$$

(b) 最大耐力P_u

追掛け大栓と同じ①顎から先の鎌部分のせん断破壊の他に，②中央の角栓の全面横圧縮降伏が加わる．全面横圧縮は降伏現象であり，これが先行する場合には二次剛性を有する性能となるが，設計式の都合上，それらの最小値を最大耐力として扱う．また，追掛け大栓と同様に，③目違いの開きによる割裂破壊を，簡易的に評価する設計式を記載する．

① 顎から先のせん断破壊P_{us}

P_{us}は次式により求める．

$$P_{us} = \frac{1}{2}F_s \cdot (L - g) \cdot H \qquad\qquad 式\ 3.11\text{-}21$$

② 栓の全面横圧縮降伏P_{ycv}

P_{ycv}は次式により求める．

$$P_{ycv} = F_{Ef} \times e \times H \qquad\qquad 式\ 3.11\text{-}22$$

$$F_{Ef} = 0.8F_{cvf}$$

$$P_u = \min\{P_{ycv}, P_{us}\} \qquad\qquad 式\ 3.11\text{-}23$$

③ 目違いの開きによる割裂破壊P_{uk}

P_{uk}は次式により求める．

$$P_{uk} = \frac{2 \cdot F_s \cdot L \cdot A_e}{3\left(\dfrac{e}{2} + \dfrac{W}{4}\right)} \qquad\qquad 式\ 3.11\text{-}24$$

(2) 金輪継ぎの引張剛性と最大耐力の計算例と実験値の比較

既往の実験結果[2]との比較・検討を行う．C2-1を計算例とし，その他の寸法については各計算値を表3.11-5に示す．

(a) 各部寸法と材料定数

比較・検討を行う試験体の各部寸法を図3.11-19に示す．

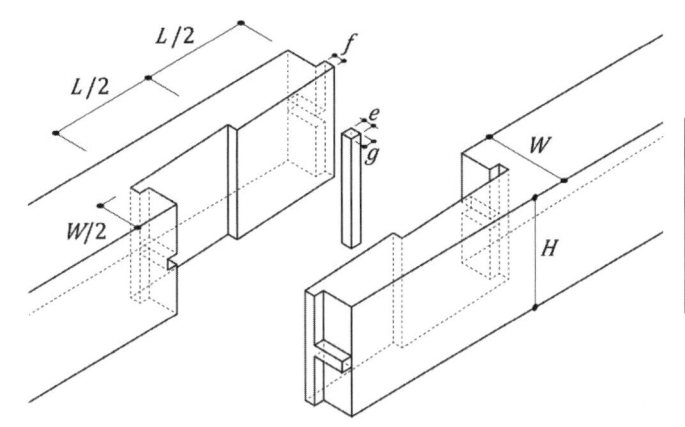

図 3.11-19　各 部 寸 法

No.	各部寸法[mm]					
	W	H	L	e	f	g
C2-1	120	180	300	15	15	15
C2-2				30		
C2-3				45		

材料：母材（スギ）

$E_0 = 7\,000$ [N/mm²]，無等級材として $F_s = 1.8$ [N/mm²]

角栓（シラカシ）を用いる．密度を文献3)の平均値より　$\rho = 0.83 \times 10^3$ [kg/m³] として，

$E_{0f} = 2\,100 + 13\,700\rho = 13\,471$ [N/mm²]，$E_{90f} = 13\,471/25 = 538.8$ [N/mm²]，

$F_{cvf} = 21.2$ [N/mm²]，$F_{Ef} = 16.9$ [N/mm²]

(b) **初 期 剛 性**

$$_Ek_0 = nE_0\frac{\left(0.02 + \dfrac{1}{e}\right)}{140 - 0.6e} = 5 \times 7\,000 \times \frac{\left(0.02 + \dfrac{1}{15}\right)}{140 - 0.6 \times 15} = 23.2 \text{ [N/mm}^3]$$

$$K_1 = \frac{1}{2}{_Ek_0} \cdot e \cdot H = \frac{1}{2} \times 23.2 \times 15 \times 180 = 31.3 \times 10^3 \text{ [N/mm]}$$

$$K_2 = \frac{E_{90f} \cdot e \cdot H}{g} = \frac{538.8 \times 15 \times 180}{15} = 100.0 \times 10^3 \text{ [N/mm]}$$

$$K = \frac{1}{\left(\dfrac{1}{K_1} + \dfrac{1}{K_2}\right)} = \frac{1}{\left(\dfrac{1}{31.3} + \dfrac{1}{100.0}\right)} \times 10^3 = 23.6 \times 10^3 \text{ [N/mm]}$$

(c) **最 大 耐 力**

① 栓の全面横圧縮降伏（破壊では無く，めり込み降伏）

$$P_{ycv} = F_{Ef} \times e \times H = 16.9 \times 15 \times 180 = 45.8 \times 10^3 \text{ [N]}$$

② 顎から先のせん断破壊

$$P_{us} = \frac{1}{2}F_s \cdot (L - g) \cdot H = \frac{1}{2} \times 1.8 \times (300 - 15) \times 180 = 46.2 \times 10^3 \text{ [N]}$$

③ 目違いの開きによる割裂破壊

$$A_e = \frac{\left(\dfrac{W}{2} - f\right)^2}{W} \cdot H = \frac{(60 - 15)^2}{120} \times 180 = 3\,037.5 \text{ [mm}^2]$$

$$P_{uk} = \frac{2 \cdot F_s \cdot L \cdot A_e}{3\left(\dfrac{e}{2} + \dfrac{W}{4}\right)} = \frac{2 \times 1.8 \times 300 \times 3\,037.5}{3(7.5 + 30)} = 29.2 \times 10^3 \text{ [N]}$$

以上から，$\min\{P_{ycv}, P_{us}\} = P_{us}$ より，①栓の全面横圧縮降伏で決まる．

$K = 23.6 \times 10^3$ [N/mm]，$P_u = 45.8 \times 10^3$ [N]

表3.11-5　各パラメータの計算結果と実験値

		C2-1	C2-2	C2-3		C2-1	C2-2	C2-3
母材		スギE70	スギE70	スギE70	$_Ek_0 = nE_0 \dfrac{\left(0.02 + \frac{1}{e}\right)}{140 - 0.6e}$ [N/mm³]	23.2	15.3	13.1
E_0	[N/mm²]	7 000	7 000	7 000	$K_1 = \dfrac{1}{2} \cdot {}_Ek_0 \cdot e \cdot H$ [kN/mm]	31.3	41.3	53.0
F_s	[N/mm²]	1.8	1.8	1.8				
W	[mm]	120	120	120	$K_2 = \dfrac{E_{90f} \cdot e \cdot H}{g}$ [kN/mm]	97.0	194.0	291.0
H	[mm]	180	180	180				
L	[mm]	300	300	300	$K = \dfrac{1}{\left(\frac{1}{K_1} + \frac{1}{K_2}\right)}$ [kN/mm]	23.6	34.1	44.8
e	[mm]	15	30	45				
f	[mm]	15	15	15	$P_u = \min\{P_{ycv}, P_{us}\}$ [kN]	45.8	46.2	46.2
g	[mm]	15	15	15	破壊モード	P_{ycv}	P_{us}	P_{us}
n		5	5	5	$P_{ycv} = F_{Ef} \cdot e \cdot H$ [kN]	**45.8**	91.5	137.3
角栓		シラカシ	シラカシ	シラカシ	$P_{us} = \dfrac{1}{2} \cdot F_s \cdot (L - g) \cdot H$ [kN]	46.2	**46.2**	**46.2**
ρ	[g/cm³]	0.83	0.83	0.83				
$E_{0f} = 2100 + 13700\rho$ [N/mm²]		13 471	13 471	13 471	$P_{uk} = \dfrac{2 \cdot F_s \cdot L \cdot A_e}{3\left(\frac{e}{2} + \frac{W}{4}\right)}$ [kN]	29.2	24.3	20.8
$E_{90f} = \dfrac{E_{0f}}{25}$ [N/mm²]		538.8	538.8	538.8	$A_e = \dfrac{\left(\frac{W}{2} - f\right)^2}{W} \cdot H$ [mm²]	3 037.5	3 037.5	3 037.5
$F_{cvf} = -8.2 + 35.4\rho$ [N/mm²]		21.2	21.2	21.2				
$F_{Ef} = 0.8F_{cvf}$ [N/mm²]		16.9	16.9	16.9				

　実験結果に計算結果の剛性と耐力の破線を重ね合わせたものを図3.11-20に示す．追掛け大栓と同様に，適用範囲外のものも示している．剛性，耐力ともに追掛け大栓に同様の傾向であるが，顎部にテーパーが設けられていないことなどから，剛性の計算値に対する実験値は，追掛け大栓に比して高めになっていると思われる．

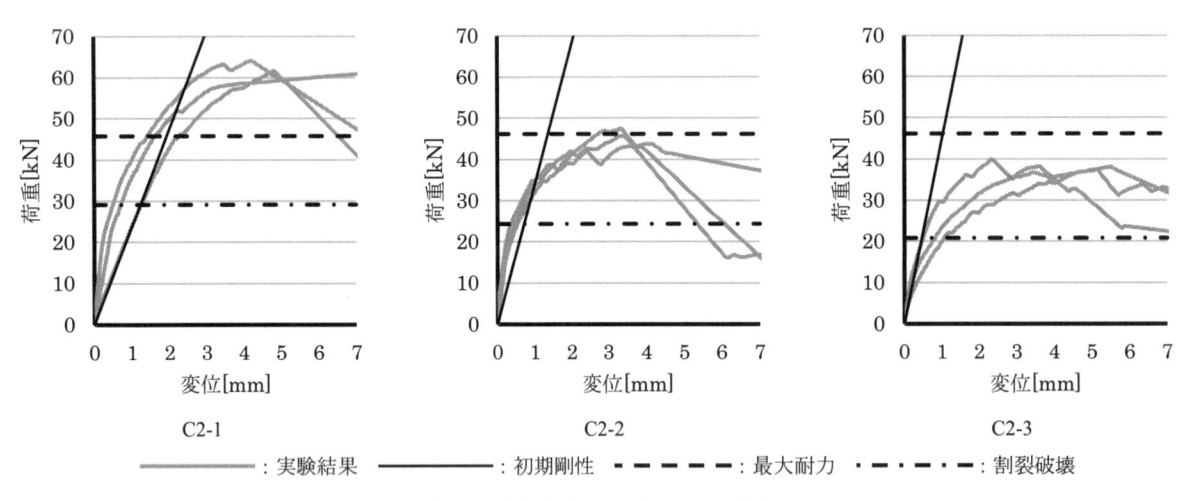

| C2-1 | C2-2 | C2-3 |

────── ：実験結果　　────── ：初期剛性　　── ─ ── ─ ── ：最大耐力　　─ ・─ ・─ ・─ ：割裂破壊

図3.11-20　金輪継ぎ（引張）実験と計算の比較

3.11.6 嵌合系継手・仕口のその他の留意点

3.11.6.1 材料・材質

継手・仕口の加工をする木材は，未乾燥材であってはならない．継手・仕口の加工および施工後に，乾燥収縮および干割れやねじれ等が発生すると，予想外の初期応力状態や耐力低下を招くおそれがある．特に，せん断面や割裂面に干割れが生じると，耐力が大幅に低下する危険性がある．乾燥材を用いて，乾燥により生じた欠点が耐力に影響しないように，材の上下左右の適所を見極めたうえで，継手・仕口の刻みに入ることが望ましい．

3.11.6.2 納 ま り

継手・仕口は，逃げのないゼロタッチの納まり（とまり嵌め）を前提としているため，高い加工精度を確保する必要がある．熟練大工の手刻みでなくプレカット機械加工の場合には，死節が鎌の首や長ほぞの穴の横などに来ないようにする等，機械に材を流す人が大工と同様に木を見て方向を決めるように注意すること．

3.11.6.3 施工・メンテナンス

施工は，先に女木側の部材から建て込み，その上から男木側の部材を落とし込むため，組立て順序などを間違えると入らなくなるので注意を要する．また，逃げがないとまり嵌めであるため，雨天時の施工は材の膨潤により入らなくなる可能性があるので避けるべきである．

3.11.6.4 長所・短所

・金物を用いないので，金物周辺からの結露による木材劣化が生じにくい．
・金物や接合具の露出が無く，審美性に優れる．
・耐力がさほど高くない．
・乾燥収縮によるガタが生じやすい．

参 考 文 献

1) T. Van der Put, A. Leijten: Evaluation of perpendicular to grain failure of beams caused by concentrated loads of joints, Proceedings of 33rd Meeting of CIB-W18, Paper 33-7-7, 2000 年
2) 緑の列島ネットワーク：国土交通省補助事業　平成 23 年度伝統的構法の設計法作成及び性能検証実験検討委員会　報告書
3) 森林総合研究所：改訂 4 版　木材工業ハンドブック，2004 年

4. 接合を利用した部材の設計

4.1 せん断接合具を利用した組立梁

4.1.1 基本情報
4.1.1.1 接合部名称
　組立梁：Built-up beam

4.1.1.2 システム模式図
　ここで対象とする組立梁は，上下弦材の間を上下材の水平せん断変形に対する抵抗性能を有する機構で重ね合せることで構成される複合梁を指し，図 4.1-1 に示す重ね梁，重ね透かし梁などがこれに属する．木造組立梁では，構成の単純さや軸組工法へのなじみの良さから，梁材を上下に積層した重ねた重ね梁がよく知られている．ビスやボルトといった，比較的容易に入手可能で安価な接合具を用いたメカニカルな接合によって構成する重ね梁は，小径の製材利用の観点からも有効な手法といえる．

　組立梁のメカニズムを図 4.1-1 に示す重ね梁を用いて解説すると，荷重を受けると各梁材の圧縮側上端が縮もうとし，下端が伸びようとするために上下の梁材（以降これを弦材と呼ぶ）にズレ変形が生じようとする．このときのズレ変形を止めるせん断抵抗要素を配置することによって断面の一体化が生じて力学的な合理性を発揮する．ズレ変形の程度は，例えば両端単純支持梁であれば支点付近が最も大きく，スパン中央に近づくに従って小さくなる．

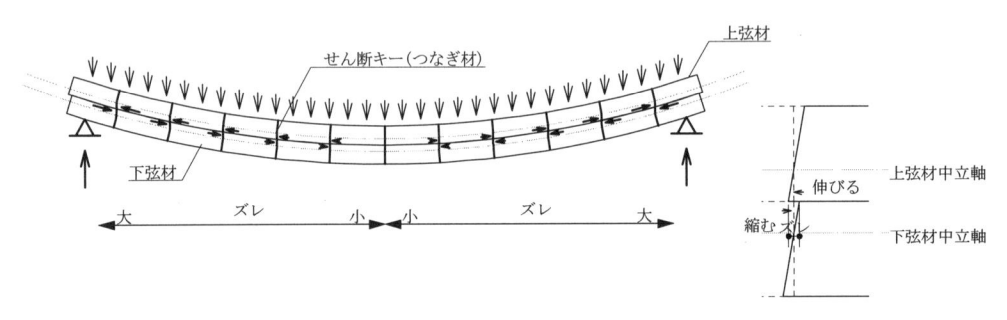

図 4.1-1　重ね梁の模式図

　組立梁の部材構成はさまざまなものが考えられ得るが，重ね梁や重ね透かし梁が良く知られている．図 4.1-2 左はビスやラグスクリュー等の接合具で上下弦材を一体とした重ね梁，右はせん断キーとしてかい木を挟み上下弦材の間に隙間を設けた重ね透かし梁の例である．

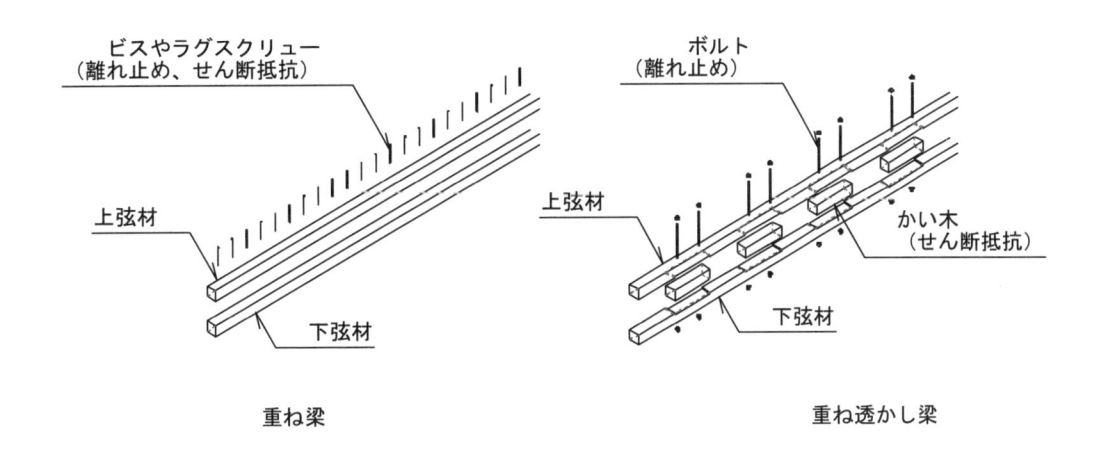

重ね梁　　　　　　　　　　　　　　　　重ね透かし梁

図 4.1-2　組立梁の例

4.1.1.3　力の伝達形式

　組立梁としてよく知られる平行弦トラスのようなトラス梁では，一般的にウェブがせん断力を，上下のフランジ材が軸力を伝達すると考えるのに対して，重ね梁ではウェブに相当するズレ止めに加えて，各弦材自身がせん断力をある程度伝達することが特徴で，トラスと梁の中間的性質を有する．また，断面算定の際に一体断面の梁において考慮する応力は通常曲げ応力とせん断応力であるが，組立梁の場合は構成する梁材の軸応力とせん断キーのせん断応力について検討が必要である．部材の曲げ耐力やせん断耐力に比べるとせん断キーのせん断耐力は余裕がないことが多く，組立梁の耐力はせん断キーの耐力によって決定されることが多いことに注意が必要である．

4.1.1.4　対象構造・使用部位

　集成材がまだ普及していなかった時代には，限られた断面の製材を組み合わせて長スパンに対応するために用いられてきた．大断面集成材が容易に入手できる現代においても，輸送や製造時の環境負荷の低さから，地場産材や間伐材を地場の小規模な製材所と元の大工だけで加工してつくる組立梁が再び注目されるようになってきた．

4.1.1.5　建築事例

　図 4.1-3 はヒノキの 90 角材による 3 段重ね梁によってスパン 15 m を架け渡した屋根架構の事例である．せん断キーはシャチ栓を用いポリウレタン系接着剤を併用している．

内観　　　　　　　　　　　　　　　　高知県産ひのき材の湾曲重ね梁

図 4.1-3　高知県中芸高校格技場（設計：山本長水建築設計事務所／構造：ＨＦ設計）

4.1.2　設計情報

　組立梁には平行弦トラスのようにウェブがせん断力の大部分を伝達し，上下のフランジ材が軸力を伝達するものから，重ね梁のようにウェブに相当するズレ止めに加えて各弦材自身がせん断力をある程度伝達するものまでさまざまなものがあり，概してトラスと梁の中間的性質を有する．また，断面算定の際に一体断面の梁において考慮する応力は

通常曲げ応力とせん断応力であるが，組立梁の場合は構成する梁材の軸応力とせん断キーのせん断応力について検討が必要である．部材の曲げ耐力やせん断耐力に比べるとせん断キーのせん断耐力は余裕がないことが多く，組立梁の耐力はせん断キーの耐力によって決定されることが多いことに注意が必要である．

　対象とする組立梁はせん断キーの剛性や耐力が既知であることを前提条件として，鉛直荷重のみを負担する部材とする．地震力のような水平力を負担する部材については終局時の安全性に対する検討を行うことが別途必要であるため，ここでは対象外とする．また，組立梁を構成する梁の段数が3段以下の場合に限り各部材に継手がある場合の計算方法を示す．

　ここで示す計算方法は「曲げ剛性の大きい弦材をせん断変形の伴う機構で結び付けた合成梁」と見なし，多層重ね梁の一般解を導いた解法[1]を立脚し，たわみ曲線の形状が弦材間にせん断力が働かない場合の梁のたわみ曲線形状とそれほど変わらないことを前提とした近似解法によって簡易計算式を導いたもの[2]である．構成する弦材個々の梁効果と，せん断キーのずれ止めと上下弦材の軸抵抗によるトラス効果の2つの支持機構により荷重を伝達するものと考えて，それぞれの剛性に応じて荷重が分配されるものと考えている．

4.1.2.1　継手のない組立梁の計算方法

　組立梁の剛性の増大率は弦材の梁せいとスパンの比に応じて以下の (1)，(2) により計算することができる．本計算式は以下の条件を満たす場合，適用可能である．

＜適用条件＞
- ・せん断キーは等間隔配置とする
- ・せん断キーの剛性と耐力は既知である
- ・弦材と見なす部材には継手が存在しない

(1)　弦材の梁せいがスパンの 1/20 以下の場合

$$C_0 = 1 + \cfrac{1}{\left(\cfrac{1}{H^2}\sum\cfrac{1}{EA} + \cfrac{600}{61G_p HL^2}\right)\sum EI} \qquad\text{式 4.1-1}$$

$$G_p = \frac{H}{\sum\dfrac{s_i}{k_i}} \qquad\text{式 4.1-2}$$

　弦材の止付け仕様が全て同じ場合，式 4.1-2 は次式となる．

$$G_p = \frac{H}{(n-1)s}k \qquad\text{式 4.1-3}$$

記号　　C_0　　：組立梁の剛性増大率（弦材の梁せいがスパンの 1/20 以下とする）
　　　　H　　：上下弦材の芯-芯高さ [mm]
　　　　A　　：弦材の断面積 [mm]
　　　　E　　：ヤング係数 [N/mm²]
　　　　L　　：スパン [mm]
　　　　ΣEI　：組立梁を構成する弦材の曲げ剛性の総和 [N·mm²]
　　　　G_p　　：せん断キー効果をウェブと見なしたときのせん断剛性 [N/mm]
　　　　s　　：せん断キーの配置間隔 [mm]
　　　　k　　：せん断キーのすべり剛性 [N/mm]
　　　　n　　：弦材の段数

(2)　弦材の梁せいがスパンの 1/20 を超える場合

　床や屋根の荷重が大きく弦材の梁せいがスパンLの 1/20 以上となる場合は，梁のせん断変形の影響が無視できなくなるため，剛性増大率は次式によって計算する．

$$C_0 = \frac{\sum \mu_1 EI}{\sum EI}\left[1 + \cfrac{1}{\left(\cfrac{1}{H^2}\sum\cfrac{1}{EA} + \cfrac{600}{61 G_{\mathrm p} H L^2}\right)\sum \mu_2 EI}\right]$$ 式 4.1-4

$$\mu_1 = \frac{1}{1 + \frac{4\kappa}{5}\frac{E}{G}\left(\frac{h}{L}\right)^2}, \qquad \mu_2 = \frac{1}{1 + \frac{50\kappa}{61}\frac{E}{G}\left(\frac{h}{L}\right)^2}$$

$$G_{\mathrm p} = \frac{H}{\sum \frac{s_i}{k_i}}\cdot\frac{\sum GA}{\sum GA + kH}$$ 式 4.1-5

記号　　G　　　　：弦材のせん断弾性係数 [N/mm^2]

　　　　h　　　　：弦材の梁せい [mm]

　　　　κ　　　　：形状係数（矩形断面では 1.2 とする）

剛性増大率は荷重分布により本来異なるものであるが，その差はわずかであるため，等分布荷重の場合の数値を用いることができるものとした．

せん断キーの負担せん断力は次式で表される．

$$_\mathrm{J}Q = \left(1 - \frac{1}{C_0}\right)\frac{s}{H}\times Q$$ 式 4.1-6

記号　　$_\mathrm{J}Q$　　　　：せん断キーの負担せん断力 [N]

　　　　Q　　　　：組立梁の負担せん断力 [N]

弦材の負担曲げ応力度は次式から求めることができる．

$$\sigma_{\mathrm b} = \frac{\lambda EI}{C_0 Z \sum EI}\times M$$ 式 4.1-7

記号　　$\sigma_{\mathrm b}$　　　　：弦材の負担曲げ応力度 [N/mm^2]

　　　　λ　　　　：荷重条件による係数で，等分布では 1.0，集中荷重では 1.2

　　　　Z　　　　：弦材の断面係数 [mm^3]

　　　　M　　　　：組立梁の負担曲げモーメント [N·mm]

最外層の弦材が負担する引張応力度は，

$$\sigma_{\mathrm t} = \left(1 - \frac{1}{C_0}\right)\frac{1}{AH}\times M$$ 式 4.1-8

記号　　$\sigma_{\mathrm t}$　　　　：下弦材の引張応力度 [N/mm^2]

4.1.2.2　継手を有する組立梁の計算方法

　組立梁の弦材に継手を有する場合の計算法についても研究報告[3]がある．上下弦材の継手位置がずれていることにより相持ち状にせん断力を伝える機構を有している組立梁について，下弦材継手接合部の剛性を考慮した剛性の増大係数を以下の計算によって求めることができる．本計算式を適用する場合の適用条件は以下のとおりである．

＜適用条件＞

・積層数は 2 または 3 段までとする

・せん断キーは等間隔配置とする

・下弦材継手はスパン中央に対称な位置に 2 か所とする

・梁材の継手間には上下いずれかの材の継手が配置され，同一材の継手が 2 か所連続することはない

・上弦材継手は木口面が面接触する等により，十分な圧縮剛性，耐力を有する

　下弦材継手の変形を考慮した剛性増大率は弦材の梁せいとスパンの比に応じて以下の (1)，(2) により計算することができる．

(1)　弦材の梁せいがスパンの 1/20 以下の場合

$$C_1 = 1 + \cfrac{1}{\left\{\cfrac{1}{H^2}\sum\cfrac{1}{EA} + \cfrac{600}{61G_{\mathrm{p}}HL^2} + \cfrac{60(L+2l)(5L^2-4l^2)(L-2l)^2}{61K_{\mathrm{t}}H^2L^6}\right\}\sum EI} - \cfrac{1}{n} \qquad \text{式 4.1-9}$$

$$G_{\mathrm{p}} = \cfrac{H}{\sum\cfrac{s_i}{k_i}} \qquad \text{式 4.1-10}$$

(2)　弦材の梁せいがスパンの 1/20 を超える場合

$$C_1 = \cfrac{\sum\mu_1 EI}{\sum EI}\left[1 + \cfrac{1}{\left(\cfrac{1}{H^2}\sum\cfrac{1}{EA} + \cfrac{600}{61G_{\mathrm{p}}HL^2} + \cfrac{60(L+2l)(5L^2-4l^2)(L-2l)^2}{61K_{\mathrm{t}}H^2L^6}\right)\sum\mu_2 EI}\right] \qquad \text{式 4.1-11}$$

$$\mu_1 = \cfrac{1}{1 + \cfrac{4\kappa}{5}\cfrac{E}{G}\left(\cfrac{h}{L}\right)^2}, \qquad \mu_2 = \cfrac{1}{1 + \cfrac{50\kappa}{61}\cfrac{E}{G}\left(\cfrac{h}{L}\right)^2}$$

$$G_{\mathrm{p}} = \cfrac{H}{\sum\cfrac{s_i}{k_i}} \cdot \cfrac{\sum GA}{\sum GA + kH} \qquad \text{式 4.1-12}$$

記号　　C_1　　　　：継手の引張剛性を考慮した重ね梁の剛性増大係数

　　　　l　　　　　：スパン中央-下弦材継手間距離 [mm]

　　　　K_{t}　　　　：下弦材継手の引張剛性 [N/mm]

　組立梁の応力についての検討は，せん断キーのせん断応力，弦材曲げ応力と引張応力に加えて，下弦材継手引張応力と，図 4.1-4 に示すように継手位置で相持ち状に伝達するせん断力についての検討を行えばよい．各部の応力を検討する場合の剛性増大率は応力を安全側に評価できるものを使用することとし，せん断キーの応力を検討する際は継手がない場合の剛性増大率を用いることとし，弦材の応力の検討を行う際は剛性増大率について C_1 を用いるものとする．一方で継手応力の検討に用いる剛性増大率には，継手がない場合の C_0 の値を用いて検討を行う．

　継手の引張応力は，継手位置において梁が負担するモーメントのうち平行弦トラスとして負担するモーメントから次式により計算することができる．

$$_{\mathrm{j}}T = \left(1 - \cfrac{n}{nC_0 - 1}\right)\times\cfrac{M}{H} \qquad \text{式 4.1-13}$$

　上下弦材の継手がずれることによって相互に伝達されるせん断力は十分な安全性を与えるために合成効果を見込まずに次式によって求めることとする．

$$_{\mathrm{j}}Q = \cfrac{L'\sum W}{4l'} \qquad \text{式 4.1-14}$$

記号　　$_{\mathrm{j}}Q$　　　　：上下弦材で相互に伝達するせん断力 [N]

　　　　$\sum W$　　　：組立梁の全負担荷重 [N]

　　　　L'　　　　：支点から上下材の継手までの距離のうちの大きい方 [mm]

　　　　l'　　　　：上下材継手間距離 [mm]

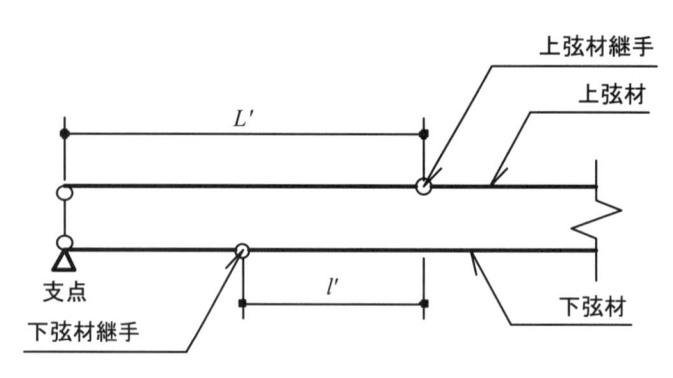

図 4.1-4　継手位置に係るモデル化と式 4.1-14 の示す長さ

4.1.2.3　重ね梁の計算値と実験値の比較

　中央集中加力によるスパン$L = 2\,850$ [mm]の I 型梁，重ね透かし梁の実大曲げ試験の結果と計算値の比較検証を行う．ここでは木材やつなぎ材の力学特性値はすべて実験値を用いる．

(1)　試験体　IB-W206S150（I 型梁）

　図 4.1-5 に示す I 型梁について計算手順を示す．

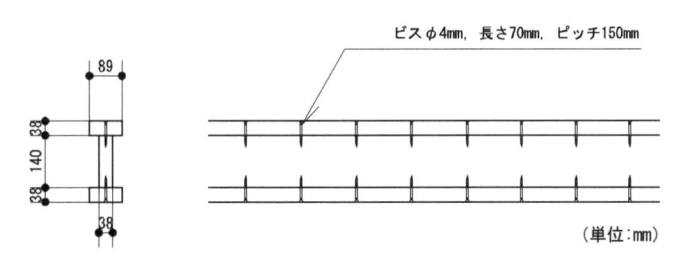

図 4.1-5　I 型梁の構成

(a)　フランジ材およびウェブ材の諸定数

　フランジ材：204 材，$E_{fc} = E_{ft} = 9.11 \times 10^3$ [N/mm²]，$_fF_t = {_f}F_b = 19.92$ [N/mm²]

$A_{fc} = A_{ft} = 89 \times 38 = 3\,382$ [mm²]

$$I_{fc} = I_{ft} = \frac{89 \times 38^3}{12} = 4.069 \times 10^5 \text{ [mm}^4\text{]}$$

　上下フランジ材の芯-芯高さ$H = 178$ [mm]

　ウェブ材：206 材，$E = 9.35 \times 10^3$ [N/mm²]，$_fF_b = 27.57$ [N/mm²]

$$I_w = \frac{38 \times 140^2}{12} = 8.989 \times 10^6 \text{ [mm}^4\text{]}$$

$$\sum EI = 9.11 \times 10^3 \times 4.069 \times 10^5 \times 2 + 9.35 \times 10^3 \times 8.989 \times 10^6 = 8.866 \times 10^{10} \text{ [N·mm}^2\text{]}$$

(b)　剛性増大率とスパン中央たわみに関するたわみ剛性の算出

　ビス$\phi 4$ mm，長さ 70 mm，ピッチ$s_1 = s_2 = 150$ [mm]，$k = 1.19 \times 10^3$ [N/mm]，$_jF_s = 1.47 \times 10^3$ [N]

剛性

$$\frac{P}{\delta} = \frac{48 \sum EI \times C_0}{L^3}$$

式 4.1-3 より，

$$G_p = \frac{H}{(n-1)s}k = \frac{178}{2 \times 150} \times 1.19 = 706 \text{ [N/mm]}$$

式 4.1-1 より，

$$C_0 = 1 + \cfrac{1}{\left(\cfrac{1}{H^2}\sum\cfrac{1}{EA} + \cfrac{600}{61G_pHL^2}\right)\sum EI}$$

$$= 1 + \cfrac{1}{\left\{\cfrac{1}{178^2}\left(\cfrac{2}{9.11 \times 10^3 \times 38 \times 89} + \cfrac{1}{9.35 \times 10^3 \times 38 \times 140}\right) + \cfrac{600}{61 \times 706 \times 178 \times 2\,850^2}\right\} \times 8.866 \times 10^{10}}$$

$$= 1.92$$

したがって，

$$\frac{48 \sum EI \times C_0}{L^3} = \frac{48 \times 8.866 \times 10^{10} \times 1.92}{2\,850^3} = 353 \text{ [N/mm]}$$

(c)　弾性限界荷重の推定

梁端部の接合具 1 本あたりに加わるせん断力は式 4.1-6 より，

$$_\mathrm{j}Q = \left(1 - \frac{1}{C_0}\right)\frac{s}{H} \times Q = \left(1 - \frac{1}{1.92}\right) \times \frac{150}{178} \times Q = 0.40 \times Q \ [\mathrm{N}]$$

これより梁端部の接合具負担せん断力が降伏耐力に達するときの荷重$_\mathrm{j}P_\mathrm{s}$は，

$$_\mathrm{j}P_\mathrm{s} = \frac{2}{0.40} \times {}_\mathrm{j}F_\mathrm{s} = \frac{2}{0.40} \times 1.47 \times 10^3 = 7.35 \times 10^3 \ [\mathrm{N}]$$

スパン中央における引張側フランジ材下縁の引張応力度は式 4.1-8 より，

$$\sigma_\mathrm{t} = \left(1 - \frac{1}{C_0}\right)\frac{1}{AH} \times M = \left(1 - \frac{1}{1.92}\right) \times \frac{1}{38 \times 89 \times 178} \times M = 7.96 \times 10^{-7} \times M$$

下弦材のスパン中央における曲げ応力度は式 4.1-7 より

$$\sigma_\mathrm{b} = \frac{\lambda EI}{C_0 Z \sum EI} \times M = \frac{1.2 \times 9.11 \times 10^3 \times 4.069 \times 10^5}{1.92 \times \frac{89 \times 38^2}{6} \times 8.866 \times 10^{10}} \times M = 1.22 \times 10^{-6} \times M$$

$M = PL/4$ より曲げ応力と引張応力によって下弦材下端が許容値に達するときの荷重$_\mathrm{f}P_\mathrm{t}$は，

$$_\mathrm{f}P_\mathrm{t} = \frac{1}{\left(\frac{7.96}{4 \times 19.92} + \frac{12.20}{4 \times 19.92}\right) \times 2\,850 \times 10^{-7}} = 13.86 \times 10^3 \ [\mathrm{N}]$$

ウェブ材のスパン中央の曲げ応力度は式 4.1-7 より，

$$\sigma_\mathrm{b} = \frac{\lambda EI}{C_0 Z \sum EI} \times M$$

これより中央のウェブ材の負担曲げ応力度が曲げ降伏応力度に達するときの弾性限界荷重$_\mathrm{w}P_\mathrm{b}$は，

$$_\mathrm{w}P_\mathrm{b} = \frac{4 F_\mathrm{b} C_0 Z \sum EI}{\lambda LEI} = \frac{4 \times 27.57 \times 1.92 \times \frac{38 \times 140^2}{6} \times 8.866 \times 10^{10}}{1.2 \times 2\,850 \times 9.35 \times 10^3 \times 8.989 \times 10^6} = 8.37 \times 10^3 \ [\mathrm{N}]$$

(2)　試験体　LtB-4LS300（重ね透かし梁）

図 4.1-6 に示す重ね透かし梁について剛性，弾性限界荷重の計算手順を示す．

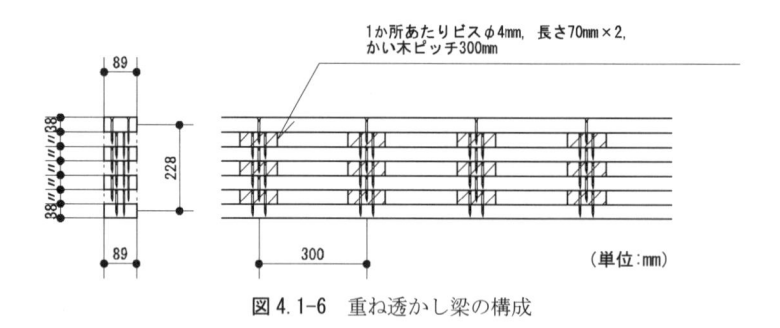

図 4.1-6　重ね透かし梁の構成

(a)　フランジ材およびウェブ材の諸定数

フランジ材：204 材，$E = 9.11 \times 10^3$ [N/mm²]，$_\mathrm{f}F_\mathrm{t} = 19.92$ [N/mm²]

$$A_\mathrm{fc} = A_\mathrm{ft} = 89 \times 38 = 3\,382 \ [\mathrm{mm}^2]$$

$$I_\mathrm{fc} = I_\mathrm{ft} = \frac{89 \times 38^3}{12} = 4.069 \times 10^5 \ [\mathrm{mm}^4]$$

上下フランジ材の芯-芯高さ$H = 228$ [mm]

ウェブ材：204 材，$E_\mathrm{w} = 9.11 \times 10^3$ [N/mm²]，$_\mathrm{f}F_\mathrm{b} = 19.92$ [N/mm²]

$$I_\mathrm{w} = \frac{89 \times 38^3}{12} = 4.069 \times 10^5 \ [\mathrm{mm}^4]$$

$$\sum EI = 9.11 \times 10^3 \times 4.069 \times 10^5 \times 2 + 9.11 \times 10^3 \times 4.069 \times 10^5 \times 2 = 1.483 \times 10^{10} \ [\mathrm{N \cdot mm}^2]$$

(b) 剛性増大率とスパン中央たわみに関するたわみ剛性の算出

かい木：204 材をビス ϕ4mm，長さ 70mm で 2 本留め，かい木ピッチ$s = s_1 = s_2 = s_3 = 300$ [mm]

かい木一か所あたりにおける上下材間の接合について，$k = 1.21 \times 10^3$ [N/mm]，$_jF_s = 2.89 \times 10^3$ [N]

剛性

$$\frac{P}{\delta} = \frac{48 \sum EI \times C_0}{L^3}$$

式 4.1-3 より，

$$G_p = \frac{H}{(n-1)s} k = \frac{228}{3 \times 300} \times 1.21 \times 10^3 = 307 \text{ [N/mm]}$$

式 4.1-1 より，

$$C_0 = 1 + \cfrac{1}{\left(\cfrac{1}{H^2} \sum \cfrac{1}{EA} + \cfrac{600}{61 G_p H L^2}\right) \sum EI}$$

$$= 1 + \cfrac{1}{\left\{\cfrac{1}{228^2}\left(\cfrac{4}{9.11 \times 10^3 \times 38 \times 89}\right) + \cfrac{600}{61 \times 307 \times 228 \times 2\,850^2}\right\} \times 1.483 \times 10^{10}}$$

$$= 4.52$$

したがって，

$$\frac{48 \sum EI \times C_0}{L^3} = \frac{48 \times 1.483 \times 10^{10} \times 4.52}{2\,850^3} = 139 \text{ [N/mm]}$$

(c) 弾性限界荷重の推定

梁端部の接合具 1 本あたりに加わるせん断力は式 4.1-6 より，

$$_jQ = \left(1 - \frac{1}{C_0}\right)\frac{s}{H} \times Q = \left(1 - \frac{1}{4.52}\right) \times \frac{300}{228} \times Q = 1.02 \times Q \text{ [N]}$$

これより梁端部の接合具負担せん断力が降伏耐力に達するときの荷重$_jP_s$は，

$$_jP_s = \frac{2}{1.02} \times {_jF_s} = \frac{2}{1.02} \times 2.89 \times 10^3 = 5.67 \times 10^3 \text{ [N]}$$

スパン中央における引張側フランジ材下縁の引張応力度は式 4.1-8 より，

$$\sigma_t = \left(1 - \frac{1}{C_0}\right)\frac{1}{AH} \times M = \left(1 - \frac{1}{4.52}\right) \times \frac{1}{38 \times 89 \times 228} \times M = 1.01 \times 10^{-6} \times M$$

下弦材のスパン中央における曲げ応力度は式 4.1-7 より

$$\sigma_b = \frac{\lambda EI}{C_0 Z \sum EI} \times M = \frac{1.2 \times 9.11 \times 10^3 \times 4.069 \times 10^5}{4.52 \times \frac{89 \times 38^2}{6} \times 1.483 \times 10^{10}} \times M = 3.20 \times 10^{-6} \times M$$

$M = PL/4$ より曲げ応力と引張応力によって下弦材下端が許容値に達するときの荷重$_fP_t$は，

$$_fP_t = \cfrac{1}{\left(\cfrac{1.01}{4 \times 19.92} + \cfrac{3.20}{4 \times 19.92}\right) \times 2\,850 \times 10^{-6}} = 6.63 \times 10^3 \text{ [N]}$$

ウェブ材のスパン中央の曲げ応力度は式 4.1-7 より，

$$\sigma_b = \frac{\lambda EI}{C_0 Z \sum EI} \times M$$

これより中央のウェブ材の負担曲げ応力度が曲げ降伏応力度に達するときの弾性限界荷重$_wP_b$は，

$$_wP_b = \frac{4 F_b C_0 Z \sum EI}{\lambda L E I} = \frac{4 \times 19.92 \times 4.52 \times \frac{89 \times 38^2}{6} \times 1.483 \times 10^{10}}{1.2 \times 2\,850 \times 9.11 \times 10^3 \times 4.069 \times 10^5} = 9.02 \times 10^3 \text{ [N]}$$

上記の計算によって得られる計算値と実験結果の比較を図 4.1-7 に示す．

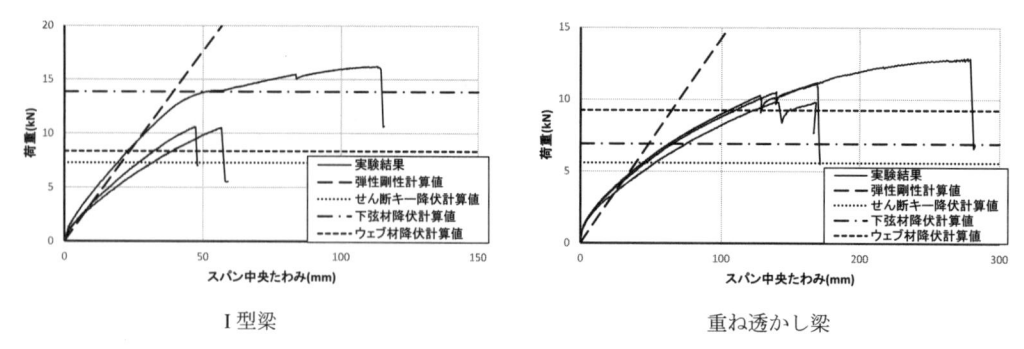

図 4.1-7　実験結果と計算結果の比較

4.1.3　設　計　例

図 4.1-8 に示す小屋梁に継手を有する重ね梁を使用した場合の長期荷重における検討について，4.1.2.2 に示す計算によって検討した場合の計算例を示す.

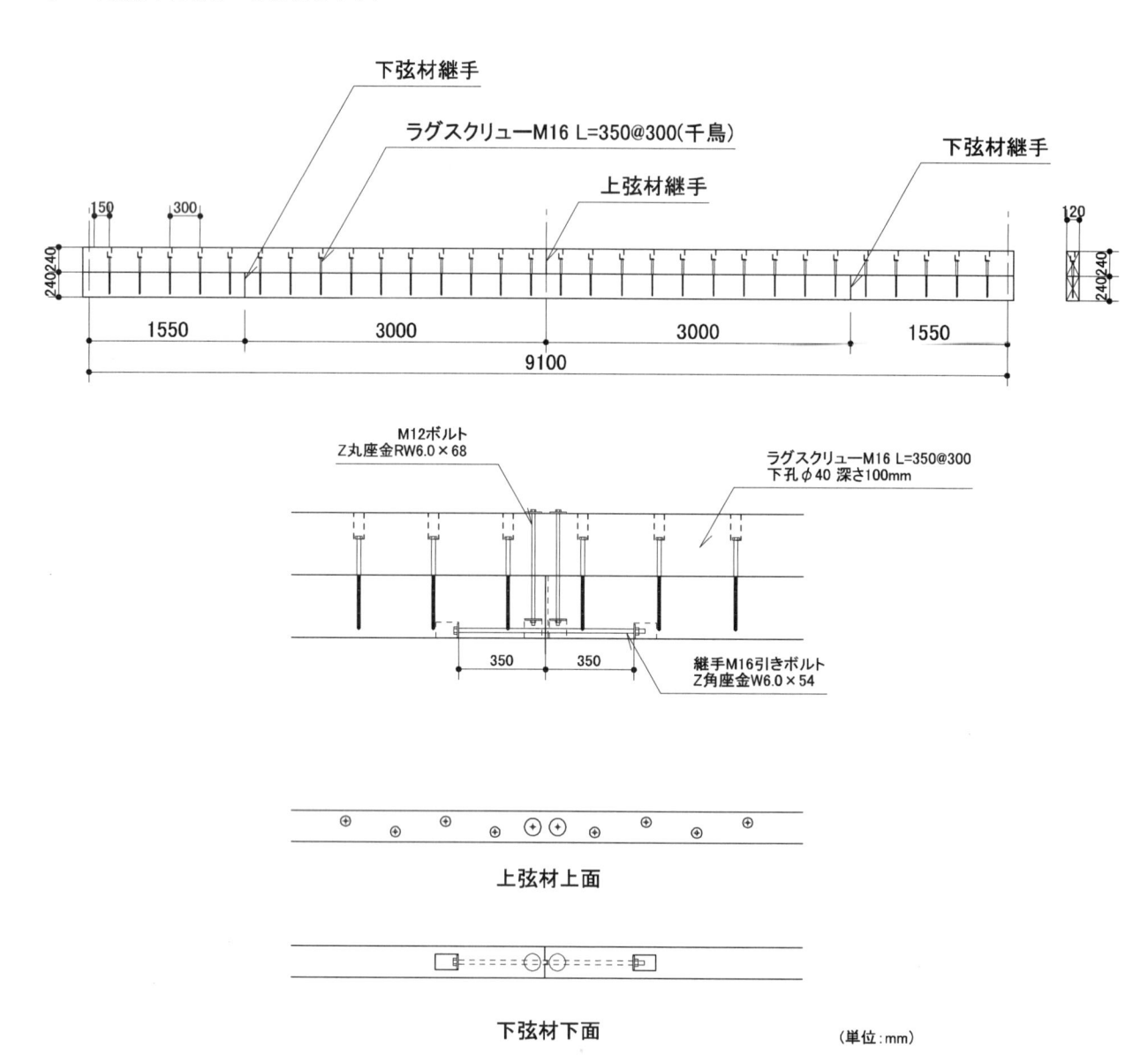

図 4.1-8　重ね梁の部材構成と接合部

(1)　荷 重 条 件

スパン$L = 9\,100$ [mm]，屋根固定荷重：$800\,\mathrm{N/m^2}$

(2)　部 材 構 成

重ね梁ピッチ：910 mm，上弦材梁断面：120 mm×240 mm，下弦材梁断面：120 mm×240 mm，

材種・強度等級：スギ機械等級区分製材 E70

ヤング係数$E = 7\,000$ [N/mm^2]，$F_b = 29.4$ [N/mm^2]，$F_t = 17.4$ [N/mm^2]

継手引張：引きボルト M16×600 mm，両端 Z 角座金 W6.0×54，

$K_t = 12.66 \times 10^3$ [N/mm]，$t_a = 36.9 \times 10^3$ [N]（ボルト軸部引張による）

継手せん断：引きボルト M12，両端 Z 丸座金 RW6×68

$t_a = 21.8 \times 10^3$ [N]（座金めり込みによる）

せん断キー：ラグスクリュー M16×350 mm @300 mm

$k = 6.2 \times 10^3$ [N/mm]，$q_y = 9.9 \times 10^3$ [N]

(3)　準 備 計 算

検討屋根荷重$w = 728$ [N/m]，$H = 240$ [mm]，$s = 300$ [mm]，$n = 2$，$l = 3\,000$ [mm]

式 4.1-3 より，

$$G_p = 4.96 \times 10^3 \text{ [N/mm]}$$

$$\sum EI = 7\,000 \times \frac{120 \times 240^3}{12} \times 2 = 1.935 \times 10^{12} \text{ [N·mm}^2\text{]}$$

$$\sum \frac{1}{EA} = \frac{1}{7\,000 \times 120 \times 240} \times 2 = 9.921 \times 10^{-9} \text{ [N·mm}^2\text{]}$$

式 4.1-4 より，$C_0 = 2.90$

式 4.1-9 より，$C_1 = 1.78$

(4)　各部応力の検討

・せん断キーの検討

$$_JQ = \left(1 - \frac{1}{C_0}\right)\frac{s}{H} \times \frac{wL}{2} = 2.713 \times 10^3 \text{ [N/mm]}$$

せん断キーの長期許容せん断耐力$_Lq_a = (1.1/3) \times q_y = 3.63 \times 10^3$ [N]

$_JQ/_Lq_a = 0.747 \leqq 1.0 \cdots \text{OK}$

・下弦材の曲げと引張に対する検討

下弦材スパン中央の曲げ応力度は，

$$\sigma_b = \frac{\lambda EI}{C_1 Z \sum EI} \times \frac{wL^2}{8}$$

上下の梁から集中荷重を受けるため，$\lambda = 1.2$ として$\sigma_b = 2.20$ [N/mm^2]

下弦材スパン中央の引張応力度は，

$$\sigma_t = \left(1 - \frac{1}{C_0}\right)\frac{1}{AH} \times \frac{wL^2}{8} = 0.714 \text{ [N/mm}^2\text{]}$$

下弦材長期許容曲げ応力度$_LF_b = (1.1/3) \times F_b = 10.78$ [N/mm^2]

下弦材長期許容引張応力度$_LF_t = (1.1/3) \times F_t = 6.38$ [N/mm^2]

$\sigma_b/_LF_b + \sigma_t/_LF_t = 0.316 \leqq 1.0 \cdots \text{OK}$

・下弦材継手引張の検討

$$_JT = \left(1 - \frac{n}{nC_0 - 1}\right) \times \frac{w}{H}\left(\frac{L^2}{8} - \frac{l^2}{2}\right) = 10.4 \times 10^3 \text{ [N]}$$

下弦材継手の長期許容引張耐力 $_Lt_a = t_a/1.5 = 24.6 \times 10^3$ [N]

　　$_JT/_Lt_a = 0.423 \leqq 1.0 \cdots$ OK

・継手位置のせん断

$$_JQ = \frac{L'\sum W}{4l'} = 2.51 \times 10^3 \text{ [N]}$$

長期引張耐力 $_Lt_a = (1.5/3) \times t_a = 10.9 \times 10^3$ [N]

　　$_JQ/_Lt_a = 0.23 \leqq 1.0 \cdots$ OK

(5)　たわみの確認

$$\delta = \frac{5wL^4}{384\sum EI} \times \frac{1}{C_2} = 18.82 \text{ [mm]}$$

4.1.4　その他の留意点

4.1.4.1　材料・材質

　製材を用いる場合には，含水率を 20% 以下まで乾燥させた材を用いること．未乾燥材の状態でつくられた重ね梁は，メカノソープティブ変形により通常のクリープ変形よりも初期たわみに対する増大分が大きくなることに注意すべきである．これに対する検討方法として，剛性増大率を計算する際のせん断キーの変形増大係数を 2 と見なして，剛性を 1/2 として増大率を求める方法が考えられる．しかしながら接合部のクリープ性状については接合方法によっても差があると考えられるため，接着により十分な剛性の余裕を付与するか，変形に対しては十分な余裕を見込むことが望ましい．また，I 型梁のようにウェブ材に材幅に対してせいの大きな材を用いる場合に横座屈を生じるおそれのある場合には適切な補強を行う必要がある．横座屈の検定については木規準[4]を参照すること．

4.1.4.2　施工・メンテナンス

　上下弦材を緊結しせん断力に抵抗するボルトやジベルは，初期スリップをなくすために穴や溝にあそびを設けてはならない．そのため，釘・ビスやラグスクリューのようにガタのないファスナーを多数本打つほうがたわみはコントロールしやすい．また，木痩せや干割れなどにより剛性・耐力が大きく低下することがないような納まりとする．

参 考 文 献

1)　蒲池　健ほか 2 名：木造組立設計法 -多層複合梁の梁トラスモデルによる解法その 1- 日本建築学会構造系論文集, 第 638 巻, pp.691-700, 2009 年
2)　蒲池　健ほか 6 名：集成材梁-RC 床版剛性梁設計法の提案と実験による検証 集成材梁と RC 床版の一体効果を考慮した合理的部材設計手法の構築　その 2, 第 702 巻, pp.1147-1155, 2014 年
3)　蒲池　健ほか 3 名：高知県産製材を用いた組立梁の開発　その 2　設計法の提案, 日本建築学会学術講演梗概集, pp.167-168, 2017 年
4)　日本建築学会編：木質構造設計規準・同解説, pp.20-21, pp.388-389, 2006 年

4.2 構造用面材を用いる充腹梁

4.2.1 基本情報
4.2.1.1 接合部名称
充腹梁：Box-beam, Built-I-beam

4.2.1.2 接合部概要

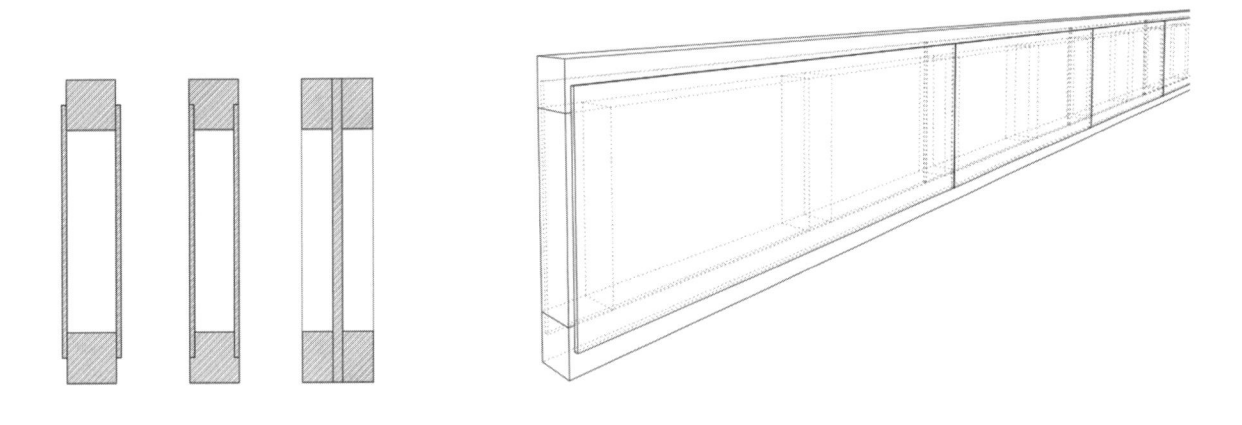

図 4.2-1 充腹梁の断面のパターンと充腹梁外張での姿図例

　充腹梁とはここでは，上下の梁に軸組材等を用い，それをつなぐせん断パネル（以下，充腹面材）に合板や MDF 等の構造用面材を用いた梁のことを称する．具体的には図 4.2-1 のように軸材をはしご状に組み，面材を外側から張り込むか，欠込みを設けた軸材や合わせ材を用いた上下弦材に面材を挟み込んで，ビスや釘などの接合具を用いてせん断接合（以下，充腹面材接合）して組み上げた組立梁である．面材のスパン方向の継手にも受材を設けて，上下弦材への接合と同様に応力伝達することを前提とする．

　古くは 20 世紀前半から製材の軸材と板材による斜材を用いた充腹梁・充腹柱が体育館の軸組などの長スパン構造に用いられてきている．ここでは充腹部分には軸材で囲われた単位区画は一体の面で覆う充腹面材を用いる場合を取り扱う．基本的に材積に比して曲げ抵抗効率のよい形状である．

4.2.1.3 力の伝達形式
　力学的なメカニズムから言えば，平行弦トラスのブレース材の機能が，釘接合などによる充腹面材によって賄われていると考えることができ，図 4.2-2 のように表される．ただし同一面材内でも上下弦材の伸縮により単純なせん断変形を基準とした抵抗メカニズムとは異なる応力が面材接合部に作用する．この軸伸びに伴う充腹面材接合への応力分布の変化を無視できる範囲（面材接合ピッチと弦材断面の関係）で用いるのが妥当である．

　基本的には各種材料による耐力壁の仕様をそのまま援用すればよい．高倍率でも軸組材の軸伸びなどの影響が無視できる範囲（詳細計算法の上限など）や，釘・ビスの接合ピッチなどの適用範囲に留意すること．

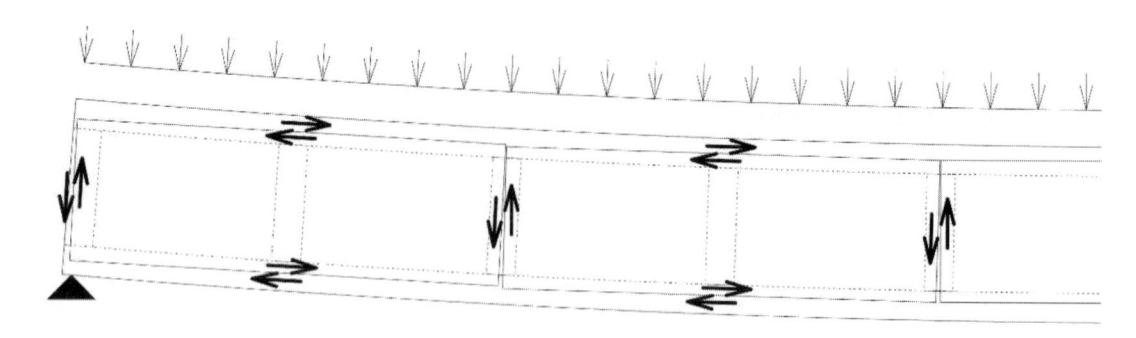

図 4.2-2　充腹面材と軸組材（上下弦材および束材）のせん断力のやり取り

　充腹面材接合ピッチを区間によって変化させる場合などは区間ごとにブレース性能を変化させた平行弦ブレースモデルなどのフレーム解析によって解くことも可能である（図 4.2-3①）．本節で一般式として示すものは一旦静定トラス化したモデルの区間分割を極限まで小さくすることで得られる比較的簡易な一般式である（図 4.2-3②）．このように解いておくと設計で動かす各パラメータの寄与が把握しやすい．前節の組立梁のうち上下弦材の曲げ抵抗性能の寄与が無視できる形式について特解を取り出し，解析上の取扱いを単純化してまとめたものと考えても良い（図 4.2-3③）．

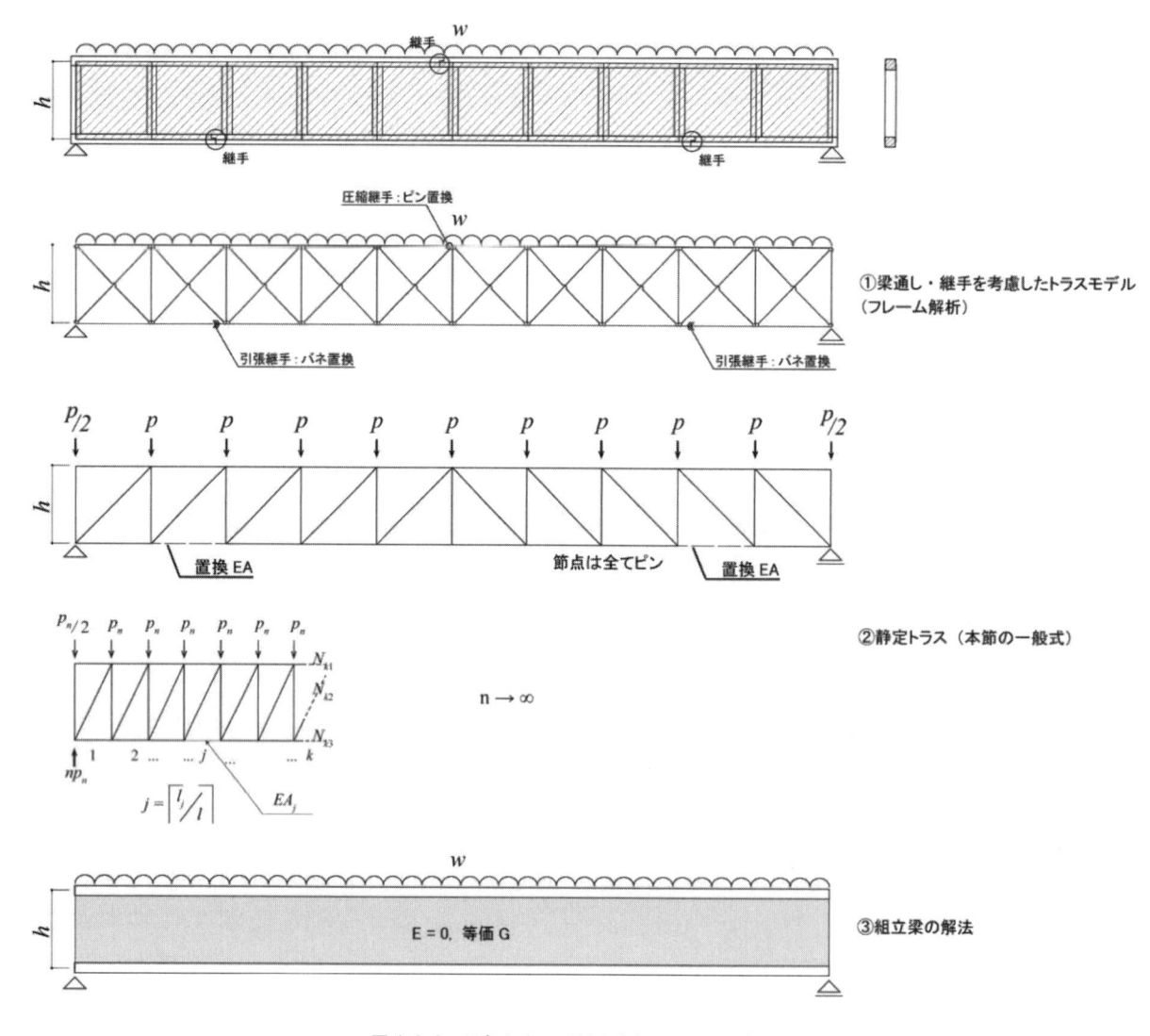

図 4.2-3　対象とする面材充腹梁とそのモデル化

4.2.1.4　対象構造・使用部位

・長尺材，大断面集成材等の利用が困難，不合理な場合に適する．

・主として二次梁（小屋梁，床小梁）だが，4.2.1.5 に述べる適切な配慮のもと短期応力を負担するモーメント抵抗機構にも向く.

4.2.1.5 長所・短所・留意点

・長尺材，大断面集成材等の利用が困難，不合理な場合でも現場での組立によって比較的長スパンを構成できる.

・住宅等の一般的な小規模建築で用いられる要素技術のみで構成することができる.

・既存建物の部材補強にも活用しやすい.

・軽量で断面効率が良く，現場での組立て等が容易である.

・軸組架構内の部分利用などの場合も材料加工や施工について大きな配慮を要さない.

・ねじれ，横座屈に対する安定性が低くなりやすい. 特に弦材に継手を設ける場合は，横座屈安定は無いものとして扱う必要がある. 小梁としての利用であるなら上弦材レベル直交方向に甲乙梁等を入れ，合板を直貼りするなどの配慮が必要である. 施工時のねじれなどにも注意を要する.

・機械的接合のみに頼る場合，最縁端部の釘（ビス）接合部の応力レベルを十分に小さく見込まない限り，クリープによる変形が大きくなる.

・仮に法令手続き上の計算には含められない場合であっても，構造上有効な接着によってクリープ等のリスクを低減することを推奨する. ただし面材の負担するせん断力については接着した場合の方が危険側となる可能性があるため，これについて付加的な検討をすることが必要である.

・梁に接着を行う場合は，継手位置で面材が弦材分の軸力も負担してしまうため取扱いが難しい. 小梁であれば継手も接着した上で引張接合を高スペック化しておけば基本的に危険にはならないが，短期応力を負担する場合は，上下各節点すべてで接着有効無効の両方の場合でのチェックをすることは難しく，安全側の取扱いが難しい. 継手を設けないか，面材継手と弦材継手の位置を合わせ（常時引張の位置で束を勝たせるなど）面材接着と継手が干渉しない納まりが求められる.

・スパン方向に長尺面材を使う場合，面材が曲げを負担し面材接合部の応力分布が本節の計算モデルとずれを生じ，面材端部の接合部に応力が集中することになる. 多少の高剛性化は図られるが，一部接合の先行降伏によるクリープ等も招きやすい. 短尺の面材を継いでも，継ぎ目では双方の面材からの接合でせん断応力伝達がなされ，特に構造上不利になるということもない.

以上挙げた注意点の一部を図 4.2-4 に示した.

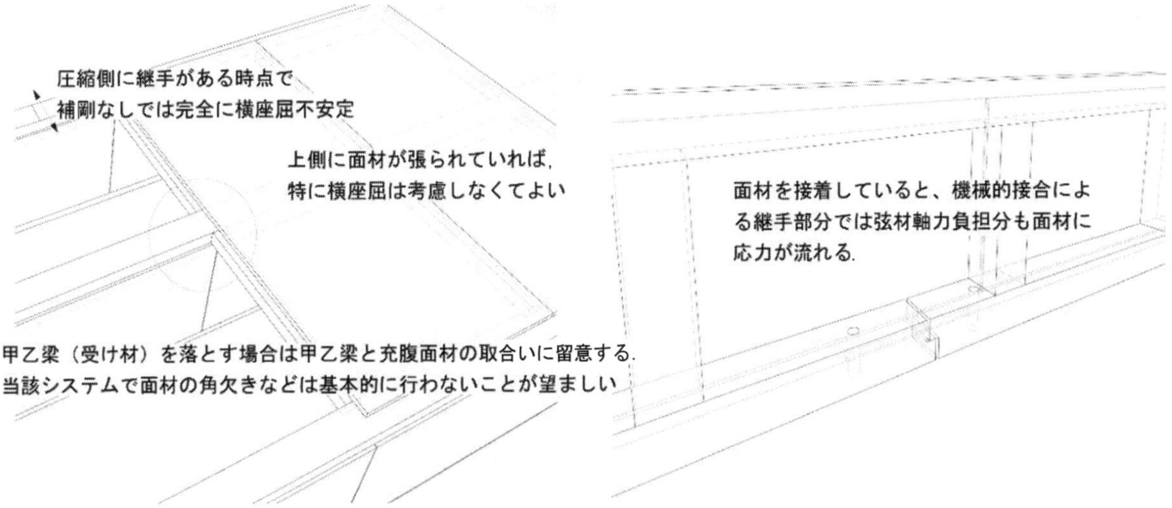

図 4.2-4 面材充腹梁の設計・施工上の留意点

4.2.1.6 本節で扱う仕様の範囲

・4.2.2 で示す閉解法による一般式に拠る場合は，長期荷重のみを想定し，下弦材継手はスパン対称 2 か所までとする. 短期のモーメント抵抗を期待する梁では上下材に継手がないことを原則とする. 継手を軸ばねとしたモデルで

4.2.2 の定性的な内容を参考に一般フレーム解析しても良い．充腹材をブレース等のせん断要素に置換したフレーム解析に基づき，面材釘せん断試験によって性能を確かめる場合は仕様の制約となる範囲は特にない．

・面材に作用する曲げの影響や接合部応力とモデルの不一致が起こりやすくなるという点から，正方形〜1:2.5 程度を標準とし，実験[1),2)]で確認された 1:4 を最大のプロポーションとする．

・継手の有無を問わず上下弦材それぞれ単体断面での曲げ剛性を，組立梁としての見かけの剛性の 5%程度以下とする．正方形断面を弦材とする場合，概ね弦材の材芯間距離Hが弦材せいh_cの 3 倍以上であればよく，充腹梁として有効な断面を求めれば基本的にこの範囲に入る．

・応力計算においては略算的に弦材の曲げ負担分や合板の面内曲げを考慮している．束材（トラスにおけるポスト）の軸力は小さいため伸縮は無視している．

・上下階の梁と壁の面材で構成される壁梁も適用範囲として取扱い可能．ただし，上下弦材が柱に対して勝って通るか同等の軸力伝達機構を持たせることには留意が必要．柱勝ちになっている（柱が弦材間に挟まれる）腰壁等を安易に充腹梁と見なすと，軸力による柱のつぶれを無視していることになり，剛性を過大評価することになる．

4.2.1.7 施 工 例

図 4.2-5 に施工例を示す．長尺材や大断面材が使いづらい住宅にも適する．

筒の家-2（岩堀未来建築設計事務所／ASA）
13.2m スパン 900 ピッチの小屋梁に利用

伊太祁曽の家（Aoyagi Design／福山弘）
スパン 10m の腰壁を利用した床大梁に利用．上下弦材の軸力伝達と横座屈に配慮したディテールが必要

図 4.2-5 施 工 例

4.2.2 設 計 情 報

4.2.2.1 静定トラス極限分割モデルによるたわみの計算

以下では，図 4.2-3 の等分布荷重を受ける単純梁の静定トラスモデルを例にとり，静定トラスモデルの極限分割によってたわみを計算する方法を概略的に示す．詳細は参考文献 1),2)を参照されたい．図 4.2-3 において支点からk番目の区間にある材の軸力は以下となる．N_{k1}, N_{k2}, N_{k3}はそれぞれ上弦材，斜材，下弦材に生じる軸力を示す．

$$N_{k1} = -\beta \cdot p_n \left\{ (k-1)\left(n-\frac{1}{2}\right) - \sum_{i=1}^{k-2} i \right\} \qquad \text{式 4.2-1}$$

$$N_{k2} = -\alpha \cdot p_n \left\{ \left(n-\frac{1}{2}\right) - (k-1) \right\} \qquad \text{式 4.2-2}$$

$$N_{k3} = \beta \cdot p_n \left\{ k \cdot \left(n-\frac{1}{2}\right) - \sum_{i=1}^{k-1} i \right\} \qquad \text{式 4.2-3}$$

$$p_n = \frac{wl}{2n}, \ l_{br} = \sqrt{l^2 + H^2}, \ \alpha = \frac{l_{br}}{H}, \ \beta = \frac{l}{H}, \ 2n \cdot l = L$$

記号 n ：計算上の分割数

w ：等分布荷重 [N/mm]

l ：分割幅 [mm]

H　　　　：梁せい [mm]

L　　　　：梁のスパン [mm]

　中央たわみを計算するために中央に仮想力 1 をかけた場合の各部材断面力は以下である．$\overline{N_{k1}}$, $\overline{N_{k2}}$, $\overline{N_{k3}}$ はそれぞれ上弦材，斜材，下弦材に生じる仮想軸力を示す．

$$\overline{N_{k1}} = -\frac{\beta}{2}(k-1), \quad \overline{N_{k2}} = -\frac{\alpha}{2}, \quad \overline{N_{k3}} = \frac{\beta}{2} \cdot k \qquad \text{式 4.2-4}$$

　静定トラスの条件下では，引張継手を含む部材の軸方向剛性がその他の周りの部材の応力に影響しないため，部材の伸びと接合部の伸びを分離した形での式で表すことができる．これによってたわみの計算では接合部の伸びを無視して計算を行った結果に，接合部の伸びを伴うたわみを足し合わせる形の式計算で同じ解を得ることができる．

$$EA_j = \frac{EA \cdot k_j l}{EA + k_j l} \qquad \text{式 4.2-5}$$

$$\delta_j = \frac{N \cdot \bar{N}}{EA_j} l = N \cdot \bar{N} \cdot \frac{EA + k_j l}{EA \cdot k_j l} \cdot l = \frac{N \cdot \bar{N}}{EA} l + \frac{N \cdot \bar{N}}{k_j} \qquad \text{式 4.2-6}$$

記号　　EA_j　　：引張継手の伸びを考慮した見かけの下弦材軸剛性 [N]

　　　　EA　　　：弦材軸剛性 [N]

　　　　k_j　　　：引張継手剛性 [N/mm]

　　　　δ_j　　　：引張継手の伸びによる梁の変位 [mm]　　※1 接合部あたり

　　　　N　　　：当該位置における軸力 [N]

　　　　$\bar{N}$　　　：仮想力 1 を与えた際の仮想軸力

　まず下側弦材の伸びによる中央たわみδ_{Lc}を求める．上弦材についても同様に求められる．

$$\begin{aligned}
\delta_{Lc} &= \sum \frac{N\bar{N}}{EA} l \\
&= 2\sum_{k=1}^{n} \left[\frac{\beta^2}{2EA} \cdot p_n \cdot k \left\{ k\left(n-\frac{1}{2}\right) - \sum_{i=1}^{k-1} i \right\} \cdot l \right] \\
&= \frac{wL^4}{16EA \cdot H^2} \cdot \frac{1}{n^4} \left(\sum_{k=1}^{n} \left(nk^2 - \frac{k^3}{2} \right) \right) = \frac{wL^4}{16EA \cdot H^2} \cdot \left(1 + \frac{1}{n}\right) \left(\frac{5+1/n}{24}\right)
\end{aligned} \qquad \text{式 4.2-7}$$

$n \to \infty$ とすると

$$\delta_{Lc} = \frac{5wL^4}{384H^2 \cdot EA} \qquad \text{式 4.2-8}$$

　次に充腹（ウェブ）部の伸縮による中央たわみδ_wを求める．

$$\begin{aligned}
\delta_w &= \sum \frac{N\bar{N}}{EA_{br}} l_{br} \\
&= 2\sum_{k=1}^{n} \left[\frac{\alpha^2}{2EA_{br}} \cdot p_n \cdot \left\{ \left(n-\frac{1}{2}\right) - (k-1) \right\} \cdot l_{br} \right] \\
&= \frac{wL \cdot l_{br}^3}{2n \cdot H^2} \cdot \frac{L \cdot H}{l_{br}^3 \cdot \Delta K_\theta} \left\{ \frac{n(2n-1) - n(n-1)}{2} \right\}
\end{aligned} \qquad \text{式 4.2-9}$$

$$EA_{br} = \frac{\Delta K_\theta \cdot l_{br}^3}{l \cdot H}$$

$n \to \infty$ とすると

$$\delta_w = \frac{wL^2}{8H \cdot \Delta K_\theta} \qquad \text{式 4.2-10}$$

記号　　EA_{br}　：ウェブ部のせん断性能をブレース置換した際の軸剛性 [N]

　　　　l_{br}　　：ブレース長さ [mm]

　　　　ΔK_θ　：ウェブ部の単位面積あたりの回転剛性（$=K_R$：単位長さあたりのせん断剛性）[N/mm]

　継手の伸びに拠る中央たわみδ_{jt}を求める．式 4.2-6 の第 1 項が極限を取った時に 0 となることが自明であるのでこれ

を無視し，下弦材にスパン対称 2 か所の場合は以下となる．

$$\delta_{jt} = 2 \cdot \frac{N \cdot \bar{N}}{k_j}$$

$$= \beta^2 \cdot p_n \cdot \frac{j\left\{j\left(n - \frac{1}{2}\right) - \frac{j(j-1)}{2}\right\}}{k_j}$$

$$= \frac{wL^3}{8H^2} \cdot \frac{1}{n^3} \cdot \frac{j^2\left(n - \frac{j}{2}\right)}{k_j}$$ 式 4.2-11

$$= \frac{wL^3}{8H^2} \cdot \frac{1}{n^2} \cdot \left(\frac{2nl_j}{L}\right)^2 \cdot \frac{\left\{1 - \frac{1}{2n}\left(\frac{2nl_j}{L}\right)\right\}}{k_j}$$

$n \to \infty$ とすると

$$\delta_{jt} = \frac{wl_j^2(L - l_j)}{2H^2 \cdot k_j}$$ 式 4.2-12

記号　　j　　　　：継手の分割位置（支点からj番目の区間に継手）

　　　　l_j　　　：支点から継手までの距離 [mm]

　充腹梁全体のたわみは静定トラス仮定に基づけば，式 4.2-13 のようにモーメント分の弦材の伸びによる第 1 項δ_{Lc}，第 2 項δ_{Uc}，ウェブ部のせん断変形による第 3 項δ_w，引張接合部の伸びによる第 4 項δ_{jt}として独立な計算結果の足し合わせとして表現できる．

　このような整理は各項の寄与を明確にし，設計を整理するうえでも扱いやすいというメリットがある．

$$\delta_{sum} = \delta_{Lc} + \delta_{Uc} + \delta_w + \delta_{jt}$$

$$= \frac{5wL^4}{384H^2 \cdot EA_L} + \frac{5wL^4}{384H^2 \cdot EA_U} + \frac{wL^2}{8H \cdot \Delta K_\theta} + \frac{wl_j^2(L - l_j)}{2H^2 \cdot k_j}$$ 式 4.2-13

記号　　EA_L　　　：下弦材軸剛性 [N]

　　　　EA_U　　　：上弦材軸剛性 [N]

　これを曲げ荷重によるたわみとみなして，見かけの曲げ剛性EI_{nom}を定義すれば（$EA_L = EA_U$の場合）

$$EI_{nom} = \frac{5L^4}{384}\left(2 \cdot \frac{5L^4}{384H^2 \cdot EA} + \frac{L^2}{8H \cdot \Delta K_\theta} + \frac{l_j^2(L - l_j)}{2H^2 \cdot k_j}\right)^{-1}$$　（等分布荷重）   式 4.2-14

図 4.2-6 のような集中荷重時についても同様に求めることができ，それぞれのたわみは以下となる．

$$\delta_{sum} = \left(2 \cdot \frac{L^3}{48H^2 \cdot EA} + \frac{L}{4H \cdot \Delta K_\theta} + \frac{l_j^2}{2H^2 \cdot k_j}\right) \cdot P$$　（中央集中荷重）   式 4.2-15

$$\delta_{sum} = \left(2 \cdot \frac{(3\kappa - 4\kappa^3)L^3}{48H^2 \cdot EA} + \frac{\kappa L}{2H \cdot \Delta K_\theta} + \frac{\min\{l_j^2, \kappa L \cdot l_j\}}{2H^2 \cdot k_j}\right) \cdot P$$　（対称 2 点集中荷重）   式 4.2-16

$$\delta_{sum} = \left(2 \cdot \frac{\kappa^2(1 - \kappa)^2 L^3}{3H^2 \cdot EA} + \frac{\kappa(1 - \kappa)L}{H \cdot \Delta K_\theta} + \frac{(1 - 2\kappa + 2\kappa^2)l_j^2}{H^2 \cdot k_j}\right) \cdot P$$　（任意位置集中荷重）   式 4.2-17

記号　　P　　　　：集中荷重 [N]

　　　　l_p　　　：荷重作用位置‐支点間距離 [mm]

　　　　κ　　　　：荷重作用位置‐支点間距離の全長に対する割合（$= l_p/L$）

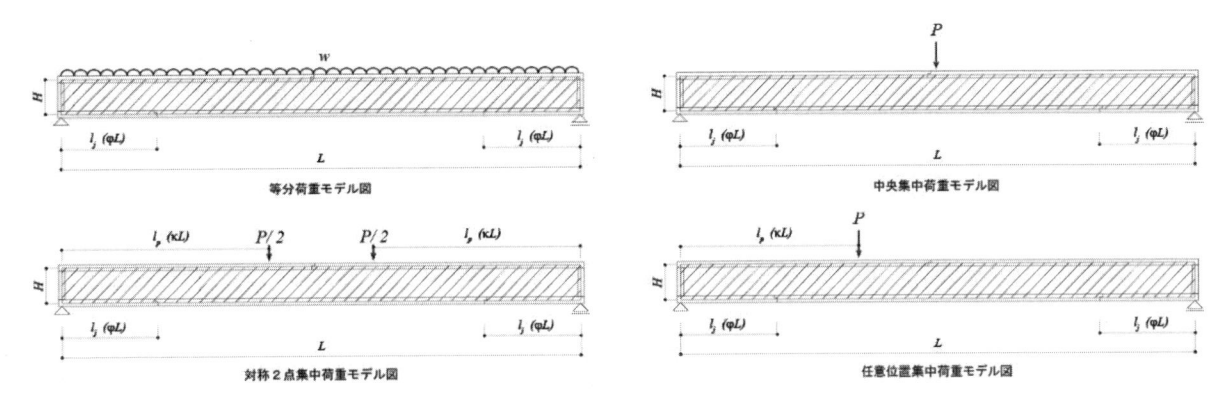

図 4.2-6　各荷重条件モデル図

4.2.2.2　各部応力の計算とチェック

　応力の検討にあたっては，先ほどの静定トラス仮定に従って得られる応力に加えて，各部材ごとに安全側の設計力を与えることを基本とする．

(1)　面材接合部のせん断の検討

　組立梁としての最大せん断力に対して，面材接合部の許容せん断耐力が上回ることを確認する．

$$\Delta_L Q_a \cdot H \geq Q_{max}$$　　　　　　　　　　　式 4.2-18

記号　　Q_{max}　　：梁に対する最大せん断力 [N]

　　　　$\Delta_L Q_a$　　：ウェブ部の単位長さあたりの長期許容せん断耐力（$\Delta_L Q_a = (1.1/2) \cdot \Delta Q_a$）　[N/mm]

　　　　ΔQ_a　　：ウェブ部の単位長さあたりの短期許容せん断耐力（壁の単位長さ降伏耐力など）　[N/mm]

　面材接合部の許容耐力については，以下の二通りがある．

①　単位面材に打たれる接合部全体で定義される短期許容耐力から決める考え方（図 4.2-7 の完全弾塑性置換）

②　再外縁の 1 本の釘（ビス）による単位接合部の降伏を短期許容耐力とする考え方（図 4.2-7 ステップ型置換の最初の降伏点，もしくは単位接合部でのロケット型試験など）

　①，②の考え方では当然②の方が厳しい条件で，①では長期荷重時に単位接合部が降伏することを許容しうるため，最外縁のクリープによる変形増大係数は 3 程度となることが報告 [2] されている．

　ビス等の単位接合具のクリープ限度はかなり小さく [3]，基本的に面材接合部のみで②の条件を前提としてたわみ，クリープや振動といった使用上の問題に対応するにはかなりの接合数を要する．面材と軸材の間に接着を併用する場合に限って①の考え方を採用してもよいだろう．

　この場合，実際の応力は接着によって伝達され，この検討は安全性の確保（接着が切れた場合のフェイルセーフ）についてのものとなる．

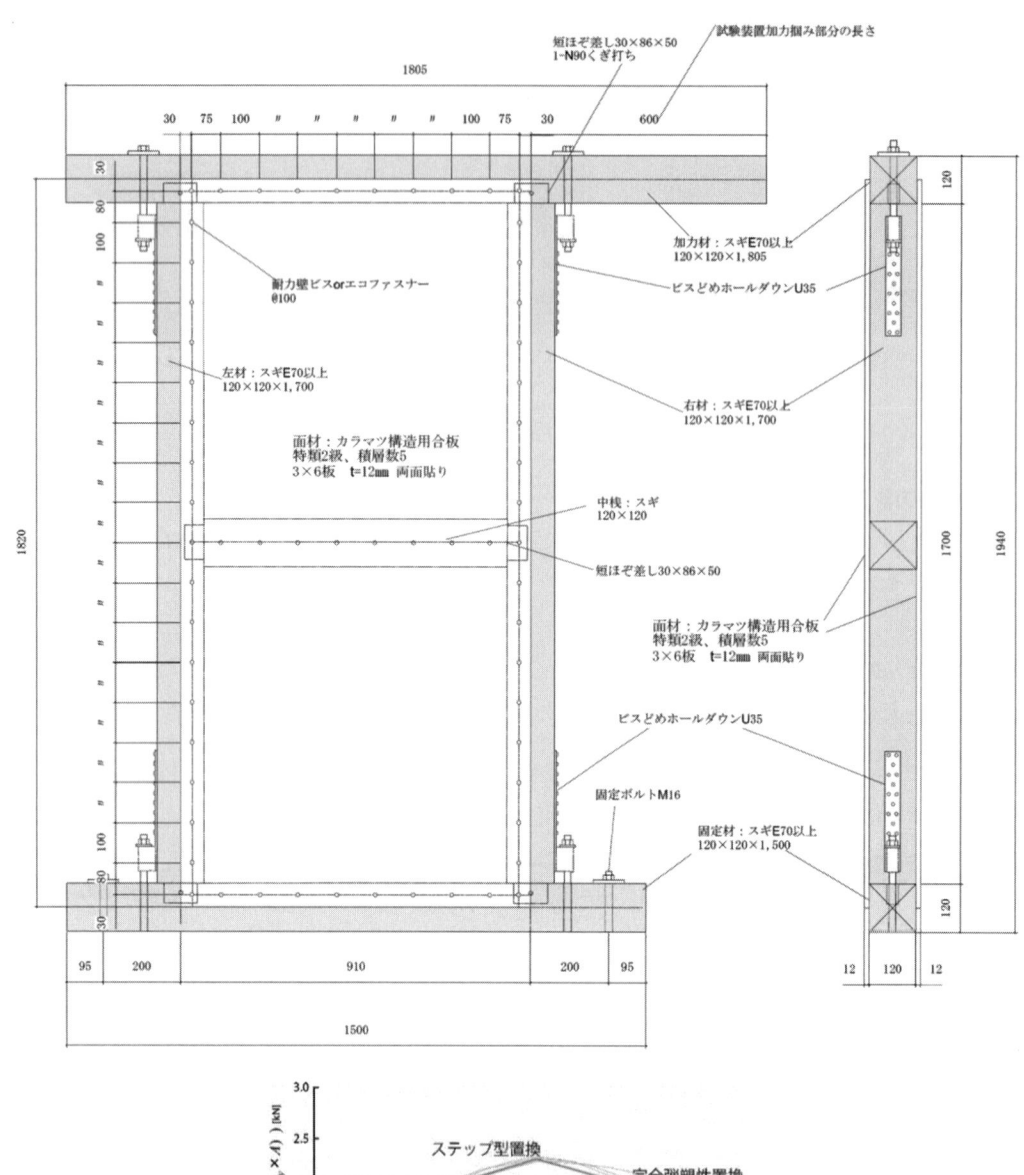

図 4.2-7　面材接合部 1 本あたり試験 [4] とその評価

(2)　弦材の曲げ引張の検討

　組立梁としての最大モーメントに対して，静定トラス仮定から得られる弦材の軸力負担による応力に加えて，弦材そのものと組立梁の曲げ剛性比から得られる曲げ応力を加えて検討を行えば基本的に安全側となる．

$$\sigma_{\mathrm{Lc}} = \frac{T_{\max}}{A_{\mathrm{c}}} + \frac{EI_{\mathrm{c}}}{EI_{\mathrm{nom}}} \cdot \frac{M_{\max}}{Z_{\mathrm{c}}}$$
$$= M_{\max} \left(\frac{1}{HA_{\mathrm{c}}} + \frac{E_{\mathrm{c}}h_{\mathrm{c}}}{2EI_{\mathrm{nom}}} \right)$$

式 4.2-19

記号　　σ_{Lc}　　：下弦材の引張外縁の最大応力 [N/mm²]

　　　　$T_{\max}$　　：弦材に対する最大引張力 [N]

　　　　$M_{\max}$　　：梁に対する最大曲げモーメント [N·mm]

A_c : 弦材断面積 [mm²]

EI_c : 弦材のみでの曲げ剛性 [N·mm²]

Z_c : 弦材断面係数[N]

E_c : 弦材ヤング係数 [N/mm²]

h_c : 弦材せい [mm]

(3) 弦材の継手引張の検討

下弦材継手位置での引張力に対して，接合の引張許容耐力が上回ることを確認する．静定トラス仮定による応力のみに基づいて計算を行い，数値的に小さいとはいえ単位面材接合部からの応力分布の偏りによる局所的な影響は考慮していない．その意味では当該式で得られる引張設計力に対しては多少とも余裕を持たせることが望ましい．

$$T_j = \frac{w \cdot l_j(L - l_j)}{2H} \quad \text{（等分布荷重）} \qquad\qquad \text{式 4.2-20}$$

$$T_j = \frac{P \cdot l_j}{2H} \quad \text{（中央集中荷重，対称 2 点集中荷重 [$l_j \leqq l_p$ の場合]）} \qquad \text{式 4.2-21}$$

記号 T_j : 弦材継手に作用する引張力 [N]

(4) 面材のせん断破壊の検討

静定トラスのように弦材のみがモーメントを負担しているとすれば面材に仮定する応力は純せん断であり，形状係数を考慮する必要はない．一方，実際の状態は弦材も若干せん断を負担し，かつ面材も曲げを負担しているというものである．面材接合部のせん断剛性が高いほど面材の曲げ負担が大きくなり中立軸での最大せん断応力が平均応力に比して大きくなる．最も厳しくなる接着時一体断面の場合の中立軸でのせん断応力に対して面材のせん断破壊を検討することとすれば以下の式となる．

$$\tau_{max} = \frac{Q_{max}}{2t}\left(\frac{E_c S_{0c} + 2E_B S_{0w}}{EI_{glue}}\right) \quad \text{（古典力学に基づく厳密解）}$$
$$= \frac{Q_{max}}{2t}\left(\frac{2EA \cdot H + E_B t \cdot h_B^2}{4EI_{glue}}\right) \qquad\qquad \text{式 4.2-22}$$

$$\tau_{max} \leqq {}_L F_{s-B} \quad \text{（中央集中荷重，対称 2 点）} \qquad\qquad \text{式 4.2-23}$$

記号 τ_{max} : 弦材継手に作用する引張力 [N]

Q_{max} : 梁に対する最大せん断力 [N]

E_B : ウェブ面材の面内曲げヤング係数 [N/mm²]

${}_L F_{s-B}$: ウェブ面材の長期許容せん断応力 [N/mm²]

S_{0c} : 中立軸からの上（下）弦材の断面一次モーメント [mm³]

S_{0w} : 中立軸からの上（下）側のウェブ 1 面の断面一次モーメント [mm³]

EI_{glue} : 面材を一体断面と仮定（平面保持仮定）した場合の曲げ剛性 [N·mm²]

t : 面材厚さ [mm]

h_B : 面材材せい [mm]

ところで，この応力がクリティカルになる場合も多くないことを踏まえれば，見かけの形状係数を与えて簡易に計算できるようにしておくことが妥当であろうかと思われる．安全側にこの値を与えることで，弦材芯間距離 H とウェブ面材せい h_B の差の問題も，正角断面の弦材外縁より面材がはみ出したりしていない限り考慮しないでよいだろう．図 4.2-8 に示すパラメータに対して，形状係数を定めるための見かけの H_{s-nom} のスタディを行った．

見かけの形状係数 κ_{nom}（最大せん断応力度／ウェブのみで負担する場合の平均せん断応力度）は 1 に近い場合のほうが多いが，少なくとも表のパラメータの範囲内であれば，以下の式で $\kappa_{nom} = 1.2$ として検討すれば十分である．

$$H_{s-nom} = \frac{4EI_{glue}}{2EA \cdot H + E_B t \cdot h_B^2} \qquad\qquad \text{式 4.2-24}$$

$$\tau_{max} = \frac{\kappa_{nom} \cdot Q_{max}}{2t \cdot H} \quad \text{（簡易式）} \qquad\qquad \text{式 4.2-25}$$

記号 κ_{nom} : 見かけの形状係数（= 1.2）

			105	120	135	150
ChordMember	b, h	[mm]	105	120	135	150
	E	[N/mm²]	7000	12.0		
plywood	t	[mm]	12	30		
	E_B	[N/mm²]	4500			
geometry	$H(= h_B)$	[mm]	400	600	800	1000

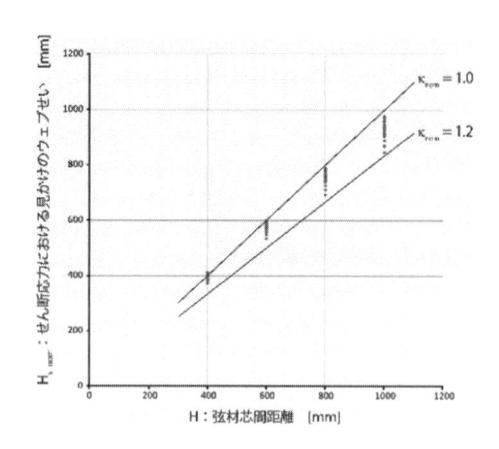

図 4.2-8　見かけの形状係数（κ_{nom}）に関するパラメトリックスタディ

(5)　弦材継手のせん断

　下側弦材では軸組の継手形式で言えば支点側が女木・中央側が男木になるように設計するのが基本となる．面材接合部配列の影響を受けるため，弦材の負担せん断力を正確に評価するためには，面材の継目と単位接合部を再現した詳細な解析が必要で極めて煩雑である．そもそも適切なピッチで束材を配していれば応力としては小さい．継手が各単位面材の中央付近，かつ束と束の中央にあれば応力の絶対値として大きくもならない．上記を再現した解析シミュレーションでは，面材端部位置，束近傍での上下弦材のせん断力のピークで$0.1\sim0.2Q_{max}$程度であることから，$0.2Q_{max}$を上下に負担できる仕様を規定しておく．

(6)　その他の考慮事項

・面材のスパン直交方向圧縮力による座屈

　束材ピッチを大きくしてしまうと，束材間で微小ながら面材接合部が鉛直方向圧縮力成分を負担し，複雑なモードでの面材の面外座屈の検討が必要になる．束材間での上弦材の曲げ変形が無視できる程度のピッチで束を入れることが望ましい．目安として合板t12 mm であれば合成梁せいの1/2 もしくは500 mm 以下とする．

・面材のローリングシア

　面材が合板等で，接着による補強を行う場合は，実際に起こりうる破壊としては本来想定する必要がある．ただし，本項の想定では，接着はあくまでも計算に含めない補強としての扱いである．接着接合が面材接合部から計算される耐力よりも小さくなることはありえない（そのような接着が補剛効果を生むことは無い）ためここで計算式としては扱わない．

・束材の接合部

　束材の軸力は基本的にすべて圧縮力で，支点の直上などを除いて数値的にもごく小さくなる．支点上の端部束材については上弦材が支点反力を受けるような場合，引張力による束上下の離間は面材接合部にも影響を与えるため注意が必要である．

・梁の横座屈

　当該形式の合板充腹梁はねじれ剛性が極めて低いため容易に横座屈が起こる．上下弦材にも継手があることを前提としているため，ねじれ剛性を有効に定義することは不可能である．基本的に当該形式の合板充腹梁を用いるような場合であれば水平構面性能も要求されるため，合板直張りを基本的な仕様として定め，横座屈はそれによって考慮しなくてよいものとしている．4.2.1.5 の留意点を参照されたい．

4.2.3　試　験　体

　図 4.2-9 に掲げる形式で，図 4.2-10 のような下弦材継手を有する梁の載荷試験と計算結果との比較を行った．各試験体のパラメータは表 4.2-1 のとおり．PwB-8 および PwB-10 の試験体は 1 方向の 3 回繰返し加力，PwB-11 の試験体は単調加力となっている．(a)の添字試験体は合板と弦材を接着した参考試験である．

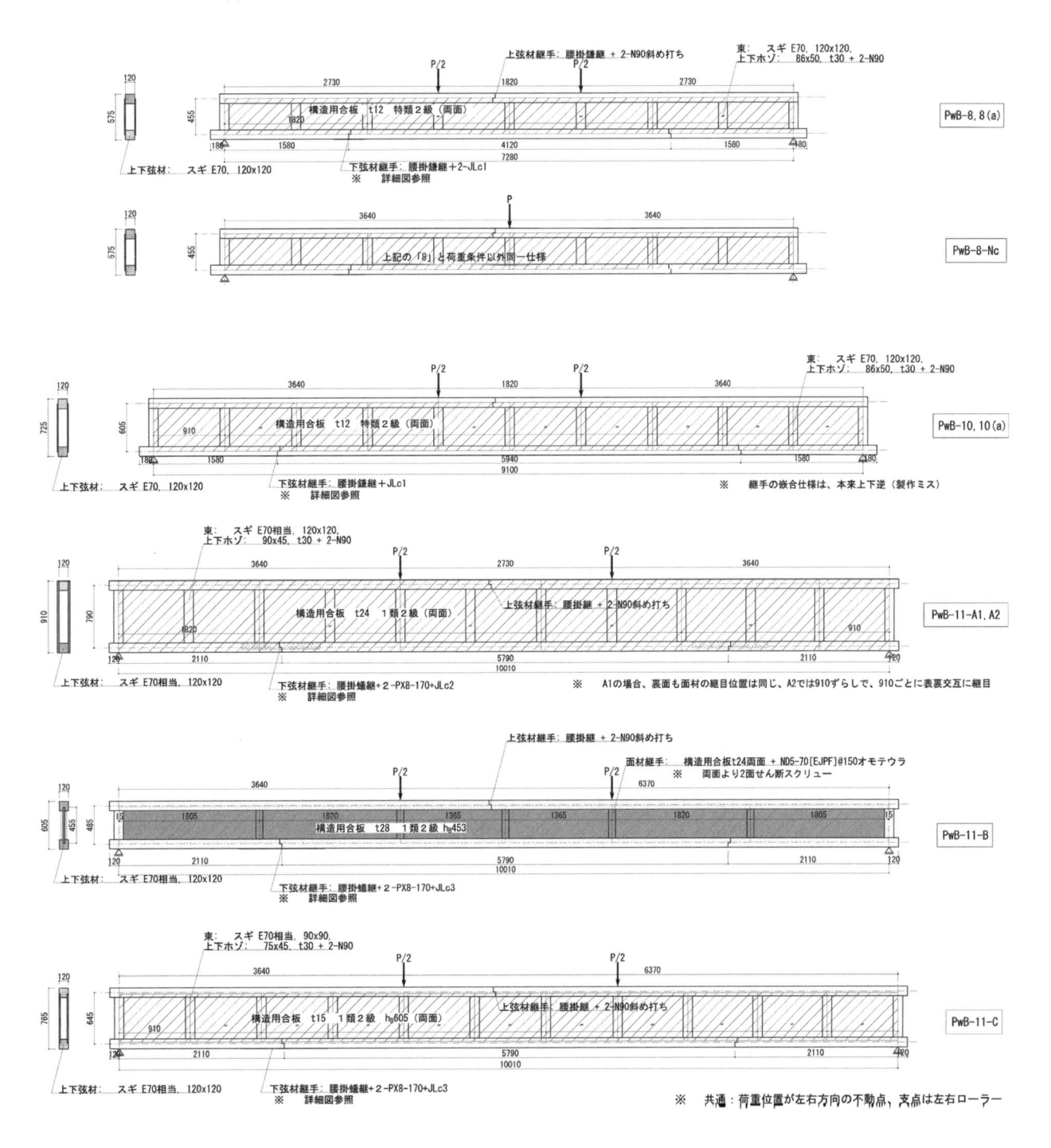

図 4.2-9　合板充腹梁試験体

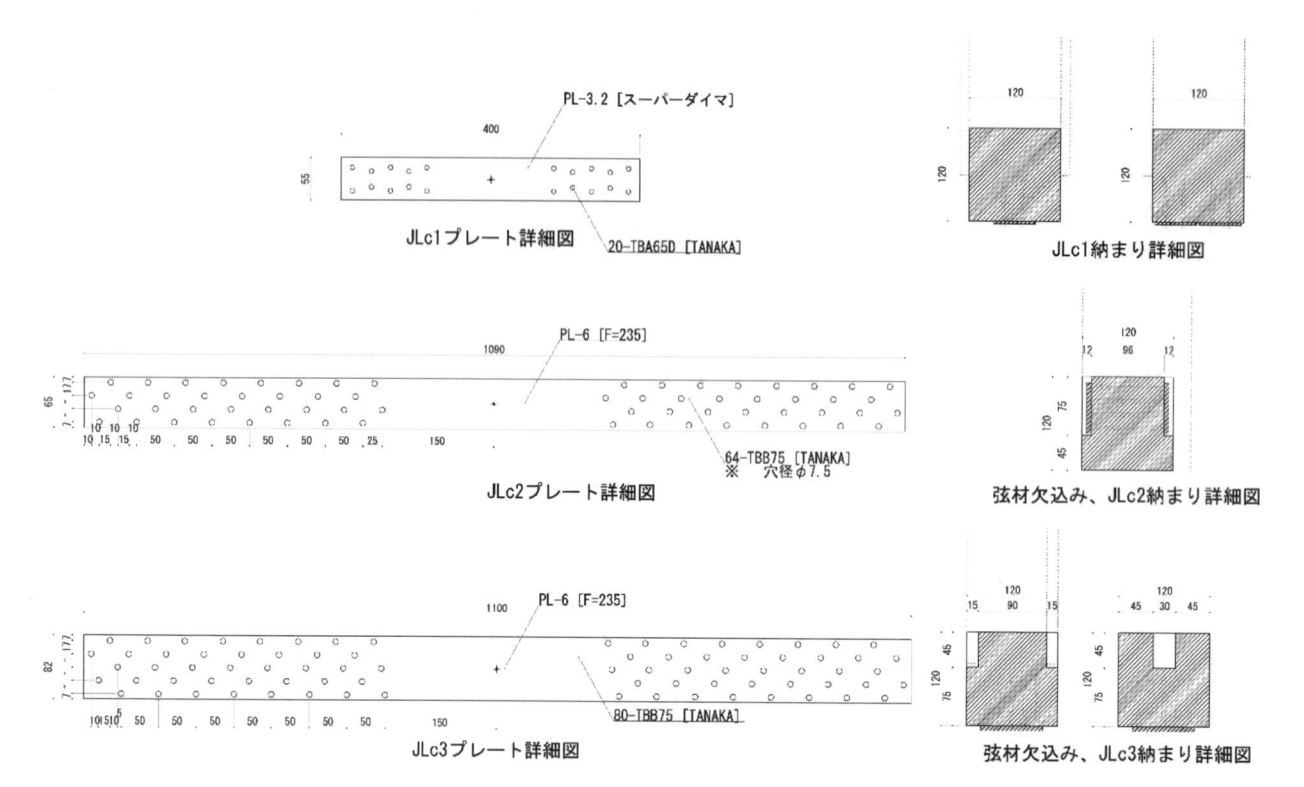

図 4.2-10　下弦材継手の仕様

表 4.2-1　合板充腹梁試験体の各パラメータ

試験体名	スパン	総梁せい (弦材芯間距離)	面材仕様, 配置		面材 接合部	接着	弦材断面	下弦材 継手	試験 体数
Name	L [mm]	$H_{sum}(H)$ [mm]	Board spec	h_B, t [mm]	board fastener	Glue (y/n)	$h \times b$ [mm]	Lower chord joint	N
PwB-8						n			2
PwB-8(a)	7 280	575　(455)		455, 2-12t		y		2-JLc1	1
PwB-8-Nc			両面 弦材芯合わせ		KS4041 @100	n			1
PwB-10	9 100	725　(605)		605, 2-12t				JLc1	3
PwB-10(a)			構造用合板 1類 or 特類 2級			y	120×120		1
PwB-11-A1		910 (790)	両面弦材上下 面合わせ	910, 2-24t	CN75 @60			JLc2	2
PwB-11-A2	10 010		同上面材継目 ずらし			n			1
PwB-11-B		605　(485)	中央シングル 面材	455, 1-28t	P6-110@100, ND5-70@100			JLc3	3
PwB-11-C		765　(645)	弦材側面合せ 欠き込み	605, 2-15t	CN65 @100				3

※　(a)試験体は面材と上下弦材を接着．接着剤：パネルボンド KU[コニシ]　圧縮により全面塗布
※　荷重条件は 8-Nc のみ中央集荷中による 3 点載荷，その他は対称 4 点載荷〔図参照〕

　図 4.2-11 に各試験体の試験結果と予測値曲線の比較を示す．接合部性能についても平均物性値を用いた予測値曲線と実際の試験結果は，破壊のモードを含めてよく符合する．弾性域の剛性はやや小さく見積もられるが，ここで計算に用いている面材接合部の 1 本あたり性能が面材単位で平均化された値であることによる．また降伏以降で剛性を低く見積もるが，これは弦材の曲げを無視していることによると考えてよいだろう．

　面材接合部に接着を用いた場合は一体断面の平面保持仮定に基づいて計算した結果と単純に剛性計算値は一致し，合板のせん断破壊で終局を迎える．

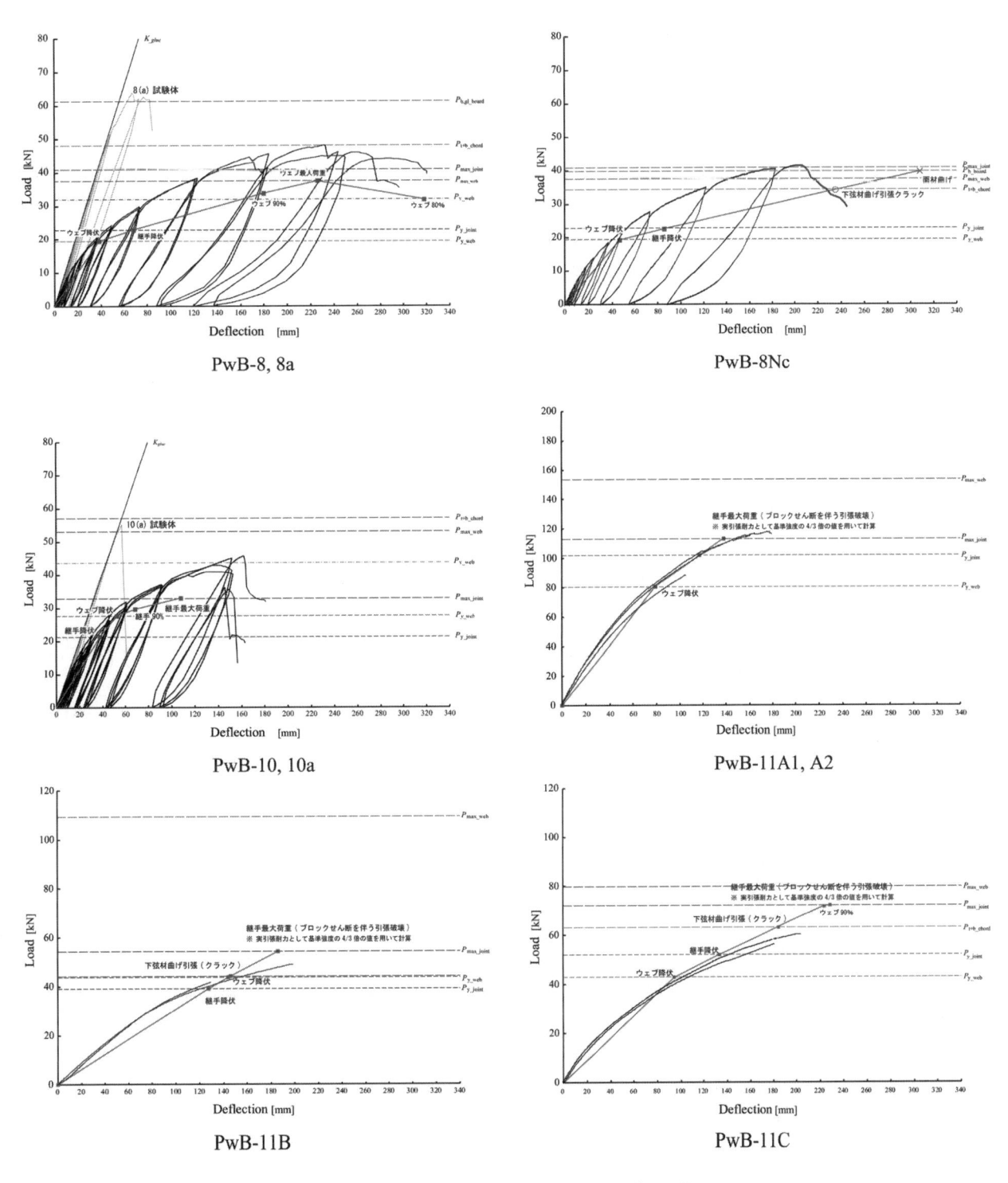

図 4.2-11 各試験体の試験結果と予測値曲線の比較

4.2.4 計 算 例

PwB-8 および 8(a)を対象に試験体に対する計算例を示す.

・合板の釘配列に関する諸定数

合板の寸法 455 mm×1 820 mm，日型，ピッチ 100 mm とすると，単位面積あたりの釘配列二次モーメントI_{xy}と塑性釘配列係数Z_{Pxy}は以下のとおり.

$$I_{xy} = 1.698, \quad Z_{Pxy} = 9.0 \times 10^{-3} \ [\text{mm}^{-1}]$$

・接合部の 1 面せん断データ

$$k = 1.089 \times 10^3 \ [\text{N/mm}], \quad k_2 = 114 \ [\text{N/mm}], \quad k_3 = 90 \ [\text{N/mm}],$$
$$P_y = 1.20 \times 10^3 \ [\text{N}], \quad P_{v0} = 2.04 \times 10^3 \ [\text{N}], \quad P_2 = 2.07 \times 10^3 \ [\text{N}], \quad P_{max} = 2.30 \times 10^3 \ [\text{N}]$$

通常の小梁としての設計であれば，k_2，k_3などは関係なく降伏までの剛性と耐力を考慮すればよいだろう.

ただし，一般的な面材くぎ試験のデータ[4]は,面材全体で平均化された弾塑性置換時終局耐力（ΔP_v 上記ではP_{v0}）のみが定義されている. 面材再外縁の接合部は降伏している条件であるので全体的な設計の考え方を鑑みて，どのような接合部情報を使っているか注意が必要である. 接着の併用による使用性確保など行わないなら，ロケット型試験での降伏耐力や面材釘試験の元データ中のP_y値を用いるべきである.〔4.2.2.2(1)参照〕

・ウェブ面材のせん断弾性係数，および寸法

せん断弾性係数：$G_B = 450 \ [\text{N/mm}^2]$

面材の厚さ：$t = 12 \ [\text{mm}]$

・単位面積あたりの回転剛性（単位長さあたりせん断剛性）$\Delta K_\theta, \Delta K_{\theta 2}, \Delta K_{\theta 3}$

$$\Delta K_\theta = \cfrac{1}{\cfrac{1}{I_{xy} \cdot k} + \cfrac{1}{G_B \cdot t}} = \cfrac{1}{\cfrac{1}{1.698 \times 1.089 \times 10^3} + \cfrac{1}{450 \times 12}}$$

$$= 1.378 \times 10^3 \ [\text{N/mm}] \to 2.755 \times 10^3 \ [\text{N/mm}] \ （ウェブ両面）$$

$$\Delta K_{\theta 2} = \cfrac{1}{\cfrac{1}{I_{xy} \cdot k} + \cfrac{1}{G_B \cdot t}} = \cfrac{1}{\cfrac{1}{1.698 \times 114} + \cfrac{1}{450 \times 12}}$$

$$= 187 \ [\text{N/mm}] \to 374 \ [\text{N/mm}] \ （ウェブ両面）$$

$$\Delta K_{\theta 3} = \cfrac{1}{\cfrac{1}{I_{xy} \cdot k} + \cfrac{1}{G_B \cdot t}} = \cfrac{1}{\cfrac{1}{1.698 \times 90.0} + \cfrac{1}{450 \times 12}}$$

$$= 149 \ [\text{N/mm}] \to 299 \ [\text{N/mm}] \ （ウェブ両面）$$

・接合部配列による単位面積あたりの降伏耐力ΔM_y

$$\Delta M_y = Z_{Pxy} \times P_y = 9.0 \times 10^{-3} \times 1.20 \times 10^3 = 10.73 \ [\text{N/mm}]$$

　※ここでは，単位面材試験から得られたビス 1 本あたりの性能からの外挿の確からしさを評価するための計算であるため，降伏荷重に関しても釘配列係数Z_{xy}でなく釘塑性配列係数Z_{Pxy}を用いる.

・単位長さあたりの降伏耐力ΔQ_y

$$\Delta Q_y = \Delta M_y = 10.73 \ [\text{N/mm}]$$

・単位長さあたりの完全弾塑性置換時耐力ΔQ_{v0}

$$\Delta Q_{v0} = Z_{Pxy} \times P_{v0} = 18.2 \ [\text{N/mm}]$$

・単位長さあたりの最大耐力ΔQ_{max}

$$\Delta Q_{max} = Z_{Pxy} \times P_{max} = 20.6 \ [\text{N/mm}]$$

・たわみの計算（剛性計算）

$$\delta_{\text{sum}} = \left(2 \cdot \frac{(3\kappa - 4\kappa^3)L^3}{48H^2 \cdot EA} + \frac{\kappa L}{2H \cdot \Delta K_\theta} + \frac{l_j^2}{2H^2 \cdot k_j}\right) \cdot P \quad \left(\kappa = \frac{3}{8}\right)$$

$$EI_{\text{nom}} = \frac{(3\kappa - 4\kappa^3)L^3}{48}\left(2 \cdot \frac{(3\kappa - 4\kappa^3)L^3}{48H^2 \cdot EA} + \frac{\kappa L}{2H \cdot \Delta K_\theta} + \frac{l_j^2}{2H^2 \cdot k_j}\right)^{-1} \quad \left(\kappa = \frac{3}{8}\right)$$

したがって，梁の初期剛性Kは以下の式より求められる．

$$K = \frac{P}{\delta_{\text{sum}}} = \left(\frac{39L^3}{1\,024H^2 \cdot EA} + \frac{3L}{16H \cdot \Delta K_\theta} + \frac{l_j^2}{2H^2 \cdot k_j}\right)^{-1}$$

ここで，ΔK_θ，k_jにそれぞれステップごとの剛性を代入すれば段階的非線形の解析曲線を得る．

見かけの曲げ剛性EI_{nom}，荷重変形関係に変換した初期剛性Kは以下のようになる．

$$EI_{\text{nom}} = \frac{39 \times 7\,280^3}{2\,048}\left(\frac{39 \times 7\,280^3}{1\,024 \times 455^2 \times 7 \times 10^3 \times 120^2} + \frac{3 \times 7\,280}{16 \times 455 \times 2.755 \times 10^3} + \frac{1\,520^2}{2 \times 455^2 \times 3.08 \times 10^4}\right)^{-1}$$

$$= 7\,347 \times 10^6 \times 507$$

$$= 3.722 \times 10^{12} \ [\text{N·mm}^2]$$

$$K = \left(\frac{39 \times 7\,280^3}{1\,024 \times 455^2 \times 7 \times 10^3 \times 120^2} + \frac{3 \times 7\,280}{16 \times 455 \times 2.755 \times 10^3} + \frac{1\,520^2}{2 \times 455^2 \times 3.08 \times 10^4}\right)^{-1}$$

$$= 507 \ [\text{N/mm}]$$

・たわみの計算（接着時の剛性計算，せん断剛性は厳密解による）

$$EI_{\text{glue}} = \frac{EA \cdot H^2}{2} + 2EI_c + 2EI_w$$

$$= \frac{7 \times 10^3 \times 120^2 \times 455^2}{2} + 2 \times 7 \times 10^3 \times \frac{120^4}{12} + 2 \times 4.5 \times 10^3 \times \frac{12 \times 455^3}{12}$$

$$= 1.152 \times 10^{13} \ [\text{N·mm}^2]$$

$$\delta_{\text{glue}} = \left\{\frac{(3\kappa - 4\kappa^3)L^3}{48EI_{\text{glue}}} + \frac{\kappa L}{2} \cdot \frac{2EA \cdot H + E_B t \cdot h_B^2}{G_B \cdot 8t \cdot EI_{\text{glue}}}\right\}P \quad \left(\kappa = \frac{3}{8}\right)$$

$$K_{\text{glue}} = \frac{P}{\delta_{\text{glue}}} = \left[\frac{39 \times 7\,280^3}{1\,024 \times 1.152 \times 10^{13}} + \frac{3 \times 7\,280 \times (2 \times 7 \times 10^3 \times 120^2 \times 455 + 4.5 \times 10^3 \times 12 \times 455^2)}{16 \times 4.5 \times 10^3 \times 12 \times 1.152 \times 10^{13}}\right]^{-1}$$

$$= (0.638 + 0.282)^{-1} \times 10^3$$

$$= 1.087 \times 10^3 \ [\text{N/mm}]$$

・**面材接合部によって決まる耐力**$P_{\text{y−web}}$，$P_{\text{v−web}}$，$P_{\text{max−web}}$

$$P_{\text{y−web}} = 4 \cdot \Delta Q_y \cdot H = 4 \times 10.7 \times 455 = 1.95 \times 10^4 \ [\text{N}]$$

$$P_{\text{v−web}} = 4 \cdot \Delta Q_{v0} \cdot H = 4 \times 18.2 \times 455 = 3.21 \times 10^4 \ [\text{N}]$$

$$P_{\text{max−web}} = 4 \cdot \Delta Q_{\max} \cdot H = 4 \times 20.6 \times 455 = 3.75 \times 10^4 \ [\text{N}]$$

接着併用時などは，$P_{\text{v−web}}$を短期耐力とし，その 1.1/2 を長期耐力とする方法などが考えられる．接着併用しない場合は，$P_{\text{y−web}}$を短期耐力とする．

・**下弦材の曲げ引張破壊によって決まる耐力**$P_{\text{t+b-chord}}$

$$\sigma_{\text{Lc}} = M_{\max}\left(\frac{1}{HA_c} + \frac{Eh_c}{2EI_{\text{nom}}}\right)$$

$$M_{\max} = \frac{\kappa PL}{2}$$

$$P_{\text{t+b−chord}} = \frac{2 \cdot F_t}{\kappa L}\left(\frac{1}{HA_c} + \frac{Eh_c}{2EI_{\text{nom}}}\right)^{-1} \quad \left(\kappa = \frac{3}{8}\right)$$

$$= \frac{16 \times 17.4}{3 \times 7\,280} \left(\frac{1}{455 \times 120^2} + \frac{7 \times 10^3 \times 120}{2 \times 3.722 \times 10^{12}} \right)^{-1}$$

$$= 48.0 \times 10^3 \, [\text{N}]$$

・下弦材の継手引張によって決まる耐力 $P_{\text{y-joint}}$, $P_{\text{max-joint}}$

$$T_{\text{j}} = \frac{P \cdot l_{\text{j}}}{2H}$$

$$P_{\text{y-joint}} = \frac{T_{\text{y}} \cdot 2H}{l_{\text{j}}} = \frac{3.818 \times 10^4 \times 2 \times 455}{1\,520} = 2.29 \times 10^4 \, [\text{N}]$$

$$P_{\text{max-joint}} = \frac{T_{\text{y}} \cdot 2H}{l_{\text{j}}} = \frac{6.840 \times 10^4 \times 2 \times 455}{1\,520} = 4.10 \times 10^4 \, [\text{N}]$$

・面材のせん断破壊によって決まる耐力（簡易形状係数を用いない場合）$P_{\text{s-board}}$

$$\tau_{\max} = \frac{Q_{\max}}{2t} \left(\frac{2EA \cdot H + E_{\text{B}}t \cdot h_{\text{B}}^2}{4EI_{\text{glue}}} \right)$$

$$P_{\text{s-board}} = \frac{16 \cdot F_{\text{s}} \cdot t \cdot EI_{\text{glue}}}{2EA \cdot H + E_{\text{w}}t \cdot h_{\text{w}}^2}$$

$$= \frac{16 \times 5.83 \times 12 \times 1.152 \times 10^{13}}{2 \times 7 \times 10^3 \times 120^2 \times 455 + 4.5 \times 10^3 \times 12 \times 455^2}$$

$$= 1.254 \times 10^5 \, [\text{N}]$$

・面材の曲げ破壊によって決まる耐力 $P_{\text{b.gl-board}}$

　参考として接着時の最大曲げモーメントに対する検討を付記する．ここでは許容耐力のチェックが目的ではないので，使用合板の確認により合板の引張強度については引張方向単板厚さの合計が全厚さの 50％として計算する．ただし単板強度は最低規定強度 $F_{\text{t}} = 43.9$ [N/mm²] としている．

$$\sigma_{\text{b.gl-w}} = \frac{M_{\max}E_{\text{B}}(H - h_{\text{c}})}{2EI_{\text{glue}}}$$

$$M_{\max} = \frac{\kappa PL}{2}$$

$$P_{\text{b.gl-board}} = \frac{F_{\text{t}} \cdot 4EI_{\text{glue}}}{\kappa L \cdot E_{\text{B}}(H - h_{\text{c}})}$$

$$= \frac{8 \times (43.9 \times 0.5) \times 4 \times 1.152 \times 10^{13}}{3 \times 7\,280 \times 4.5 \times 10^3 \times (455 - 120)}$$

$$= 6.15 \times 10^4 \, [\text{N}]$$

参 考 文 献

1) 平成 23 年度林野庁補助事業「製材を利用したトラス構法・ラーメン構法の開発報告書」
2) 村上素子ほか 4 名：木造軸組工法によるフランジ継手のある合板充腹梁クリープ試験-，第 63 回日本木材学会大会発表 H27-07-1400, 2013 年
3) 小川敬多・小林研治：構造用合板と木材のビス接合部のせん断におけるクリープ限度の推定, 木材学会誌, 66(4) pp. 187-194, 2020 年
4) 日本住宅・木材技術センター：木造軸組工法住宅の許容応力度設計, 2017 年

4.3　鋼板挿入ドリフトピン式モーメント抵抗接合

4.3.1　基本情報

4.3.1.1　接合部名称

鋼板挿入ドリフトピン式モーメント抵抗接合：Drift pined joints with insert-steel gusset plate.

4.3.1.2　鋼板挿入ドリフトピン接合の概要

　鋼板挿入ドリフトピン式モーメント抵抗接合は，図 4.3-1 に示すように，柱梁の断面中央にスリットを設けて，接合鋼板を挿入し，側面から複数のドリフトピンを集成材と鋼板の孔に打ち込んで，回転抵抗する接合法である．

　1 枚の大きな挿入鋼板を調整して位置決めし，現場で大量のドリフトピンを打込む必要のある標準型の接合部に加えて，挿入鋼板を柱側と梁側で分離して，工場であらかじめドリフトピンを打ち込んでおき，現場では鋼板どうしを少数本の高力ボルトを用いて打ち込む施工性に配慮した改良型の接合部も考案されている．

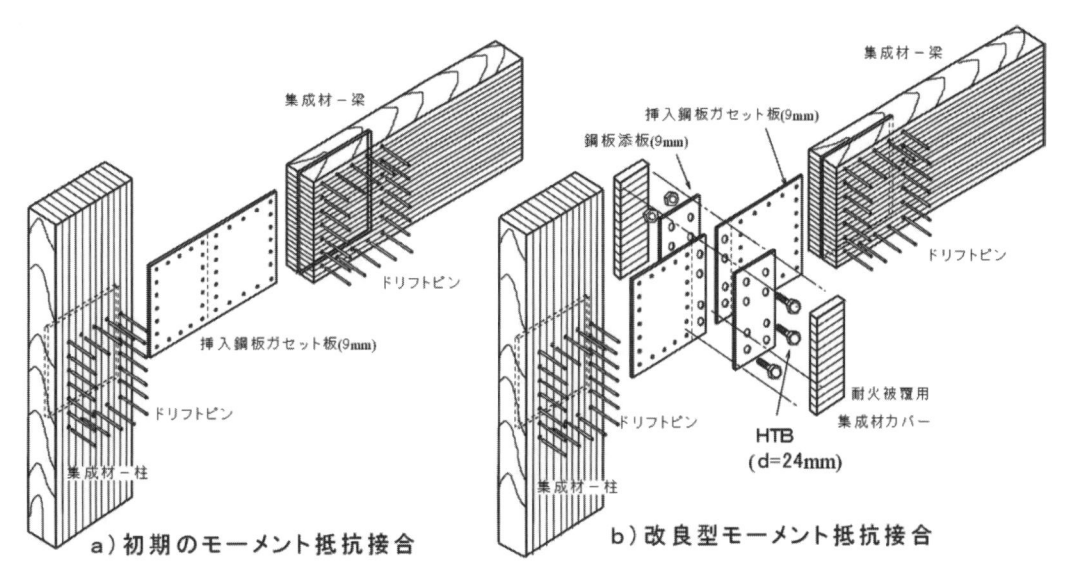

図 4.3-1　鋼板挿入ドリフトピン式モーメント抵抗接合の基本形

4.3.1.3　対象構造・使用部位

　戸建て住宅規模の 1 階〜3 階建て木質系スケルトン・インフィル構造の骨組み等への利用が考えられる．中・大規模集成材構造建築物の一方向ラーメン架構としては，実績がある．図 4.3-2 に枠組壁工法による戸建て住宅の骨組み架構に利用された例を，図 4.3-3 に集成材 3 階建て庁舎建築の骨組み構造に利用された例をそれぞれ示す．

図 4.3-2　戸建て住宅用門型ラーメン．施工時（左）と完成後（右）

図4.3-3 集成材3階建て庁舎棟ラーメン架構.施工時（左）と完成後（右）

4.3.1.4 本書で扱う接合部の基本形態

本書では，図4.3-4に示す構成の柱梁接合部および柱脚接合部を扱う．下記に，本項における用語の定義を整理する．なお，他の形態を否定するものではない．

・単位接合部	…ドリフトピン1本あたりの鋼板挿入ドリフトピン接合部
・単位モーメント抵抗接合部	…梁または柱における円形または矩形に配置された複数の単位接合部により構成されたモーメント抵抗接合部
・柱梁接合部	…柱側の単位モーメント抵抗接合部と梁側の単位モーメント抵抗接合部を組み合わせた接合部
・柱脚接合部	…柱側の単位モーメント抵抗接合部と基礎-柱脚金物間のアンカーボルト接合部を組み合わせた接合部
・せん断キー	…単位モーメント抵抗接合部とは別に設けた，設計上負担する全てのせん断力を処理できる接合部

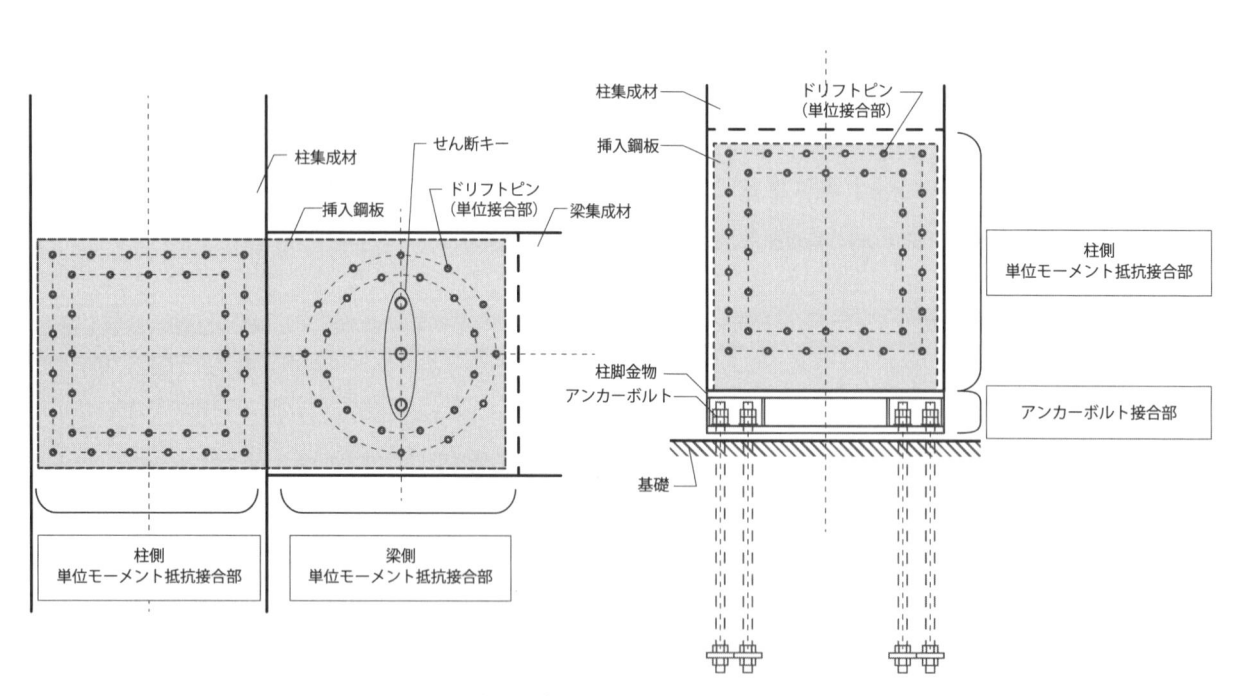

図4.3-4 柱梁接合部および柱脚接合部の基本形態

(1)　柱梁接合部

柱梁接合部の場合，靱性を確保するためには，以下の 3 つの方法が考えられる.

① 単位接合部のせん断降伏が先行するように設計する.

② 鋼板の曲げ降伏が先行するように設計する.

③ 柱側鋼板と梁側鋼板を分離して，そのコネクト部に靱性機構を設けて先行降伏するように設計する.

上記したもののうち，知見の数は多くないものの，研究例があるのは①[例えば1)]と③[例えば2)]であり，本書では①の方法を示す.

(2)　柱脚接合部

柱脚接合部の場合，靱性を確保するためには，以下の 3 つの方法が考えられる.

① 単位接合部のせん断降伏が先行するように設計する.

② 鋼板の曲げ降伏が先行するように設計する.

③ 鋼板に溶接された柱脚金物に締結したアンカーボルト軸部の降伏が先行するように設計する.

上記したもののうち，知見の数は多くないものの，研究例があるのは①と③[例えば3,4)]であるが，①は曲げ性能に影響の大きい軸力を変動させた研究例がないので，鉄骨造で露出型柱脚に対して確立された設計法[5)]が準用できる③の方法を示す.

4.3.1.5　適用条件

設計で用いる単位モーメント抵抗接合部の荷重変形特性は，図 4.3-5 に示すように完全弾塑性モデルで近似したものである. 初期剛性や耐力の強度特性値の評価可能性は適用条件と密接に関わっており，現状の知見においては表 4.3-1 に示すように整理される.

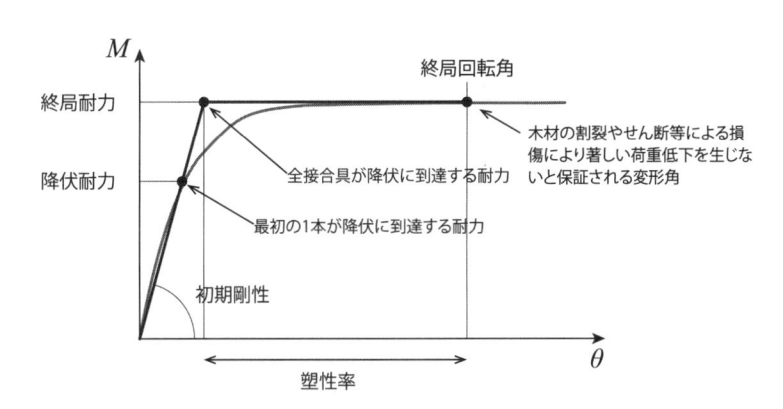

図 4.3-5　単位モーメント抵抗接合部の荷重変形関係のモデル化

表 4.3-1　適用条件と特性値の評価可能性

適用条件									特性値の評価可能性			
1) 配置	2) 接合具		3) 構造用集成材			4) 挿入鋼板		5) せん断キー	初期 剛性	降伏 耐力	終局 耐力	塑性 率
	材質	径	樹種	幅	等級	材質	厚さ					
円形 (A)	SS400 / SN400B	12 mm	オウシュウアカマツ / ベイマツ / カラマツ	120 mm 以上	E95-F270 / E95-F315 以上	$F=235\,\mathrm{N/mm^2}$ 以上	9 mm / 12 mm	必須	○	○	○	○
円形 (B)	$F=235\,\mathrm{N/mm^2}$ 以上	8〜 30 mm	表 4.3-2 に あるもの	120 mm 以上	E65-F225 / E65-F255 以上	$F=235\,\mathrm{N/mm^2}$ 以上	9 mm 以上	任意	○	○	×	×
矩形	$F=235\,\mathrm{N/mm^2}$ 以上	8〜 30 mm	表 4.3-2 に あるもの	120 mm 以上	E65-F225 / E65-F255 以上	$F=235\,\mathrm{N/mm^2}$ 以上	9 mm 以上	任意	○	○	×	×

(1) 配　置

　単位接合部の基本的な配置規定を図 4.3-6 に示す．配置は「矩形」と「円形」に分類され，それぞれに対して，縁距離や端距離，接合具間隔の最小値を規定している（図中，「矩形配置」および「円形配置 (B)」）．

　既述したとおり，この規定だけを遵守しても，終局耐力や塑性率を評価することはできないことに注意が必要である．大地震時に単位モーメント抵抗接合部の塑性変形能力を利用する設計とする場合には，現状の知見では，「円形配置 (A)」として，単位接合部ピッチ角度を 30° とし，後述するとおり断面に応じて配列数を限定する必要がある．

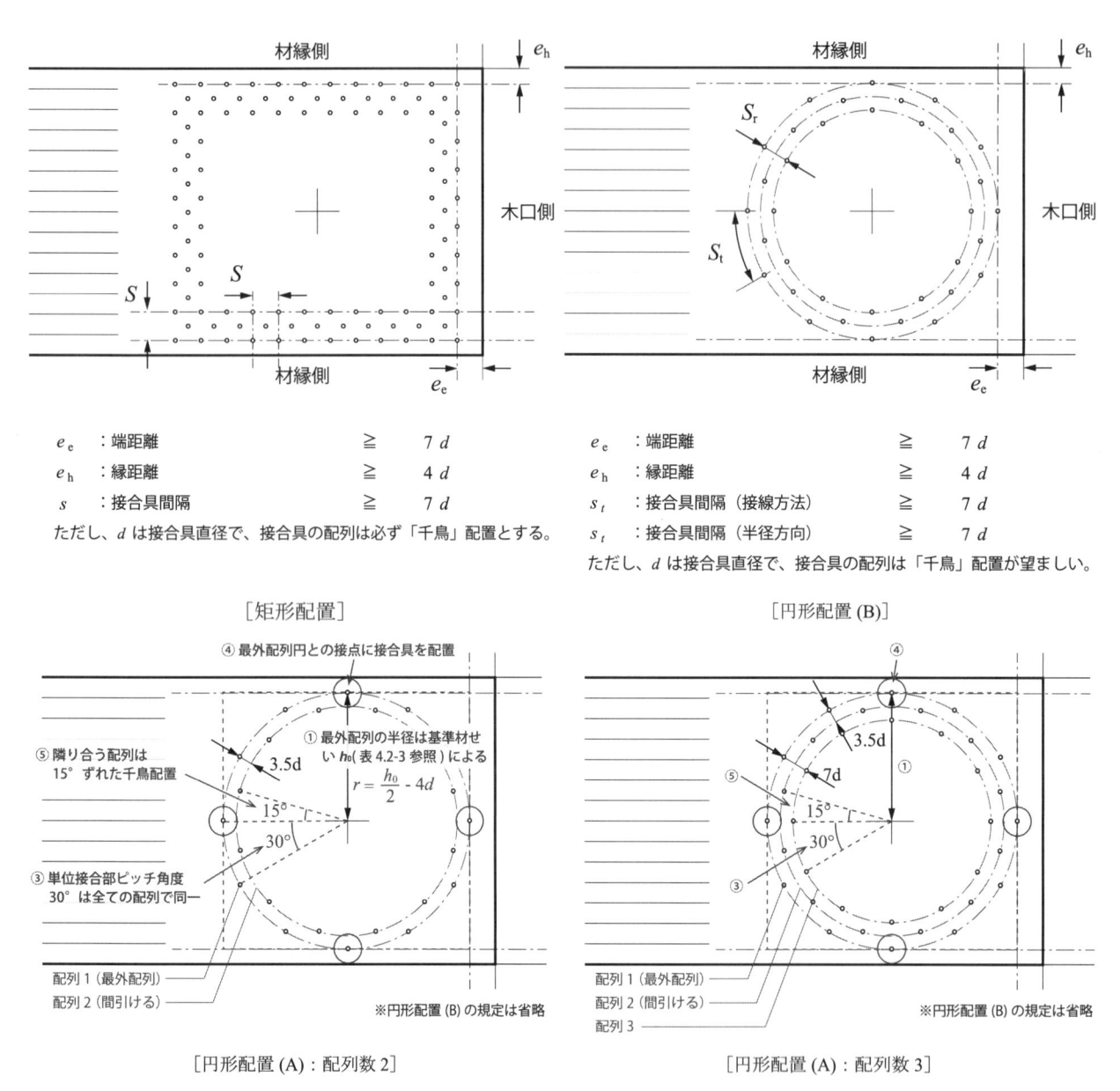

e_e　：端距離　　　　　　　　　　　$\geqq$　7 d

e_h　：縁距離　　　　　　　　　　　$\geqq$　4 d

s　：接合具間隔　　　　　　　　$\geqq$　7 d

ただし，d は接合具直径で，接合具の配列は必ず「千鳥」配置とする．

e_e　：端距離　　　　　　　　　　　　　　　$\geqq$　7 d

e_h　：縁距離　　　　　　　　　　　　　　　$\geqq$　4 d

s_t　：接合具間隔（接線方法）　　$\geqq$　7 d

s_t　：接合具間隔（半径方向）　　$\geqq$　7 d

ただし，d は接合具直径で，接合具の配列は「千鳥」配置が望ましい．

［矩形配置］

［円形配置 (B)］

④ 最外配列円との接点に接合具を配置

① 最外配列の半径は基準材せい h_0(表 4.2-3 参照) による
$$r = \frac{h_0}{2} - 4d$$

⑤ 隣り合う配列は 15° ずれた千鳥配置

③ 単位接合部ピッチ角度 30° は全ての配列で同一

配列 1（最外配列）
配列 2（間引ける）

※円形配置 (B) の規定は省略

［円形配置 (A)：配列数 2］

④

⑤

③

配列 1（最外配列）
配列 2（間引ける）
配列 3

※円形配置 (B) の規定は省略

［円形配置 (A)：配列数 3］

図 4.3-6　配　置　規　定

(2) 接　合　具

　接合具は，下記の仕様とする．接合具径は 8 mm〜30 mm までが使用可能である．

　SS 材，SN 材以外の丸鋼として，SGD400（JIS G 3123：みがき棒鋼）などが製造されているが，多くは冷間引抜加工（塑性加工）されており，降伏比が高くなるとともに鋼材の伸び能力が低下する．このため，大地震時にドリフトピンを曲げ降伏させて単位モーメント抵抗接合部の塑性変形能力を利用する設計とする場合には，SS 材，SN 材から一般的な溶融亜鉛めっきの下処理工程で行う「酸洗（塩酸または硫酸水溶液に浸漬）」によって除去し，鉄素地を露出させ表面処理をするなど，機械的性質を変えない製造工程を採ることが望ましい．なお，めっき処理方法によっては機械的性質を変える場合があるため鋼種に応じて適切な製造工程を選定する必要がある．

① 材　　質

　SS400（JIS G 3101：一般構造用圧延鋼材）または SNR400A，SNR400B，SNR490B（JIS G 3138：建築構造用圧延棒鋼）等から製造される強度が F=235 N/mm² 以上とする．

② 形　　状

・JIS G 3191（熱間圧延棒鋼およびバーインコイルの形状 / 寸法 / 質量 / その許容差）の丸鋼による．

・全長は材幅 −5 mm を標準とする．

・先端部のテーパー加工は特記による．特記が無ければ，両側の先端部の面取りは，径 12 mm：C2，径 16 mm：C3，径 20 mm：C4，を標準とする．

③ 表 面 処 理

　日本住宅・木材技術センターが規定する「木造建築用接合金物認定規定」に定める使用環境区分に応じた表面処理を標準とする．または，これらと同等以上の表面処理とする．

(3)　構造用集成材

　使用可能な木質材料は，JAS（H19 農林水産省告示第 1152 号）第 5 条に規定される構造用集成材に限り，強度等級は対称異等級構成集成材であれば E65-F225 以上，同一等級構成集成材であれば E65-F255 以上が使用できる．

　表4.3-2に使用可能な樹種について耐力計算に必要となる支圧強度を標準的なピン径である20 mm / 16 mm / 12 mmについて「木質構造設計規準・同解説」に分類された樹種グループごとに示す．

表 4.3-2　基準支圧強度

グループ	樹種	基準比重	基準支圧強度 [N/mm²]					
			ピン径 20 mm		ピン径 16 mm		ピン径 12 mm	
			繊維平行	繊維直交	繊維平行	繊維直交	繊維平行	繊維直交
J1	ベイマツ / クロマツ / アカマツ / カラマツ / ツガ 等 （比重が0.50程度のもの）	0.42	27.5	16.6	28.9	18.1	30.3	19.8
J2	ベイヒ / ベイツガ / ヒバ / ヒノキ / モミ / オウシュウアカマツ 等 （比重が0.44程度のもの）	0.37	24.2	14.6	25.4	15.9	26.6	17.3
J3	トドマツ / エゾマツ / ベニマツ / スプルース / スギ / ベイスギ 等 （比重が0.38程度のもの）	0.32	20.9	12.6	22.0	13.8	23.0	15.0

※　樹種グループは「木質構造設計規準・同解説」による．
※　基準支圧強度は 5 mm めり込んだ時点を想定した値
※　支圧強度の平均値／上限値は、それぞれ基準支圧強度を 1.2 倍／1.4 倍した値

　表中の算出値は Eurocode 5 の比重と径に関する下記の相関式から求めたものであり，その他の径を用いた場合にはこれを用いて算出できる．

$$\begin{cases} F_{e_0} = 82 \cdot (1 - 0.01d) \cdot r_0 \\ F_{e_{90}} = \dfrac{F_{e_0}}{1.35 - 0.015d} \end{cases}$$

式 4.3-1

記号　F_{e_0}　　：基準支圧強度（繊維平行方向）

　　　$F_{e_{90}}$　：基準支圧強度（繊維直交方向）

　　　d　　　：ドリフトピン径

　　　r_0　　：木材の基準比重

実験によって基準支圧強度を求める場合には，EN383 や ISO10984-2，ASTM D5764 の方法による他，「木質構造設計規準・同解説」の付録 2 に示される方法とする．いずれの方法によっても，基準支圧強度は比例限ではなく，支圧変形がある程度進んだ時の強度であることを認識し，設計のクライテリアに反映しておくことが肝要である．

大地震時に単位接合部のドリフトピンまわりの木材を支圧降伏させて単位モーメント抵抗接合部の塑性変形能力を利用する設計とする場合には，「木質構造設計規準・同解説」で示されている比重の変動係数を 10%として上限値を求めて保証設計することが出来る．この他に，繊維直交方向の特性である 1.1 倍程度の荷重上昇を考慮しておくことも重要である．また，比重が同一樹種グループと看做せない異樹種により構成された集成材を用いる場合には，低い方の樹種グループの基準支圧強度を用いて設計したとしても必ずしも安全側とならないことに注意して，例えば，接合部の耐力は低い方の基準支圧強度を用いて設計しておき，周辺部材の検討には高い方の基準支圧強度を用いて安全を確認するといった特別の配慮が必要である．

スリット厚さは特記によるが，標準的なものとして鋼板厚 +2mm とする．ドリフトピンの打込み孔はドリフトピンと同径とする．

(4) 挿 入 鋼 板

挿入鋼板は下記の仕様とする．

① 材　　質

SS400（JIS G 3101：一般構造用圧延鋼材）または SN400，SN490（JIS G 3136：建築構造用圧延鋼材）等から製造される強度が F=235 N/mm^2 以上とする．

② 形　　状

- 厚さは 9 mm 以上とする．
- 縁端距離は「鋼構造許容応力度設計規準」に準じる．
- ドリフトピン打込みの先孔は，ドリフトピン径 12 mm ではピン径＋クリアランス 1 mm，ピン径 16 mm および 20 mm ではピン径＋クリアランス 1.5 mm とする．
- せん断力負担用として設けるせん断キーの接合具の先孔のクリアランス寸法は，ドリフトピンの先孔径に設けたクリアランス寸法と同じとする．

③ 表 面 処 理

日本住宅・木材技術センターが規定する「木造建築用接合金物認定規定」に定める使用環境区分に応じた表面処理を標準とする．または，これらと防せい防食が同等以上の表面処理とする．

(5) せん断キー

せん断キーの接合具はモーメント抵抗用のドリフトピンによる円形配置や矩形配置の内側の図心に配置する．せん断耐力が不足する場合にはその上下に対称に配置する．上下に配置した接合具は、モーメント抵抗せずにせん断力に対してのみ抵抗するように挿入鋼板に設ける先孔を繊維方向に長孔とするなど配慮する．ドリフトピン配置の中央に配置する接合具は太径のボルトを用いてスリットの開き止めとして兼用する場合が多い．

4.3.2　設　計　情　報

4.3.2.1　単位モーメント抵抗接合

(1)　初　期　剛　性

　接合部の回転剛性は下式により算出される．なお，単位接合部の繊維平行方向／繊維直交方向のせん断剛性は，計算による場合には「木質構造設計規準・同解説」にある弾性床上の梁理論により求める．同一等級構成集成材および対称異等級構成集成材に適用可能である．各ラミナ位置における弾性係数の違いを考慮する必要はない．

$$_{DP}K_\theta = C_j \cdot \sum k_{\Phi^i} \cdot r_i^2 \qquad\qquad 式\ 4.3\text{-}2$$

$$k_{\Phi^i} = \frac{k_0 \cdot k_{90}}{k_0 \cdot \sin^2\Phi_i + k_{90}\cos^2\Phi_i} \qquad\qquad 式\ 4.3\text{-}3$$

$$k_m = \frac{1}{L_{1_m}/2 + H_m} \quad (m = 0\ \text{or}\ 90) \qquad\qquad 式\ 4.3\text{-}4$$

$$L_{1_m} = H_m \cdot \left(\cosh(\lambda_{1_m}I_e) + \cos(\lambda_{1_m}I_e)\right) \quad (m = 0\ \text{or}\ 90) \qquad\qquad 式\ 4.3\text{-}5$$

$$H_m = \frac{\lambda_{1_m}}{S_{1_m}} \cdot \frac{1}{\sinh(\lambda_{1_m}I_e) + \sin(\lambda_{1_m}I_e)} \quad (m = 0\ \text{or}\ 90) \qquad\qquad 式\ 4.3\text{-}6$$

$$\lambda_{1_m} = \left\{S_{1_m}/(4EI)\right\}^{0.25} \quad (m = 0\ \text{or}\ 90) \qquad\qquad 式\ 4.3\text{-}7$$

$$S_{1_m} = k_{e_m} \cdot d \quad (m = 0\ \text{or}\ 90) \qquad\qquad 式\ 4.3\text{-}8$$

$$k_{e_0} = \frac{E_0}{31.6 + 10.9d} \qquad\qquad 式\ 4.3\text{-}9$$

$$k_{e_{90}} = \frac{k_{e_0}}{3.4} \qquad\qquad 式\ 4.3\text{-}10$$

$$\Phi_i = \frac{\pi}{2} - \beta_i \qquad\qquad 式\ 4.3\text{-}11$$

$$r_i = \sqrt{x_i^2 + y_i^2} \qquad\qquad 式\ 4.3\text{-}12$$

記号　　$_{DP}K_\theta$　　　：単位モーメント抵抗接合部の回転剛性

　　　　C_j　　　　：剛性低減係数（ドリフトピンの径 12 mm では 1/3，径 16 mm，20 mm では 1/4.2 としてよい．また，実験や解析等により適切に評価された値を用いることもできる．）

　　　　k_{Φ^i}　　　：i 番単位接合部のせん断剛性（接合部剛心を回転中心としたときの接線方向）

　　　　k_0　　　　：i 番単位接合部のせん断剛性（繊維平行方向）

　　　　k_{90}　　　：i 番単位接合部のせん断剛性（繊維直交方向）

　　　　r_i　　　　：i 番単位接合部の接合部剛心からの距離

　　　　Φ_i　　　：i 番単位接合部の接合部剛心を回転中心としたときの接線が繊維方向となす角度

　　　　L_{1_m}　　　：諸係数

　　　　H_m　　　　：諸係数

　　　　λ_{1_m}　　　：諸係数

　　　　S_{1_m}　　　：諸係数

　　　　I_e　　　　：有効めり込み長さ（ドリフトピン全長からスリット幅と先端テーパー長さを除いた長さ）

　　　　k_{e_0}　　　：木材のめり込み剛性（繊維平行方向）

　　　　$k_{e_{90}}$　　　：木材のめり込み剛性（繊維直交方向）

　　　　E_0　　　　：木材のヤング係数（繊維平行方向）曲げヤング係数で計算してよい

d : 接合具径

β_i : i 番単位接合部の位置と接合部剛心を結んだ直前と繊維平行方向がなす角度

(x_i, y_i) : i 番単位接合部の位置座標（接合具剛心を原点，繊維平行方向を x 軸，繊維直交方向を y 軸）

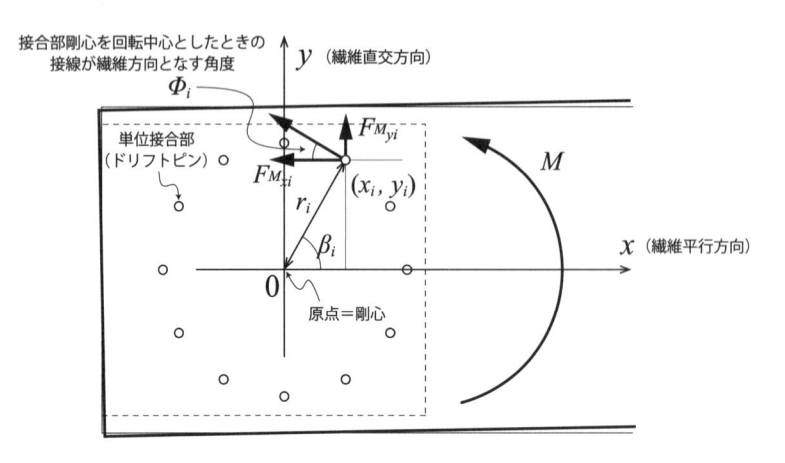

図 4.3-7 座標と外力・応力の定義（曲げモーメントのみを負担する場合）

(2) 降 伏 耐 力

① 曲げモーメント単一応力を負担する場合（せん断キーを配置する場合）

$$_{DP}M_y = {}_{DP}K_\theta \cdot \theta_y \tag{式 4.3-13}$$

$$\theta_y = \frac{1}{C_j} \cdot \min\left\{\frac{\delta_{yi}}{r_i}\right\} \tag{式 4.3-14}$$

$$\delta_{yi} = \frac{p_{yi}}{k_{\phi i}} \tag{式 4.3-15}$$

$$p_{yi} = \frac{p_{y0} \cdot p_{y90}}{p_{y0}\sin^2\Phi_i + p_{y90}\cos^2\Phi_i} \tag{式 4.3-16}$$

$$p_{y_m} = C_m \cdot F_{e_m} \cdot d \cdot l_e \quad (m = 0 \text{ or } 90) \tag{式 4.3-17}$$

$$C_m = \min\left\{1, \sqrt{2 + \frac{8}{3}\gamma_m(d/l_e)^2} - 1, \ (d/l_e) \cdot \sqrt{\frac{8}{3}r_m}\right\} \quad (m = 0 \text{ or } 90) \tag{式 4.3-18}$$

$$r_m = F/F_{e_m} \quad (m = 0 \text{ or } 90) \tag{式 4.3-19}$$

記号　$_{DP}M_y$　：単位モーメント抵抗接合部の降伏耐力

$_{DP}K_\theta$　：単位モーメント抵抗接合部の初期剛性

θ_y　：単位モーメント抵抗接合部の降伏回転角

C_j　：剛性低減係数

δ_{yi}　：i 番単位接合部の降伏変位

p_{yi}　：i 番単位接合部の降伏せん断耐力（接合部剛心を回転中心としたときの接線方向）

p_{y0}　：i 番単位接合部の降伏せん断耐力（繊維平行方向）

p_{y90}　：i 番単位接合部の降伏せん断耐力（繊維直交方向）

Φ_i　：i 番単位接合部の接合部剛心を回転中心としたときの接線が繊維方向となす角度

C_m　：破壊モード係数

F_{e_m}　　　　：木材の基準支圧強度（表 4.3-2 または式 4.3-1 による）

y_m　　　　：接合具の基準材料強度と木材の基準支圧強度の比

d　　　　：接合具径

l_e　　　　：有効めり込み長さ（ドリフトピン全長からスリット幅と先端テーパー長さを除いた長さ）

②　組合せ応力を受ける場合

　各応力の割合に応じて，耐力は変動する．ここでは，以降に示す a) 設計応力の算出，b) 降伏耐力の算出，c) 検定，という手順により，単位接合部が負担する応力が降伏耐力以下であることを確認する方法を示す．図 4.3-8 に座標と外力・応力の記号の定義を示す．

a)　設計応力の算出

$$F_{di} = \sqrt{F_{xi}^2 + F_{yi}^2}$$　　　　　　　　　式 4.3-20

$$\begin{cases} F_{xi} = F_{Mxi} + F_{Ni} \\ F_{yi} = F_{Myi} + F_{Qi} \end{cases}$$　　　　　　　　　式 4.3-21

$$\begin{cases} F_{Mxi} = -C_j \cdot k_{\phi i} \cdot y_i + \dfrac{M}{R_j} \\ F_{Myi} = C_j \cdot k_{\phi i} \cdot x_i + \dfrac{M}{R_j} \end{cases}$$　　　　　　　　　式 4.3-22

$$F_{Ni} = C_j \cdot k_{0i} \cdot \frac{N}{D_j}$$　　　　　　　　　式 4.3-23

$$F_{Qi} = C_j \cdot k_{90i} \cdot \frac{Q}{S_j}$$　　　　　　　　　式 4.3-24

$$R_j = C_j \cdot \sum k_{\phi i} \cdot r_i^2$$　　　　　　　　　式 4.3-25

$$D_j = C_j \cdot \sum k_{0i}$$　　　　　　　　　式 4.3-26

$$S_j = C_j \cdot \sum k_{90i}$$　　　　　　　　　式 4.3-27

記号　　F_{di}　　　　：i 番単位接合部の設計応力の合力

　　　　F_{xi}　　　　：i 番単位接合具の設計応力の合力の繊維平行方向成分

　　　　F_{yi}　　　　：i 番単位接合具の設計応力の合力の繊維直交方向成分

　　　　F_{Mxi}　　　：i 番単位接合部の曲げモーメントによる設計応力の繊維平行方向成分

　　　　F_{Myi}　　　：i 番接合部の曲げモーメントによる設計応力の繊維直交方向成分

　　　　F_{Ni}　　　　：i 番接合部の軸力による設計応力（繊維平行方向）

　　　　F_{Qi}　　　　：i 番接合部のせん断力による設計応力（繊維直交方向）

　　　　(x_i, y_i)　　：i 番単位接合部の位置座標（接合具剛心を原点，繊維平行方向を x 軸，繊維直交方向を y 軸）

　　　　M, N, Q　　：接合部に作用する曲げモーメント，軸力，せん断力

　　　　R_j, D_j, S_j　：接合部の回転剛性，軸力剛性，せん断剛性

　　　　$k_{\phi i}, k_{0i}, k_{90i}$　：i 番接合部の接合部剛心を回転中心としたときの接線方向 / 繊維平行方向 / 繊維直交方向のせん断剛性（式 4.3-3 および式 4.3-4 による）

　　　　C_j　　　　：剛性低減係数（ドリフトピンの径 12 mm では 1/3，径 16 mm, 20 mm では 1/4.2 としてよい．また，実験や解析等により適切に評価された値を用いることもできる．）

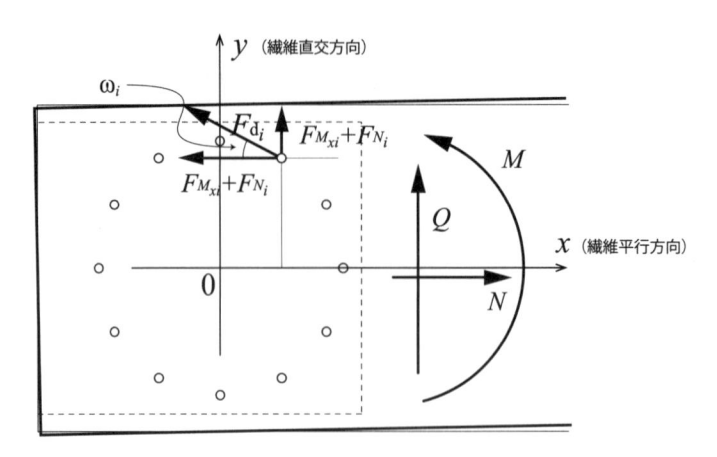

図 4.3-8 座標と外力・応力の記号の定義（曲げモーメント，せん断力，軸力を負担する場合）

b) 降伏耐力の算出

$$p_{yi}' = \frac{p_{y_0 i} \cdot p_{y_{90} i}}{p_{y_0 i} \cdot \sin^2 \omega_i + p_{y_{90} i} \cdot \cos^2 \omega_i}$$　　　　　式 4.3-28

記号　　p_{yi}'　　　　　：i 番接合部の合力方向の降伏せん断耐力

　　　　$p_{y_0 i}/p_{y_{90} i}$　：i 番接合部の繊維平行方向 / 繊維直交方向の許容せん断耐力（式 4.3-17 による）

　　　　ω_i　　　　　：i 番接合部の合力が繊維平行方向となす角

c) 検　　定

$$F_{di} \leq p_{yi}'$$　　　　　式 4.3-29

記号　　F_{di}　　　　：i 番接合部の合力方向の降伏せん断耐力

　　　　p_{yi}'　　　　：i 番接合部の繊維平行方向 / 繊維直交方向の許容せん断耐力（式 4.3-17 による）

(3)　終局耐力と塑性率
①　終 局 耐 力

　単位モーメント抵抗接合部の終局モーメントは，全ての単位接合部が降伏したとして下式により算出される．

$$_{DP}M_u = \sum p_{yi} \cdot r_i$$　　　　　式 4.3-30

記号　　$_{DP}M_u$　　　　：単位モーメント抵抗接合部の終局耐力

　　　　p_{yi}　　　　：i 番単位接合部の降伏せん断耐力（式 4.3-16 による）

　　　　r_i　　　　：i 番単位接合部の接合部剛心からの距離（式 4.3-12 による）

②　塑 性 率

　単位モーメント抵抗接合部の塑性率は，適用条件を満足した上で，材幅や材せい，配列数に応じて，表 4.3-3 に示すように評価される．なお，実験や解析等により適切に評価された場合にはこの限りではない．

表 4.3-3 塑 性 率

幅	配列数	基準 材せい [mm]								
		500	550	600	650	700	750	800	850	900
120mm以上 150mm未満	1 列	6	6	6	6	6	6	-	-	-
	2 列	3	3.6	4.2	4.8	5.4	6	-	-	-
150mm以上	1 列	6	6	6	6	6	6	6	6	6
	2 列	3	3.6	4.2	4.8	5.4	6	6	6	6
	3 列	-	-	-	-	-	3.5	4	4.5	5

(4) 集成材および挿入鋼板の曲げ耐力・せん断耐力

図 4.3-9 に正味断面の考え方を示す.

① 集 成 材

集成材の終局曲げ耐力およびせん断耐力は，現状で孔の欠損の影響に関する知見が十分にないことから，同一断面に，ドリフトピンやせん断キーによる全ての孔の欠損を投影させて，その欠損分を除いた部分を正味断面として，有効な断面係数と断面積を求めて，寸法調整係数やせん断応力度分布係数を考慮して基準材料強度を乗じて求める.

$$_wM_u = K_z \cdot F_b \cdot {_wZ_e}$$
式 4.3-31

$$_wQ_u = \frac{1}{1.5} \cdot F_s \cdot {_wA_e}$$
式 4.3-32

記号　$_wM_u$　：単位モーメント抵抗接合部の母材である集成材の終局曲げ耐力

K_z　：集成材の寸法調整係数〔表 4.3-4 参照，これ以外は集成材 JAS 参照〕

F_b　：集成材の基準曲げ強度

$_wZ_e$　：集成材の有効断面係数

F_s　：集成材の基準せん断強度

$_wA_e$　：集成材の有効断面積

表 4.3-4 寸法調整係数

構成	梁せい [mm]								
	500	550	600	650	700	750	800	850	900
対称異等級構成集成材 （集成材JAS　第5条表16）	0.93				0.91			0.89	
同一等級構成集成材 （集成材JAS　第5条表24）	0.85								

② 挿 入 鋼 板

挿入鋼板の終局曲げ耐力およびせん断耐力は，最も欠損による影響の大きい断面について，ドリフトピンやせん断キーによる欠損分を除いた部分を正味断面として，有効断面係数や有効断面積を求めて基準強度を乗じて求める.

$$_{pl}M_y = F \cdot {_{pl}Z_e}$$
式 4.3-33

$$_wQ_u = \frac{1}{1.5} \cdot F_s \cdot {_wA_e}$$
式 4.3-34

記号　　$_{pl}M_u$　　　　：単位モーメント抵抗接合部の挿入鋼板の降伏曲げ耐力

　　　　F　　　　　　：挿入鋼板の基準強度

　　　　$_{pl}Z_e$　　　　：挿入鋼板の有効断面係数

　　　　$_{pl}A_e$　　　　：挿入鋼板の有効断面積

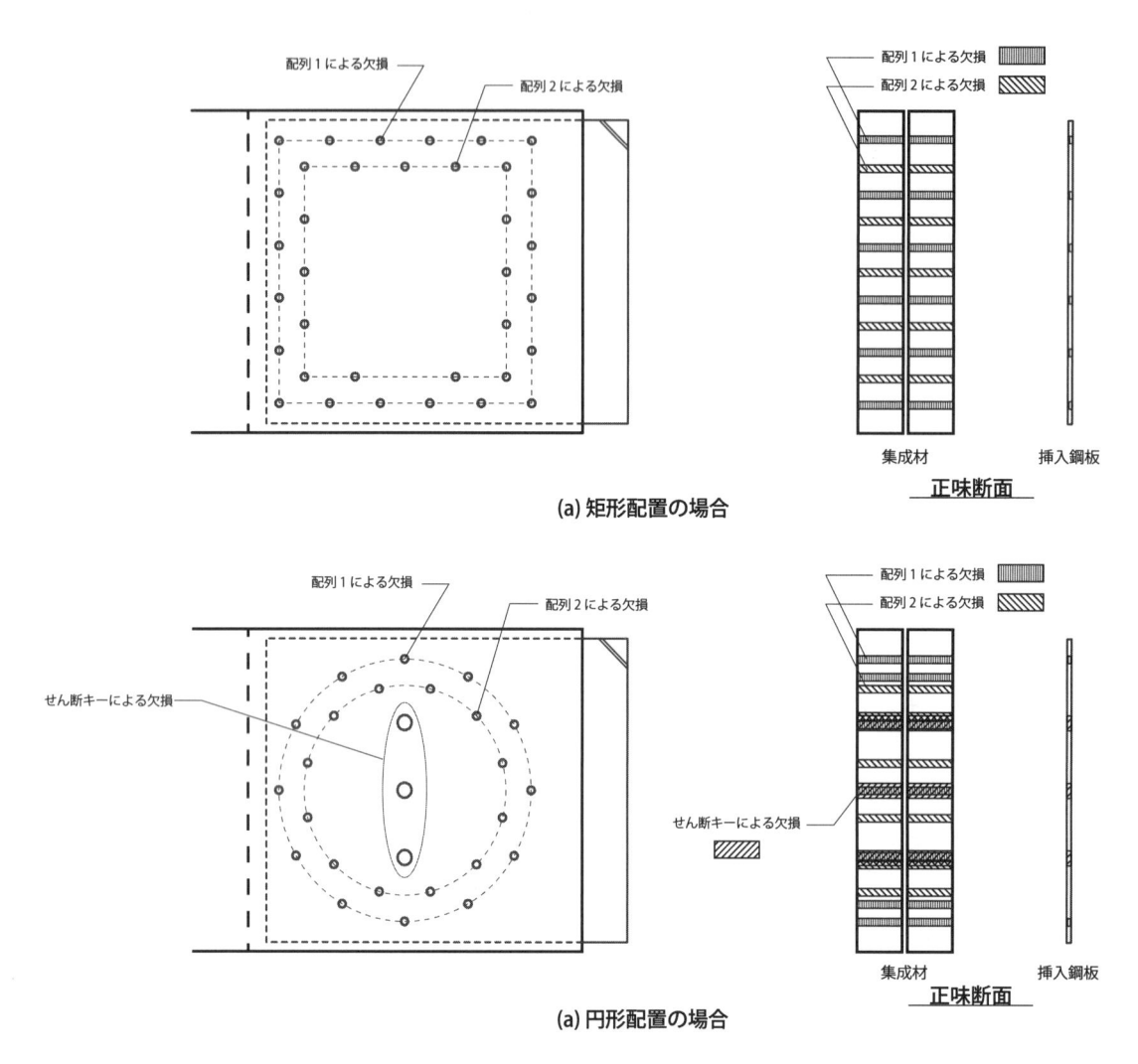

(a) 矩形配置の場合

(a) 円形配置の場合

図 4.3-9　有効断面係数の算出における正味断面

4.3.2.2　柱脚接合部の設計

(1)　応力変形解析に用いるモデル化

　図 4.3-10 にモデル化の例を示す．ドリフトピン接合部は，木口面が柱脚金物に面タッチするので，その抵抗を利用できる．以下では，それを積極的に利用する場合の設計方法を示す．アンカーボルト接合部は「鋼構造接合部設計指針」[5]に準じた評価方法を示す．なお，側柱などのように，軸力の変動が曲げ性能に与える影響が大きく，より詳細に挙動を追跡したいような場合に，回転バネではなく，アンカーボルトや基礎の反力を複数の軸方向バネに置換するモデル（マルチスプリング（M-S）モデル）などを用いてもよい．

　①　基礎の上端レベルにおいて，アンカーボルト接合部と等価な曲げ特性を持つ回転バネを入力し，柱脚金物の上端レベルまでを剛部材でモデル化する．

　②　柱脚金物の上端レベルからドリフトピン接合部の剛心レベルまで，挿入鋼板と等価な線材（いわゆる"梁部材"）でモデル化する．

　③　ドリフトピン接合部の剛心位置に，ドリフトピン接合と等価な曲げ特性を持つ回転バネを入力し，それより上は，集成材と等価な線材でモデル化する．

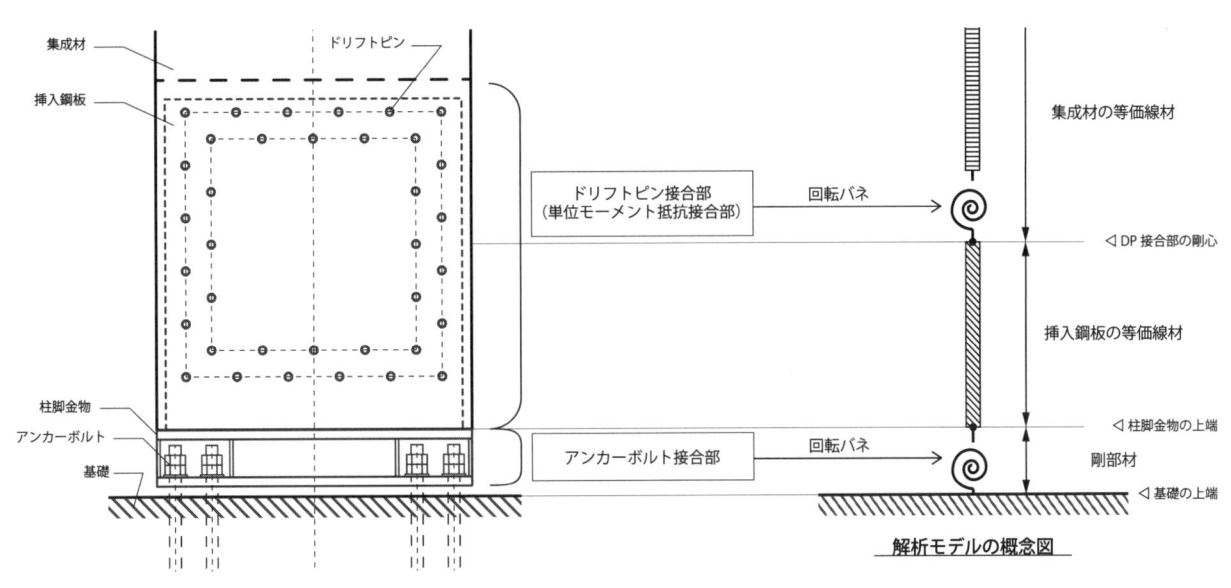

図 4.3-10　柱脚接合部のモデル化

(2)　初 期 剛 性

①　ドリフトピン接合部

$$_{DP}K_{\theta 0}' = C_j \sum k_{\phi i} \cdot r_i{}^2 + \frac{1}{6} k_e b_e \cdot \left(\frac{D}{2} + y_{n0} \right)^2 \cdot (D - y_{n0})$$
式 4.3-35

$$y_{n0} = -\frac{D}{2} \left\{ (1 + n_e) - \sqrt{(1 + n_e)^2 - 1} \right\}$$
式 4.3-36

$$n_e = \frac{2C_j \cdot nk_0}{k_e b_e D}$$
式 4.3-37

記号　$_{DP}K_{\theta 0}'$　：ドリフトピン接合部の回転剛性

C_j　：剛性低減係数（通常，ピン径 12 mm では 1/3，ピン径 16 mm 以上では 1/4.2 とできる．また，実験や解析等によって適切に評価した値を用いてもよい）

$k_{\phi i}$　：i 番単位接合部のせん断剛性（接合部剛心を回転中心としたときの接線方向，式 4.3-3 による）

k_0　：i 番単位接合部のせん断剛性（繊維平行方向，式 4.3-4 による）

r_i　：i 番単位接合部の接合部剛心からの距離

k_e　：木材の繊維平行方向の支圧剛性（一定値 30 〜 40 N/mm² の値とできる [3),4),6),7)]）

D　：柱脚金物の長さ（柱せいが柱脚金物長さより小さい場合には柱せいとする）

b_e　：木口面の有効めり込み幅

n　：ドリフトピンの本数

y_{n0}　：純曲げ時の回転中心の y 座標（ドリフトピンがせん断降伏する場合）

②　アンカーボルト接合部

$$_{anc}K_{\theta} = \frac{E_b \cdot a_t \cdot d^2}{2L}$$
式 4.3-38

記号　$_{anc}K_{\theta}$　：アンカーボルト接合部の回転剛性

E_b　：アンカーボルトのヤング係数

a_t　：引張側アンカーボルト群の軸部断面積）

L　：アンカーボルトの引張長さ（ナット内法間距離）

d　：柱脚金物の圧縮縁から引張側アンカーボルト群剛心までの距離

(3)　降伏モーメント

　曲げモーメント M と軸力 N（圧縮力が正）およびせん断力 Q が作用した柱脚接合部の降伏モーメントの算出方法を以下に示す．設計応力は図 4.3-11 に定義する．

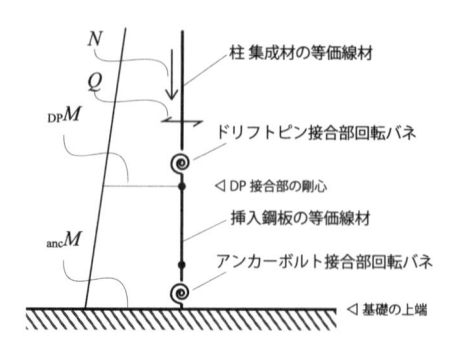

図 4.3-11　設計応力の定義

①　ドリフトピン接合部の降伏曲げ耐力

　曲げモーメント $_{DP}M$ と軸力 N（圧縮力が正）とせん断力 Q が作用したドリフトピン接合部は，木口面のめり込み状態が，(A) めり込み無し，(B) 三角形めり込み，(C) 台形めり込み，の 3 種類に判別される．この応力状態に応じて，降伏耐力を算出する．

　算出の手順として，軸力とせん断力に応じて，ドリフトピン 1 本の単位接合部が降伏耐力に到達する時点の曲げモーメントと，柱木口面の縁の支圧応力度が支圧強度に到達した時点の曲げモーメントを算出し，いずれか小さい方の曲げモーメントを降伏耐力とする，という流れとなる．

a)　応力状態の判別

　曲げモーメント M と軸方向力 N の合力を等価な偏心軸方向力（圧縮を正）に置換したときの偏心距離 e_N（$= {}_{DP}M/N$）に応じて，下式によって判別できる．図 4.3-12 に (A) めり込み無し，(B)-(1)〜(4) 三角形めり込み，(C) 台形めり込みの各応力状態の判別を示す．

$$\begin{cases} g_1 \leq e_N < 0 & \rightarrow \text{(A)} \\ e_N \leq g_1 & \rightarrow \text{(B)-(1)} \\ g_4 \leq e_N & \rightarrow \text{(B)-(2)} \\ g_3 \leq e_N < g_4 & \rightarrow \text{(B)-(3)} \\ g_2 \leq e_N < g_3 & \rightarrow \text{(B)-(4)} \\ 0 \leq e_N < g_2 & \rightarrow \text{(C)} \end{cases}$$

式 4.3-39

$$\begin{cases} g_1 = -\dfrac{C_j \cdot \sum k_{\phi i} \cdot r_i{}^2}{C_j \cdot k_0 \cdot n \cdot D/2} \\[4mm] g_2 = -\dfrac{C_j \cdot \sum k_{\phi i} \cdot r_i{}^2 + k_e b_e D^3/12}{\left(C_j \cdot k_0 \cdot n + k_e b_e D\right) \cdot D/2} \\[4mm] g_3 = -\dfrac{C_j \cdot \sum k_{\phi i} \cdot r_i{}^2 + 3k_e b_e D^3/128}{C_j \cdot k_0 \cdot n \cdot D(n_e + 2)/(4n_e)} \\[4mm] g_4 = -\dfrac{C_j \cdot \sum k_{\phi i} \cdot r_i{}^2 + k_e b_e D^3/24}{\left(C_j \cdot k_0 \cdot n \cdot D\right)/(4n_e)} \end{cases}$$

式 4.3-40

記号　　C_j　　　　　　　：剛性低減係数（通常，ピン径 12 mm では 1/3，ピン径 16 mm 以上では 1/4.2 とできる．また，実験や解析等によって適切に評価した値を用いてもよい）

　　　　$k_{\phi i}$　　　　　：i 番単位接合部のせん断剛性（接合部剛心を回転中心としたときの接線方向，式 4.3-3 による）

　　　　r_i　　　　　　：i 番単位接合部の接合部剛心からの距離

　　　　k_0　　　　　　：i 番単位接合部のせん断剛性（繊維平行方向，式 4.3-4 による）

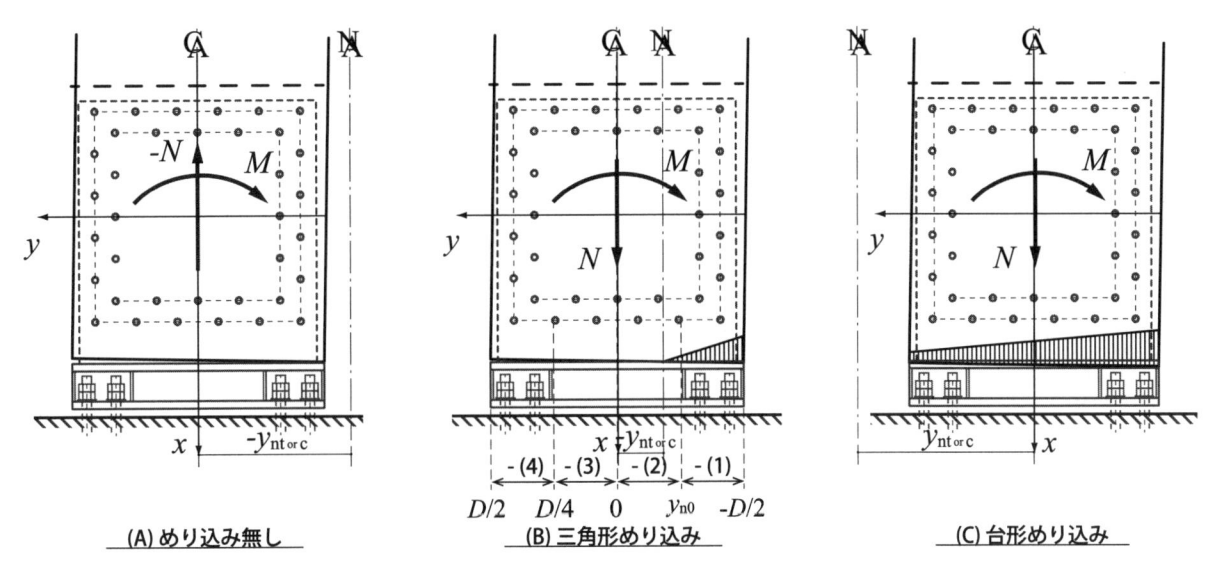

(A) めり込み無し　　　(B) 三角形めり込み　　　(C) 台形めり込み

図 4.3-12　軸力に応じた応力状態の判別

n	：ドリフトピンの本数
D	：柱脚金物の長さ
k_e	：木材の繊維平行方向の支圧剛性
b_e	：木口面の有効めり込み幅

b)　降伏モーメント

作用する軸力とせん断力に応じて，降伏モーメントは下式による．なお，どの応力状態に該当するかは前項の偏心距離 e_N（$= {}_{DP}M/N$）や回転中心の y 座標によって決定できる．

$$_{DP}M_y = \min\{_{DP}M_{yt} \cdot {}_{DP}M_{yc}\} \qquad \text{式 4.3-41}$$

- **ドリフトピンがせん断降伏する場合の曲げモーメントと中立軸**

応力状態 (A), (B), (C) について示す．

$$_{DP}M_{yt} = \begin{cases} C_j \cdot \sum k_{\phi i} \cdot r_i{}^2 \cdot {}_{DP}\theta_{yt} & \cdots (A) \\[2mm] \left\{ C_j \cdot \sum k_{\phi i} \cdot r_i{}^2 + \dfrac{1}{6} k_e b_e \cdot \left(\dfrac{D}{2} + y_{nt} \right)^2 \right\} \cdot {}_{DP}\theta_{yt} & \cdots (B) \\[2mm] \left(C_j \cdot \sum k_{\phi i} \cdot r_i{}^2 + \dfrac{1}{12} k_e b_e \cdot D_3 \right) \cdot {}_{DP}\theta_{yt} & \cdots (C) \end{cases} \qquad \text{式 4.3-42}$$

$$y_{nt} = \begin{cases} \delta_N \cdot \dfrac{1}{_{DP}\theta_{yt}} & \cdots (A) \\[2mm] \delta_N \cdot \dfrac{D + 2y_{n0}}{D} \cdot \dfrac{1}{_{DP}\theta_{yt}} + y_{n0} & \cdots (B)\text{-}(1) \\[2mm] \delta_N \cdot \dfrac{4n_e(-y_{n0})}{D} \cdot \dfrac{1}{_{DP}\theta_{yt}} + y_{n0} & \cdots (B)\text{-}(2) \\[2mm] \delta_N \cdot \dfrac{n_e}{n_e + 1} \cdot \dfrac{1}{_{DP}\theta_{yt}} - \dfrac{D}{4(n_e + 1)} & \cdots (B)\text{-}(3) \\[2mm] \delta_N \cdot \dfrac{n_e}{n_e + 2} \cdot \dfrac{1}{_{DP}\theta_{yt}} & \cdots (B)\text{-}(4) \\[2mm] \delta_N \cdot \dfrac{n_e}{n_e + 2} \cdot \dfrac{1}{_{DP}\theta_{yt}} & \cdots (C) \end{cases} \qquad \text{式 4.3-43}$$

$$_{DP}\theta_{yt} = \begin{cases} \dfrac{-\Delta(Y_0)}{\Delta(Y_1) - \Delta(Y_0)} \cdot \dfrac{-\delta_N}{D/2} & \cdots \text{(A)} \\[3mm] \dfrac{\Delta(Y_2) + \{(D/2 + y_{n0})/(y_m - y_{n0})\} \cdot \Delta(Y_1)}{\Delta(Y_2) - \Delta(Y_1)} \cdot \dfrac{-\delta_N}{D/2} + \dfrac{-\Delta(Y_1)}{\Delta(Y_2) - \Delta(Y_1)} + {}_{DP}\theta_{yt0} & \cdots \text{(B)-(1)} \\[3mm] \dfrac{\Delta(Y_3)}{\Delta(Y_3) - \Delta(Y_2)} \cdot {}_{DP}\theta_{yt0} + \dfrac{\{(-y_{n0})/(y_m - y_{n0})\} \cdot \Delta(Y_3) - \Delta(Y_2)}{\Delta(Y_3) - \Delta(Y_2)} \cdot n_e \cdot \dfrac{\delta_N}{D/4} & \cdots \text{(B)-(2)} \\[3mm] \dfrac{(n_e + 2) \cdot \Delta(Y_4) - \Delta(Y_3)}{\Delta(Y_4) - \Delta(Y_3)} \cdot \dfrac{n_e}{n_e + 2} \cdot \dfrac{\delta_N}{D/4} & \cdots \text{(B)-(3)} \\[3mm] \dfrac{2 \cdot \Delta(Y_5) - \Delta(Y_4)}{\Delta(Y_5) - \Delta(Y_4)} \cdot \dfrac{n_e}{n_e + 2} \cdot \dfrac{\delta_N}{D/2} & \cdots \text{(B)-(4)} \\[3mm] \dfrac{\Delta(Y_6)}{\Delta(Y_6) - \Delta(Y_5)} \cdot \dfrac{n_e}{n_e + 2} \cdot \dfrac{\delta_N}{D/2} & \cdots \text{(C)} \end{cases} \qquad \text{式 4.3-44}$$

$$\Delta(Y_k) = \delta_y(Y_k) - \delta(Y_k) \quad (k = 0 \sim 6) \qquad \text{式 4.3-45}$$

$$_{DP}\theta_{yt0} = \left\{ \delta_{y0} \cdot \frac{C_k \cdot x_m^2 + (y_m - y_{n0})^2}{C_p \cdot x_m^2 + (y_m - y_{n0})^2} \right\} / \{x_m^2 + (y_m - y_{n0})^2\}^{\frac{1}{2}} \qquad \text{式 4.3-46}$$

$$\begin{cases} \delta_N = \dfrac{N}{C_j \cdot k_0 \cdot n} \\[3mm] \delta_Q = \dfrac{|Q|}{C_j \cdot k_{90} \cdot n} \end{cases} \qquad \text{式 4.3-47}$$

$$\begin{cases} \delta_y(Y_0) = \delta_{y0} \\[3mm] \delta_y(Y_1) = \delta_{y0} \cdot \dfrac{C_k \cdot \{(2x_m/D) \cdot (-\delta_N) + \delta_Q\}^2 \cdot [\{(2y_m + D)/D\} \cdot (-\delta_N)]^2}{C_p \cdot \{(2x_m/D) \cdot (-\delta_N) + \delta_Q\}^2 \cdot [\{(2y_m + D)/D\} \cdot (-\delta_N)]^2} \\[3mm] \delta_y(Y_2) = \delta_{y0} \cdot \dfrac{C_k \cdot \left(x_m \cdot {}_{DP}\theta_{yt0} + \delta_Q\right)^2 + \{(y_m - y_{n0}) \cdot {}_{DP}\theta_{yt0}\}^2}{C_p \cdot \left(x_m \cdot {}_{DP}\theta_{yt0} + \delta_Q\right)^2 + \{(y_m - y_{n0}) \cdot {}_{DP}\theta_{yt0}\}^2} \\[3mm] \delta_y(Y_3) = \delta_{y0} \cdot \dfrac{C_k \cdot \{(4x_m/D) \cdot n_e \cdot \delta_N + \delta_Q\}^2 + \{(4y_m/D) \cdot n_e \cdot \delta_N\}^2}{C_p \cdot \{(4x_m/D) \cdot n_e \cdot \delta_N + \delta_Q\}^2 + \{(4y_m/D) \cdot n_e \cdot \delta_N\}^2} \\[3mm] \delta_y(Y_4) = \delta_{y0} \cdot \dfrac{C_k \cdot [(4x_m/D) \cdot \{n_e/(n_e + 2)\} \cdot \delta_N + \delta_Q]^2 + [\{(4y_m/D) + 1\} \cdot \{n_e/(n_e + 2)\} \cdot \delta_N]^2}{C_p \cdot [(4x_m/D) \cdot \{n_e/(n_e + 2)\} \cdot \delta_N + \delta_Q]^2 + [\{(4y_m/D) + 1\} \cdot \{n_e/(n_e + 2)\} \cdot \delta_N]^2} \\[3mm] \delta_y(Y_5) = \delta_{y0} \cdot \dfrac{C_k \cdot [(2x_m/D) \cdot \{n_e/(n_e + 2)\} \cdot \delta_N + \delta_Q]^2 + [\{(2y_m/D) + 1\} \cdot \{n_e/(n_e + 2)\} \cdot \delta_N]^2}{C_p \cdot [(2x_m/D) \cdot \{n_e/(n_e + 2)\} \cdot \delta_N + \delta_Q]^2 + [\{(2y_m/D) + 1\} \cdot \{n_e/(n_e + 2)\} \cdot \delta_N]^2} \\[3mm] \delta_y(Y_6) = \delta_{y0} \end{cases} \qquad \text{式 4.3-48}$$

$$\begin{cases} \delta(Y_0) = -\delta_N \\[3mm] \delta(Y_1) = \sqrt{\{(2x_m/D) \cdot (-\delta_N) + \delta_Q\}^2 \cdot [\{(2y_m + D)/D\} \cdot (-\delta_N)]^2} \\[3mm] \delta(Y_2) = \sqrt{\left(x_m \cdot {}_{DP}\theta_{yt0} + \delta_Q\right)^2 + \{(y_m - y_{n0}) \cdot {}_{DP}\theta_{yt0}\}^2} \\[3mm] \delta(Y_3) = \sqrt{\{(4x_m/D) \cdot n_e \cdot \delta_N + \delta_Q\}^2 + \{(4y_m/D) \cdot n_e \cdot \delta_N\}^2} \\[3mm] \delta(Y_4) = \sqrt{[(4x_m/D) \cdot \{n_e/(n_e + 2)\} \cdot \delta_N + \delta_Q]^2 + [\{(4y_m/D) + 1\} \cdot \{n_e/(n_e + 2)\} \cdot \delta_N]^2} \\[3mm] \delta(Y_5) = \sqrt{[(2x_m/D) \cdot \{n_e/(n_e + 2)\} \cdot \delta_N + \delta_Q]^2 + [\{(2y_m/D) + 1\} \cdot \{n_e/(n_e + 2)\} \cdot \delta_N]^2} \\[3mm] \delta(Y_6) = \{n_e/(n_e + 2)\} \cdot \delta_N \end{cases} \qquad \text{式 4.3-49}$$

$$\begin{cases} C_k = k_0/k_{90} \\[2mm] C_p = p_{y0}/p_{y90} \end{cases} \qquad \text{式 4.3-50}$$

記号　　C_j　　　　　　　：剛性低減係数（通常，ピン径 12 mm では 1/3，ピン径 16 mm 以上では 1/4.2 とできる．また，実験や解析等によって適切に評価した値を用いてもよい）

　　　　$k_{\Phi i}$　　　　　　：i 番単位接合部のせん断剛性（接合部剛心を回転中心としたときの接線方向，式 4.3-3 による）

$k_{\Phi i}$, $k_{\Phi i}$　　：i 番単位接合部のせん断剛性（繊維平行方向，繊維直交方向，式 4.3-4 による）

r_i　　　　　：i 番単位接合部の接合部剛心からの距離

k_e　　　　　：木材の繊維平行方向のめり込み剛性（一定値 30 〜 40 N/mm^2 の値とできる）

D　　　　　：柱脚金物の長さ（柱せいが柱脚金物長さより小さい場合には柱せいとする）

b_e　　　　　：木口面の有効めり込み幅

$_{DP}\theta_{yt}$　　　：降伏回転角（ドリフトピンがせん断降伏する場合）

C_k, C_p　　：繊維直交方向に対する繊維方向の剛性比，降伏耐力比

(x_m, y_m)　：矩形配置における頂点の x 座標，y 座標の最大値

δ_{y0}　　　　：i 番単位接合部の接合部剛心からの距離

n_e　　　　　：剛性比（式 4.3-37 による）

$_{DP}\theta_{yt0}$　　：純曲げ下のドリフトピン接合部がせん断降伏する降伏回転角

y_{nt}　　　　：回転中心の y 座標（ドリフトピンがせん断降伏する場合）

N　　　　　：軸力

Q　　　　　：せん断力

y_{n0}　　　　：純曲げ時の回転中心の y 座標（ドリフトピンがせん断降伏する場合，式 4.3-36 による）

- **圧縮側柱木口面縁が支圧強度に達する時するときの曲げモーメント**

応力状態 (B), (C) について示す．なお，応力状態 (A) では圧縮側木口面縁に支圧応力が発生せず圧縮降伏しないため引張側のみで降伏モーメントが決まる．

$$_{DP}M_{yc} = \begin{cases} \left\{ C_j \cdot \sum k_{\Phi i} \cdot r_i{}^2 + \dfrac{1}{6} k_e b_e \cdot \left(\dfrac{D}{2} + y_{nc} \right)^2 (D - y_{nc}) \right\} \cdot {}_{DP}\theta_{yc} & \cdots (B) \\[3mm] \left(C_j \cdot \sum k_{\Phi i} \cdot r_i{}^2 + \dfrac{1}{12} k_e b_e \cdot D^3 \right) \cdot {}_{DP}\theta_{yc} & \cdots (C) \end{cases}$$

　　　式 4.3-51

$$y_{nc} = \begin{cases} -\dfrac{D}{2} \left\{ 1 + \left(n_e - \dfrac{2N}{k_e b_e D} \right) - \sqrt{\left(n_e - \dfrac{2N}{k_e b_e D} \right)^2 + 2 n_e} \right\} & \cdots (B) \\[3mm] \dfrac{N}{k_e b_e D} \cdot \left(1 + \dfrac{n_e}{2} - \dfrac{N}{k_e b_e D} \right)^{-1} \cdot \dfrac{D}{2} & \cdots (C) \end{cases}$$

　　　式 4.3-52

$$_{DP}\theta_{yc} = \frac{F_e}{k_e \cdot (D/2 + y_{nc})}$$

　　　式 4.3-53

記号　　C_j　　　：剛性低減係数（通常，ピン径 12 mm では 1/3，ピン径 16 mm 以上では 1/4.2 とできる．また，実験や解析等によって適切に評価した値を用いてもよい）

　　　　$k_{\Phi i}$　　　：i 番単位接合部のせん断剛性（接合部剛心を回転中心としたときの接線方向，式 4.3-3 による）

　　　　r_i　　　　：i 番単位接合部の接合部剛心からの距離

　　　　k_e　　　　：木材の繊維平行方向のめり込み剛性（一定値 30 〜 40 N/mm^2 の値とできる）

　　　　D　　　　：柱脚金物の長さ（柱せいが柱脚金物長さより小さい場合には柱せいとする）

　　　　b_e　　　　：木口面の有効めり込み幅

　　　　y_{nc}　　　：回転中心の y 座標（圧縮側木口面縁が支圧強度に到達する場合）

　　　　$_{DP}\theta_{yc}$　　：降伏回転角（圧縮側木口面縁が支圧強度に到達する場合）

　　　　F_e　　　：圧縮側木口面縁の支圧強度

　　　　N　　　　：軸力

　　　　n_e　　　：剛性比（式 4.3-37 による）

② アンカーボルト接合部の降伏曲げ耐力

曲げモーメント $_{DP}M$ と軸力 N（圧縮を正）とせん断力 Q が作用したドリフトピン接合部は，軸力に応じて，(i) 全面圧縮，(ii) 三角形めり込み（ボルト引張無し），(iii) 三角形めり込み（ボルト引張有り），(iv) 三角形めり込み（圧縮側ボルト引張有り），(v) めり込み無し，の5種類に判別される．この応力状態に応じて，降伏耐力を算出する．

算出の手順として，設計応力における中立軸を算出し，それを用いて，アンカーボルトが引張降伏耐力に到達する時点の曲げモーメントと，柱脚金物縁の支圧応力度が許容圧縮応力度に到達した時点の曲げモーメントのうち，いずれか小さい方の曲げモーメントを降伏耐力とする，という流れとなる．

a) 応力状態の判別

曲げモーメント $_{anc}M$ と軸方向力 N の合力を等価な偏心軸方向力（圧縮を正）に置換したときの偏心距離 $e\,(=\,_{anc}M/N)$ に応じて，下式によって応力状態が (i)〜(v)〔図 4.3-13 参照〕に判別される．

$$\begin{cases}0 < e \leq g_1 & \rightarrow (i)\\ g_1 \leq e \leq g_2 & \rightarrow (ii)\\ g_2 \leq e,\ e \leq g_3 & \rightarrow (iii)\\ g_3 \leq e \leq g_4 & \rightarrow (iv)\\ g_4 \leq e < 0 & \rightarrow (v)\end{cases}$$ 式 4.3-54

$$\begin{cases}g_1 = \dfrac{D}{6}\\[2mm] g_2 = \dfrac{D}{2} - \dfrac{d}{3}\\[2mm] g_3 = -\left\{\dfrac{4n_e \cdot {}_{anc}a_t}{B}\cdot\left(d-\dfrac{D}{2}\right)^2 + \dfrac{1}{3}\cdot\left(\dfrac{D}{2}+d\right)(D-d)^2\right\}\Big/\left\{\dfrac{4n_e \cdot {}_{anc}a_t}{B}\cdot\left(d-\dfrac{D}{2}\right) - (D-d)^2\right\}\\[3mm] g_4 = -\left(d-\dfrac{D}{2}\right)^2\Big/\dfrac{D}{2}\end{cases}$$ 式 4.3-55

記号　D　　　：柱脚金物の長さ

　　　d　　　：柱脚金物の圧縮縁から引張側アンカーボルト群剛心までの距離

　　　B　　　：柱脚金物の幅

　　　k_t　　 ：ボルト接合部の引張剛性

　　　n_e　　 ：基礎コンクリートに対するアンカーボルトのヤング係数比（＝15）

　　　$_{anc}a_t$　：引張側アンカーボルト群の軸部断面積

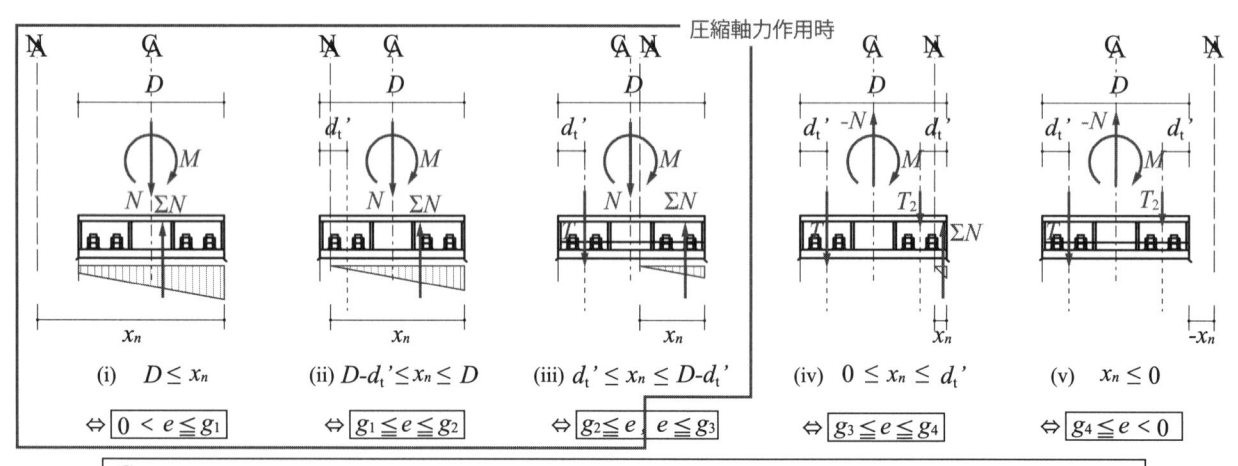

図 4.3-13　軸力に応じた応力状態の判別

b) 降伏モーメント

作用する軸力に応じて，降伏モーメントは下式による．なお，どの応力状態に該当するかは偏心距離 $e\ (=M_y/N)$ や中立軸 x_n に応じて決定できる．

$$M_y = \min\{M_{yt}, M_{yt}\} \qquad\qquad\text{式 4.3-56}$$

・ **引張側アンカーボルトが引張降伏するときの曲げモーメントと中立軸**

応力状態 (iii)〜(v) について示す．なお，応力状態 (i), (ii) ではアンカーボルトに引張力が発生せず引張降伏しないため圧縮側のみで降伏モーメントが決まる．

$$M_{yt} = \begin{cases} T_y \cdot \left\{ \dfrac{D}{2} - d_t' + \left(1 + \dfrac{N}{T_y}\right)\left(\dfrac{D}{2} - \dfrac{X_{nt}}{3}\right) \right\} & \cdots\text{(iii)} \\[3mm] T_y \cdot \left\{ \dfrac{2(D/2 - d_t')^2}{D - d_t' - x_{nt}} + \left(\dfrac{D - 2x_{nt}}{D - d_t' - x_{nt}} + \dfrac{N}{T_y}\right)\left(\dfrac{D}{2} - \dfrac{x_{nt}}{3}\right) \right\} & \cdots\text{(iv)} \\[3mm] T_y \cdot \left(2 + \dfrac{N}{T_y}\right)\left(\dfrac{D}{2} - d_t'\right) & \cdots\text{(v)} \end{cases} \qquad\text{式 4.3-57}$$

$$x_{nt} = \begin{cases} \sqrt{\left(\dfrac{n_e \cdot {}_{anc}a_t}{B}\right)^2\left(1 + \dfrac{N}{T_y}\right)^2 + 2(D - d_t')\left(\dfrac{n_e \cdot {}_{anc}a_t}{B}\right)\left(1 + \dfrac{N}{T_y}\right)} - \left(\dfrac{n_e \cdot {}_{anc}a_t}{B}\right)\left(1 + \dfrac{N}{T_y}\right) & \cdots\text{(iii)} \\[3mm] \sqrt{\left(\dfrac{n_e \cdot {}_{anc}a_t}{B}\right)^2\left(2 + \dfrac{N}{T_y}\right)^2 + 2(D - d_t')\left(\dfrac{n_e \cdot {}_{anc}a_t}{B}\right)\left(\dfrac{D}{D - d_t'} + \dfrac{N}{T_y}\right)} - \left(\dfrac{n_e \cdot {}_{anc}a_t}{B}\right)\left(2 + \dfrac{N}{T_y}\right) & \cdots\text{(iv)} \\[3mm] (D - d_t')\left(2 + \dfrac{N}{T_y}\right)^{-1}\left(\dfrac{D}{D - d_t'} + \dfrac{N}{T_y}\right) & \cdots\text{(v)} \end{cases} \qquad\text{式 4.3-58}$$

・ **圧縮側柱脚金物縁コンクリートが許容圧縮応力度に達する時するときの曲げモーメント**

応力状態 (i)〜(iv) について示す．なお，応力状態 (v) では基礎コンクリートに圧縮力が発生せず短期許容圧縮応力度に達しないため引張側のみで降伏モーメントが決まる．

$$M_{yc} = \begin{cases} \left({}_sf_c \cdot B \cdot D - N\right) \cdot \dfrac{D}{6} & \cdots\text{(i)} \\[3mm] N \cdot \left(\dfrac{D}{2} - \dfrac{x_{nc}}{3}\right) & \cdots\text{(ii)} \\[3mm] \left(\dfrac{{}_sf_c \cdot B \cdot x_{nc}}{2} - N\right)\left(\dfrac{D}{2} - d_t'\right) + \dfrac{{}_sf_c \cdot B \cdot x_{nc}}{2}\left(\dfrac{D}{2} - \dfrac{x_{nc}}{3}\right) & \cdots\text{(iii)} \\[3mm] \left(\dfrac{{}_sf_c \cdot B \cdot x_{nc}}{2} - N\right)\dfrac{(D/2 - d_t')^2}{D/2 - x_{nc}} + \dfrac{{}_sf_c \cdot B \cdot x_{nc}}{2}\left(\dfrac{D}{2} - \dfrac{x_{nc}}{3}\right) & \cdots\text{(iv)} \end{cases} \qquad\text{式 4.3-59}$$

$$x_{nc} = \begin{cases} \dfrac{{}_sf_c \cdot B \cdot D/2}{{}_sf_c \cdot B \cdot D - N} \cdot D & \cdots\text{(i)} \\[3mm] \dfrac{N}{{}_sf_c \cdot B \cdot D/2} \cdot D & \cdots\text{(ii)} \\[3mm] \sqrt{\left(\dfrac{n_e \cdot a_t}{B}\right)^2\left(1 - \dfrac{N}{n_e \cdot {}_sf_c \cdot a_t}\right)^2 + 2(D - d_t') \cdot \left(\dfrac{n_e \cdot a_t}{B}\right)} - \left(\dfrac{n_e \cdot a_t}{B}\right)\left(1 - \dfrac{N}{n_e \cdot {}_sf_c \cdot a_t}\right) & \cdots\text{(iii)} \\[3mm] \sqrt{\left(\dfrac{n_e \cdot a_t}{B}\right)^2\left(2 - \dfrac{N}{n_e \cdot {}_sf_c \cdot a_t}\right)^2 + 2D \cdot \left(\dfrac{n_e \cdot a_t}{B}\right)} - \left(\dfrac{n_e \cdot a_t}{B}\right)\left(2 - \dfrac{N}{n_e \cdot {}_sf_c \cdot a_t}\right) & \cdots\text{(iv)} \end{cases} \qquad\text{式 4.3-60}$$

記号　　T_y　　　　　　：引張側アンカーボルト群のねじ部降伏耐力

　　　　　$_sf_c$　　　　　　：コンクリートの短期許容圧縮応力度

　　　　　x_{nt}　　　　　：引張側アンカーボルト群が引張降伏するときの中立軸

　　　　　x_{nc}　　　　　：圧縮側柱脚金物縁コンクリートが許容圧縮応力度に達する時の中立軸

　　　　　N　　　　　　：軸力（圧縮正）

③　挿入鋼板の降伏曲げ耐力

挿入鋼板の降伏曲げ耐力は下式で求められる.

$$_{pl}M_y = {}_{pl}Z_e \cdot F \cdot \left(1 - \frac{|N|}{F \cdot {}_{pl}A_e} \right)$$
　　　　　　　式 4.3-61

記号　　F　　　　　　：挿入鋼板の F 値

　　　　　$_{pl}Z_e$　　　　　：挿入鋼板の有効断面係数

　　　　　$_{pl}A_e$　　　　　：挿入鋼板の有効断面積

　　　　　N　　　　　　：軸力

（4）　終局モーメント

①　アンカーボルト接合部の終局曲げ耐力

軸力 N（圧縮力が正）が作用したアンカーボルト接合部の終局曲げモーメント $_{anc}M_u$ は下式による. 軸力の大きさに応じて曲げ耐力は図 4.3-14 に示す分布となる.

$$_{anc}M_p = \begin{cases} (N_u - N)\left(d - \dfrac{D}{2}\right) & \cdots (i) \quad N_u - T_p \le N \le N_u \\[2mm] {}_{anc}M_{p0} + \dfrac{D}{2} \cdot \left(1 - \dfrac{2T_p + N}{N_u}\right) \cdot N & \cdots (ii) \quad -N_u \le N \le N_u - T_p \\[2mm] (N_u + 2T_p)\left(d - \dfrac{D}{2}\right) & \cdots (iii) \quad -2T_p \le N \le T_p \end{cases}$$
　　　　　　　式 4.3-62

$$\begin{cases} T_p = n_t \cdot A_b \cdot F_{by} \\ N_u = D \cdot B \cdot 0.85 F_c \end{cases}$$
　　　　　　　式 4.3-63

$$_{anc}M_{p0} = T_p \cdot \left(d - \frac{1}{2}X_{nu0}\right)$$
　　　　　　　式 4.3-64

$$X_{nu0} = \frac{T_p}{N_u} \cdot D$$
　　　　　　　式 4.3-65

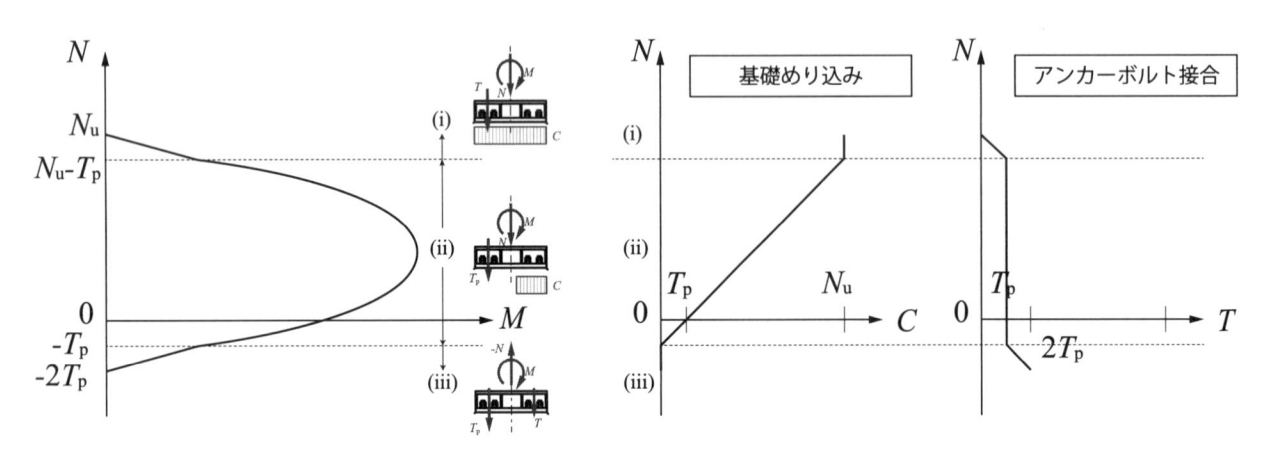

図 4.3-14　アンカーボルト接合部の終局時の M-N 相関関係

なお，応力状態 (ii), (iii) では，アンカーボルト接合部の終局回転角は，ボルトの保証する伸び率に到達した場合について下式で表現できる．応力状態 (i) では伸び率に到達しない．

$$_{anc}\theta_u = \frac{\eta L}{d - x_{nu}}$$
式 4.3-66

$$X_{nu} = \begin{cases} \dfrac{N + T_p}{N_u} \cdot D & \cdots (ii) \\[3mm] d - \dfrac{\eta L}{(-N - T_p) \cdot (E_b \cdot a_t / L)^{-1} - \eta L} & \cdots (iii) \end{cases}$$
式 4.3-67

記号　η　　　　　　：アンカーボルトの伸び

　　　　L　　　　　　：アンカーボルトの引張長さ（ナット内法間距離）

　　　　d　　　　　　：柱の圧縮縁から引張ボルト心までの距離

　　　　N_u　　　　　：柱脚金物の終局圧縮耐力

　　　　T_p　　　　　：引張側アンカーボルト群の軸部降伏耐力

　　　　D　　　　　　：柱脚金物の長さ

　　　　E_b　　　　　：アンカーボルトのヤング係数

　　　　a_t　　　　　：引張側アンカーボルト群の軸部断面積

②　柱集成材の最大曲げ耐力

柱集成材の最大曲げ耐力は下式による．

$$_wM_u = K_z \cdot {_wZ_e} \cdot F_b \cdot \left(1 - \frac{|N|}{F_n \cdot {_wA_e}}\right)$$
式 4.3-68

記号　K_z　　　　　：寸法調整係数

　　　　$_wZ_e$　　　　：柱集成材の有効断面係数

　　　　$_wA_e$　　　　：柱集成材の有効断面積

　　　　F_b　　　　　：柱集成材の曲げ強度

　　　　F_n　　　　　：軸方向強度（$N>0$：圧縮強度，$N \leqq 0$：引張強度）

(5)　靭性確保の条件

柱脚接合部は，アンカーボルト接合部にて靭性を確保するが，その際，アンカーボルトの終局耐力に対して，ドリフトピン接合部の終局耐力が上回るように設計する必要がある．ここでは，ドリフトピン接合部は弾性に留める設計とする方法を示す．また，ドリフトピン接合部は，木口面が柱脚金物に接触し，木口のめり込み抵抗によって中立軸が移動するので，これを考慮した設計方法を示す．

$$\alpha \cdot {_{anc}M_u} = \min\{_{DP}M_y, {_wM_u}, {_{pl}M_y}\}$$
式 4.3-69

記号　$_{anc}M_u$　　　：アンカーボルト接合部の終局曲げ耐力

　　　　α　　　　　：接合部係数（1.3 以上とできる）

　　　　$_{DP}M_y$　　　：ドリフトピン接合部の降伏曲げ耐力

　　　　$_wM_u$　　　　：集成材の終局曲げ耐力

　　　　$_{pl}M_y$　　　：挿入鋼板の降伏曲げ耐力

4.3.2.3 柱梁接合部の設計

(1) 応力変形解析に用いるモデル化

図 4.3-15 にモデル化の例を示す.

① 梁ドリフトピン接合の剛心位置に梁ドリフトピン接合と等価な曲げ特性を持つ回転バネを入力し，それより梁部材側は，集成材と等価な線材でモデル化する.

② 梁ドリフトピン接合部の剛心レベルから柱心レベル（柱ドリフトピン接合部の剛心レベル）まで，挿入鋼板と等価な線材（いわゆる"梁部材"）でモデル化する.

③ 柱ドリフトピン接合部の剛心位置に，柱ドリフトピン接合と等価な曲げ特性を持つ回転バネを入力し，柱部材側は柱集成材と等価な線材でモデル化する.

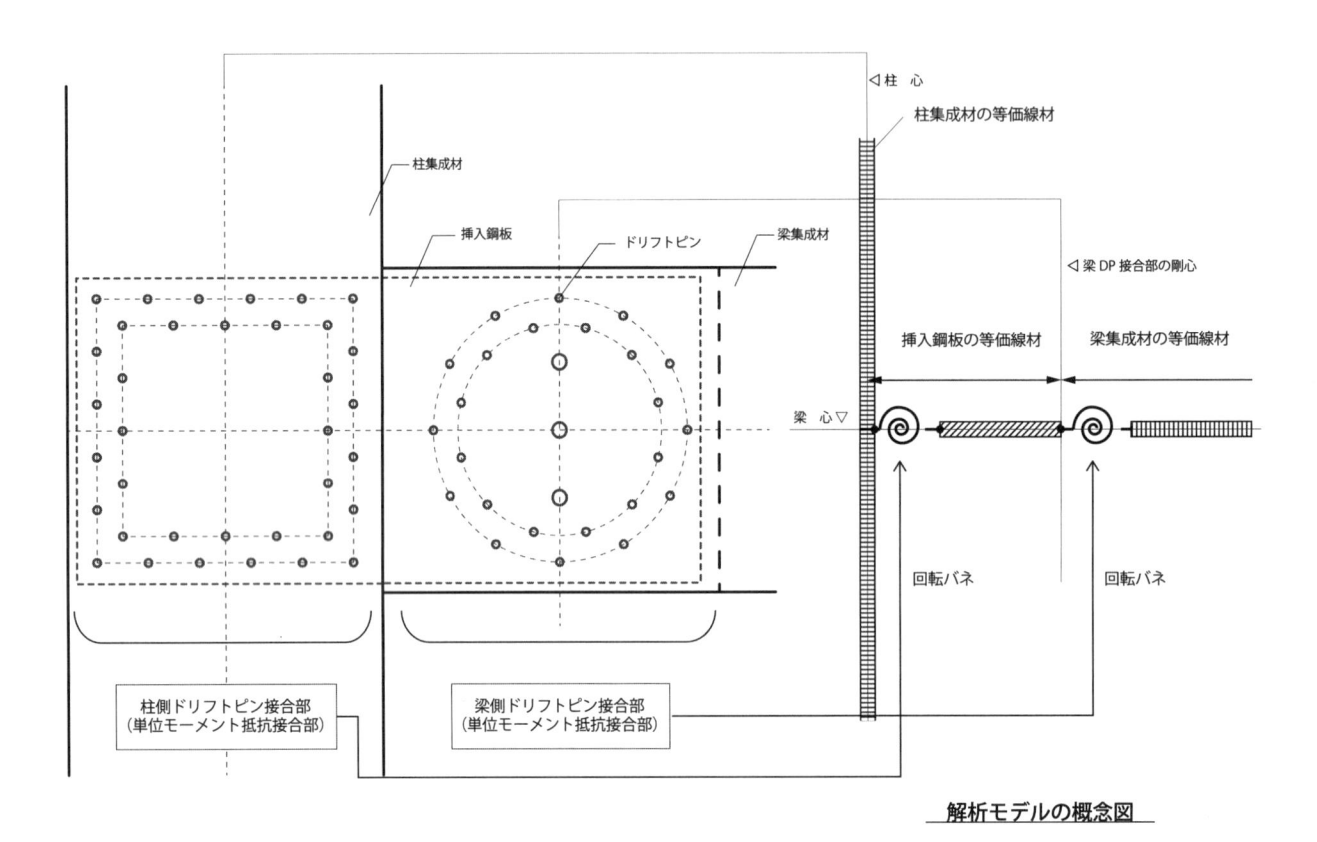

図 4.3-15 柱梁接合部のモデル化

なお，本書では，柱勝ち架構とし，梁側のドリフトピン接合を終局変形能力が求められる円形配置として，大地震時にその塑性変形能力を利用する設計とする場合を示す. このとき，柱側ドリフトピン接合をはじめ，その他の部位は弾性に留める設計とするが，これは以下に列挙するような理由からそうする方が合理的と考えられるためである.

① 柱側と梁側の両方の接合部の弾塑性挙動を，材料のばらつきやモーメント勾配による負担モーメントの違いを考慮して，荷重変形関係を定めるのは簡単ではない. 材料のばらつきは特に部材が柱梁でそれぞれ異なるため，同時に塑性化するよう設計したとしても，実態はどちらか一方に塑性化が偏る傾向になることが容易に想像されるためである.

② 変形の絶対値は大きくなるが塑性率が大きくなるわけではなく，建物として終局変形量は頭打ちにもなるため，両方の接合部の持つ終局変形能力をフルに使い切れることにはならない. いずれか一方の塑性変形能力で十分である.

③ 木質ラーメン架構では多くの場合，一次設計における変形性能がクリティカルになりがちであることから，回転剛性を大きくしておく必要がある. このとき，どちらか一方の接合部をなるべく"固く"しておくことが設計上肝要であり，自ずと耐力も高くなり降伏しない設計となる.

　図 4.3-16 に柱梁接合部の各接合部形状のモデル化を例示する．応力変形解析時に，柱側と梁側のバネをあらかじめ直列して一つのバネに集約して入力手間を省略する方法もあり得るが，検定時にはバネに生じている応力から各部に生じる応力を算出し戻す手間が生じたり，集約した場合にある長さに及ぶ接合部のモデル化の妥当性に対する工学的な判断を要したりして，逆に高度な設計方法であることに注意されたい．

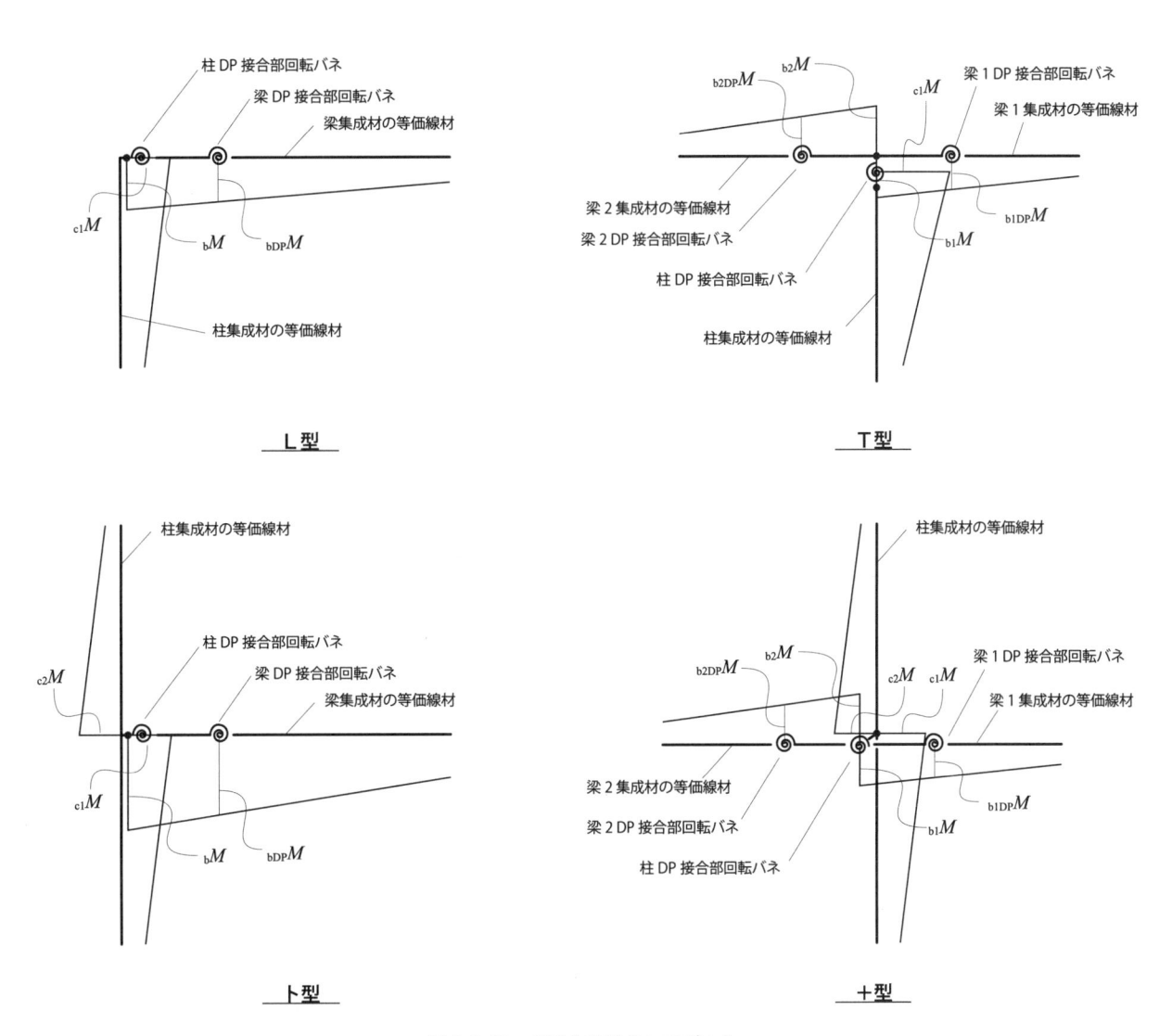

図 4.3-16　各接合部形状のモデル化

(2)　梁木口面のめり込み防止措置の必要性

　梁側ドリフトピン接合部が降伏して塑性変形すると，梁木口面端部は柱表面に接触しめり込みを生じさせる．このめり込みを利用して梁側ドリフトピン接合部の剛性や耐力を上昇させることもできるが，その分の耐力上昇を見込んで各部の耐力に余裕を持たせた設計とする必要が出てくる．また，めり込み抵抗によって中立軸が移動するため，各ドリフトピンに作用する応力方向は繊維平行成分が大きくなり，割裂が生じた場合に耐力低下が著しくなり，かつ，塑性変形能力が小さくなる可能性を否定できない．更に，めり込みは柱表面に食い込み繊維を切るため，柱の曲げ性能を低下させる．そして，めり込みによって梁木口面と柱表面には摩擦力が生じ，柱木口面に繊維直交方向の横引張応力を生じさせて割裂を誘発し，ドリフトピンまで進展して耐力低下に繋がる可能性がある．

　これらを踏まえると，梁木口面の両縁における柱表面へのめり込みは防止することが望ましいと考えられ，本書ではその防止措置を施していることを前提としている．防止措置として，梁せいを三等分し，その両外側を 15 mm 程度を目安にテーパー加工することが一例として挙げられる．

(3)　初 期 剛 性

　梁側ドリフトピン接合部および柱側ドリフトピン接合部，いずれも式 4.3-2 による.

(4)　降伏曲げモーメント

①　梁側ドリフトピン接合部

　せん断キーを設けることを前提として，式 4.3-13 による.

②　柱側ドリフトピン接合部

　せん断キーを設けないことを想定して，式 4.3-20 による.　設ける場合には，式 4.3-13 によることが出来る.

③　挿 入 鋼 板

　式 4.3-33 による.

(5)　終局曲げモーメント

①　梁側ドリフトピン接合部

　せん断キーを設けることやその他の仕様規定を満足することを前提として，式 4.3-30 による.

②　梁側集成材・柱側集成材

　式 4.3-31 による.

(6)　終局回転角

　梁側ドリフトピン接合部の終局回転角は，せん断キーを設けることやその他の仕様規定を満足することを前提として下式による.

$$_\mathrm{bDP}\theta_\mathrm{u} = {}_\mathrm{bDP}\mu \cdot {}_\mathrm{bDP}\theta_\mathrm{v} \qquad\qquad 式\ 4.3\text{-}70$$

$$_\mathrm{bDP}\theta_\mathrm{v} = \frac{_\mathrm{bDP}M_\mathrm{u}}{_\mathrm{bDP}K_\theta} \qquad\qquad 式\ 4.3\text{-}71$$

記号　　$_\mathrm{bDP}\theta_\mathrm{u}$　　　　　：梁側ドリフトピン接合部の終局回転角

　　　　$_\mathrm{bDP}M_\mathrm{u}$　　　　　：梁側ドリフトピン接合部の終局曲げモーメント

　　　　$_\mathrm{bDP}\mu$　　　　　：梁側ドリフトピン接合部の塑性率（表 4.3-3 による）

　　　　$_\mathrm{bDP}\theta_\mathrm{v}$　　　　　：梁側ドリフトピン接合部の終局モーメント到達時回転角

　　　　$_\mathrm{bDP}K_\theta$　　　　　：梁側ドリフトピン接合部の初期剛性

(7)　靱性確保の条件

①　梁側の各部について

集成材の終局曲げ耐力について，梁側ドリフトピン接合部の靱性を確保するため，下記の条件を満足する必要がある．

$$_{bw}M_u \geq \alpha \cdot {}_{bDP}M_u \qquad\qquad 式\ 4.3\text{-}72$$

記号　　$_{bw}M_u$　　：梁側集成材の終局曲げモーメント

α　　：接合部係数（1.5 以上とできる．ただし，実験や解析等により適切に評価した値でも可.）

$_{bDP}M_u$　　：梁側ドリフトピン接合部の降伏曲げ耐力

また，挿入鋼板の曲げ耐力について，梁側ドリフトピン接合部の靱性を確保するため，下記の条件を満足する必要がある．

$$_{bpl}M_y \geq \alpha \cdot {}_{bDP}M_u \qquad\qquad 式\ 4.3\text{-}73$$

記号　　$_{bpl}M_y$　　：挿入鋼板の降伏曲げモーメント

α　　：接合部係数（1.5 以上とできる）

$_{bDP}M_u$　　：梁側ドリフトピン接合部の降伏曲げ耐力

②　柱側の各部について

集成材の終局曲げ耐力について，梁側ドリフトピン接合部の靱性を確保するため，下記の条件を満足する必要がある．

$$_{cw}M_u \geq \beta \cdot \left(\frac{{}_{bL}L}{{}_{bL}L'} \cdot \alpha \cdot {}_{bLDP}M_u + \frac{{}_{bR}L}{{}_{bR}L'} \cdot \alpha \cdot {}_{bRDP}M_u \right) \qquad\qquad 式\ 4.3\text{-}74$$

記号　　$_{cw}M_u$　　：柱側単位モーメント抵抗接合部における集成材の終局曲げモーメント

$_{bL}L$　　：柱心間スパン（左側）

$_{bL}L'$　　：左梁側単位モーメント抵抗接合部の剛心間スパン

$_{bR}L$　　：柱心間スパン（右側）

$_{bR}L'$　　：右梁側単位モーメント抵抗接合部の剛心間スパン

α　　：接合部係数（1.5 以上とできる．ただし，実験や解析等により適切に評価した値でも可.）

$_{bLDP}M_u$　　：左梁側単位モーメント抵抗接合部の終局曲げモーメント

$_{bRDP}M_u$　　：右梁側単位モーメント抵抗接合部の終局曲げモーメント

β　　：柱の上下のモーメント分配に基づく係数（例えば，中間階の梁において，柱の上下のモーメント分配が半分ずつと仮定できる場合には 0.5，最上階の梁においては 1.0 となる.）

なお，側柱におけるト形や L 形の接合部の場合や，中柱で左右のスパンが著しく異なる場合などでは，固定荷重や積載荷重による曲げモーメント（長期曲げモーメント $_LM$，中柱では左右の差分）分が無視できないほど大きくなることがあり得る．その場合には，下記のように $_LM$ を付加した条件式を満足する必要がある．

$$_{cw}M_u \geq \beta \cdot \left({}_LM + \frac{{}_{bL}L}{{}_{bL}L'} \cdot \alpha \cdot {}_{bLDP}M_u + \frac{{}_{bR}L}{{}_{bR}L'} \cdot \alpha \cdot {}_{bRDP}M_u \right) \qquad\qquad 式\ 4.3\text{-}75$$

柱側ドリフトピン接合部の終局曲げ耐力について，梁ドリフトピン接合部の靱性を確保するため，下記の条件を満足する必要がある．

$$_{cDP}M_y \geq \frac{_{bL}L}{_{bL}L'} \cdot \alpha \cdot {}_{bLDP}M_u + \frac{_{bR}L}{_{bR}L'} \cdot \alpha \cdot {}_{bRDP}M_u \qquad \text{式 4.3-76}$$

記号　　$_{cDP}M_y$　　　：柱側ドリフトピン接合部の降伏曲げモーメント

　　　　$_{bL}L$　　　　：柱心間スパン（左側）

　　　　$_{bL}L'$　　　：左梁側単位モーメント抵抗接合部の剛心間スパン

　　　　$_{bR}L$　　　　：柱心間スパン（右側）

　　　　$_{bR}L'$　　　：右梁側単位モーメント抵抗接合部の剛心間スパン

　　　　α　　　　　：接合部係数（1.5以上とできる．ただし，実験や解析等により適切に評価した値でも可.）

　　　　$_{bLDP}M_u$　　：左梁側単位モーメント抵抗接合部の終局曲げモーメント

　　　　$_{bRDP}M_u$　　：右梁側単位モーメント抵抗接合部の終局曲げモーメント

なお，集成材の終局曲げ耐力と同様に，長期曲げモーメント $_LM$ 分が無視できないほど大きくなる場合には，下記のように $_LM$ を付加した条件式を満足する必要がある．

$$_{cDP}M_y \geq {}_LM + \frac{_{bL}L}{_{bL}L'} \cdot \alpha \cdot {}_{bLDP}M_u + \frac{_{bR}L}{_{bR}L'} \cdot \alpha \cdot {}_{bRDP}M_u \qquad \text{式 4.3-77}$$

梁端接合から伝達する応力は，曲げモーメントによるものだけでなく，せん断力による応力も伝達するので，これを考慮する必要がある．ほぼ，等ピッチで柱が並ぶ架構で，その中柱の場合には，左右のせん断力は釣り合って打ち消し合うので柱側ドリフトピン接合部で負担するせん断力は無視できる程度となるが，側柱の場合や左右で極端にスパンが異なる場合には，その影響は無視できない．

以下では側柱の場合について示す．梁側ドリフトピン接合部のせん断キーについて，別途の保証設計的な検討により，部材のせん断強度の5割の耐力を確保する仕様としていることを仮定とすれば，作用する応力がそれを上回ることはないので，下式のような条件式となる．なお，べき定数は $m = 1$ としておけば安全側である．

$$\left(\frac{L/L' \cdot \alpha \cdot {}_{bDP}M_u}{_{cDP}M_y}\right)^m + \left(\frac{\alpha \cdot {}_{bDP}Q_u}{_{cDP}N_y}\right)^m \leq 1 \qquad \text{式 4.3-78}$$

$$_{bDP}Q_u = 0.5 \cdot \frac{1}{1.5} \cdot {}_bF_s \cdot {}_bA_e \qquad \text{式 4.3-79}$$

記号　　$_{cDP}M_y$　　　：柱側単位モーメント抵抗接合部の降伏曲げ耐力（式4.3-13による）

　　　　L　　　　　：柱心間スパン

　　　　L'　　　　：梁側単位モーメント抵抗接合部の剛心間スパン

　　　　α　　　　　：接合部係数（1.5以上とできる）

　　　　$_{bDP}M_u$　　 ：梁側ドリフトピン接合部の終局曲げモーメント

　　　　$_{bDP}Q_u$　　 ：梁側ドリフトピン接合部に配置したせん断キーの終局せん断耐力

　　　　$_{cDP}N_y$　　　：柱側単位モーメント抵抗接合部の降伏軸方向耐力

　　　　m　　　　　：べき数

なお，長期曲げモーメント $_LM$ 分が無視できないほど大きくなる場合には，下記のように $_LM$ と $_LQ$（固定荷重や積載荷重によるせん断力，中柱では左右の差分）を付加した条件式を満足する必要がある．

$$\left(\frac{_LM + L/L' \cdot \alpha \cdot {}_{bDP}M_u}{_{cDP}M_y}\right)^m + \left(\frac{_LQ + \alpha \cdot {}_{bDP}Q_u}{_{cDP}N_y}\right)^m \leq 1 \qquad \text{式 4.3-80}$$

(8) せん断キーの保証設計の方法

梁の両端が終局曲げモーメントに到達した時のせん断力は下式で表現される.

$$_j Q_u = \frac{2_{bDP}M_u}{L'}$$

式 4.3-81

記号　$_j Q_u$　　　　　:水平力により生じる梁の終局せん断力

　　　$_{bDP}M_u$　　　:梁側ドリフトピン接合部の終局曲げモーメント

　　　L'　　　　　:梁側単位モーメント抵抗接合部の剛心間スパン

　　上記のせん断力は梁のスパンによる. 梁の標準的なスパンは，梁せいに対する比率で，RC造では 1/12 ~ 1/8，S造では 1/15 ~ 1/10 と言われている. 一方で，木造では 1/10 ~ 1/8 であるので，図 4.3-17 に示すようにせん断力が大きく算定される側の 1/8 として検討することとする. 梁側ドリフトピン接合部の剛心間距離は，柱心間スパンに対して，梁せいの2倍程度短いことを考慮する.

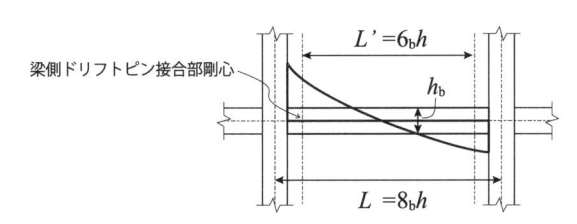

図 4.3-17　終局時の曲げモーメント分布の仮定

　　梁側ドリフトピン接合部の終局曲げモーメントは母材強度の4割程度，せん断強度は曲げ強度の 1/10 程度と仮定すれば，水平力により生じる梁の終局せん断力はせん断強度を用いて下式のように表現される.

$$_j Q_u = \frac{2_{bDP}M_u}{L'}$$

式 4.3-82

$$\approx \frac{2 \times 0.4 \times {}_b b \cdot {}_b h^2/6 \times 10 F_s}{6 \cdot {}_b h} = 0.333 \cdot \frac{1}{1.5} F_s \cdot {}_b b \cdot {}_b h$$

記号　F_s　　　　　:梁集成材のせん断強度

　　　$_b b$　　　　　:梁集成材の幅

　　　$_b h$　　　　　:梁集成材のせい

　　また，固定荷重＋積載荷重による梁のせん断力（長期分）は設計条件により異なるが，想定されるせん断力を長期せん断耐力の精々 0.40 程度であると設定すると下式で表現され，材料強度の 0.147 倍となる.

$$Q_L = \frac{1.1}{3} \cdot 0.4 \cdot \frac{1}{1.5} F \cdot {}_b b \cdot {}_b h \approx 0.147 \cdot \frac{1}{1.5} F_s \cdot {}_b b \cdot {}_b h$$

式 4.3-83

記号　Q_L　　　　　:長期時のせん断力

　　以上より，最大曲げ耐力に到達したときのせん断力と長期時のせん断力を考慮したとき，接合部が負担するせん断力は，部材のせん断耐力の比率で表現すると下式となる. すなわち，部材のせん断耐力の5割が終局時に接合部に必要とされる耐力となる.

$$Q_j = {}_j Q_u + Q_L$$

$$= (0.333 + 0.147) \cdot F_s A = 0.48 \cdot \frac{1}{1.5} F \cdot {}_b b \cdot {}_b h$$

式 4.3-84

$$\approx 0.5 \cdot \frac{1}{1.5} F_s \cdot {}_b b \cdot {}_b h$$

記号　Q_j　　　　　:接合部に必要なせん断耐力

4.3.3　実験値との比較

4.3.3.1　試験体および試験方法

　表 4.3-5 に試験体の仕様，図 4.3-18 に試験体セットアップ，図 4.3-19 に接合部詳細を示す．試験方法は，挿入鋼板の両端を反力治具に高力ボルトで緊結した片持ち形として，試験時に接合部のモーメントと回転角を測定した．加力方法や特性値の評価方法は「木造ラーメンの評価方法・構造設計の手引き」[8]に準じた．評価データは 1/15 rad までとした．

表 4.3-5　試験体の仕様

試験体 名称	ドリフトピン （円形配置）					構造用集成材				挿入鋼板			モーメント アーム	N
	材質	径	長さ	両端	配列 数	幅	せい	樹種	強度等級	材質	厚さ	せい		
	[-]	[mm]	[mm]	[-]	[-]	[mm]	[mm]	[-]	[-]	[-]	[mm]	[mm]	[mm]	[体]
O15-500	SS400	12	145	C2	2重	150	500	オウシュウアカマツ	E105-F300	SN490B	12	454	1 668	3
O15-750	SS400	12	145	C2	2重	150	750	オウシュウアカマツ	E105-F300	SN490B	12	704	2 588	3
B15-750	SS400	12	145	C2	2重	150	750	ベイマツ	E105-F300	SN490B	12	704	2 588	3
K15-750	SS400	12	145	C2	2重	150	750	カラマツ	E95-F270	SN490B	12	704	2 588	3
O12-750	SS400	12	115	C2	2重	120	750	オウシュウアカマツ	E105-F300	SN490B	12	704	2 588	3
O18-750	SS400	12	175	C2	2重	180	750	オウシュウアカマツ	E105-F300	SN490B	12	704	2 588	1
O15-750-3	SS400	12	145	C2	3重	150	750	オウシュウアカマツ	E105-F300	SN490B	12	704	2 588	3
O15-900-3	SS400	12	145	C2	3重	150	900	オウシュウアカマツ	E105-F300	SN490B	12	854	2 948	3

図 4.3-18　試験セットアップ

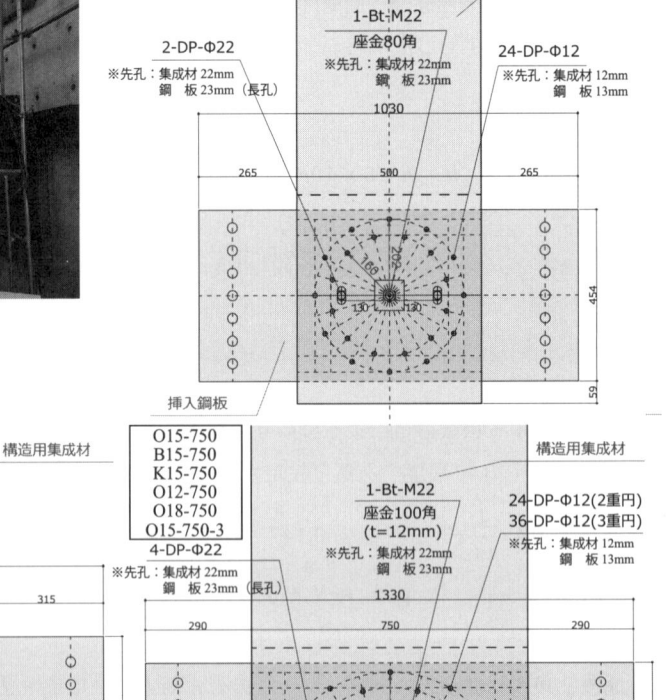

図 4.3-19　接合部詳細

4.3.3.2 結果および考察

表 4.3-6 に特性値の一覧，図 4.3-20 に材せい・配列数と塑性率の関係，図 4.3-21 に代表的なモーメント回転角関係（O15-750 と O15-750-3 の 1 体），図 4.3-22 に全試験体のモーメント回転角関係の正側包絡線，図 4.3-23 に特性値の実験値と推定値の比較を示した.

塑性率に関して，集成材せいが小さいほど，配列数が多いほど，低くなる傾向にあり，3 重配列のものでは材せい 900 mm で 6.78，材せい 750 mm で 4.61，2 重配列のものでは材せい 750 mm で 6.79〜8.71，500 mm で 4.08 であった. 最終的な荷重低下を招く破壊は個々のドリフトピン位置の割裂破壊が相互につながるものであり、前述した傾向は母材の接合具打込み孔による欠損の多寡が理由の一つとして考えられる. 特性値の推定可能性に関して，剛性については実験値／推定値が概ね 1/3 の関係にあり，耐力についてはベイマツがやや高いものの概ね高い適合性を示した.

表 4.3-6　特性値の一覧

		K [kNm/rad]	My [kNm]	θy [rad]	Mu [kNm]	θp [rad]	θu [rad]	Mmax [kNm]	μ [-]
O15-750	Ave.	23752	125	1/181	180	1/126	1/15	194	8.44
	(c.v.)	(0.07)	(0.06)	(0.13)	(0.01)	(0.07)	(0.00)	(0.01)	(0.07)
B15-750	Ave.	24835	154	1/160	210	1/118	1/15	224	7.90
	(c.v.)	(0.08)	(0.09)	(0.18)	(0.03)	(0.11)	(0.00)	(0.02)	(0.10)
K15-750	Ave.	19748	129	1/152	192	1/102	1/15	223	6.79
	(c.v.)	(0.14)	(0.06)	(0.11)	(0.04)	(0.15)	(0.02)	(0.03)	(0.12)
O15-750-3	Ave.	27123	154	1/177	218	1/124	1/27	242	4.61
	(c.v.)	(0.04)	(0.05)	(0.01)	(0.01)	(0.04)	(0.13)	(0.02)	(0.10)
O12-750	Ave.	22416	117	1/191	155	1/145	1/17	169	8.71
	(c.v.)	(0.03)	(0.04)	(0.06)	(0.02)	(0.06)	(0.13)	(0.03)	(0.14)
O15-900-3	Ave.	46706	216	1/216	290	1/161	1/24	322	6.78
	(c.v.)	(0.02)	(0.03)	(0.01)	(0.01)	(0.01)	(0.14)	(0.02)	(0.13)
O15-500	Ave.	8802	67.4	1/127	92.5	1/93	1/23	98.8	4.08
	(c.v.)	(0.19)	(0.07)	(0.24)	(0.03)	(0.18)	(0.07)	(0.04)	(0.13)
O18-750		20599	136	1/151	202	1/102	1/15	221	6.79

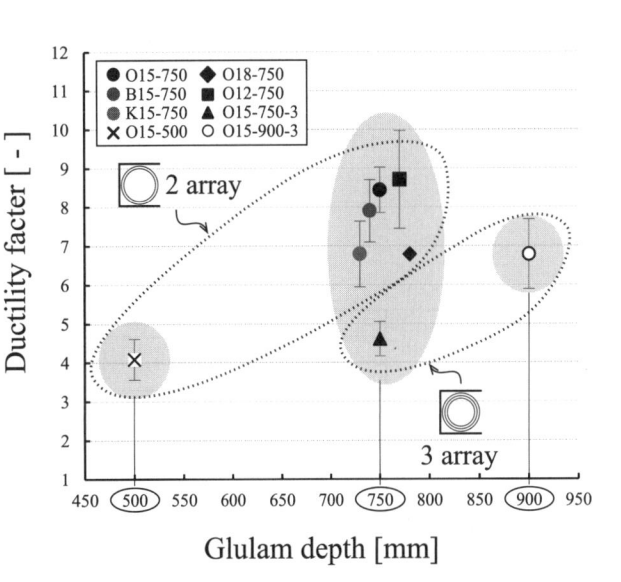

図 4.3-20　材せい・配列数と塑性率の関係

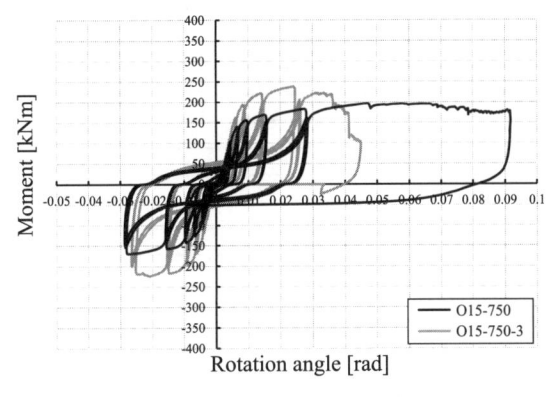

図 4.3-21　代表的なモーメント回転角関係

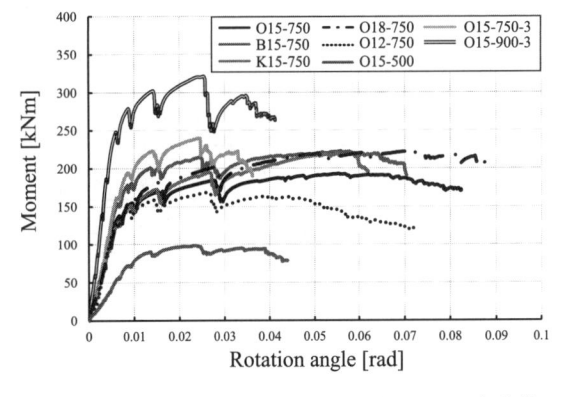

図 4.3-22　全試験体のモーメント回転角関係の包絡線

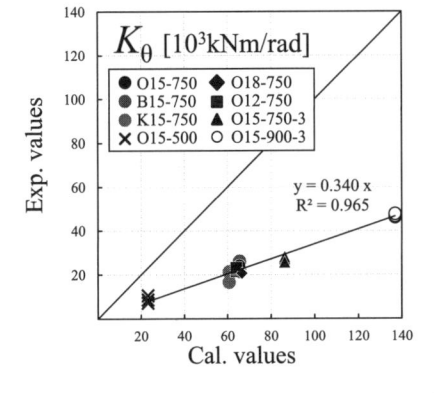

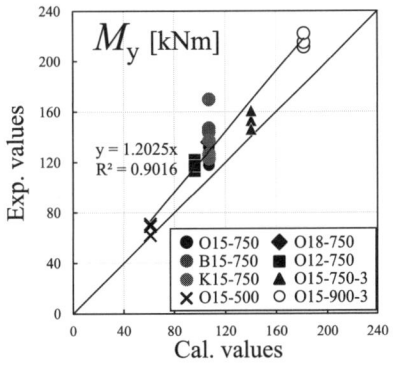

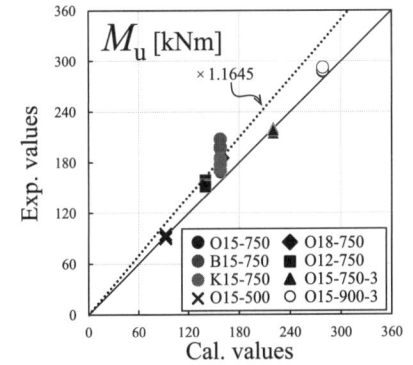

図 4.3-21　代表的なモーメント回転角関係

4.3.4　設　計　例

4.3.4.1　モデルプラン

モデルプランの概要を表 4.3-7 と図 4.3-24 に示す．以下に，構造設計例における構造上の特徴や構造設計方針を列挙する．

・　X 方向 1 スパン（5.46 m），Y 方向 8 スパン（1.82 m×8）の長方形平面，3 階建ての建物である．

・　水平抵抗要素は X 方向が鋼板挿入ドリフトピン式ラーメン構造，Y 方向が耐力壁構造（ここでは検討の対象外），である．

・　X 方向のラーメン構造は柱勝ちの架構とし，柱脚接合部および柱梁接合部とも鋼板挿入ドリフトピン式モーメント抵抗接合とする．

・　1 時間準耐火建築物であり 45 mm の燃えしろが考慮されるが，ここでは検討の対象外とする．

・　ラーメン構造は，柱断面を 180 mm×550 mm，梁断面が 180 mm×550 mm とし，樹種は J1 シリーズ，強度等級は E105-F300 とする．

・　層間変形角が 1/150 以下を確認する．

・　構造計算は保有水平耐力計算を行う．

表 4.3-7　モデルプランの概要

建物	建物名称		構造計算例　3階建準耐火建築物(燃えしろ設計)
	構造		木造
	階数		地下0階　地上3階　塔屋0階
	水平抵抗要素		X方向：鋼板挿入ドリフトピン式ラーメン構造 Y方向：耐力壁構造
	基礎形式		直接基礎(べた基礎)
建築予定地	建設場所		-
	積雪地域		一般地域
	垂直積雪量		30cm
	地震地域係数		1.0
	基準風速		34m/s
	地表面粗度区分		III
	地盤種別		第2種地盤
	長期許容耐力		50kN/m²
寸法等	屋根勾配		-
	軒の高さ		9.61m
	最高の高さ		9.61m
	階高 (構造階高)	1階	3.2m(2.81m)
		2階	3.2m (3.2m)
		3階	3.2m (3.2m)
	基礎高さ		0.4m
	基礎根入れ		GL-0.65m

図 4.3-25〜図 4.3-28 に柱脚接合部および柱梁接合部の鋼板挿入ドリフトピン式モーメント抵抗接合の詳細図を示す．

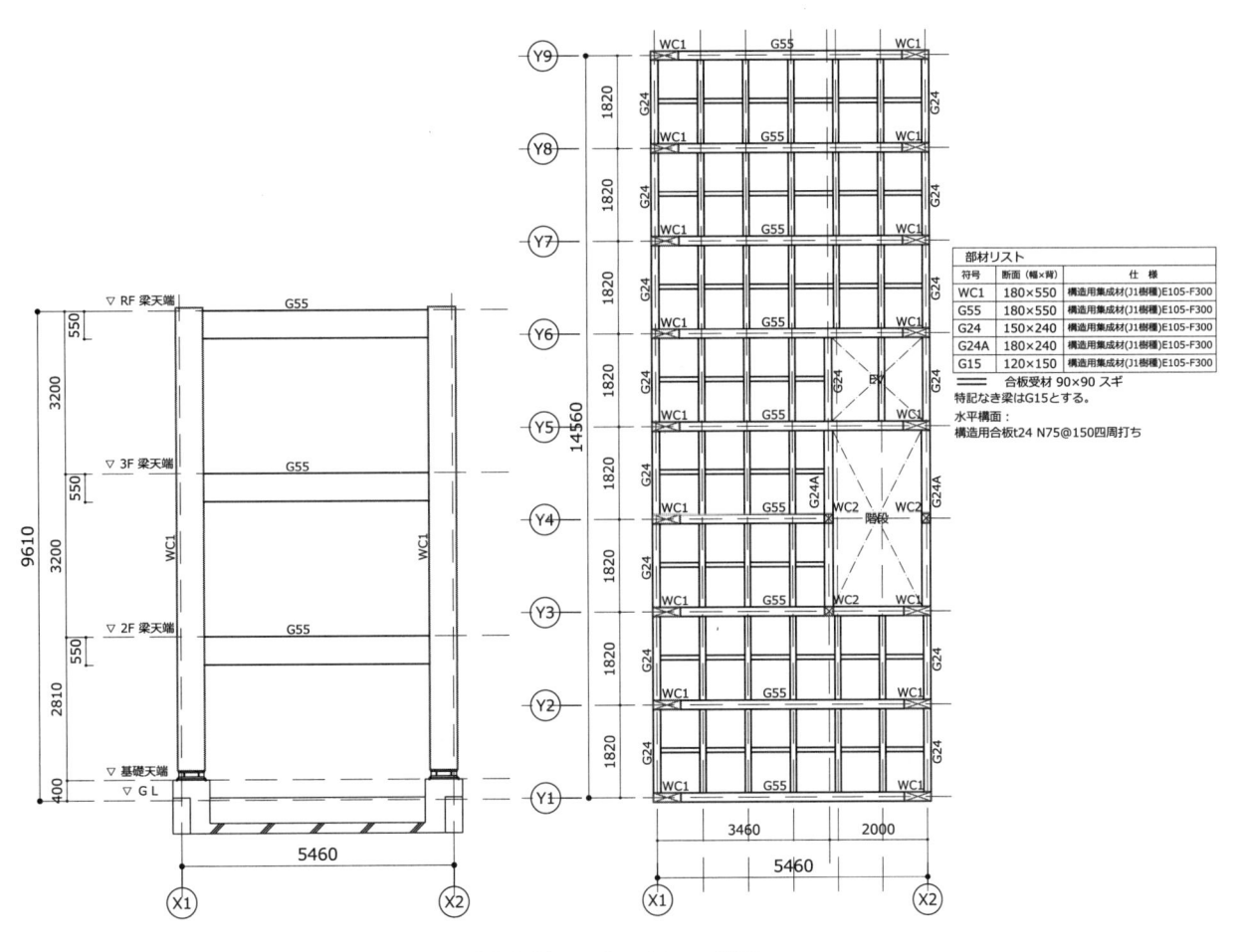

部材リスト

符号	断面（幅×背）	仕　様
WC1	180×550	構造用集成材(J1樹種)E105-F300
G55	180×550	構造用集成材(J1樹種)E105-F300
G24	150×240	構造用集成材(J1樹種)E105-F300
G24A	180×240	構造用集成材(J1樹種)E105-F300
G15	120×150	構造用集成材(J1樹種)E105-F300

━━━ 合板受材 90×90 スギ
特記なき梁はG15とする。
水平構面：
構造用合板t24 N75@150四周打ち

図4.3-24　モデルプランの概要

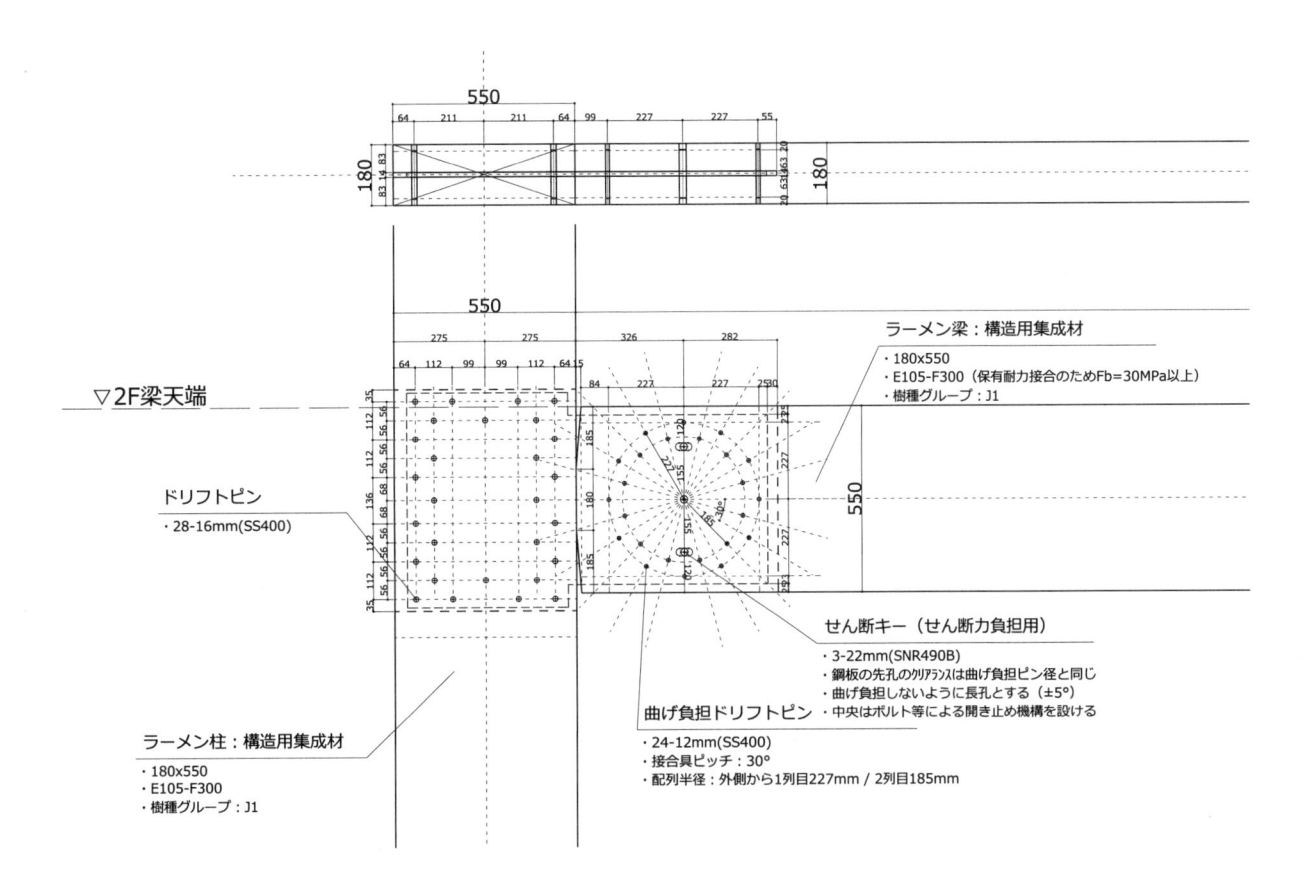

ラーメン梁：構造用集成材
・180x550
・E105-F300（保有耐力接合のためFb=30MPa以上）
・樹種グループ：J1

ドリフトピン
・28-16mm(SS400)

せん断キー（せん断力負担用）
・3-22mm(SNR490B)
・鋼板の先孔のクリアランスは曲げ負担ピン径と同じ
・曲げ負担しないように長孔とする（±5°）
・中央はボルト等による開き止め機構を設ける

曲げ負担ドリフトピン
・24-12mm(SS400)
・接合具ピッチ：30°
・配列半径：外側から1列目227mm / 2列目185mm

ラーメン柱：構造用集成材
・180x550
・E105-F300
・樹種グループ：J1

図4.3-25　1層の柱梁接合部の詳細図

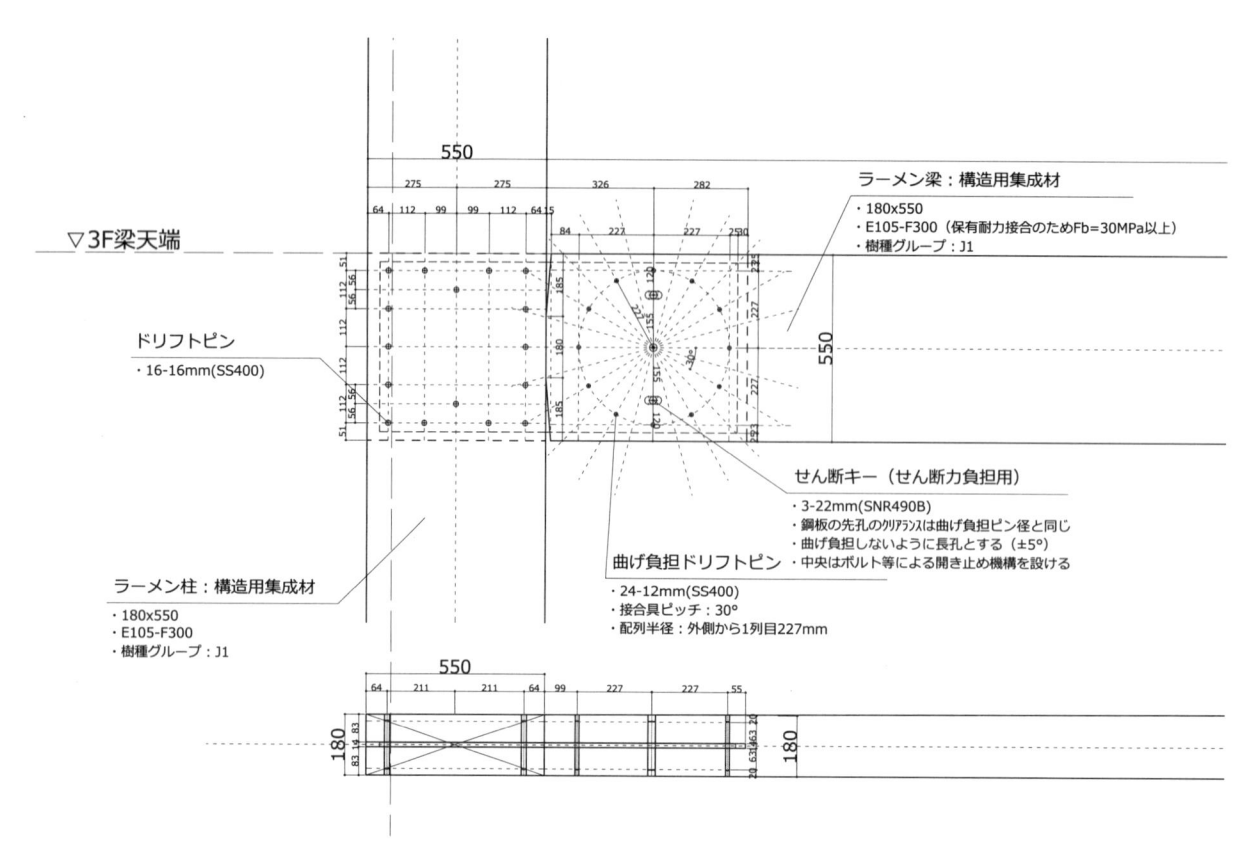

図 4.3-26　2 層の柱梁接合部の詳細図

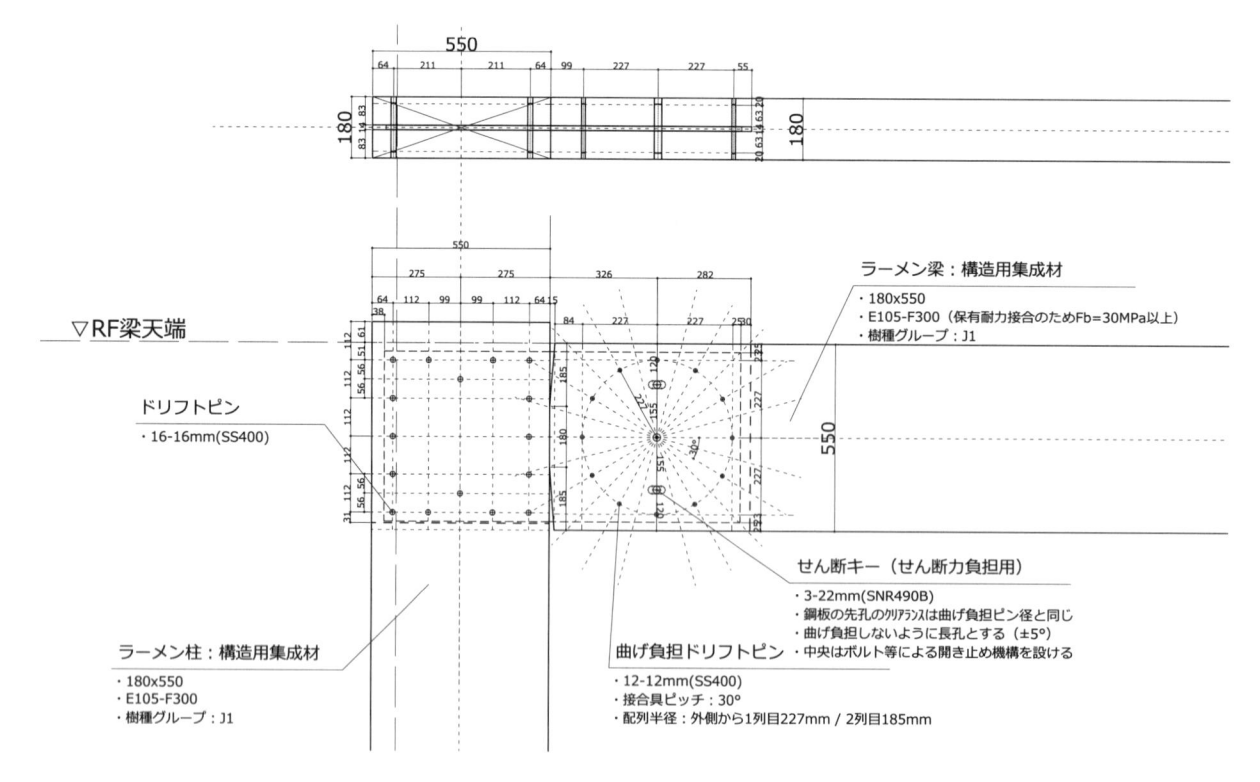

図 4.3-27　3 層の柱梁接合部の詳細図

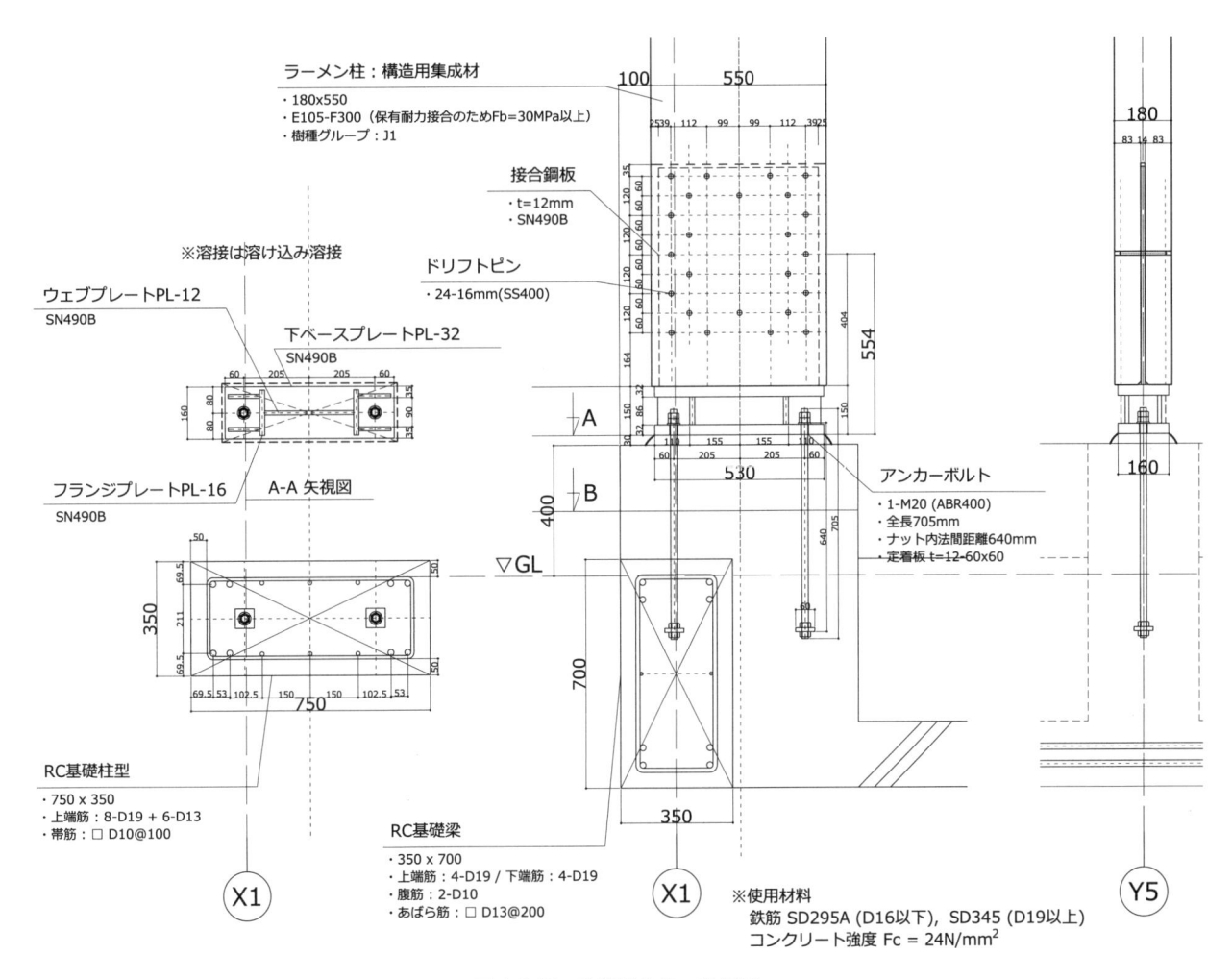

図 4.3-28　柱脚接合部の詳細図

4.3.4.2　構 造 検 討

(1)　検 討 方 針

設計方法としては下記のとおりとする.

- 一次設計時には，柱脚接合部に回転バネを入れて応力変形解析を行い，短期耐力以下であることを確認する. このとき，柱脚接合部は標準層せん断力係数 $C_0 = 0.3$ に対して検討する.
- 二次設計時には，柱脚接合部のアンカーボルト接合部および柱梁接合部の梁端接合部に弾塑性特性を考慮して検討する. アンカーボルト接合部の終局耐力はメカニズム時の軸力を考慮したものとする. 下部構造の柱脚接合部 / 基礎は，上部構造が崩壊メカニズムに到達したときの想定される柱軸力に対して検討を行う.

(2)　設 計 荷 重

表 4.3-8 に設計荷重表を示す. また，表 4.3-9 に 1.82 m ピッチで並べたラーメン架構の 1 フレームが，地震力をピッチ長さ分だけ負担するとしたときの地震力を示す.

(3)　解析モデル

図 4.3-29 に解析モデルを示す. 左側が一次設計用，右側が二次設計用である. 増分解析時の水平力は，標準層せん断力係数 C_0 を 0.2 から 1.0 まで 0.1 ずつ増分することで行う.

表4.3-8 仮定単位荷重（単位 N/m²）

部位	床計算用		梁／柱／基礎計算用		地震力計算用		積雪時短期たわみ計算用	
			常時	短期積雪時				
屋根		(G+P床)	**1180** (G+P)	(G+S+P)	**1080** (G+P地)		(G+P地+S)	
床（室内）		(G+P床)	**3580** (G+P)	(G+S+P)	**2580** (G+P地)		(G+P地)	
外壁		(G)	**1250** (G)	(G+S)	**1250** (G)		(G)	

※ ラーメンフレームの荷重は木材の質量が 0.5g/cm³ として考慮した.

表4.3-9 各層の地震力

層	W_i (DL+LL) [kN]	W_i (地震力用) [kN]	ΣW_i [kN]	α_i	A_i	C_i	sQ_{di} [kN]	Q_{udi} [kN]	p_i [kN]
3	28.3	27.3	27.3	0.244	1.56	0.312	8.5	43	42.6
2	52.2	42.3	69.6	0.622	1.20	0.241	17	84	41.1
1	52.2	42.3	111.8	1.000	1.00	0.200	22	112	28.1

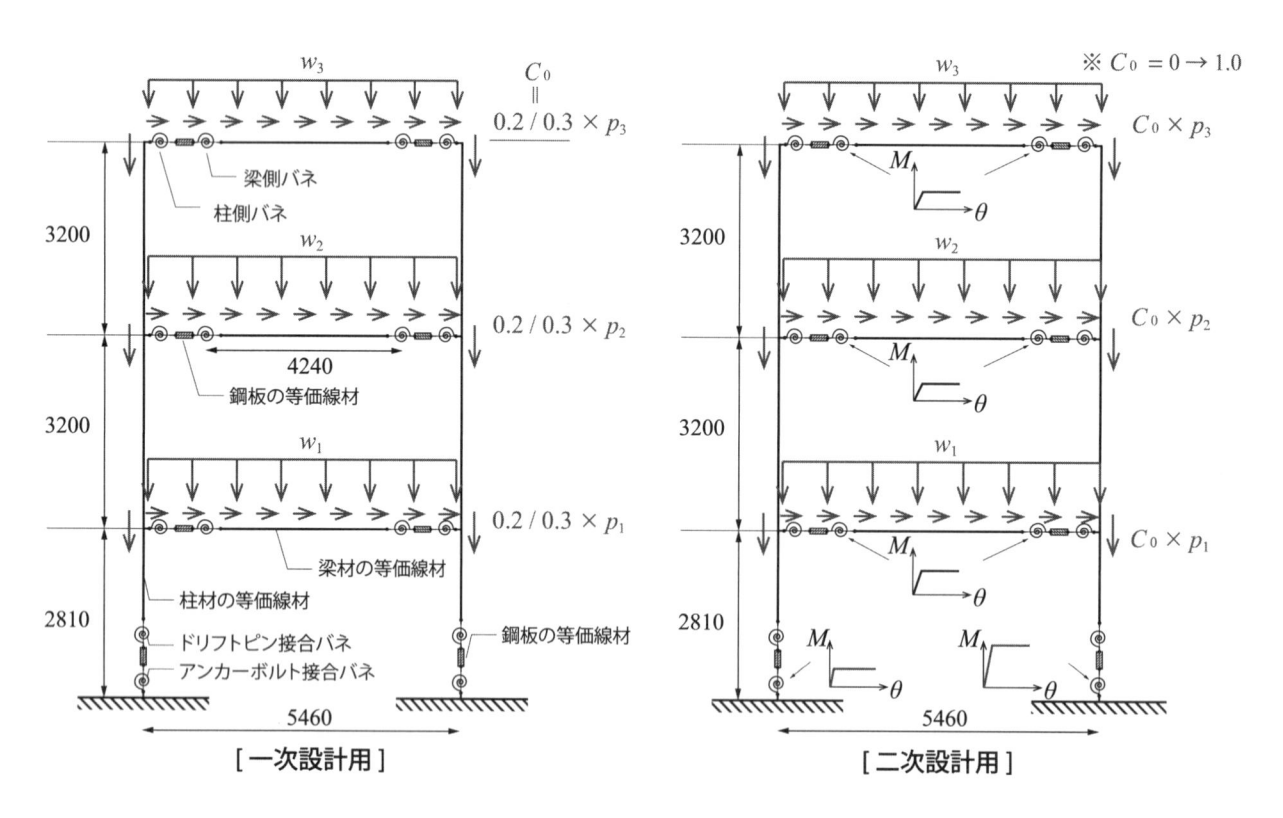

図4.3-29 解析モデル

(4) ラーメン架構の性能

① 柱梁接合部（2F）鋼板挿入ドリフトピン式モーメント抵抗接合部

a) 梁側

諸元は下記のとおりとする．骨格曲線は完全弾塑性モデルとする．

- 初期剛性：${}_bK_{\theta\_1} = 9\,974$ kN・m/rad (= $1/3 \times 29\,924$ kN・m/rad)
- 降伏耐力：${}_bM_{y\_1} = 56.6$ kN・m
- 終局耐力：${}_bM_{u\_1} = 86.5$ kN・m
- 塑性率：$\mu_j = 3.6$ (= (550mm − 500mm)/(750mm − 500mm) × (6.0 − 3.0))
- 全塑性時回転角：${}_b\theta_{v\_1} = {}_bM_{u\_1}/{}_bK_{\theta\_1} = 0.008672$ rad (1/115 rad)
- 終局回転角：${}_b\theta_{u\_1} = \mu_j \times {}_b\theta_{v\_1} = 0.03122$ rad (1/32.0 rad)
- 終局せん断耐力：${}_bQ_{su\_1} = 82.5$ kN 以上

b) 柱側

諸元は下記のとおりとする．

- 初期剛性：${}_cK_{\theta\_1} = 16\,354$ kN・m/rad (= $1/4.2 \times 68\,687$ kN・m/rad)
- 降伏耐力：${}_cM_{y\_1} = 150.0$ kN・m

② 柱梁接合部（3F，RF）鋼板挿入ドリフトピン式モーメント抵抗接合部

a) 梁側

諸元は下記のとおりとする．骨格曲線は完全弾塑性モデルとする．

- 初期剛性：${}_bK_{\theta\_2} = 5\,995$ kN・m/rad (= $1/3 \times 17\,985$ kN・m/rad)
- 降伏耐力：${}_bM_{y\_2} = 34.0$ kN・m
- 終局耐力：${}_bM_{u\_2} = 47.6$ kN・m
- 塑性率：$\mu_j = 3.6$ (= (550 mm − 500 mm)/(750 mm − 500 mm) × (6.0 − 3.0))
- 全塑性時回転角：${}_b\theta_{v\_2} = {}_bM_{u\_2}/{}_bK_{\theta\_2} = 0.007947$ rad (1/126 rad)
- 終局回転角：${}_b\theta_{u\_2} = \mu_j \times {}_b\theta_{v\_2} = 0.0286$ rad (1/35.0 rad)
- 終局せん断耐力：${}_bQ_{su\_2} = 82.5$ kN 以上

b) 柱側

諸元は下記のとおりとする．

- 初期剛性：${}_cK_{\theta\_2} = 10\,075$ kN・m/rad (= $1/4.2 \times 42\,316$ kN・m/rad)
- 降伏耐力：${}_cM_{y\_2} = 95.2$ kN・m

③ 柱脚接合部　ドリフトピン接合部＋アンカーボルト接合部

a) ドリフトピン接合部

諸元は下記のとおりとする．

- 初期剛性：${}_{DP}K_\theta = 23\,228$ kN・m/rad (= ($1/4.2 \times 51\,853 + 10\,882$) kN・m/rad)
- 終局耐力 = 降伏耐力（純曲げ時）：${}_{DP}M_y = 80.5$ kN・m (= min{${}_{DP}M_{yt} = 107$ kN・m, ${}_{DP}M_{yc} = 80.5$ kN・m)

b) アンカーボルト接合部

諸元は下記のとおりとする．耐力は変動軸力による増減の影響が大きいため，次項で検討する．

- 初期剛性：${}_{anc}K_\theta = 9\,205$ kN・m/rad
- 降伏耐力（無軸力下）：${}_{anc}M_{y0} = 24.6$ kN・m
- 終局耐力（無軸力下）：${}_{anc}M_{p0} = 28.2$ kN・m

c)　保有耐力接合

・　**柱脚接合部の終局時の設計用軸力**

　終局時に想定される柱脚接合部に生じる圧縮側の軸力 N_c は，図 4.3-30 に示す力学モデルにより下記のとおり求められる.

$$N_c = {}_bM_{u\_2}/L' + {}_bM_{u\_2}/L' + {}_bM_{u\_1}/L'$$
$$+ W_3\,(DL+LL)/2 + W_2(DL+LL)/2 + W_1(DL+LL)/2$$
$$= \left(47.6\,\text{kN·m} \times 2 + 86.5\,\text{kN·m}\right)/(4.24\,\text{m}/2)$$
$$+ 28.3\,\text{kN}/2 + 52.2\,\text{kN}/2 + 52.2\,\text{kN}/2$$
$$= 85.73\,\text{kN} + 66.35\,\text{kN}$$
$$\therefore N_c = 152.07\,\text{kN}$$

　同様にして，引張側の軸力 N_t は下記のとおり求められる.

$$N_t = - {}_bM_{u\_2}/L' - {}_bM_{u\_2}/L' - {}_bM_{u\_1}/L'$$
$$+ W_3\,(DL+LL)/2 + W_2(DL+LL)/2 + W_1(DL+LL)/2$$
$$= -85.73\,\text{kN} + 66.35\,\text{kN}$$
$$\therefore N_t = -19.38\,\text{kN}$$

　なお，この算定方法は，接合部に生じるモーメントを鉛直荷重によるせん断力を無視して水平力によるのみと仮定して算出するものであり，その影響を安全側に評価するものである. 今回の場合には，圧縮側で 6.5% 程度に軸力を大きく見積もる.

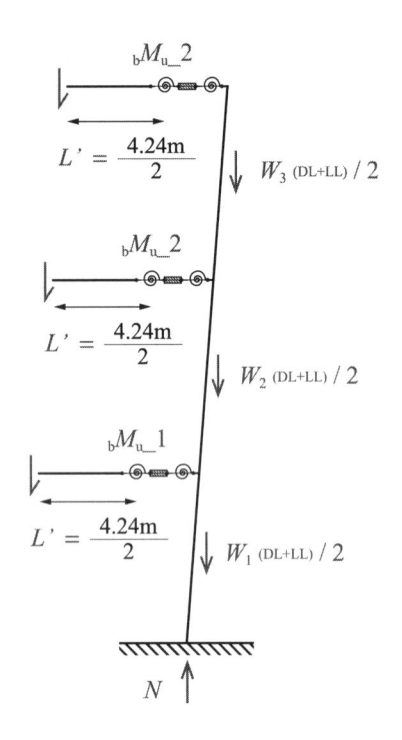

図 4.3-30　軸力算定用の力学モデル

・　**柱脚接合部の終局時の曲げ軸力**

　上記で求めた軸力を用いれば，終局時の曲げ耐力は下記のとおり算出される.

　まず，応力状態を判別する. アンカーボルトの軸部塑性耐力は $T_p = 61.1\,\text{kN}$，基礎コンクリートの圧縮耐力は $N_u = 1\,730$ kN と計算される. これより，上記で求めた圧縮側の軸力 N_c と引張側の軸力は N_t は下記の範囲にあるので，応力状態は図 4.3-31 に示す (ii) に判別される.

$$-T_p = -61.1\,\text{kN} \leqq N_t < N_c \leqq N_u - T_p = 1\,669\,\text{kN}$$

　以上より，応力状態 (ii) における耐力算出式より，圧縮側の柱脚接合部の終局時の曲げ耐力は下記のとおり求められる.

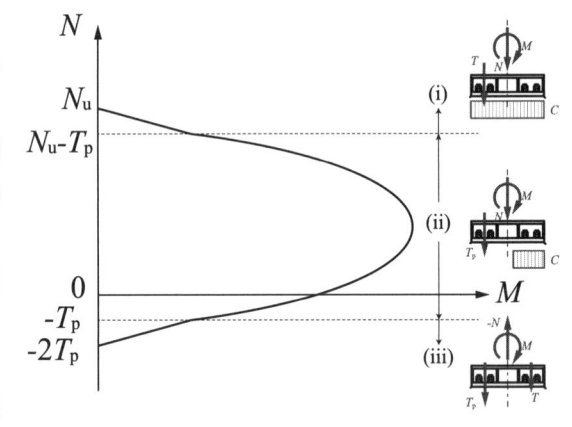

図 4.3-31　軸力に応じた終局時の応力状態の判別

$$_{anc}M_p = {}_{anc}M_{p0} + D/2 \times \{1 - (2\,T_p + N)/N_u\} \times N$$
$$= 28.2\,\text{kN·m} + 530\,\text{mm}/2 \times \{1 - (2 \times 61.1\,\text{kN} + 152.07\,\text{kN})/1\,730\,\text{kN}\} \times 152.05\,\text{kN}$$
$$= 28.2\,\text{kN·m} + 33.9\,\text{kN·m}$$
$$\therefore {}_{anc}M_p = 62.1\,\text{kN·m}$$

　同様にして，引張側の柱脚接合部の終局時の曲げ耐力は下記のとおり求められる.

$$_{anc}M_p = 28.2\,\text{kN·m} + 530\,\text{mm}/2 \times \{1 - (2 \times 61.1\,\text{kN} - 19.38\,\text{kN})/1\,730\,\text{kN}\} \times (-26.21\,\text{kN})$$
$$= 28.2\,\text{kN·m} - 4.83\,\text{kN·m}$$
$$\therefore {}_{anc}M_p = 23.4\,\text{kN·m}$$

・　**柱脚接合部の終局時の設計用せん断力**

　まず，柱脚接合部が前項で求めた終局曲げ耐力に到達，柱梁接合部が終局曲げ耐力に到達した崩壊メカニズム時の標準層せん断力係数を求める. 仮想仕事の原理より下式のように求められる.

$$C_0 \times \{p_1 \times h_1 + p_2 \times (h_1 + h_2) + p_3 \times (h_1 + h_2 + h_3)\} \times \theta$$

$$= \{(_{\text{anc}}M_{\text{pt}} + _{\text{anc}}M_{\text{pt}}) + (_{\text{b}}M_{\text{u\_1}} \times 2 + _{\text{b}}M_{\text{u\_2}} \times 2 \times 2) \times L/L'\} \times \theta$$

$$\Leftrightarrow C_0 \times \{28.1 \text{ kN} \times 2.81 \text{ m} + 41.1 \text{ kN} \times (2.81 \text{ m} + 3.2 \text{ m}) + 42.6 \text{ kN} \times (2.81 \text{ m} + 3.2 \text{ m} \times 2)\}$$

$$= \{(23.4 \text{ kN·m} + 62.1 \text{ kN·m}) + (86.5 \text{ kN·m} \times 2 + 47.6 \text{ kN·m} \times 2 \times 2) \times 5.46 \text{ m}/4.24 \text{ m}\}$$

$$\Leftrightarrow C_0 = 553.57 \text{ kN·m}/718.64 \text{ kN·m}$$

$$\therefore C_0 = 0.770$$

　次に，これを用いて柱脚接合部の終局時の設計用せん断力を算出する．さしあたり，1層のせん断力の分担比を，柱脚のモーメント比で安全側に検討しておくとして，下式のように求められる．

$$Q_{\text{c}} = C_0 \times Q_{\text{ud}i} \times _{\text{anc}}M_{\text{pc}}/(_{\text{anc}}M_{\text{pt}} + _{\text{anc}}M_{\text{pc}})$$

$$= 0.770 \times 112 \text{ kN} \times 62.1 \text{ kN·m}/(23.4 \text{ kN·m} + 62.1 \text{ kN·m})$$

$$\therefore Q_{\text{c}} = 62.54 \text{ kN}$$

$$Q_{\text{t}} = 0.770 \times 112 \text{ kN} \times 23.4 \text{ kN·m}/(23.4 \text{ kN·m} + 62.1 \text{ kN·m})$$

$$\therefore Q_{\text{t}} = 23.57 \text{ kN}$$

・　**アンカーボルト接合部の全塑性耐力時のせん断耐力の検定**

これに対して，「鋼構造接合部設計指針」より下記のように検討される．

まず，圧縮側については以下のとおりである．

$$Q_{\text{ua}} = \max\{0.5(N_{\text{c}} + T_{\text{p}}),\ n_{\text{c}} \cdot A_{\text{b}} \cdot F_{\text{u}}/3^{0.5}\}$$

$$= \max\{0.5 \times (152.05 \text{ kN} + 61.1 \text{ kN}), 1 \times 245 \text{ mm}^2 \times 400 \text{ N/mm}^2/3^{0.5}\}$$

$$= \max\{106.6 \text{ kN}, 56.5 \text{ kN}\}$$

$$\therefore Q_{\text{ua}} = 106.6 \text{ kN} \geqq Q_{\text{c}} = 62.54 \text{ kN} \Rightarrow \text{OK}$$

次に，引張側については以下のとおりである．

$$Q_{\text{ua}} = \max\{0.5 \times (-19.37 \text{ kN} + 61.1 \text{ kN}), 56.5 \text{ kN}\}$$

$$= \max\{17.44 \text{ kN}, 56.5 \text{ kN}\}$$

$$\therefore Q_{\text{ua}} = 56.5 \text{ kN} \geqq Q_{\text{t}} = 23.57 \text{ kN} \Rightarrow \text{OK}$$

・　**ドリフトピン接合部の検定**

　上記で求めたアンカーボルト接合部の設計用応力を鋼板挿入ドリフトピン接合の位置に換算して，各部が降伏耐力以下であることを確認する．ここでは，1階の曲げモーメント分布の反曲点が 0.5 としてスパン比で低減する．

　設計応力は，圧縮側については$_{\text{DP}}M = 37.6 \text{ kN·m}$ $(= 62.1 \text{ kN·m} \times \{1 - 0.554 \text{ m}/(0.5 \times 2.81 \text{ m})\})/N = 152.05 \text{ kN}/$ $Q = 62.54 \text{ kN}$，引張側については$_{\text{DP}}M = 14.2 \text{ kN·m}$ $(= 23.4 \text{ kN·m} \times \{1 - 0.554 \text{ m}/(0.5 \times 2.81 \text{ m})\})/N = -19.37 \text{ kN}/$ $Q = 23.57 \text{ kN}$ である．まず，圧縮側は下記のとおりである．

　・ドリフトピンがせん断降伏する場合

　　・回転中心：$y_{\text{nt}} = \{-124\cdots(\text{A}),\ -105\cdots(\text{B})\text{-}1,\ -120\cdots(\text{B})\text{-}2,\ -266\cdots(\text{B})\text{-}3, 5.52\cdots(\text{B})\text{-}4,\ -167\cdots(\text{C})\}$ [mm]

　　・降伏回転角：$_{\text{DP}}\theta_{\text{yt}} = \{-3.38\cdots(\text{A}), 6.74\cdots(\text{B})\text{-}1, 6.70\cdots(\text{B})\text{-}2, 10.94\cdots(\text{B})\text{-}3, 7.97\cdots(\text{B})\text{-}4,\ -0.26\cdots(\text{C})\}$ [10^{-3} rad]

　　・回転中心による判別：(B) − 2 に該当（図 4.3-32）

　・圧縮側柱木口面縁が支圧強度に達するとき

　　・回転中心：$y_{\text{nc}} = \{-103\cdots(\text{B}), 19.7\cdots(\text{C})\}$ [mm]

　　・降伏回転角：$_{\text{DP}}\theta_{\text{yt}} = \{3.93\cdots(\text{B}), 2.23\cdots(\text{C})\}$ [10^{-3} rad]

　　・回転中心による判別：(B) に該当（図 4.3-32）

　・降伏耐力：$_{\text{DP}}M_{\text{y}} = \min\{_{\text{DP}}M_{\text{yt}} = 172 \text{ kN·m}, _{\text{DP}}M_{\text{yc}} = 48.93 \text{ kN·m}\} = 48.93 \text{ kN·m}$

　・靭性を確保できる条件：$\alpha \cdot _{\text{DP}}M = 1.3 \times 37.6 \text{ kN·m} = 48.88 \text{ kN·m} \leqq _{\text{DP}}M_{\text{y}} = 48.93 \text{ kN·m} \Rightarrow \text{OK}$

次に，引張側は下記のとおりである．

- ドリフトピンがせん断降伏する場合
  - 回転中心：$y_{nt} = \{180\cdots(A), -139\cdots(B)\text{-}1, -137\cdots(B)\text{-}2, -274\cdots(B)\text{-}3, 0.06\cdots(B)\text{-}4, -203\cdots(C)\}$ [mm]
  - 降伏回転角：$_{DP}\theta_{yt} = \{-0.30\cdots(A), 6.44\cdots(B)\text{-}1, 6.47\cdots(B)\text{-}2, -558.15\cdots(B)\text{-}3, 92.48\cdots(B)\text{-}4, 0.03\cdots(C)\}$ [10^{-3} rad]
  - 回転中心による判別：(B)-1 に該当（図 4.3-32）
- 圧縮側柱木口面縁が支圧強度に達するとき
  - 回転中心：$y_{nc} = \{-139\cdots(B), -2.32\cdots(C)\}$ [mm]
  - 降伏回転角：$_{DP}\theta_{yt} = \{5.03\cdots(B), 2.42\cdots(C)\}$ [10^{-3} rad]
  - 回転中心による判別：(B) に該当（図 4.3-32）
- 降伏耐力：$_{DP}M_y = \min\{_{DP}M_{yt} = 146\,\text{kN·m}, _{DP}M_{yc} = 62.6\,\text{kN·m}\} = 62.6\,\text{kN·m}$
- 靭性を確保できる条件：$\alpha\cdot_{DP}M = 1.3 \times 14.2\,\text{kN·m} = 18.46\,\text{kN·m} \leqq _{DP}M_y = 62.6\,\text{kN·m} \Rightarrow \text{OK}$

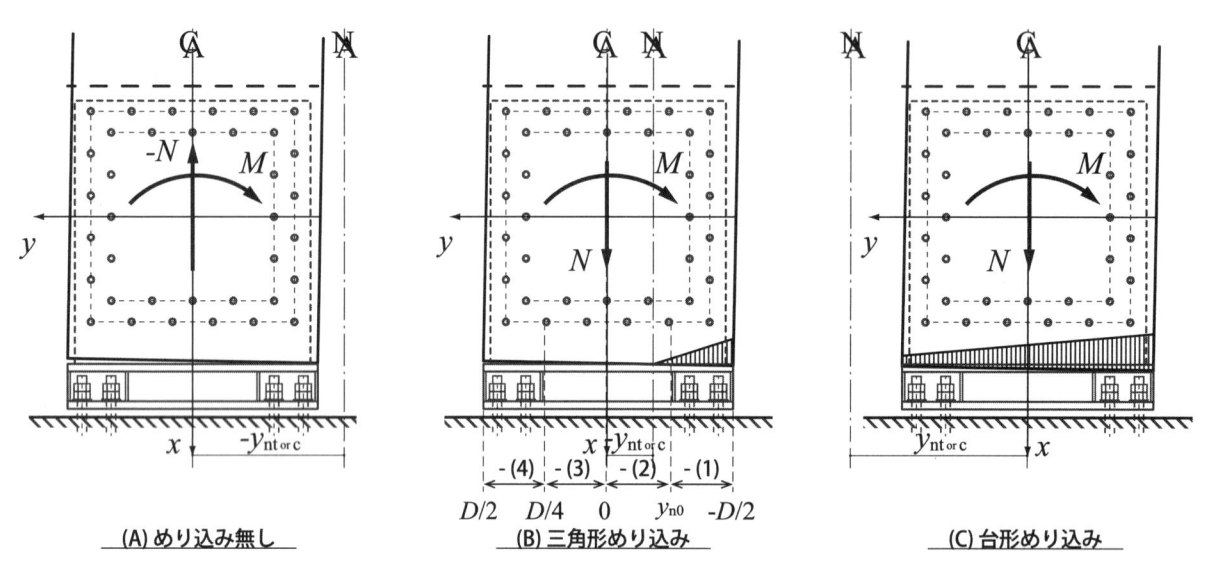

(A) めり込み無し　　　　(B) 三角形めり込み　　　　(C) 台形めり込み

図4.3-32　終局時の軸力に応じた応力状態の判別

④　柱　　　材

諸元は下記のとおりである．

- 曲げ剛性（全断面有効）：$EI = 2.620 \times 10^4\,\text{kN·m}^2$
- 曲げ耐力（全断面有効）：$_{cw}M_u = 253.2\,\text{kN·m}$
- 曲げ耐力（接合部正味断面）：$_{cw}M_{ue} = 204.2\,\text{kN·m}$
- 引張耐力（接合部正味断面）：$_{cw}T_{ue} = 1\,576\,\text{kN}$
- 圧縮耐力（接合部正味断面）：$_{cw}C_{ue} = 1\,810\,\text{kN}$

柱脚接合部のドリフトピン接合の設計応力に対する検定結果は下記のとおりである．ここで，安全側として接合部係数 α に 1.5 を採用する．

引張側：$1.5 \times _{DP}M/_{cw}M_{ue} + 1.5 \times N/_{cw}C_{ue} = 1.5 \times 37.6\,\text{kN·m}/204.2\,\text{kN·m} + 1.5 \times 152.05\,\text{kN}/1\,810\,\text{kN} = 0.40 \leqq 1$

圧縮側：$1.5 \times _{DP}M/_{cw}M_{ue} + 1.5 \times N/_{cw}T_{ue} = 1.5 \times 14.2\,\text{kN·m}/204.2\,\text{kN·m} + 1.5 \times 19.37\,\text{kN}/1\,576\,\text{kN} = 0.12 \leqq 1$

また，柱梁接合部のドリフトピン接合の設計応力に対する検定結果は下記のとおりである．

$1.5 \times L/L' \times _bM_{u_1} = 1.5 \times 5.46\,\text{m}/4.24\,\text{m} \times 86.5\,\text{kN·m} = 167.1\,\text{kN·m} \leqq 204.2\,\text{kN·m}$

⑤ 梁 材

諸元は下記のとおりである.

・曲げ剛性（全断面有効）：$EI = 2.620 \times 10^4$ kN・m^2

・曲げ耐力（全断面有効）：$_{cw}M_u = 253.2$ kN・m

・曲げ耐力（接合部正味断面）：$_{cw}M_{ue} = 171.1$ kN・m

梁端接合部の終局耐力に対する靱性確保の検定結果は下記のとおりである.

$1.5 \times _bM_{u\_1} = 1.5 \times 86.5$ kN・m $= 129.8$ kN・m $\leqq 171.1$ kN・m

⑥ 挿 入 鋼 板

諸元は下記のとおりである.

・曲げ剛性（全断面有効）：$EI = 2.563 \times 10^4$ kN・m^2

・曲げ耐力（全断面有効）：$_{cw}M_y = 162.5$ kN・m

・曲げ耐力（接合部正味断面）：$M_{be} = 138.2$ kN・m

(5) 各部の検定

① 柱梁接合部の検定

表 4.3-10 に C_0=0.2 時の梁端接合部および柱側接合部の検定結果を示す.

表 4.3-10　柱梁接合部の検定結果（左：梁側 / 右：柱側）

部位 層		$_sM_d$ [kN・m]	M_y [kN・m]	検定比	判定	部位 層		$_sM_d$ [kN・m]	$2/3\,M_y$ [kN・m]	検定比	判定
3	左端	10.4	34.0	0.31	**OK**	3	左端	7.3	63.5	0.12	**OK**
	右端	8.7	34.0	0.26	**OK**		右端	17.1	63.5	0.27	**OK**
2	左端	12.8	34.0	0.38	**OK**	2	左端	6	63.5	0.09	**OK**
	右端	10.6	34.0	0.31	**OK**		右端	12.9	63.5	0.20	**OK**
1	左端	17.7	56.6	0.31	**OK**	1	左端	12.5	100.0	0.13	**OK**
	右端	17.3	56.6	0.31	**OK**		右端	32.2	100.0	0.32	**OK**

② 柱脚接合部の検定

表 4.3-11 に C_0=0.2 時および C_0=0.3 時のアンカーボルト接合部の検定結果を示す.表中の応力状態の記号は図 4.3-33 に示す.

表 4.3-11　柱脚接合部の検定結果（上：C_0=0.2 時 / 下：C_0=0.3 時）

部位	$_sM_d$ [kN・m]	$_sN_d$ [kN]	$_sQ_d$ [kN]	M_y [kN・m]	M_{yt} [kN・m]	応力状態	x_{nt} [mm] (iii)	(iv)	(v)	M_{yc} [kN・m]	応力状態	x_{nc} [mm] (i)	(ii)	(iii)	(iv)	検定比 $_sM_d/M_y$	$_sQ_d/\mu\,_sN_d$	判定
左端	21.2	47.6	9.4	34.0	34.0	(iii)	161	150	325	67.3	(iii)	275	37	143	131	0.62	0.49	**OK**
右端	22.2	84.3	13.0	40.8	40.8	(iii)	181	170	352	66.7	(iii)	283	66	157	144	0.54	0.39	**OK**

※降伏せん断耐力の検定において，摩擦係数 $\mu = 0.4$ として圧縮軸力のみ考慮して安全側の検定とした.

部位	$_sM_d$ [kN・m]	$_sN_d$ [kN]	$_sQ_d$ [kN]	M_y [kN・m]	M_{yt} [kN・m]	応力状態	x_{nt} [mm] (iii)	(iv)	(v)	M_{yc} [kN・m]	応力状態	x_{nc} [mm] (i)	(ii)	(iii)	(iv)	検定比 $_sM_d/M_y$	$_sQ_d/\mu\,_sN_d$	判定
左端	32.1	38.4	15.0	32.3	32.3	(iii)	155	145	316	67.6	(iii)	273	30	139	128	1.00	0.98	**OK**
右端	33.1	93.5	18.6	42.5	42.5	(iii)	185	174	357	66.7	(iii)	285	73	161	147	0.78	0.50	**OK**

※降伏せん断耐力の検定において，摩擦係数 $\mu = 0.4$ として圧縮軸力のみ考慮して安全側の検定とした.

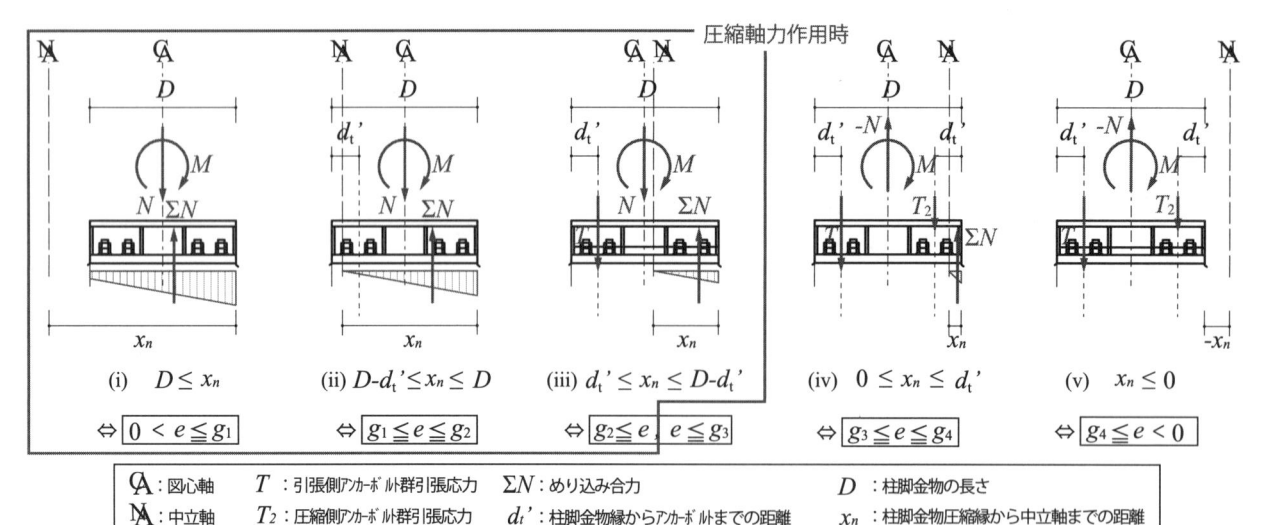

図 4.3-33　軸力に応じた応力状態の判別

③　層間変形角の検定

表 4.3-12 に検定結果を示す.

表 4.3-12　層間変形角の検定

部　位 層	階　高 [mm]	層変位 [mm]	層間変位 [mm]	層間変形角 [rad]	判定値 [rad]	検定比	判　定
3	3200	34.8	11.3	1 / 283	1 / 150	0.53	**OK**
2	3200	23.4	13.1	1 / 244	1 / 150	0.61	**OK**
1	2810	10.3	10.3	1 / 272	1 / 150	0.55	**OK**

④　荷重増分解析の結果

図 4.3-34 に荷重増分解析の結果を示す.

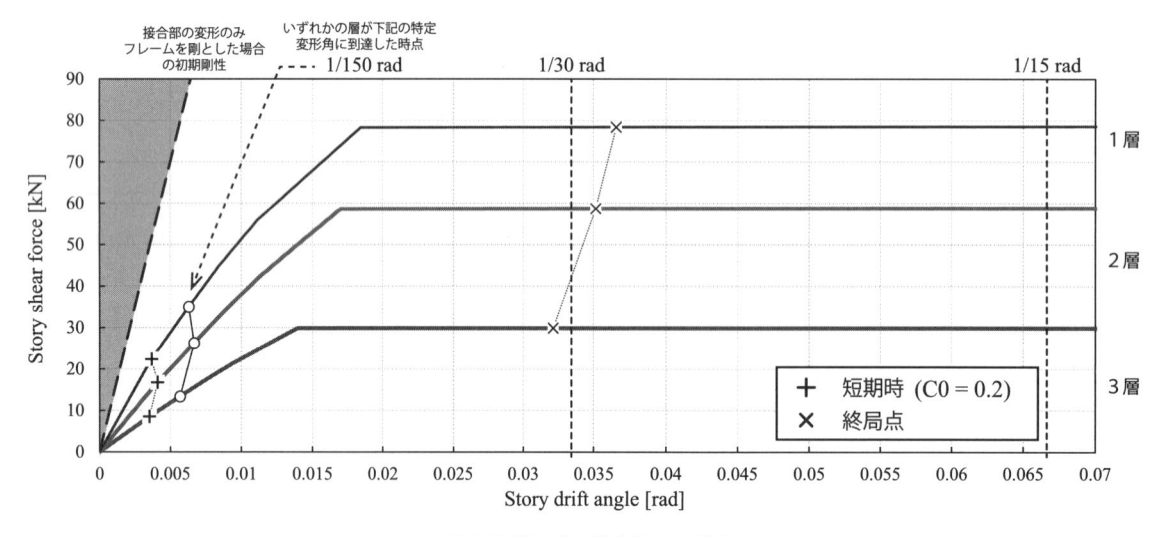

図 4.3-34　荷重増分解析の結果

⑤　保有水平耐力の検定

　表 4.3-13 に検定結果を示す.

表 4.3-13　保有水平耐力の検定結果

部 位 層	Q_u [kN]	塑性率 [-]	D_s [-]	F_{es} [-]	Q_{udi} [kN]	Q_{uni} [kN]	充足率	(検定比)	判 定
3	29.3	2.65	0.48	1.00	42.6	20.6	1.42	(0.70)	**OK**
2	56.8	2.53	0.50	1.00	83.7	41.5	1.37	(0.73)	**OK**
1	73.7	3.02	0.45	1.00	111.8	49.8	1.48	(0.68)	**OK**

参 考 文 献

1)　秋山信彦・槌本敬大：鋼板挿入ドリフトピン式モーメント抵抗接合部の終局挙動に関する研究 −円形配置の塑性変形能−, 日本木材学会大会研究発表要旨集, H16-08-0945, 2019.3
2)　堀江和美ほか 3 名：集成材によるモーメント抵抗接合部の構造性能（Ⅲ）：鋼板一枚挿入型の実験方法とループ特性, 日本建築学会大会梗概集, c, 構造 II, pp.57-58, 1991.8
3)　秋山信彦ほか 2 名：鋼板挿入ドリフトピン式集成材ラーメン構造の耐震設計法に関する研究　その 1：柱脚接合部に関する軸力を考慮した耐力評価法の提案, 日本建築学会大会学術講演梗概集, 構造Ⅲ, pp.399-400, 2021.7
4)　秋山信彦：木造ラーメン, 日本建築学会シンポジウム 中大規模木造の構造設計のための最新の知見, pp.63-86, 2022.6
5)　日本建築学会：鋼構造接合部設計指針, pp.292-326, 2001.11
6)　秋山信彦ほか 2 名：引きボルト式集成材ラーメン構造の耐震設計法に関する研究　その 5：繊維方向めり込み特性の評価方法の検討, 日本建築学会大会学術講演梗概集, 構造Ⅲ, pp.153-154, 2020.9
7)　秋山信彦ほか 3 名：引きボルト式集成材ラーメン構造の耐震設計法に関する研究 −軸力を考慮した柱脚接合部の剛性および耐力の推定方法の提案−, 日本建築学会構造系論文集第 87 巻, 第 793 号, pp.295-306, 2022.3
8)　日本住宅・木材技術センター：木造ラーメンの評価方法・構造設計の手引き 2016 年版, 2016

4.4 ボルトを利用した合わせ梁型モーメント抵抗接合

4.4.1 基本情報

4.4.1.1 接合部名称

木-木2面せん断ボルト接合部：Double shear bolted timber to timber joint

4.4.1.2 システム模式図

　合わせ柱・合わせ梁接合部は主材を一対の側材によって挟み込み，ボルトを用いて接合する．モーメントに対してはボルトの2面せん断によって抵抗する接合方法である．柱梁が接合部位置でともに通し材となる．図4.4-1に合わせ梁の場合の構成を示す．

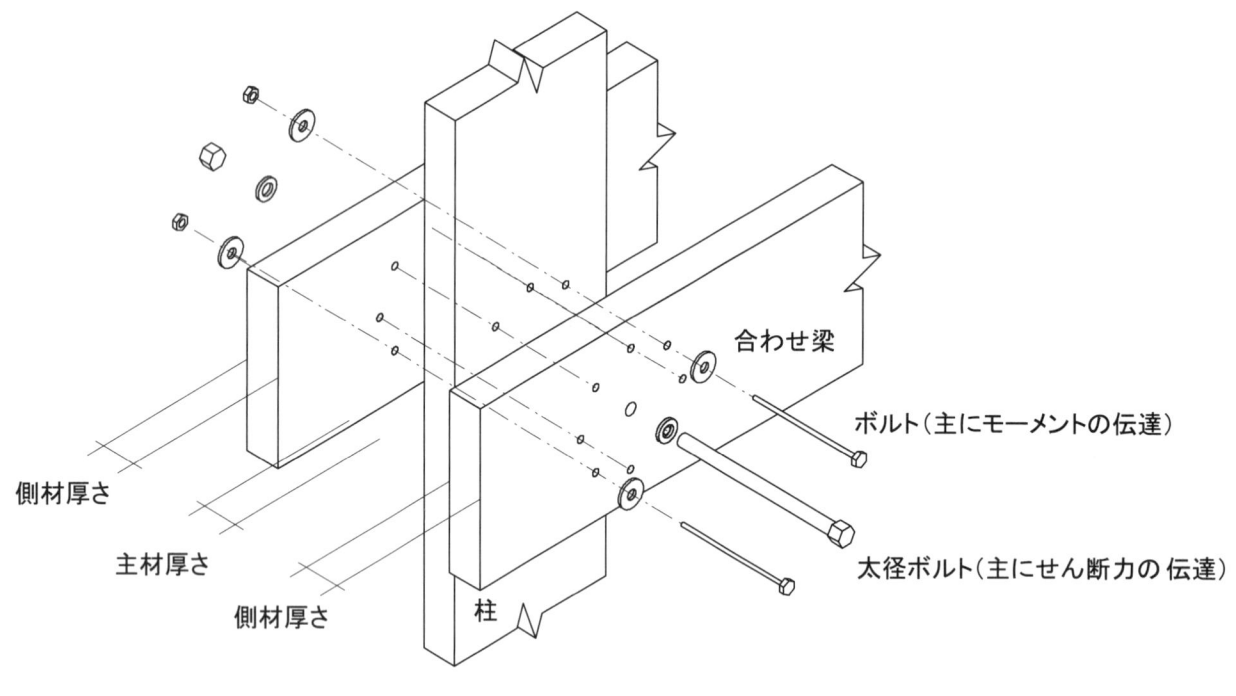

図4.4-1　接合部の模式図(合わせ梁式)

4.4.1.3 力の伝達形式

　側材（この場合は合わせ梁）材軸方向と，ボルトと回転中心を結ぶ直線のなす角がΦ_jに位置する接合部（以下ボルトj）では，図4.4-2に示すように回転半径R_jによる円の接線方向のせん断力によってモーメントを伝達する．

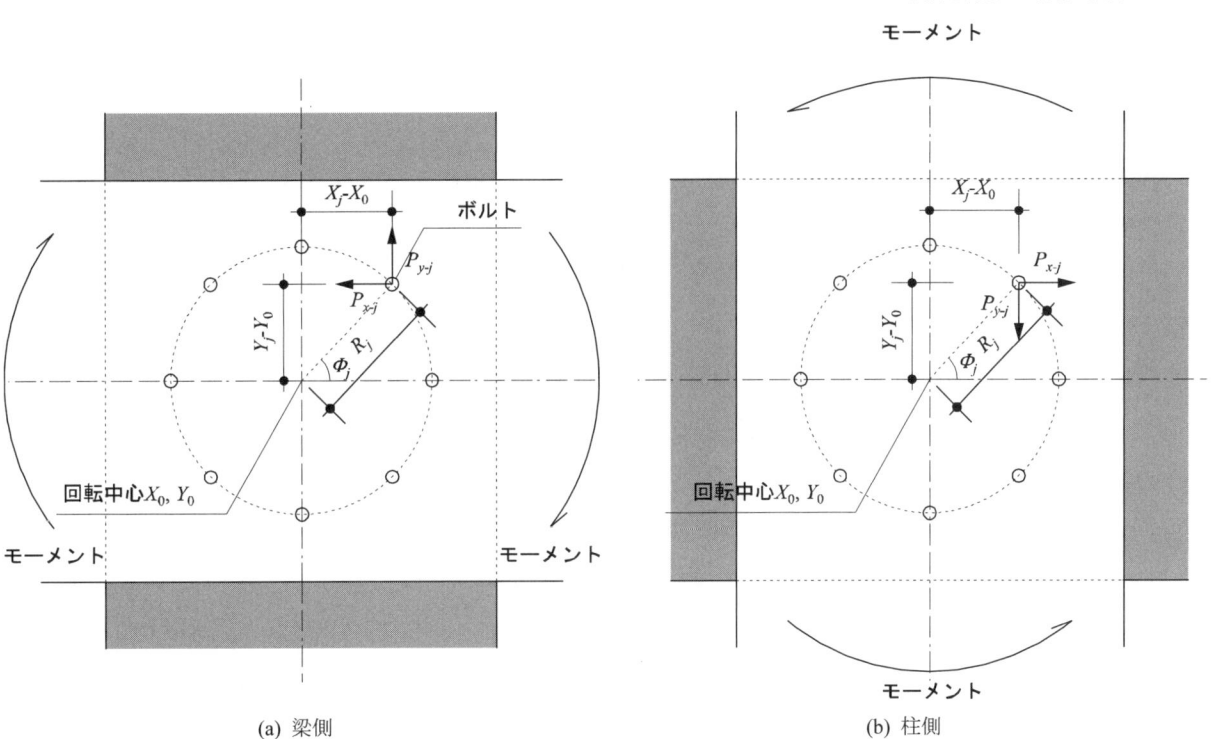

(a) 梁側　　　　　　　　　　　　　　　　　(b) 柱側

図 4.4-2 力の伝達形式

4.4.1.4　対 象 構 造

　主に大断面集成材構造で用いられるが，幅広厚板の利用が可能であるため枠組壁工法で使用する 210 材，212 材なども利用可能である．

4.4.1.5　建 築 事 例

　図 4.4-3 に集成材合わせ柱方式による山形ラーメン架構の事例を示す．

図 4.4-3　合わせ柱による架構(銘建工業株式会社)

4.4.2　設 計 情 報

4.4.2.1　伝達力の種類とその範囲

　モーメント抵抗接合部がせん断力や軸力を負担する複合応力下では，回転中心の移動や木材の強度異方性を考慮しなければならないが，ここでは計算を簡単にするために，接合部中央で太径ボルト等の高剛性の接合方法を用いることで接合部はその点を中心としてヒンジ状に回転するものと見なし，モーメントを負担する外周に配置されたボルトに対する変形性能をバイリニアモデルとして評価する方法 [1] について説明する．その他の手法についても報告 [2] がある．

4.4.2.2　設計の概略

(1)　合わせ柱，合わせ梁型モーメント抵抗接合部の $M-\theta$ 特性の評価方法

　ここでは $M-\theta$ 特性を図 4.4-5 に示すバイリニアモデルとして評価する際の諸数値の算定方法を示す．図 4.4-2 で，(X_j, Y_j) の位置にあるボルト j の 2 面せん断におけるすべり係数を用いて接合部の回転剛性は式 4.4-1 で表される．

$$K_{\theta a} = K_{\theta ax} + K_{\theta ay} \qquad\qquad 式\ 4.4\text{-}1$$

$$K_{\theta ax} = \sum_j K_{sax-j}\left(Y_j - Y_0\right)^2 \qquad\qquad 式\ 4.4\text{-}2$$

$$K_{\theta ay} = \sum_j K_{say-j}\left(X_j - X_0\right)^2 \qquad\qquad 式\ 4.4\text{-}3$$

記号　　$K_{\theta a}$　　　　　　　：接合部の回転剛性 [N·mm/rad]

　　　　$K_{\theta ax}, K_{\theta ay}$　　：X 方向，Y 方向成分のせん断力による接合部回転剛性 [N·mm/rad]

　　　　K_{sax-j}, K_{say-j}　：ボルト j の X 方向，Y 方向のせん断剛性 [N/mm]

　　　　a　　　　　　　　：添字（a=i: 初期，a=s: 二次（降伏後）を表す）

　　　　X_0, Y_0　　　　　：回転中心位置[mm]

　回転中心位置は式 4.4-4 によって求めることができる．

$$X_0 = \frac{\sum_j K_{sax-j} \cdot Y_j}{\sum_j K_{sax-j}} \qquad\qquad 式\ 4.4\text{-}4$$

$$Y_0 = \frac{\sum_j K_{say-j} \cdot Y_j}{\sum_j K_{say-j}} \qquad\qquad 式\ 4.4\text{-}5$$

　図 4.4-5 に示す弾性変形時の回転剛性 $K_{\theta i}$ は 3.3 の式 3.3-11 に示す初期剛性 K_{si} を用いて，降伏後の回転剛性 $K_{\theta s}$ は式 4.4-11, 4-4-13 に示す接合部の降伏後せん断剛性 K_{ss} を用いて式 4.4-2, 4.4-3 より算定することができる．降伏後の回転剛性を算定する際の回転中心位置は弾性変形時の回転中心と見なしてよい．

　降伏モーメントは最初に降伏に達するボルト接合部の降伏変形角 θ_y に回転剛性を乗じて式 4.4-6 より計算する．

$$M_y = K_{\theta i}\theta_y \qquad\qquad 式\ 4.4\text{-}6$$

$$\theta_y = \min\{\theta_{y-1}, \theta_{y-2}, \theta_{y-3}, \cdots, \theta_{y-j}, \cdots\} \qquad\qquad 式\ 4.4\text{-}7$$

ボルト j の降伏回転角は次のようにして計算する．

$$\theta_{y-j} = \min\{\theta_{yx-j}, \theta_{yy-j}\} \qquad\qquad 式\ 4.4\text{-}8$$

$$\theta_{yx-j} = \frac{P_{yx-j}}{K_{six-j} \cdot \{Y_j - Y_0\}} \qquad\qquad 式\ 4.4\text{-}9$$

$$\theta_{yy-j} = \frac{P_{yy-j}}{K_{siy-j} \cdot \{X_j - X_0\}} \qquad\qquad 式\ 4.4\text{-}10$$

記号　　θ_{y-j}　　　　　：ボルト j 接合部の降伏変形角 [rad]

　　　　P_{yx-j}, P_{yy-j}　：ボルト j 接合部の X 方向，Y 方向の降伏耐力 [N]

　　　　K_{six-j}, K_{siy-j}　：ボルト j 接合部の X 方向，Y 方向の初期剛性 [N/mm]

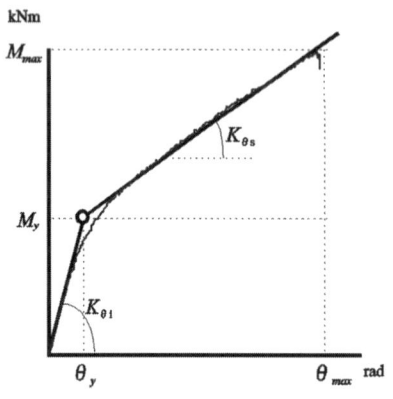

図 4.4-5　$M-\theta$ 特性のモデル化

(2)　ボルト・ドリフトピンの2面せん断特性の評価方法

　ボルトやドリフトピン接合部のせん断に対する荷重-すべり変形挙動はバイリニア的な特性を示し，塑性変形能力は端距離，縁距離，隣接するボルト間隔などが充分であればボルトの径長比(例えばボルト働き長/ボルト直径)に依存する[3)]．径長比が大きい，つまり比較的細長いボルトを用いた場合はボルトの曲げ降伏により接合部は靱性を発揮し，ボルトの場合はロープ効果によって荷重が増加する．逆に径長比が小さく太いボルトを用いた場合は，高いすべり剛性が得られる反面，変形性能は木材のめり込み性能に依存するために，一般的に靱性に乏しい．

　接合部の荷重変形挙動は，ボルトを周囲の木材によって変形を拘束された梁と見なすことによって予測可能であり，特に弾性範囲で弾性床上の梁理論[4)]によって応力や変形を求めることができる．接合部が降伏して以降では非線形解析が必要となるが，塑性域に関してはここでは梁の塑性理論から崩壊機構における耐力を降伏耐力値として推定する[4)]．本書3.3「曲げ降伏型接合具を用いた2面せん断接合」や5.1「接合部設計の基礎」ではこれらの理論解によるすべり係数と降伏耐力の算出方法が解説されており，これらの方法を用いて算定することができる．ただし本節で取り扱う接合部のように，ボルトが順次降伏していく過程を追跡していくためには，降伏以降のボルトの荷重変形特性を予測することが必要である．そこで，降伏後にボルトに発生する軸力による荷重増加の効果についても崩壊機構における荷重の釣合いから剛性を定式化する手法を示す．

　降伏後について接合具にボルトを用い，本書3.3.2により計算した結果降伏モードが III または IV であった場合については，降伏後の荷重増加を式 4.4-11 式によって計算する．ドリフトピンの場合，降伏後荷重は一定と見なす．

　mode III のとき

$$K_{ss} = \frac{k_{c90}w}{24\left(\frac{t_{e1}}{2\alpha_1} + t_{e2}\right)}\left[\frac{10(S_p^2 + S_y^2)(S_p + S_y)}{\frac{t_{e1}}{2\alpha_1} + t_{e2}}\right.$$
$$\left. + 6\left\{\frac{w}{\frac{t_{e1}}{2\alpha_1} + t_{e2}} + 0.3\right\}\{2(S_p^2 + S_pS_y + S_y^2) + w(S_p + S_y)\} + w^2\left\{\frac{2w}{\frac{t_{e1}}{2\alpha_1} + t_{e2}} + 0.9\right\}\right] \qquad 式\ 4.4\text{-}11$$

$$S_p = \sqrt{2\left(\frac{t_{e1}}{2\alpha_1} + t_{e2}\right)\frac{F_m}{k_{c90}}} \qquad 式\ 4.4\text{-}12$$

　mode IV のとき

$$K_{ss} = \frac{k_{c90}w}{\left(\frac{t_{e1}}{2\alpha_1} + \frac{t_{e2}}{\alpha_2}\right)}\left\{\frac{S_p^2 + S_pS_y + S_y^2}{\frac{t_{e1}}{2\alpha_1} + \frac{t_{e2}}{\alpha_2}} + 0.3(S_p + S_y)\right\} \qquad 式\ 4.4\text{-}13$$

$$S_p = \sqrt{2\left(\frac{t_{e1}}{2\alpha_1} + \frac{t_{e2}}{\alpha_2}\right)\frac{F_m}{k_{c90}}} \qquad 式\ 4.4\text{-}14$$

$$k_{c90} = 0.7 \times \left(1 + \frac{4t_2}{3w}\right)\left(1 + \frac{4t_2}{3nw}\right)\frac{E_w}{50t_2} \qquad 式\ 4.4\text{-}15$$

記号　　K_{ss}　　　　　　：接合部の二次すべり係数 [N/mm]

　　　　k_{c90}　　　　　：側材の支圧剛性 [N/mm³]

　　　　S_y　　　　　　：降伏時すべり量〔$S_y = P_y/K_{si}$ ※本書「3.3.2」参照〕[N/mm]

　　　　$\alpha_1, \alpha_2, t_{e1}, t_{e2}$　：式 3.3-14，3.3-15，3.3-19 参照

　　　　t_2　　　　　　：側材厚さ [mm]

　　　　w　　　　　　：角座金の一辺の長さ [mm]

　　　　E_w　　　　　：木材のヤング係数 [N/mm²]

　　　　F_m　　　　　：座金の比例限度支圧応力度 [N/mm²]

　　　　n　　　　　　：繊維方向に対する繊維直交方向の置換係数で樹種グループにより下記の値とする．

　　　　　　　　　J1 のとき $n = 7$，J2 のとき $n = 6$，J3 のとき $n = 5$

　　二次すべり係数に関する上記の推定式は正方形角座金を用いた場合についてであるが，座金を丸座金とした場合については，同面積となる角座金に置き換えて計算することができる．

　　降伏後に荷重増加した後の最大モーメントは，ボルト軸部に接する木材が全域に渡って終局支圧強度に達する場合と，木材が割り裂きによって破壊に至る場合とに分け，それらの最小値として求める．

$$M_{\max} = \min\{M_{fb}, M_{fs}\} \qquad\qquad 式\ 4.4\text{-}16$$

記号　　$M_{\max}$　　　：接合部の最大モーメント [N・mm]

　　　　M_{fb}　　　：めり込みによる最大モーメント [N・mm]

　　　　M_{fs}　　　：割裂による最大モーメント [N・mm]

　ボルトの支圧によって最大耐力に達する場合の最大モーメントは，すべてのボルト接合部が最大耐力P_{fb}に達したときのモーメントの総和として式4.4-17よりもとめる．

$$M_{fb} = \sum_j P_{fb-j} R_j \qquad\qquad 式\ 4.4\text{-}17$$

記号　　M_{fb}　　　：ボルトの支圧による最大モーメント [N・mm]

　　　　P_{fb-j}　　　：ボルトj接合部の支圧による終局耐力 [N]

　　　　R_j　　　：回転中心からボルトまでの距離 [mm]

　ボルトの支圧による各ボルト接合部のせん断耐力は，式 4.4-18 によって求めることができる．なお，各ボルトの直径および材料厚さは同一とした．

$$P_{fb-j} = \min\{F_{u1-j} d t_1, 2F_{u2-j} d t_2\} \qquad\qquad 式\ 4.4\text{-}18$$

記号　　F_{u1-j}　　　：ボルトjにおける主材の終局支圧強度 [N/mm^2]

　　　　F_{u2-j}　　　：ボルトjにおける側材の終局支圧強度 [N/mm^2]

　　　　d　　　：ボルト直径 [mm]

　　　　t_1　　　：主材厚さ [mm]

　　　　t_2　　　：側材厚さ [mm]

　木材の割裂きによって最大耐力に達する場合は，各ボルト接合部の割裂耐力P_{fs}から破壊時すべり量，さらに破壊時回転角を求め，破壊時回転角の最小値を接合部の最大変形角とする．このときの割裂耐力はボルトからの縁端距離を考慮して実験等によって求めることとする．最大モーメントは最大変形時のそれぞれのボルト接合部におけるモーメントの総和として式4.4-19から求められる．図4.4-6はボルト位置から割裂が生じている接合部の様子である．ボルトが木材の繊維方向に複数本並ぶような配置になる場合，一箇所のボルトから発生した割裂が複数のボルトにつながって急激な荷重低下を生じる可能性があるので，繊維方向に並ぶボルトはできるだけ少なくするか十分な配置間隔を確保することが望ましい．

$$M_{fs} = M_y + K_{\theta s}(\theta_{\max} - \theta_y) \qquad\qquad 式\ 4.4\text{-}19$$

記号　　M_{fs}　　　：割裂による終局モーメント [N・mm]

　　　　P_{fs}　　　：ボルトの割裂耐力 [N]

　　　　$\theta_{\max}$　　　：接合部の最大変形角 [rad]

図 4.4-6　割裂による破壊形態

(3)　計　算　例

ここでは柱梁をともに厚さ 120 mm のオウシュウアカマツ同一等級集成材 E95-F315(密度 510 kg/m³)とした場合の合わせ梁接合部を例にとって計算方法を説明する.

ボルトを 45°の等間隔に円形配置するものとすれば, 回転中心位置は接合パネルゾーンの図心となり, X 方向, Y 方向についてボルトの受けるせん断力方向は柱(主材), 梁(側材)に対してそれぞれ 0°-90°, 90°-0°方向となる.

ボルト直径を 12 mm として, 端距離, 縁距離の条件を考慮し, ボルトを図 4.4-8 のように配置径 175 mm で円形に配置する. 材料物性を表 4.4-1 に示す.

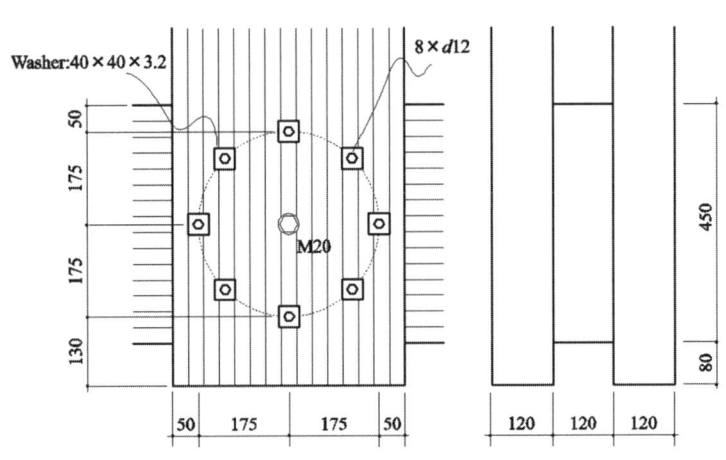

図 4.4-8　接合部詳細 (数値の単位は mm)

表 4.4-1　物性値一覧

樹種	オウシュウアカマツ同一等級集成材
JAS 等級	E95-F315
密度	510 kg/m³
材厚	柱, 梁ともに 120 mm
材せい	柱, 梁ともに 450 mm
めり込み基準強度	6.0 N/mm²
ボルト直径	12 mm
座金形状	一辺 40 mm の角座金

0°-90°のボルトの初期すべり係数 K_{six-j} を 3.3 の式 3.3-11 を用いて求める.

$$k_1 = \frac{E_w}{31.6 + 10.9d} = \frac{9.5}{31.6 + 10.9 \times 12} = 58 \ [\text{N/mm}^3]$$

$$k_2 = \frac{k_1}{3.4} = 17 \ [\text{N/mm}^3]$$

$$t_{e1} = \min\{t_1, 8d\} = 96 \ [\text{mm}], t_{e2} = \min\{t_2, 4d\} = 48 \ [\text{mm}]$$

$$\lambda_1 = \frac{EI}{k_1 d t_{e1}^4} = \frac{205\,000 \times \frac{\pi}{64} \times 12^4}{58 \times 12 \times 96^4} = 0.00353$$

$$\lambda_2 = \frac{EI}{k_2 d t_{e2}^4} = \frac{205\,000 \times \frac{\pi}{64} \times 12^4}{17 \times 12 \times 48^4} = 0.193$$

$$\alpha_1 = \frac{4.71 + 252\lambda_1}{1 + 841\lambda_1 + 12\,000\lambda_1^2} = \frac{4.71 + 252 \times 0.00353}{1 + 841 \times 0.00353 + 12\,000 \times 0.00353^2} = 1.36$$

$$\alpha_2 = \frac{2.53 + 2\,625\lambda_2}{1 + 841\lambda_2 + 12\,000\lambda_2^2} = \frac{2.53 + 2\,625 \times 0.193}{1 + 841 \times 0.193 + 12\,000 \times 0.193^2} = 0.834$$

$$\alpha_1' = \frac{2.5 + 2\,624\lambda_1}{1 + 840\lambda_1 + 12\,000\lambda_1^2} = \frac{2.5 + 2\,624 \times 0.00353}{1 + 840 \times 0.00353 + 12\,000 \times 0.00353^2} = 2.86$$

$$\alpha_2' = \frac{4.7 + 251\lambda_2}{1 + 840\lambda_2 + 12\,000\lambda_2^2} = \frac{4.7 + 251 \times 0.193}{1 + 840 \times 0.193 + 12\,000 \times 0.193^2} = 0.087$$

$$D_1 = \frac{k_1 d t_{e1}}{1.5 + \frac{1}{\lambda_1}(0.114 - 0.0048\alpha_1 - 0.034\alpha_1')} = \frac{58 \times 12 \times 96}{1.5 + \frac{1}{0.00353} \times (0.114 - 0.0048 \times 1.36 - 0.034 \times 2.86)}$$

$$= 15.19 \times 10^3 \ [\text{N/mm}]$$

$$D_2 = \frac{k_2 dt_{e2}}{1.5 + \frac{1}{\lambda_2}(0.114 - 0.0048\alpha_2 - 0.034\alpha_2')} = \frac{58 \times 12 \times 96}{1.5 + \frac{1}{0.193} \times (0.114 - 0.0048 \times 0.834 - 0.034 \times 0.087)}$$
$$= 4.77 \times 10^3 \text{ [N/mm]}$$

$$K_{six-j} = K_{si} = \frac{\frac{k_2 t_2}{k_1 t_1}D_1 + D_2}{1 + \frac{k_2 t_2}{k_1 t_1}} = \frac{\frac{17 \times 120}{58 \times 120} \times 15.19 \times 10^3 + 4.77 \times 10^3}{1 + \frac{17 \times 120}{58 \times 120}} = 7.12 \times 10^3 \text{ [N/mm]}$$

同様にして 90°-0°方向について初期すべり係数K_{siy-j}を次のように求めることができる.

$$K_{siy-j} = 7.01 \times 10^3 \text{ [N/mm]}$$

以上から式 4.4-1 を用いて接合部の初期回転剛性$K_{\theta i}$は XY 両方向の剛性二次モーメントの合計として次式のように求めることができる.

$$K_{\theta i} = \sum_j K_{six-j} \cdot (Y_j - Y_0)^2 + \sum_j K_{siy-j} \cdot (X_j - X_0)^2$$
$$= 7.12 \times 10^3 \times \left\{2 \times 0^2 + 4 \times \left(\frac{175}{\sqrt{2}}\right)^2 + 2 \times 175^2\right\} + 7.01 \times 10^3 \times \left\{2 \times 175^2 + 4 \times \left(\frac{175}{\sqrt{2}}\right)^2 + 2 \times 0^2\right\}$$
$$= 1.731 \times 10^9 \text{ [N·mm/rad]} = 1.731 \times 10^3 \text{ [kN·m/rad]}$$

次に降伏モーメントを算出する. 計算にあたって 2 種類のボルトの降伏せん断耐力を求める必要がある. 0°, 90°方向のボルトのめり込みによる降伏支圧応力度は表 5.1-2 より$F_{e1} = 22.4$ [N/mm²], $F_{e2} = 11.2$ [N/mm²]とする.

0°-90°方向について降伏耐力P_{yx-j}は式 3.3-20 から求めることができる.

$$P_{yx-j} = \min\begin{cases} 2F_{e2}dt_2 & \text{(mode Ia)}, \\ F_{e1}dt_1 & \text{(mode Ib)}, \\ \dfrac{\frac{2F}{3}\left(\frac{d}{t_{e1}}\right)^2 + \frac{F_{e1}}{2\alpha_1^2} + F_{e2}\frac{\alpha_2^2+1}{\alpha_2^2}\left(\frac{t_{e2}}{t_{e1}}\right)^2}{\frac{1}{\alpha_1} + \frac{\alpha_2+1}{\alpha_2}\frac{t_{e2}}{t_{e1}}}dt_{e1} & \text{(mode III)}, \\ \dfrac{\frac{2F}{3}\left(\frac{d}{t_{e1}}\right)^2 + \frac{F_{e1}}{4\alpha_1^2} + F_{e2}\left(\frac{t_{e2}}{t_{e1}}\right)^2}{\frac{1}{2\alpha_1} + \frac{1}{\alpha_2}\frac{t_{e2}}{t_{e1}}}dt_{e1} & \text{(mode IV)} \end{cases}$$

$$= \min\begin{cases} 2 \times 9.7 \times 12 \times 120/1\,000 & \text{(mode Ia)}, \\ 19.4 \times 12 \times 120/1\,000 & \text{(mode Ib)}, \\ \dfrac{\frac{2 \times 235}{3}\left(\frac{12}{96}\right)^2 + \frac{22.4}{2 \times 1.36^2} + 11.2 \times \frac{0.834^2+1}{0.834^2} \times \left(\frac{48}{96}\right)^2}{\frac{1}{1.36} + \frac{0.834+1}{0.834} \times \frac{48}{96}} \times 12 \times 96/1\,000 & \text{(mode III)}, \\ \dfrac{\frac{2 \times 235}{3} \times \left(\frac{12}{96}\right)^2 + \frac{22.4}{4 \times 1.36^2} + 11.2 \times \left(\frac{48}{96}\right)^2}{\frac{1}{2 \times 1.36} + \frac{1}{0.834} \times \frac{48}{96}} \times 12 \times 96/1\,000 & \text{(mode IV)} \end{cases}$$

$$= 7.72 \text{ [kN] (mode III)}$$

同様にして 90°-0°方向について降伏耐力P_{yy-j}を求めると,

$$\alpha_1 = 0.602$$
$$\alpha_2 = 1.737$$
$$P_{yy-j} = 8.29 \text{ [kN] (mode III)}$$

最も回転中心から離れたボルトの回転中心からの X, Y 方向距離はそれぞれ 175 mm なので,

$$\theta_{yx-j} = \frac{P_{yx-j}}{K_{six-j} \cdot \{Y_j - Y_0\}} = \frac{7.72}{7.12 \times 175} = 0.0062 \text{ [rad]}$$
$$\theta_{yy-j} = \frac{P_{yy-j}}{K_{siy-j} \cdot \{X_j - X_0\}} = \frac{8.29}{7.01 \times 175} = 0.0068 \text{ [rad]}$$
$$\theta_{y-j} = \min\{\theta_{yx-j}, \theta_{yy-j}\} = 0.0062 \text{ [rad]}$$

以上から降伏モーメントは式 4.4-6 より次のように求められる.

$$M_y = K_{\theta i}\theta_y = 1.731 \times 10^3 \times 0.0062 = 10.72 \text{ [kN·m]}$$

ボルトの降伏モードが曲げ降伏による mode III であったので, 降伏後の荷重増加を以下の計算によって求める.

0°-90°方向について降伏後せん断剛性K_{ssx-j}は式 4.4-11, 4.4-12 より,

$$S_y = \frac{P_{yx-j}}{K_{six-j}} = \frac{7.72}{7.12} = 1.08 \,[\text{mm}]$$

$$k_{c90} = 0.7 \times \left(1 + \frac{4t_2}{3w}\right)\left(1 + \frac{4t_2}{3nw}\right)\frac{E_w}{50t_2} = 0.7 \times \left(1 + \frac{4 \times 120}{3 \times 40}\right)\left(1 + \frac{4 \times 120}{3 \times 6 \times 40}\right) \times \frac{9\,500}{50 \times 120} = 9.24 \,[\text{N/mm}^3]$$

$$S_p = \sqrt{2\left(\frac{t_1}{2\alpha_1} + t_2\right)\frac{F_m}{k_{c90}}} = \sqrt{2 \times \left(\frac{120}{2 \times 1.36} + 120\right) \times \frac{6.0 \times 0.8}{8.71}} = 10.11 \,[\text{mm}]$$

$$K_{ssx-j} = \frac{k_{c90}w}{24\left(\frac{t_{e1}}{2\alpha_1} + t_{e2}\right)}\left[\frac{10\left(S_p^2 + S_y^2\right)\left(S_p + S_y\right)}{\frac{t_{e1}}{2\alpha_1} + t_{e2}} + 6\left\{\frac{w}{\frac{t_{e1}}{2\alpha_1} + t_{e2}} + 0.3\right\}\left\{2\left(S_p^2 + S_pS_y + S_y^2\right) + w\left(S_p + S_y\right)\right\}\right.$$

$$\left. + w^2\left\{\frac{2w}{\frac{t_{e1}}{2\alpha_1} + t_{e2}} + 0.9\right\}\right]$$

$$= \frac{9.24 \times 40}{24 \times \left(\frac{96}{2 \times 1.36} + 48\right)}$$

$$\times \left[\frac{10 \times (10.11^2 + 1.08^2)(10.11 + 1.08)}{\frac{96}{2 \times 1.36} + 48}\right.$$

$$+ 6\left\{\frac{40}{\frac{96}{2 \times 1.36} + 48} + 0.3\right\} \times \{2 \times (10.11^2 + 10.11 \times 1.08 + 1.08^2) + 40 \times (10.11 + 1.08)\}$$

$$\left. + 40^2 \times \left\{\frac{2 \times 40}{\frac{96}{2 \times 1.36} + 48} + 0.9\right\}\right]$$

$$= 1\,278 \,[\text{N/mm}]$$

同様にして 90°-0°方向の降伏後せん断剛性K_{ssy-j}は式 4.4-11, 4.4-12 より,

$$K_{ssy-j} = 783 \,\,[\text{N/mm}]$$

以上から, 二次回転剛性が得られる.

$$K_{\theta s} = \sum_j K_{ssx-j} \cdot \left(Y_j - Y_0\right)^2 + \sum_j K_{ssy-j} \cdot \left(X_j - X_0\right)^2$$

$$= 1\,278 \times \left\{2 \times 0^2 + 4 \times \left(\frac{175}{\sqrt{2}}\right)^2 + 2 \times 175^2\right\} + 783 \times \left\{2 \times 175^2 + 4 \times \left(\frac{175}{\sqrt{2}}\right)^2 + 2 \times 0^2\right\}$$

$$= 2.524 \times 10^8 \,\,[\text{N·mm/rad}] = 252 \,[\text{kN·m/rad}]$$

計算値と実験結果の比較を図 4.4-9 に示す.

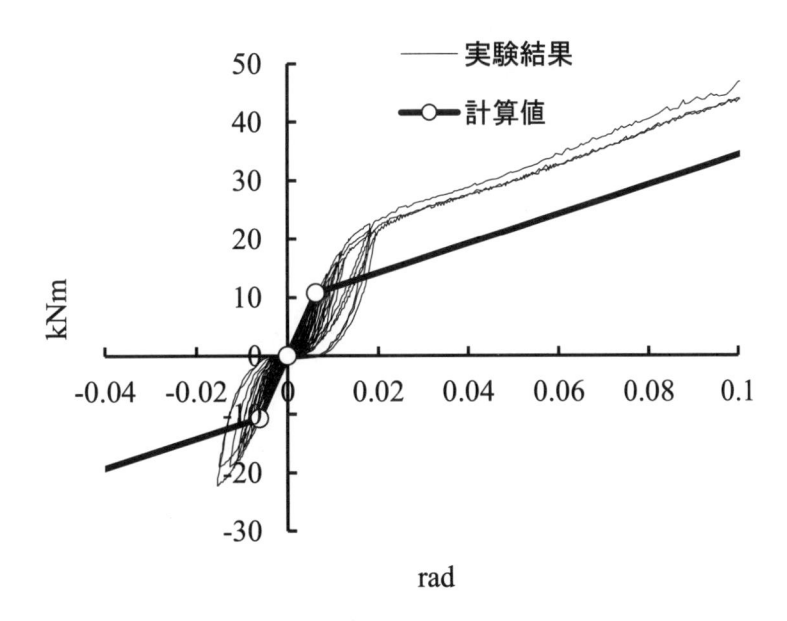

図 4.4-9　実験値と計算結果の比較

同様の計算と実験結果の比較を図 4.4-10～図 4.4-15 に示す．物性値を表 4.4-2～表 4.4-4 に示す．

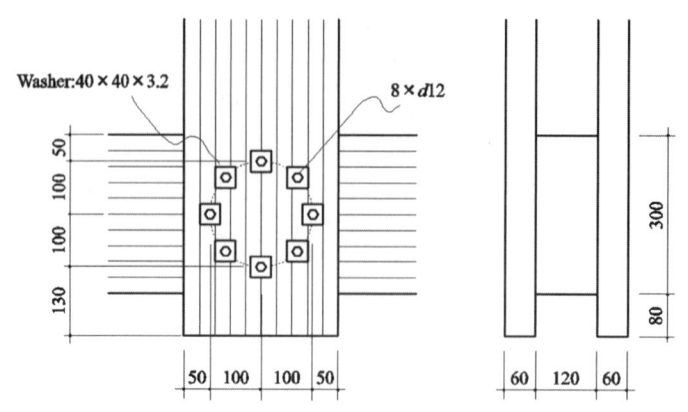

図 4.4-10　接合部詳細（数値の単位は mm）

表 4.4-2　物性値一覧

樹種	オウシュウアカマツ対称異等級集成材
JAS 等級	E120-F330
密度	490 kg/m³
材厚	柱 60 mm，梁 120 mm
材せい	柱，梁ともに 300 mm
めり込み基準強度	6.0 N/mm²
ボルト直径	12 mm
座金形状	一辺 40 mm の角座金

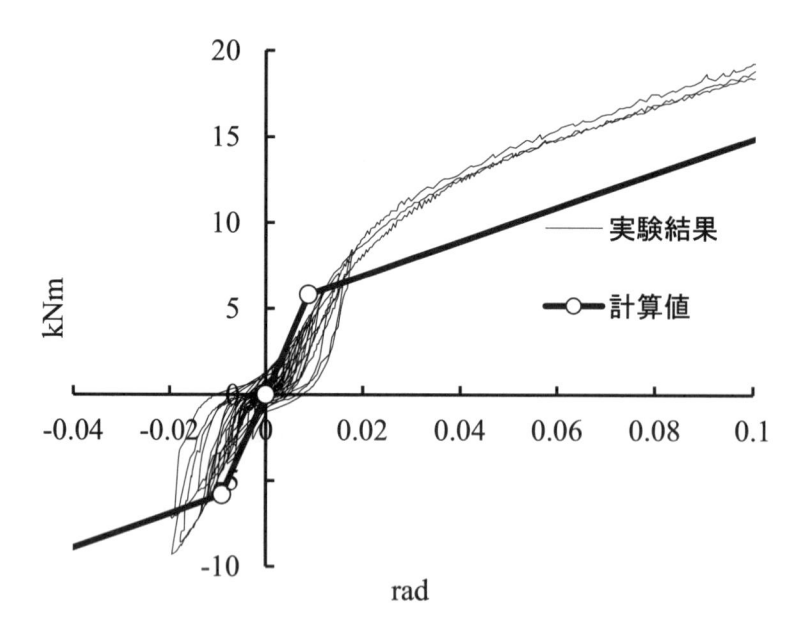

図 4.4-11　実験値と計算結果の比較

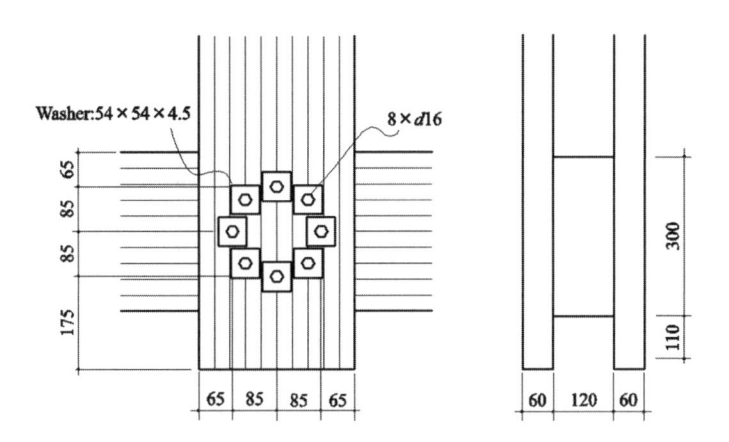

図 4.4-12　接合部詳細（数値の単位は mm）

表 4.4-3　物性値一覧

樹種	オウシュウアカマツ対称異等級集成材
JAS 等級	E120-F330
密度	490 kg/m³
材厚	柱 60 mm，梁 120 mm
材せい	柱，梁ともに 300 mm
めり込み基準強度	6.0 N/mm²
ボルト直径	16 mm
座金形状	一辺 54 mm の角座金

※対称異等級集成材の場合ボルトの位置によってラミナの物性が異なる
が，今回は全てのボルトについて木材の物性を E120 として計算した．

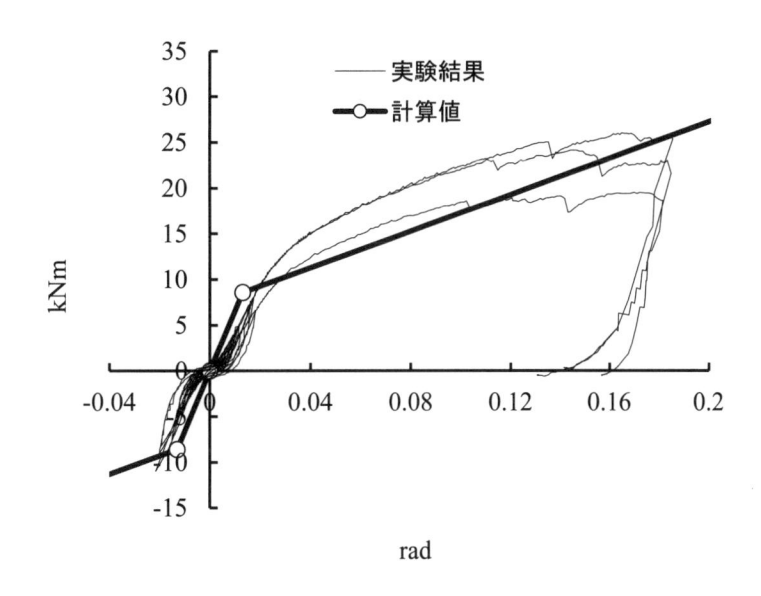

図 4.4-13　実験値と計算結果の比較

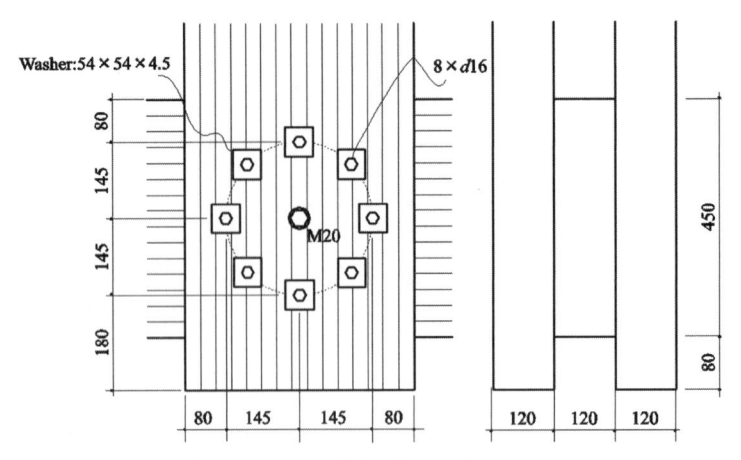

図 4.4-14　接合部詳細（数値の単位は mm）

表 4.4-4　物性値一覧

樹種	オウシュウアカマツ同一等級集成材
JAS 等級	E95-F315
密度	510 kg/m³
材厚	柱，梁ともに 120 mm
材せい	柱，梁ともに 450 mm
めり込み基準強度	7.8 N/mm²
ボルト直径	16 mm
座金形状	一辺 54 mm の角座金

※対称異等級集成材の場合ボルトの位置によってラミナの物性が異なる
が，今回は全てのボルトについて木材の物性を E120 として計算した．

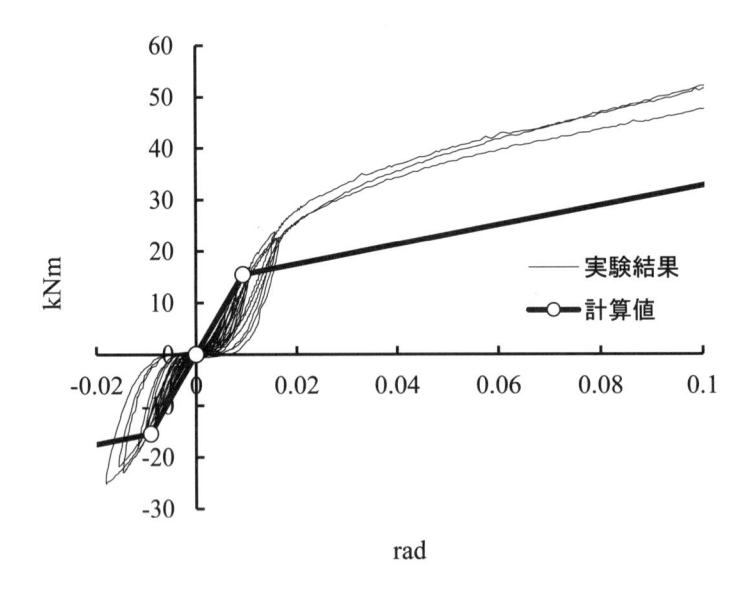

図 4.4-15　実験値と計算結果の比較

4.4.3　接合部がモーメント以外の応力を負担する場合の検討方法

接合部がモーメントに加えてせん断力や軸力を負担する場合は次式による検定により接合部の検討を行うことができる. 設計応力は柱梁節点応力とする. ただし部材節点と回転中心位置が大きく離れている場合は回転中心位置における応力としてもよい. この場合はフレームモデルにおける接合部バネの位置も適切に設定する必要がある.

$$\frac{M_d}{M_a} + \frac{Q_d}{Q_a} + \frac{T_d}{T_a} \leq 1$$

式 4.4-20

記号　　　M_d　：接合部設計曲げモーメント　[N・mm]

　　　　　M_a　：接合部許容曲げモーメント　[N・mm]

　　　　　Q_d　：接合部設計せん断力　[N]

　　　　　Q_a　：接合部許容せん断耐力　[N]

　　　　　T_d　：接合部設計軸力　[N]

　　　　　T_a　：接合部許容軸力　[N]

せん断力や軸力を負担することを意図してボルト形式以外の接合方法を併用する場合は，それぞれの接合部の剛性を適切に考慮する必要がある.

4.4.4　その他の留意点

ボルトの配置位置について，縁端距離および隣接するボルト間隔については「4.3 鋼板挿入式ドリフトピン接合」に従うものとするが，特に繊維直交方向の加力を受ける位置では端距離の不足によって脆性的な破壊を起こす可能性があるため，端距離の確保に注意が必要である.

ボルトと先孔とのクリアランスによる初期ガタや，先孔とボルトの接触面が不十分になることで面圧定数が低下することによって初期剛性が低下し，変形の増大を引き起こすため，側材の片方にあらかじめボルトと同径の先孔をあけておき，その孔をガイドとして同径の先孔を開けるなど施工方法を工夫し，極力クリアランスが生じないようにすることが必要である. また，このようなガタは木材の乾燥収縮によっても生じる可能性があるため，使用する木材は充分な乾燥を経たものでなければならない. ナットの締め付けトルクについては，長期的な木材の乾燥収縮を考慮すると，軸力のプレストレスによる剛性，耐力の向上は期待できないものとするが，少なくとも材がばらばらにならないようナットの脱落防止方法について，必要に応じて適切な配慮をすべきである.

参 考 文 献

1) 蒲池　健ほか 2 名：ボルト 2 面せん断接合を利用した合わせ梁式モーメント抵抗接合部におけるモーメント-回転角特性評価方法の提案　日本建築学会大会学術講演梗概集 pp.93-94, 2007 年

2) Noguchi M., Komatsu K.: "A New Method for Estimating Stiffness and Strength in Bolted Timber-to-Timber Joints and Its Verification by Experiments (II)" Journal of Wood Science, Vol. 50, No.5, pp.391-399, 2004 年

3) 安村　基・坂井英明：集成材ボルト接合部における終局性状　日本建築学会大会学術講演梗概集, pp.1249-1250, 1986 年

4) 日本建築学会：木質構造設計規準・同解説, 2006 年

5) 蒲池　健ほか 3 名：2 面せん断木-木ボルト接合部における荷重-すべり特性の新評価法　日本建築学会構造系論文集 No.619, pp.119-126, 2007 年

6) 蒲池　健：2 面せん断ボルト接合を用いた木造ラーメン構造に関する研究 東京大学博士論文, 2007 年

7) 辻野哲司ほか 2 名：木材のボルト及びドリフトピン接合部のせん断耐力解析(第 3 報) 木材学会誌 Vol.49, No.3, pp.187-196, 2003 年

8) 平井卓郎・沢田　稔：側材に木材を用いたボルト接合部のせん断耐力-荷重が材軸方向に作用する場合 木材学会誌 Vol.28, No.11, pp.685-694, 1982 年

9) 小松幸平：接合具の非線形性を考慮に入れた集成材骨組み構造の解析(第 2 報) 木材学会誌 Vol.35, No.3, pp.201-211, 1989 年

4.5 引きボルト型モーメント抵抗接合

4.5.1 基 本 情 報

4.5.1.1 接合部名称

引きボルト式柱脚接合部：Semi rigid column-base joint drawn with tensile bolts

引きボルト式柱−梁接合部：Semi rigid column-beam joint drawn with tension bolts

4.5.1.2 接合部概要と本節で扱う仕様の範囲

回転する際の引張側にボルトを配置してモーメント伝達する接合部である．本節では，図 4.5-1 のように引張側のボルトを 1 本配置した場合を扱っている．

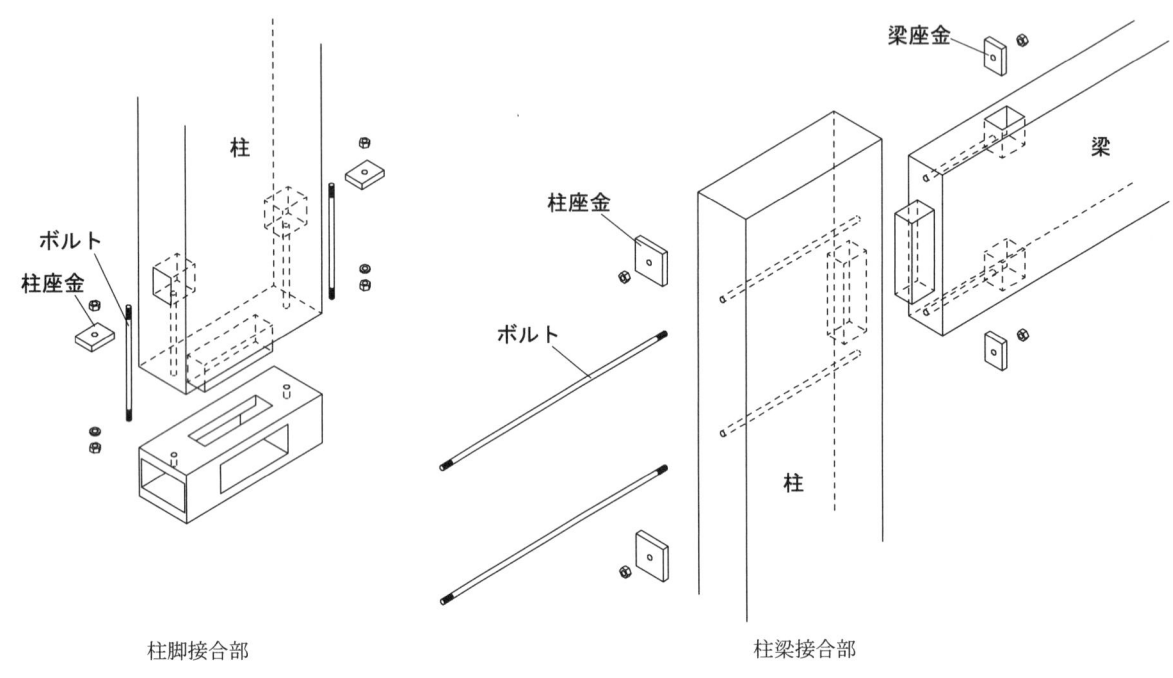

柱脚接合部 柱梁接合部

図 4.5-1 接合部の模式図

4.5.1.3 力の伝達形式

柱脚接合部にモーメントが作用すると，図 4.5-2 のように中立軸より圧縮側では①柱の木口の繊維方向めり込み変形，中立軸より引張側では②柱座金の繊維方向めり込み変形，③ボルトの伸び変形が生じ，これらの変形が複合されて接合部全体の回転変形となる．柱梁接合部にモーメントが作用すると，④梁の木口の柱への繊維直交方向めり込み変形，引張側は⑤梁座金の繊維方向めり込み変形，⑥ボルトの伸び変形，⑦柱座金の繊維直交方向めり込み変形が生じ，これらの変形が複合されて接合部全体の回転変形となる．

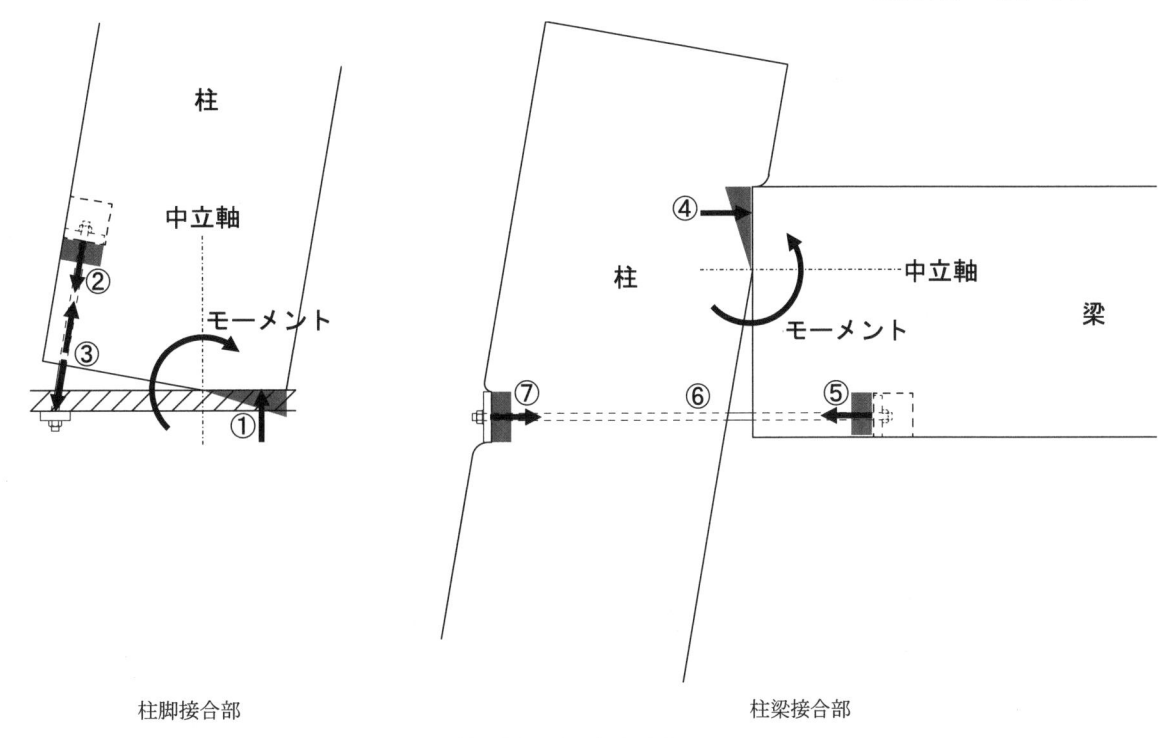

図 4.5-2　力の伝達形式

4.5.1.4　対象構造・使用部位

対象構造：通直集成材等を利用した木質ラーメン構造

使用部位：モーメント抵抗させる柱梁接合部，および柱脚基礎接合部

4.5.1.5　留　意　点

(1)　材料・材質

柱材に乾燥収縮が生じると柱梁接合部の剛性に影響し，定着金物（座金）から木口のせん断面に乾燥割れが生じると柱脚接合部および柱梁接合部の耐力に影響するため，剛性・耐力算定式の前提条件が成立しない．そのため，柱や梁の材料は構造用集成材等の寸法安定性が担保され曲げヤング係数で等級管理された材料を原則とする．座堀による柱や梁の欠損が大きくなると引張・圧縮・曲げ破壊等が先行する可能性があるため，柱や梁の破壊が先行しない程度に材縁の残りの断面を確保しなければいけない．座金は最大耐力時に曲げ降伏しない厚みの角座金を用いる必要がある．また，靱性の高い接合部とするためには降伏後に伸び能力のあるボルトを使用する必要があるため，ボルトは「JIS B 1220 構造用両ねじアンカーボルトセット」に規定されている ABR を用いることが望ましい．

(2)　納　ま　り

ここで記したモーメントに抵抗する機構とは独立にせん断力を伝達させる機構を有することが必要条件である．また，接合部に取り付く直交梁や上階柱などにより，接合部のパネルゾーンが大きく欠損することが無いような納まりにしなければいけない．

(3)　施工・メンテナンス

施工においては基礎の施工精度が極めて重要であるため，型枠と位置を固定できるアンカーセット等を利用して精度を確保する必要がある．また，柱脚接合部は腐朽・蟻害を受けやすいため，柱木口が基礎上面に直接に接しないように基礎と接合部の結合に金物を用いる必要があり，この金物の変形や耐力の計算が別途必要となる．

4.5.1.6　長所・短所

　高度な加工や施工技術を必要とせず，木材にボルト穴と座金を設置する切欠きを設けてボルトで留め付けるだけでモーメント抵抗する接合部とすることが出来る．

　柱梁接合部は，圧縮側および引張側で木材のめり込み変形が生じるため，非常に高い靱性を得られやすい反面，初期剛性や降伏耐力が低い．

4.5.1.7　施　工　例

　比較的小規模の木造建築で一方向ラーメン架構として用いられることがあり，狭小間口住宅の1階にのみ使用されることもある．図4.5-3は3階建て事務所建築の架構に利用された例で，ここでは柱－梁接合部を二方向ラーメン架構として用いられている．

図 4.5-3　引きボルト式木造ラーメンによる3階建て事務所建築（右は柱－梁接合部）

4.5.2　設　計　情　報

4.5.2.1　柱脚接合部の計算式

　接合部の回転剛性，降伏モーメント，終局モーメント等は(1)～(5)により算出される．接合部形状と記号の定義を図4.5-4に示す．

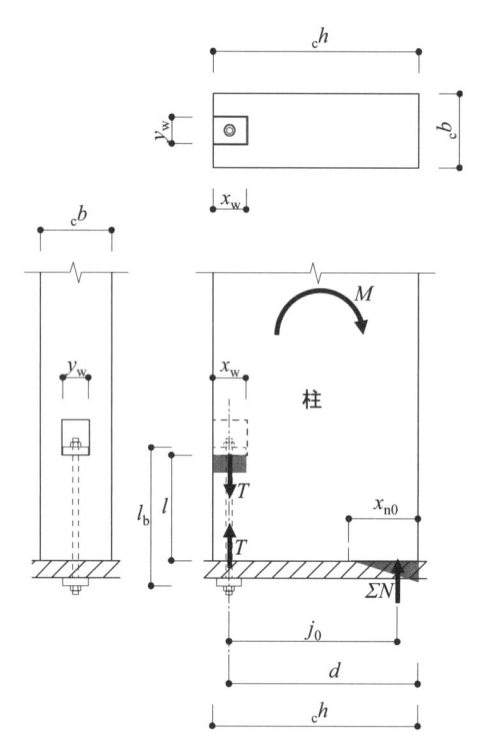

図 4.5-4　接合部形状と記号の定義

(1)　回転剛性K_θ

$$K_\theta = K_T \cdot (d - x_{n0}) \cdot j_0 \qquad\qquad 式\ 4.5\text{-}1$$

$$K_T = \cfrac{1}{\cfrac{1}{K_1} + \cfrac{1}{K_2}} \qquad\qquad 式\ 4.5\text{-}2$$

$$j_0 = d - \frac{x_{n0}}{3} \qquad\qquad 式\ 4.5\text{-}3$$

$$x_{n0} = \frac{n_e \cdot {}_c h}{4} \cdot \left\{ \sqrt{1 + 2 \cdot d \cdot \left(\frac{n_e \cdot {}_c h}{4} \right)^{-1}} - 1 \right\} \qquad\qquad 式\ 4.5\text{-}4$$

$$n_e = \frac{4 \cdot K_T}{k_e \cdot {}_c b \cdot {}_c h} \qquad\qquad 式\ 4.5\text{-}5$$

記号　　K_θ　　　：回転剛性　[N・mm/rad]

　　　　K_1　　　：定着座金のすべり剛性　[N/mm]

　　　　K_2　　　：引きボルトの引張剛性　[N/mm]

　　　　j_0　　　：軸力が 0 のときの応力中心間距離〔図 4.5-4 を参照〕[mm]

　　　　d　　　：柱の圧縮縁から引張側のボルトまでの距離〔図 4.5-4 を参照〕[mm]

　　　　x_{n0}　　　：軸力が 0 のときの柱の圧縮縁から中立軸までの距離〔図 4.5-4 を参照〕[mm]

　　　　k_e　　　：柱木口の木材繊維方向支圧剛性 [4)] [N/mm³]，J1：40 N/mm³，J2：35 N/mm³，J3：30 N/mm³

　　　　${}_c b$　　　：柱幅〔図 4.5-4 を参照〕[mm]

　　　　${}_c h$　　　：柱せい〔図 4.5-4 を参照〕[mm]

定着座金のすべり剛性K_1：

$$K_1 = x_w \cdot y_w \cdot k_w \qquad\qquad 式\ 4.5\text{-}6$$

記号　　k_w　　　：定着金物の木材繊維方向支圧剛性 [4)] [N/mm³]，J1：20 N/mm³，J2：17.5 N/mm³，J3：15 N/mm³

　　　　x_w, y_w　　：定着金物の辺の長さ〔図 4.5-4 を参照〕[mm]

引きボルトの引張剛性K_2：

$$K_2 = E_b \cdot A_b / l_b \qquad\qquad 式\ 4.5\text{-}7$$

記号　　E_b　　　：ボルト鋼材のヤング係数　[N/mm²]

　　　　A_b　　　：ボルトの軸部断面積　[mm²]

　　　　l_b　　　：ボルトの有効引張長さ〔図 4.5-4 を参照〕[mm]

(2)　降伏曲げ耐力

　曲げモーメントMと軸力N（圧縮力が正）が作用した接合部は，軸力に応じて図 4.5-5 の，(i)全面圧縮，(ii)三角形めり込み（ボルト引張無し），(iii)三角形めり込み（ボルト引張有り），(iv)三角形めり込み（圧縮側ボルト引張有り），(v)めり込み無し，の 5 種類に判別される．この応力状態に応じて，降伏耐力を算出する．算出の手順として，応力状態を判別し，設計応力における中立軸を算出し，それを用いて，引きボルトが引張降伏耐力に到達する時点の曲げモーメントと，柱木口面の圧縮縁の支圧応力度が支圧強度に到達した時点の曲げモーメントのうち，いずれか小さい方の曲げモーメントを降伏耐力とする，という流れとなる．

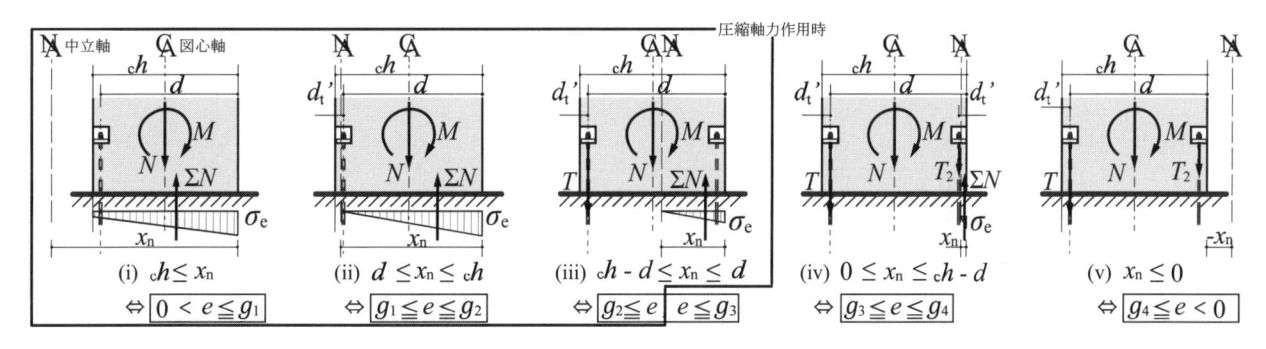

図 4.5-5　軸力に応じた応力状態の判別

(a) 応力状態の判別

判別方法として，曲げモーメントMを等価な偏心圧縮力に置換したときの偏心距離e（$= M/N$）に応じて，下式によって，応力状態が(i)〜(v)〔図 4.5-5 参照〕に判別される．

$$0 < e \leqq g_1 \quad \rightarrow (\text{i})$$

$$g_1 \leqq e \leqq g_2 \quad \rightarrow (\text{ii})$$

$$g_2 \leqq e, e \leqq g_3 \quad \rightarrow (\text{iii})$$

$$g_3 \leqq e \leqq g_4 \quad \rightarrow (\text{iv})$$

$$g_4 \leqq e < 0 \quad \rightarrow (\text{v})$$

$$g_1 = \frac{{}_c h}{6} \qquad \text{式 4.5-8}$$

$$g_2 = \frac{{}_c h}{2} - \frac{d}{3} \qquad \text{式 4.5-9}$$

$$g_3 = -\frac{3 \cdot n_e \cdot {}_c h \cdot \left(d - \frac{{}_c h}{2}\right)^2 + \left(d + \frac{{}_c h}{2}\right) \cdot ({}_c h - d)^2}{3 \cdot n_e \cdot {}_c h \cdot \left(d - \frac{{}_c h}{2}\right) - 3 \cdot ({}_c h - d)^2} \qquad \text{式 4.5-10}$$

$$g_4 = -\frac{\left(d - \frac{{}_c h}{2}\right)^2}{\frac{{}_c h}{2}} \qquad \text{式 4.5-11}$$

(b) 降伏モーメントM_y

接合部の降伏モーメントは，柱木口の三角形変位めり込みによる降伏，引きボルトの引張降伏の最小値とする．判別された応力状態と作用する軸力に応じて，降伏モーメントは下式による．なお，どの応力状態に該当するかは偏心距離e（$= M_y/N$）に応じて決定できる．なお，応力状態(i), (ii)では，引きボルトに引張力が発生せず降伏しないため圧縮側のみで降伏モーメントが決まり，応力状態(v)では柱木口面に圧縮力が発生せず降伏しないため引張側のみで降伏モーメントが決まる．

$$M_y = \min\{M_{yt}, M_{yc}\} \qquad \text{式 4.5-12}$$

(i)

$$M_{yc} = N \cdot \frac{{}_c h}{6} \cdot \left(\frac{x_{nc}}{\frac{{}_c h}{2}} - 1\right)^{-1} \qquad \text{式 4.5-13}$$

$$x_{nc} = \frac{F_e \cdot {}_c b \cdot {}_c h}{F_e \cdot {}_c b \cdot {}_c h - N} \cdot \frac{{}_c h}{2} \qquad \text{式 4.5-14}$$

(ii)

$$M_{yc} = N \cdot \left(\frac{{}_c h}{2} - \frac{x_{nc}}{3}\right) \qquad \text{式 4.5-15}$$

$$x_{nc} = \frac{2 \cdot N}{F_e \cdot {}_c b \cdot {}_c h} \cdot {}_c h \qquad \text{式 4.5-16}$$

(iii)

$$M_{yt} = T_y \cdot \left\{ d - \frac{{}_c h}{2} + \left(1 + \frac{N}{T_y}\right) \cdot \left(\frac{{}_c h}{2} - \frac{x_{nt}}{3}\right) \right\} \qquad \text{式 4.5-17}$$

$$M_{yc} = N \cdot \left(\frac{{}_c h}{2} - \frac{x_{nc}}{3}\right) \qquad \text{式 4.5-18}$$

$$x_{nt} = \frac{n_e \cdot {}_c h}{4} \cdot \left(1 + \frac{N}{T_y}\right) \cdot \left\{ \sqrt{1 + 2 \cdot d \cdot \left(\frac{n_e \cdot {}_c h}{4}\right)^{-1} \cdot \left(1 + \frac{N}{T_y}\right)^{-1}} - 1 \right\} \qquad \text{式 4.5-19}$$

$$x_{nc} = \frac{n_e \cdot {}_c h}{4} \cdot \left\{ \sqrt{\left(1 - \frac{4 \cdot N}{n_e \cdot F_e \cdot {}_c b \cdot {}_c h}\right)^2 + 2 \cdot d \cdot \left(\frac{n_e \cdot {}_c h}{4}\right)^{-1}} - \left(1 - \frac{4 \cdot N}{n_e \cdot F_e \cdot {}_c b \cdot {}_c h}\right) \right\} \qquad \text{式 4.5-20}$$

(iv)

$$M_{yt} = T_y \cdot \left\{ \frac{2 \cdot \left(d - \frac{_ch}{2}\right)^2}{d - x_{nt}} + \left(\frac{_ch - 2 \cdot x_{nt}}{d - x_{nt}} + \frac{N}{T_y}\right) \cdot \left(\frac{_ch}{2} - \frac{x_{nt}}{3}\right) \right\} \qquad 式 4.5\text{-}21$$

$$M_{yc} = \left(\frac{F_e \cdot {}_cb \cdot x_{nc}}{2} - N\right) \cdot \frac{2 \cdot \left(d - \frac{_ch}{2}\right)^2}{_ch - 2 \cdot x_{nc}} + \frac{F_e \cdot {}_cb \cdot x_{nc}}{2} \cdot \left(\frac{_ch}{2} - \frac{x_{nc}}{3}\right) \qquad 式 4.5\text{-}22$$

$$x_{nt} = \frac{n_e \cdot {}_ch}{4} \cdot \left(2 + \frac{N}{T_y}\right) \cdot \left\{ \sqrt{1 + 2 \cdot d \cdot \left(\frac{_ch}{d} + \frac{N}{T_y}\right) \cdot \left(\frac{n_e \cdot {}_ch}{4}\right)^{-1} \cdot \left(2 + \frac{N}{T_y}\right)^{-2}} - 1 \right\} \qquad 式 4.5\text{-}23$$

$$x_{nc} = \frac{n_e \cdot {}_ch}{4} \cdot \left\{ \sqrt{\left(2 - \frac{4 \cdot N}{n_e \cdot F_e \cdot {}_cb \cdot {}_ch}\right)^2 + 2 \cdot {}_ch \cdot \left(\frac{n_e \cdot {}_ch}{4}\right)^{-1}} - \left(2 - \frac{4 \cdot N}{n_e \cdot F_e \cdot {}_cb \cdot {}_ch}\right) \right\} \qquad 式 4.5\text{-}24$$

(v)

$$M_{yt} = T_y \cdot \left(2 + \frac{N}{T_y}\right) \cdot \left(d - \frac{_ch}{2}\right) \qquad 式 4.5\text{-}25$$

$$x_{nt} = d \cdot \left(\frac{_ch}{d} + \frac{N}{T_y}\right) \cdot \left(2 + \frac{N}{T_y}\right)^{-1} \qquad 式 4.5\text{-}26$$

記号　　M_y　　：接合部の降伏モーメント [N·mm]

　　　　M_{yt}　：引きボルトが引張降伏耐力に到達する時点の曲げモーメント [N·mm]

　　　　M_{yc}　：柱木口面の圧縮縁の支圧応力度が支圧強度に到達した時点の曲げモーメント [N·mm]

　　　　x_{nt}　：ボルトが降伏する場合の柱の圧縮縁から中立軸までの距離 [mm]

　　　　x_{nc}　：柱木口面の圧縮縁が降伏する場合の柱の圧縮縁から中立軸までの距離 [mm]

　　　　F_e　　：柱の繊維方向基準支圧強度 [N/mm²]

　　　　T_y　　：ボルトの引張降伏耐力 [N], $T_y = F \cdot A_e$

　　　　F　　：ボルト鋼材の基準強度 [N/mm²]

　　　　A_e　　：ボルトの有効断面積 [mm²]

(3)　終局モーメントM_u

　曲げモーメントMと軸力N（圧縮力が正）が作用した接合部は，軸力の大きさに応じて曲げ耐力は図 4.5-6 に示す分布となり，(I)全面圧縮，(II)三角形めり込み（ボルト引張有り），(III)めり込み無し，の3種類に判別される．終局曲げモーメントM_uは下式による．

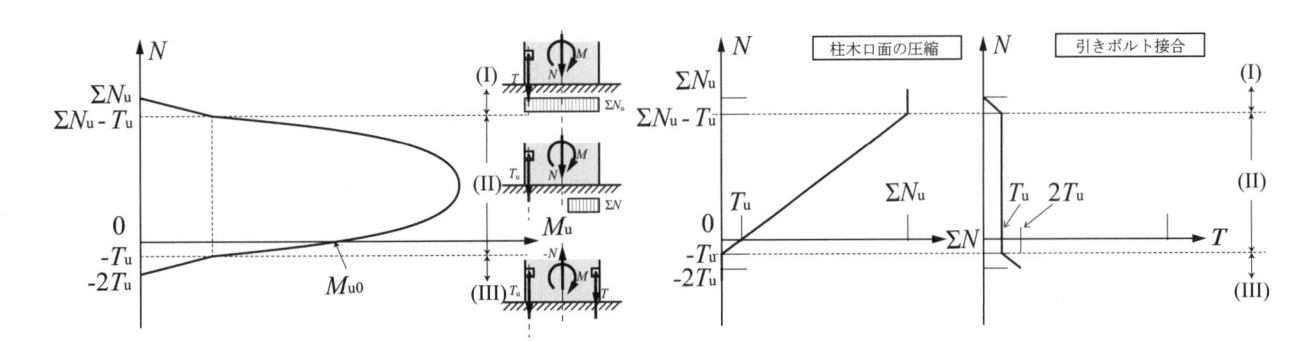

図 4.5-6　引きボルト接合部の終局時のM-N相関関係

$$\Sigma N_u - T_u \leqq N \leqq \Sigma N_u \quad \rightarrow (I)$$

$$-T_u \leqq N \leqq \Sigma N_u - T_u \quad \rightarrow (II)$$

$$-2T_u \leqq N \leqq -T_u \qquad \rightarrow (III)$$

（Ⅰ）

$$M_u = (\Sigma N_u - T_u) \cdot \left(d - \frac{{}_ch}{2}\right)$$ 式 4.5-27

（Ⅱ）

$$M_u = {}_jM_{u0} + \frac{{}_ch}{2} \cdot \left(1 - \frac{2 \cdot T_u + N}{\Sigma N_u}\right) \cdot N$$ 式 4.5-28

（Ⅲ）

$$M_u = (N + 2 \cdot T_u) \cdot \left(d - \frac{{}_ch}{2}\right)$$ 式 4.5-29

記号　　M_u　　：接合部の終局曲げ耐力 [N·mm]

　　　　${}_jM_{u0}$　：無軸力下の接合部の終局曲げ耐力 [N·mm]

　　　　T_u　　：引きボルト接合の終局耐力 [N]

　　　　ΣN_u　：柱木口面の全面圧縮時の圧縮耐力 [N]

無軸力下の接合部の終局曲げ耐力${}_jM_{u0}$：

$${}_jM_{u0} = T_u \cdot j_{u0}$$ 式 4.5-30

記号　　j_{u0}　　：無軸力下の終局時の応力中心間距離 [mm]

引きボルト接合の終局耐力T_u：

$$T_u = \min\{N_{uk}, N_{us}, T_{ub}\}$$ 式 4.5-31

記号　　N_{uk}　　：定着金物の面圧による圧縮耐力（式 3.8-2 で求める）[N]

　　　　N_{us}　　：定着金物から木口へのせん断耐力（式 3.8-3 で求める）[N]

ボルトの引張終局耐力T_{ub}：

$$T_{ub} = \alpha \cdot F \cdot A_b \text{ [N]}$$ 式 4.5-32

記号　　α　　：平成 12 建設省告示第 2464 号第 3 に基づいて 1.1 以下で定める．

　　　　A_b　　：ボルトの軸部断面積 [mm²]．伸び能力の無いボルトの場合はねじ部の有効断面積とする．

無軸力下の終局時の応力中心間距離j_{u0}：

$$j_{u0} = d - \frac{x_{nu0}}{2}$$ 式 4.5-33

記号　　x_{nu0}　　：無軸力下の終局時の支圧長さ [mm]

無軸力下の終局時の支圧長さx_{nu0}：

$$x_{nu0} = \frac{T_u}{\Sigma N_u} \cdot {}_ch$$ 式 4.5-34

柱木口面の全面圧縮時の圧縮耐力ΣN_u：

$$\Sigma N_u = F_e \cdot {}_cb \cdot {}_ch$$ 式 4.5-35

（4）　靱性確保の条件

　接合部の靱性を確保するためには，ボルトの引張破断が生じるように設計する必要があり，ボルト以外が破壊しないことを確認しなければいけないので，式 4.5-36 を満足する必要がある．式 4.5-36 を満足しない場合は，基礎と柱脚接合部の結合に用いる金物やアンカーボルトで靱性を確保することも可能である．

$$C \cdot F_2 \cdot A_e \leqq \min\{N_{uk}, N_{us}\}$$ 式 4.5-36

記号　　F_2　　：ボルト鋼材の破断強度の公称値 [N/mm²]

　　　　C　　：ボルト鋼材の破断強度（公称値）割増係数．終局変形時の鋼材の耐力の上限値とすることが望ましく，SNR400B 材又は SNR490B で終局時の伸びは$\varepsilon = 5\%$で$C = 1.1$とする[3]．

　柱材の曲げ耐力に対して，靱性を保証する条件は式 4.5-37 のようになる．なお，対称異等級構成集成材の場合には，各強度はラミナ構成を適切に考慮するものとする．

$$M_u \leqq {}_cM_u \qquad\qquad 式\ 4.5\text{-}37$$

柱の最大曲げ耐力 ${}_cM_u$:

$$_cM_u = Z_e \cdot F_b \cdot K_z \cdot \left(1 - \frac{|N|}{A_e \cdot F_n}\right) \qquad\qquad 式\ 4.5\text{-}38$$

記号　Z_e　　　：柱の断面欠損を考慮した有効断面係数 [mm³]

　　　A_e　　　：柱の断面欠損を考慮した有効断面積 [mm²]

　　　K_z　　　：柱の基準曲げ強度の寸法調整係数

　　　F_b　　　：柱の基準曲げ強度 [N/mm²]

　　　F_n　　　：柱の軸方向の基準強度（$N > 0$：圧縮基準強度，$N \leqq 0$：引張基準強度）[N/mm²]

(5) 変 形 角

(a) 降伏変形角 θ_y

$$\theta_y = \frac{M_y}{K_\theta} \qquad\qquad 式\ 4.5\text{-}39$$

(b) 終局曲げ耐力に達した時の変形角 θ_v

$$\theta_v = \frac{M_u}{K_\theta} \qquad\qquad 式\ 4.5\text{-}40$$

(c) 終局変形角 θ_u

（Ⅰ）の場合，または靭性確保の条件を満たしていない場合

$$\theta_u = \theta_v \qquad\qquad 式\ 4.5\text{-}41$$

（Ⅱ）または（Ⅲ）の靭性確保の条件を満たしている場合

$$\theta_u = \frac{\varepsilon \cdot l_b}{d - x_{nu}} \qquad\qquad 式\ 4.5\text{-}42$$

記号　ε　　　：ボルトの伸び

終局時の支圧長さ x_{nu} :

（Ⅱ）

$$x_{nu} = \frac{T_u + N}{\Sigma N_u} \cdot {}_ch\ [\text{mm}] \qquad\qquad 式\ 4.5\text{-}43$$

（Ⅲ）

$$x_{nu} = \frac{d \cdot (T_u + N)/K_T + ({}_ch - d) \cdot \varepsilon \cdot l_b}{\varepsilon \cdot l_b + (T_u + N)/K_T}\ [\text{mm}] \qquad\qquad 式\ 4.5\text{-}44$$

4.5.2.2　柱梁接合部の計算式

　接合部の回転剛性，降伏モーメント，終局モーメント等は(1)〜(5)により算出される．接合部形状と記号の定義を図4.5-7, 8 に示す．

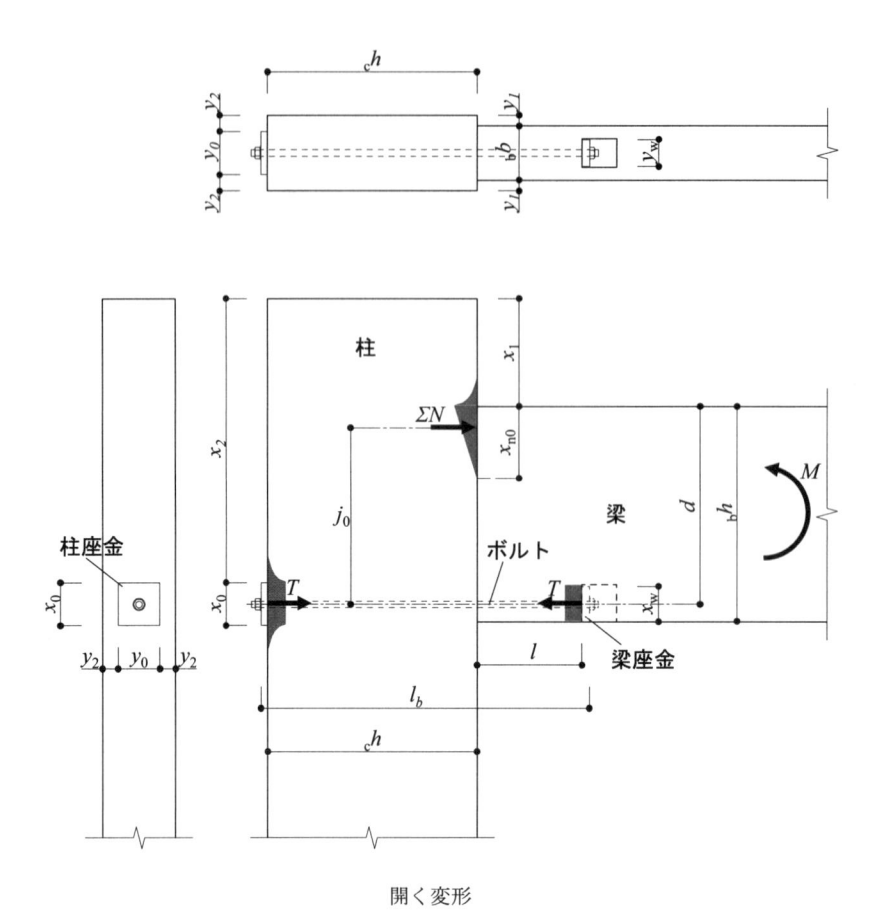

開く変形

図4.5-7　接合部形状と記号の定義

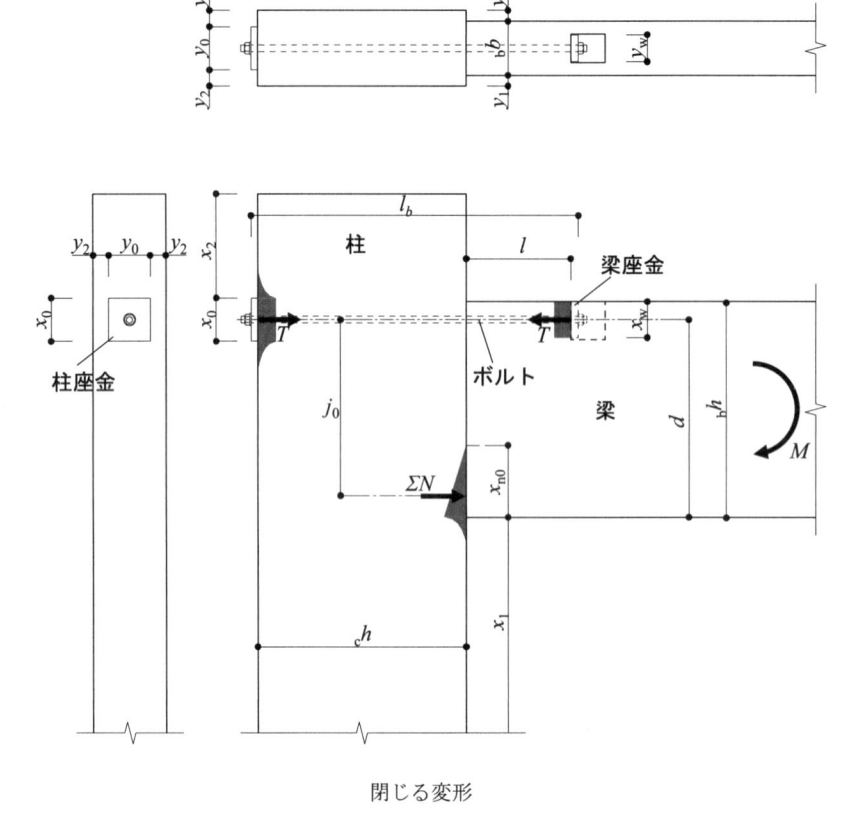

閉じる変形

図4.5-8　接合部形状と記号の定義

(1)　回転剛性 K_θ

$$K_\theta = K_T \cdot (d - x_{n0}) \cdot j_0 \qquad\qquad 式\ 4.5\text{-}45$$

$$K_T = \cfrac{1}{\cfrac{1}{K_1} + \cfrac{1}{K_2} + \cfrac{1}{K_3}} \qquad\qquad 式\ 4.5\text{-}46$$

$$j_0 = d - \frac{x_{n0}}{3 \cdot C_{x1}} \qquad\qquad 式\ 4.5\text{-}47$$

$$C_{x1} = 1 + \frac{4 \cdot {}_ch}{3 \cdot x_{n0}} \cdot \left(1 - e^{-\frac{3 \cdot x_1}{2 \cdot {}_ch}}\right) \qquad\qquad 式\ 4.5\text{-}48$$

$$x_{n0} = -c_1 + \sqrt{c_1{}^2 + c_2} \qquad\qquad 式\ 4.5\text{-}49$$

$$c_1 = \frac{n_e \cdot {}_bh}{4} + \frac{2 \cdot {}_ch}{3} \cdot \left(1 - e^{-\frac{3 \cdot x_1}{2 \cdot {}_ch}}\right) \qquad\qquad 式\ 4.5\text{-}50$$

$$c_2 = \frac{n_e \cdot {}_bh \cdot d}{2} \qquad\qquad 式\ 4.5\text{-}51$$

$$n_e = \frac{4 \cdot {}_ch \cdot K_T}{E_{C90} \cdot C_{y1} \cdot {}_bb \cdot {}_bh} \qquad\qquad 式\ 4.5\text{-}52$$

$$C_{y1} = 1 + \frac{4 \cdot {}_ch}{3 \cdot n \cdot {}_bb} \cdot \left(1 - e^{-\frac{3 \cdot n \cdot y_1}{2 \cdot {}_ch}}\right) \qquad\qquad 式\ 4.5\text{-}53$$

記号　　K_θ　　　：回転剛性 [N·mm/rad]

　　　　K_1　　　：梁側定着座金のすべり剛性 [N/mm]

　　　　K_2　　　：ボルトの引張剛性 [N/mm]

　　　　K_3　　　：柱側定着座金の等変位めり込み剛性 [N/mm]

　　　　j_0　　　：軸力が 0 のときの応力中心間距離〔図 4.5-7 を参照〕[mm]

　　　　d　　　　：梁の圧縮縁から引張側のボルトまでの距離〔図 4.5-7 を参照〕[mm]

　　　　x_{n0}　　　：軸力が 0 のときの梁の圧縮縁から中立軸までの距離 [mm]

　　　　${}_ch$　　　：柱幅〔図 4.5-7 を参照〕[mm]

　　　　${}_bb$　　　：梁幅〔図 4.5-7 を参照〕[mm]

　　　　${}_bh$　　　：梁せい〔図 4.5-7 を参照〕[mm]

　　　　x_1, y_1　　：梁の圧縮縁のめり込みに対する柱の余長〔図 4.5-7 を参照〕[mm]

　　　　E_{C90}　　：柱の繊維直交方向ヤング係数 [N/mm²]

　　　　n　　　　：繊維方向に対する繊維直交方向の置換係数で, 樹種グループ J1 で 7, J2 で 6, J3 で 5 とする.

梁側定着座金のすべり剛性 K_1：

$$K_1 = x_w \cdot y_w \cdot k_w\ [\text{N/mm}] \qquad\qquad 式\ 4.5\text{-}54$$

記号　　k_w　　　：定着座金の木材繊維方向支圧剛性 [N/mm³], J1 : 20 N/mm³, J2 : 17.5 N/mm³, J3 : 15 N/mm³

　　　　x_w, y_w　　：梁座金の辺の長さ〔図 4.5-7 を参照〕[mm]

ボルトの引張剛性 K_2：

$$K_2 = E_b \cdot A_b / l_b\ [\text{N/mm}] \qquad\qquad 式\ 4.5\text{-}55$$

記号　　E_b　　　：ボルト鋼材のヤング係数 [N/mm²]

　　　　A_b　　　：ボルトの軸部断面積 [mm²]

　　　　l_b　　　：ボルトの有効引張長さ〔図 4.5-7 を参照〕[mm]

柱側定着座金の等変位めり込み剛性 K_3：

$$K_3 = x_0 \cdot y_0 \cdot C_{x2} \cdot C_{y2} \cdot E_{C90} / {}_ch\ [\text{N/mm}] \qquad\qquad 式\ 4.5\text{-}56$$

$$C_{x2} = 1 + \frac{4 \cdot {}_ch}{3 \cdot x_0} \cdot \left(1 - e^{-\frac{3 \cdot x_2}{2 \cdot {}_ch}}\right) \qquad\qquad 式\ 4.5\text{-}57$$

$$C_{y2} = 1 + \frac{4 \cdot {}_ch}{3 \cdot n \cdot x_0} \cdot \left(1 - e^{-\frac{3 \cdot n \cdot y_2}{2 \cdot {}_ch}}\right) \qquad\qquad 式\ 4.5\text{-}58$$

記号　　x_0, y_0　　：柱座金の辺の長さ〔図 4.5-7 を参照〕[mm]

　　　　x_2, y_2　　：柱座金のめり込みに対する柱の余長〔図 4.5-7 を参照〕[mm]

柱の繊維直交方向ヤング係数 E_{C90}：

$$E_{C90} = E_{C0}/25 \ [\text{N/mm}^2] \qquad\qquad 式\ 4.5\text{-}59$$

記号　　E_{C0}　　　　：柱の繊維方向ヤング係数 [N/mm²]

(2) 降伏モーメントM_y

　接合部の降伏モーメントは，梁木口の三角形変位めり込みによる降伏，引きボルトの引張降伏，柱座金の等変位めり込み降伏の最小値とする．

$$M_y = \min\{\Sigma N_y, T_{yb}, N_{yw}\} \cdot j_0 \qquad\qquad 式\ 4.5\text{-}60$$

記号　　M_y　　　　：接合部の降伏モーメント [N·mm]

　　　　ΣN_y　　　　：梁木口の三角形変位めり込みによる降伏耐力 [N]

　　　　T_{yb}　　　　：引きボルトの引張降伏耐力 [N]

　　　　N_{yw}　　　　：柱座金の等変位めり込みによる降伏耐力 [N]

　梁木口の三角形変位めり込みによる降伏耐力ΣN_y：

$$\Sigma N_y = \frac{x_{n0} \cdot {}_b b \cdot F_m}{2} \cdot \sqrt{\frac{C_{x1} \cdot C_{y1}}{C_{x1m} \cdot C_{y1m}}} \qquad\qquad 式\ 4.5\text{-}61$$

$$C_{x1m} = 1 + \frac{4 \cdot {}_c h}{3 \cdot x_{n0}} \qquad\qquad 式\ 4.5\text{-}62$$

$$C_{y1m} = 1 + \frac{4 \cdot {}_c h}{3 \cdot n \cdot {}_b b} \qquad\qquad 式\ 4.5\text{-}63$$

記号　　F_m　　　　：縁端距離を無限大とした時のめり込み降伏応力度 [N/mm²]，$F_m = 0.8 F_{cv}$

　　　　F_{cv}　　　　：柱材のめり込み基準強度 [N/mm²]

　引きボルトの引張降伏耐力T_{yb}：

$$T_{yb} = F \cdot A_e \ [\text{N}] \qquad\qquad 式\ 4.5\text{-}64$$

記号　　F　　　　：ボルト鋼材の基準強度（降伏応力度）[N/mm²]

　　　　A_e　　　　：ボルトの有効断面積 [mm²]

　柱座金の等変位めり込みによる降伏耐力N_{yw}：

$$N_{yw} = x_0 \cdot y_0 \cdot F_m \cdot \sqrt{\frac{C_{x2} \cdot C_{y2}}{C_{x2m} \cdot C_{y2m}}} \qquad\qquad 式\ 4.5\text{-}65$$

$$C_{x2m} = 1 + \frac{4 \cdot {}_c h}{3 \cdot x_0} \qquad\qquad 式\ 4.5\text{-}66$$

$$C_{y2m} = 1 + \frac{4 \cdot {}_c h}{3 \cdot n \cdot y_0} \qquad\qquad 式\ 4.5\text{-}67$$

(3) 終局モーメントM_u

　ボルトが全塑性引張耐力となるときの接合部終局モーメントM_uは，以下で計算することができる．なお，梁木口や柱座金のめり込み塑性変形でも靭性が確保できるが，降伏後の二次勾配（剛性）のばらつきが大きく，終局性能が安定しない．

$$M_u = T_u \cdot j_{u0} \qquad\qquad 式\ 4.5\text{-}68$$

$$j_{u0} = d - \frac{x_{nu0}}{2} \qquad\qquad 式\ 4.5\text{-}69$$

$$x_{nu0} = \frac{T_u}{\Sigma N_u} \cdot {}_b h \qquad\qquad 式\ 4.5\text{-}70$$

$$\Sigma N_u = {}_b b \cdot {}_b h \cdot \alpha_{cv} \cdot F_{cv} \qquad\qquad 式\ 4.5\text{-}71$$

記号　　M_u　　　　：接合部の終局曲げ耐力 [N·mm]

　　　　T_u　　　　：引きボルト接合の終局耐力 [N]

　　　　j_{u0}　　　　：無軸力下の終局時の応力中心間距離

　　　　x_{nu0}　　　　：無軸力下の終局時の梁の圧縮縁から中立軸までの距離 [mm]

　　　　ΣN_u　　　　：梁木口面の全面圧縮時の圧縮耐力 [N]

α_{cv} ：材端の余長によるめり込み基準強度の低減係数 [7].

$x_1 \leqq 100$ mm のとき $\alpha_{cv} = 0.8$, $x_1 > 100$ mm のとき $\alpha_{cv} = 1.0$

引きボルト接合の終局耐力 T_u ：

$$T_u = \min\{N_{uk}, N_{us}, T_{ub}\} \qquad\qquad 式 4.5\text{-}72$$

記号　N_{uk} ：定着金物の面圧による圧縮耐力（式 3.8-2 で求める）[N]

N_{us} ：定着金物から木口へのせん断耐力（式 3.8-3 で求める）[N]

ボルトの引張終局耐力 T_{ub} ：

$$T_{ub} = \alpha \cdot F \cdot A_b \ [N] \qquad\qquad 式 4.5\text{-}73$$

記号　α ：平成 12 建設省告示第 2464 号第 3 に基づいて 1.1 以下とする.

A_b ：ボルトの軸部断面積 [mm^2]. 伸び能力の無いボルトの場合はネジ部の有効断面積とする.

(4) 靭性確保の条件

接合部の靭性を確保するためには，ボルトの引張破断が生じるように設計する必要があり，ボルト以外が破壊しないことを確認しなければいけないので，式 4.5-74 を満足する必要がある. 検定式を満足しない場合は，基礎と柱脚接合部の結合に用いる金物やアンカーボルトで靭性を確保することも可能である.

$$C \cdot F_2 \cdot A_e \leqq \min\{N_{uk}, N_{us}\} \qquad\qquad 式 4.5\text{-}74$$

記号　F_2 ：ボルト鋼材の破断強度の公称値 [N/mm^2]

C ：ボルト鋼材の破断強度（公称値）割増係数. 終局変形時の鋼材の耐力の上限値とすることが望ましく，SNR400B 材または SNR490B で終局時の伸びは $\varepsilon = 5\%$ で $C = 1.1$ とする [3].

柱材の曲げ耐力に対して，靭性を保証する条件は式 4.5-75 のようになる. なお，対称異等級構成集成材の場合には，各強度はラミナ構成を適切に考慮するものとする.

$$M_u \leqq \min\{{}_cM_u, {}_bM_u\} \qquad\qquad 式 4.5\text{-}75$$

$$_cM_u = {}_cZ_e \cdot {}_cF_b \cdot {}_cK_z \qquad\qquad 式 4.5\text{-}76$$

$$_bM_u = {}_bZ_e \cdot {}_bF_b \cdot {}_bK_z \qquad\qquad 式 4.5\text{-}77$$

記号　${}_cM_u$ ：柱の最大曲げ耐力 [N·mm]

${}_cZ_e$ ：柱の断面欠損を考慮した有効断面係数 [mm^3]

${}_cK_z$ ：柱の基準曲げ強度の寸法調整係数

${}_cF_b$ ：柱の基準曲げ強度 [N/mm^2]

${}_bM_u$ ：梁の最大曲げ耐力 [N·mm]

${}_bZ_e$ ：梁の断面欠損を考慮した有効断面係数 [mm^3]

${}_bK_z$ ：梁の基準曲げ強度の寸法調整係数

${}_bF_b$ ：梁の基準曲げ強度 [N/mm^2]

(5) パネルゾーンのせん断破壊

モーメント抵抗接合部のパネルゾーンには大きなせん断力が作用するため，パネルゾーンがせん断破壊しないことを確認しなければいけないので，下記の検定式を満足する必要がある. なお，パネルゾーンのせん断破壊では大幅に耐力が低下することがないため，作用応力は上記の検定とは異なり終局モーメント M_u としている.

$$T_u \leqq \frac{{}_cA_e \cdot {}_cF_s}{1.5} \qquad\qquad 式 4.5\text{-}78$$

記号　${}_cA_e$ ：柱の断面欠損を考慮した有効断面積 [mm^2]

${}_cF_s$ ：柱の基準せん断強度 [mm^2]

(6) 変形角

(a) 降伏変形角 θ_y

$$\theta_y = \frac{M_y}{K_\theta} \qquad\qquad 式 4.5\text{-}79$$

(b)　終局モーメントに達した時の変形角θ_v

$$\theta_v = \theta_y + \frac{M_u - M_y}{K_{\theta 2}}$$
　　　　　式 4.5-80

記号　　$K_{\theta 2}$　　　:降伏後の二次剛性 [N・mm/rad]

降伏後の二次剛性$K_{\theta 2}$:

$T_{yb} \leqq \min\{\Sigma N_y, N_{yw}\}$のとき

$$K_{\theta 2} = K_\theta$$
　　　　　式 4.5-81

$\Sigma N_y \leqq \min\{T_{yb}, N_{yw}\}$のとき

$$K_{\theta 2} = \frac{K_\theta}{8}$$
　　　　　式 4.5-82

$N_{yw} \leqq \min\{\Sigma N_y, T_{yb}\}$のとき

$$K_{\theta 2} = \frac{K_\theta}{8}$$
　　　　　式 4.5-83

(c)　終局変形角θ_u

靭性確保の条件を満たしている場合

$$\theta_u = \frac{\varepsilon \cdot l_b}{d - x_{nu0}}$$
　　　　　式 4.5-84

記号　　ε　　　　　:ボルトの伸び

　　　　x_{nu0}　　　:終局時の支圧長さ [mm]

靭性確保の条件を満たしていない場合

$$\theta_u = \theta_v$$
　　　　　式 4.5-85

4.5.3　実験値との比較

4.5.3.1　試　験　体

引きボルト式の柱脚接合部の試験体図を図 4.5-9 に，T 型の柱梁接合部の試験体図を図 4.5-10 に，L 型の柱梁接合部の試験体図を図 4.5-11 に示す．使用材料はカラマツ対称異等級構成集成材 E105-F300 で，柱断面は 120 mm×500 mm，梁断面は 120 mm×600 mm，引きボルトは M20 の ABR490，試験体数は各仕様 1 体である．

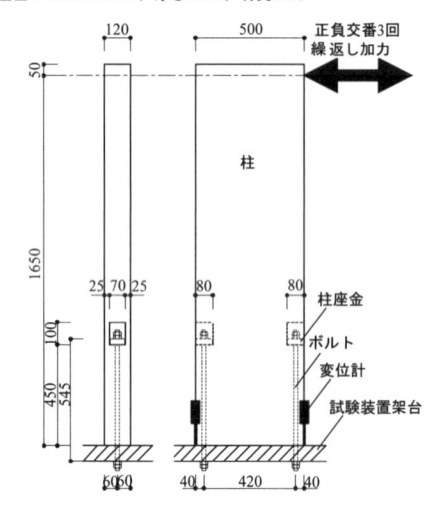

図 4.5-9　柱脚接合部試験体図

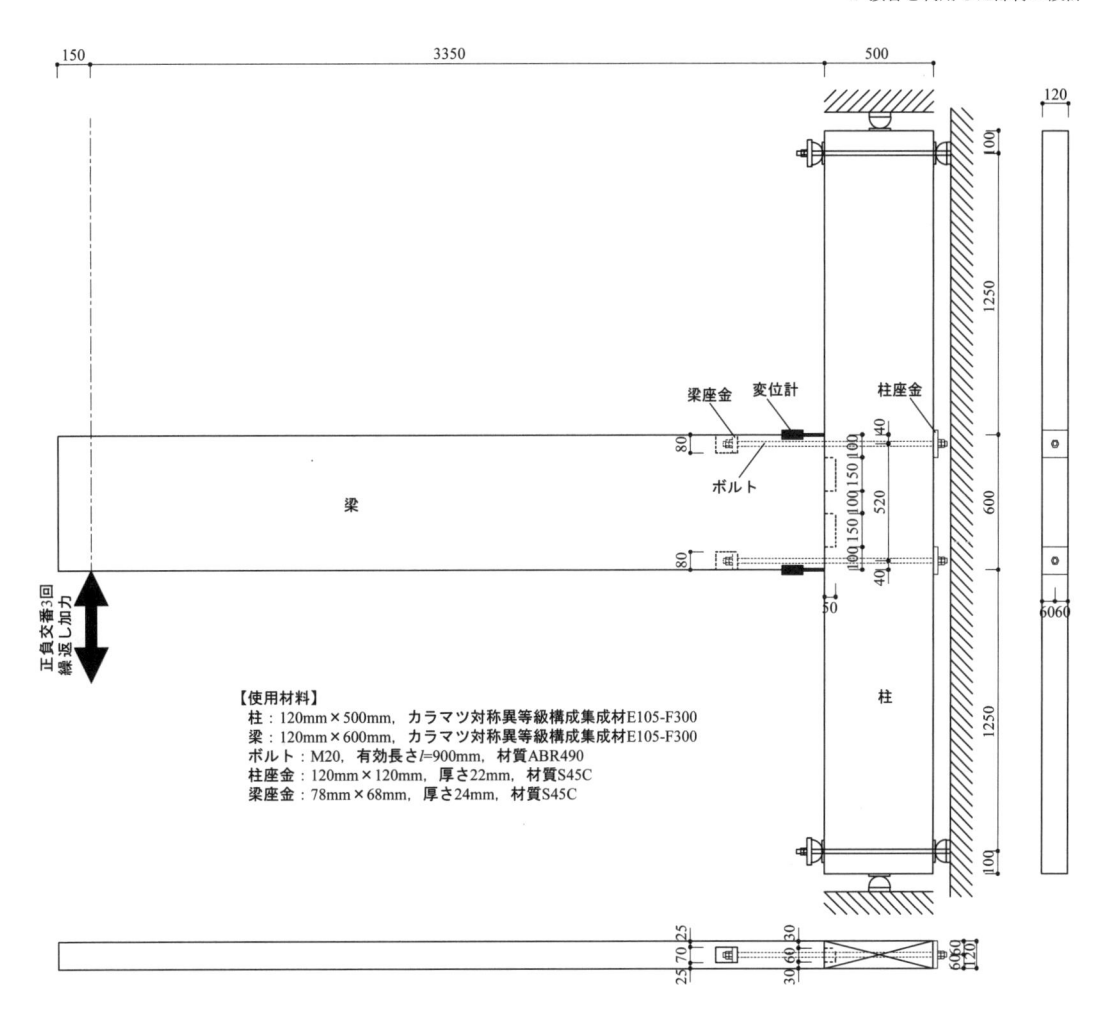

図 4. 5-10　柱梁接合部（T 型）試験体図

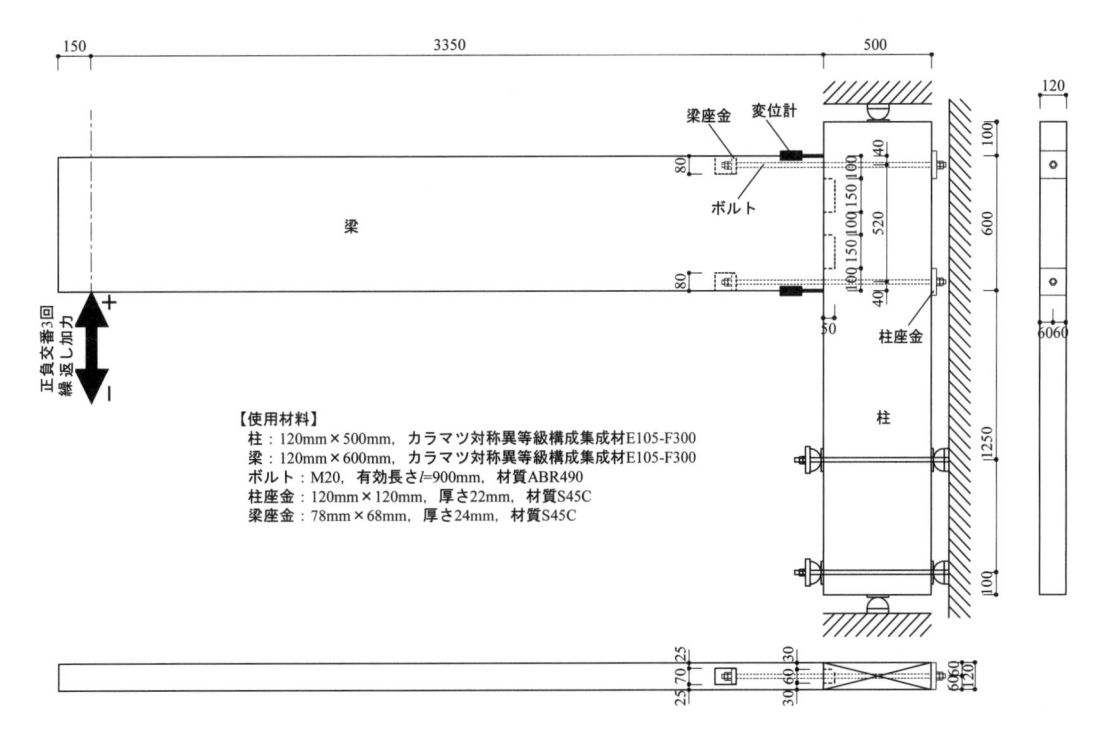

図 4. 5-11　柱梁接合部（L 型）試験体図

4.5.3.2　破壊性状

　各試験体の破壊性状を図 4.5-12～14 に示す．柱脚接合部では，引きボルトの引張破壊が終局時の破壊モードとなった．柱梁接合部では，終局時に梁木口の柱側面への三角めり込み，柱座金の等変位めり込みが確認された．

引張側ボルトの伸び

引張側ボルトの伸び・破断

図 4.5-12　柱脚接合部の破壊性状

柱座金の柱側面へのめり込み

梁木口の柱側面へのめり込み

図 4.5-13　柱梁接合部（T 型）の破壊性状

梁木口の柱側面へのめり込み

柱座金の柱側面へのめり込み

図 4.5-14　柱梁接合部（L 型）破壊性状

4.5.3.3　実験値と計算値の比較

　各試験体の実験値と計算値の比較を図 4.5-15～17 に示す．柱脚接合部では，回転剛性と降伏モーメントは精度よく計算できており，終局モーメントと終局変形角は少し安全側に計算できることを示した．また，T 型の柱梁接合部でも，回転剛性と降伏モーメントは精度よく計算できており，終局モーメントと終局変形角は少し安全側に計算できることを示した．L 型の柱梁接合部では，回転剛性の計算値は実験値の 1/2 程度であったが，降伏モーメントは精度よく計算できており，終局モーメントは少し安全側に計算できることを示した．

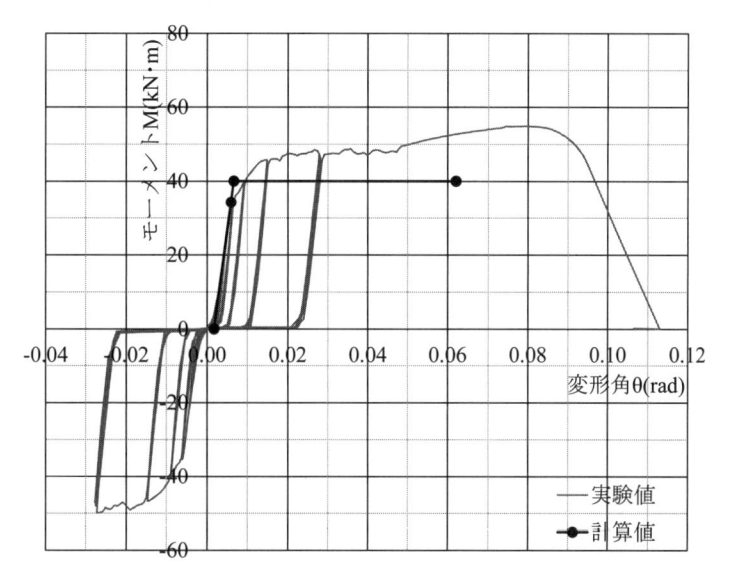

図 4.5-15　柱脚接合部の実験値と計算値の比較

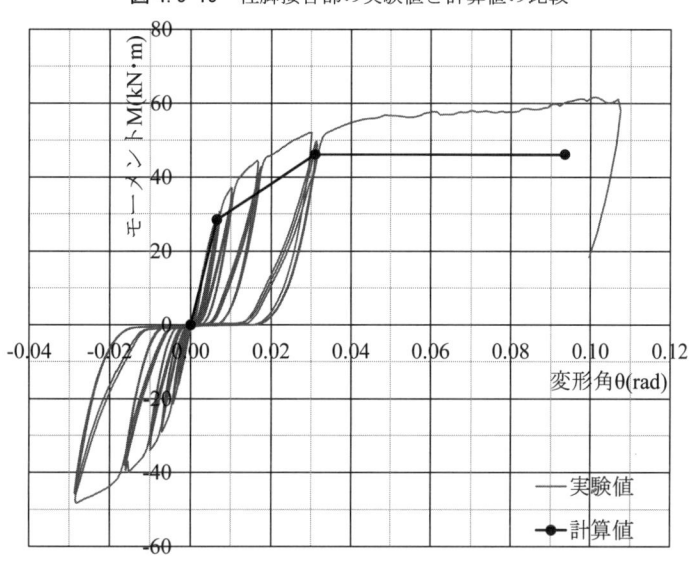

図 4.5-16　柱梁接合部（T 型）の実験値と計算値の比較

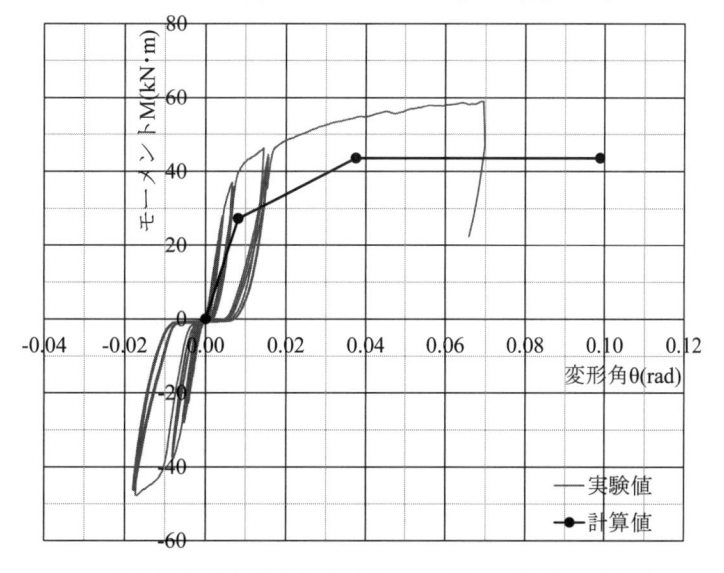

図 4.5-17　柱梁接合部（L 型）の実験値と計算値の比較

4.5.4　複合応力

　せん断力に対しては，モーメントに抵抗する機構では力を伝達することができないので，独立してせん断力を伝達させる機構を設ける必要がある．軸力に対しては，モーメントに抵抗する機構で力を伝達することができるが，圧縮力が大きい場合や引張力が大きい場合には，図 4.5-18 のような破壊が生じる．柱梁接合部は純曲げ状態を想定した剛性と耐力の計算式となっており，複合応力に対しては安全側となるような検討を行わなければいけない．

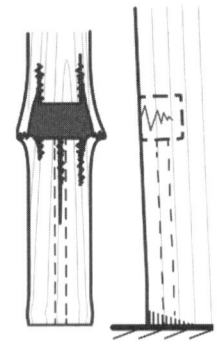　　　　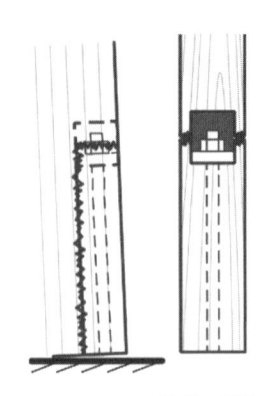

曲げ＋圧縮による破壊　　　　　　　　　　　　　　　　曲げ＋引張による破壊

図 4.5-18　複合応力による破壊

参 考 文 献

1) 稲山正弘：引きボルト式木造ラーメン柱脚接合部の設計法に関する研究，日本建築学会大会学術講演梗概集，構造III，pp.621-622，2013 年

2) 稲山正弘ほか 2 名：引きボルトを利用した木造ラーメン接合部の設計法に関する研究，日本建築学会大会学術講演梗概集，構造III，pp.355-356，2008 年

3) 荒木康弘ほか 6 名：引きボルト式集成材フレームの接合部靭性保証設計に関する研究，日本地震工学会論文集，16 巻 8 号，pp.8_123-8_134，2016 年

4) 秋山信彦ほか 3 名：引きボルト式集成材ラーメン構造の耐震設計法に関する研究-軸力を考慮した柱脚接合部の剛性および耐力の推定方法の提案-，日本建築学会構造系論文集，87 巻 793 号，pp.295-306，2022 年

5) 秋山信彦ほか 2 名：引きボルト式集成材ラーメン構造の耐震設計法に関する研究　（その 1）柱梁接合部に関する一定軸力を考慮した降伏耐力・終局耐力の推定法の提案，日本建築学会大会学術講演梗概集，構造III，pp.179-180，2019 年

6) 岡本滋史ほか 2 名：引きボルト式集成材ラーメン構造の耐震設計法に関する研究　（その 2）柱梁接合部のめり込み挙動の実験検証，日本建築学会大会学術講演梗概集，構造III，pp.181-182，2019 年

7) 日本建築学会：木質構造設計規準・同解説　－許容応力度・許容耐力設計法－，2006 年

4.6 ラグスクリューボルト型モーメント抵抗接合

4.6.1 基本情報
4.6.1.1 接合部名称
ラグスクリューボルトによるモーメント抵抗接合部：Moment resisting joint with lag-screw bolt

4.6.1.2 接合部概要
ラグスクリューボルト（以下 LSB とする）を用いた柱梁接合部および柱脚接合部は，モーメントに対して LSB が引張および圧縮抵抗する接合部である．柱梁接合部および柱脚接合部の一例を図 4.6-1 に示すとおり，各部材に埋め込まれた LSB は連結接合金物を介して接合されることになる．ただし，せん断力に対しては，原則として LSB には負担させず，せん断キーを用いて抵抗させる [1),2)].

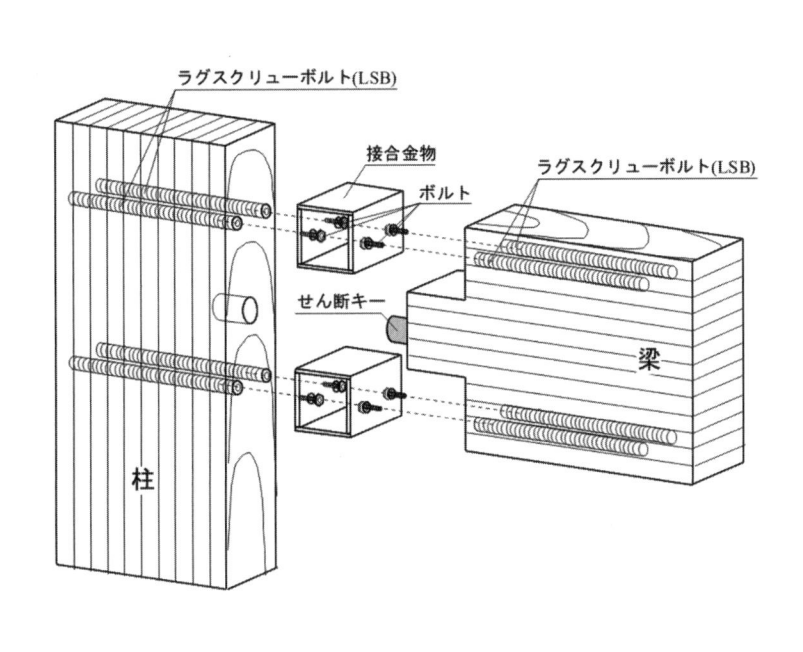
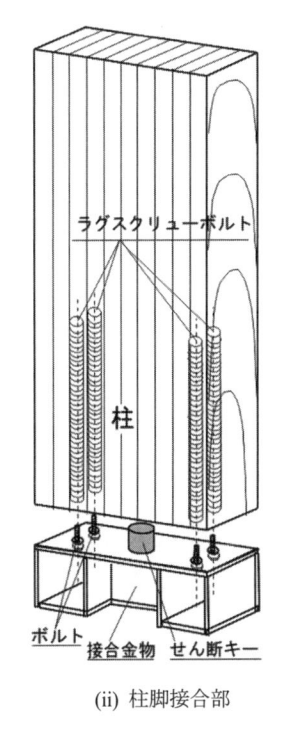

(i) 柱梁接合部　　　　　　　　　　　　　　(ii) 柱脚接合部

図 4.6-1　接合部例の概要図

4.6.1.3 力の伝達形式
図 4.6-1 に示す各接合部は，モーメントが作用すると中立軸より引張側および圧縮側において以下の力の伝達が生じる．

柱梁接合部は，引張側において①柱側 LSB 群の引張，②連結金物の引張（図 4.6-1 の場合には接合用のボルトの引張を含む），③梁側 LSB 群の引張，圧縮側において①柱側 LSB 群の圧縮，②柱材への連結金物の圧縮，③連結金物の圧縮，④梁材への連結金物の圧縮，⑤梁側 LSB 群の圧縮が生じる．

柱脚接合部は，引張側において①柱側 LSB 群の引張，②連結金物の引張（図 4.6-1 の場合には接合用のボルトの引張を含む），圧縮側において①柱側 LSB 群の圧縮，②柱材への連結金物の圧縮，③連結金物の圧縮が生じる．

4.6.1.4 対象構造・使用部位
集成材構造物における柱梁接合部および柱脚接合部等のモーメント抵抗接合部等に使用する．

4.6.1.5　施　工　例

　柱梁接合部の施工例を図 4.6-2 に示す．左の写真は LSB が埋め込まれた柱に連結金物の一部が取り付いた状態である．この連結金物の柱側にはダボ状のせん断キーがあり，柱材の溝加工にはめ込まれている．右の写真は連結金物が上下に取り付いた柱梁接合部である．

(i) LSB が埋め込まれ柱に連結金物の一部が取り付いた状態　　　　　　(ii) 柱梁接合部

図 4.6-2　LSB を用いた建築物の施工例

4.6.1.6　長所，短所，留意点

(1)　長　　　所

(a)　設　　　計

・引張力は LSB が負担し，せん断力はせん断ダボで負担するため，力の流れが明快である．

・連結金物もしくは柱脚のアンカーボルトなどで先行降伏させることにより，靭性のある接合部とすることが可能である．

(b)　施　　　工

・LSB は工場で取り付けて出荷されるため，現場では数本のボルトもしくはナットを締めるだけであり施工が容易である．

(c)　そ　の　他

・LSB は部材内部に埋め込まれるために LSB が外部に露出せず，またボルトもしくはナットを締め付けて接合することで部材どうしを引き寄せるため，納まりが綺麗である．

・ボルトもしくはナットのみで接合されるため，解体が可能で，またリユースも可能である．

(2)　短　　　所

・LSB の引抜きは変形性能に乏しい．

・先孔加工の精度が，LSB の引張性能および接合部の施工性に大きく影響する．

(3)　留　意　点

・繊維直交方向に埋め込む LSB は，LSB 底部における木質部材の引張破壊を防止するために，木質部材の全幅に埋め込むことが推奨される．

・木質材料の木口面に埋め込まれる LSB は，曲げに伴う跳ね戻し効果による割裂破壊を防止するために，適切な縁端距離を確保する必要がある[3]．

・柱梁接合部の柱材において，LSB に囲まれた木質部材（パネルゾーン）でせん断破壊を引き起こすケースがある[3]-[5]．

4.6.2 設 計 情 報

LSB を用いたモーメント抵抗接合部の設計情報として，柱梁接合部および柱脚接合部の一例を以下に示す．

4.6.2.1 柱梁接合部

LSB を用いた柱梁接合部の設計情報として，図 4.6-1(i)に示す柱および梁に埋め込まれた LSB を連結金物で緊結する接合部について以下に示す．この接合部におけるモーメントに対する力の釣合いのモデルを図 4.6-3 に示す．

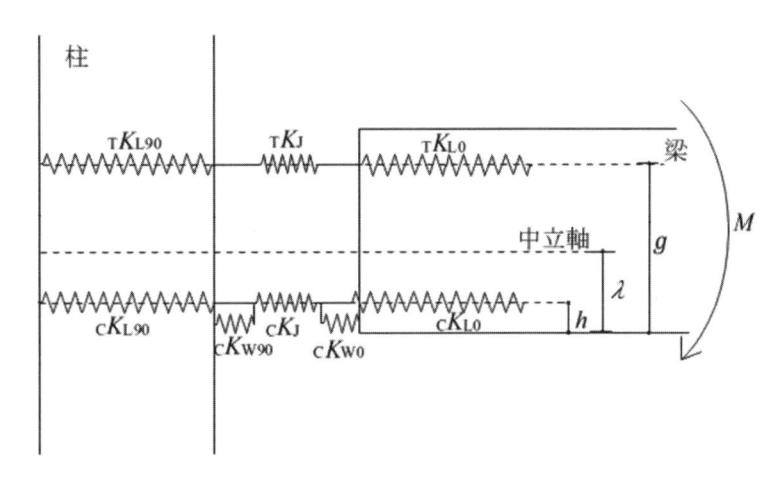

図 4.6-3 柱梁接合部のバネモデル

（1） 回 転 剛 性

柱梁接合部の回転剛性R_jは以下の式となる．

$$R_j = {}_TK(g-\lambda)^2 + {}_cK(\lambda-h)^2 \qquad \text{式 4.6-1}$$

$$\lambda = \frac{{}_TK \cdot g + {}_cK \cdot h}{{}_TK + {}_cK} \qquad \text{式 4.6-2}$$

記号　λ　　　　：中立軸の位置 [mm]

　　　${}_TK$　　　　：引張側の剛性 [N/mm]

　　　${}_cK$　　　　：圧縮側の剛性 [N/mm]

引張側の剛性${}_TK$：

$$_TK = \frac{{}_TK_{L90} \cdot {}_TK_J \cdot {}_TK_{L0}}{{}_TK_{L90} \cdot {}_TK_J + {}_TK_{L90} \cdot {}_TK_{L0} + {}_TK_J \cdot {}_TK_{L0}} \qquad \text{式 4.6-3}$$

$$_TK_{L90} = {}_cn_L \cdot K_{s90} \qquad \text{式 4.6-4}$$

$$_TK_{L0} = {}_Bn_L \cdot K_{s0} \qquad \text{式 4.6-5}$$

記号　　${}_TK_{L90}$　：柱側の LSB 群のすべり係数 [N/mm]

　　　　${}_TK_{L0}$　：梁側の LSB 群のすべり係数 [N/mm]

　　　　${}_TK_J$　：柱側および梁側の LSB を繋ぐ連結金物群の引張剛性 [N/mm]

　　　　　　　　例えば，図 4.6-1 に示す連結金物は接合ボルトを含めて評価する．ただし，雄ねじタイプの LSB や雌ねじタイプの LSB でも接合ボルトの伸びが全体変形に対して非常に小さい場合には無視できる．

　　　　${}_cn_L$　：接合金物と連結する柱に用いた LSB の本数

　　　　K_{s90}　：LSB1 本のすべり係数（繊維直交方向）[N/mm]

　　　　${}_Bn_L$　：接合金物と連結する梁に用いた LSB の本数

　　　　K_{s0}　：LSB1 本のすべり係数（繊維平行方向）[N/mm]

圧縮側の剛性${}_cK$：

$$_cK = \frac{{}_cK_C \cdot {}_cK_J \cdot {}_cK_B}{{}_cK_C \cdot {}_cK_J + {}_cK_C \cdot {}_cK_B + {}_cK_J \cdot {}_cK_B} \qquad \text{式 4.6-6}$$

$$_cK_C = {}_cK_{L90} + {}_cK_{W90} \qquad \text{式 4.6-7}$$

$$_cK_B = {_cK_{L0}} + {_cK_{W0}}$$　　　　式 4.6-8

$$_cK_{L90} = {_cn_L} \cdot K_{s90}$$　　　　式 4.6-9

$$_cK_{L0} = {_Bn_L} \cdot K_{s0}$$　　　　式 4.6-10

$$_cK_{W0} = k_{W0} \cdot A_{Sw}$$　　　　式 4.6-11

$$k_{W0} = \frac{E_{W0}}{31.6 + 10.9 B_S}$$　　　　式 4.6-12

$$_cK_{W90} = k_{W90} \cdot A_{Sw}$$　　　　式 4.6-13

$$k_{W90} = \frac{k_{W0}}{3.4}$$　　　　式 4.6-14

記号　　$_cK_C$　　：柱側の圧縮剛性　[N/mm]

　　　　$_cK_B$　　：梁側の圧縮剛性　[N/mm]

　　　　$_cK_J$　　：柱側および梁側の LSB を繋ぐ連結金物の圧縮剛性　[N/mm]

　　　　　　　　　連結金物の形状により，全体変形に対して非常に小さい場合には無視できる．

　　　　$_cK_{L90}$　：柱の圧縮側 LSB 群のすべり係数　[N/mm]

　　　　$_cK_{L0}$　：梁の圧縮側 LSB 群のすべり係数　[N/mm]

　　　　$_cK_{W0}$　：梁材の圧縮剛性（繊維平行方向）[N/mm]

　　　　$_cK_{W90}$　：柱材の圧縮剛性（繊維直交方向）[N/mm]

　　　　A_{Sw}　　：連結金物の支圧面積　[mm²]

　　　　E_{W0}　　：木質部材の繊維方向ヤング係数　[N/mm²]

　　　　B_S　　：連結金物の木質部材との接触幅　[mm]

(2)　降伏モーメント

　柱梁接合部の降伏モーメントM_yは，図 4.6-3 に示す引張側および圧縮側の各要素において最初に降伏したときのモーメントとなる．

$$M_y = \min\{_TM_y, {_cM_y}\}$$　　　　式 4.6-15

記号　　$_TM_y$　　：引張側の降伏モーメント　[N·mm]

　　　　$_cM_y$　　：圧縮側の降伏モーメント　[N·mm]

　引張側の降伏モーメント$_TM_y$は，柱側の LSB 群の引張降伏耐力，梁側の LSB 群の引張降伏耐力，柱側および梁側の LSB を繋ぐ連結金物の降伏耐力の中で最も小さな値となる．

$$_TM_y = \min\{_TP_{yL90}, {_TP_{yJ}}, {_TP_{yL0}}\} \cdot (g - h)$$　　　　式 4.6-16

$$_TP_{yL90} = {_cn_L} \cdot P_{y90}$$　　　　式 4.6-17

$$_TP_{yL0} = {_Bn_L} \cdot P_{y0}$$　　　　式 4.6-18

記号　　$_TP_{yL90}$　：柱側の LSB 群の引張降伏耐力　[N]

　　　　$_TP_{yL0}$　：梁側の LSB 群の引張降伏耐力　[N]

　　　　$_TP_{yJ}$　　：柱側および梁側の LSB を繋ぐ連結金物群の引張降伏耐力　[N]

　　　　　　　　　例えば，図 4.6-1 では，連結金物と接合ボルトの引張降伏耐力となる．

　　　　P_{y90}　　：LSB1 本の降伏耐力（繊維直交方向）[N]

　　　　　　　　　通常，LSB の引抜き性能は弾性的に挙動して明確な降伏を示さないため，最大引抜き荷重P_{max}の信頼水準75%の95%下側許容限界値の 2/3（短期許容引抜耐力）とする．ただし，引抜き試験により降伏耐力が確認された場合にはその値とする．

　　　　P_{y0}　　：LSB1 本の降伏耐力（繊維平行方向）[N]

　　　　　　　　　通常，LSB の引抜き性能は弾性的に挙動し，明確な降伏を示さないため短期許容引抜耐力とする．ただし，引抜き試験により降伏耐力が確認された場合にはその値とする．

　圧縮側の降伏モーメント$_cM_y$は，柱側の LSB 群の圧縮降伏耐力，梁側の LSB 群の圧縮降伏耐力，連結金物の柱への短期めり込み耐力，連結金物の梁への短期圧縮耐力，連結金物の圧縮降伏耐力の中で最も小さな値となる．ただし，図

4.6-3 のとおり，柱側および梁側の LSB の圧縮と連結金物の圧縮が並列バネとなっているため，その剛性の比により降伏耐力を算出する．

$$_cM_y = \min\left\{\begin{array}{c} \dfrac{_cK_{L90} + _cK_{W90}}{_cK_{L90}} \cdot {_cP_{yL90}}, \\[2mm] \dfrac{_cK_{L90} + _cK_{W90}}{_cK_{W90}} \cdot {_cP_{W90}}, \\[2mm] \dfrac{_cK_{L0} + _cK_{W0}}{_cK_{W0}} \cdot {_cP_{W0}}, \\[2mm] \dfrac{_cK_{L0} + _cK_{W0}}{_cK_{L0}} \cdot {_cP_{yL0}}, \\[2mm] _cP_{yJ} \end{array}\right\} \cdot (g - h)$$
　　式 4.6-19

$$_cP_{yL90} = {_cn_L} \cdot P_{y90}$$
　　式 4.6-20

$$_TP_{yL0} = {_cn_L} \cdot P_{y0}$$
　　式 4.6-21

$$_cP_{W90} = \frac{2}{3} F_{cv} \cdot A_{Sw}$$
　　式 4.6-22

$$_cP_{W0} = \frac{2}{3} F_c \cdot A_{Sw}$$
　　式 4.6-23

記号　　$_cP_{yL90}$　：柱側の LSB 群の圧縮降伏耐力 [N]

　　　　$_cP_{yL0}$　：梁側の LSB 群の圧縮降伏耐力 [N]

　　　　$_cP_{W90}$　：連結金物の柱側面への短期めり込み耐力（繊維直交方向）[N]

　　　　$_cP_{W0}$　：連結金物の梁木口面への短期圧縮耐力（繊維平行方向）[N]

　　　　$_TP_{yJ}$　：柱側および梁側の LSB を繋ぐ連結金物群の圧縮降伏耐力 [N]

　　　　F_{cv}　：柱材のめり込みの基準強度 [N/mm²]

　　　　F_c　：梁材の縦圧縮の基準強度 [N/mm²]

(3)　最大モーメント

　最大モーメントM_{max}は，図 4.6-3 に示す引張側および圧縮側の各要素における最大耐力および基準強度において定まる最小値となる．

$$M_{max} = \min\{_TM_{max}, {_cM_{max}}\}$$
　　式 4.6-24

記号　　$_TM_{max}$　：引張側の最大モーメント [N·mm]

　　　　$_cM_{max}$　：圧縮側の最大モーメント [N·mm]

　本設計情報で示す接合形式は圧縮側と引張側が対称の接合部であるため，圧縮側の最大耐力は LSB の圧縮抵抗に加えて連結金物の各部材への圧縮抵抗となることから，接合部の最大モーメントは引張側の最大耐力により決まる．

　引張側の最大モーメント$_TM_{max}$は，柱側の LSB 群の引張耐力，梁側の LSB 群の引張耐力，柱側および梁側の LSB を繋ぐ連結金物群の最大耐力の中で最も小さな値となる．

$$_TM_{max} = \min\{_TP_{maxL90}, {_TP_{maxJ}}, {_TP_{maxL0}}\} \cdot (g - h)$$
　　式 4.6-25

$$_TP_{maxL90} = {_cn_L} \cdot P_{max90}$$
　　式 4.6-26

$$_TP_{maxL0} = {_Bn_L} \cdot P_{max0}$$
　　式 4.6-27

記号　　$_TP_{maxL90}$　：柱側の LSB 群の最大耐力 [N]

　　　　$_TP_{maxL0}$　：梁側の LSB 群の最大耐力 [N]

　　　　$_TP_{maxJ}$　：柱側および梁側の LSB を繋ぐ連結金物群の最大耐力 [N]

　　　　　　　　　例えば，図 4.6-1 の接合例では連結金物の最大引張耐力もしくは接合ボルトの基準引張強度となる．

　　　　P_{max90}　：LSB1 本の最大引抜き耐力（繊維直交方向）[N]

　　　　P_{max0}　：LSB1 本の最大引抜き耐力（繊維平行方向）[N]

(4)　終局モーメントおよび塑性率

　柱梁接合部の終局モーメントは，LSB と連結金物の引張および圧縮性能により決まる．LSB の終局引抜き耐力は，既往の実験結果より最大引抜き荷重の 0.9 程度となっている．ただし，LSB の引抜けもしくは LSB と連結金物を繋ぐ

高強度ボルトの破断などの脆性的な破壊により終局耐力が決まる場合には，塑性率が小さくなるため設計では不利となる．そのため，連結金物を大きく変形させて塑性率を確保する接合形式が望ましい．

4.6.2.2　柱脚接合部

　LSB を用いた柱脚接合部の設計情報として，図 4.6-1(ii)に示す柱の木口面から埋め込まれた雌ねじタイプの LSB をボルトと連結金物で繋げる柱脚接合部の例を示す．この接合部におけるモーメントに対する力の釣合いのモデルを図 4.6-4 に示す．

　ここでは柱と連結金物の接合部について設計情報を記載する．しかし，基本的には連結金物はアンカーボルトと接合され，アンカーボルトを先行降伏させることになる．アンカーボルトを含めた接合部の性能は，LSB 側とアンカーボルト側の剛性を直列のバネとすることで算出される．

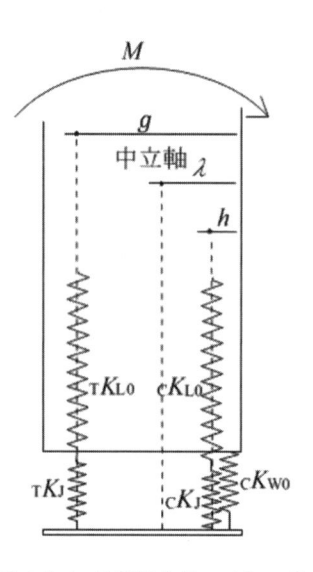

図 4.6-4　柱脚接合部のバネモデル

(1)　回 転 剛 性

　柱脚接合部の回転剛性R_jは，柱に埋め込まれた LSB と連結金物の引張および圧縮性能，そして連結金物の柱木口への圧縮による力の関係より以下の式となる．

$$R_\mathrm{j} = {}_\mathrm{T}K(g-\lambda)^2 + {}_\mathrm{c}K_\mathrm{LJ}(\lambda-h)^2 + \frac{{}_\mathrm{c}k_\mathrm{W0} \cdot B_\mathrm{j} \cdot \lambda^3}{3} \qquad \text{式 4.6-28}$$

$$\lambda = \frac{1}{{}_\mathrm{c}k_\mathrm{W0} \cdot B_\mathrm{j}}\left\{\sqrt{\left({}_\mathrm{T}K + {}_\mathrm{c}K_\mathrm{LJ}\right)^2 + 2{}_\mathrm{c}k_\mathrm{W0} \cdot B_\mathrm{j} \cdot \left({}_\mathrm{T}K \cdot g + {}_\mathrm{c}K_\mathrm{LJ} \cdot h\right)} - \left({}_\mathrm{T}K + {}_\mathrm{c}K_\mathrm{LJ}\right)\right\} \qquad \text{式 4.6-29}$$

$$_\mathrm{T}K = \frac{{}_\mathrm{T}K_\mathrm{L0} \cdot {}_\mathrm{T}K_\mathrm{J}}{{}_\mathrm{T}K_\mathrm{L0} + {}_\mathrm{T}K_\mathrm{J}} \qquad \text{式 4.6-30}$$

$$_\mathrm{T}K_\mathrm{L0} = {}_\mathrm{c}n_\mathrm{L} \cdot K_\mathrm{s0} \qquad \text{式 4.6-31}$$

$$_\mathrm{c}K_\mathrm{LJ} = \frac{{}_\mathrm{c}K_\mathrm{L0} \cdot {}_\mathrm{c}K_\mathrm{J}}{{}_\mathrm{c}K_\mathrm{L0} + {}_\mathrm{c}K_\mathrm{J}} \qquad \text{式 4.6-32}$$

$$_\mathrm{c}K_\mathrm{L0} = {}_\mathrm{c}n_\mathrm{L} \cdot K_\mathrm{s0} \qquad \text{式 4.6-33}$$

$$_\mathrm{c}k_\mathrm{W0} = \frac{E_\mathrm{W0}}{31.6 + 10.9B_\mathrm{j}} \qquad \text{式 4.6-34}$$

記号　　λ　　　　：中立軸の位置 [mm]

　　　　$_\mathrm{T}K$　　　：引張側の剛性 [N/mm]

　　　　$_\mathrm{c}K_\mathrm{LJ}$　　：圧縮側の剛性 [N/mm]

　　　　B_j　　　：柱材と連結金物が接する幅 [mm]

　　　　$_\mathrm{T}K_\mathrm{L0}$　　：引張側 LSB 群のすべり係数 [N/mm]

$_T K_J$ ：LSB を繋ぐ連結金物群の引張剛性 [N/mm]

例えば，図 4.6-1(ii)では，連結金物は接合ボルトを含めて評価する．ただし，雄ねじタイプの LSB や雌ねじタイプの LSB でも接合ボルトの伸びが全体変形に対して非常に小さい場合には無視できる．

$_c n_L$ ：柱の引張側に用いた LSB の本数（本例では引張側と圧縮側は同数）

K_{s0} ：LSB1 本のすべり係数（繊維平行方向）[N/mm]

$_c K_{L0}$ ：圧縮側 LSB 群のすべり係数 [N/mm]

$_c K_J$ ：LSB を繋ぐ連結金物の圧縮剛性 [N/mm]

E_{W0} ：柱材の繊維方向ヤング係数 [N/mm^2]

(2) 降伏モーメント

柱脚接合部の降伏モーメントM_yは，回転剛性と降伏変形角の関係より以下の式となる．

$$M_y = R_j \cdot \theta_y \qquad \text{式 4.6-35}$$

降伏変形角θ_yは，図 4.6-4 に示す引張側もしくは圧縮側において最初に降伏したときの変形角となる．

$$\theta_y = \min\{_T\theta_y, \, _c\theta_{Jy}, \, _c\theta_{Wy}\} \qquad \text{式 4.6-36}$$

$$_T\theta_y = \frac{_T P_y}{_T K \cdot (g - \lambda)} \qquad \text{式 4.6-37}$$

$$_T P_y = \min\{_T P_{yL0}, \, _T P_{yJ}\} \qquad \text{式 4.6-38}$$

$$_T P_{yL0} = _c n_L \cdot P_{y0} \qquad \text{式 4.6-39}$$

$$_c\theta_{yJ} = \frac{_c P_{yLJ}}{_c K_{LJ} \cdot (\lambda - h)} \qquad \text{式 4.6-40}$$

$$_c P_{yLJ} = \min\{_c P_{yL}, \, _c P_{yJ}\} \qquad \text{式 4.6-41}$$

$$_c P_{yL} = _c n_L \cdot P_{y0} \qquad \text{式 4.6-42}$$

$$_c\theta_{yW} = \frac{2 \cdot _c P_{yW}}{\lambda^2 \cdot _c K_{LJ} \cdot B_j} \qquad \text{式 4.6-43}$$

$$_c P_{yW} = \frac{F_c \cdot \lambda \cdot B_j}{3} \qquad \text{式 4.6-44}$$

記号　　$_T\theta_y$ ：引張側降伏変形角 [rad]

$_c\theta_{yJ}$ ：圧縮側の LSB および連結金物の降伏変形角 [rad]

$_c\theta_{yW}$ ：柱底部の圧縮降伏変形角 [rad]

$_T P_y$ ：引張側の引張降伏耐力 [N]

$_T P_{yL0}$ ：LSB 群の引張降伏耐力 [N]

$_T P_{yJ}$ ：連結金物群の引張降伏耐力 [N]

P_{y0} ：LSB1 本の降伏耐力（繊維平行方向）[N]

通常，LSB の引抜き性能は弾性的に挙動して明確な降伏を示さないため，短期許容引抜耐力とする．ただし，引抜き試験により降伏耐力が確認された場合にはその値とする．

$_c P_{yLJ}$ ：圧縮側の LSB および連結金物で最初に降伏した耐力 [N]

$_c P_{yL}$ ：LSB 群の圧縮降伏耐力 [N]

$_c P_{yJ}$ ：連結金物群の圧縮降伏耐力 [N]

$_c P_{yW}$ ：柱材の圧縮降伏耐力 [N]

F_c ：柱材の縦圧縮の基準強度 [N/mm^2]

(3) 最大モーメント，終局モーメントおよび塑性率

柱脚接合部の最大モーメントおよび終局モーメントは，図 4.6-4 に示す引張側および圧縮側の各要素における最大耐力および終局耐力において定まる最小値となる．圧縮側の最大耐力および終局耐力は，LSB が引抜き耐力と同等に抵抗することに加えて連結金物が柱材に圧縮抵抗することから，接合部の最大モーメントおよび終局モーメントは引張

側の最大耐力により決まる．ただし，軸力が作用する場合には，接合部の応力状態により検討する必要がある．引張側の最大モーメントおよび終局モーメントは，LSB 群の引張耐力と連結金物の最大耐力で小さい方の値となる．LSB の引抜きによる終局耐力は，既往の実験結果より最大引抜き荷重の 0.9 程度となっている．ただし，LSB の引抜けもしくは LSB と連結金物を繋ぐ連結用ボルトの破断などの脆性的な破壊により終局耐力が決まる場合には，塑性率が小さくなるため設計では不利となる．そのため，アンカーボルトもしくは連結金物を大きく変形させて塑性率を確保する接合形式が望ましい．

4.6.2.3　パネルゾーンのせん断破壊

柱梁接合部の柱材において，圧縮および引張力に抵抗する LSB に囲まれたパネルゾーンにおいて，図 4.6-5 に示すようなせん断破壊を生じるケースがある．既往の研究 [2],[5]では，パネルゾーンに加わるせん断応力が柱材の許容せん断応力度を超えないようにすることで先行破壊を防ぐこととしている．

図 4.6-5　柱材のパネルゾーンにおけるせん断破壊

4.6.3　実 験 情 報

柱梁接合部 [7],[8]および柱脚接合部 [9]の実験情報を以下に示す．これらの他にも，設計情報の整理を目的とした実験として，引張変形をほぼ生じない連結金物を用いた接合部の実験報告がされている [6]．

4.6.3.1　柱梁接合部試験

（1）　試 験 体

柱と梁材はスギ異等級構成集成材，強度等級は E65-F225 であった．LSB はねじ山径が 18 mm，ねじ谷径が 14 mm で，有効埋込み深さは梁が 425.3 mm，柱が 214.3 mm であった．各部材の寸法は，梁材の梁せいが 400 mm，500 mm，600 mm の 3 条件〔図 4.6-6 参照〕，梁幅が 240 m，長さが 2 260 mm であった．柱材は断面 300 mm×300 mm で長さ 2 650 mm であった．梁せい 400 mm の接合部は，LSB と連結金物による一連の接合部が 2 段で構成され，各段には LSB が 6 本（柱と梁に各 3 本）使用された．梁せい 500，600 mm の接合部は，一連の接合部が 3 段で構成され，中間の段には LSB が 4 本（柱と梁に各 2 本），上下の段は 6 本（柱と梁に各 3 本）使用された．また，柱側の LSB にはエポキシ樹脂接着剤が使用された．連結金物は特殊鋼板とテーパ状の特殊ナットにより構成され，各部材に埋め込まれた LSB と特殊鋼板を特殊ナットにより接合し，その鋼板どうしをちぎり金物により一体化する形式であった．試験体数は各条件 3 体であった．実験は梁の頂部を油圧ジャッキにより正負交番繰り返しの水平力を加えることで行った．接合部回転角は，変位計で測定した柱と梁の相対変形量と測定間距離の関係から算出した．試験方法の概要を図 4.6-7 に示す．

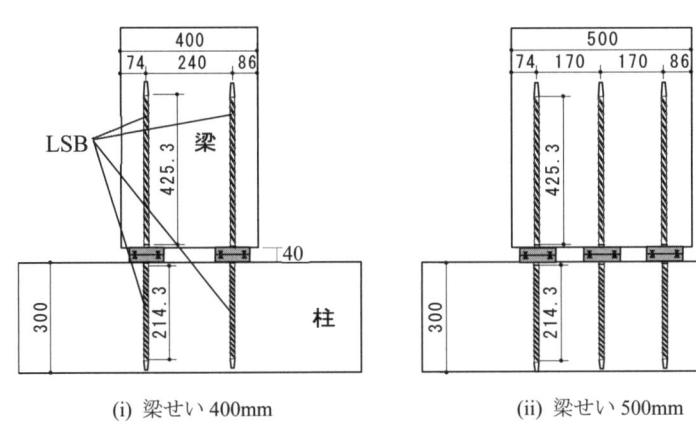

(i) 梁せい 400mm (ii) 梁せい 500mm (iii) 梁せい 600mm

図 4.6-6 柱梁接合部試験体図

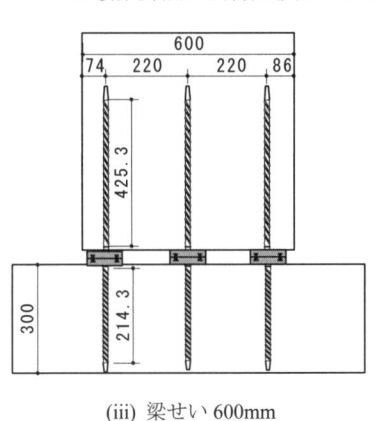

図 4.6-7 柱梁接合部試験体図

図 4.6-8 柱梁接合部試験の破壊性状

(2) 破 壊 性 状

破壊性状は図 4.6-8 に示すとおり，梁せい 400 mm，500 mm の試験体が柱に埋め込んだ LSB の引抜け，もしくは特殊鋼板からのテーパナットの引抜けであった．梁せい 600 mm の試験体は 2 体が LSB の引抜けおよび特殊鋼板からのテーパナットの引抜けであったが，1 体は柱における LSB に挟まれたパネルゾーンでのせん断破壊であった．なお，本試験体では意匠性を検討するため，梁の木口面を部分的に欠き込んで特殊鋼板が見えにくいように取り付けている．

(3) 実 験 結 果

回転剛性および最大モーメントの実験結果と計算値を図 4.6-9 に示す．最大モーメントの計算値は，全て柱側の LSB の最大引抜き耐力により定まっている．

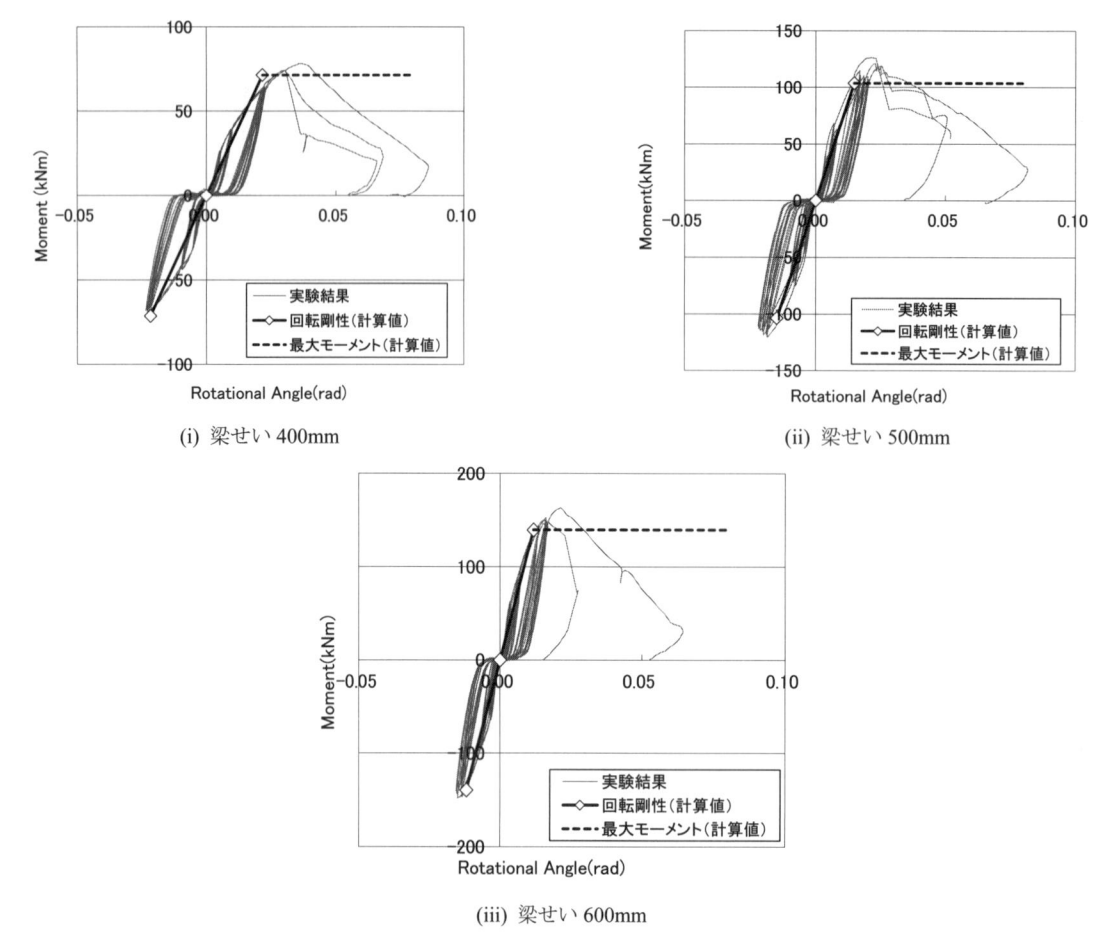

(i) 梁せい 400mm

(ii) 梁せい 500mm

(iii) 梁せい 600mm

図4.6-9　柱梁接合部の実験結果と計算値の比較

4.6.3.2　柱脚接合部試験

(1)　試　験　体

　柱脚試験体は，柱に埋め込んだ LSB の雌ねじ部を柱脚金物に留め付け，柱脚金物と試験機治具を 4 本の高強度ボルト M20 により緊結することで構成した〔図 4.6-10 参照〕．柱材はオウシュウアカマツの同一等級集成材 E105-F345 とし，断面は 120×300 mm または 150×300 mm の 2 条件とした．LSB は雌ねじタイプで，ねじ山径 18 mm，ねじ谷径 14 mm，埋め込み深さ 400 mm，他材料との連結用ボルトは M14 であった．両試験条件とも LSB を 4 本，柱底面から図 4.6-10 に示す柱脚金物に空けた穴位置に埋め込んだ．試験体数は各 3 体とした．実験は柱頂部を油圧ジャッキにより正負交番繰り返しの水平力を加えることで行った．接合部回転角は，変位計により測定した柱脚部における柱材と試験機のベース鋼材間の相対回転量とした．

(2)　破　壊　性　状

　柱幅 120 mm および 150 mm 試験体ともに，接合部の回転角が 1/30 rad 以上においても柱脚金物が大きく変形することで，曲げモーメントが低下する破壊に至らなかった．ただし，柱幅 150 mm では終局時に LSB の雌ねじ部で破断する結果となった．図 4.6-11 に柱幅 120 mm 試験体の終局状態を示す．

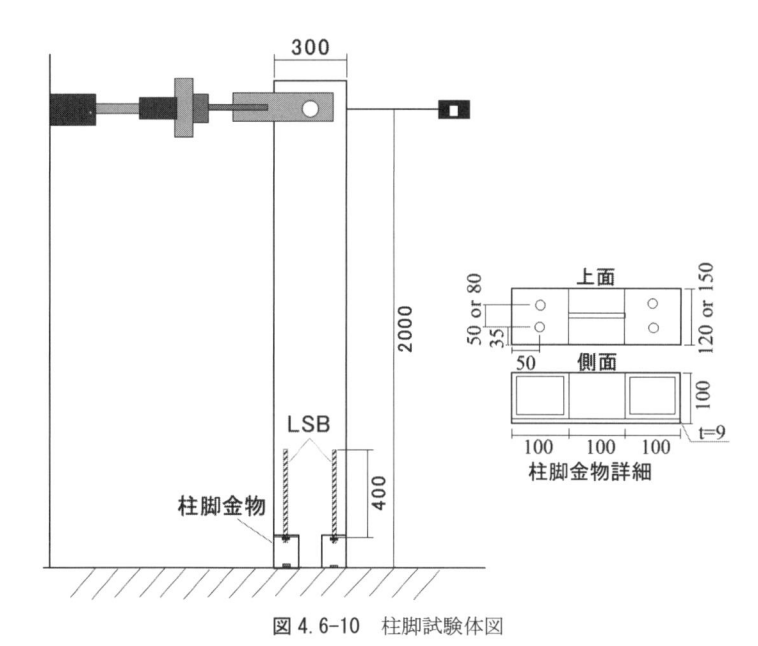

図 4.6-10　柱脚試験体図

図 4.6-11　柱幅 120mm 試験体の終局性状

(3)　実 験 結 果

　回転剛性および最大モーメントの実験結果と計算値を図 4.6-12 に示す．最大モーメントの計算値は，LSB の最大引抜き耐力または LSB の雌ねじ部である M14 の引張破断で決まるものとして計算されている．

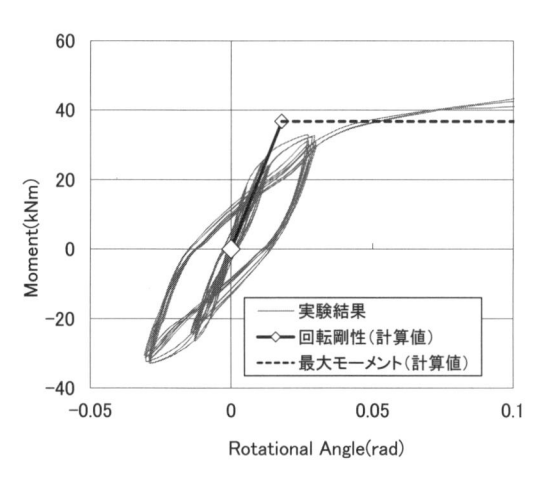

(i)　柱幅 120mm 試験体

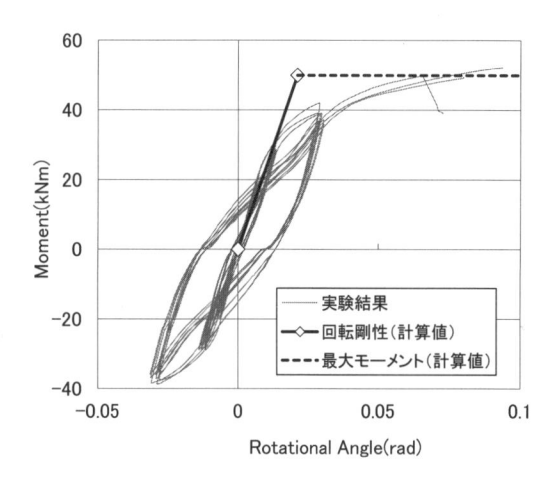

(ii)　柱幅 150mm 試験体

図 4.6-12　柱脚接合部の実験結果と計算値の比較

参 考 文 献

1) 小松幸平ほか3名:ラグスクリューボルト(LSB)を用いた集成材ラーメン架構の開発（その1）－LSB とは何か．LSB 接合部の
モデル化と実例研究－，第 10 回木質構造研究会技術報告集，pp.22-25，東京，2006 年

2) Shigeaki Kawahara et al.: "Introduction of Joint System and Timber Constructions Composed of Lagscrewbolt (LSB)", Proceedings of the
World Conference on Timber Engineering 2008, paper.425 (CD-ROM), Miyazaki, June 2-5, 2008 年

3) 日本建築学会：木質構造部材・接合部の変形と破壊，pp.100-102，2018 年

4) 小松幸平ほか4名：木質ラーメン架構の構造設計法に関する研究：(その1)ラグスクリューボルト(LSB)を用いた柱-梁接合部
の破壊クライテリア，2008 年度日本建築学会大会，構造III，pp.405-406，2008 年

5) 小谷竜城ほか2名：木質ラーメン構造における柱－梁接合部のせん断設計法に関する研究（その1）：ラグスクリューボルト
を用いた接合部におけるせん断応力度の評価方法に関する理論的研究，日本建築学会構造系論文集，第 87 巻，第 791 号，
pp.93-103，2022 年

6) 坪井航輝ほか8名：中層木造建築を想定した LSB 接合部の基礎的研究，2021 年度日本建築学会大会，構造III，pp.413-414，
2021 年

7) 中谷　誠ほか2名：ラグスクリューボルトと特殊金物を用いた木質ラーメン構造の柱—梁接合部に関する研究，日本建築学
会構造系論文集，第 73 巻，第 626 号，pp.599-606，2008 年

8) Makoto Nakatani et al. : "Design method for Moment-Resisting Joint Composed by Multiple Lagscrewbolts", Proceedings of the World
Conference on Timber Engineering 2008, paper.435 (CD-ROM), Miyazaki, June 2-5, 2008 年

9) 森　拓郎ほか2名："雄ネジタイプのラグスクリューボルトを用いた一方向ラーメンフレームの開発", 構造工学論文集, vol.55B,
pp.213-218，2009 年

4.7　締付けフランジ引きボルト型モーメント抵抗接合

4.7.1　基 本 情 報

4.7.1.1　接合部名称

締付けフランジ引きボルト型モーメント抵抗接合：

Wooden portal frame composed of flange-type moment-resisting joints.

4.7.1.2　締付けフランジ引きボルト型モーメント抵抗接合法の概要

　締付けフランジ引きボルト接合型モーメント抵抗接合法とは，図 4.7-1 に示す柱脚接合部の例で説明すると，集成材の端部にフランジ付き鋼板ガセット板を挿入し，片側のフランジをナットで固定すると同時に，集成材から金物が抜け出さないよう，2 か所のボルトで集成材とガセット板を固定する．モーメントを受けると，ガセットのフランジ部分が集成材の側面にめり込み抵抗を及ぼすと同時に，引きボルトの軸力も集成材の外層部分で発生する．したがって外側ほど力学的性能の高い集成材，特に異樹種集成材等を用いると効果的であることが予想される．

　柱―梁接合部の場合は，4.7.2 で詳述するように，図 4.7-1 の柱脚接合部のガセット部分を梁端部接合と見なし，そこから一対のボルトをのばして柱部材に貫通させ，柱背面部で座金を一体化した座金板で結合して接合部を構成する．

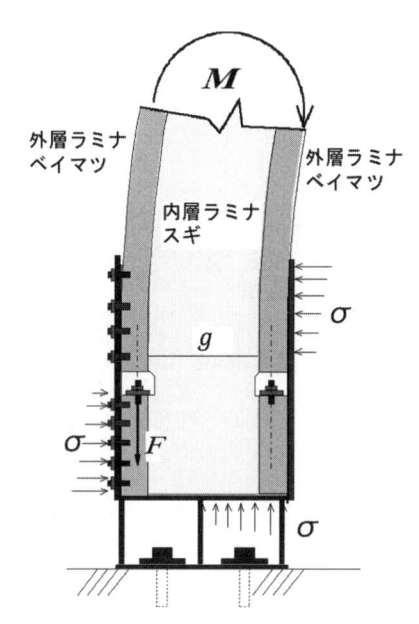

図 4.7-1　締付けフランジ引きボルト接合型金物の特徴（異樹種集成材を使った例）

4.7.1.3　力の伝達形式

　① ガセットのフランジ部分を通じて集成材側面の面圧応力がモーメント抵抗力を発揮する．

　② ガセット内部に溶接された 1 対のボルト接合部に発生する軸力がモーメント抵抗を発揮する．

　③ 柱および梁端部の木口で縦圧縮力が発生し，若干のモーメント抵抗を発揮する．

　④ 柱―梁接合部では，柱背面部での座金板のめり込み抵抗によってモーメント抵抗を発揮する．

4.7.1.4　対象構造・使用部位

　主として，戸建て住宅の 1 階ガレージ，店舗併用住宅の 1 階店舗部分，今後発展が期待される木質系スケルトン・インフィル構造の骨組み等への利用が考えられる．構造規模は 3 階建て以下の構造とする．

4.7.1.5　接合部の施工

図 4.7-2，図 4.7-3 に接合部の施工を模式的に示す．

柱，梁端部の穴開けやスリット加工は，専用のプレカット機械によって加工される．

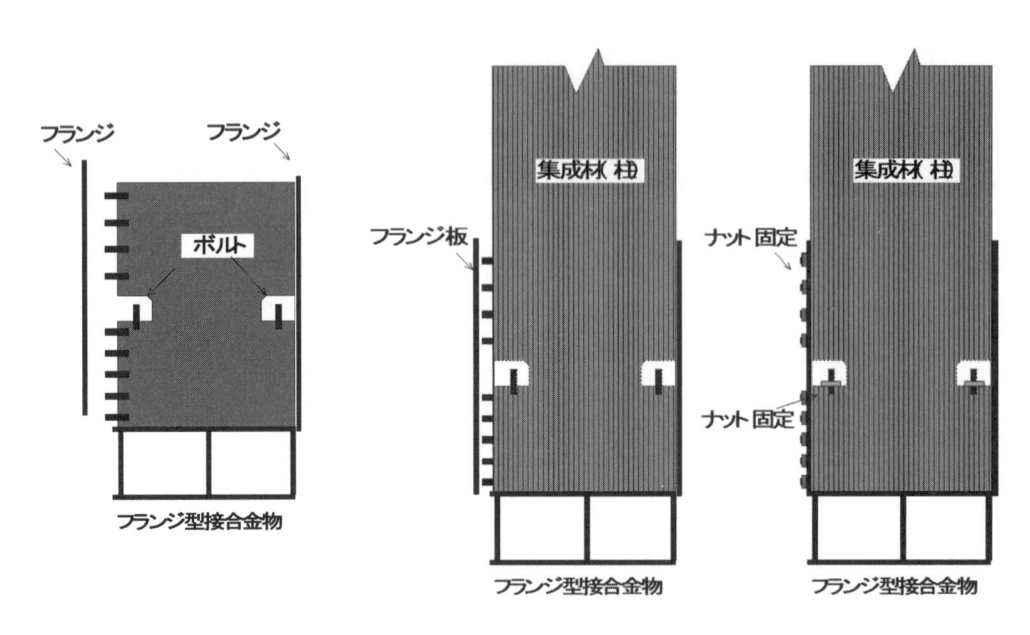

図 4.7-2　柱脚接合部の組立て模式図

図 4.7-3　柱－梁接合部の組立て模式図

4.7.2　設 計 情 報

4.7.2.1　柱脚接合部の回転剛性

(1)　柱脚接合部の柱端部回転剛性成分の誘導

　図 4.7-4 に柱脚接合部における木材部分回転剛性の誘導モデルを示す．柱側面と木口面の面圧応力の合力をそれぞれ C_w, C_g とし，面圧応力の合力は回転変位に比例すると仮定すると，

$$C_w = \frac{bk_{E90}H^2}{8}\theta \qquad\qquad 式\ 4.7\text{-}1$$

$$C_g = \frac{bk_{E0}\lambda^2}{2}\theta \qquad\qquad 式\ 4.7\text{-}2$$

記号　C_w　　　:柱の側面に三角形分布すると仮定しためり込み応力の合力 [N]

　　　C_g　　　:柱の木口面に三角形分布すると仮定した縦圧縮応力の合力 [N]

　　　b　　　　:フランジの幅 [m]

　　　k_{E0}　　:集成材の繊維平行方向支圧剛性 [N/m³], $k_{E0} = E_0/(H/2)$

　　　k_{E90}　　:集成材の繊維平行方向支圧剛性 [N/m³], $k_{E90} = k_0/3.4$

　　　H　　　　:鋼板ガセット板の全長 [m]

　　　λ　　　　:圧縮側最外縁から中立軸までの距離 [m]

　　　θ　　　　:接合部の回転角 [rad]

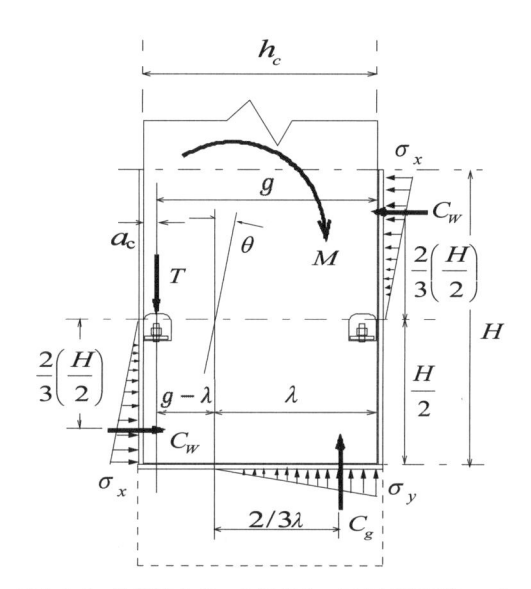

図 4.7-4　柱脚接合部の木材部分の回転剛性誘導モデル

　ボルトに作用する引張力は

$$T = A_z k_{E0}(g - \lambda)\theta \qquad\qquad 式\ 4.7\text{-}3$$

$T = C_g$ の関係より，

$$\lambda = \sqrt{\frac{A_z}{b}\left(\frac{A_z}{b} + 2g\right)} - \left(\frac{A_z}{b}\right) \qquad\qquad 式\ 4.7\text{-}4$$

　外力のモーメント M と内部のモーメントの釣合いより，

$$M = \frac{2}{3}\lambda C_g + 2\left\{\frac{2}{3}\cdot\frac{H}{2}C_w\right\} + (g - \lambda)T \qquad\qquad 式\ 4.7\text{-}5$$

　したがって，式 4.7-5 に式 4.7-1，式 4.7-2，式 4.7-3 を代入することで，木部のみの回転剛性 R_{JCW} は，

$$R_{JCW} = \left(\frac{bH^3 k_{E90}}{12}\right) + \left(\frac{b\lambda^3 k_{E0}}{3}\right) + A_z k_{E0}(g - \lambda)^2 \qquad\qquad 式\ 4.7\text{-}6$$

記号　T　　　　:ボルトの軸力 [N]

　　　A_z　　　:鋼板ガセット中に溶接されたボルトの座金面積 [m²]

　　　g　　　　:圧縮側最外縁から引張側ボルトまでの距離 [m]

(2) 柱脚接合部柱脚ブロック部分の回転剛性

図 4.7-5 に柱脚ブロック部分の変形モデルを示す.

柱脚ブロック上板はフランジ付きガセットと一体化されているので曲げ変形せず，縦板と底板のみ曲げ変形すると仮定する．梁要素のスパン長を l とすると剛性方程式より，

$$M_i = EI_{SV}\left(-\frac{6}{l^2}w_i + \frac{4}{l}\theta_i + \frac{6}{l^2}w_j + \frac{4}{l}\theta_j\right) \qquad \text{式 4.7-7}$$

記号　　EI_{SV}　　：柱脚ブロックの縦板の曲げ剛性 [N·m²]

両端固定梁のスパン中央にモーメント M が作用する場合のモーメント分布と境界条件を式 4.7-7 に代入すると，縦板のモーメントとたわみの間に式 4.7-8 が成立する.

$$M_k = \frac{24EI_{SV}}{h_B}\theta \qquad k = 1,2,3 \qquad \text{式 4.7-8}$$

記号　　h_B　　：柱脚ブロックの高さ [m]

また，底板のモーメントとたわみの関係から，

$$M_4 = \frac{384EI_{SH}}{h_{CB}}\theta \qquad \text{式 4.7-9}$$

$M = \sum_{k=1}^{6} M_k$ より，柱脚接合部柱脚ブロック部分だけの回転剛性 R_{JCBL} は

$$R_{JCBL} = \left(\frac{72EI_{SV}}{h_B}\right) + \left(\frac{768EI_{SH}}{h_{CB}}\right) \qquad \text{式 4.7-10}$$

木部と柱脚ブロック部は直列結合であるので，柱脚接合部の合成された回転剛性は最終的に次式で計算できる.

$$R_{JC} = \frac{R_{JCW} \times R_{JCBL}}{R_{JCBL} + R_{JCW}} \qquad \text{式 4.7-11}$$

記号　　EI_{SH}　　：柱脚ブロックの底板の曲げ剛性 [N·m²]

　　　　h_{CB}　　：柱脚ブロックの長さ [m]

　　　　R_{JCBL}　　：柱脚ブロック部分の回転剛性 [N·m/rad]

　　　　R_{JC}　　：合成された柱脚接合部の回転剛性 [N·m/rad]

　　　　R_{JCW}　　：柱脚接合部における柱脚ブロックより上の木部の回転剛性 [N·m/rad]

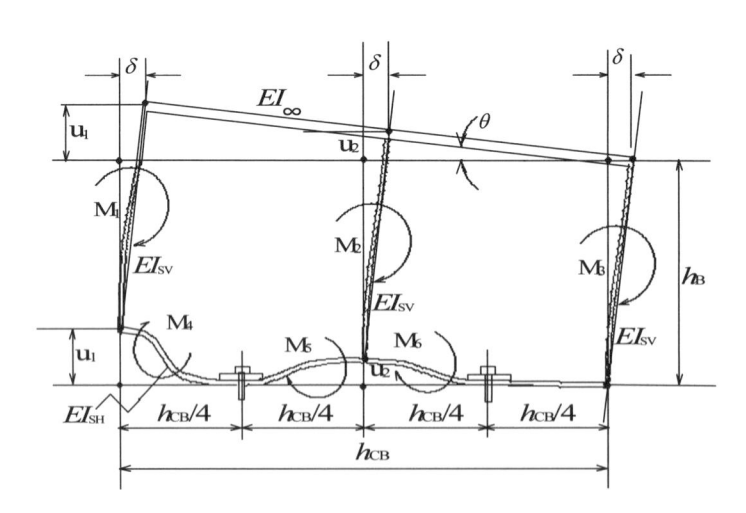

図 4.7-5　柱脚ブロック部分の回転剛性誘導モデル

4.7.2.2　柱−梁接合部の回転剛性

図 4.7-6 に柱-梁接合部の柱側回転剛性誘導のモデルを示す.

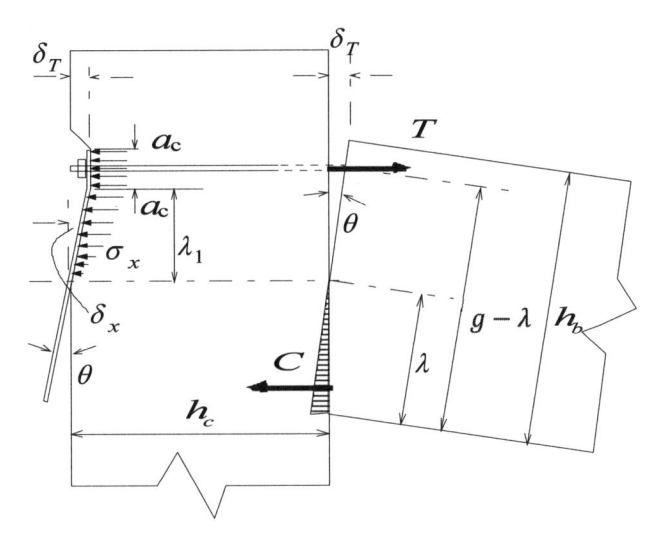

図 4.7-6 柱−梁接合部の回転剛性誘導モデル

　梁側回転剛性は，4.7.2.1 で誘導した柱脚接合部の木部回転剛性の式 4.7-6 がそのまま適用できる．ここでは，柱側回転剛性の誘導について論ずる．図 4.7-6 に示す座金板は紙面上側のボルトに作用する引張力Tを受けて柱側面にめり込む．一方，圧縮側は梁の木口が柱の側面にめり込むため，ボルトには力が入らず，図 4.7-6 に示すように，座金板は傾斜角θ_1をもって柱側面から離れた状態となる．

　ボルトのナットが座金板に接して板を屈曲させる領域$2a_c$に作用する力T_1は，

$$T_1 = k_{E90}\delta_c(2a_c b_z) \tag{式 4.7-12}$$

記号　　a　　　　：鋼板ガセット中に溶接されたボルトの縁距離 [m]

　　　　a_c　　　：座金板の端部からボルト軸までの距離 [m]

　　　　b_z　　　：柱側面の座金板の幅 [m]

　座金板が角度θ_1をもって柱側面に長さλ_1にわたって三角形めり込みを起こしている領域のめりこみ応力の合力をT_2とする．$\delta_T = \lambda_1\theta_1$および$\delta_T = (g-\lambda)\theta$ の関係，ならびに，引張合力と圧縮合力の釣合いを考慮すると，

$$T_2 = b_z\int_0^{\lambda_1} \sigma_x\,dy = \frac{1}{2}b_z k_{E90}\lambda_1{}^2\theta_1 \tag{式 4.7-13}$$

であり，

$$T = T_1 + T_2 = C$$

となるから，式を整理すると，

$$\Leftrightarrow 2a_c b_z k_{E90}(g-\lambda)\theta + \frac{1}{2}b_z k_{E90}\lambda_1(g-\lambda)\theta = \frac{1}{2}b_z k_{E90}\lambda^2$$

$$\Leftrightarrow \frac{\lambda_1}{2} + 2a_c = \frac{\lambda^2}{2(g-\lambda)} \tag{式 4.7-14}$$

記号　　C　　　　　：柱側面に三角形分布すると仮定しためりこみ応力の合力 [N]

　外力のモーメントMはTとCによるモーメントと釣り合っているから，

$$M = \frac{2}{3}\lambda C + (g-\lambda)T = k_{E90}b_z\left\{\left(2a_c + \frac{\lambda_1}{2}\right)(g-\lambda)^2 + \frac{\lambda^3}{3}\right\}\theta \tag{式 4.7-15}$$

よって，柱梁接合部の柱側回転剛性は，

$$R_{JCB-C} = \frac{1}{2}b_z k_{E90}\lambda^2\left(g - \frac{\lambda}{3}\right) \tag{式 4.7-16}$$

一方，梁端部の回転剛性は，4.7.2.1 で誘導した柱脚接合部の式 4.7-6 がそのまま使えるので，

$$R_{JCB-B} = \left(\frac{bH^3 k_{E90}}{12}\right) + \left(\frac{b\lambda^3 k_{E0}}{3}\right) + A_z k_{E0}(g-\lambda)^2 \tag{式 4.7-17}$$

最終的に柱−梁接合部の合成された回転剛性R_{JCB}は，

$$R_{JCB} = \frac{R_{JCB-B} \times R_{JCB-C}}{R_{JCB-B} + R_{JCB-C}} \qquad \text{式 4.7-18}$$

記号　　M　　　　　：接合部に作用する外部モーメント [N·m]

　　　　R_{JCB-C}　　：柱−梁接合部の柱側接合部の回転剛性 [N·m/rad]

　　　　R_{JCB-B}　　：柱−梁接合部の梁側接合部の回転剛性 [N·m/rad]

4.7.2.3　門型架構の荷重点水平変位

門型架構を図 4.7-7a)のような二次元半剛節モデルとして考える．

・部材のコンプリメンタリーエネルギー

$$U_{BM} = 2\int_0^h \frac{M_y^2}{2(EI)_C}dy + \int_0^L \frac{M_x^2}{2(EI)_B}dx = \frac{1}{(EI)_C}\left\{M_B^2 h - \frac{M_B Ph^2}{2} + \frac{P^2 h^3}{12}\right\} + \frac{M_B^2 L}{6(EI)_B} \qquad \text{式 4.7-19}$$

・接合部のコンプリメンタリーエネルギー

$$U_{BJ} = \frac{1}{2}(M_A\theta_A + M_B\theta_B + M_C\theta_C + M_D\theta_D) = \frac{1}{R_{JC}}\left\{M_B^2 - M_B Ph + \frac{P^2 h^2}{4}\right\} + \frac{M_B^2}{R_{JCB}} \qquad \text{式 4.7-20}$$

・最小コンプリメンタリーエネルギーの原理から，未知モーメントM_Bを決定．

$$\frac{\partial(U_{BM} + U_{BJ})}{\partial M_B} = 0 \quad \Rightarrow \quad M_B = \frac{Ph\left\{\dfrac{h}{2(EI)_C} + \dfrac{1}{R_{JC}}\right\}}{\left\{\dfrac{2h}{(EI)_C} + \dfrac{1}{3(EI)_B}\right\} + \left\{\dfrac{2}{R_{JC}} + \dfrac{2}{R_{JCB}}\right\}} \qquad \text{式 4.7-21}$$

・仮想仕事式で加力点水平変位を計算．

$$\delta = 2\int_0^h \frac{M_y\overline{M_y}}{(EI)_C}dy + \int_0^L \frac{M_x\overline{M_x}}{(EI)_B}dx + 2\frac{M_A\overline{M_A}}{R_{JC}} + 2\frac{M_B\overline{M_B}}{R_{JCB}} = \frac{Ph^3}{6(EI)_C} + \frac{Ph^2}{2R_{JC}} - \frac{3Ph^2(h+\alpha)^2}{4(EI)_C(6h + Lk + 3\beta)} \qquad \text{式 4.7-21}$$

ここで，

$$\alpha = \frac{2(EI)_C}{R_{JC}}, \quad \beta = 2(EI)_C\left(\frac{1}{R_{JC}} + \frac{1}{R_{JCB}}\right), \quad k = \frac{(EI)_C}{(EI)_B} \qquad \text{式 4.7-22}$$

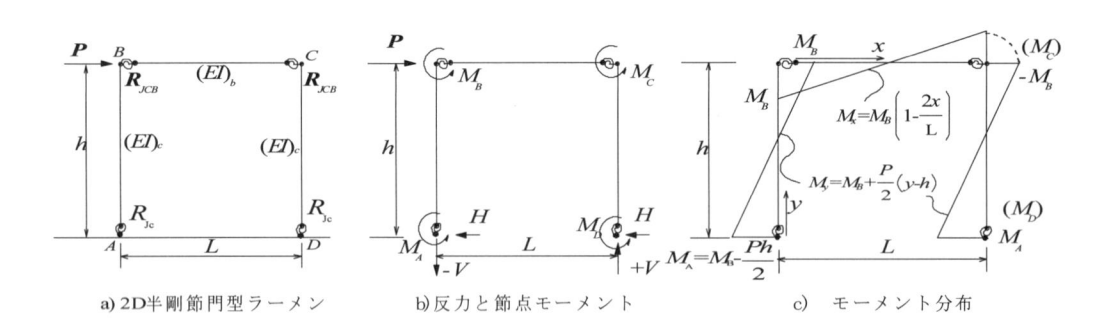

a) 2D半剛節門型ラーメン　　　b)反力と節点モーメント　　　c)　モーメント分布

図 4.7-7　門型架構のモデル化

4.7.2.4　門型架構の降伏耐力

降伏条件はいくつか考えられるが，ここでは柱脚接合部の集成材側面での「めりこみ応力」が終局値に達した時点をもって，架構の降伏耐力と仮定する．柱脚接合部のモーメントM_Aは，

$$M_A = M_B - \frac{Ph}{2} = -\frac{Ph}{2}\left(\frac{3h + Lk + 3\beta - 3\alpha}{6h + Lk + 3\beta}\right) \qquad \text{式 4.7-24}$$

一方，柱脚接合部の木部においては，4.7.2.1 で検討したように，M_Aと回転角θの間に式 4.7-25 の関係が成立する．

$$M_A = R_{JCW} \cdot \theta \qquad \text{式 4.7-25}$$

本書では，めり込み応力はめり込み変位に比例し，かつめり込み変位は回転角で表現できると仮定しているので，

$$\sigma_x = k_{E90} \cdot \delta_x = k_{E90} \cdot y\theta \quad \Rightarrow \quad f_{c90} = k_{E90} \cdot \frac{H}{2}\theta_y \qquad \text{式 4.7-26}$$

すなわち，柱脚接合部の木部側で回転角が降伏回転角θ_yに達した時，$y = H/2$でのめり込み応力が集成材のめり込み終局強度f_{c90}に達したと仮定している．以上より，門型架構の降伏耐力は次式で推定される．

$$P_y = f_{c90} \cdot R_{JCW} \cdot \left(\frac{4}{Hhk_{E90}} \right) \left(\frac{6h + Lk + 3\beta}{3h + Lk + 3\beta - 3\alpha} \right)$$ 　　　　式 4.7-27

記号　　f_{c90}　　：集成材のめり込み終局強度 [N/m²]

　　　　h　　　：門型架構の階高 [m]

4.7.2.5　実験値との比較

試験体はスパン 4 m が 3 体，6 m が 3 体の計 6 体である．図 4.7-8 に例として 4P 試験体（以後，4 m 試験体を 4P 試験体と呼ぶ）セットアップを示す．柱・梁部材は，JAS 規格異等級構成構造用集成材（対称構成）E120-F330 のベイマツ-スギ異樹種集成材で，接合金物は専門メーカーが製作した．図 4.7-9 に 6P 試験体（以後，6 m 試験体を 6P 試験体と呼ぶ）の試験状況の写真を示す．

表 4.7-1 に供試体の仕様を，図 4.7-10，図 4.7-11 に実験包絡線と計算値（図中P_{y-cal}は式 4.7-27 で推定した降伏耐力）の比較を示す．計算には，集成材の面圧強度の平均値として，文献 4)に示されているベイマツ製材の値 4.5 N/mm² を用いた．これらの結果から，初期剛性，降伏耐力とも，良好に推定できていることが分かる．

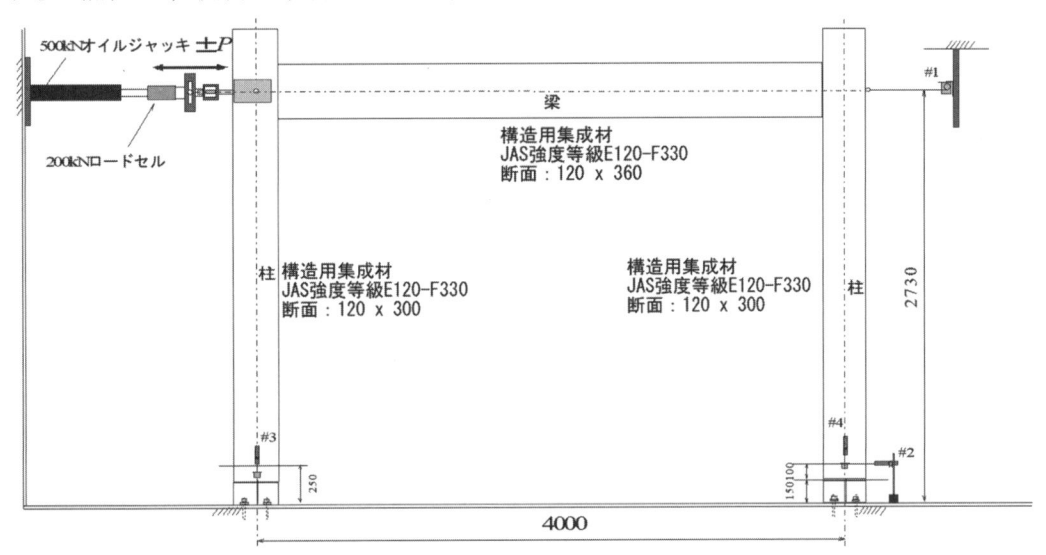

図 4.7-8　試験体セットアップの例（4P の場合）

表 4.7-1　4P と 6P 門型試験体の仕様

呼称	スパン L [mm]	高さ H [mm]	柱（材厚×材せい） [mm]	梁（材厚×材せい） [mm]	試験体数
4P	4000	2730	120×300	120×360	3
6P	6000	2730	120×360	120×420	3

図 4.7-9　水平加力実験の状況（6P の場合）

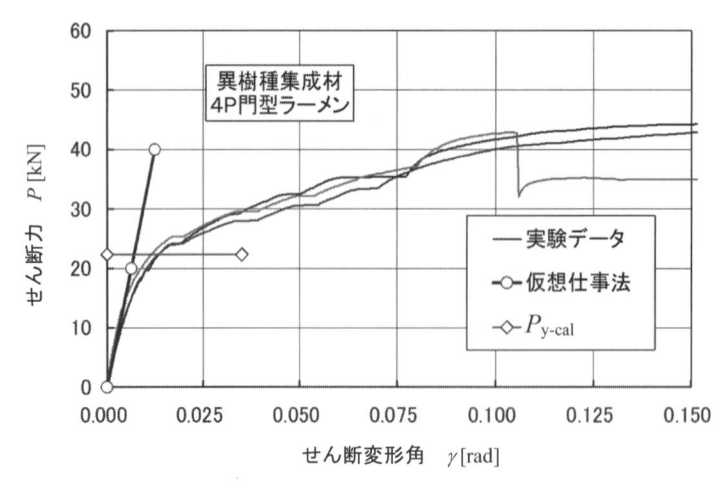

図 4.7-10　4P 試験体の荷重-せん断変形角関係（実験包絡線と計算値の比較）

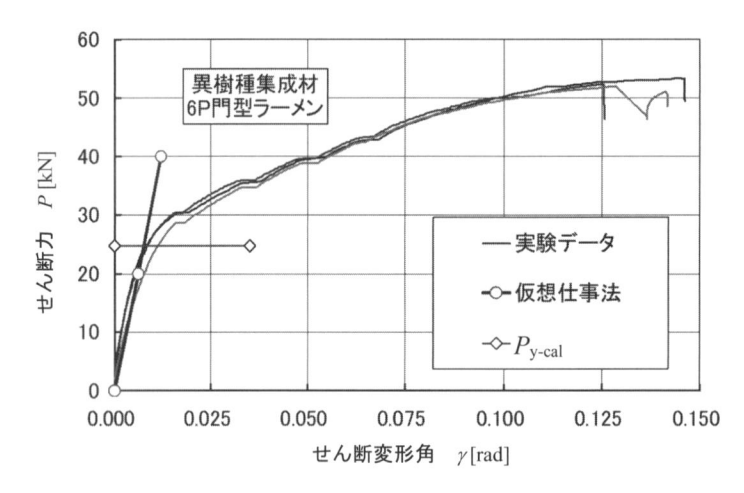

図 4.7-11　6P 試験体の荷重－せん断変形角関係（実験包絡線と計算値の比較）

4.7.2.6　終局（破壊）性状

　図 4.7-12 から図 4.7-14 に最大変形角約 1/6 rad まで変形させた状態の 6P 試験体各部の状況を示す．部材には一切脆性的な破壊は発生していない．非常に粘り強い木質ラーメンであることが分かる．

図 4.7-12　1/6rad まで変形した状態の 6P 門型架構の全体状況

図 4.7-13　終局時に観察された柱脚ブロックの大変形状態　　図 4.7-14　終局時に観察された座金板の柱側面
　　　　　　　　　　　　　　　　　　　　　　　　　　　　　　　　　　　　への大きなめり込み変形

4.7.3　そ の 他

4.7.3.1　材料・材質

　使 用 材 料：JAS 構造用集成材

　金　　　物：専門メーカーが製造したものを用いる．

4.7.3.2　長所・短所

(1)　長　　所

・現場での建て方が容易である．

・変形能力が高く，粘り強い．

・基本的には全て 1 方向ラーメンを組み合わせて架構を組み立てるので，2 方向ラーメンにありがちな太い特注の柱
　等は必要なく，コスト的に有利である．

・全てのモーメント抵抗がめり込みもしくは縦圧縮に依存しているので，脆性的な破壊を回避することが可能で，粘
　り強い強度性能が期待できる．

(2)　短　　所

・柱−梁接合部の剛性が柱側座金板のめり込み変形に左右されるので，剛性を確保するために，若干大きめの柱材が
　必要となる．

参 考 文 献

1)　小松幸平ほか 7 名：JAS 異樹種集成材を柱・梁部材に使用した 4P ならびに 6P 純ラーメン門型架構の水平せん断性能，第 9 回
　　木質構造研究会技術発表会技術報告集，pp. 44-47，2005 年

2)　小松幸平ほか 3 名：異樹種集成材を柱，梁部材としフランジ接合型金物で節点を構成した門型ラーメンの開発，建築技術，
　　2005/11，pp. 172-173，2005 年

3)　Kohei Komatsu et al.：Development of Ductile and High-Strength Semi-Rigid Portal Frame Composed of Mixed-Species Glulams and H-
　　shaped Steel Gusset Joints，Proceedings of the World Conference on Timber Engineering 2006, Portland，p. 76（CD-ROM），2006 年

4)　日本ツーバイフォー建築協会編：枠組壁工法建築物構造計算指針，丸善出版，2018 年

4.8 嵌合を利用した通し貫と掘立柱のモーメント抵抗接合

4.8.1 基本情報

4.8.1.1 接合部名称

通し貫接合部：Crosspiece joint

掘立柱：Embedded column base

4.8.1.2 システム模式図

図 4.8-1 に通し貫接合部と掘立柱接合部の模式図を示す．通し貫接合部は，柱の穴に貫を貫通し，カシ等の堅木の楔を打ち込んで圧着させることにより，モーメントに対して柱が貫および楔の繊維直交方向にめり込むことにより抵抗する接合方法である．

掘立柱は，柱脚を地面または基礎の中に埋め込むことにより，モーメントに対して埋め込まれた柱脚部木材の繊維に直交方向のめり込みによって抵抗する接合方法である．

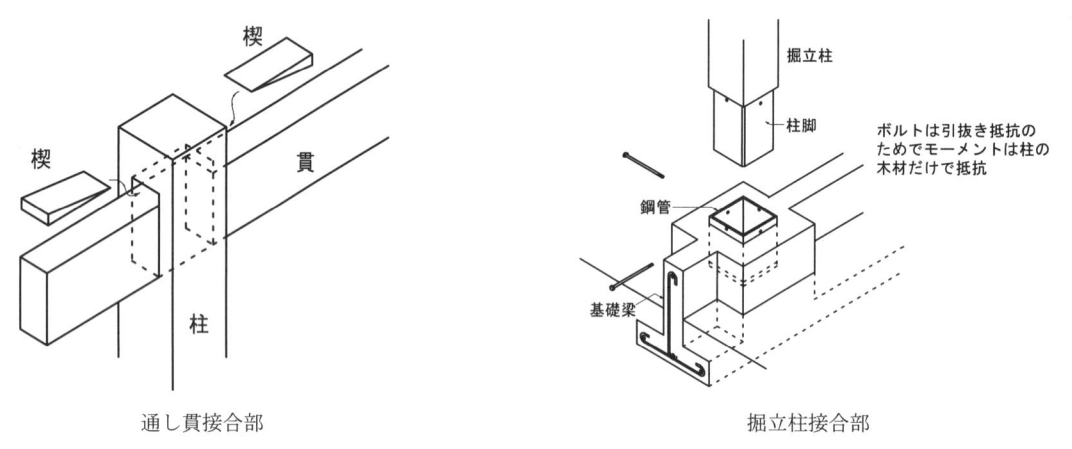

通し貫接合部 掘立柱接合部

図 4.8-1 接合部の模式図

4.8.1.3 力の伝達形式

図 4.8-2 に通し貫接合部と掘立柱接合部の力の伝達形式を示す．

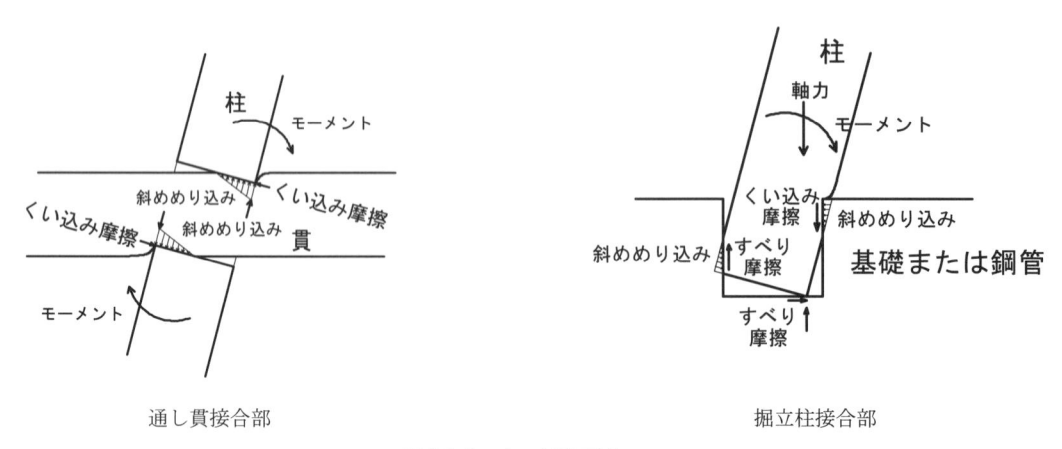

通し貫接合部 掘立柱接合部

図 4.8-2 力の伝達形式

4.8.1.4 対象構造・使用部位

主として伝統的軸組構法に古くから用いられてきた．現代においても，金物や接着剤に頼らない木造建築物を，めり

込みの靱性を活かして耐震設計する場合に用いられる.

　通し貫接合部の使用部位は，柱と貫の接合部の他，類似したモーメント伝達機構を持つ箇所として，柱と差鴨居，面格子の縦材と横材の相欠き仕口などが挙げられる．掘立柱と類似したモーメント伝達機構を持つ箇所としては，柱脚の長ほぞと土台などが挙げられる.

4.8.1.5　建 築 事 例

　国営吉野ヶ里歴史公園は，国指定特別史跡である弥生時代の吉野ヶ里遺跡の建物跡をもとに推定復元された建物群である．図 4.8-3 に示す「物見櫓」は，6 本の掘立柱の丸太の通し柱に，通し貫が桁行方向と梁間方向にレベルをずらして 3 段ずつ入れられ，上段の梁間方向の貫の上に床組みが載り，通し柱の柱頭部の頭貫の上に小屋組みが架けられ茅葺き屋根が載る．水平力に対しては，掘立柱脚と通し貫接合部の半剛節ラーメンで抵抗する.

　図 4.8-4 に示す柱－貫接合部のように，一方の材が他方の材を貫通して，接合部の両側に十分延びている場合は，式 4.8-1，式 4.8-2 を適用できる.

　なお，式 4.8-1 の $0.5\mu C_{xm}$ 項は，図 4.8-2 のように回転に伴い柱表面と貫上下面の接する境界線が，貫の厚さ方向にめり込みながら貫の繊維方向両側に前進するくい込み摩擦などによる抵抗の項である．くい込み摩擦は貫が柱の両側に貫通している場合のみ摩擦係数 0.6〜0.8 程度が期待できるが，貫が柱の面や奥で止まっている片側貫接合部のようにくい込み摩擦が期待できずすべり摩擦だけが生じる場合には，摩擦係数を 0.3〜0.5 程度とする必要がある.

図 4.8-3　国営吉野ヶ里歴史公園 復元建物「物見櫓」

4.8.2　設 計 情 報
4.8.2.1　通し貫接合部の回転剛性と降伏モーメントの計算式

　断面寸法の設計において注意すべきことは，めり込みによる靱性を発揮する前に貫や柱が折れてしまわないように，貫のせいや貫穴の幅を適切に設定することである．柱が正方形断面の場合であれば，貫の厚さは柱の厚さの 3／7 以下とし，貫の成は柱幅と同寸くらいが適正なプロポーションといえる．これを確認するためには，貫の断面，および柱の貫穴部分の断面における曲げ破壊モーメント $M_{\max} = Z \cdot F_b$ を計算し，式 4.8-2 のめり込みによる降伏モーメント M_y が $M_{\max}$ の半分程度以下になるようにすればよい．これは，めり込み実験の荷重変位曲線における二次勾配が，一次勾配の 1／10〜1／6 程度であることから，$M_{\max}$ が M_y の 2 倍あれば塑性率 μ が 6 以上確保されることによる．なお，貫の厚さがせいに対して小さい場合には，木質構造設計規準に従い横座屈に対する検討を行うことが望ましい.

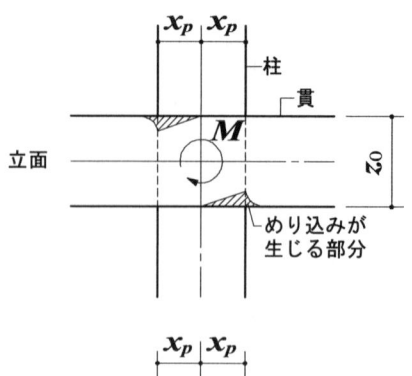

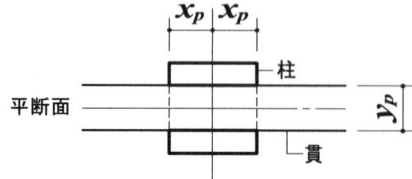

図 4.8-4　柱－貫接合部

回転剛性：
$$K_{\theta b} = x_p{}^2 y_p E_{90} \left\{ \frac{x_p}{Z_0} \left(C_{xm} - \frac{1}{3} \right) + 0.5 \mu C_{xm} \right\} \text{ [N·mm/rad]}$$　　　式 4.8-1

降伏モーメント：
$$M_{yb} = \frac{K_{\theta b} \cdot Z_0 \cdot F_m}{x_p E_{90} C_{xm} \sqrt{C_{ym}}} \text{ [N·mm]}$$　　　式 4.8-2

端距離が無限大のときの X 方向のめり込み増大係数：
$$C_{xm} = 1 + \frac{4Z_0}{3x_p}$$

縁距離が無限大のときの Y 方向のめり込み増大係数：
$$C_{ym} = 1 + \frac{4Z_0}{3ny_p}$$

記号　　x_p, y_p, Z_0 ：図 4.8-4 の寸法 [mm]

　　　　E_{90}　　：全面横圧縮ヤング係数 [N/mm^2]　ここでは$E_{90} = E_0/50$とする

　　　　E_0　　　：繊維方向ヤング率 [N/mm^2]

　　　　n　　　：繊維方向に対する繊維直交方向の置換係数

　　　　　　　　接合部の設計に使う樹種グループが J1（ベイマツ等）のとき$n=7$，J2（ヒノキ等）のとき$n=6$，J3（スギ等）のとき$n=5$

　　　　F_m　　：縁端距離を無限大としたときの降伏支圧応力度 [N/mm^2]　$F_m = 2.4/3 \times F_{cv}$

　　　　F_{cv}　　：支圧強度

　　　　μ　　　：摩擦係数

　　　　　　　　貫が柱を貫通している場合など，交差する貫の対角位置でくい込み摩擦が十分に期待できる場合には 0.6〜0.8 程度とする．貫が柱を貫通しない場合など，片側ですべり摩擦しか期待できない場合には 0.3〜0.5 程度とする [1]．

4.8.2.2　掘立柱式柱脚接合部の回転剛性と降伏モーメントの計算式

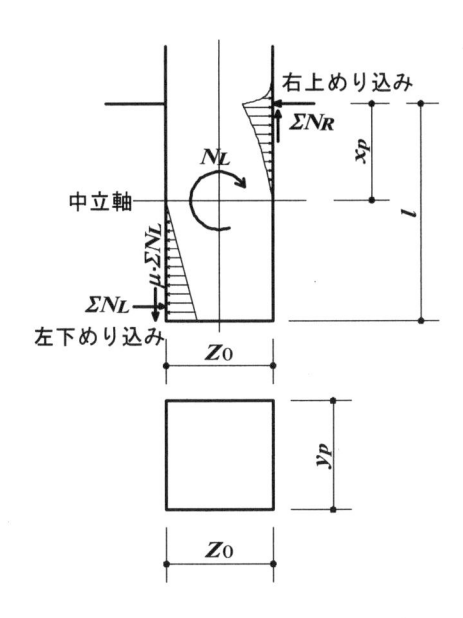

図 4.8-5　掘立柱脚接合部

　図 4.8-5 に示す堀立柱脚接合部の回転剛性と降伏モーメントを導く．右上めり込みは，柱の上方の余長が十分あるため，図 5.1-10〔本書 5.1.4.7(1)参照〕における端距離$x_1 = \infty$とした三角形めり込み式で表される．左下めり込みは，端部のため，端距離$x_1 = 0$とした三角形めり込み式で表される．

　これより，

$$\sum N_\mathrm{R} = \frac{x_\mathrm{p}{}^2 y_\mathrm{p} C_y E_{90} \theta}{Z_0}\left\{\frac{1}{2} + \frac{2Z_0}{3x_\mathrm{p}}\right\} \qquad \text{式 4.8-3}$$

$$\sum M_\mathrm{R} = \frac{x_\mathrm{p}{}^3 y_\mathrm{p} C_y E_{90} \theta}{Z_0}\left\{\frac{1}{3} + \frac{2Z_0}{3x_\mathrm{p}}\right\} \qquad \text{式 4.8-4}$$

$$\sum N_\mathrm{L} = \frac{(l - x_\mathrm{p})^2 y_\mathrm{p} C_y E_{90} \theta}{2Z_0} \qquad \text{式 4.8-5}$$

$$\sum M_L = \frac{(l - x_\mathrm{p})^3 y_\mathrm{p} C_y E_{90} \theta}{3Z_0} \qquad \text{式 4.8-6}$$

なお，奥行方向は全体が加圧面となり縁距離がゼロであるため，$C_y = 1$となる．

X 方向の力の釣合い$\sum N_\mathrm{R} = \sum N_\mathrm{L}$より，

$$\frac{x_\mathrm{p}{}^2 y_\mathrm{p} C_y E_{90} \theta}{Z_0}\left\{\frac{1}{2} + \frac{2Z_0}{3x_\mathrm{p}}\right\} = \frac{(l - x_\mathrm{p})^2 y_\mathrm{p} C_y E_{90} \theta}{2Z_0} \qquad \text{式 4.8-7}$$

モーメントの釣合い$\sum M_\mathrm{R} + \sum M_\mathrm{L} + \mu \cdot Z_0 \cdot \sum N_\mathrm{L} = M$より，

$$\frac{x_\mathrm{p}{}^3 y_\mathrm{p} C_y E_{90} \theta}{Z_0}\left\{\frac{1}{3} + \frac{2Z_0}{3x_\mathrm{p}}\right\} + \frac{(l - x_\mathrm{p})^3 y_\mathrm{p} C_y E_{90} \theta}{3Z_0} + \frac{(l - x_\mathrm{p})^2 y_\mathrm{p} C_y E_{90} \theta}{2Z_0}\mu Z_0 = M \qquad \text{式 4.8-8}$$

式 4.8-7 より，

$$\frac{1}{2}x_\mathrm{p}{}^2 + \frac{2Z_0 x_\mathrm{p}}{3} - \frac{(l - x_\mathrm{p})^2}{2} = 0$$

$$x_\mathrm{p}{}^2 + \frac{4Z_0 x_\mathrm{p}}{3} - (x_\mathrm{p}{}^2 - 2lx_\mathrm{p} + l^2) = 0$$

$$\left(\frac{4}{3}Z_0 + 2l\right)x_\mathrm{p} = l^2$$

よって，

$$x_\mathrm{p} = \frac{l^2}{\frac{4}{3}Z_0 + 2l} = \frac{3l^2}{4Z_0 + 6l} \qquad \text{式 4.8-9}$$

回転剛性$K_\theta = M/\theta$であることから，式4.8-8より，

$$K_{\theta c} = \frac{y_p E_{90}}{3 Z_0}\left\{ x_p{}^3 + 2 x_p{}^2 Z_0 + (l - x_p)^3 + \frac{3}{2}(l - x_p)^2 \mu Z_0 \right\}$$　　　式 4.8-10

降伏変形角θ_yは，端距離が大きいほど小さいため，右上のめり込み部分で決まる．また，この部分の端距離x_1は，柱が上方に十分な長さを有しているため，$C_x = C_{xm}$となる．

これより，

$$\theta_{yc} = \frac{Z_0 \cdot F_m}{x_p E_{90}\sqrt{C_x C_y C_{xm} C_{ym}}} = \frac{Z_0 \cdot F_m}{x_p E_{90} C_{xm}\sqrt{C_{ym}}}$$　　　式 4.8-11

これより，降伏モーメントM_yは

$$M_{yc} = K_{\theta c} \cdot \theta_{yc} = \frac{K_{\theta c} Z_0 F_m}{x_p E_{90} C_{xm}\sqrt{C_{ym}}}$$　　　式 4.8-12

記号　　l　　　　　　　　　　：埋込み深さ [mm]

　　　　x_p　　　　　　　　　：中立軸までの深さ [mm]

　　　　y_p　　　　　　　　　：図4.8-5の寸法 [mm]

　　　　Z_0　　　　　　　　　：図4.8-5の寸法 [mm]

　　　　μ　　　　　　　　　：摩擦係数（この場合はすべり摩擦となるため，0.3〜0.5程度とする）

　　　　$E_{90}, n, F_m, C_{xm}, C_{ym}$　：式4.8-1および式4.8-2に同じ

4.8.2.3　通し貫接合部の計算例と実験値との比較

図4.8-6に示す通し貫接合部のモーメント加力試験の結果[2]と，計算値の比較検証を行う．

$$E_{90} = \frac{E_0}{50} = \frac{12\,000}{50} = 240\,[\text{N/mm}^2]$$

$$F_m = \frac{2.4}{3} F_{cv} = \frac{2.4}{3} \times 9 = 7.2\,[\text{N/mm}^2]$$

$$C_{ym} = 1 + \frac{4 Z_0}{3 n y_p} = 1 + \frac{4 \times 300}{3 \times 7 \times 50} = 2.14$$

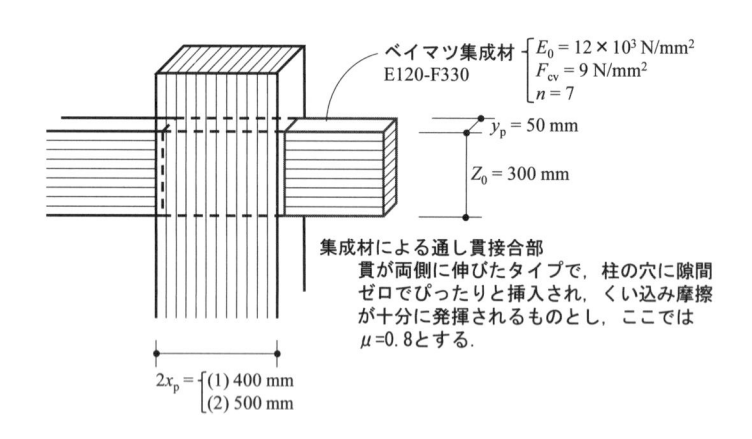

ベイマツ集成材　$\begin{cases} E_0 = 12 \times 10^3\,\text{N/mm}^2 \\ F_{cv} = 9\,\text{N/mm}^2 \\ n = 7 \end{cases}$
E120-F330

$y_p = 50\,\text{mm}$

$Z_0 = 300\,\text{mm}$

集成材による通し貫接合部
貫が両側に伸びたタイプで，柱の穴に隙間ゼロでぴったりと挿入され，くい込み摩擦が十分に発揮されるものとし，ここでは$\mu = 0.8$とする．

$2 x_p = \begin{cases} (1)\ 400\,\text{mm} \\ (2)\ 500\,\text{mm} \end{cases}$

図4.8-6　通し貫接合部の試験体

(1)　柱幅400mmの場合

$$x_p = 200\,[\text{mm}]$$

$$C_{xm} = 1 + \frac{4 Z_0}{3 x_p} = 1 + \frac{4 \times 300}{3 \times 200} = 3$$

$$K_{\theta b} = x_p{}^2 y_p E_{90}\left\{ \frac{x_p}{Z_0}\left(C_{xm} - \frac{1}{3}\right) + 0.5 \mu C_{xm} \right\}$$
$$= 200^2 \times 50 \times 240 \times \left\{ \frac{200}{300}\left(3 - \frac{1}{3}\right) + 0.5 \times 0.8 \times 3 \right\}$$
$$= 1.43 \times 10^9\,[\text{N·mm/rad}]$$

$$M_{yb} = \frac{K_{\theta b}Z_0 F_m}{x_p E_{90} C_{xm}\sqrt{C_{ym}}} = \frac{1.43 \times 10^9 \times 300 \times 7.2}{200 \times 240 \times 3 \times \sqrt{2.14}} = 1.47 \times 10^7 \ [\text{N·mm}]$$

$$\theta_y = \frac{M_{yb}}{K_{\theta b}} = \frac{1.47 \times 10^7}{1.43 \times 10^9} = 1.03 \times 10^{-2} \ [\text{rad}]$$

(2)　柱幅 500mm の場合

$$x_p = 250 \ [\text{mm}]$$

$$C_{xm} = 1 + \frac{4Z_0}{3x_p} = 1 + \frac{4 \times 300}{3 \times 250} = 2.6$$

$$K_{\theta b} = x_p{}^2 y_p E_{90}\left\{\frac{x_p}{Z_0}\left(C_{xm} - \frac{1}{3}\right) + 0.5\mu C_{xm}\right\}$$

$$= 250^2 \times 50 \times 240 \times \left\{\frac{250}{300}\left(2.6 - \frac{1}{3}\right) + 0.5 \times 0.8 \times 2.6\right\}$$

$$= 2.20 \times 10^9 \ [\text{N·mm/rad}]$$

$$M_{yb} = \frac{K_{\theta b}Z_0 F_m}{x_p E_{90} C_{xm}\sqrt{C_{ym}}} = \frac{2.20 \times 10^9 \times 300 \times 7.2}{250 \times 240 \times 2.6 \times \sqrt{2.14}} = 2.08 \times 10^7 \ [\text{N·mm}]$$

$$\theta_y = \frac{M_{yb}}{K_{\theta b}} = \frac{2.08 \times 10^7}{2.20 \times 10^9} = 0.95 \times 10^{-2} \ [\text{rad}]$$

　計算の結果得られた剛性と降伏耐力を，実験の結果得られた荷重変形曲線に重ねて，図 4.8-7 に示す．図 4.8-8 に実験後の貫のめり込み状況を示す．

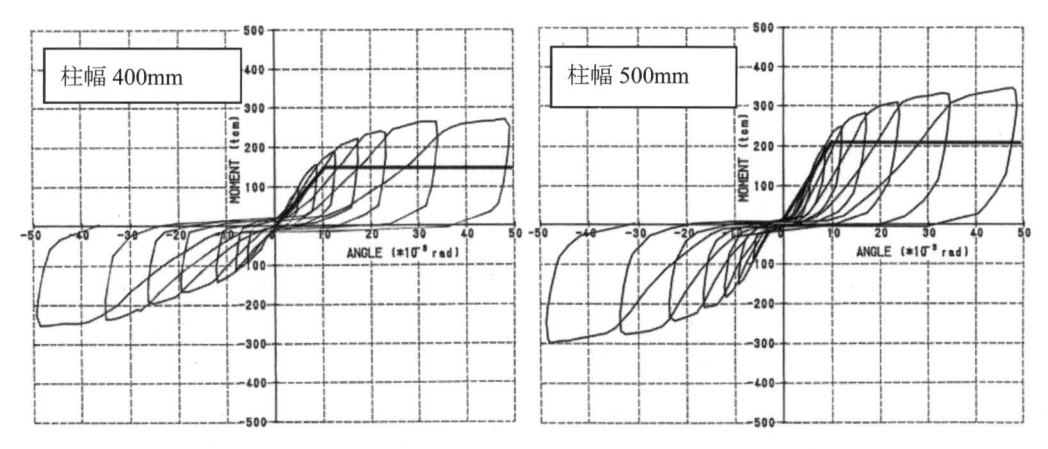

図 4.8-7　通し貫接合部のモーメント‐回転角（実験値と計算値）

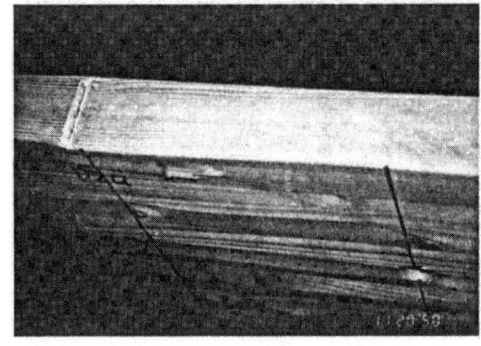

柱幅 400mm　　　　　　　　　　　　　　　　　柱幅 500mm

図 4.8-8　通し貫接合部試験体　実験後の貫のめり込み

4.8.2.4　設計例（吉野ヶ里歴史公園物見櫓の掘立柱脚と通し貫接合部）

(1)　材 料 定 数

　物見櫓の断面詳細図を図 4.8-9 に，接合部の各部寸法を図 4.8-10 に示す．柱，貫ともヒノキ甲種構造材 2 級とし，「平成 12 年建設省告示 1452 号」より $F_c = 27$ [N/mm^2]，$F_b = 34.2$ [N/mm^2]，木規準より $E_0 = 11\,000$ [N/mm^2]，「平成 13 年

国土交通省告 1024 号」より $F_{cv} = 7.8$ [N/mm²].

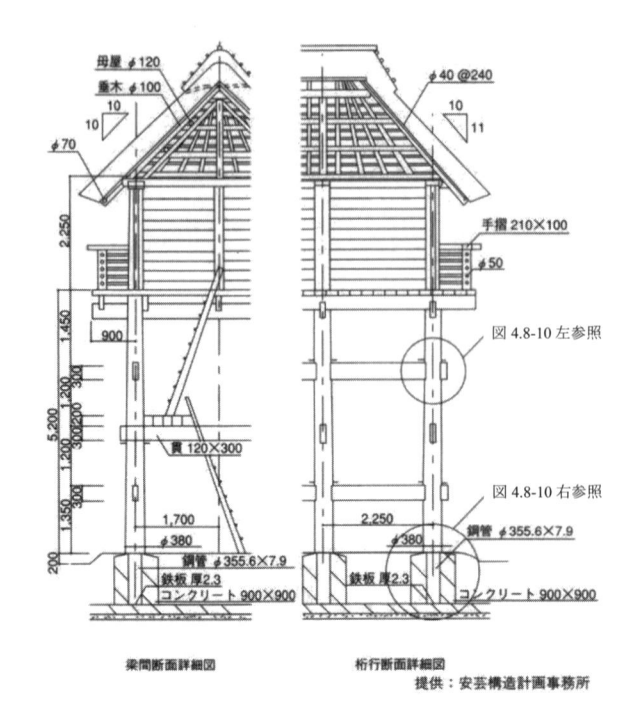

図 4.8-9　吉野ヶ里歴史公園「物見櫓」断面詳細図（提供：（社）日本公園緑地協会）

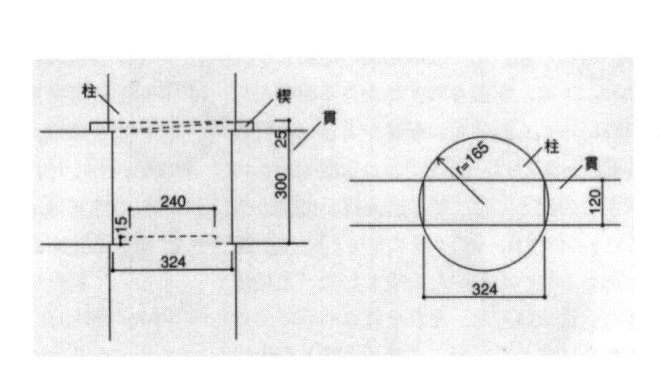

通し貫接合部

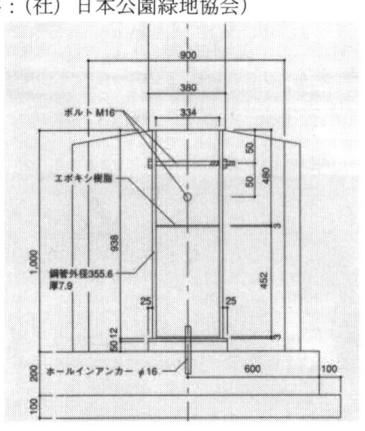

掘立柱脚接合部

図 4.8-10　「物見櫓」接合部の各部寸法（提供：（有）安芸構造計画事務所）

（2）　めり込み計算に用いる材料定数

式 4.4-1 および式 4.4-2 より

$$E_{90} = \frac{E_0}{50} = \frac{11\,000}{50} = 220 \ [\text{N/mm}^2]$$

ヒノキ → $n = 6$

$$F_m = \frac{2.4}{3} F_{cv} = \frac{2.4}{3} \times 7.8 = 6.24 \ [\text{N/mm}^2]$$

（3）　柱－貫接合部の計算

（a）　各部の寸法変数の設定（図 4.8-4，図 4.8-10 参照）

$$x_p = \frac{324}{2} = 162 \ [\text{mm}]$$

$$y_p = 120 \ [\text{mm}]$$

$$Z_0 = 300 \ [\text{mm}]$$

(b)　回転剛性$K_{\theta b}$と降伏モーメントM_{yb}の算定

$$C_{xm} = 1 + \frac{4Z_0}{3x_p} = 1 + \frac{4 \times 300}{3 \times 162} = 3.47$$

$$C_{ym} = 1 + \frac{4Z_0}{3ny_p} = 1 + \frac{4 \times 300}{3 \times 6 \times 120} = 1.56$$

　摩擦係数μは，貫が柱の両側に貫通しているためくい込み摩擦とするが，楔部分のくい込み効果が低いことが考えられるため，くい込み摩擦係数を低めにみて，$\mu = 0.6$と設定する.

　式4.8-1 より，

$$\begin{aligned}
K_{\theta b} &= x_p{}^2 y_p E_{90} \left\{ \frac{x_p}{Z_0} \left(C_{xm} - \frac{1}{3} \right) + 0.5\mu C_{xm} \right\} \\
&= 162^2 \times 120 \times 220 \times \left\{ \frac{162}{300} \left(3.47 - \frac{1}{3} \right) + 0.5 \times 0.6 \times 3.47 \right\} \\
&= 1.89 \times 10^9 \text{ [N·mm/rad]}
\end{aligned}$$

　式4.8-2 より，

$$M_{yb} = \frac{K_{\theta b} Z_0 F_m}{x_p E_{90} C_{xm} \sqrt{C_{ym}}} = \frac{1.89 \times 10^9 \times 300 \times 6.24}{162 \times 220 \times 3.47 \times \sqrt{1.56}} = 2.30 \times 10^7 \text{ [N·mm]}$$

$$\theta_y = \frac{M_{yb}}{K_{\theta b}} = \frac{2.30 \times 10^7}{1.89 \times 10^9} = 1.22 \times 10^{-2} \text{ [rad]}$$

(c)　貫と柱の曲げ破壊モーメントM_{max}の算定

　貫の曲げ破壊モーメントM_{max-b}：

$$M_{max-b} = Z_b \times F_b = \frac{120 \times 285^2}{6} \times 34.2 = 5.56 \times 10^7 \text{ [N·mm]}$$

記号　　Z_b　　：貫の断面係数 [mm³]

　柱の断面欠損部の断面二次モーメントI_c：

$$I_c = \frac{3.14 \times 330^4}{64} - \frac{120 \times 330^3}{12} = 2.23 \times 10^8 \text{ [mm⁴]}$$

　柱の断面欠損部の断面係数Z_c：

$$Z_c = \frac{2.23 \times 10^8}{162} = 1.38 \times 10^6 \text{ [mm³]}$$

　柱の曲げ破壊モーメントM_{max-c}：

$$M_{max-c} = Z_c \times F_b = 1.38 \times 10^6 \times 34.2 = 4.71 \times 10^7 \text{ [N·mm]}$$

　これより，

$$M_{max} = \min\{M_{max-b}, M_{max-c}\} = 4.71 \times 10^7 \text{ [N·mm]}$$

(d)　めり込み降伏後の靱性の検討

　めり込み実験の荷重変位曲線における二次勾配は一次勾配の 1／10～1／6 程度であることから，めり込み塑性剛性＝(1／8)×弾性剛性と仮定して塑性率μを算定する.

$$\mu = 1 + \frac{M_{max} - M_{yb}}{\frac{M_{yb}}{8}} = 1 + \frac{4.71 \times 10^7 - 2.30 \times 10^7}{\frac{2.30 \times 10^7}{8}} = 8.4$$

　以上により，十分な靱性が確保されるものと考えられる.

(4)　掘立柱型柱脚接合部の計算

(a)　各部の寸法変数の設定…図 4.8-5，図 4.8-10 参照

　埋込み深さ$l = 480$ [mm]，埋込み部内径$\varnothing 334$ [mm]より，断面積$A_e = 3.14 \times 334^2/4 = 8.76 \times 10^4$ [mm²].

　円形と同面積の正方形断面とみなし，$y_p = Z_0 = \sqrt{8.76 \times 10^4} = 296$ [mm]として計算する.

(b) 回転剛性$K_{\theta c}$と降伏モーメントM_{yc}の算定

図 4.8-5 中の中立軸までの深さ x_p は，掘立柱式柱脚接合部の回転剛性と降伏モーメントの計算式の式 4.8-9 より，

$$x_p = \frac{3l^2}{4Z_0 + 6l} = \frac{3 \times 480^2}{4 \times 296 + 6 \times 480} = 170 \ [\text{mm}]$$

摩擦係数 $\mu = 0.4$ とすると，式 4.8-10 より，

$$
\begin{aligned}
K_{\theta c} &= \frac{y_p E_{90}}{3Z_0}\left\{x_p{}^3 + 2x_p{}^2 Z_0 + (l - x_p)^3 + \frac{3}{2}(l - x_p)^2 \mu Z_0\right\} \\
&= \frac{296 \times 220}{3 \times 296}\left\{170^3 + 2 \times 170^2 \times 296 + (480 - 170)^3 + \frac{3}{2}(480 - 170)^2 \times 0.4 \times 296\right\} \\
&= 5.05 \times 10^9 \ [\text{N·mm/rad}]
\end{aligned}
$$

$$C_{xm} = 1 + \frac{4Z_0}{3x_p} = 1 + \frac{4 \times 296}{3 \times 170} = 3.32$$

$$C_{ym} = 1 + \frac{4Z_0}{3x_p} = 1 + \frac{4 \times 296}{3 \times 6 \times 296} = 1.22$$

式 4.8-11，式 4.8-12 より，

$$\theta_{yc} = \frac{Z_0 \cdot F_m}{x_p E_{90} C_{xm}\sqrt{C_{ym}}} = \frac{2.96 \times 6.24}{170 \times 220 \times 3.22\sqrt{1.22}} = 1.35 \times 10^{-2} \ [\text{rad}]$$

$$M_{yc} = K_{\theta c} \cdot \theta_{yc} = 6.80 \times 10^7 \ [\text{N·mm}]$$

(c) 柱埋込み部の曲げ破壊モーメントの算定

$$M_{max} = Z \times F_b = \frac{3.14 \times 334^3}{32} \times 34.2 = 1.25 \times 10^8 \ [\text{N·mm}]$$

(d) めり込み降伏後の靱性の検討

$$\mu = 1 + \frac{M_{max} - M_{yc}}{\dfrac{M_{yc}}{8}} = 1 + \frac{1.25 \times 10^8 - 6.80 \times 10^7}{\dfrac{6.80 \times 10^7}{8}} = 6.7$$

　以上により，十分な靱性が確認できる．柱脚部の埋め込み深さがこれより長くなると，式 4.8-4 のめり込み降伏モーメント M_{yc} は上がるのに対し，柱脚部の曲げ破壊モーメント M_{max} は変わらないため，靱性が低下し曲げ破壊が生じやすくなる．あまり深く埋め込まず M_{yc} を M_{max} の半分程度以下に抑えるようにしたほうが，大地震時等に柱脚部から折れて破壊する危険性が少なくなる．

4.8.3　その他の留意点

4.8.3.1　材料・材質

　貫や柱の材料に製材を用いる場合には，含水率を 20%以下まで乾燥させた材を用いることが望ましい．材の乾燥収縮に対して，通し貫接合部は楔を締め直すことで対応できるが，掘立柱脚は隙間を埋められないことが多いため，とくに柱材の乾燥は十分に行うことが必要である．建築基準法上，令 46 条 2 項ルートによる場合には，昭和 62 年建設省告示 1898 号に適合した材料（製材の場合には，JAS 構造用製材でなければならず，乾燥割れにより耐力が低下するおそれが少ない方法であるため，含水率 20%以下でよい）とする必要がある．

4.8.3.2　納　ま　り

　柱や貫などの主要構造部分である木部を屋外に露出するような設計は原則として行ってはならない．やむを得ず露出させる場合は，掘立柱脚接合部は，図 4.8-10 の例のように，鋼管内に雨水が入り込まないように埋込み部分の断面を少し削って鋼管に挿入し，鋼管上端と柱の間に水切りやシーリングを施す．それでも柱の乾燥割れに沿って雨水が流れ込むことが予想されるため，鋼管の底に水抜き穴を設けるなどの工夫が必要である．

4.8.3.3　施工・メンテナンス

　掘立柱接合部に直接雨がかかるおそれがあるなど，屋外に露出せざるを得ない場合は，埋め込まれる柱脚の木材部分

に防腐防蟻剤を加圧注入してから柱を建て込み，さらに数年に一度の頻度で，防腐防蟻剤の現場塗布を行うことが望ましい．

通し貫接合部は，毎年，乾燥した季節に楔の締直しを行うことが望ましい．

4.8.3.4　長所・短所

(1)　長　　所

・木材のめり込みにより高い靭性を確保できる．

・金物や接合具の露出が無く，伝統構法による木造建築に活用できる．

・金物や接着剤に頼らないため，環境負荷が低く，柱や貫の断面が大きい場合には燃えしろ設計による耐火性能を確保することができる．

(2)　短　　所

・めり込みを主とした抵抗機構のため，初期剛性が低く，乾燥収縮によるゆるみが生じやすい．

・掘立柱は，屋外に露出させるなど，埋込み部分を地盤面より下に埋め込まれるような納まりとすると腐朽・蟻害が生じやすい．

参 考 文 献

1) 和泉智也ほか3名：伝統木造仕口の回転めり込みにおける摩擦係数，日本建築学会大会学術講演梗概集 構造Ⅲ，22004，2008年
2) 稲山正弘：木材のめりこみ理論とその応用，東京大学工学部博士論文，1991年
3) 稲山正弘・高津角行：木材のめりこみに関する実験的研究 その1 ベイマツ材の均等変位部分圧縮試験，日本建築学会大会学術講演梗概集，2802，pp.17-18，1991年
4) 高津角行・稲山正弘：木材のめりこみに関する実験的研究 その2 スギ材の均等変位部分圧縮試験，日本建築学会大会学術講演梗概集，2803，pp.19-20，1991年
5) 稲山正弘：木材のめりこみに関する実験的研究 その3 縁端距離，材厚，加圧面寸法がE_1，E_2，$σ_y$に及ぼす影響の一般的傾向，日本建築学会大会学術講演梗概集，2920，pp.13-14，1992年
6) 稲山正弘：木材のめりこみに関する実験的研究 その4 等変位めりこみの弾性剛性の計算式の提案，日本建築学会大会学術講演梗概集，21377，pp.907-908，1993年
7) 稲山正弘：貫構造の設計ポイント，地震に強い「木造住宅」の設計マニュアル，pp.208-211，建築知識，1996年
8) 稲山正弘：めり込み抵抗接合の設計（貫構造），建築技術 1995/11，pp.106-111，1995年
9) 稲山正弘：貫構造の設計，地震に強い「木造住宅」パーフェクトマニュアル，pp.262-267，エクスナレッジ，2003年
10) 稲山正弘：木造ラーメン(1)伝統的手法による木造ラーメンの設計，ディテール165，pp.137-144，彰国社，2005年
11) 日本住宅・木材技術センター：4.4.6 モーメント抵抗接合による耐力要素 (2)めり込み抵抗型モーメント抵抗接合部の算定法，木造軸組工法住宅の許容応力度設計，2001年

5. 資　　　料

5.1　接合部設計の基礎

　木質構造の接合部は多種多様であり，構造体の変形が，部材変形よりも接合部変形に支配される場合や，接合部変形により構造体の応力状態が変化する場合もある．そして，多くの場合，部材強度よりも接合部強度で構造強度が決定される．このため，接合部のメカニズムや加工と加工精度を考慮に入れた正しい剛性評価，および接合部の強度と破壊性状を考慮した変形と応力解析を行う必要がある．本節では，接合部の設計を行う上での基礎的な事項（円形断面接合具を用いた場合の降伏耐力および剛性の計算方法）について紹介する．

5.1.1　接合部節点の仮定に関する注意点

　接合部の設計を行う際には，接合部節点に関していくつかの注意が必要である．ボルト・ドリフトピン等の接合具を用いた接合部は一般的には半剛接合となるため，適切な剛性評価を行う必要がある．設計を目的とする場合には，軸方向，材軸直角方向，回転方向の 3 成分を持つ等価なバネでそれぞれの接合具の変形と力の関係を仮定しても良い．また，木材の繊維直角方向には比較的大きな変形（めり込み変形）が生じるため，めり込み剛性を適切に評価する必要がある．

5.1.2　円形断面接合具のめり込み挙動

　円形断面（直径d）の接合具が単位長さあたりの荷重（P）を受けて木材にめり込む場合，接合具が受ける鉛直応力の分布は複雑である．そこで，図 5.1-1 のようにめり込み量（e）を幅（d）に渡って一様に作用する等価な単位長さあたりの反力で置換できるものと考える．すなわち，単位長さあたりの見かけの支圧応力（σ_a）を導入する（$\sigma_a = P/d$）．長さ，力の単位として，mm，N/mm を使うと N/mm² となる．

　$\sigma_a - e$の関係は非線形であり種々の実験式が提案されているが，小松 [1] は Foschi[2] の 3P-exp 式を基に以下の式を提案している．

・繊維平行方向加力時：

$$\sigma_{a0}(e) = (\sigma_{e0} + k_{u0}e)\left(1 - \exp\left(\frac{-k_{s0}e}{\sigma_{e0}}\right)\right) \text{ [N/mm}^2\text{]} \qquad \text{式 5.1-1}$$

・繊維直交方向加力時：

$$\sigma_{a90}(e) = (\sigma_{e90} + k_{u90}e)\left(1 - \exp\left(\frac{-k_{s90}e}{\sigma_{e90}}\right)\right) \text{ [N/mm}^2\text{]} \qquad \text{式 5.1-2}$$

$$k_{s0} = \frac{E_w}{31.6 + 10.9d}$$

$$k_{s90} = \frac{k_{s0}}{3.4}$$

記号　　k_{u0}, k_{u90}：終局傾き（二次勾配）

　　　　σ_{e0}, σ_{e90}：最大支圧応力

　　　　E_w　　　　：木材の繊維方向ヤング係数 [N/mm²]

　　　　d　　　　　：接合具直径 [mm]

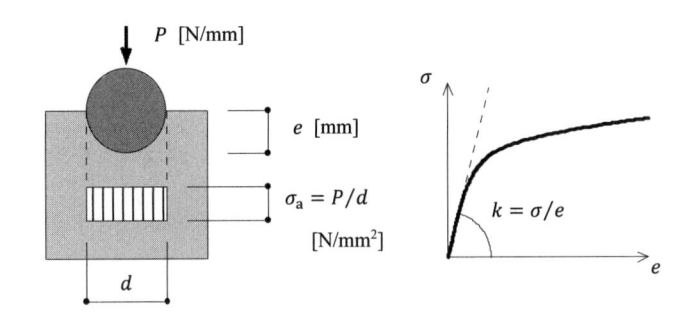

図 5.1-1　円形断面接合具のめり込み挙動

　本提案式は主に圧縮型のめり込み試験を通して得られた結果であり，k_{s0}，k_{s90} が初期傾き（初期剛性），k_{u0}，k_{u90} が終局傾き（二次勾配の剛性），σ_{e0}，σ_{e90} が最大支圧応力である．

　圧縮型試験の繊維方向加力においては，最大支圧応力は降伏支圧応力とほぼ同値と見なされる場合が多く $k_{u0} = 0$ となっており，繊維方向最大支圧応力（σ_{e0}）に対応した最大めり込み量を数式から決めることは難しい．

　ここで，$d = 10$ [mm], $E_w = 10\,000$ [N/mm²]，$\rho = 400$ [kg/m³] について支圧応力とめり込み量の関係は図 5.1-2 のようになる．

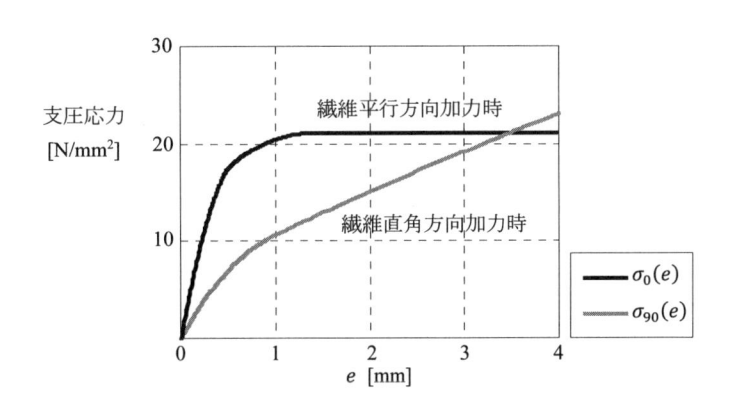

図 5.1-2　支圧応力とめり込み量の関係

　また，降伏支圧応力（σ_y）までの（初期）傾きは，σ_y/e_y [N/mm²/mm＝N/mm³]で表現される支圧常数（embedding stiffness, bearing constant）と呼ばれるバネ定数であり，本書では支圧剛性（k）と呼ぶ．

　$\sigma_a - e$ の関係は非線形であるため実務においては若干その取扱いが煩雑であり，線形の方が取り扱いやすい．そこで，"枠組材または面材のめり込み終局強度の評価" [3] で提案されている方法を紹介する．なお，荷重を支圧応力に読み替えている．

（イ）　試験により得られる応力−めり込み変形曲線において，最大支圧応力（σ_{max}）の 0.1 倍と 0.4 倍に相当する点を直線で結ぶ（図 5.1-3 の①の直線）．

（ロ）　直線①とめり込み量の最大値で応力軸（縦軸）に平行な直線（図 5.1-3 の②の直線）と，めり込み量軸（横軸）に平行な直線（図 5.1-3 の③の直線）と横軸によって囲まれる面積が，応力−めり込み量包括曲線と横軸と直線②によって囲まれる面積が等しくなるように，直線③の位置を定め，直線③と縦軸との交点における支圧応力を求める．この支圧応力を終局支圧応力（σ_u）とする．

（ハ）　直線①の傾きを，支圧剛性（k）とする．

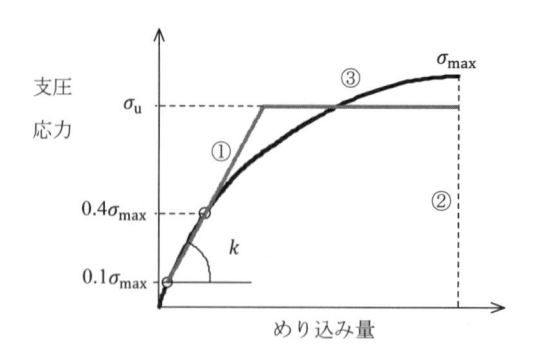

図 5.1-3　終局支圧応力σ_uと支圧剛性kの評価

5.1.3　割線すべり係数と接線すべり係数の修正係数

　木材のめり込み挙動は非線形であるため，接合部の挙動は一般的に非線形となる．後述する接合具を弾性床上の梁として誘導された接合部のすべり係数は，非線形関係の初期の傾き（以下，接線すべり係数）である．このため，接線すべり係数を用いて接合部の変形を計算すると実際の変形よりも小さく評価することになる．

　より精度を上げるためには，接合部の非線形計算をしてすべり係数を算出することになるが，堀江の報告[4]では短期許容耐力レベルのすべり係数（以下，割線すべり係数）を，①鋼板添え板形式（両端回転拘束），②鋼板添え板形式（両端回転自由），③鋼板 1 枚挿入形式，の 3 つの形式に対して，接合具直径 8, 10, 12, 14, 16, 18, 20, 22 mm の 8 水準，接合具長さ 120, 150, 180, 210, 240 mm の 5 水準，樹種グループ J1, J2, J3 の 3 水準，加力方向が繊維方向，繊維垂直方向の 2 水準の，合計 4×8×5×3×2＝720 種類について算出したところ，割線すべり係数を接線すべり係数で除した値（以下，割線接線修正係数）を 1/1.3 としている．その結果をタイプ別（鋼板 2 枚挿入形式を追加）に示すと表 5.1-1 となる．

表 5.1-1　割線すべり係数と接線すべり係数の修正係数

形式	加力方向	割線すべり係数 / 接線すべり係数	相関係数
鋼板添え板形式 （回転拘束）	繊維方向	0.80	0.988
	繊維直角方向	0.73	0.994
鋼板添え板形式 （回転自由）	繊維方向	0.68	0.994
	繊維直角方向	0.67	0.997
鋼板 1 枚挿入形式	繊維方向	0.80	0.998
	繊維直角方向	0.77	0.993
鋼板 2 枚挿入形式	繊維方向	0.67	0.977
	繊維直角方向	0.64	0.975

　以上の計算結果から，弾性床上の梁として誘導されたすべり係数に 0.7〜0.8 を乗じることにより割線すべり係数を算出することができることになる．

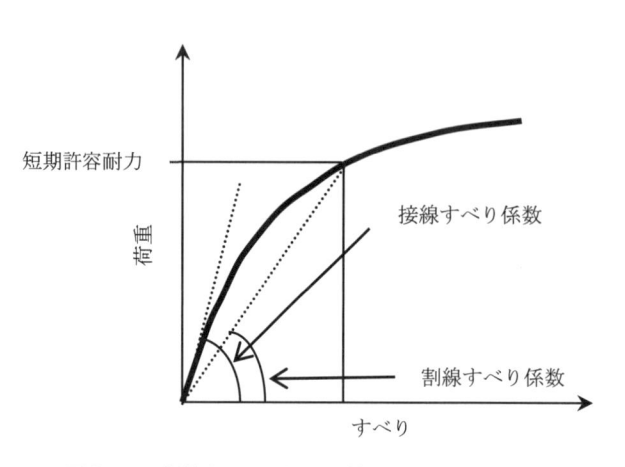

図 5.1-4　割線すべり係数，接線すべり係数の概念

5.1.4　様々な算定式

5.1.4.1　曲げ降伏型単位接合部の終局せん断耐力，基準許容せん断耐力，設計用許容せん断耐力

木規準[5]によれば，降伏せん断耐力 (P_y) が算出されているものとすると，曲げ降伏型単位接合部の終局せん断耐力，基準許容せん断耐力，設計用許容せん断耐力は以下の式で求められる．ただし終局せん断耐力には，単位接合部（接合具1本あたりの接合部）のものと，全体接合部（複数の接合具で構成される接合部）の塑性変形能力に応じた終局せん断耐力があり，本式は単位接合部のものである．

・終局せん断耐力：

$$P_{u0} = r_u \cdot P_y$$

・基準許容せん断耐力：

$$P_0 = \min\{_jK_0 \cdot P_y, _jK_0 \cdot _jK_f \cdot P_y\}$$

・設計用許容せん断耐力：

$$P_a = _jK_d \cdot _jK_m \cdot P_0$$

記号　　r_u　　　：終局強度比〔詳しくは 5.1.5.2 の表 5.1-5 を参照〕

$_jK_f$　　：安全係数（通常は 2/3）

$_jK_0$　　：基準化係数（荷重継続期間影響係数の基準となる基準期間に対応させるための調整係数で，接合部のクリープ破壊特性に基づき決定する．接合部のクリープ特性が木材のクリープ特性に依存する場合は 1/2 をとる．）

$_jK_d$　　：荷重継続期間影響係数（接合部のクリープ特性が木材のクリープ特性に依存する場合は，長期，中長期，中短期および短期に対してそれぞれ 1.10，1.43，1.60，2.00 とする．）

$_jK_m$　　：含水率影響係数（常時湿潤状態に使用する接合部および施工時含水率が 20％以上の場合は 0.7，断続的に湿潤になる状態に使用する接合部では 0.8，それ以外では 1.0 とする．）

5.1.4.2　曲げ降伏型の接合部［全体］の終局せん断耐力

接合部［全体］の基準終局せん断耐力，基準許容せん断耐力，設計用許容せん断耐力は塑性変形能力に応じて以下のように求める．

・基準終局せん断耐力：

$$P_{u0} = \min\{P_{uj}, P_{uw}\}$$

・基準許容せん断耐力：

$$P_0 = _jK_0 \cdot _jK_d \cdot _jK_r \cdot P_{u0}$$

・設計用許容せん断耐力：

$$P_a = _jK_0 \cdot _jK_m \cdot P_{u0}$$

記号　　P_{uj}　　：木材が割裂，せん断，引張等により破壊しない場合（接合種別：JA，JB）の接合部［全体］の終局せん断耐力．力の作用方向，接合具の配置，個数等を勘案して求める．

P_{uw}　　：木材が割裂，せん断，引張破壊する場合（接合種別：JC）の接合部［全体］の終局せん断耐力．

$_jK_0, _jK_f, _jK_d, _jK_m$ ：前項と同じ．

$_jK_r$　　：靭性係数．接合部の靭性に関する低減係数で，接合種別により異なる

5.1.4.3　1面せん断形式の降伏せん断耐力算定式

6つの降伏モードを仮定（図 5.1-5）し，それぞれのモードについて力の釣合いから降伏せん断耐力を算出する式である．これらの算定はヨーロッパ型降伏理論（European Yield Theory）に基づいており，通称 EYT 式と呼ばれている．

1面せん断形式の降伏せん断耐力 (P_y) は，

$$P_y = \min\{P_{yIa}, P_{yIb}, P_{yII}, P_{yIIIa}, P_{yIIIb}, P_{yIV}\}$$

　　　　式 5.1-3

・モードⅠa：材料2のみがめり込み降伏

$$P_{\mathrm{yIa}} = F_{\mathrm{E2}}dt_2$$

・モードⅠb：材料1のみがめり込み降伏

$$P_{\mathrm{yIb}} = F_{\mathrm{E1}}dt_1$$

・モードⅡ：材料1，2がめり込み降伏

$$P_{\mathrm{yII}} = F_{\mathrm{E1}}dt_1 \frac{\sqrt{\beta + 2\beta^2(1+\alpha+\alpha^2) + \alpha^2\beta^3} - \beta(1+\alpha)}{1+\beta}$$

・モードⅢa：材料1でめり込み降伏，材料2で接合具が曲げ降伏

$$P_{\mathrm{yIIIa}} = F_{\mathrm{E1}}dt_1 \left[\sqrt{\frac{4\beta M_{\mathrm{y}}}{F_{\mathrm{E1}}dt_1{}^2(2+\beta)} + \frac{2\beta(1+\beta)}{(2+\beta)^2}} - \frac{\beta}{2+\beta} \right]$$

・モードⅢb：材料1で接合具が曲げ降伏，材料2でめり込み降伏

$$P_{\mathrm{yIIIb}} = F_{\mathrm{E1}}dt_1 \left[\sqrt{\frac{4\beta M_{\mathrm{y}}}{F_{\mathrm{E1}}dt_1{}^2(2\beta+1)} + \frac{2\alpha^2\beta^2(1+\beta)}{(2\beta+1)^2}} - \frac{\alpha\beta}{2\beta+1} \right]$$

・モードⅣ：材料1,2で接合具の曲げ降伏

$$P_{\mathrm{yIV}} = \sqrt{\frac{4F_{\mathrm{E1}}d\beta M_{\mathrm{y}}}{1+\beta}}$$

$$\alpha = \frac{t_2}{t_1}$$

$$\beta = \frac{F_{\mathrm{E2}}}{F_{\mathrm{E1}}}$$

記号　　d　　　　　　：接合具直径

F_{E1}, F_{E2}　：材料1, 2の支圧（めり込み）強度

t_1, t_2　　：材料1, 2内の接合具長さ

M_{y}　　　　：接合具の曲げ降伏モーメント（$M_{\mathrm{y}} = F_{\mathrm{y}} \cdot d^3/6$）

　なお，木規準[5]の木材と鋼板による1面せん断形式の場合には，鋼板の支圧（めり込み）強度を数学的に無限大と扱うことによりモードを省略している．すなわち，鋼板の厚みによっては計算結果が危険側となることがあるので注意が必要である．また，同規準の降伏耐力算定式は接合具の曲げ降伏モーメントを完全塑性とした場合の$M_{\mathrm{y}} = F_{\mathrm{y}} \cdot d^3/6$として誘導されている．このため，完全塑性するとは考えづらい木ダボの場合には適用できない．木ダボの場合には，本書「3.4 せん断抵抗型木ダボ接合」に従って計算する．

5.1.4.4　2面せん断形式の降伏せん断耐力算定式

　両側に配される材料2を等厚とした4つの降伏モードを想定（図5.1-6）し，それぞれのモードについて力の釣合いから降伏せん断耐力を算出する式である．

　2面せん断形式の降伏せん断耐力（P_{y}）は

$$P_{\mathrm{y}} = \min\{P_{\mathrm{yIa}}, P_{\mathrm{yIb}}, P_{\mathrm{yIII}}, P_{\mathrm{yIV}}\} \qquad \text{式 5.1-4}$$

・モードⅠa：材料2がめり込み降伏

$$P_{\mathrm{yIa}} = F_{\mathrm{E2}}dt_2$$

・モードⅠb：材料1がめり込み降伏

$$P_{\mathrm{yIb}} = F_{\mathrm{E1}}dt_1$$

・モードⅢ：材料1で接合具が曲げ降伏，材料2でめり込み降伏

$$P_{\mathrm{yIII}} = F_{\mathrm{E1}}dt_1 \left[\sqrt{\frac{16\beta M_{\mathrm{y}}}{F_{\mathrm{E1}}dt_1{}^2(2\beta+1)} + \frac{8\alpha^2\beta^2(1+\beta)}{(2\beta+1)^2}} - \frac{2\alpha\beta}{2\beta+1} \right]$$

・モードⅣ：材料 1，2 で接合具が曲げ降伏

$$P_{\mathrm{yIV}} = \sqrt{\frac{16 F_{E1} d \beta M_{\mathrm{y}}}{1 + \beta}}$$

$$\alpha = \frac{t_2}{t_1}$$

$$\beta = \frac{F_{E2}}{F_{E1}}$$

記号　　d　　　　　　　：接合具直径

　　　　F_{E1}，F_{E2}　：材料 1, 2 の支圧（めり込み）強度

　　　　t_1，t_2　　　：材料 1, 2 内の接合具長さ

　　　　M_{y}　　　　　：接合具の曲げ降伏モーメント（$M_{\mathrm{y}} = F_{\mathrm{y}} \cdot d^3 / 6$）

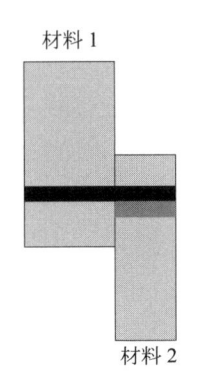

＜モードⅠa＞
材料 2 のみがめり込み降伏

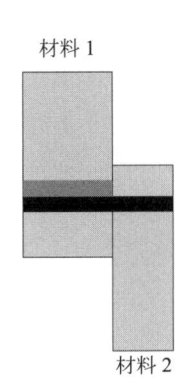

＜モードⅠb＞
材料 1 のみがめり込み降伏

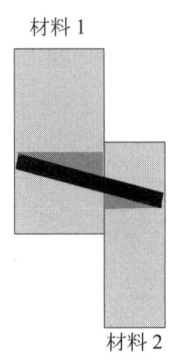

＜モードⅡ＞
材料 1, 2 でめり込み降伏

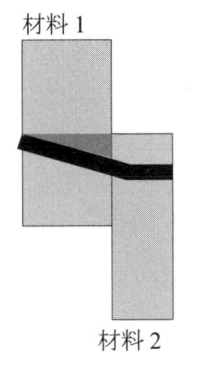

＜モードⅢa＞
材料 1 がめり込み降伏
材料 2 が接合具の曲げ降伏

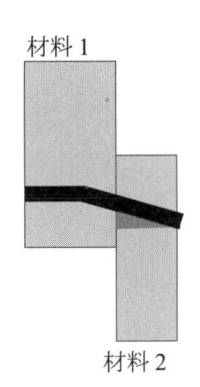

＜モードⅢb＞
材料 1 が接合具の曲げ降伏
材料 2 がめり込み降伏

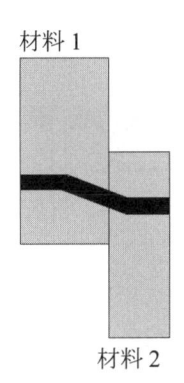

＜モードⅣ＞
材料 1, 2 で接合具が曲げ降伏

図 5.1-5　1 面せん断形式の降伏モード

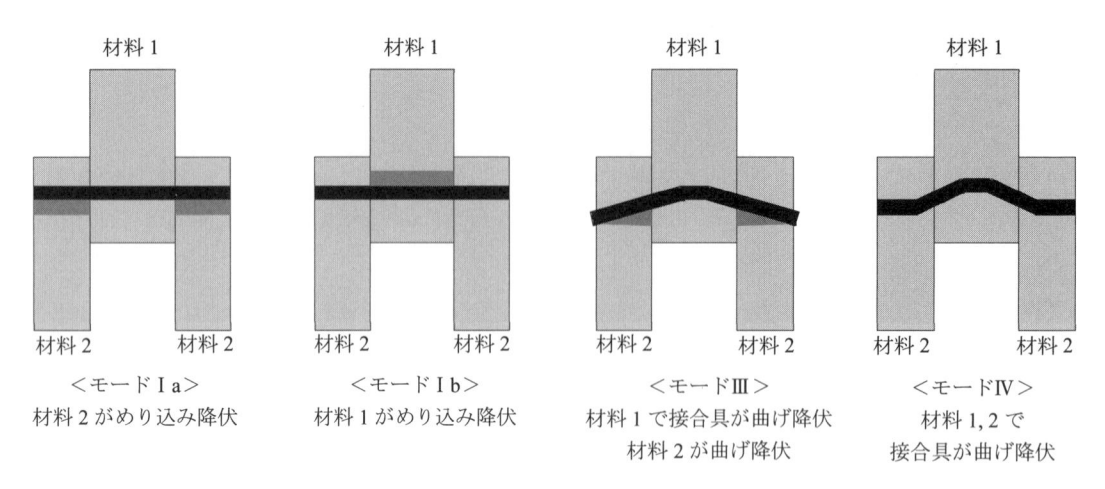

＜モードⅠa＞　　　　＜モードⅠb＞　　　　＜モードⅢ＞　　　　＜モードⅣ＞
材料2がめり込み降伏　材料1がめり込み降伏　材料1で接合具が曲げ降伏　材料1,2で
　　　　　　　　　　　　　　　　　　　　材料2が曲げ降伏　　　　接合具が曲げ降伏

図5.1-6　2面せん断形式の降伏モード

5.1.4.5　弾性床上の梁理論に基づくすべり係数（剛性）の計算式

接合具を，曲げを受ける弾性床上の梁として扱った場合の接合部のすべり係数（剛性）の算定式である．

曲げを受ける弾性床上の梁のたわみについては，接合具と木材の摩擦が無視できる場合には，次の微分方程式が成り立つ．

$$EI\frac{d^4y}{dx^4} = -ky$$

式 5.1-5

記号　　EI　　：梁（接合具）の曲げ剛性

　　　　y　　：座標xにおける梁（接合具）のたわみ

　　　　k　　：弾性床のバネ定数で，具体的には木材の支圧剛性k [N/mm³]に一致する．

図5.1-7のように境界条件を設定し，接合具の連続性，対称性を入れて微分方程式を解くことにより，未定係数を決定する．そして，荷重（P）を材料間の相対変位（すべり量）によって除してすべり剛性を算出する．

(1)　2面せん断形式（境界条件：i端，j端回転自由）

$$K_{S2} = \frac{1}{L_1 + L_2 - \dfrac{(J_1 - J_2)^2}{2(K_1 + K_2)}} \ [\text{N/mm}]$$

式 5.1-6

(2)　1面せん断形式（境界条件：i端，j端回転自由）

$$K_{S1} = \frac{1}{2(L_1' + L_2) - \dfrac{(J_1' - J_2)^2}{K_1' + K_2}} \ [\text{N/mm}]$$

式 5.1-7

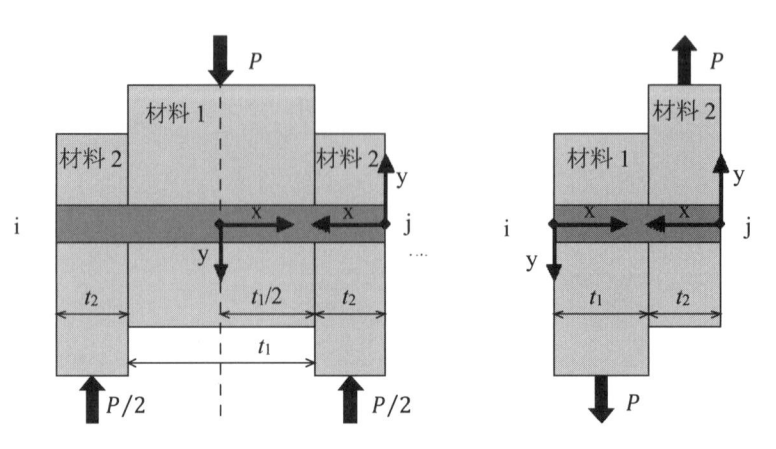

図5.1-7　境　界　条　件

ここに材料 1 に関して

$$L_1 = \frac{\lambda_1}{S_1} \cdot \frac{\cosh(\lambda_1 t_1) + \cos(\lambda_1 t_1)}{\sinh(\lambda_1 t_1) + \sin(\lambda_1 t_1)}$$

$$J_1 = \frac{\lambda_1{}^2}{S_1} \cdot \frac{\sinh(\lambda_1 t_1) - \sin(\lambda_1 t_1)}{\sinh(\lambda_1 t_1) + \sin(\lambda_1 t_1)}$$

$$K_1 = \frac{\lambda_1{}^3}{S_1} \cdot \frac{\cosh(\lambda_1 t_1) - \cos(\lambda_1 t_1)}{\sinh(\lambda_1 t_1) + \sin(\lambda_1 t_1)}$$

$$L_1' = \frac{\lambda_1}{S_1} \cdot \frac{\sinh(\lambda_1 t_1)\cosh(\lambda_1 t_1) - \sin(\lambda_1 t_1)\cos(\lambda_1 t_1)}{\sinh^2(\lambda_1 t_1) - \sin^2(\lambda_1 t_1)}$$

$$J_1' = \frac{\lambda_1{}^2}{S_1} \cdot \frac{\sinh^2(\lambda_1 t_1) + \sin^2(\lambda_1 t_1)}{\sinh^2(\lambda_1 t_1) - \sin^2(\lambda_1 t_1)}$$

$$K_1' = \frac{\lambda_1{}^3}{S_1} \cdot \frac{\sinh(\lambda_1 t_1)\cosh(\lambda_1 t_1) + \sin(\lambda_1 t_1)\cos(\lambda_1 t_1)}{\sinh^2(\lambda_1 t_1) - \sin^2(\lambda_1 t_1)}$$

$$S_1 = k_1 d$$

$$\lambda_1 = \left(\frac{S_1}{4 E_s I_s}\right)^{\frac{1}{4}}$$

記号　S_1　　　　　：材料 1 における接合具の単位長さあたりのめり込み剛性 [N/mm^2]

　　　　k_1　　　　　：材料 1 の支圧剛性 [N/mm^3]

　　　　d　　　　　：接合具直径 [mm]

　　　　t_1　　　　　：材料 1 内の接合具長さ [mm]

　　　　E_s　　　　　：接合具の曲げヤング係数 [N/mm^2]

　　　　I_s　　　　　：接合具の断面二次モーメント $I_s = \pi d^4 / 64$ [mm^4]

材料 2 に関して

$$L_2 = \frac{\lambda_2}{S_2} \cdot \frac{\sinh(\lambda_2 t_2)\cosh(\lambda_2 t_2) - \sin(\lambda_2 t_2)\cos(\lambda_2 t_2)}{\sinh^2(\lambda_2 t_2) - \sin^2(\lambda_2 t_2)}$$

$$J_2 = \frac{\lambda_2{}^2}{S_2} \cdot \frac{\sinh^2(\lambda_2 t_2) + \sin^2(\lambda_2 t_2)}{\sinh^2(\lambda_2 t_2) - \sin^2(\lambda_2 t_2)}$$

$$K_2 = \frac{\lambda_2{}^3}{S_2} \cdot \frac{\sinh(\lambda_2 t_2)\cosh(\lambda_2 t_2) + \sin(\lambda_2 t_2)\cos(\lambda_2 t_2)}{\sinh^2(\lambda_2 t_2) - \sin^2(\lambda_2 t_2)}$$

$$S_2 = k_2 d$$

$$\lambda_2 = \left(\frac{S_2}{4 E_s I_s}\right)^{\frac{1}{4}}$$

記号　S_2　　　　　：材料 2 における接合具の単位長さあたりのめり込み剛性 [N/mm^2]

　　　　k_2　　　　　：材料 2 の支圧剛性 [N/mm^3]

　　　　d　　　　　：接合具直径 [mm]

　　　　t_2　　　　　：材料 2 内の接合具長さ [mm]

　　　　E_s　　　　　：接合具の曲げヤング係数 [N/mm^2]

　　　　I_s　　　　　：接合具の断面二次モーメント $I_s = \pi d^4 / 64$ [mm^4]

　なお，接合具がボルト，ドリフトピン，釘の場合，接合具の曲げヤング係数は 2 100 tf/cm^2 の換算値 205 940 N/mm^2 を用いることが多い．

5.1.4.6　接合具の弾性床上の梁としての剛性マトリックス

　弾性床上にある接合具の長さ L の要素について $x = 0$ の位置（i 端）のおける変位を v_i，傾斜角を θ_i，曲げモーメントを M_i，せん断力を Q_i とし $x = L$ の位置（j 端）における変位を v_j，傾斜角を θ_j，曲げモーメントを M_j，せん断力を Q_j とした場合，その剛性マトリックスは次式 [6] となる．

$$\begin{bmatrix} Q_i \\ M_i \\ Q_j \\ M_j \end{bmatrix} = \frac{1}{\varphi} \cdot \begin{bmatrix} -2EI\lambda^3(s_h \cdot c_h + s_s \cdot c_c) & EI\lambda^2(s_h{}^2 + s_s{}^2) & 2EI\lambda^3(s_h \cdot c_c + c_h \cdot s_s) & 2EI\lambda^2 s_h \cdot s_s \\ -EI\lambda^2(s_h{}^2 + s_s{}^2) & -EI\lambda(s_h \cdot c_h - s_s \cdot c_c) & -2EI\lambda^2 s_h \cdot s_s & EI\lambda(s_h \cdot c_c - c_h \cdot s_s) \\ 2EI\lambda^3(s_h \cdot c_c + c_h \cdot s_s) & -2EI\lambda^2 s_h \cdot s_s & -2EI\lambda^3(s_h \cdot c_h + s_s \cdot c_c) & -EI\lambda^2(s_h{}^2 + s_s{}^2) \\ -2EI\lambda^2 s_h \cdot s_s & -EI\lambda(s_h \cdot c_c - c_h \cdot s_s) & -EI\lambda^2(s_h{}^2 + s_s{}^2) & -EI\lambda(s_h \cdot c_h - s_s \cdot c_c) \end{bmatrix} \cdot \begin{bmatrix} v_i \\ \theta_i \\ v_j \\ \theta_j \end{bmatrix}$$

$$\lambda = \left(\frac{d \cdot k}{4 \cdot f}\right)^{\frac{1}{4}}$$

$$s_h = \sinh(\lambda L)$$

$$s_s = \sin(\lambda L)$$

$$c_h = \cosh(\lambda L)$$

$$c_c = \cos(\lambda L)$$

$$\varphi = -\frac{1}{2}(s_h{}^2 - s_s{}^2)$$

記号　　d　　　　　：接合具直径

　　　　L　　　　　：要素の長さ

　　　　f　　　　　：接合具の曲げ剛性

　　　　k　　　　　：支圧剛性

なお，座標系は図 5.1-8 のとおり（→の方向が正）である．

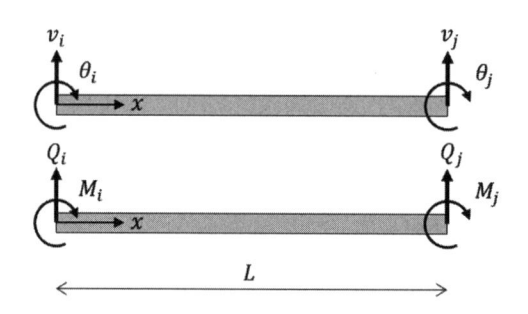

図 5.1-8　節点変位，節点荷重，座標系の定義

5.1.4.7　めり込み基準式

(1)　等変位めり込み

図 5.1-9 に示す等変位めり込みの場合，荷重と変位の関係および降伏変位は下式のように表される [7]．

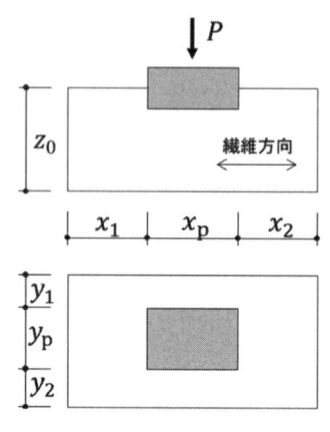

図 5.1-9　等変位めり込み

・荷重Pと変位δの関係：
$$P = \frac{x_\mathrm{p} y_\mathrm{p} C_x C_y E_{\mathrm{c}90}}{z_0} \delta \ [\mathrm{N}]$$
式 5.1-8

・降伏変位：
$$\delta_\mathrm{y} = \frac{z_0 F_\mathrm{E}}{E_{\mathrm{c}90}\sqrt{C_x C_y C_{xm} C_{ym}}} \ [\mathrm{mm}]$$
式 5.1-9

(2)　三角形変位めり込み

図 5.1-10 に示す三角形変位めり込みの場合は，偏心荷重と変形角の関係，モーメントと変形角の関係および降伏変形角は下式のように表される．

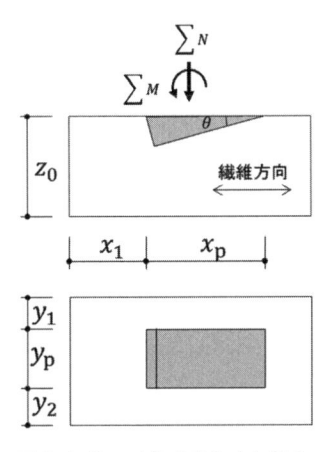

図 5.1-10　三角形変位めり込み

・偏心荷重$\sum N$と変形角θの関係
$$\sum N = \frac{x_\mathrm{p}^2 y_\mathrm{p} C_y E_{\mathrm{c}90}}{z_0}\left[\frac{1}{2} + \frac{2z_0}{3x_\mathrm{p}}\left\{1 - \exp\left(\frac{-3x_1}{2z_0}\right)\right\}\right]\theta \ [\mathrm{N}]$$
式 5.1-10

・モーメント$\sum M$と変形角θの関係
$$\sum M = \frac{x_\mathrm{p}^3 y_\mathrm{p} C_y E_{\mathrm{c}90}}{z_0}\left[\frac{1}{3} + \frac{2z_0}{3x_p}\left\{1 - \exp\left(\frac{-3x_1}{2z_0}\right)\right\}\right]\theta \ [\mathrm{N\cdot mm}]$$
式 5.1-11

・降伏変形角
$$\theta_\mathrm{y} = \frac{z_0 F_\mathrm{E}}{x_\mathrm{p} E_{\mathrm{c}90}\sqrt{C_x C_y C_{xm} C_{ym}}} \ [\mathrm{rad}]$$
式 5.1-12

・端距離効果係数（端距離が無限大のときの X 方向のめり込み増大係数）：
$$C_{xm} = 1 + \frac{4z_0}{3x_\mathrm{p}}$$

・縁距離効果係数（縁距離が無限大のときの Y 方向のめり込み増大係数）：
$$C_{ym} = 1 + \frac{4z_0}{3ny_\mathrm{p}}$$

$$C_x = 1 + \frac{2z_0}{3x_\mathrm{p}}\left\{2 - \exp\left(\frac{-3x_1}{2z_0}\right) - \exp\left(\frac{-3x_2}{2z_0}\right)\right\}$$

（ただし，三角形めり込みの時は，$x_2 = 0$として計算する．）
$$C_y = 1 + \frac{2z_0}{3ny_\mathrm{p}}\left\{2 - \exp\left(\frac{-3ny_1}{2z_0}\right) - \exp\left(\frac{-3ny_2}{2z_0}\right)\right\}$$

記号　$x_1, x_\mathrm{p}, y_1, y_\mathrm{p}, y_2, z_0$：各寸法 [mm]

　　　　n　　　　　　　　：繊維方向に対する繊維直交方向の置換係数

　　　　　　　　J1 グループ：$n = 7$（ベイマツ，クロマツ，アカマツ，カラマツ，ツガ）

　　　　　　　　J2 グループ：$n = 6$（ベイヒ，ベイツガ，ヒバ，ヒノキ，モミ）

　　　　　　　　J3 グループ：$n = 5$（トドマツ，エゾマツ，ベニマツ，スプルース，スギ，ベイスギ）

F_E ：縁端距離を無限大としたときのめり込み降伏応力度, $F_E = 0.8 \times F_{c90}$ [N/mm²]

E_{c90} ：全面横圧縮ヤング係数, $E_{c90} = E_0/50$ [N/mm²]

E_0 ：繊維方向曲げヤング係数

F_{c90} ：めり込み基準強度 [N/mm²]

5.1.4.8 繊維直交方向加力を受ける場合の割裂破壊荷重

図 5.1-11 のように接合具が繊維直交方向に加力される場合の割裂破壊荷重は，下式のように表される.

$$P_v = 2C_r b \sqrt{\dfrac{h_e}{1 - \dfrac{h_e}{h}}} \qquad\qquad 式\ 5.1\text{-}13$$

記号　　P_v ：割裂破壊荷重 [N]

C_r ：割裂破壊定数 $C_r = 0.0396\rho - 4.44$ [N/mm^{1.5}]

（基準密度が不明の場合，C_r の値は樹種グループに応じて J1: 12.0，J2: 10.0，J3: 8.0 [N/mm^{1.5}]とする.）

ρ ：木材の基準密度 [kg/m³]

b ：材幅 [mm]

h ：梁せい [mm]

h_e ：加力側縁端距離[mm]

なお，$P_v = 2C_r b\sqrt{h_e}$ で評価すると安全側となる.

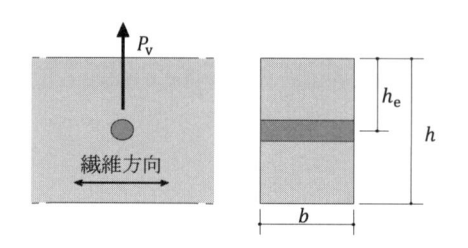

図 5.1-11　繊維直交方向加力を受ける接合部

5.1.5 係数，定数

5.1.5.1 めり込み強度

(1) 木材の基準支圧強度

木規準 [5]によれば，曲げ降伏型接合具の場合の木材の基準支圧強度は表 5.1-2 のとおりである.

表 5.1-2　木材の基準支圧強度

樹種グループ	基準密度 [kg/m³]	平均密度 [kg/m³]	対応する樹種の例	基準支圧強度 [N/mm²]	
				0 度	90 度
J1	420	500	べいまつ・くろまつ・あかまつ・からまつ・つが	25.4	12.7
J2	370	440	べいひ・べいつが・ひば・ひのき・もみ	22.4	11.2
J3	320	380	とどまつ・えぞまつ・べにまつ・スプルース・すぎ・べいすぎ	19.4	9.7

注 1　木規準では，"密度"ではなく"比重"と表記している.
注 2　接合具直径(d) は 26mm 以下. 径が 26mm を越える場合は実験等により求める.
注 3　釘と木ねじは荷重方向にかかわらず繊維方向の値をとる.
注 4　荷重方向が繊維に傾斜する場合は，木規準の(6.1)式により求めることができる.

木規準 [5]では最大支圧応力を支圧強度と記載しており，基準密度は樹種グループ内の気乾密度の 5%下限値を示し，平均密度は，樹種グループ内の最も密度の低い樹種の平均値を表す.

樹種グループ分けはあくまでも設計の便を考えて行ったもので，使用する木材の密度に関する情報が十分にある場

合は，以下の式を用いて基準支圧強度を求めることができる．

・繊維方向加力：

$$f_{e0} = 0.082(1 - 0.01d)\rho \ [\text{N/mm}^2]$$

・繊維直交方向加力：

$$f_{e90} = 0.5f_{e0} \ [\text{N/mm}^2]$$

記号　　ρ　：木材の基準密度 [kg/m³]

　　　　d　：接合具直径 [mm]

(2)　木材および木質面材のめり込み終局強度の平均値と下限値（5%下限値）

「枠組壁工法建築物構造計算指針」[3]によれば，木材および木質面材のめり込み終局強度の平均値と下限値は表 5.1-3，表 5.1-4 のように与えられている．

この数値は耐力壁，床板，屋根などを構成する面材を釘で緊結する場合に用いられる数値である．耐力壁，床板，屋根などを構成する面材を釘で緊結する場合には，釘が多数使用されるため，釘接合部の耐力のバラツキが平均化されるため釘接合部の 1 面せん断降伏耐力算出時には表 5.1-3，表 5.1-4 のめり込み終局強度の平均値を用いても良い．なお，めり込み終局強度の下限値（5%下限値）は基準支圧強度と同じ意味を持つ．

表 5.1-3　木材のめり込み終局強度

樹種	木材のめり込み終局強度 [N/mm²]	
	平均値	下限値
D Fir-L	45	36
Hem-Fir	40	32
S-P-F	35	28
JS I	38	25
JS II	31	24
JS III	39	29

表 5.1-4　木質面材のめり込み終局強度

面材種類	面材のめり込み終局強度 [N/mm²]	
	平均値	下限値
構造用合板，構造用パネル	41	31
硬質木片セメント板	35	26
強化石こうボード	9	7.5
せっこうボード	7	5.5

(3)　鋼　　板

平成 13 年国土交通省告示第 1024 号[8]の"特殊な許容応力度及び特殊な材料強度を定める件"では，「ボルト又はリベットによって接合される鋼材等のボルト又はリベットの軸部分に接触する面に支圧が生ずる場合その他これに類する場合の短期に生ずる力に対する支圧の許容応力度を長期に生ずる力に対する支圧の許容応力度の数値の 1.5 倍とする．」となっており，基準強度を F として，長期の支圧許容応力度が $1.25F$，短期の支圧許容応力度は $1.25F \times 1.5 = 1.875F$ となる．ちなみに，SS400（$F = 235 \ \text{N/mm}^2$）では長期，短期での支圧許容応力度はそれぞれ 293 および 440 N/mm² となる．

5.1.5.2　単位接合部の終局耐力を算出するために降伏耐力に乗じる割増し係数（終局強度比：r_u）

木規準[5]によれば，単位接合部の終局耐力（P_u0）の算出にあたって，$P_\text{u0} = r_\text{u} \cdot P_\text{y}$ を使う場合の終局強度比（割増し係数）は表 5.1-5 のとおりである．

ドリフトピンはボルトと異なり，ボルト頭，ナット，座金に相当する部分がなく，大変形時にボルトが引張を負担するいわゆるロープ効果が期待できないため，繊維方向の荷重に対しては降伏後の荷重上昇が認められない．縁距離，端距離，ドリフトピン間隔が十分であっても，終局耐力は降伏耐力とほぼ同じ値となる．また，ラグスクリューは頭部の

回転が拘束される鋼板添え板の場合は 1.1 としてよいが，木材側材の場合は 1.0 とする.

表 5.1-5　終局強度比：r_u

降伏モード	ボルト	ドリフトピン	ラグスクリュー
・材料 1 がめり込み降伏（モード Ia（1 面，2 面せん断）） ・材料 2 がめり込み降伏（モード Ib（1 面，2 面せん断）） ・材料 1, 2 がめり込み降伏（モード II（1 面せん断））	1.0	1.0	1.0 (1.1)[注2]
・材料 1 がめり込み降伏，材料 2 で接合具が曲げ降伏 （モード IIIa（1 面せん断）） ・材料 1 で接合具が曲げ降伏，材料 2 でめり込み降伏 （モード IIIb（1 面せん断），モード III(2 面せん断)）	1.1	1.0	1.0 (1.1)[注2]
・材料 1, 2 で接合具の曲げ降伏（モード IV）	1.2	1.0	1.0 (1.1)[注2]

注 1：降伏モードは図 5.1-5, 図 5.1-6 を参照のこと.
注 2：頭部の回転が拘束される鋼板添え板の場合

5.1.5.3　接合部の靭性に関する低減係数（靭性係数：$_jK_r$）

木規準[5]によれば，接合部の塑性変形能力に応じて終局耐力における余裕度から算出された低減係数（靭性係数：$_jK_r$）は表 5.1-6 のとおりである.

表 5.1-6　靭性係数：$_jK_r$

接合種別		$_jK_r$	安全率	想定破壊モードおよび本数
JA	極めて塑性変形能力が高い接合部で，接合部の終局性状が木材のめり込み，鋼材の降伏等に依存し，終局時に木材がせん断，割裂，引張りなどにより破壊しない接合部	1.0	1.5	・材料 1, 2 で接合具の曲げ降伏 （1 面せん断，および 2 面せん断のモード IV）
JB	木材のめり込み，鋼材の降伏等によりある程度の塑性変形性能を示した後で破壊する接合部	0.9	1.65	・材料 1 でめり込み降伏，材料 2 で接合具が曲げ降伏 （1 面せん断のモード IIIa） ・材料 1 で接合具が曲げ降伏，材料 2 でめり込み降伏 （1 面せん断のモード IIIb） ・材料 1 で接合具が曲げ降伏，材料 2 でめり込み降伏 （2 面せん断のモード III） ・一列のボルト本数が 5 本以下
JC	終局時に木材がせん断，割裂，引張りなどにより破壊することにより，極めて脆性的な破壊を示す接合部	0.75	2.0 以上	・上記以外のモード ・一列のボルト本数が 6 本以上

注 1：降伏モードは，図 5.1-6, 図 5.1-7 を参照のこと.
注 2：安全率は終局耐力の短期の応力に対する比を表す.

5.1.5.4　支圧剛性（めり込み剛性）

支圧剛性（めり込み剛性）は，円形断面の接合具が木材や鋼材にめり込む際の単位深さあたりの見かけの応力を表したものであり，N/mm²/mm ＝ N/mm³ 等の単位を持つ. なお，見かけの応力とは直径の投影面積あたりの応力という意味である〔図 5.1-1 参照〕.

(1)　木材の支圧剛性

木規準[5]によれば，木材の支圧剛性は次式によって求めることができる. なお，本式は平井ら[9]，小松[10]からの提案式であり，ボルト，ドリフトピンの実験結果の平均値である.

・繊維方向加力：

$$k_0 = \frac{E_0}{31.6 + 10.9d} \text{ [N/mm}^3\text{]}$$

・繊維直角方向加力：

$$k_{90} = \frac{k_0}{3.4} \ [\text{N/mm}^3]$$

記号　　E_0　　：木材の繊維方向のヤング係数 $[\text{N/mm}^2]$

　　　　　d　　：接合具直径 $[\text{mm}]$

　なお，わが国の流通している主要な国内産針葉樹に関して，木材の繊維方向のヤング係数E_0 $[\text{N/mm}^2]$の平均値と気乾密度ρ $[\text{kg/m}^3]$の平均値との関係を「木材工業ハンドブック」[11]から抜粋し，直線回帰をすると$E_0 = 21.82\rho - 889$ $[\text{N/mm}^2]$（相関係数 0.944）となる．この関係を使って繊維方向加力の木材の支圧剛性を変換すると次式となる．

・繊維方向加力：

$$k_0 = \frac{21.82\rho - 889}{31.6 + 10.9d} \ [\text{N/mm}^3]$$

記号　　ρ　　：気乾密度 $[\text{kg/m}^3]$

　　　　　d　　：接合具直径 $[\text{mm}]$

　本式を用いることにより，気乾密度ρ $[\text{kg/m}^3]$から，支圧強度および支圧剛性を求めることが可能になる．

(2)　木材および各種面材の支圧剛性（めり込み剛性）

　「枠組壁工法建築物構造計算指針」[3]によれば，木材および各種面材の支圧剛性（めり込み剛性）は表 5.1-7 のように与えられている．本数値は耐力壁，床版，屋根などを構成する面材を釘で緊結する場合に用いられる数値であり，本表では支圧剛性の平均値を表している．なお，支圧剛性kはめり込み剛性と同じ意味を持つ．

表 5.1-7　木材および各種面材の支圧剛性k

木材および各種面材の種類	支圧剛性 $[\text{N/mm}^3]$
D Fir-L, Hem-Fir, S-P-F, JS I , JS II , JS III	61
構造用合板，構造用パネル	71
硬質木片セメント板	96
せっこうボード，強化せっこうボード	11

5.1.5.5　円形接合具の曲げ降伏モーメント

　円形接合具の曲げ降伏モーメントに関しては，以下の式を用いて求める．また，各種接合具の曲げ降伏強度を表 5.1-8 および表 5.1-9 に示す．

・完全塑性仮定が可能：釘，ボルト，ドリフトピン等

$$M_\text{y} = F_\text{y} \frac{d^3}{6}$$

・完全塑性仮定が不可能：木ダボ等

$$M_\text{y} = F_\text{y} \frac{\pi d^3}{32}$$

記号　　F_y　　：曲げ降伏強度 $[\text{N/mm}^2]$

　　　　　d　　：接合具直径 $[\text{mm}]$

表 5.1-8　釘の曲げ降伏強度 [5]

釘径：d $[\text{mm}]$	降伏強度：F_y $[\text{N/mm}^2]$
$d \leqq 2.3$	740
$2.3 < d \leqq 3.2$	690
$3.2 < d \leqq 4.0$	590
$4.0 < d \leqq 5.5$	540
$5.5 < d$	490

注：本数値は JIS G 3532 の釘用鉄線の引張強度の下限値であり，
　　曲げ試験による釘の降伏強度にほぼ対応する．

表5.1-9　ボルト・ドリフトピンの曲げ降伏強度 [12]

品　質		降伏強度 [N/mm²]
黒皮		185
仕上げ	強度区分 4.6 / 4.8	240
	5.6 / 5.8	300
	6.8	420

注：告示はいわゆる F（基準強度）の規定であるが，
　　この数値を降伏強度に読みかえる．

5.1.5.6　面材のせん断性能

「枠組壁工法建築物構造計算指針」[3]および「木造軸組工法住宅の許容応力度設計」[13]によれば，面材のせん断性能は表5.1-10のとおりである．

表5.1-10　面材のせん断性能

種類	せん断弾性係数 [N/mm²]		せん断強度 [N/mm²]	
	文献2	文献13	平均値	耐力壁用
構造用合板（ラワン）	400	392	9.80	3.27
構造用合板（ベイマツ）	600	588	9.80	3.27
構造用パネル	1400	1372	6.00	2.00
硬質木片セメント板	1500	---	2.50	0.83
せっこうボード	1150	882	0.80	0.27

5.1.5.7　釘の形状および寸法

木規準[5]によれば，図5.1-12に示す鉄丸釘および太め鉄丸釘の各部寸法について次のようにまとめられている．

$$D > 1.8d, \quad 2d > S > d, \quad \theta > 120°$$

記号　　L　　　　：長さ
　　　　S　　　　：先端部の長さ
　　　　D　　　　：頭部径
　　　　θ　　　　：頭部下面傾斜 [度]
　　　　d　　　　：胴部径

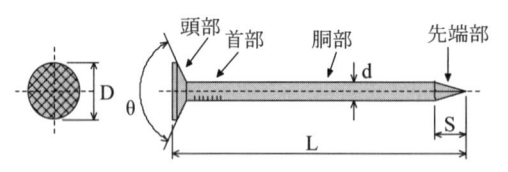

図5.1-12　釘の形状と各部の名称

（1）　鉄丸くぎ（JIS A 5508-2009）＜俗称N釘，ZN釘＞

JIS A 5508に定められた鉄丸くぎの呼び方および平均寸法，許容差は表5.1-11のとおりである．

表 5.1-11　鉄丸くぎの呼び方と寸法

呼び方	長さL		胴部径d		頭部径D（参考値）
	寸法	許容差	寸法	許容差	
N 19	19	±1.0	1.50	±0.05	3.6
N 22	22	±1.5	1.50	±0.05	3.6
N 25	25	±1.5	1.70	±0.05	4.0
N 32	32	±2.0	1.90	±0.05	4.5
N 38	38	±2.0	2.15	±0.06	5.1
N 45	45	±2.5	2.45	±0.06	5.8
N 50	50	±2.5	2.75	±0.06	6.6
N 65	65	±3.0	3.05	±0.08	7.3
N 75	75	±3.5	3.40	±0.08	7.9
N 90	90	±4.0	3.75	±0.08	8.8
N100	100	±4.5	4.20	±0.10	9.8
N115	115	±5.0	4.20	±0.10	9.8
N125	125	±5.0	4.60	±0.10	10.3
N150	150	±5.0	5.20	±0.10	11.5

(2)　太目鉄丸くぎ（JIS A 5508-2009）＜通称 CN 釘，CNZ 釘＞

　JIS A 5508 に定められた太め鉄丸くぎの呼び方および平均寸法，許容差は表 5.1-12 のとおりである．

表 5.1-12　太め鉄丸くぎの呼び方と寸法

種類	長さL		胴部径d		頭部径D		頭部厚さ（参考値）
	寸法	許容差	寸法	許容差	寸法	許容差	
CN 45	44.5	±1.6	2.51	±0.10	6.35	±0.64	1.1
CN 50	50.8	±1.6	2.87	±0.10	6.76	±0.68	1.3
CN 55	57.2	±1.6	2.87	±0.10	6.76	±0.68	1.3
CN 65	63.5	±1.6	3.33	±0.10	7.14	±0.71	1.5
CN 70	69.9	±2.4	3.33	±0.10	7.14	±0.71	1.5
CN 75	76.2	±2.4	3.76	±0.10	7.92	±0.79	1.7
CN 85	82.6	±2.4	3.76	±0.10	7.92	±0.79	1.7
CN 90	88.9	±2.4	4.11	±0.10	8.74	±0.87	1.9
CN100	101.6	±2.4	4.88	±0.10	10.31	±1.03	2.2

5.1.6　計　算　例

　ここからは，図 5.1-13 に示す 1 面せん断形式および 2 面せん断形式の例題をいくつか提示し，これまでに解説してきた事項を用いながら降伏耐力と剛性を計算していく．

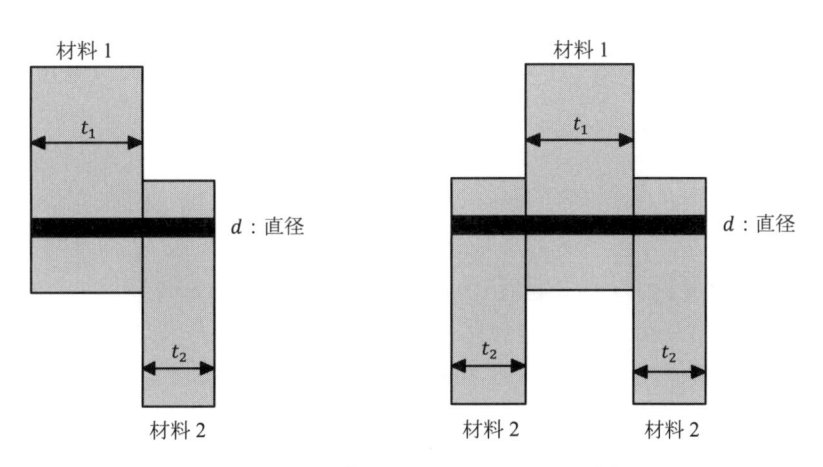

図 5.1-13　計算例に用いる用語と記号の定義

5.1.6.1　1面せん断形式の降伏耐力の計算（その1：鋼板添え板，ボルト）

(1)　計 算 条 件

材料1：　　　　鋼板

材料2：　　　　J3（スギ）

接合具：　　　　ボルト

・寸法

材料1内の接合具長さ：　　$t_1 = 9$ [mm]

材料2内の接合具長さ：　　$t_2 = 100$ [mm]

・接合具

直径：　　　　　　　　$d = 10$ [mm]

降伏応力度：　　　　　$F_y = 235$ [N/mm^2]

降伏曲げモーメント：　$M_y = F_y d^3/6 = 3.917 \times 10^4$ [N·mm]

・めり込み降伏応力度

材料1：　　　　$F_{E1} = 235 \times 1.5 \times 1.25 = 440.6$ [N/mm^2]　　（本書 5.1.5.1(3)より）

材料2：　　　　$F_{E2} = 19.4$ [N/mm^2]　　（表 5.1-2 より）

(2)　計 　　算

$\alpha = t_2/t_1$ より，$\alpha = 11.111$，$\beta = F_{E2}/F_{E1}$ より，$\beta = 0.044$

これをもとに，本書「5.1.4.3　1面せん断形式の降伏耐力算定式」に従って $P_{yIa} \sim P_{yIV}$ を求める.

$P_{yIa} = F_{E2}dt_2 = 1.940 \times 10^4$

$P_{yIb} = F_{E1}dt_1 = 3.966 \times 10^4$

$P_{yII} = F_{E1}dt_1 \dfrac{\sqrt{\beta + 2\beta^2(1 + \alpha + \alpha^2) + \alpha^2\beta^3} - \beta(1 + \alpha)}{1 + \beta} = 8.677 \times 10^3$

$P_{yIIIa} = F_{E1}dt_1 \left[\sqrt{\dfrac{4\beta M_y}{F_{E1}dt_1{}^2(2 + \beta)} + \dfrac{2\beta(1 + \beta)}{(2 + \beta)^2}} - \dfrac{\beta}{2 + \beta} \right] = 6.180 \times 10^3$

$P_{yIIIb} = F_{E1}dt_1 \left[\sqrt{\dfrac{4\beta M_y}{F_{E1}dt_1{}^2(2\beta + 1)} + \dfrac{2\alpha^2\beta^2(1 + \beta)}{(2\beta + 1)^2}} - \dfrac{\alpha\beta}{2\beta + 1} \right] = 8.471 \times 10^3$

$P_{yIV} = \sqrt{\dfrac{4F_{E1}d\beta M_y}{1 + \beta}} = 5.396 \times 10^3$

よって，$P_y = \min\{P_{yIa}, P_{yIb}, P_{yII}, P_{yIIIa}, P_{yIIIb}, P_{yIV}\}$ より，

降伏耐力 $P_y = P_{yIV} = 5396$ [N/本]

5.1.6.2　1面せん断形式の降伏耐力の計算（その2：鋼板添え板，ボルト・ドリフトピン）

材料2のめり込み降伏応力度を気乾密度（ρ）から求める式を使った場合である（めり込み降伏応力度は5%下限値. 記述のない項目は上記「5.1.6.1」と同じ.）.

(1)　計 算 条 件

・めり込み降伏応力度

材料1：　　　　$F_{E1} = 235 \times 1.5 \times 1.25 = 440.6$ [N/mm^2]　　（本書 5.1.5.1(3)より）

材料2：　　　　基準密度 $\rho = 400$ [kg/m^3] とすると，

$F_{E2} = 0.082 \times (1 - 0.01 \times 10) \times 400 = 29.52$ [N/mm^2]　　（本書 5.1.5.1(1)より）

(2)　計 　　算

上記その1と同様に計算して，

$$P_{yIa} = F_{E2}dt_2 = 2.952 \times 10^4$$

$$P_{yIb} = F_{E1}dt_1 = 3.966 \times 10^4$$

$$P_{yII} = F_{E1}dt_1 \frac{\sqrt{\beta + 2\beta^2(1+\alpha+\alpha^2) + \alpha^2\beta^3} - \beta(1+\alpha)}{1+\beta} = 1.256 \times 10^4$$

$$P_{yIIIa} = F_{E1}dt_1 \left[\sqrt{\frac{4\beta M_y}{F_{E1}dt_1{}^2(2+\beta)} + \frac{2\beta(1+\beta)}{(2+\beta)^2}} - \frac{\beta}{2+\beta} \right] = 7.375 \times 10^3$$

$$P_{yIIIb} = F_{E1}dt_1 \left[\sqrt{\frac{4\beta M_y}{F_{E1}dt_1{}^2(2\beta+1)} + \frac{2\alpha^2\beta^2(1+\beta)}{(2\beta+1)^2}} - \frac{\alpha\beta}{2\beta+1} \right] = 1.253 \times 10^4$$

$$P_{yIV} = \sqrt{\frac{4F_{E1}d\beta M_y}{1+\beta}} = 6.584 \times 10^3$$

よって，$P_y = \min\{P_{yIa}, P_{yIb}, P_{yII}, P_{yIIIa}, P_{yIIIb}, P_{yIV}\}$ より，

降伏耐力 $P_y = P_{yIV} = 6\,584$ [N/本]

・本例題のように密度を推定できれば樹種群（J1, J2, J3）の下限値を使う必要はない．

5.1.6.3　1面せん断形式の降伏耐力の計算（その3：合板添え板，釘）

(1)　計算条件

材料1：　　　　　　　　構造用合板

材料2：　　　　　　　　S-P-F

接合具：　　　　　　　　CN50 釘

・寸法

材料1内の接合具長さ：　$t_1 = 9$ [mm]

材料2内の接合具長さ：　$t_2 = 50.8 - 9$ [mm]

・接合具

直径：　　　　　　　　$d = 2.87$ [mm]

降伏応力度：　　　　　$F_y = 690$ [N/mm²]　（表 5.1-8 より）

降伏曲げモーメント：　$M_y = F_y d^3/6 = 2.719 \times 10^3$ [N·mm]

・めり込み降伏応力度[N/mm²]

材料1：　　　　　　　$F_{E1} = 41$ [N/mm²]　（表 5.1-4 より）

材料2：　　　　　　　$F_{E2} = 35$ [N/mm²]　（表 5.1-3 より）

(2)　計算

$\alpha = t_2/t_1$ より，$\alpha = 4.644$，$\beta = F_{E2}/F_{E1}$ より，$\beta = 0.854$

これをもとに，本書「5.1.4.3　1面せん断形式の降伏耐力算定式」に従ってP_{yIa}〜P_{yIV}を求める．

$$P_{yIa} = F_{E2}dt_2 = 4.199 \times 10^3$$

$$P_{yIb} = F_{E1}dt_1 = 1.059 \times 10^3$$

$$P_{yII} = F_{E1}dt_1 \frac{\sqrt{\beta + 2\beta^2(1+\alpha+\alpha^2) + \alpha^2\beta^3} - \beta(1+\alpha)}{1+\beta} = 1.443 \times 10^3$$

$$P_{yIIIa} = F_{E1}dt_1 \left[\sqrt{\frac{4\beta M_y}{F_{E1}dt_1{}^2(2+\beta)} + \frac{2\beta(1+\beta)}{(2+\beta)^2}} - \frac{\beta}{2+\beta} \right] = 587.99$$

$$P_{yIIIb} = F_{E1}dt_1 \left[\sqrt{\frac{4\beta M_y}{F_{E1}dt_1{}^2(2\beta+1)} + \frac{2\alpha^2\beta^2(1+\beta)}{(2\beta+1)^2}} - \frac{\alpha\beta}{2\beta+1} \right] = 1.502 \times 10^3$$

$$P_{yIV} = \sqrt{\frac{4F_{E1}d\beta M_y}{1+\beta}} = 767.648$$

よって，$P_\mathrm{y} = \min\{P_\mathrm{yIa}, P_\mathrm{yIb}, P_\mathrm{yII}, P_\mathrm{yIIIa}, P_\mathrm{yIIIb}, P_\mathrm{yIV}\}$より，

降伏耐力$P_\mathrm{y} = P_\mathrm{yIIIa} = 588$ [N/本]

・材料2内の接合具長さは，CN50の長さが50.8 mmのため合板厚み9 mmを減じて算出している（材料2の厚みではない点に注意）．

5.1.6.4　2面せん断形式の降伏耐力の計算（その1：鋼板添え板，ボルト・ドリフトピン）

(1)　計 算 条 件

材料1：	スギ
材料2：	鋼板
接合具：	ボルト・ドリフトピン（強度区分　4.6，4.8）

・寸法

材料1内の接合具長さ：	$t_1 = 160$ [mm]
材料2内の接合具長さ：	$t_2 = 9$ [mm]

・接合具

直径：	$d = 20$ [mm]
降伏応力度：	$F_\mathrm{y} = 240$ [N/mm^2]
降伏曲げモーメント：	$M_\mathrm{y} = F_\mathrm{y} d^3/6 = 3.2 \times 10^5$ [N·mm]

・めり込み降伏応力度

材料1：	$F_\mathrm{E1} = 19.4$ [N/mm^2]　（表5.1-2より）
材料2：	$F_\mathrm{E2} = 235 \times 1.5 \times 1.25 = 440.6$ [N/mm^2]　（本書5.1.5.1(3)より）

(2)　計 　 算

$\alpha = t_2/t_1$より，$\alpha = 0.056$，$\beta = F_\mathrm{E2}/F_\mathrm{E1}$より，$\beta = 22.71$

これをもとに，本書5.1.4.4「2面せん断形式の降伏耐力算定式」に従って$P_\mathrm{yIa} \sim P_\mathrm{yIV}$を求める．

$P_\mathrm{yIa} = 2F_\mathrm{E2}dt_2 = 1.586 \times 10^5$

$P_\mathrm{yIb} = F_\mathrm{E1}dt_1 = 6.208 \times 10^4$

$P_\mathrm{yIII} = F_\mathrm{E1}dt_1\left[\sqrt{\dfrac{16\beta M_\mathrm{y}}{F_\mathrm{E1}dt_1{}^2(2\beta + 1)} + \dfrac{8\alpha^2\beta^2(1+\beta)}{(2\beta + 1)^2}} - \dfrac{2\alpha\beta}{2\beta + 1}\right] = 3.564 \times 10^4$

$P_\mathrm{yIV} = \sqrt{\dfrac{16F_\mathrm{E1}d\beta M_\mathrm{y}}{1 + \beta}} = 4.362 \times 10^4$

よって，$P_\mathrm{y} = \min\{P_\mathrm{yIa}, P_\mathrm{yIb}, P_\mathrm{yIII}, P_\mathrm{yIV}\}$より，

降伏耐力$P_\mathrm{y} = P_\mathrm{yIII} = 3.564 \times 10^4$ [N/本]

・木規準[5]に掲示されている鋼板添え板形式では，モードIb，モードIIIを想定していない．また，モードIVでは鋼板の降伏強度を無限大にしているため，本例題との降伏強度の値が異なることになる．

・ボルトの強度区分は4.6，4.8である．本書5.1.5.5「円形接合具の曲げ降伏モーメント」参照．

5.1.6.5　2面せん断形式の降伏耐力の計算（その2：鋼板添え板，ボルト・ドリフトピン）

ボルト強度区分を6.8にした場合の計算例である．

(1)　計 算 条 件

材料1：	スギ
材料2：	鋼板

接合具：　　　　　　　　　ボルト・ドリフトピン（強度区分　6.8）

・寸法

材料1内の接合具長さ：　　$t_1 = 160$ [mm]

材料2内の接合具長さ：　　$t_2 = 9$ [mm]

・接合具

直径：　　　　　　　　　　$d = 20$ [mm]

降伏応力度：　　　　　　　$F_y = 420$ [N/mm²]

降伏曲げモーメント：　　　$M_y = F_y d^3/6 = 5.6 \times 10^5$ [N·mm]

・めり込み降伏応力度

材料1：　　　　　　　　　$F_{E1} = 19.4$ [N/mm²]　　（表5.1-2 より）

材料2：　　　　　　　　　$F_{E2} = 235 \times 1.5 \times 1.25 = 440.6$ [N/mm²]　　（本書5.1.5.1(3)より）

(2)　計　　算

$\alpha = t_2/t_1$ より，$\alpha = 0.056$，$\beta = F_{E2}/F_{E1}$より，$\beta = 22.71$

これをもとに，本書5.1.4.4「2面せん断形式の降伏耐力算定式」に従って$P_{yIa} \sim P_{yIV}$を求める．

$$P_{yIa} = 2F_{E2}dt_2 = 1.586 \times 10^5$$

$$P_{yIb} = F_{E1}dt_1 = 6.208 \times 10^4$$

$$P_{yIII} = F_{E1}dt_1\left[\sqrt{\frac{16\beta M_y}{F_{E1}dt_1{}^2(2\beta+1)} + \frac{8\alpha^2\beta^2(1+\beta)}{(2\beta+1)^2}} - \frac{2\alpha\beta}{2\beta+1}\right] = 4.406 \times 10^4$$

$$P_{yIV} = \sqrt{\frac{16F_{E1}d\beta M_y}{1+\beta}} = 5.771 \times 10^4$$

よって$P_y = \min\{P_{yIa}, P_{yIb}, P_{yIII}, P_{yIV}\}$より，

降伏耐力$P_y = P_{yIII} = 4.406 \times 10^4$ [N/本]

・木規準[5]に掲示されている鋼板添え板形式では，モードIb，モードIIIを想定していない．また，モードIVでは鋼板の降伏強度を無限大にしているため，本例題との降伏強度の値が異なることになる．

・ボルト強度区分を 4.6，4.8 から 6.8 にすると，4 406/3 564 = 1.236 倍となる．ちなみにボルトの降伏強度は 420/240 = 1.75 倍である．

5.1.6.6　2面せん断形式の降伏耐力の計算（その3：合板添え板，釘）

釘（N100）を使って3材を貫通させる場合の計算例である．

(1)　計　算　条　件

材料1：　　　　　　　　　スギ

材料2：　　　　　　　　　構造用合板

接合具：　　　　　　　　　N100釘

・寸法

材料1内の接合具長さ：　　$t_1 = 70$ [mm]

材料2内の接合具長さ：　　$t_2 = 9$ [mm]

・接合具

直径：　　　　　　　　　　$d = 4.2$ [mm]

降伏応力度：　　　　　　　$F_y = 540$ [N/mm²]

降伏曲げモーメント：　　　$M_y = F_y d^3/6 = 6.668 \times 10^3$ [N·mm]

・めり込み降伏応力度

材料1： $F_{E1} = 19.4$ [N/mm²] （表5.1-2より）

材料2： $F_{E2} = 41$ [N/mm²] （表5.1-4より）

(2) 計 算

$\alpha = t_2/t_1$ より，$\alpha = 0.129$，$\beta = F_{E2}/F_{E1}$ より，$\beta = 2.113$

これをもとに，本書5.1.4.4「2面せん断形式の降伏耐力算定式」に従って$P_{yIa} \sim P_{yIV}$を求める．

$P_{yIa} = 2F_{E2}dt_2 = 3.100 \times 10^3$

$P_{yIb} = F_{E1}dt_1 = 5.704 \times 10^3$

$$P_{yIII} = F_{E1}dt_1 \left[\sqrt{\frac{16\beta M_y}{F_{E1}dt_1^2(2\beta+1)} + \frac{8\alpha^2\beta^2(1+\beta)}{(2\beta+1)^2}} - \frac{2\alpha\beta}{2\beta+1} \right] = 1.795 \times 10^3$$

$$P_{yIV} = \sqrt{\frac{16F_{E1}d\beta M_y}{1+\beta}} = 2.429 \times 10^3$$

よって，$P_y = \min\{P_{yIa}, P_{yIb}, P_{yIII}, P_{yIV}\}$より，

降伏耐力$P_y = P_{yIII} = 1.765 \times 10^3$ [N/本]

・現場で部材を釘接合する場合の目安となろう．

5.1.6.7 2面せん断形式の降伏耐力の計算（その4：合板添え板，釘）

上記「5.1.6.6」をN90釘にした場合である（記述のない項目は「5.1.6.6」と同じ.）．

(1) 計 算 条 件

接合具： N90釘

・接合具

直径： $d = 3.75$ [mm]

降伏応力度： $F_y = 590$ [N/mm²]

降伏曲げモーメント： $M_y = F_y d^3/6 = 5.186 \times 10^3$ [N·mm]

(2) 計 算

$\alpha = t_2/t_1$ より，$\alpha = 0.129$，$\beta = F_{E2}/F_{E1}$ より，$\beta = 2.113$

これをもとに，本書5.1.4.4「2面せん断形式の降伏耐力算定式」に従って$P_{yIa} \sim P_{yIV}$を求める．

$P_{yIa} = 2F_{E2}dt_2 = 2.768 \times 10^3$

$P_{yIb} = F_{E1}dt_1 = 5.093 \times 10^3$

$$P_{yIII} = F_{E1}dt_1 \left[\sqrt{\frac{16\beta M_y}{F_{E1}dt_1^2(2\beta+1)} + \frac{8\alpha^2\beta^2(1+\beta)}{(2\beta+1)^2}} - \frac{2\alpha\beta}{2\beta+1} \right] = 1.517 \times 10^3$$

$$P_{yIV} = \sqrt{\frac{16F_{E1}d\beta M_y}{1+\beta}} = 2.024 \times 10^3$$

よって，$P_y = \min\{P_{yIa}, P_{yIb}, P_{yIII}, P_{yIV}\}$より，

降伏耐力$P_y = P_{yIII} = 1\,517$ [N/本]

5.1.6.8 2面せん断形式のすべり係数の計算（その1：鋼板添え板，ボルト・ドリフトピン）

(1) 計 算 条 件

材料1： ヤング率8 000 N/mm²の木材

材料2： 鋼板

接合具： ボルト・ドリフトピン

木材のヤング係数：　　　　　　$E_0 = 8\,000$ [N/mm^2]

・寸法

材料 1：　　　　　　　　　　$t_1 = 105$ [mm]

材料 2：　　　　　　　　　　$t_2 = 9$ [mm]

・接合具

直径：　　　　　　　　　　　$d = 16$ [mm]

ヤング係数：　　　　　　　　$E_s = 2.059 \times 10^5$ [N/mm^2]

曲げ剛性：　　　　　　　　　$E_s I_s = E_s \pi d^4 / 64 = 6.624 \times 10^8$ [N·mm^2]

・単位長さあたりの支圧剛性

材料 1：　　　　　　　　　　$k_1 = E_0 / (31.6 + 10.9d) = 38.83$ [N/mm^2/mm]　　（本書 5.1.5.4.(1)より）

材料 2：　　　　　　　　　　$k_2 = 1.58 \times 10^3$ [N/mm^2/mm]　　（先孔径 17mm の鋼板における実験値 [14]）

(2)　計　　　算

計算条件をもとに，本書 5.1.4.5「弾性床上の梁理論に基づくすべり係数（剛性）の計算式」に従って計算を行う．

$$S_1 = k_1 d = 621.28$$

$$S_2 = k_2 d = 2.528 \times 10^4$$

$$\lambda_1 = \left(\frac{S_1}{4E_s I_s}\right)^{\frac{1}{4}} = 0.022$$

$$\lambda_2 = \left(\frac{S_2}{4E_s I_s}\right)^{\frac{1}{4}} = 0.0556$$

これより，$L_1, J_1, K_1, L_2, J_2, K_2$ を求めると，

$$L_1 = \frac{\lambda_1}{S_1} \cdot \frac{\cosh(\lambda_1 t_1) + \cos(\lambda_1 t_1)}{\sinh(\lambda_1 t_1) + \sin(\lambda_1 t_1)} = 2.730 \times 10^{-5}$$

$$J_1 = \frac{\lambda_1{}^2}{S_1} \cdot \frac{\sinh(\lambda_1 t_1) - \sin(\lambda_1 t_1)}{\sinh(\lambda_1 t_1) + \sin(\lambda_1 t_1)} = 5.785 \times 10^{-7}$$

$$K_1 = \frac{\lambda_1{}^3}{S_1} \cdot \frac{\cosh(\lambda_1 t_1) - \cos(\lambda_1 t_1)}{\sinh(\lambda_1 t_1) + \sin(\lambda_1 t_1)} = 1.726 \times 10^{-8}$$

$$L_2 = \frac{\lambda_2}{S_2} \cdot \frac{\sinh(\lambda_2 t_2)\cosh(\lambda_2 t_2) - \sin(\lambda_2 t_2)\cos(\lambda_2 t_2)}{\sinh^2(\lambda_2 t_2) - \sin^2(\lambda_2 t_2)} = 8.796 \times 10^{-6}$$

$$J_2 = \frac{\lambda_2{}^2}{S_2} \cdot \frac{\sinh^2(\lambda_2 t_2) + \sin^2(\lambda_2 t_2)}{\sinh^2(\lambda_2 t_2) - \sin^2(\lambda_2 t_2)} = 1.468 \times 10^{-6}$$

$$K_2 = \frac{\lambda_2{}^3}{S_2} \cdot \frac{\sinh(\lambda_2 t_2)\cosh(\lambda_2 t_2) + \sin(\lambda_2 t_2)\cos(\lambda_2 t_2)}{\sinh^2(\lambda_2 t_2) - \sin^2(\lambda_2 t_2)} = 1.640 \times 10^{-7}$$

となり，すべり係数（剛性）は，

$$K_{S2} = \frac{1}{L_1 + L_2 - \dfrac{(J_1 - J_2)^2}{2(K_1 + K_2)}} = 2.949 \times 10^4 \text{ [N/mm/本]}$$

・材料 1 をヤング係数で表示しているのは，支圧剛性 k をヤング係数から算出しているためである．使用する樹種の支圧剛性がわかる場合にはその値を入力して算出する．

・異等級対称構成の構造集成材は外層から内層に向かって曲げヤング係数が徐々に低いラミナを配置している．このため集成材の等級区分 E○○○F○○○の E を使って支圧剛性 k を算出すると，すべり係数（剛性）K_s が高めに算出されることがある．内層ラミナのヤング係数が分かっている場合は，その数値に基づいて計算することにより安全側の（低めの）すべり係数を算出することができる．

5.1.6.9　2 面せん断形式のすべり係数の計算（その 2：ボルト・ドリフトピン）

材料 1，2 ともにヤング率 8 000 N/mm^2 の木材にした場合である．

(1)　計 算 条 件

材料1：　　　　　　　　ヤング率 8 000 N/mm² の木材
材料2：　　　　　　　　ヤング率 8 000 N/mm² の木材
接合具：　　　　　　　　ボルト・ドリフトピン
木材のヤング係数：　　　$E_0 = 8\,000$ [N/mm²]

・寸法

材料1　　　　　　　　$t_1 = 100$ [mm]
材料2：　　　　　　　$t_2 = 50$ [mm]

・接合具

直径：　　　　　　　$d = 12$ [mm]
ヤング係数：　　　　$E_s = 2.059 \times 10^5$ [N/mm²]
曲げ剛性：　　　　　$E_s I_s = E_s \pi d^4 / 64 = 2.096 \times 10^8$ [N·mm²]

・単位長さあたりの支圧剛性

材料1：　　　$k_1 = E_0/(31.6 + 10.9d) = 49.26$ [N/mm²/mm]　　（本書 5.1.5.4.(1)より）
材料2：　　　$k_2 = 49.26$ [N/mm²/mm]

(2)　計　　　算

計算条件をもとに，本書 5.1.4.5「弾性床上の梁理論に基づくすべり係数（剛性）の計算式」に従って計算を行う．

$S_1 = k_1 d = 591.1$

$S_2 = k_2 d = 591.1$

$\lambda_1 = \left(\dfrac{S_1}{4E_s I_s}\right)^{\frac{1}{4}} = 0.029$

$\lambda_2 = \left(\dfrac{S_2}{4E_s I_s}\right)^{\frac{1}{4}} = 0.029$

これより，$L_1, J_1, K_1, L_2, J_2, K_2$ を求めると，

$L_1 = \dfrac{\lambda_1}{S_1} \cdot \dfrac{\cosh(\lambda_1 t_1) + \cos(\lambda_1 t_1)}{\sinh(\lambda_1 t_1) + \sin(\lambda_1 t_1)} = 4.291 \times 10^{-5}$

$J_1 = \dfrac{\lambda_1{}^2}{S_1} \cdot \dfrac{\sinh(\lambda_1 t_1) - \sin(\lambda_1 t_1)}{\sinh(\lambda_1 t_1) + \sin(\lambda_1 t_1)} = 1.346 \times 10^{-6}$

$K_1 = \dfrac{\lambda_1{}^3}{S_1} \cdot \dfrac{\cosh(\lambda_1 t_1) - \cos(\lambda_1 t_1)}{\sinh(\lambda_1 t_1) + \sin(\lambda_1 t_1)} = 4.464 \times 10^{-8}$

$L_2 = \dfrac{\lambda_2}{S_2} \cdot \dfrac{\sinh(\lambda_2 t_2)\cosh(\lambda_2 t_2) - \sin(\lambda_2 t_2)\cos(\lambda_2 t_2)}{\sinh^2(\lambda_2 t_2) - \sin^2(\lambda_2 t_2)} = 7.042 \times 10^{-5}$

$J_2 = \dfrac{\lambda_2{}^2}{S_2} \cdot \dfrac{\sinh^2(\lambda_2 t_2) + \sin^2(\lambda_2 t_2)}{\sinh^2(\lambda_2 t_2) - \sin^2(\lambda_2 t_2)} = 2.335 \times 10^{-6}$

$K_2 = \dfrac{\lambda_2{}^3}{S_2} \cdot \dfrac{\sinh(\lambda_2 t_2)\cosh(\lambda_2 t_2) + \sin(\lambda_2 t_2)\cos(\lambda_2 t_2)}{\sinh^2(\lambda_2 t_2) - \sin^2(\lambda_2 t_2)} = 6.238 \times 10^{-8}$

となり，すべり係数（剛性）は，

$K_{S2} = \dfrac{1}{L_1 + L_2 - \dfrac{(J_1 - J_2)^2}{2(K_1 + K_2)}} = 9.1494 \times 10^3$ [N/mm/本]

5.1.6.10　1面せん断形式のすべり係数の計算（構造用合板，釘）

(1)　計 算 条 件

材料1：　　　　　　　構造用合板
材料2：　　　　　　　S-P-F
接合具：　　　　　　　CN50 釘

・寸法

材料 1 :　　　　　　　　　　$t_1 = 9$ [mm]

材料 2 :　　　　　　　　　　$t_2 = 50.8 - 9$ [mm]

・接合具

直径 :　　　　　　　　　　$d = 2.87$ [mm]

ヤング係数 :　　　　　　　　$E_s = 2.05 \times 10^5$ [N/mm^2]

曲げ剛性 :　　　　　　　　　$E_s I_s = E_s \pi d^4 / 64 = 6.827 \times 10^5$ [N・mm^2]

・単位長さあたりの支圧剛性

材料 1 :　　　　　　　　　　$k_1 = 71$ [N/mm^2/mm]　　（表 5.1-7 より）

材料 2 :　　　　　　　　　　$k_2 = 61$ [N/mm^2/mm]　　（表 5.1-7 より）

(2)　計　　　算

計算条件をもとに，本書 5.1.4.5「弾性床上の梁理論に基づくすべり係数（剛性）の計算式」に従って計算を行う．

$$S_1 = k_1 d = 203.8$$

$$S_2 = k_2 d = 175.1$$

$$\lambda_1 = \left(\frac{S_1}{4 E_s I_s} \right)^{\frac{1}{4}} = 0.093$$

$$\lambda_2 = \left(\frac{S_2}{4 E_s I_s} \right)^{\frac{1}{4}} = 0.089$$

これより，$L_1', J_1', K_1', L_2, J_2, K_2$ を求めると，

$$L_1' = \frac{\lambda_1}{S_1} \cdot \frac{\sinh(\lambda_1 t_1) \cosh(\lambda_1 t_1) - \sin(\lambda_1 t_1) \cos(\lambda_1 t_1)}{\sinh^2(\lambda_1 t_1) - \sin^2(\lambda_1 t_1)} = 1.096 \times 10^{-3}$$

$$J_1' = \frac{\lambda_1^2}{S_1} \cdot \frac{\sinh^2(\lambda_1 t_1) + \sin^2(\lambda_1 t_1)}{\sinh^2(\lambda_1 t_1) - \sin^2(\lambda_1 t_1)} = 1.849 \times 10^{-4}$$

$$K_1' = \frac{\lambda_1^3}{S_1} \cdot \frac{\sinh(\lambda_1 t_1) \cosh(\lambda_1 t_1) + \sin(\lambda_1 t_1) \cos(\lambda_1 t_1)}{\sinh^2(\lambda_1 t_1) - \sin^2(\lambda_1 t_1)} = 2.142 \times 10^{-5}$$

$$L_2 = \frac{\lambda_2}{S_2} \cdot \frac{\sinh(\lambda_2 t_2) \cosh(\lambda_2 t_2) - \sin(\lambda_2 t_2) \cos(\lambda_2 t_2)}{\sinh^2(\lambda_2 t_2) - \sin^2(\lambda_2 t_2)} = 5.115 \times 10^{-4}$$

$$J_2 = \frac{\lambda_2^2}{S_2} \cdot \frac{\sinh^2(\lambda_2 t_2) + \sin^2(\lambda_2 t_2)}{\sinh^2(\lambda_2 t_2) - \sin^2(\lambda_2 t_2)} = 4.580 \times 10^{-5}$$

$$K_2 = \frac{\lambda_2^3}{S_2} \cdot \frac{\sinh(\lambda_2 t_2) \cosh(\lambda_2 t_2) + \sin(\lambda_2 t_2) \cos(\lambda_2 t_2)}{\sinh^2(\lambda_2 t_2) - \sin^2(\lambda_2 t_2)} = 4.104 \times 10^{-6}$$

となり，すべり係数（剛性）は，

$$K_{S1} = \frac{1}{L_1 + L_2 - \dfrac{(J_1 - J_2)^2}{2(K_1 + K_2)}} = 407 \, [\text{N/mm/本}]$$

参 考 文 献

1) 小松幸平：接合具の非線形特性を考慮に入れた集成材骨組構造の解析（第 1 報)解析法の誘導，木材学会誌，34 巻，7 号，pp.581-589，1988 年

2) R. O. Foschi: Load-slip characteristics of nails. Wood Science, 7, 1, pp.69-76, 1974

3) 枠組壁工法建築物設計の手引き・構造計算指針編集委員会編：枠組壁工法建築物構造計算指針，（株)工業調査会，2018 年

4) 堀江和美：木質構造研究の現状と今後の課題　Part-Ⅱ，日本木材学会　木材強度・木質構造研究会，pp.143-157，1994 年

5) 日本建築学会：木質構造設計規準・同解説 －許容応力度・許容耐力設計法－，2006 年

6) 辻野哲司・平井卓郎：鋼板側材を用いたボルト接合部の非線形荷重－すべり関係（第 1 報）有限要素法による数値解析，木材学会誌，29 巻，12 号，pp.833-838，1983 年

7) 稲山正弘：木材のめり込み理論とその応用，東京大学工学部博士論文，1991 年

8) 平成 13 年国土交通省告示 1024 号（特殊な許容応力度及び特殊な材料強度を定める件）

9) 平井卓郎・澤田　稔：側材に鋼板を用いたボルト接合部の剪断力，木材学会誌，28 巻，11 号，pp.685-694，1982 年

10) 小松幸平：集成材骨組構造の解析（第 2 報)，木材学会誌，35 巻，3 号，pp.201-211，1989 年

11) 森林総合研究所監修：木材工業ハンドブック　改訂 4 版，2004 年

12) 平成 12 年建設省告示第 2464 号（鋼材等及び溶接部の許容応力度並びに材料強度の基準強度を定める件）

13) （財）日本住宅・木材技術センター：木造軸組工法住宅の許容応力度設計，2017 年

14) 小林研治・小川敬多：鋼板の支圧剛性を考慮した曲げ降伏型接合部の剛性算定式，日本建築学会大会学術講梗概集，構造Ⅲ，pp.127-128，2023 年

5.2　木造ラーメンの解法の考え方

　一般的なラーメン構造とは，柱と梁が剛接合で接合され，柱脚部が固定端やピン支持とされている構造である．純ラーメン構造では壁がないため，開放的な空間を作ることができる．木質構造におけるラーメン構造（以下，木造ラーメン）も考え方は類似しているが，異なる点がいくつかある．木造ラーメンでは，S造やRC造のように接合部を剛接合にすることは難しいといわれているため，その接合部を半剛接合としてモデル化することが一般的である．また，接合部の曲げ耐力は部材の耐力より低く，30%を超えれば効率がよい接合部と言われている[1]（文献では接合部の剛性と部材の剛性の関係までは述べられていない）．そこで，部材と部材の接合部分に「回転ばね」を設けたモデルを用い，応力・変形を解析することとなる．

　一方で，接合部の剛性・耐力が大きいものがないわけではない．剛接合に近いほどの剛性を有し，曲げ耐力も部材の耐力に近いものも研究開発されているが，それらの接合部は耐力を発揮した後の変形能力が低いことが多いため，建物に適用する場合は，各部の耐力に十分な安全率を設けたり，塑性変形要素を別に設けたりするなどして，より注意を払った設計が必要となる．

　木造ラーメンの構造設計のフローチャートの一例を図 5.2-1[1]に示す．「回転ばね」を骨組みモデルに入力し計算する方法として，手計算によるものと解析ソフトを用いるものの2種類が挙げられる．手計算によるものとしては，仮想仕事の原理を応用したものなどがある[2]-[4]．手計算の場合は表計算ソフトなどを併用して設計効率を上げることが多く，解析ソフトに関しては，近年多く使われている構造設計用の解析ソフトには回転ばねが実装されているため，それぞれの接合部の構造性能を「回転ばね」として入力し，骨組みの構造性能を得ることができる．解析ソフトを用いた場合の構造計算の具体的な手順を示した書籍[5]もあり，参考とすることができる．

　対象となる構造物の規模や接合形式が定まった場合，2つの選択肢があり，回転ばねの剛性・降伏モーメント・終局モーメントなどの構造性能が理論的に得られない場合と得られる場合がある．

　理論的に得られない場合，接合部の加力試験を行い，その結果を適切な評価方法で処理することで，構造性能を得ることができる．それらの値を手計算もしくは解析ソフトに入力するという方法が挙げられる．その接合部を有するラーメンフレームの加力試験を行い，その結果を適切な評価方法で処理することで，例えば短期許容せん断耐力を得ることで，構造計算に適用する方法も挙げられる．試験結果の評価方法や，構造設計における適用方法は，資料[6]に詳細に示されている．接合部の構造性能を得るための試験の種類として，柱脚接合部，隅角部の接合部，T字部の接合部，十字部の接合部などが挙げられる．隅角部の接合部など，接合部が開く向きと閉じる向きで構造性能が異なる場合がある．その場合は，方向ごとの試験を行い，構造性能を得て，入力する．

　理論的に得られる場合，剛性・降伏モーメント・終局モーメントを算出し，それらの値を手計算もしくは解析ソフトに入力するという方法が挙がられる．本冊子には，いくつかの接合形式における試験結果や理論式が示されているので参考にすることができる．

　上で2つの流れの概要を示しており，どちらにも長所短所がある．

　加力試験を採用する場合，接合部やラーメンフレームの最大荷重を超えた後の終局変位を定めることが可能である．一方で，理論式のみの場合は一部の接合形式を除き，降伏荷重・最大荷重・剛性を得ることは可能であることが多いが，これまでの様々な研究成果をみると終局変位を定めることが難しい．加力試験を用いた場合は，必要となる構造性能がすべて得られるという点が長所である．ただし寸法が変わった場合，接合部内の抵抗メカニズムが変わることもあり，単純に寸法と耐力が比例関係であるとは限らない．そのため，寸法などが変わった場合の試験を別途実施する必要が想定され，その分の労力がかかるという点が短所である．

　理論式を採用する場合，様々な寸法における構造性能が得られるので，仕様変更への対応が容易という点が長所である．一方で，前述のとおり，終局変位を得ることが難しいという点が短所である．

　試験の実施と理論式の構築の両方を行うことで，全ての構造性能を得ることができるだけでなく，仕様が変わった場合における適用範囲も定めることができる．そこで状況に応じて，試験の実施，理論式による方法，もしくはその両方を行い，構造性能を確認することが必要な場合もある．

　また，次に示すような1面に単一のラーメンフレームを用いる場合は，そのフレームの試験を実施すれば構造設計は比較的容易であるが，複数のラーメンフレームが隣り合ったり，異なる構造性能のラーメンフレームが存在する場合は，注意が必要である．剛性はバネの直列・並列接合の考えで計算することができるが，最大荷重や終局変位などを判断することには難しさがある．そのような場合，試験や解析を併用し，終局状態を判断するなどの必要があると思われる．例えば，木質住宅の倒壊までの挙動を再現できる解析ソフトが近年開発されており，それを応用し木造ラーメンの解析も試みられている[7]．このような手法を応用することで終局状態を判断できるようになることが考えられる．ただし，汎用的な手法があるわけではないため，今後の研究・検討の進捗が待たれる．

　木造ラーメンの接合部はこれまで多くのものが開発・研究されてきた．接合部には，ボルト・ドリフトピン・ラグスクリューボルトなどの接合具を用いたもの，接着剤を用いたもの，伝統構法を応用したもの，などがある．接合具と接着剤を併用したものもあるため，明確に分類することは難しい．接合具の種類と抵抗機構に関しては 本書3.1〜3.11 に詳しく紹介されている．接合具のみで構成されている接合部は，3.2「構造用ビス接合」，3.3「曲げ降伏型接合具を用いた2面せん断接合」，3.4「せん断抵抗型木ダボ接合」，3.5「鋼板2枚挿入ドリフトピン接合」，3.7「ラグスクリューボルト」，3.8「引きボルト接合」で紹介している．

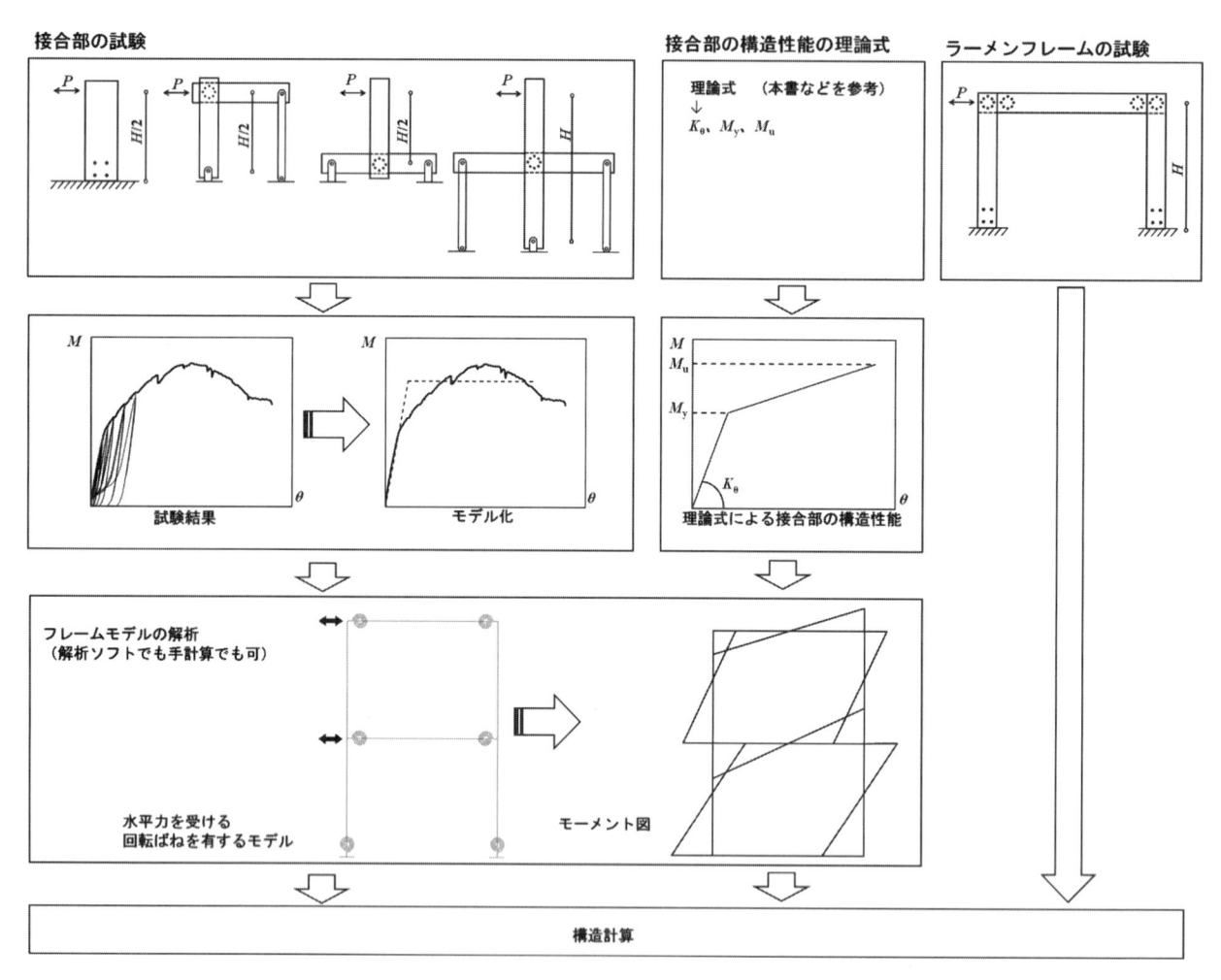

図5.2-1　木造ラーメンの構造設計のフローチャートの一例[1]

　接合具と接着剤が併用されている接合部として，3.6「グルード・イン・ロッド」，3.9「軸力抵抗型木ダボ接合」で紹介している．接着剤のみを用いたものは 3.10「ラージ・フィンガー・ジョイント」，伝統構法を応用したものは，3.11「嵌合系継手・仕口」で紹介している．それぞれの接合部は，実験結果や理論式による回転剛性・曲げ耐力の算出方法は，各節に紹介されているので参照願いたい．

　※回転ばねは，曲げモーメントにかかわるばねであるが，軸力・せん断力の影響が主要な場合は，軸力-変位関係，せん断力-変位関係の特性値を持つばね要素を入力する．

　文献1）には，いくつか試験の様子や計算例が示されている．ここでは，木造ラーメンを用いた住宅における検討例を紹介する[8]．建物の骨組みを図 5.2-2，接合部の仕様例を図 5.2-3 に示す．この建物は 2 階建てで，水平 2 方向において，1 方向の力に対しては木造ラーメンが抵抗し，他方は耐力壁が抵抗するものである．木造ラーメンの部材はスギ集成材である．接合具にハードメープルの木ダボを用いた軸力抵抗型木ダボ接合とすることで，部材と部材を接合するものである（図 5.2-3 にはボルトも使われている．これは主となる抵抗要素ではなく，施工する上でも必要なものとして設けたものである）．このような建物に対し，図 5.2-4 に示すような接合部の試験，図 5.2-5 に示すような 1 層ラーメンの水平加力試験を行い，それぞれの構造性能を獲得している．接合部試験の結果をモデル化し，その接合部モデルをラーメンフレームに入力し，ラーメンフレームの構造性能を解析する．そこで得られた知見を構造設計に活用し，実施設計を行っている．

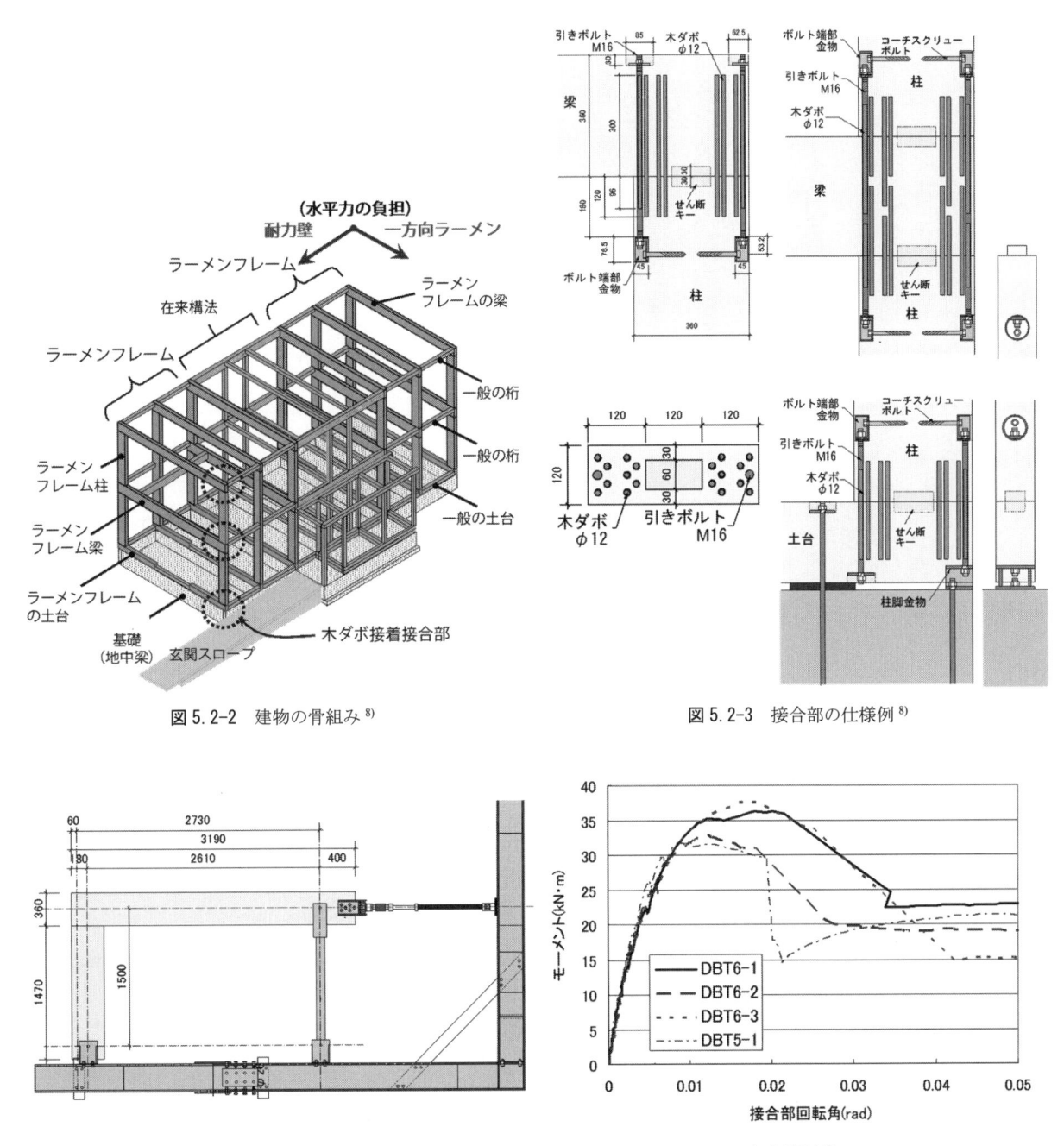

図 5. 2-2　建物の骨組み[8]

図 5. 2-3　接合部の仕様例[8]

図 5. 2-4　接合部の加力試験（単位：mm）とそのモーメント–回転角関係[8]

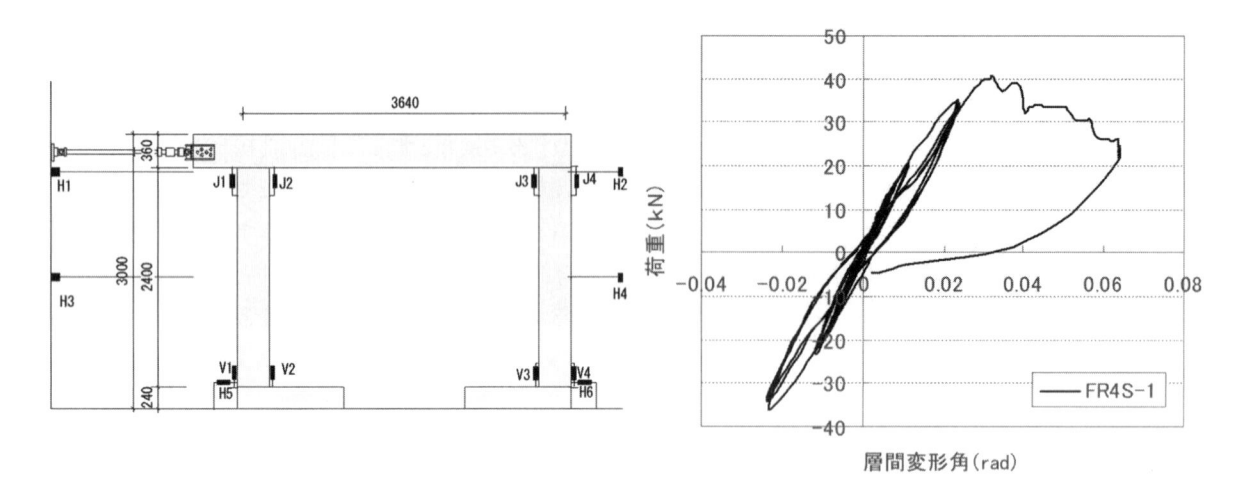

図 5.2-5　ラーメンフレームの水平加力試験とその荷重－層間変形角関係[8]

参 考 文 献

1) 稲山正弘：中大規模木造建築物の構造設計の手引き　改訂版，彰国社，pp.111-124，2019 年
2) 稲山正弘：木質ラーメンの挙動解析，第 72 回生存圏シンポジュウム　木質ラーメン構法の現状と今後の課題，pp.48-53，2007 年
3) 野田康信：任意の接合部剛性と部材剛性を設定できる 1 層門形ラーメンの一般式の誘導，第 20 回木質構造研究会技術発表会技術報告集，pp.51-54，2016 年
4) 日本建築学会：木質構造接合部設計マニュアル，pp.295-311，2009 年
5) 大橋好光ほか 4 名：ひとりで学べる中層木造建築(ラーメン構造等)の構造設計演習帳，（一財）日本建築センター，2020 年
6) 日本住宅・木材技術センター：木造ラーメンの評価方法・構造設計の手引き　2016 年版，2016 年
7) 小谷竜城ほか 3 名：木造住宅の解析手法の精度検証実験　その 2　木質ラーメン加構を耐震要素とする木造躯体の振動台実験と解析，日本建築学会学術講演梗概集，III，pp.189-190，2013 年
8) 神戸　渡ほか 8 名：木ダボ接合を用いたラーメンフレームによる住宅構法の開発　接合部およびラーメンフレームの構造性能に基づいた実施物件の構造設計，構造工学論文集，Vol.55B，pp.203-211，2009

5.3　接合部の試験法・評価法

5.3.1　接合部試験の種類

　・接合部に関する試験は，主として以下の4種類に大別される.

　・接合部の剛性，耐力，靭性等を接合部への直接の加力により求める試験（接合部加力試験）

　・接合部の剛性・耐力を計算で求めるための主材，側材等の材料の支圧強度試験（支圧試験）

　・接合部の剛性・耐力を計算で求めるための接合具の強度試験（接合具試験）

　・接合部の剛性・耐力に対する含水率，荷重継続期間等の影響に関する各種調整係数を求めるための接合部を用いた試験（調整係数試験）

　　複数の接合具を一つの接合部に使用する場合を想定すると，接合部試験には，接合具単体で行う試験と複数の接合具を含む接合部全体で行う試験が考えられる. さらに接合具試験が必要となる場合を考えると，当該接合具の耐力を定量的に評価する場合と，寸法や被接合材の条件などをパラメータとして定性的な評価を体系的に行う場合が考えられる.

　　材料の支圧強度試験や接合具試験は，ヨーロッパ型降伏理論や弾性床上の梁理論，その他数値解析等を用い，接合部の力学特性を計算により算出する場合に必要な各部の特性値を求める試験である.

　　調整係数試験は，設計上，材料の調整係数を用いて接合部の調整係数を導ける場合には不要であるが，被接合材の調整係数が不明な場合，接合具自体が環境や荷重継続期間の影響を受ける場合，および合理的な設計を目指して接合部を用いて調整係数を実験的に求める場合に必要となる試験である. 調整係数としては，ここでは含水率による耐力調整係数，含水率による剛性調整係数，クリープによる変形増大係数，荷重継続期間による耐力調整係数をあげている. その他，事故的な水掛かりによる剛性や耐力の低下も検討する必要がある場合もある.

　　以下，本項では各種の接合部試験について原則を記述している. 具体的な標準試験法の案については，本会「木質構造設計規準・同解説」[1]の付録2「接合部の標準試験法」を参照する.

5.3.2　試　験　体

　　前項で述べたように接合部試験の種類，目的が多様であるため，ここでは原則と極めて一般的な標準を記述するに留める.

5.3.2.1　試験条件の設定

　　試験体は，試験の種類に応じてその目的に適合するよう，サンプリング方法，試験体数，調湿条件等を適切に設定する. 調湿条件等については，試験体寸法等を考慮し，設計上必要な特性値が再現，または誘導できるように現実に即した条件の設定を行う.

5.3.2.2　試験体の寸法・形状

　　接合部試験および調整係数試験の試験体は，建築物で使用される実際のものと同一の寸法・形状を原則とする. 試験体や試験条件によっては，その寸法・形状によって結果が左右されやすい場合があるためである. 試験で与える応力の種類と試験体の形状・寸法の関係から，部材の余長をどのようにとるかなど，個々に試験結果に影響が出ないよう試験体の寸法・形状を設定する必要がある.

5.3.2.3　試験体の諸元

　　試験に用いる材料の種類，規格を明らかにするとともに，密度，含水率等の諸元は試験実施時の状態が把握できるよう，実測により明らかにする. なお，含水率については，試験直後に切片を切り出して重量を測定し，絶乾重量と比較することで求めることが望ましい. また，被接合材を製材とする場合は，各試験体が同一個体から製作されたものとならないよう配慮する必要がある. 被接合材を製材とし，その規格が不明な場合は節，目切れ等の欠点の程度や年輪幅や

丸身など試験結果に影響を及ぼす可能性がある事項については，可能な限り克明に記録しておく．

5.3.2.4　試 験 体 数

　一つの条件に対する剛性・耐力を定量的に評価するための標準的な試験では，統計的に適切に処理しうる最低の数として，1種類6体以上の試験体数を用いる．各部の寸法や材料の特性等をパラメータとした一連の試験結果から，試験結果全体を評価して試験体の不足が補える場合には，同一条件の試験体数を6体未満とすることができる．

5.3.2.5　試験の環境

　ISO 16670における試験体の調湿条件にもあるように，剛性・耐力を求めるための標準的な試験では，気温20 ± 3℃，湿度65 ± 5%の恒温恒湿条件で調湿した試験体を用いることを標準とする．特異な使用環境で使用される接合部の試験など特別な目的のための試験の場合，または含水率の調整係数を求めるための試験はこの限りではない．さらに，試験の環境についても，気温20 ± 3℃，湿度65 ± 5%の環境下で行うことが望ましい．試験場の制約等のために上記の条件と異なる場合には，その条件を理由とともに記録し，設計に用いる力学特性値は試験環境の影響を適切に（主として含水率を）補正したものとする．

5.3.3　加力・測定方法

　加力・測定方法は，試験体の形状・寸法，試験の種類に応じてその目的に適合するよう適切に設定する．

5.3.3.1　加力スケジュール

　加力スケジュールとしては，想定する荷重外力により単調加力と繰返し加力が考えられる．繰返し加力は地震力を想定した試験である．そのスケジュールについては，地震時の繰返し加力による耐力や靭性の低下が再現しうるものとする．

　材料の支圧強度試験，接合具試験，調整係数試験では，単調加力で試験が行われることが一般的である．しかし，支圧強度や接合具の試験結果を用いて，耐震の設計を行う場合や，繰返し加力による耐力や靭性の低下が著しい場合などは，繰返し加力によってもよい．

　接合部の試験方法としては，単調加力試験法はISO 6891が，繰返し加力試験法はISO 16670がそれぞれ参考となる．ISO 6891では，推定最大耐力の40%で一度10%にまで除荷する方法が取られている．初期スリップを除いた初期剛性を求めるためには，有効な方法となり得る．ISO16670では，あらかじめISO 6891の単調加力試験により求めた最大変位を用いて，それに対する割合で折り返し点を設定し，10%を超えたところでは原則として3サイクルとなるような繰返し加力スケジュール（表5.3-1）が示されている．ただし，ISO 16670では原則に照らして妥当な方法であれば，必ずしもここに具体的に述べられた繰返しスケジュールではなくてもよいこととされている．いずれにしても地震時の繰返しによる耐力低下，靭性低下等を適切に再現できる繰返しスケジュールを用いる必要がある．

5.3.3.2　加 力 速 度

　一方向単調加力の場合は静的加力とし，試験における最大荷重までの時間が5〜10分となるような荷重速度を標準とする．これは，単調加力の場合の荷重速度はASTM，EN，ISO等を参考として定めたものである．

　一方，繰返し加力の場合は，地震時に接合部に生じる速度以下とすることを原則とし0.1〜10 [mm/s]の範囲で適切に定める．これは，ISO 16670にならって定めたものである．なお，ISO 16670では，加力速度を一定とすることを原則としているため，時間軸では三角波となるような加力スケジュールが定められているが，加力速度が大きい場合にはサイン波など，無理な加速度を生じない加力スケジュールが望ましい．

表 5.3-1　ISO 16670 における接合部の繰返し試験に用いる加力経歴

ステップ	繰返し回数	繰返し変位
1	1	$0.0125D_u$
2	1	$0.025D_u$
3	1	$0.05D_u$
4	1	$0.075D_u$
5	1	$0.1D_u$
6	3	$0.2D_u$
7	3	$0.4D_u$
8	3	$0.6D_u$
9	3	$0.8D_u$
10	3	$1.0D_u$
11	3	以下 $0.2D_u$ ごと増加

1) ステップ 1〜5 の繰返しは，接合部の剛性，測定精度に応じて省略または追加して良い．

2) D_u：終局変位．D_u は，最大荷重の 80%に対応するピーク後の変位，荷重が 80%まで低下する前に破壊した場合は，その変位，荷重が増加し続ける場合は，$D_u = 25$ mm とする．

5.3.4　結果の評価法

5.3.4.1　特性値の評価方法

　試験結果は，試験の種類に応じてその目的に適合するよう，得られた試験結果を適切に統計的に処理して特性値を算出する．一般的には，耐力については母集団の下限値の推定値（通常は信頼水準 75%の 95%下側許容限界値 TL_1：式 5.3-1），剛性については母集団の平均の推定値（通常は信頼水準 75%の 50%下側許容限界値 TL_2：式 5.3-2）を求めるのが一般的である．ただし，試験の目的によっては，剛性についても下限値を算出する必要がある場合がある．

　また，試験体の含水率や木材の密度によっては，標準条件に対する値を推定するため，あらかじめ含水率等による補正を行ったデータを用いる必要がある．また，常時湿潤な使用環境での使用が想定される接合部など，特殊な条件で用いられる接合部については，当該条件に適合するよう，評価結果を補正する必要がある．

5.3.4.2　特性値の種類

　接合部試験，支圧試験および接合具試験では，可能な限り，初期剛性，降伏耐力，降伏変位，最大耐力，終局耐力および終局変位を試験結果から算出する．これらの算出方法の例については表 5.3-2 を参照されたい．

　調整係数試験により算出する量は，含水率による耐力調整係数，含水率による剛性調整係数，クリープによる変形増大係数，荷重継続期間による耐力調整係数とする．

$$TL_1 = x - K_1 \cdot s \qquad\qquad 式 5.3\text{-}1$$

記号　　TL_1　　：信頼水準 75%の 95%下側許容限界値

　　　　x　　　：試験より得られた平均値

　　　　K_1　　：試験体数に依存する定数で，表 5.3-3 による．

　　　　s　　　：標本標準偏差

$$TL_2 = x - K_2 \cdot s \qquad\qquad 式 5.3\text{-}2$$

記号　　TL_2　　：信頼水準 75%の 50%下側許容限界値

　　　　K_2　　：試験体数に依存する定数で，表 5.3-4 による．

表 5. 3-2　各特性値の評価方法の例

特性値	評価内容	評価方法の例
降伏耐力 (P_y)	接合部の損傷が生じないか、または生じていないと見なすことができる限界の耐力として、右の(a), (b)または(c)のいずれかの方法により求めた耐力	(a) 2直線近似が妥当な場合は、当該2直線の交点　（P_y, K, 1, D_y）　(b)初期の勾配に対し、接合具径の5%だけずらした直線と、荷重変形曲線との交点（接合具径の5%, P_y, K, 1, D_y）　(c)$0.1P_{\max}$と$0.4P_{\max}$を結んだ直線Ⅰと、$0.4P_{\max}$と$0.9P_{\max}$を結んだ勾配Ⅱで荷重変形曲線に接する直線Ⅲとの交点（$0.9P_{\max}$, $0.4P_{\max}$, $0.1P_{\max}$, P_y, K, Ⅰ, Ⅱ, Ⅲ, D_y）
降伏変位 (D_y)	接合部がはじめに降伏耐力に達した時の変位として、右の(a), (b)または(c)のいずれかの方法により求めた変位	
初期剛性 (K)	原点と降伏点を結ぶ直線の傾きとして、右の(a), (b)または(c)のいずれかの方法により求める	
最大耐力 $(P_{\max})$	特定変形に達するまでの間に接合具に加わる最大荷重の値（特定変形は、15 mm、または、接合具の径、接合部の許容される変形量等により適切に定めた値）	破壊時の変位(D_{rup})が特定変形より小さい場合（$P_{\max}$, $0.8P_{\max}$, D_y, D_{rup}, $D_{0.8P_{\max}}$, 特定変形（例えば15mmなど）） $D_{0.8P_{\max}}$をD_uとする　D_{rup}が特定変形より大きい場合（$P_{\max}$, D_{rup}, 特定変形（例えば15mmなど）） D_{rup}をD_uとする
終局変位 (D_u)	右の3つの方法で求めた数値のうち、最も小さい値	
終局耐力 (P_u)	終局変位までのエネルギー量が試験による包絡線と等価になるような完全弾塑性への置換を行い、その耐力とする。	特定変形：25 mm、または接合具の径、接合部の許容される変形量等により定める（P_u, P_y, K, 1, D_y, D_u, D_{rup}） ただし、図中のD_uが特定変形より大きい場合は特定変形をD_uとする。

と の面積が等しくなるように P_u を決める。

注：降伏耐力(P_y)、降伏変位(D_y)、初期剛性(K)は、それぞれにおいて同一の方法を用いるものとする.

表 5. 3-3　信頼水準75%の95%下側許容限界値T_Lを求める際の式5.3-1における係数K_1の数値

試験体数	K_1	試験体数	K_1
3	3.152	15	1.991
4	2.681	20	1.932
5	2.464	30	1.869
6	2.336	50	1.811
7	2.251	100	1.758
8	2.189	200	1.732
9	2.142	500	1.693
10	2.104	1 000	1.679
12	2.048	3 000	1.664

表5.3-4　信頼水準75%の50%下側許容限界値TL_2を求める際の
式5.3-2における係数K_2の数値

試験体数	K_2	試験体数	K_2
3	0.471	12	0.201
4	0.383	15	0.179
5	0.331	20	0.154
6	0.297	30	0.125
7	0.271	40	0.108
8	0.251	50	0.096
9	0.235	60	0.088
10	0.222	80	0.076
11	0.211	100	0.068

参 考 文 献

1)　日本建築学会：木質構造設計規準・同解説 －許容応力度・許容耐力設計法－，2006年

5.4 記号と単位

本書に示された計算式・図・表中の記号は、特記のないかぎり、次の意味を持つものとする

●幾何学的諸量に関する記号

記号	単位	意味	語源・英訳
A	[mm²]	断面積または面積	area
B, b	[mm]	材幅	distance, width of a member
C	—	係数（補正、接合形式）	constant
D, d	[mm]	円形断面の直径	diameter
h	[mm]	材せい	height
I	[mm⁴]	断面二次モーメント	geometrical moment of inertia
i	[mm]	断面二次半径	radius of gyration
K	—	影響係数、調整係数	influence coefficient
l	[mm]	部材長さ	length
S	[mm³]	断面一次モーメント	geometrical moment of area
t	[mm]	板厚	thickness
Z	[mm³]	断面係数	section modulus

●材料に関する記号

記号	単位	意味	語源・英訳
E	[N/mm²]	ヤング係数	Young's modulus, modulus of elasticity
F	[N/mm²]	基準強度	fracture strength
f	[N/mm²]	許容応力度	allowable stress
G	[N/mm²]	せん断弾性係数	modulus of rigidity, shear modulus
ρ	[kg/m³]	密度	density

●剛性・耐力・応力に関する記号

記号	単位	意味	語源・英訳
K	[N/mm]	せん断剛性	shear stiffness
k	[N/mm³]	支圧剛性	embedding stiffness, bearing constant
K_R	[N·mm/rad]	回転剛性	rotational stiffness
K_S	[N/mm]	すべり係数	coefficient of slip
M	[N·m, N·mm, kN·m]	曲げモーメント	bending moment
N	[N]	軸方向力	axial force, axial load
P	[N, kN]	集中荷重	concentrated load
P_a	[N]	許容耐力	allowable load, allowable force
Q	[N]	せん断力	shear force
w	[N/m, N/mm]	分布荷重	distributed load
δ	[mm]	たわみ	deflection, deformation
θ	[rad]	変形角、部材角	deformation angle
μ	－	まさつ係数	coefficient of friction
μ	－	塑性率	ductility factor
σ	[N/mm²]	垂直応力度	normal stress
τ	[N/mm²]	せん断応力度	shear stress

●添え字

添え字	例	意味	語源・英訳
a	P_a	許容	allowable
b	F_b, C_b	曲げ	bending
c	F_c	圧縮	compression
e	A_e	有効	effective
max	M_{max}	最大	maximum
min	M_{min}	最小	minimum
S	K_S	すべり	slip
s	F_s, C_s	せん断	shear
t	F_t	引張	tension
u	P_u	終局	ultimate
y	P_y	降伏	yield
θ	$F_{c\theta}$	材料の繊維等の方向となす角(0〜90)	angle of load, stress to direction of grain

（注：0度の場合はF_c，90度の場合はF_{cv}と表すこともある.）

6. 索 引

木質構造接合部設計マニュアル

2009 年 11 月 30 日　第 1 版第 1 刷
2025 年 3 月 25 日　第 2 版第 1 刷

編　集
著作人　一般社団法人　日 本 建 築 学 会

印刷所　三 美 印 刷 株 式 会 社

発行所　一般社団法人　日 本 建 築 学 会
108-8414 東京都港区芝 5 − 26 − 20
電　話・(03) 3 4 5 6 − 2 0 5 1
Ｆ Ａ Ｘ・(03) 3 4 5 6 − 2 0 5 8
http://www.aij.or.jp/

発売所　丸 善 出 版 株 式 会 社
101-0051 東京都千代田区神田神保町 2−17
神田神保町ビル
電　話・(03) 3 5 1 2 − 3 2 5 6

ISBN978-4-8189-0688-4 C3052